历史政治学与中国政治学
自主知识体系论丛

周秦之变的社会政治起源

从天子诸侯制国家到君主官僚制国家

黄 涛 著

中国人民大学出版社
·北京·

总 序
Preface

历史政治学与中国政治学知识体系的建构

杨光斌

国际社会科学就是对各主要国家现代化经验的历史叙事。中国式现代化已经是一个不争的事实，但关于中国式现代化的社会科学理论建构亟待加强。中国式现代化亟须中国自主知识体系的支撑，而自主知识体系的基础是方法论，没有自主的方法论，就不可能有自主的知识体系。中外政治学的发展历程表明，政治学知识体系通过政治学原理体系集中地体现出来。政治学的知识统摄性和社会科学学科基础性，决定了政治学原理的重构已为中国自主知识体系的建构迈出了决定性的一步。

一、呼唤基于中国历史文化的政治学原理

从古到今，任何政权都需要自己的"政治学原理"以论述政治统治的合理性、合法性。中国几千年的经史之学就是政治学原理，新文化运动之后，作为政治学原理的经史之学被西方政治学取代，即以植根于西方历史文化的政治学方法论和历史观去评判中国政治的对错与好坏，政治学从政治辩护的身份走向批判者乃至革命者的角色。从晚清到 1949 年之前的中国政治学，在方法论上流行的是源自欧洲大陆的制度主义，这是自古希腊以来的欧洲政治学传统，即追问什么样的政体是最好的。19 世纪欧洲普遍发生

资产阶级革命之后，政体论传统在政治学方法论上就演变成制度主义，而制度主义方法论背后的历史观（或世界观）则强调代议制政府是最好的政府形式，从著名历史学家基佐到自由主义大师穆勒都执迷于这种方法论和世界观。因此，制度主义方法论绝不是所谓静态的和法条主义等弊端所能概括的，作为流行的方法论事实上在普及一种历史观，即以此来衡量一国政治的好坏。这样的政治学与当时的中国政治之间的张力不言而喻。

1980年，中国政治学得以恢复，马克思主义政治学得以系统化研究，中国政治的研究也开始被触及。但是，尚未建成自己政治学原理体系的中国政治学乃至整个中国社会科学猝不及防遭遇美西方政治学，中国政治学乃至整个中国社会科学深受美西方社会科学的影响。在方法论上，第二次世界大战后美国政治学的行为主义-理性选择主义大行其道。基于个体利益最大化的理性选择，就是把个人利益至上论加以学术范式化的包装，理性选择主义无疑植根于美国这个"天然的个体主义"文化。福山的"历史终结论"就是理性选择主义所表达的历史观，即实现个体价值的最好的也是最终的政府形式就是美式代议制民主。以这样的历史观去衡量中国政治，学科与政治之间的紧张关系更加明显。

120多年的中国政治学之路并不平坦。一方面，中国传统政治思想高度发达，马克思主义是指导思想，但它们的学科化程度还需提升；另一方面，在中国并没有思想根基的西方政治学的学科化程度又很高，对中国政治学的学科体系影响深远。这种现象严重制约了中国政治学乃至整个社会科学的发展，中国式现代化呼唤建构中国政治学自主知识体系。自主知识体系的基础是方法论，正如有制度主义、理性选择主义才产生西方政治学。各学科都在努力建构自主知识体系，但关键的前提是要有专属于本学科的方法论。

二、历史政治学的含义与功能

历史政治学是基于中国历史文化的一种学科性方法论。这是因为中国是世界历史上唯一几千年未曾中断的大型政治文明体。德国曾有发达的历史学派，英国至今是政史不分家的传统，中国社会科学更应该拥有历史传统。几千年的政治史所塑造的政治制度、政治文化、政治行为的影响之深之远，无论如何估量都不为过；由此所蕴含的政治理论资源，无疑更是有待发掘的富矿。因此，历史主义方法论在中国学术史上并不鲜见。

然而，不同于含糊性因果律的历史主义，历史政治学是一种社会科学方法，追问的是重大现实和理论问题的历史渊源与时间性因果机制，并以此发现理论。历史本体论、历史连续性和时间空间化，是理解历史政治学的几个关键词。历史本体论重视历史的本质属性，社会史属性的历史和政治史属性的历史具有与生俱来的不同的制度变迁方式。历史连续性是说任何属性的历史在制度变迁过程中都具有时间上的连续性和传承性。所谓时间空间化，意味着空间化形式的当下政治都是历时性制度变迁的产物。这些关键词是解释性概念，不但可以用来分析历史上少数民族政权自我"中华化"，也能说明"中华文明基因共同体"的形成和延续，也可以用于比较历史分析去阐释不同的现代化模式。

历史政治学与政治史研究不同，后者主要聚焦于"事件史"，即把历史上的政治事件说清楚，属于历史学范畴；前者旨在回答当下重大的现实问题并发现理论，属于政治学范畴。历史政治学也不同于西方流行的历史社会学，后者是从社会史出发回答资本主义-工业革命和民族国家两大主题，而前者则是从政治史出发寻找大一统国家延绵不断的内在机理。

和其他政治学方法论一样，历史政治学首先具有论述政治合法性的功能。有了历史政治学，对民主集中制、协商民主、群众路线、人类命运共同体等诸多重大现实政治问题的理解和看法就完全不一样了。比如，在历史政治学这里，民主集中制事实上传承的是几千年中国政治最根本的传统——大一统，而西方政治学推崇代议制民主。又比如，在历史政治学这里，人类命运共同体是中国历史上源远流长的天下观的一种自然延续，而西方政治学更愿意相信基于实力政治的"修昔底德陷阱"。可见，本土方法与外来方法对于中国政治的认识有着天壤之别。

和其他政治学方法论一样，历史政治学是一种生产知识的方法论。简单地说，历史本体论决定了制度变迁方式，不同的制度变迁方式产生了性质迥异的历史政治理论，因此所有政治理论都是历史的。具体而言，西方从古希腊开始就是"多统"的社会史，它决定了"多统"之间为生存而争夺资源的对抗性制度变迁方式，这种制度变迁方式所产生的政治理论必然是对抗性的，而且是以个人权利为宗旨的，比如以权力制衡为基础的代议制政府理论。相反，基于国家统一的中国政治史发端很早，大一统国家的制度变迁重视的是由"致治"而达成的民心，即便是在历史上的分裂割据时代，主要王朝追求的还是通过"致治"而实现大一统。这种制度变迁方式所产生的政治理论必然是以民本为核心的思想体系，民心是最大的政治。可见，历史政治学是一种知识生产流程，以此生产以概念为基础的知识体系。

和其他政治学方法论不一样的是，历史政治学还是一种知识社会学，具有理论辨识功能。几乎所有的政治理论，从社会中心主义这样的理论体系到以自由民主为代表的基础概念，再到理性选择主义这样的方法论，都是历史政治理论，但在传播过程中非历史化为普遍主义。有了历史政治学，很多流行的政治学概念和理论就可以得到检验而达成新的理解。比如，被奉为"历史终结论"的代议制民主，不过是社会史演绎的对抗性制度变迁的一种制度安排；反过来，过去以"多统"之争、今天以党争民主为主要形式的代议制民主，到头来又可能加剧社会史的"多统"之争，引发身份政治与认同政治问题。这就是很多发展中国家因实行代议制民主而出现无效治理的原因，美国也因此出现了政治极化的历史政治学。还比如，西方人为什么喜欢"修昔底德陷阱"的零和游戏？这同样是由历史起源上的社会史属性所演绎的"多统"之间的你死我活的对抗性资源分配方式所决定的，由此造就的政治观或文明观就必然建立在对立和冲突之上。历史政治学有助于我们理解诸多时代问题的政治起源。

三、基本概念重述与政治学原理的重构

按照知识诞生的时间性逻辑，政治学原理是由政治学研究方法和政

治、权力、国家、政体、政党、科层制、民主、治理等"概念集群"构成的。流行的概念演化为观念，观念演变为思维方式和政治态度。目前对政治学原理中的上述基本概念的解释不同程度地受制于、产生于社会史的西方政治学，因此建构自主知识体系的前提是重述概念以达成新的理解，在此基础上重构政治学原理体系。历史政治学的知识生产和辨识功能有助于概念重述，因此它也是建构自主知识体系的方法论基础。

1. 研究方法

中国政治学已经探索出基于自己历史文化的方法论即历史政治学，并被认为是中国政治学发展的突破口和新方向。中国政治学的发展方向无疑是马克思主义政治学与中国具体实际和中华优秀传统文化相结合，历史政治学方法论几乎是为"两个结合"量身定制的方法论。

2. 概念集群

关于政治。二战后世界上流行的就是源自马克斯·韦伯的权力分配而被行为主义概念化的权威性资源分配，这显然是对抗性制度变迁所产生的个人利益最大化的政治理论。把政治定位为利益分配并以此而形成制度安排，必然是少数人的利益最大化并导致社会的不公正。与此不同，国家史开启得很早的中国，几千年一以贯之地强调民心的重要性，为此必须实现"致治"和社会和谐。

关于权力。西方政治学的权力类型就是行政、立法、司法"三权"，但在中国，中国共产党的领导是首要的，中国的权力体系由领导权、执行权、监督权构成。

关于国家。西方政治学讲的都是战争制造的民族国家，具有与生俱来的扩张性；但几千年的大一统中国是由文明史观塑造的文教型国家，天下大同是其最高追求。

关于政体。西方政治学一开始就定义为权力的组织形式，但中国自西汉就开始讲"治体"，即如何维护大型政治秩序的价值、制度和方法。国家治理体系和治理能力现代化命题与"治体"有直接的关系，与"政体"理论无关。

关于政党。现代政治中的很多制度诞生于古代，但作为组织权力的政党则是一种独特的现代性政治。尽管如此，在西方政治学那里，政党依然不过是对抗性资源分配中的利益集团型组织，这显然不能解释很多非西方国家的政党属性。在中国，政党是拯救国家并组织国家的一个核心力量，因此中国学者提出了"政党中心主义"概念。

关于科层制或官僚制。西方流行的是马克斯·韦伯的非人格化的组织理论，但中国事实上是具有道德责任感的干部制。

关于民主。西方流行的是选举式民主或党争民主，中国的协商民主源于中国历史上几千年的协商政治传统。

关于治理。西方治理理论的主体是社会组织，而中国则有几千年的"致治"传统。

习近平总书记在2022年4月25日考察中国人民大学时指出，中国哲学社会科学的根本出路在于建构中国自主的知识体系。中国人民大学是建构自主知识体系的高地和沃土。深谙学科建设之道的中国人民大学党委书记张东刚教授多次高度肯定历史政治学，并指出社会科学的一个出路是"历史＋N"。林尚立校长是历史政治学的先行者，他对中国人民大学政治学有了历史政治学而感到放心，并提醒不要把历史政治学研究弄得太复杂，概念要简明易懂。前校长、中国人民大学一级教授刘伟叮嘱笔者，历史政治学是能够留下来的，要坚定信念、坚持不懈，关键是建好学术团队。学校规划处资助我们建立了"历史政治学与世界政治研究交叉学科平台"，学校科研处拨付了本丛书的"第一辑"出版经费。也正是因为学校上下的大力支持，历史政治学走在了建构中国自主知识体系的前列，《光明日报》辟"中国自主知识体系的建构"专栏，历史政治学成为开栏第一篇文章。探索出历史政治学的中国政治学，正坚定地走在建构中国政治学自主知识体系的路上。政治学的知识统摄性和社会科学学科基础性决定了自主政治学知识体系的形成必将夯实中国式现代化的理论根基，助推中华民族的伟大复兴。

目 录
Contents

目　录

第一章

导论：何以中国之世纪叩问

度、科举制度、监察制度、军事制度等各方面制度在内的国家制度和国家治理体系，为周边国家和民族所学习和模仿。"[1] 美国政治学者福山认为："中国是开发国家制度的先行者，但西方的政治发展史解说，却很少提及此一创新。"[2] 美国社会历史学者查尔斯·蒂利说："我最大的希望是，中国学者做出的严肃的历史比较工作将不仅刷新我们对中国历史的理解，也能刷新我们在全球时空范围内对国家演化的理解。"[3] 美籍华裔考古学者张光直认为："中国的形态很可能是全世界向文明转进的主要形态，而西方的形态实在是个例外，因此社会科学里面自西方经验而来的一般法则不能有普遍的应用性"[4]，"中国历史与西方历史一样强大而厚重，却没有人以同样的方法对其进行分析并总结普遍规律……各种各样的社会科学范例、模型、概括性理论和概念被应用于中国研究，然而以中国原始材料为基础的原创性研究却少之又少"[5]。美籍华裔学者王国斌指出："有三个难题，妨碍着我们对中国与欧洲的国家形成问题的深入研究"，其中之一就是"我们对'何为近代国家'的看法，来自于欧洲经验"[6]。美国比较历史学者巴林顿·摩尔说："我一直确信，如果不把亚洲的制度和历史考虑在内，我们是无法充分地从理论上理解政治体制的。"[7] 越来越多的人认识到古代中国不但在经济科技文化上具有先进地位，在国家制度开发上同样是先行者，而不是追随者，而这个历史事实长期被轻视。哲学学者赵汀阳的天下体系论著、社会学者赵鼎新的儒法国家理论曾引发外界对于古代中国国家

---

① 习近平. 坚持和完善中国特色社会主义制度 推进国家治理体系和治理能力现代化. 求是，2020 (1).

② 福山. 政治秩序的起源：从前人类时代到法国大革命. 毛俊杰，译. 桂林：广西师范大学出版社，2014：24.

③ 蒂利. 强制、资本和欧洲国家（公元990—1992年）. 魏洪钟，译. 上海：上海人民出版社，2012：中文版序4.

④ 张光直. 连续与破裂：一个文明起源新说的草稿//张光直. 美术、神话和祭祀. 郭净，译. 沈阳：辽宁教育出版社，2002：118.

⑤ 张光直. 艺术、神话和祭祀：古代中国的政治权威之路. 刘静，乌鲁木加甫，译. 北京：北京出版社，2016：127. 该译本未收录《连续与破裂——一个文明起源新说的草稿》一文.

⑥ 王国斌. 转变的中国：历史变迁与欧洲经验的局限. 李伯重，连玲玲，译. 南京：江苏人民出版社，2014：86-87.

⑦ 摩尔. 专制与民主的社会起源：现代世界形成过程中的地主和农民. 王茚，顾洁，译. 上海：上海译文出版社，2012：1.

理论的关注①。这是非常重要的尝试，但就中国历史和文明的地位而言还有待继续拓展。中国开发国家制度的经验应予充分发掘，提炼出具有世界视野、中国气质的国家理论，推动中国在全球国家理论研究中占据与国力相称的地位。关于中外历史经验的三种主要观点见表1-1。

表1-1 关于中外历史经验的三种主要观点

"西方中心主义"	主要观点	西方是人类社会演进的范本、主流，西方先进、东方落后是永恒的，东方必须模仿西方才有出路
	主要代表	黑格尔、胡适、弗朗西斯·福山等
西方反思派（或称兼顾东方派）	主要观点	西方是人类社会演进的最重要或极重要经验，但不是唯一的；东方经验也非常重要，缺乏东方经验是不完整的（亦暗含西方经验更重要的假设，或以西方理论审视东方经验）
	主要代表	贡德·弗兰克、巴林顿·摩尔、王国斌、查尔斯·蒂利等
中国主体派	主要观点	西方经验、东方经验都是人类的重要经验，西方不能代表人类的唯一方向，西方先进-东方落后两分法是错误的意识形态；中国至少可以和西方并驾齐驱，甚至在特定阶段代表更为主流的经验；中国历史经验和中华文明饱含社会科学哲理，亟待提炼
	主要代表	钱穆、张光直、杨光斌、王续添、朱云汉、任锋、赵鼎新、赵汀阳、柯文等

第二，周秦之变是具有世界意义的伟大事件，是古代中国重要历史事件（见图1-1）中最重要的历史事件，理应成为中国古代国家研究中的重中之重。它是一场以国家形态变革为统领和主体的中华文明全领域全方位深刻变革，是古代中国历史上最深刻的变革，对于古代中国国家形成和演变、中国历史演变、东亚乃至世界文明的形成发展具有重大而深远的影响。历史学者谢维扬深刻指出："战国时期社会和政治变动的本质，是以

---

① 赵汀阳. 天下体系：世界制度哲学导论. 南京：江苏教育出版社，2005；赵汀阳. 天下的当代性：世界秩序的实践与想象. 北京：中信出版社，2016；赵鼎新. 东周战争与儒法国家的诞生. 夏江旗，译. 上海：华东师范大学出版社，2006；赵鼎新. 儒法国家：中国历史新论. 徐峰，巨桐，译. 杭州：浙江大学出版社，2022.《开放时代》于2019年刊发了一系列重要的讨论文章，如《再评〈儒法国家：中国历史的新理论〉》等。

周朝国家制度为代表的中国早期国家形态向成熟的国家制度的转化"，"秦的统一，是自春秋战国时期以来周朝王权衰落必然要出现的结果。正因为这样，秦朝国家，作为中国历史上第一个成熟的国家形态，应看作是周朝国家这种典型的早期国家形态的直接继承者"①。历史学者吕思勉认为："自来治史学者，莫不以周、秦之间为史事之一大界，此特就政治言之耳。"② 以色列汉学家尤锐称："公元前221年秦国统一'天下'是中国历史上最重要的事件。"③ 美国历史学者卜德指出：秦朝的出现在质和量的方面都大大改变了中国的面貌，以致它可以被称为"革命"，是古代中国真正的革命，也是20世纪以前中国唯一的真正的革命④。政治学者徐勇认为，中国迄今为止三次国家形态巨大飞跃分别是周朝的出现、秦朝的出现、当代中国的出现，"中国的国家成长的三次大飞跃，一次比一次的质量更高"⑤。历史学者阎步克称：中国"四千年中大的变迁与转型有三次"，第一次是4 000年前国家出现，进入夏商周时代，周朝最为典型；第二次发生在战国秦汉，由此进入了2 000多年的帝制时代，这是中国国家的2.0版；第三次是我们正在经历的革命，这是中国国家的3.0版⑥。赵汀阳认为："中国历史上只有过三次真正的制度革命：周朝建立天下体系，秦汉建立郡县制的行政一统制度，还有清朝崩溃后至今尚未完善的现代制度。"⑦ 这些论述都强调了这次变革的内容之深刻、影响之巨大。在周秦之变中，中国乃至东亚历史在这里出现大转向。周秦之变是中国古代史上的最重要分水岭。只有从国家形态领域切入，才能真正把握这次大变革。总之，周秦之变成为古代中国和东亚国家形成、演变研究的基础性问题。

---

① 谢维扬. 中国早期国家. 杭州：浙江人民出版社，1995：465-466.

② 吕思勉. 秦汉史·政治卷. 武汉：华中科技大学出版社，2018：2.

③ 尤锐. 展望永恒帝国：战国时代的中国政治思想. 孙英刚，译. 上海：上海古籍出版社，2013：134.

④ 崔瑞德，鲁惟一. 剑桥中国秦汉史（公元前221年至公元220年）. 杨品泉，等译. 北京：中国社会科学出版社，1992：85.

⑤ 徐勇. 中国的国家成长"早熟论"辨析：以关系叠加为视角. 政治学研究，2020（1）.

⑥ 阎步克. 以"制度史观"认识中国历史//王绍光. 思想政治秩序：中西古今的探索. 北京：生活·读书·新知三联书店，2012：153.

⑦ 赵汀阳. 天下的当代性：世界秩序的实践与想象. 北京：中信出版社，2016：91.

图 1-1 中国历史上的主要变局

注：此图中的周秦之变为狭义的，本书中的周秦之变涵盖秦汉之变。

第三，现有国家理论总体上基于西方历史经验建构，在阐释中国特别是古代中国国家时一定程度上存在意识形态化、标签化、背离中国历史等局限或者倾向，还有较大可以完善的空间。"东方专制主义""中国无历史论""奴隶社会—封建社会说"等基于西方经验归纳的理论成为关于古代中国历史的流行性解释，遮蔽和扭曲了中国国家的内涵、本质、特性和优势。习近平指出："西方很多人习惯于把中国看作西方现代化理论视野中的近现代民族国家，没有从五千多年文明史的角度来看中国，这样就难以真正理解中国的过去、现在、未来。"[1] 历史学者田昌五指出："中国古代国家形态，是一个有待解决的课题。一种意见：按所谓东方专制主义理解这个问题，因而认为中国古代国家是君主专制式的。另一种意见：以所谓奴隶制社会两阶段为依据，拟定出中国古代国家存在城市国家和统一帝国两个阶段，并按照欧洲古典古代来理解中国古代城市国家。这两种意见都不符合或不尽符合中国古代历史实际，因而都不可能解决中国古代国家形态问题。"[2] 徐勇指出："长期历史以来，西方一些学者将'东方'作为一个无差别的整体，并将东方国家政治都简单归之于'东方专制主义'概念框架之中。尽管这一观点受到理论批判，但仍然需要基于中国事实加以纠正。"[3] 尽管传统中国国家制度和中华文明存在不少缺陷，但以"东方专制主义"等理论进行整体定性和全盘否定却是不可取的，等于挖掉了中华民族的根

---

[1] 习近平. 把中国文明历史研究引向深入 增强历史自觉坚定文化自信. 求是，2022（14）.

[2] 田昌五. 中国古代国家形态概说. 社会科学辑刊，1991（6）.

[3] 徐勇. 从中国事实看"东方专制论"的限度：兼对马克思恩格斯有关东方政治论断的辨析与补充. 政治学研究，2017（4）.

本。也正是受到了这些理论范式的支配，"中国政治学的主体性被长期遮蔽，也使得中华民族源远流长的政治知识和政治经验未能完全进入中国政治学研究的视野，难以提炼出'带有中国标识的概念范畴'，生成具有中国价值乃至世界价值的政治学理论"①。这是亟待改变的。

第四，理解周制、秦制是理解古代中国、现代中国和中国性（Chineseness）的重要途径。国家性是国家独特的基本的特质和秉性的集中概括。"关于古代中国的国家性，至少需要回答以下几个问题：中国是如何来的，中国所以为中国的核心价值是什么，中国是如何组织起来的。"② 所谓的周制、秦制，核心就是如何组织和治理国家，这是古代中国最重要的两套组织和治理国家的政治经济社会文化体系，两者的复杂关系、长期互动是中国古代史的最重要主题之一。晚清以来，中国有"走出帝制"重大话题。"帝制"源头就是周秦之变，就是秦朝。中国通过周秦之变总体上走出了周制，走入了以秦制为核心的君主官僚制国家时代。19 世纪以来，遭遇西方侮辱的中国人反思和批判自己的政治制度和文明，强调要走出帝制、走出秦制，甚至一度认为"中华文明不行，是专制的低劣的文明"，也需要"走出"。"走出帝制"是关乎中国国家形态、国家制度走向的重大话题。正确认识"走出帝制"问题首先要理性认识"帝制""秦制"，认识不清就不可能走出帝制。当代中国不是凭空构建的，而是在传统中国基础上构建的，尽管其中有巨大转型。历史学者李怀印提出现代中国形成的四层叠层累加说，认为现代中国是由"党治国家"、主权国家、清朝奠基的统一的多民族的国家、华夏族群在其赖以生息繁衍的土地上所形成的原初的"中国"及其所孕育的延绵不断的文明四层叠层累加共同作用而成的③。如果将传统中国国家制度视为糟粕，只讲"走出"不讲继承，从实践逻辑和理论逻辑上都讲不通，如此则不可能真正理解现代中国。因此，认知当代中国必然需要研究古代中国，特别是周秦之变。"历史政治学凸显的就

---

① 彭琪，刘伟．政治学中的历史之辨：历史制度主义与历史政治学的比较．文史哲，2022（2）.

② 杨光斌．以中国为方法的政治学．中国社会科学，2019（10）.

③ 李怀印．现代中国的形成：1600—1949．宋平明，等译．桂林：广西师范大学出版社，2022：386 - 388.

是政治学之经验基础的时空线索——要解释现代中国，就要解释传统中国；要解释传统中国，就要理解传统中国；要理解传统中国，就要感受传统中国。"①

因此，应当拒绝西方先进、东方落后的种族主义假设和"西方文明优越论"，反对妖魔化地解读中国，在尊重中国历史的基础上，按照实事求是、理论逻辑和历史逻辑相统一的原则，客观公正研究周秦之变和中国国家史。

二、选题目的与价值

选择周秦之变作为选题，主要有历史、理论、实践三个维度的目的。本研究的可能价值亦存在于这三个维度。

第一，从历史维度说，本研究尝试厘清中国国家形态和演变中的关键一环，认识周秦之变以及君主官僚制国家形态形成的历史过程。周秦之变对中国有超过 2 000 年的深刻影响，所产生的新国家形态为后世沿用 2 000 多年，成为中华民族历史上的主流国家形态，对日本、朝鲜、越南等国亦有深刻影响，它们长期沿用这种国家形态，甚至比中国更晚放弃这种国家形态。对周秦之变进行深入研究，有利于更好地认知这次大变革，认知古代中国和古代东亚历史。

第二，从理论维度说，包括两个方面。其一，尝试提出周秦之变、古代中国国家形成和演进的新解释新论述，对现有国家理论做一点补充或者修正。国家演变的方式和路径是多样的，人类通往现代国家的道路不尽相同。以西方经验为中心构建的城邦国家、封建王国、帝国、民族国家演变模式和以西方社会为人类社会发展终点的人类社会发展理论，并不适用于所有文明。当代中国国家形态仍旧受到中国传统国家形态根深蒂固的影

---

① 张树平．政治学理论建构中的经验、历史与逻辑：对历史政治学发展的一项阶段性评估．政治学研究，2022（1）.

第二节　学术史回顾

全面掌握周秦之变研究学术史是开展进一步研究的重要基础。本节以学术研究路径为依据，对周秦之变研究现状进行梳理、分类。目前，相关研究主要有三种路径（见图 1-2）。第一种是马克思主义研究路径。第二种是马克斯·韦伯研究路径。第三种是基于中国历史自身规律和特性、尊重中国历史和国情的研究，即中国主体研究路径。有的作品可能采用了两种或者多种研究路径，本书以其最主要的研究路径或倾向为主进行分类。还有一些其他路径的研究，暂不讨论①。

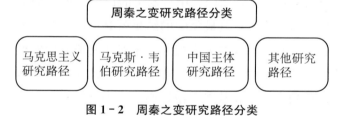

图 1-2　周秦之变研究路径分类

一、马克思主义研究路径

马克思主义研究路径指以马克思主义为指导进行的研究。在中国，马克思主义研究路径分为两种，一种是传统或者经典马克思主义研究路径，一种是新时期马克思主义研究路径（时间上大致出现于 1978 年以后）。

---

① 由于篇幅问题，有一些重要研究未在此列出，参见：黄涛. 从天子诸侯国家到君主官僚制国家：周秦之变的历史政治学阐释. 北京：中国人民大学，2022.

在基本理论信条上，传统或者经典中国马克思主义学者大多奉行"五种社会形态说"或者"五种生产方式说"，认为一切人类社会都将按照原始社会、奴隶社会、封建社会、资本主义社会、共产主义社会（社会主义社会是其初级阶段）模式演进，阶级斗争是历史发展的动力，国家是阶级压迫的工具，统治阶级大都是压迫和剥削阶级，被统治阶级才是正义的、值得同情的、充满智慧的。经济基础决定上层建筑，上层建筑反作用于经济基础，生产力决定生产关系，阶级分析是最基本的分析方法，"东方社会是专制的"。在具体分析方法上，传统或者经典中国马克思主义学者是以马克思主义者的著作尤其是以恩格斯的《家庭、私有制和国家的起源》和"五种社会形态说"为理论依据和权威范式来展开对周秦之变的研究的。

传统中国马克思主义学者几乎不约而同地将周秦之变解释为中国从周朝的奴隶社会向秦朝的封建社会转变，从政治形态上是由以分封制和宗法制为核心的奴隶制国家转向以皇帝专制和地主官僚统治为核心的封建国家，结论高度近似甚至雷同。当代中国较早期的几乎所有关于周秦之变的研究都带有"五种社会形态说"和阶级斗争分析路径的深深烙印。实际上，马克思是伟大的思想家，但他对包括中国在内的亚洲历史并没有展开专门的精深的研究，他对包括中国在内的亚洲的论述基本上未超出当时欧洲思想传统的影响，总体上是比较贬低的。当时西方的整体氛围是藐视东方文明。马克思提出了饱受争议的亚细亚生产方式概念。他的这些观点对后来的马克思主义学者产生了深刻影响。

最早引用马克思主义理论来解释中国历史的是历史学者郭沫若。郭沫若最早在1929年出版的《中国古代社会研究》一书引用了恩格斯《家庭、私有制和国家的起源》中的理论，得出结论是西周是奴隶制社会，中国从东周时期才由奴隶制逐渐转入了真正的封建制[①]。其后，中国经典马克思主义学者大都受郭沫若影响。历史学者翦伯赞将秦朝定性为"封建专制主义国家"，认为秦始皇在中国历史上"消灭了封建领主制，开创了一个中央集权的封建主义的新的历史时代"，"当秦王朝在亚洲东部辽阔的土地上

---

① 郭沫若. 中国古代社会研究. 北京：商务印书馆，2011：17-26.

建立起一个强大的封建专制主义国家的时候，世界上最大多数的人民还是生活在历史上的野蛮时代，只有极少数进入了奴隶制时代"，"在公元前 3 世纪末，秦帝国是世界上最先进的国家"①。历史学者张传玺在《从"协和万邦"到"海内一统"：先秦的政治文明》一书中视西周王朝为封建领主国家，秦始皇统一后的中国为多民族、大一统、中央集权的伟大国家。他从政治制度、战争史的层面来叙述周秦之变，无涉国家形态演变规律②。历史学者张政烺将中国的夏商至春秋（公元前 476 年）划为奴隶社会，把公元前 475 年至 1840 年的中国划为封建社会③。按照这种划分，秦朝属于封建社会。秦史专家林剑鸣以马克思主义为指导，讨论了秦国奴隶制的发展和没落，以及秦朝封建制的确立发展，认为周秦之变就是奴隶制向封建制的转变。秦朝在他看来就是封建专制国家，秦始皇的一切施政都是统治阶级压迫和欺骗人民④。历史学者安作璋认为秦朝是封建国家。他在《秦汉史十讲》一书中讨论了秦国的起源和发展以及秦朝的专制主义中央集权制度，将秦始皇统一后的中国视为中国历史上第一个专制主义中央集权的封建王朝，强调这是新兴地主阶级对旧贵族斗争的一个巨大胜利，伴随着这个胜利，国家政权从分散的诸侯手里集中到地主阶级的手里⑤。政治学者刘泽华在《专制权力与中国社会》《中国的王权主义》等专著中论述王权问题，涉及秦朝国家形态和政治制度问题。在《专制权力与中国社会》一书中，他将秦朝视为君主独裁政体、君主集权国家，并对君主集权国家的形成过程和特点进行思考，研究以君主为核心的政治权力对于社会的支配问题⑥。刘泽华受到"东方专制主义"的深刻影响，对于中华传统思想和文化整体上是批评和否定的。马克思主义经典著作还有很多，观点差异性不大，恕不一一介绍。

---

① 翦伯赞. 秦汉史十五讲. 张传玺, 整理. 北京：中华书局，2012：3-40.
② 张传玺. 从"协和万邦"到"海内一统"：先秦的政治文明. 北京：北京大学出版社，2009.
③ 张政烺. 古史讲义. 北京：中华书局，2012.
④ 林剑鸣. 秦史稿. 北京：中国人民大学出版社，2009.
⑤ 安作璋. 秦汉史十讲. 北京：中华书局，2014.
⑥ 刘泽华，汪茂和，王兰仲. 专制权力与中国社会. 天津：天津古籍出版社，2005.

传统或者经典马克思主义研究路径在发现历史事实、阐释具体问题时取得不少重要成果，具有重要价值，同时亦曾起到批判古代中国的糟粕、巩固现代中国的历史作用。但由于在相当长一段时间内，一些学者把"五种社会形态说""阶级斗争说""经济决定论"奉为圭臬，甚至绝对化、公式化，忽视中国历史实际和基本国情，存在局限。1978 年以后，随着思想的解放和中外学术交流的增多，传统马克思主义阵营分化，新的研究路径在此基础上产生。新时期马克思主义学者秉承马克思最初的学术精神，不拘泥于马克思在特定场合下说过的个别结论，尊重中国历史和中国实践，吸收西方社会科学有益经验，重新对中国问题进行思考，取得了不少富有创见的重要成果。当然，其中一部分人转向了中国主体研究路径。无论如何，在解释周秦之变和中国历史时，传统或者经典马克思主义研究路径都是非常重要的一条路径，马克思主义学者也做出了重要贡献。他们贡献或提出的阶级分析法、经济因素的重要性、经济和政治的密切关系、关注底层被压迫民众、社会形态理论、注重结构分析等都是非常重要的。尊重中国历史和实践、与时俱进的马克思主义研究路径将是充满希望的。

二、马克斯·韦伯研究路径

马克斯·韦伯是国家理论的重要奠基人。他认为现代化是祛魅化和理性化的过程，将国家界定为暴力的唯一合法垄断者、一种管理性强制性的组织。他以政治权威的类型来划分国家，提出全新的国家理论，认为官僚制是一种理性的制度，是现代国家的基本制度、必备制度。对于中国而言，他关注的真正问题是为什么西方产生了资本主义，而中国却没有。在此问题意识下，他以理性化的视角来检讨中西方历史，认为先秦中国是封建社会，中国在周秦之际由于战争和竞争带来了行政层面的理性化[①]。

---

① 韦伯. 中国的宗教：儒教与道教. 康乐，简惠美，译. 桂林：广西师范大学出版社，2010.

他观察到中国有历史悠久的官僚制度，但不认为中国官僚制是一种现代类型，反而用"官僚制国家""家产制国家""家产官僚制"概念来认知古代中国①。也就是说，他认为中国在周秦之变中经历了封建制度向家产官僚制的转变。他强调中华帝国家产制官员的权力建立在水系调节以及大规模的军事工程上，这似乎开了从水利视角研究古代中国政治的滥觞②。

马克斯·韦伯的研究路径尤其是理性化视角是认识世界的重要方式。理性化和世俗化的确是世界历史的根本趋势，是现代化的重要内容。另外，马克斯·韦伯高度关注国家组织、官僚制、科层制、军事、暴力，对政治学特别是其之后的绝大多数西方学者的现代国家理论产生了深刻影响。所有认为先秦和秦朝中国具有一定的现代性的观点，大都滥觞于马克斯·韦伯的国家理论和官僚制理论。其中的核心就在于中央集权和官僚制。因为韦伯将国家视为一种组织，并将官僚制视为现代国家最重要也是唯一可行的组织形态。马克斯·韦伯研究路径的学者大都高度关注官僚制、国家组织形态、国家制度、现代国家等问题。

马克斯·韦伯的分析框架表面上看是传统—现代两分的，但实际却是西方—非西方对立思维。他是完全从西方出发看非西方世界的。他对于周朝、秦朝的结论是失之偏颇的，尤其是所谓的"家产官僚制"和他的理性化是现代性的观点是自相矛盾的。秦朝实行的绝不是"家产官僚制"，而是真正的官僚制，皇帝更不是国家的最高祭司长。一些学者沿着马克斯·韦伯开创的研究路径，分析了周朝、秦朝的理性化现象，重点关注其中的制度变迁，尤其是官僚制的形成和变迁以及阶级关系的变化，探讨了战争、暴力与国家构建、国家转型的关系，以及中国为什么没有产生资本主义等问题。他们主要有弗朗西斯·福山、赵鼎新、许田波、埃德加·凯瑟、蔡勇、陆威仪、顾立雅、塞缪尔·E.芬纳、魏特夫等学者。

---

① 韦伯．中国的宗教：儒教与道教．康乐，简惠美，译．桂林：广西师范大学出版社，2010：81-105.

② 韦伯．经济与社会：第2卷上册．阎克文，译．上海：上海人民出版社，2010.

美国汉学家顾立雅（H. G. Creel）最早或者极早提出了近代欧洲和 2 000 年前的中国在中央集权化官僚机构方面的相似性，推测近代欧洲官僚制或许受到中国的一些影响，但没有展开[①]。顾立雅最早提出古代中国出现现代官僚制的观点影响甚广。他所提出的中欧在官僚制上的关系是极重要的问题。社会学者赵鼎新在专著《东周战争与儒法国家的诞生》中专门论述了东周战争与儒法国家的诞生之关系。该书内容扼要，具有提纲性质。2015 年他又推出《儒法国家：中国历史新论》，进一步阐释并发展他在前书中提出的观点和儒法国家理论，他还发表了多篇论文[②]。赵鼎新实际上是在迈克尔·曼的社会权力理论基础上，提出了一个新的宏观社会变迁理论，并且运用这一理论分析了中国古代历史发展的规律。儒法国家是一种解释古代中国国家形态的全新理论，具有重要价值，赵鼎新对于东周秦朝战争的分析也是极为深刻的。福山在《政治秩序的起源》中专门探讨了中国国家起源问题。福山把中国视为国家形成的范本、开发国家制度的先行者，认为西方的政治发展史解说很少提及此一创新。他还专门探讨了东周战争与中国国家的兴起的关系。他大胆断言秦始皇创立了世界上第一个现代国家[③]。福山是西方学者中最为清晰地阐明秦汉中国在人类政治秩序构建特别是现代国家构建中的巨大贡献的学者。其观点在中国引发巨大反响。福山的结论从一个外国学者的角度承认了古代中国国家构建经验曾经的领先性，极大地搅动了中国的国家理论研究，意义重大。政治学博士许田波从战争角度对春秋战国时期的中国和近代早期欧洲进行了深度比较，认为中国的诸侯国采用了自强型改革和明智的军事与外交策略，而欧洲国家采用了自弱型权宜措施和不那么明智的策略，最终导致了不同的结

① CREEL H G. The Beginnings of Bureaucracy in China：The Origin of the Hsien. Journal of Asian Studies，1964（2）.

② 赵鼎新. 东周战争与儒法国家的诞生. 夏江旗，译. 上海：华东师范大学出版社，2006；赵鼎新. 儒法国家：中国历史新论. 徐峰，巨桐，译. 杭州：浙江大学出版社，2022；赵鼎新. 《儒法国家》与基于理想类型集的理论构建. 开放时代，2019（4）；赵鼎新. 哲学、历史和方法：我的回应. 开放时代，2016（5）.

③ 福山. 政治秩序的起源：从前人类时代到法国大革命. 毛俊杰，译. 桂林：广西师范大学出版社，2014；福山. 政治秩序与政治衰败：从工业革命到民主全球化. 毛俊杰，译. 桂林：广西师范大学出版社，2015.

局。她还关注到春秋战国时期中国在国家制度构建上的先进性①。这是基于中国历史提炼理论的重要尝试，具有重要意义。但许田波对于中欧历史文化差异等关注不够，所谓的改革方式差异带来中欧不同的历史结果的解释还有讨论空间。

英国政治学者芬纳分析了古代中国的统治、政体、国家形态问题，将中华帝国视为宫廷政体，认为中华帝国发明了官僚制和常备军制度，欧洲人是上述两项制度的"二次发明者"②。他认为中国的政治制度传统和古希腊以来的西方传统完全不同，甚至截然相反。汉字在中国国家构建中有巨大作用。在分析先秦和秦朝时，他认为此时中国经历了从部落结构的国家发展成为封建贵族国家，最终形成中央集权帝国，从封建贵族国家到中央集权帝国转型的驱动力来自军事竞争，并伴随着铁器的大规模生产和军事指挥领域的革命③。芬纳认为中国发明了官僚制和常备军制度的论点很重要，其对古代中国国家演进道路的论述亦具启发性。美国汉学家孔飞力在《叫魂：1768年中国妖术大恐慌》一书中用官僚君主制描述乾隆时期的政治制度模式。该书第九章标题为"政治罪与官僚君主制"。他使用"作为一种社会制度的官僚君主制"的表述。他还讨论君主和官僚之间的矛盾，分析韦伯的"家产官僚制"概念④。

总体而言，马克斯·韦伯路径作品的核心在于关注人类世界的理性化现象，包括研究理性化的动因、进程、类型和结果。官僚制作为人类高度理性化的产物，是马克斯·韦伯路径学者的关注重点。从当前来看，他们重点关注战争和官僚制、新国家形成的关系，新国家的性质，君主和官僚系统的关系。他们普遍关注到春秋战国时期中国和近代早期欧洲高度相似的官僚化现象，并进行了分析。韦伯并不认为古代中国有官僚制，因为他

---

① 许田波.战争与国家形成：春秋战国与近代早期欧洲之比较.徐进，译.上海：上海人民出版社，2009；VICTORIA HUI TIN-BOR. The Emergence and Demise of Nascent Constitutional Rights: Comparing Ancient China and Early Modern Europe. The Journal of Political Philosophy, 2001 (4).

②③ 芬纳.统治史（卷一）：古代的王权和帝国：从苏美尔到罗马（修订版）.王震，马百亮，译.上海：华东师范大学出版社，2014.

④ 孔飞力.叫魂：1768年中国妖术大恐慌.陈兼，刘昶，译.上海：上海三联书店，2014.

认为官僚制是现代的产物。多数后继研究者修正了他的结论，认为古代中国就存在官僚制，但也有人继续坚持韦伯的观点。这条研究路径的缺陷在于对人的能动性、经济因素等的重视远远不够。此外，虽然韦伯并不轻视思想的作用，但通过韦伯路径研究周秦国家问题的人往往比较忽视思想文化的作用。最后，可清晰看到，西方学者在谈论官僚制时，都强调中国发明了官僚制，肯定这是中国对于现代国家制度的重大贡献，但中国学者如王亚南、周雪光等则倾向于将古代中国官僚制视为中国专制统治的重要组成部分，或视为官僚制的低级形态，持批判或者否定态度。这是一个重要的差异。这个差异的背后实际上还是中国学者更多地受到了"东方专制主义"和革命话语的影响，对于古代中国政治予以过于严厉的批判。这就影响了对于古代中国官僚制、周秦之变和古代中国国家的进一步研究。

三、中国主体研究路径

中国主体研究路径指主要依据中国历史事实并采用实事求是的方法研究中国历史和中国问题。中国主体研究路径并不排斥西方理论，但强调必须严格地根据历史事实进行研究，拒绝削足适履，既反对以西方经验和理论盲目解释中国，也反对以中国经验和理论盲目解释西方。钱穆、严耕望、张金光、何炳棣、王震中、苏秉琦、张光直、田昌五等学者是中国主体研究路径的代表。他们有的几乎从不用西方国家理论，有的使用西方国家起源和演变理论，但不管怎么样，他们主要是从中国历史逻辑出发来分析中国历史、分析周秦之变的。他们认为中国历史有其自身存在的规律性，主张正视这种规律性。在中国，相当多的学者是在反思了已经被公式化、绝对化和意识形态化的理论在解释中国时的局限后，才迈向中国主体研究路径的，比如田昌五、张金光。

考古学者苏秉琦提出用"古国—方国—帝国"来解释古代中国国家形态演变。他认为中国国家起源问题可以概括为发展阶段的三部曲和发展模式的三类型。发展阶段的三部曲是古国—方国—帝国；发展模式的三类型是原生型、次生型、续生型。三部曲和三类型是中国万年以来历史发展的总趋势，是关于中国文明起源和古代国家形成的一个系统概念。所有中华民族的各先祖分支都先后经历了古国、方国、帝国的演变路径，夏商周之前是古国，夏商周是方国，秦朝开始是帝国①。苏秉琦的研究具有开创性意义，对于古代中国国家研究影响深远。

历史学者王震中综合运用西方的酋邦理论和社会分层理论，提出中国古代文明和国家起源路径的"聚落三形态演进"说，把古代文明和国家起源划分为三个阶段：由平等的农耕聚落形态发展为含有初步不平等和社会分化的中心聚落形态，再发展为都邑国家形态②。他还提出中国古代国家形态演变的"邦国—王国—帝国"说③。后来，他将两者综合，认为"如果将这两个学说理论观点结合起来，其社会形态演变的过程则可以表述为：'史前大体平等的农耕聚落形态—含有不平等的中心聚落形态—都邑邦国—复合制国家结构的王国—郡县制的帝国'这样五个发展阶段和形态"④。他在《中国古代国家的起源与王权的形成》中专门研究邦国如何转变为复合制王朝国家以及华夏民族的起源问题，研究截至商代⑤。他是古代中国国家形成和演进的最重要研究者之一。

历史学者张金光在专著《战国秦社会经济形态新探》《秦制研究》中提出了对于中国古代社会形态问题的新思维，该两书是中国历史学者在古代中国、秦制研究上的最重要成果之一。他提出解释中国历史的国家权力中心论，并依国家权力之发展线索，将周朝至清朝间的社会形态划分为四期：邑社时代（西周春秋）、官社时代（战国—秦—汉初）、半官社时代（汉—唐）、"国家 个体小农"时代（宋—清）⑥。战国和秦朝对应的是官

① 苏秉琦. 中国文明起源新探. 沈阳：辽宁人民出版社，2009.
② 王震中. 中国文明起源的比较研究（增订本）. 北京：中国社会科学出版社，2013.
③ 王震中. 中国古代国家的起源与王权的形成. 北京：中国社会科学出版社，2013：60. 王震中在该书第32～50页介绍了酋邦理论和社会分层理论的贡献与局限。
④ 王震中. 文明与国家起源的"聚落三形态演进"说和"邦国—王国—帝国"说. 黄河文明与可持续发展，2013（5）.
⑤ 王震中. 中国古代国家的起源与王权的形成. 北京：中国社会科学出版社，2013.
⑥ 张金光. 战国秦社会经济形态新探. 北京：商务印书馆，2013.

社时代。官社时代对应的是官社经济体制模式。他用官社体制来描述战国、秦朝经济社会形态具有独创性。

历史学者钱穆对中国历史和政治有独到见解。他将春秋称为霸政时期，分为霸前时期、霸政时期、霸政衰微时期等三个时期。将战国时期分为前、后两个时期，第一个时期为周代宗法封建国家之衰微时期，第二个时期为新军国成立以后之相互斗争时期。他将秦朝视为中国开始有大规模的大一统政府的出现时期①。钱穆的论著严格遵从从中国历史出发的逻辑，虽主要从历史的角度谈论中国政治，没有专门聚焦国家形态问题，但极具远见卓识，已经成为中国古代国家和古代政治研究的极重要思想资源②。历史学者徐中舒对先秦史有专门研究，总体上基于历史事实分析了周秦之变，认为春秋战国时期的国家政体逐渐由封建君主等级制向封建君主集权制度转变③。

哲学学者赵汀阳认为周秦之变是天下体系转向中央集权的郡县制国家，这是一个重大转变。周朝乃天下体系的发明者，而天下体系是一个"世界政治体系"，是中国政治历史上的第一次革命，也是严格意义上的政治开端，第一次把自然性的大地变成政治性的天下，从而奠定世界政治的基本意义。秦始皇建国是中国政治的一个分界线：告别天下体系和世界政治，开始了以国家作为绝对权力的国家政治④。他的观点有理论上的重要贡献。

历史学者李学勤的专著《东周与秦代文明》基于考古资料介绍了东周和秦代文明，对政治、经济和文化等方面都有涉及，厘清了不少历史事实。他还指出应当从世界史的高度研究秦统一中国的价值，该论点具有重要的指导意义。该书的不足在于涉及政治和国家形态的内容比较少⑤。他还主编《中国古代文明与国家形成研究》一书，对古代中国形成以及周朝

---

① 钱穆.国史大纲：上册.北京：商务印书馆，2010.
② 钱穆.中国历史研究法.北京：生活·读书·新知三联书店，2013；钱穆.国史新论.北京：生活·读书·新知三联书店，2018.
③ 徐中舒.先秦史十讲.北京：中华书局，2015.
④ 赵汀阳.天下的当代性：世界秩序的实践与想象.北京：中信出版社，2016.
⑤ 李学勤.东周与秦代文明.上海：上海人民出版社，2016.

建国进行了深刻细致的分析^①。李学勤是当代中国最重要最有影响力的先秦史学者之一。政治学者何增科进一步深化了对于早期国家、成熟国家的理论建构。他提出了"国家形态的类型学"命题，依据 12 个标准对国家形态进行分类，展示了国家形态分析远大于政体分析的内涵。他还运用早期国家—成熟国家理论初步分析了古代中国从早期国家到成熟国家的转型，强调了华夏国家演进道路的原生性和独特性，初步揭示了秦汉国家形态的内涵和政治遗产^②。他是政治学界最早以早期国家—成熟国家理论来研究古代中国特别是周秦汉中国的学者之一。

中国主体研究路径的立场是中国的，方法是多样的，根本共同点在于尊重中国历史和中国实际，因此最有希望肩负探索中国历史真相、构建重大创新理论的使命。这方面研究已取得较大成果，出现一些解释传统中国国家形态变迁的学说和理论，有一些理论具有较大的说服力。随着中国的崛起，中国主体研究路径将越来越受到重视，影响力将越来越大。中国主体研究路径虽然有不少创新，但尚未形成一大批重大学术成果，亦尚未形成有世界影响力的学派，绝大多数学者都是单打独斗。此外，中国主体研究路径目前仍相当程度上依赖西方人创造的学术概念，很难完全脱离这些概念进行思考。虽然有不少学者认为传统中国不适用封建国家概念，但自创概念和理论分析秦统一后的中国的国家形态的还不多，绝大多数还是使用"专制主义""帝国"等概念来描述。这反映了这条学术研究路径还有很大的发展空间，特别是在基于中国历史和经验提炼概念与理论、重新阐释中国国家史、打造强大的学术共同体、形成有世界影响力的成果和学派、形成自主的知识体系等方面有待重点推进。2019 年以来兴起的历史政治学，可谓中国主体研究路径的标志性事件和最重要成果之一，目前该学派和路径在全国范围内产生很大反响。历史政治学承载着中国本土政治学崛起、中国主体研究路径的重要希望。

---

① 李学勤. 中国古代文明与国家形成研究. 昆明：云南人民出版社，1997.
② 何增科. 早期国家//俞可平. 政治通鉴：第 3 卷. 北京：中国大百科全书出版社，2022.

四、整体情况

总体来看，周秦之变相关研究比较多，但大多涵盖在对古代国家、周秦历史、古代政治的研究之中。单独研究古代国家、周代、秦代的非常多，但专门以周秦之变、周秦国家形态变革为主题的专著并不多。传统中国人以封建、郡县之变认知周秦之变，西方人文社会科学包括马克思主义传入中国后，中国人主要以社会形态之变、国家形态之变等来认知周秦之变，这构成一大分野。

从学科属性来看，周秦之变相关研究以历史学、考古学为主，政治学、社会学、法学等学科研究偏少。古代国家和文明形成是历史学和考古学的最重大课题。1949 年至今，历史学者和考古学者对于古代中国包括周秦之变问题进行了大量研究，形成不少成果。苏秉琦、田昌五、王震中、谢维扬等学者就是代表。中国政治学对于古代国家演变包括周秦之变的关注相对不多。相当长的时期内，甚至直到 21 世纪头十年，中国政治学在古代国家研究上极其薄弱。法学、经济学、社会学的情况也差不多。2010 年以来，特别是历史政治学兴起（2019 年可以视为一个重要起点）后，政治学对于周朝国家形态、秦朝国家形态的研究逐步变多，出现了不少新作品。

从研究路径来看，主要有马克思主义研究路径、马克斯·韦伯研究路径、中国主体研究路径、其他研究路径四种。马克思主义研究路径、马克斯·韦伯研究路径的研究最多。在中国，1978 年前以马克思主义研究路径为主，中国主体研究路径存在但微弱；1978 年以来，中国主体研究路径在加强，不少具有真知灼见的论著面世，马克斯·韦伯研究路径也逐步兴起并流行，1978 年以来国内政治学关于古代国家、现代国家的研究多多少少受到韦伯的影响。秉持马克思主义研究路径的中国学者论及周秦之变时，往往是将其夹杂在对于社会形态、历史分期等老问题的讨论中的。受到

"五种社会形态说"、阶级分析法、"东方专制主义"、"中国停滞论"、朝代循环论等的影响，他们对于周秦之变的研究方法乃至结论大同小异。中国主体研究路径亦大都受到"东方专制主义"、"中国停滞理论"、帝国理论的深远影响。国外学者和有留学经历的学者更多基于马克斯·韦伯研究路径或者中国主体研究路径展开研究，较少受马克思主义特别是中国化马克思主义影响，如福山、赵鼎新、许田波、陆威仪、顾立雅、许倬云、周雪光等。他们更多关注官僚制、战争与官僚制关系、秦制与现代国家形态的关系等问题。此外，一些学者特别是宫崎市定、平势隆郎等日本学者用城市国家向领土国家再向帝国的转变来描述周秦之变，国内有侯外庐、何兹全等学人。不加辨析地使用"帝国"概念和理论分析秦朝和传统中国几乎成为中外学者的流行做法，这是存在问题的，应当对"帝国"概念做出严格界定并去除其中的征服、侵略等意味，方适宜在中国使用。从官僚制、组织形态研究古代中国包括周秦之变是一种重要视角，但大多数国内学者对于古代中国的官僚制和国家性质不同程度地持否定或者批判态度，极少有论者看到中国官僚制对于世界官僚制历史和现代国家构建的深刻影响。总体来看，"西方中心主义"对周秦之变研究有着全面而深刻的影响，其中的扭曲、遮蔽和误导作用是极为深刻也是亟待改变的。大约自2010年以来，特别是2016年以来，强调走出"东方专制主义"、走出"西方中心主义"、尊重中国主体性逐步成为学界的普遍共识。

从研究内容和成果来看，总体上，存在"两少一多"现象，即研究周秦之变过程的少，研究中国国家形态演变规律的少，对新国家形态进行定性和议论的多。在过程研究这一块，一般性、概览式的描述比较多，讨论周秦之变发生过程的精深论著比较少。对于周秦之变过程的研究大多停留在粗枝大叶的描述上。在国家形态研究这一块，从马克思主义角度、马克斯·韦伯研究路径对新国家形态进行定性分析的比较多，从中华文明自身逻辑、中国国家形成和演变的自身规律去探讨新国家形态的非常少。对于新国家形态价值分析尚不够深入，未形成一批真正有影响力的概念和理论。传统中国人用"郡县政治"来解释秦朝至清朝政治，钱穆用"士人政府""郡县政治"形容秦朝至清朝的政治，但这些概念未成为现代政治学术语。可以清晰地看到，即使认知到中华文明和西方文明的发展道路并不相同，建构新概念仍然只是刚刚迈出第一步，很多学者依旧习惯使用既有西方概念，学术创新的勇气仍旧有待提升。因此，中国仍没有形成解释中华文明、古代中国的一整套学术概念体系和话语体系，一些学者在对中华文明、古代中国进行学理解释时，常常不自觉地陷入"西方中心主义"的窠臼之中。对于秦朝国家形态形成原因的一般性研究比较多，专著、专门性研究很少。

赵鼎新、许田波等有海外经历的学者专门从战争角度分析东周国家形成，其成果属于难得之佳作，具有填补空白的重要价值。有一些作品附带性地阐释战争、生产力、诸子百家、政治人物与新国家形成的关系，但从民族关系、社会观念、国家形态的继承和创新等角度分析秦朝国家形态形成的比较少，从世界视野、比较视野研究秦朝国家形态的地位和作用的也比较少。相当多的周秦问题研究陷入碎片化的境地，只见树木不见森林，只见事实不见理论。以周秦之变研究关照中国国家形态演进规律的很少，更没有形成太多有影响力的论著论点。张金光认为，中国是国家权力中心型文明，国家权力乃社会之纲，又提出地权本体论，认为官民关系乃秦朝及此后中国社会阶级结构坐标的中轴线，这涉及中国国家形态演变的规律问题，是重要创见。王续添、辛松峰以中心主义国家阐释中国，是对中国国家形态的极重要阐释，已经相当程度逼近了中华国家的内核和本质，尽管尚待进一步理论化、系统化①。一些学者提出中国国家起源时保留氏族因素，存在家国同构和政族合一等现象，国家权力和意识形态权力的联盟或结合问题，也涉及对于古代中国的规律性探索，极具价值。但此类探索不多，这方面的研究仍旧有较大的发展空间。

---

① 王续添，辛松峰.中心主义国家现代化的历史逻辑：以近代中国社会中心力量转换为中心的考察.政治学研究，2021（6）；王续添，辛松峰.比较视野下的中心主义国家政治形态：在中国发现政治普遍性.中国人民大学学报，2022（6）.此处其他学者的作品未引出，是因前文大都已介绍.孙百亮、吕辉亦以"中心主义"国家治理模式描述古代中国.参见：孙百亮，吕辉."中心主义"国家治理模式的文化逻辑.云南民族大学学报（哲学社会科学版），2014（4）.

第三节　本书结构和研究方法

一、本书结构

第一章为导论。第一节，阐述周秦之变研究的缘起。第二节，进行学术史回顾。第三节，阐释本书结构和研究方法。

第二章搭建周秦之变的理论阐释框架。第一节，阐释周秦之变的历史内涵和政治学意义。第二节，分析国家形态演变。首先对国家形态概念进行本土化、理论化、规范化构建，然后阐释国家形态演变的定义、主要形式。第三节，对国家形态演变进行分类，提出国家形态演进意义的分析框架。第四节，阐释天子诸侯制国家形态、君主官僚制国家形态的含义。

第三章研究周朝国家形态即天子诸侯制国家形态的内涵和结构。以西周为中心，从立国基本理论、国家基本制度、国家统治方式、国家与社会关系、社会和阶级结构、国家经济形态六大方面阐释。这是周秦之变研究的重要内容。

第四章讨论周秦之变历史过程的演进脉络和阶段性特征，分析君主官僚制国家形态形成过程。本章以两种国家形态的交替、衍生、定型为主线，将这个历史阶段分成四个阶段。第一个阶段即天子诸侯制国家时期（公元前1046—前707年），第二个阶段即君主官僚制国家奠基期（公元前707—前238年），第三个阶段即君主官僚制国家形成期（公元前238—前206年），第四个阶段即君主官僚制国家定型期（公元前206—前87年）。

第五章阐释君主官僚制国家的内涵和结构。本书将君主官僚制国家定位为春秋战国奠基、秦朝形成、汉朝定型的国家形态，从立国基本理论、国家基本制度、国家统治方式、国家和社会关系、社会和阶级结构、国家经济形态六大方面剖析其内涵，并就汉朝对秦朝国家形态的调整和定型做出专门考察。

第六章比较分析天子诸侯制国家和君主官僚制国家的基本定位，为探讨周秦之变内在机理、历史定位和世界意义奠定基础。

第七章分析周秦之变的成因和内在机理。将从国家中心主义路径、国家最高权威和周制衰落、特殊的国家起源之路、官僚因素的发展演变、精英集团斗争、阶级关系、中央与地方关系、战争、地理和环境因素、思想和观念、经济因素、重大事物到来的顺序等角度分析周秦之变发生的动力、机制和内在规律。

第八章分析周秦之变的历史定位。从五大维度全面阐释周秦之变的基本定位，以及其对中华国家形成和演进、中华文明形成和演进的深刻影响。

第九章阐释周秦之变的世界意义。世界视野是历史政治学根本方法论的重要构成。本章将比较分析君主官僚制国家形态在世界历史上的地位和作用，基于现代国家构建的五座珠峰理论分析周秦之变在现代国家形成中的贡献，分析周秦之变对于人类官僚制形成和发展、现代国家构建、人类政治文明发展、亚洲和世界历史的影响。

第十章为结语。第一节，阐释提炼本研究的基本结论。第二节，论述本研究的理论意蕴和理论启示，并略做下一步的研究展望。

二、历史政治学路径及其方法

晚清以来，中国社会科学和知识体系大致发生了四次转型（见图1-3）。第一次转型发生在晚清民国时期，中国首次引入西方学术体系和知识体系，传统中国的知识体系受到巨大冲击。第二次转型发生在1949年至1978年，中国系统全面引入马克思主义并推动马克思主义中国化时代化，革命话语、阶级话语和斗争话语占据核心地位。这其中离不开对苏联社会科学和知识体系的学习。第三次转型大致发生在1978年至21世纪头十年，中国再次引入西方社会科学和知识体系，现代化理论、转型理论等各种理论大放异彩。第四次转型大致发生在2010年以来，当前中国尚处于这次转型中。在前三次转型的基础上，中国主体性意识全面觉醒，中国历史和中华文明中蕴含的社会科学道理和知识逐步得到重视，中国社会科学和知识体系出现了本土化和国际化双重突破，迈向更高水平的自主知识体系建构阶段。其中，标志性事件是2016年5月17日哲学社会科学工作座谈会的召开。

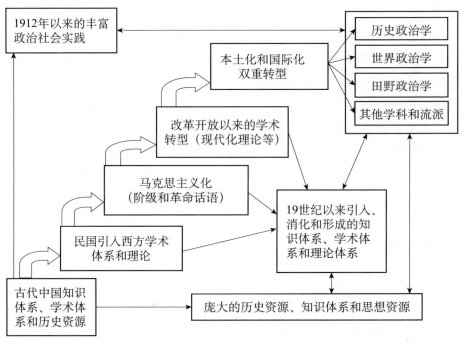

图 1-3　晚清以来中国社会科学和知识体系的四次重大转型

"自20世纪80年代恢复以来，中国政治学在经历了翻译、引进、本土化、反思等环节后，正在进入一个理论创新的阶段。"[1] 强化政治学科的世界格局和中国主体性、反对"西方中心主义"、强调对中国政治史特别是重大历史事件的研究成为当代中国政治学界的普遍共识，中国政治学出现了以

---

① 景跃进. 中国政治学理论建构的若干议题：田野基础、历史脉络与创新维度. 华中师范大学学报（人文社会科学版），2021（4）.

历史转向、中国转向、国家理论研究转向、基础研究转向、自主知识体系建构转向等为重要特征的范式革命。2019 年 5 月，中国人民大学成立历史政治学研究中心更是中国政治学主体性觉醒、本土化转型的最重要标志之一。

历史政治学（historical politics）的出现带来新的知识增长点，亦是中国政治学增强本体性、自主性和理论性的可行途径。在民族自信、道路自信、理论自信、制度自信、文化自信、学术共识不断增强的大背景下，历史政治学一经提出便迅速成为众多高校、众多学者响应的重要学术潮流，越来越多的学者认识到中国历史和中华文明应是中国政治学最重要的概念、知识和理论来源，强化中国国家形态史和国家基础理论研究、构建中国政治学自主知识体系应是历史政治学的核心任务。当前，包括历史政治学在内的中国政治学在古代国家、当代国家、政治理论、世界政治研究等方面取得一系列重要进展，为推进中国国家理论研究和周秦之变精深研究打下了坚实的基础。

很多学者对历史政治学进行了理论建构，为开展历史政治学研究奠定了坚实的方法论和认识论基础。政治学者杨光斌在《什么是历史政治学？》一文中对历史政治学的重要价值、基本立场和方法路径做了集中而深刻的阐释①。他在其他文章中亦指出："中国政治学要取得更大的成就，要取得让世界同仁刮目相看的研究水平，政治学不但要做到本土化，还必须形成'以中国为方法'的研究路径和学派。'以中国为方法'至少有两个含义，不但以本土化的中国为中心，而且以中国为中心研究所产生的认识论、方法论知识还将成为一种'尺度'或者说'标准'。"②他强调："要建设作为社会科学基础学科的自主性政治学，需要在政治学原理体系意义上对政治学最基本概念和方法做历史政治学的重构。"③政治学者郭台辉指出："现在更应该强调历史研究在本体基础和知识资源方面的作用……要有关怀世界的眼光以及对文明多样性的包容态度，以进行跨文明的比较和历史

① 杨光斌. 什么是历史政治学？. 中国政治学，2019（2）.
② 杨光斌. 以中国为方法的政治学. 中国社会科学，2019（10）.
③ 杨光斌，释启鹏. 历史政治学的功能分析. 政治学研究，2020（1）. 2023 年 7 月，杨光斌出版历史政治学专著。参见：杨光斌. 历史政治学：中国政治学的范式革命. 北京：中国人民大学出版社，2023.

研究，这样才符合历史政治学的真正追求，才能把中国历史政治学推向世界。"① 政治学者贺东航肯定提出历史政治学的重大意义，强调任何人都不能超越中国历史经验、文明、传统而奢谈西方国家理论②。政治学者王续添等人认为历史政治学的研究进路包括历史和理论结合、时间和结构互嵌等方面，并进行了大量学术探索③。政治学者张树平对自 2019 年中国人民大学成立历史政治学研究中心以来国内历史政治学的研究成果进行了阶段性评估，认为"历史政治学是中国政治学学科主体自觉和方法论反思的结果。在中国政治学方法论多元化以及由此引起的方法论之争的背景下，围绕如何更为有效地理解中国、解释中国，历史政治学逐渐成长为一种具有理论雄心和学科抱负的方法论主张和学术潮流"，"历史政治学在政治学概念创制和政治学议题拓展上取得了明显成就，但在实现（历史）政治学理论建构中'批判的自我呈现'一面尚待进一步努力"④。总体上来说，历史政治学是政治学的一个分支、一个方向、一个研究进路，是政治学和历史学相结合的产物，更重要的是中国政治学和中国历史乃至于中华文明相结合的产物。

基于此，本书采用政治学特别是历史政治学路径，从中国历史、中国经验出发，兼顾中外历史经验，秉持"坚持中国主体性、以中国为方法、基于世界视野、历史和理论结合、时间和结构互嵌、建构自主知识体系"的原则，对周秦之变展开学理研究，力求实现政治学和历史学的结合，希望从中国历史经验中提炼出可以通约、可以言说、可以交流的政治概念和政治学规律，特别是具有标识性特征的概念和理论⑤。"在确立起本土化自

---

① 郭台辉．历史社会学的知识来源与历史政治学的发展方向．中国政治学，2020（4）.

② 贺东航．复线性的成长：新中国国家建设的经验、特征与重大挑战：一项历史政治学的考察．中国政治学，2020（2）.

③ 王续添，辛松峰．中心主义国家现代化的历史逻辑：以近代中国社会中心力量转换为中心的考察．政治学研究，2021（6）；王续添．从对象的"历史"到方法的"历史"：社会科学研究"历史转向"的实践思考．中国人民大学学报，2024（3）.

④ 张树平．政治学理论建构中的经验、历史与逻辑：对历史政治学发展的一项阶段性评估．政治学研究，2022（1）.

⑤ 习近平强调："要善于提炼标识性概念，打造易于为国际社会所理解和接受的新概念、新范畴、新表述，引导国际学术界展开研究和讨论。"参见：习近平．论党的宣传思想工作．北京：中央文献出版社，2020：235.

觉的前提下，本土化学术概念、研究方法的系统创新都是绝对必要的。唯其如此，我们才能做到在针对那些普遍性问题的探讨中明确'中国问题'与'中国方案'的内涵"，"当中国政治学的主体意识真正找到了创新和致用的觉醒平台时，事实将会雄辩地证明，未来的中国政治学不仅能够在服务于更好解决中国问题的方向上发挥作用，而且必将启动一场更高层次上的政治学学科革命，为人类的政治发展贡献出更多精神财富"①。具体说来，笔者还将采用以下方法：

（一）历史研究法

历史研究法是一种强调充分占有历史资料，尤其是历史档案、文物、制度法令等第一手资料，按照历史发展基本顺序对事件和问题进行研究的方法。其强调在历史语境中考察历史现象和历史事物，坚持论从史出、理论逻辑和历史逻辑的统一，追求历史性和科学性的统一。毫无疑问，建立在强烈而坚实的历史感基础上的历史研究法是历史政治学的基本方法，历史感的坚实与否事关历史政治学研究的成败。本书在考察周秦之变、天子诸侯制国家形态和君主官僚制国家形态的内涵和形成过程时，一方面尽可能多地依据一手文献、出土文物和权威史书进行考察，强调资料的一手性、可信性和权威性，尽可能地贴近历史真相，有一分史料说一分话，严格地以史为据；另一方面高度重视理论和历史的结合，注重探究历史之中的规律性，试图总结出周秦之变的规律和意义，解释周朝国家形态、秦朝国家形态形成和演变的动力和机理，探究中国国家形态演变的规律和机理。

（二）制度研究法

一般意义上的制度研究法强调通过研究制度（包括法律、政策、政令

---

① 林毅. 西方化反思与本土化创新：中国政治学发展的当代内涵. 政治学研究，2018（2）.

和习惯法等）、国家机构、政府机构等来认识人类政治问题。其对象通常
包括国家起源、国家形态、国家形式、国家体制、宪法、国家机构、政
体、政府、选举制度、政党制度、政权内部权力关系、中央与地方关系、
条块关系等问题。制度研究是国家形态研究之重要内容，亦是历史政治学
的重要方法。本书中的国家基本制度包含国家基本政治制度、国家基本经
济制度、国家和意识形态的关系模式、国家基本军事制度等多个维度，是
一个综合的广义的制度的概念。从更为宽泛的角度来说，本书所界定的国
家形态中的五大维度即立国基本理论、国家基本制度、国家统治方式、国
家和社会关系、社会和阶级结构（第六个维度为国家经济形态），都具有
制度和结构的属性。因此，本书大大拓展了制度的一般性含义，亦打破了
政治制度与行政制度的一般性的两分法。本书将通过深入研读一手资料、
历史文献和理论文献，特别是出土青铜铭文、秦简等，深入分析夏商周三
代和秦汉的基本政治制度、基本经济制度、基本军事制度、国家统治方
式、国家和社会关系、社会和阶级结构等各方面内容，全面揭示和分析天
子诸侯制国家和君主官僚制国家的内涵、基本结构和运行机理，分析周秦
之变的原因、过程、机制和意义。

第二章

周秦之变理论阐释框架

"五千多年来，国家是世界上最庞大、最强有力的组织。"① 秦朝曾是亚洲乃至世界最强大的国家之一。沿用君主官僚制国家形态的清朝在鼎盛时期统治的疆域超过 1 300 万平方公里，人口最多时有 4.36 亿，是东亚的核心国家、天下体系的中心。苏联在鼎盛时期领土达到 2 240 万平方公里，成为全球政治格局中的超级大国。今天的中国、俄罗斯生动地诠释了"国家是世界上最庞大、最强有力的组织"这一事实。在当下，国际组织虽然十分重要、十分活跃，但依旧没有撼动国家的坚固的主体地位。

作为如此重要的组织，国家必有结构、样态、运行机制。国家形态（state form）是国家内部构造和外在样态，是关于国家本质、构造、结构和运行机制的概念和理论。关于社会，有社会形态概念和理论。关于国家，国家形态不但应当成为一个正式的概念和理论，而且应当成为国家理论的重要组成部分。周秦之变的最重要内容是国家形态变迁。将周秦之变研究不局限在传统的郡县制—封建制（分封制）维度上，也不局限在政体、国体维度上，从更为广义的国家构造、样态、特质和运行机制，包括立国基本理论、国家基本制度、国家统治方式、国家和社会关系、社会和阶级结构、国家经济形态等维度进行探讨，有利于拓展周秦之变研究的广度和深度。

为展开对周秦之变的分析，本章将建构起理论阐释框架。首先，阐释周秦之变的历史内涵和政治学意义。其次，界定国家形态演变基本概念。对国家形态概念进行本土化、理论化、规范化构建，界定和探讨其内涵、构成要素。阐释国家形态演变的定义、主要形式。再次，对国家形态演变

---

① 蒂利. 强制、资本和欧洲国家（公元 990—1992 年）. 魏洪钟，译. 上海：上海人民出版社，2012：2.

进行分类，回应现代国家理论。引入古代国家和现代国家概念和分类，并在梳理中外关于现代国家理论的基础上，兼顾中外经验，赋予现代国家新内涵，提出通往现代国家需要克服何种阻力等命题，提出国家形态演进意义的分析框架。最后，阐释天子诸侯制国家形态、君主官僚制国家形态的含义。

第一节　周秦之变的历史内涵和政治学意义

本书第一章的"学术史回顾"部分已对当代中外学人对周秦之变、周朝国家形态、秦朝国家形态有关问题的研究情况进行了系统回顾，这里再做必要的阐释和补充。首先，梳理周秦之变在古代中国历史语境中的含义和古人对周秦之变的评价，即周秦之变的历史内涵或者说传统内涵。要对周秦之变做出新阐释，应当明白周秦之变的历史内涵是什么。这亦是构建周秦之变的理论阐释框架的重要基础。其次，从政治学特别是历史政治学视角对周秦之变展开分析，厘清周秦之变在政治学中的内涵和意义。这是进一步分析周秦之变的基础。

一、周秦之变的历史内涵

周秦之变是古代中国最深刻的大变革。中国古人敏锐地感受到周秦之变的存在和重要性，有大量论述，主流观点主要在以下几个方面：

第一，从变革的内涵看，将周秦之变视为从周朝到秦朝的演变、变动、变革，主要理解为朝代变更、政权变更、政治制度变革、国家治理方式变革，常以封建制和郡县制之变、王道和霸道之变、儒法关系来议论和认知周秦之变。哲学学者李若晖指出：在古人看来，周秦之变最为显著的变化，即变封建为郡县。亦即在国家最高权力为一家一姓垄断的前提下，国家的基本政治制度仍然有封建和郡县两种选择①。社会学者渠敬东指出："传统社会由殷周、秦汉之变，以及后续各代的发展变迁，均围绕着封建制与郡县制的辩证关系而展开。"② 封建制和郡县制是中国古人认知和把握政治制度和国家治理方式、划分历史时代的最基本概念，被赋予了极丰富的含义。这和当代中国人一般将两者视为行政制度或具体制度不同。从郡县制和封建制的关系来把握周秦之变，说明古人总体上是从政治制度、国家治理来认知周秦之变的。

第二，从变革的价值看，对周秦之变的看法存在分歧，否定者为多数。受到倒退历史观、儒家思想等各种因素的影响，中国古人多数认为周朝为国家治理的典范、秦朝是暴政的代表，相当程度上将秦朝排除在正统朝代之外，他们对于周秦之变、从封建制到郡县制之变的评价不高，不认为周秦之变是进步，很多人认为是倒退③。柳宗元是少数肯定者之一。他认为周建立分封制，不是出于公心，而是因为当时"归周者八百焉，资以胜殷，武王不得而易"，"夫不得已，非公之大者也，私其力于己也，私其卫于子孙也"，"秦之所以革之者，其为制，公之大者也；其情，私也，私其一己之威也，私其尽臣畜于我也。然而公天下之端自秦始"④。这超越了一般性的鼓吹周制、贬低秦制的话语模式。

顾炎武是承认郡县制出现有必然性的大学者，但亦不认为两种制度之间有绝对优劣之分，认为"封建之失，其专在下；郡县之失，其专在上"。他对郡县制有激烈批评："古之圣人，以公心待天下之人，胙之土而封之国；今之君人者，尽四海之内为我郡县，犹不足也，人人而疑之，事事而制之。科条文簿日多于一日，而又设之监司，设之督抚，以为如此，守令不得以残害其民矣"，"寓封建之意于郡县之中，而二千年以来之

---

① 李若晖. 不丧斯文：周秦之变德性政治论微. 上海：上海人民出版社，2019：236.
② 渠敬东. 中国传统社会的双轨治理体系：封建与郡县之辨. 社会，2016（2）.
③ 政治学者牛铭实对中国历史上的封建、郡县之辩有简要综述。参见：牛铭实. 从封建、郡县到自治：中国地方制度的演变. 开放时代，2004（6）.
④ 柳宗元. 柳宗元集：第1册. 北京：中华书局，1979：74.

弊可以复振"。① 他主张调和这两种制度。他的思想反映了在君主官僚制国家时代后期，郡县制和分封制开始出现某种程度的融合。

正因对分封制、郡县制的评价模糊、对立，分封制"回潮"并和郡县制并行在秦汉以来的中国历史上屡见不鲜。汉朝初期就实行大肆分封。李世民是杰出的政治家，也曾想复辟分封制，因很多大臣反对而未实行。朱元璋大力推行分封制，封了很多可以世袭的藩王，分封制贯穿了整个明朝，和郡县制并行。

第三，从变革的深刻性看，认为周秦之变是天地一大变，乃一个重要历史分界点，即三代和三代以下的分界点。汉朝以来，儒家为主流意识形态，受到儒家影响的多数中国人视三代为理想的时代，认为应当法先王，视三代以下乃至于自己所处的朝代为现世，现世要向三代学习。孔子就说："周监于二代，郁郁乎文哉！吾从周。"② 古人视三代为古，三代以来为今，周秦之变大致等于古人的古今之变。

第四，从变革的发生概率看，认为有一定的必然性。柳宗元以封建制指代周制，以郡县制指代秦制，认为封建制、郡县制之变是历史规律造成的，封建制和郡县制各有利弊，不存在绝对的好坏。周制之败在于制度本身而不在于施政，秦朝灭亡不在于制度而在于施政。他认为封建"非圣人之意也，势也"③。顾炎武认为由于封建制自身的缺陷，郡县制代替封建制是必然的，周朝之灭亡不在于秦朝，而在于周朝本身。"而封建之废，固自周衰之日，而不自于秦也。封建之废，非一日之故也。虽圣人起，亦将变而为郡县。"④

总体来看，中国古人对于周秦之变的认知是具备相当的高度的。封建和郡县是古代中国的一对基础性关系，古人对其优劣并无定论。中国古代没有政体、国体、国家形式、国家形态、政治制度等概念，没有现代意义上的社会科学，当然也比较少有世界历史的视野，这制约了他们对于周秦

---

① 顾炎武. 顾炎武全集：第 21 册. 上海：上海古籍出版社，2011：57.
② 论语·大学·中庸. 陈晓芬，徐儒宗，译注. 北京：中华书局，2015：32.
③ 柳宗元. 柳宗元集：第 1 册. 北京：中华书局，1979：75.
④ 同①.

之变的讨论。古人对于周秦之变的理解主要还是从中华文明自身来理解
的，一定程度上存在太过于偏政治、比较窄化等问题，有待进一步拓展和
深化。

二、周秦之变的政治学意义

阐释周秦之变的政治学意义，是从政治学特别是历史政治学来研究周
秦之变的重要基础。这里主要从三个方面阐释：一是 1840 年以来中外对周
秦之变认知的变化，二是政治学视角下周秦之变的内涵和本质，三是周秦
之变对于政治学的价值，或者说周秦之变研究可能具备的政治学价值。

（一）1840 年以来中外对周秦之变认知的变化

西方人文社会科学和各种思潮进入中国前，周秦之变主要被视为封建
制、郡县制之变，被视为朝代之变、政权之变、政治制度之变、国家治理
方式之变。西方人文社会科学和各种思潮进入中国后，中国人对周秦之变
的理解有了变化和发展，从社会形态、国家形态、政治制度、新的历史分
期等各种角度理解的都有。外国学者亦就周秦之变、周朝、秦朝、中国历
史和中国政治等发表论述。各种直接的、相关的研究汇聚在一起，形成了
丰富认知。这些研究非常重要，第一章已做出文献综述，以下略做归纳和
补充。

相当多以马克思主义为指导的学者，基于古史分期、社会形态变迁等
视角，将周秦之变视为从奴隶社会向封建社会的转变，或将周秦之变视为
"中国专制主义"政治的大发展。相当多坚持中国主体研究路径的学者，
将周秦之变视为中国国家形态演进的重要一环，视为中华国家内部的国家
形态演进，主要是从王国到帝国的转变，有的则将其视为从分封制国家或
者宗族型城邦国家向大一统国家的演变，一些人提出了所谓的"走出周

制""走出秦制"的问题。相当多坚持马克斯·韦伯研究路径的学者，引入传统国家（古代国家）—现代国家理论，深入研究周秦之变中的官僚制、国家机器演变，视周秦之变为带有现代性的国家形态变迁，有的甚至将周朝视为古代国家、将秦朝视为现代国家。在这三种研究路径之外，还有不少人视周秦之变为从城市国家（都市国家）到帝国的演变，或是从欧洲式封建国家到帝国的演变。

这些论述丰富了中国人对于周秦之变的认知，使中国人对于周秦之变的认知有了现代社会科学、世界历史、现代国家构建、人类社会发展规律等视野，越来越接近事物的本质和真相，一定程度揭示出了周秦之变、中国国家演进的本质特征和内在规律。这些成果是开展进一步研究的重要基础和对话对象。

（二）周秦之变的内涵和本质

以上讨论了周秦之变的历史内涵，那么从政治学特别是历史政治学来看，周秦之变的内涵是什么？要研究清楚周秦之变的历史定位、世界意义和理论价值，必须抓住其内涵、本质和核心，这是最基本的前提。

中华文明是一种政治占据主导地位的文明，或称为国家中心主义文明，国家居于文明的核心，具有决定性地位，国家"裹挟"在文明中，国家是文明的灵魂和内核。中国国家形成和演进的逻辑和规律相当程度上就是中华文明发展的逻辑和规律，中国国家形态演进在中华文明发展中居于统领地位。

从现代政治学特别是国家演进视角来看，作为中国古代历史上最重要的变革，周秦之变不宜仅视为朝代之变、政权之变或者政治制度之变，而应该打破刻板认知、惯性认知，从更为宽阔的视野即事物本质的角度进行思考。周秦之变本质上是一场以国家形态变革为统领和核心的中华文明全方位的根本性变革。国家形态乃国家的内部构造和外部样态，是系统性整体性概念，包括立国基本理论、国家基本制度、国家统治方式、国家和社会关系、社会和阶级结构、国家经济形态等维度，这些维度在这次变革中都发生了根本性变革。周秦之变的发生、发展过程受到国家形态形成和演变逻辑的决定性影响，是中国国家形成和演进基本规律和基本逻辑在特定条件下展开的产物。国家形态之变是周秦之变的本质和灵魂，朝代之变是它的形式和外衣。

可以把周秦之变分为国家形态变革和其他领域变革。其他领域变革包括社会思想变革、社会观念变革、科技变革、家庭制度变革等。国家形态变革是周秦之变的主体和核心，和周秦之变中的其他领域变革是一种互动的关系，国家形态变革主导、统领、决定着其他领域变革，国家形态变革受到其他领域变革的影响。这种局面的出现是中华文明是国家中心主义文明的表现。历史学者夏曾佑在讨论"战国之变古"时将当时的变革分成六类：一是宗教之改革，主要讲老、孔、墨三家思想的变革；二是族制之改革，主要讲从以天子为中心的宗族结构、世卿世禄转向打破宗族特权、实行能力主义；三是官制之改革，讨论战国七国官制、官名等与之前时期的变化；四是财政之改革，讨论从井田制到废井田以及有关赋税的变革；五是军政之改革，讲的是军队组织、军事制度的变革；六是刑法之改革，论述的是从礼不下庶人、刑不上大夫到刑罚贵贱普及的变化①。夏曾佑表面上讨论的是"战国之变古"，实际上讨论的是周秦之变。这是比较全面的论述。这六个方面实际上是国家形态的分开陈述，这些内容皆可以统入国家形态之中。宗教之改革涉及立国基本理论，官制、军政、刑法改革涉及国家基本制度。族制改革、财政改革涉及社会和阶级结构、国家和社会关系、基本经济制度。这些变革若以国家形态之变统领，不仅内容上可以基本覆盖，而且可以形成一个弹性而有机的结构，有利于较为完整清晰地展现这些变革之间的内在关系，更好把握其中的机理和规律。

周秦之变的时间划分应该尊重国家形态演变的根本逻辑，从事物发展周期的视角来把握。"思想史时代有两种性质：自然时代与观念时代。所谓'自然时代'就是朝代的自然顺序，习称的先秦、秦汉就是自然时代。所谓'观念时代'就是根据特定研究意图而对历史时期所作的重分划分和

---

① 夏曾佑.中国古代史.石家庄：河北教育出版社，2000：193-198.

切割，其目的是凸显该时代的思想史特性，即突出该时代特有的价值观念。简言之，'观念时代'即是打破朝代界限而重新规划的思想史阶段。"①周秦之变始于周朝，终于新的国家形态完全形成和定型之际，也就是西汉中叶，大致是汉武帝在位之际。这段时期都属于变革时期。

　　因此，在本书中，周秦之变指的是中国在周、秦直到西汉中叶发生的以国家形态变革为统领和主体的中华文明全方位变革，最集中最重要的结果就是以周朝为代表的天子诸侯制国家形态逐步衰亡，形成中央集权大一统君主官僚制国家形态。演变前的周朝国家形态，本书命名为天子诸侯制国家形态。新国家形态奠基于春秋战国、形成于秦朝、定型于汉武帝（公元前 141—前 87 年在位）时期，本书命名为中央集权大一统君主官僚制国家形态，简称君主官僚制国家形态，亦可称为秦朝国家形态或秦汉国家形态。西汉对君主官僚制国家形态的关键性改造和定型作用，是这次国家形态变革的终点，对君主官僚制国家形态成为中国正统国家形态发挥了重要作用。这构成了一个完整的政治史周期。这应该亦是社会学者赵鼎新将儒法国家形成时间定位于西汉中叶的原因②。与天子诸侯制国家形态相比，君主官僚制国家形态的影响更深远，因此本书对它有所侧重。

　　或许有人会提出疑问，既然将时间截至西汉中叶，为什么不叫周汉之变，这样岂不更清晰？也并非绝对不可以。但之所以仍旧叫周秦之变，有四点理由。第一，此次变革的主体内容发生在周秦之际。"百代皆行秦政法"是中国学界极有共识的命题。汉朝对秦制的改造不构成这次变革的核心内容，而是一个不可或缺的重要补充。第二，在本书中，周秦之变中的"周""秦"主要理解为广义的周制和秦制，即天子诸侯制国家形态和君主官僚制国家形态，而不局限于朝代。第三，周秦之变是一个知晓度极高的历史名词，周制、秦制之争向来就是中国历史上的重要问题，亦是当代中国学界的重要问题。使用"周秦之变"概念有利于在继承已有研究成果之上进行交流讨论。第四，"周汉之变"的意涵比较费解，何况这个概念在表述上略掉了本次变革中的最重要主体——秦。因此，本书使用"周秦之

---

①　雷戈．秦汉之际的政治思想和皇权主义．上海：上海古籍出版社，2006：2.

②　赵鼎新．东周战争与儒法国家的诞生．夏江旗，译．上海：华东师范大学出版社，2006.

变"这个并非完美但相对而言最适当的通用概念。

学界关于周秦之变时间跨度的观点大致有广义和狭义两种。广义的周秦之变是从周朝建立至汉武帝去世，即从公元前 11 世纪中叶左右至公元前 87 年，时间跨度超过 900 年。狭义的周秦之变是从东周开始至秦始皇去世或者秦朝灭亡，即从公元前 770 年至公元前 210 年或公元前 206 年，时间跨度约为 560 年。学界大多认为周朝起始于公元前 11 世纪，但具体年份有争议。本书尊重各家观点，但暂时按照夏商周断代工程的提法，取公元前 1046 年一说①。除非特别说明，本书的周秦之变一般指广义的周秦之变。

（三）周秦之变的政治学价值

当前，中国政治学出现中国转向、历史转向、国家理论转向、基础研究转向。中国国家史的地位和作用越来越受到重视，被视为中国政治学的基础性课题。在此背景下，周秦之变的政治学价值更加凸显，可能存在于以下七个方面：

第一，它是认识中国国家史的重要载体。由于周秦之变在中国古代国家史、中国古代历史上的特殊重要性，对周秦之变展开政治学研究，是全面分析中国国家形态形成和演进规律、机理、特性和世界意义的重要切入口，是更好认知中国国家和中国国家史的重要着力点。

第二，它是认知中国古代政治、中国古代历史特别是周秦史的重要载体。周秦之变不但是中国古代国家历史的重要一环，也是中国历史的重要一环。对此展开深入研究，是更好认知中国政治、中国历史的重要方式，也是更好认知周史、秦史的重要方式。单纯地研究周朝或者秦朝，而不思考周秦之变，对于周朝之衰败、秦朝之兴起的认知可能存在不足。

---

① 周朝开始之年多有争议，这里从夏商周断代工程之说。参见：夏商周断代工程专家组.夏商周断代工程 1996—2000 年阶段成果报告（简本）.北京：世界图书出版公司北京公司，2000：49. 美国汉学家万志英将周代商年份视为公元前 1045 年。参见：万志英. 剑桥中国经济史：古代到 19 世纪. 崔传刚，译. 北京：中国人民大学出版社，2018：13. 周史研究重量级学者杨宽认为，西周始于公元前 11 世纪末叶。参见：杨宽. 西周史：上册. 上海：上海人民出版社，2016：1. 这三个时间非常接近。

第三，它是检视和丰富国家理论的重要载体。周秦之变的复杂性和特殊性是非常明显的。它是公元前中国发生的一次大变革，在全世界具有早发性，所产生的新国家形态具有一定的现代性。这就是以中国性切入了现代性，是现代国家研究必须回应的重大问题。人类现代国家构建应该从哪里算起？是否西方才是最早发生现代国家构建的地方？现代性是否等于西方性？这些问题将推动现代国家理论研究。

第四，它是认识中华文明和中华世界起源与形成的重要载体。周秦之变是中国古代历史上最深刻的变革。无论喜欢或者厌恶，都无法回避。周秦之变对于中华文明、中华世界、中国历史演进道路具有重大影响，这种影响是什么？这都是周秦之变研究可能涉及的重大问题。

第五，它是认识东亚史和世界史的重要载体。中国是古代世界主要国家之一，中华文明是世界主流文明，古代中国曾长期是全世界最先进最强大的国家之一，是主要的文明中心、创新中心，对于东亚、亚洲和世界都有过强有力的影响。这和周秦之变是分不开的。因此，周秦之变研究有助于更好地认知东亚历史、亚洲历史和世界历史。

第六，它是认知世界政治文明、大国治理范式的重要载体。作为全世界唯一延续至今的大国和世界历史上的最重要国家之一，中国提供了和古希腊、古罗马、印度、阿拉伯世界、中亚游牧国家、欧洲中世纪封建国家等都不同的国家治理范式。中国是世界上最成功的长期维持统一的多民族国家，提供了丰富的国家治理智慧。这些和周秦之变有着直接联系，毕竟中国在秦朝至清朝沿用的国家形态就是在周秦之变中形成的。通过周秦之变研究，可以进一步丰富对于世界政治文明的认知。

第七，它是建构中国政治学自主知识体系、克服"西方中心主义"的重要载体。当前，中国政治学的概念和理论主要来自西方经验。基于中国历史经验和实践经验的研究，特别是国家形态重大转变历史事件研究，有可能贡献一些政治学概念和理论，完善中国政治学自主知识体系。周秦之变就是这样的重大历史事件。此外，通过对于周秦之变的全面而公正的研究，有利于在一定程度上克服现有国家理论的"西方中心主义"局限或倾向。

以上尝试性地列举了周秦之变问题可能存在的政治学价值。当然，这不是指本书的价值。周秦之变对于中国政治学极具价值，是一块亟待深入开垦的宝地。本研究仅仅是一次初步的尝试，更多的研究还有待政治学各位前辈和大家的涉足和推动。

第二节　国家形态演变的内涵

为阐述清楚国家形态演变的内涵，本节首先尝试对国家形态概念进行本土化、理论化、规范化构建，力求使其从广泛使用的用语和历史概念变成可对周秦之变展开研究的分析性概念。接着，对国家形态演变的内涵进行界定，分析国家形态演变的基本形式。

一、国家形态概念

当前，关于国家的概念有政体、国体、国家类型、政治体系、国家形式、国家本质、国家模式、政权、国家机器、政治制度等。它们都是政治学的重要概念，对于人类认知政治现象特别是国家有重要价值，但在一定程度上存在"西方中心主义"倾向或是自身局限。中国的国家性、国家演进道路具有自身的特点。中华文明作为一个一直延续至今的独立文明，其国家的特性和演进规律明显不同于西方，如果不能对既有国家理论进行必要反思，不加辨析地使用西方概念和理论，可能我们的国家理论研究最终也不过是在西方国家理论的大树上"修枝剪叶"。政治学者杨光斌指出："欧美政治学是自己历史文化传统的产物，基于此而产生的分析性概念用于解释历史属性完全不同的中国或其他国家，屡屡出现'关公战秦琼'

尴尬，甚至误导他国的政治发展。这就决定了中国政治学必须寻找与自己历史文明传统相匹配的方法论，据此而生产、发现政治学的基本概念并重组政治学原理体系。"① 为了避免陷入"西方中心主义"，克服政体中心主义忽视国家的整体性等局限，应当关注国家的整体性、系统性，除了关注国家基本制度、政体，还应该弥补立国基本理论、国家和社会关系、社会和阶级结构、国家经济形态、国家统治方式等对于剖析国家的结构和本质极重要的维度，应选用新概念对国家的整体构造、样态和运作机制进行描述。笔者将使用国家形态概念作为描述国家整体构造和运行机制的核心概念。

在古代中国国家研究领域和历史政治学研究领域，"国家形态"是一个极为常见、极其重要的术语。国家形态并非中国固有术语，而是对马克思主义著作中有关术语的翻译，最初有的译为国家形态，有的译为国家形式。马克思最早使用国家形态、国家形式是在 1842 年 12 月 31 日撰写的《"莱比锡总汇报"的查封》一文中。该文不下 9 次用到该词②。据笔者掌握的资料，中文国家形态一词在中国最初出现和被使用大致是在1929 年，此前的中文文献虽已有政治形态、社会形态和各种关于形态的用法，但从未出现"国家形态"一词。迄今笔者能查到的最早出现国家形态一词的中文文献是中共党员、马克思主义学者马哲民所著的《经济史》，该书出版于 1929 年 4 月 10 日③。英文政治学更多使用政体、国家形式、国家类型等概念，极少使用国家形态概念。当前，国家形态含义尚未完全固定，学界尚未对其进行系统性理论构建，因而其更具有中立性和弹性，可以被赋予更强的本土性，作为一个对国家结构和构造进行整体性分析的、契合中国历史和国情的重要概念。通过有效构建，国家形态可用于分析周秦之变中的国家问题，也有希望成为历史政治学的基础性概念。

① 杨光斌.历史政治学的知识主体性及其社会科学意涵.政治学研究，2021 (1).
② 马克思，恩格斯.马克思恩格斯全集：第 1 卷.北京：人民出版社，1956：186－209.
③ 马哲民.经济史.上海：上海南强书局，1929.

（一）国家形态的定义

马克斯·韦伯认为："国家是这样一个人类团体，它在一定疆域之内（成功地）宣布了对正当使用暴力的垄断权"，"国家是一种人支配人的关系，而这种关系是由正当的（或被视为正当的）暴力手段来支持的。要让国家存在，被支配者就必须服从权力宣称它所具有的权威"[①]。这是目前认可度极高的一个关于国家的定义，但其未完整揭示国家的全部内容。笔者接受这种定义并基于中国历史文化特点认为，国家除了是在固定地域内垄断性行使最高统治权的政治共同体，同时又是固定地域内的人群的命运共同体。也就是说，国家具有政治共同体和命运共同体双重属性。国家一旦形成，就具有地域内的至高性，高于个人、部族、族群、民族、宗教、文化，高于辖区内任何其他组织。作为地域内的最高组织，国家一般地都把自我延续作为第一使命、根本使命，把国家利益视为最高利益。自我延续是国家作为一个组织和政治共同体的天然本能，是国家的根本属性。

根据《辞源》，"形态"一词起源于唐代张彦远《历代名画记·卷九》："（冯绍正）尤善鹰鹘鸡雉，尽其形态"，意为"形状神态"[②]。《现代汉语词典》对形态的定义有三种。第一，"事物的形状或表现"，比如意识形态和观念形态。第二，"生物体外部的形状"。第三，"词的内部变化形式，包括构词形式和词形变化的形式"[③]。关于形态学，《现代汉语词典》将其定义为"研究生物体外部形状、内部构造及其变化的科学"[④]。法国学者莫里斯·哈布瓦赫认为："存在着一个政治形态学，所有政府、国家的政治机构都有其确定的、抗变性很强的持久形式"，"政治形态学主要研究政府及行政部门各种系统，研究这些系统与它们适用的团体的外在形式之间的关系"[⑤]。

---

① 韦伯. 学术与政治. 冯克利，译. 北京：商务印书馆，2018：44－45.
② 辞源（修订本）：上册. 北京：商务印书馆，1983：1061.
③④ 现代汉语词典：第7版. 北京：商务印书馆，2016：1467.
⑤ 哈布瓦赫. 社会形态学. 王迪，译. 上海：上海人民出版社，2005：25－31.

国家形态包括国家的属性、内部构造和外部形状，可视为由构造国家的基本理论、国家结构及其运行机制综合在一起呈现的总体性构造、特质和样态。它是国体和政体的统一，是国家本质和国家形式的统一，是国家的总体构造和总体样态。国家形态是人类在一定政治、经济、社会、文化条件下的创造，是人类政治智慧的集中体现、最高体现。其中，杰出政治人物往往具有重要作用。国家形态往往都是历史的，其产生和演变受到历史的制约，反映历史的积淀和规定性，反映特定的生产力和生产关系的阶段与水平。没有历史基础的国家形态往往是脆弱的。国家形态亦是当下的，它的产生和形成往往是时代需求的产物，在满足该国的根本需求、回答根本时代问题中产生。国家形态和相关概念比较见表2-1。

表2-1　国家形态和相关概念比较

	基本内涵	优点和特点
国家形态	由构造国家的基本理论、国家结构及其运行机制综合在一起呈现的总体性构造、特质和样态，包括六大构成要素及其互动关系	整体性、历史性分析国家构造和机理，有利于更深刻认知国家本质和运行规律
国家形式	国家的组织形式，包括国家的管理形式和结构形式，有时候也等同于政府形式	揭示国家的政权形式
国家类型	以一定的标准区分国家。分类标准有政体、国体、合法性类型、生产资料所有制等	推进国家分类研究的重要概念
国家模式	一个国家建设和发展道路的具体样式和模式，包括政治模式、经济模式、社会模式等	描述国家制度模式和发展模式
政体	国家政权组织方式	揭示政权构成和权力分配方式
国体	亦称为国家属性，指的是国家各阶级的地位，统治阶级地位决定国体	揭示国家属性和本质
国家结构形式	国家各部分之间的关系	揭示国家纵向结构

续表

	基本内涵	优点和特点
政治制度/政治体制	统治阶级通过组织政权以实现其政治统治的原则和方式的总和	揭示国家最为核心的权力结构
国家治理体系	国家政治和行政制度的总和，涵盖政治、社会、经济、军事、文化等各方面	整体性描述国家权力体系和治理机构，范畴比政体更大更全面
中央与地方关系	国家纵向权力关系	揭示国家纵向权力关系
国家规模	国家疆域的大小、人口的多少	描述国家的空间和地理维度，大国、小国的治理是不同的
国家机器	国家政权体系、国家制度体系	揭示国家权力结构和制度结构
国家政权	国家机构构成的体系	揭示国家权力结构和制度结构
政治形态	政治权力、政治结构、政治过程和政治意识的有机统一	揭示与社会形态相对的政治构造，并涵盖了政治过程，是动态性和结构性的合一
国家制度	组织和管理国家的制度	揭示国家的制度机制维度
政治上层建筑	往往与经济基础相对应。大致等于国家政权体系、国家制度	马克思主义国家学说常用概念，揭示国家政权结构和政治结构
政治体系/政治系统	国家政权体系，甚至取代国家概念	一度是行为主义政治学的重要概念；在中国语境中，和政权体系含义相差不大；揭示国家政权结构和政治结构
治体	由治道、治法、治人三类要素整合形成的善治秩序；由政治原则、制度方略和政治主体三类要素构筑的宪制性关系	分析古代中国国家体制和治道，也可用之于一切国家研究

（二）国家形态构成要素

国家形态概念存在的必要性在于其与其他国家概念相比所具有的独特

性。作为一个旨在克服既有国家概念和理论的局限和不足的、整体性描述国家构造和运行机制的概念，国家形态应当包括构造国家的基本理论，国家的政治形态、社会形态、经济形态、军事形态，国家和意识形态的关系等方面，而成为一个综合的、具体的、复合的概念。基于此，同时为了便于和学界对话，笔者认为国家形态应该包含立国基本理论、国家基本制度、国家统治方式、国家和社会关系、社会和阶级结构、国家经济形态六大要素。这六大要素及其互动关系构成分析国家形态的基本框架（见图 2-1）。

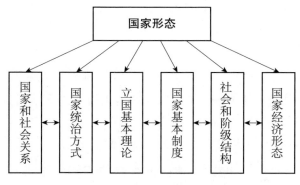

图 2-1　国家形态构成要素

第一，立国基本理论。立国基本理论指官方创造或者为官方所接受的关于国家存在和其合法性的基本理论、观点或者主张。之所以将立国基本理论纳入国家形态，有三点理由。其一，国家是人类最复杂最有权威的大型组织，超大规模国家甚至可以拥有上千万平方公里的疆域、几亿甚至十几亿人口，如果丝毫没有国家理论或者国家观念，是难以长久存在的。至少可以这么说，越成熟的国家形态，越具备系统、完整的立国基本理论。一个民族的国家理论或者国家观念对国家形态的形成和演变有重大影响，这是思考国家形态问题的逻辑起点。其二，立国基本理论本身就属于国家构造进而是国家形态的关键要素之一。国家构造属于国家形态的内容之一。国家构造不单单是指国家的政权体系、王宫、国会大厦等这类有形构造，还包括无形构造，比如社会和阶级结构、思想构造。立国基本理论是柔性但坚韧的国家内在构造，与政权体系这种外在构造形成对比。其三，立国基本理论对国家构造和国家运作有着强大的塑造力和影响力。美国政治学者米格代尔指出："国家是一个权力的场域，其标志是使用暴力或者威胁使用暴力，并为以下两个方面所形塑：（1）一个领土内具有凝聚性和控制力的、代表生活于领土之上的民众的组织的观念；（2）国家各个部分的实际实践。真实的国家是由两种元素塑造的，即观念和实践。"① 这里明确谈到"组织的观念"。以西方历史而言，主权在君、主权在民作为立国基本理论层级的国家理论，不但本身是国家形态的构成，而且从根本上影响国家形态的生成。"秦汉集权与古罗马相对分权的不同政治权力结构，在历史渊源上基于中国的天下国家观念与古罗马城市国家理念的差别，也是两大帝国不同形成路径的结果。"② 立国基本理论在国家形态中具有基础性地位，极大影响国家形态的本质和内容。

第二，国家基本制度。制度是国家的核心结构。国家基本制度是国家形态的主体性内容。徐勇指出："制度决定了国家的类型，支撑着国家实体的存在与运行。"③ 社会学者约翰·L. 坎贝尔、约翰·A. 霍尔认为："如果用最原初和非历史的语言，国家就是制度的集合。"④ 西方政治学发端于碎片化的古希腊城邦政治实践，以政体为中心，对国家的其他方面重视不足，具有意识形态偏见和局限。要构建有价值的国家形态概念和理论，必须首先突破这种唯政体论的根本缺陷。因此，国家形态必须高度关注整体性的国家制度，将更为广泛的对国家运作起着基础性、决定性作用的基本制度纳入研究范畴。王续添提出："任何一个国家或政治共同体的政治制度，大体都可划分为基本制度和补充制度。所谓基本制度是指其构建和支撑的基本架构，即按一个国家基本的社会、族群和政治生态，按区划和层级，按职能分工建构起来的制度，构成这个国家政治制度的基本结构。"⑤ 国家基本制度就是在国家组织和运作中起基础性、决定性作用的制

① 米格代尔. 社会中的国家：国家与社会如何相互改变与相互构成. 李杨，郭一聪，译. 南京：江苏人民出版社，2013：16.
② 王志强. 中华法的政治机理：基于秦汉与古罗马时期的比较视角. 中国社会科学，2021（10）.
③ 徐勇. 关系中的国家：第1卷. 北京：社会科学文献出版社，2019：24.
④ 坎贝尔，霍尔. 国家的世界. 闫健，译. 北京：中央编译出版社，2018：8.
⑤ 王续添. 代表制、派出制与地方治理：以地方人大派出工作机构为中心的考察. 教学与研究，2015（6）.

度，不仅包括基本政治制度，还包括国家和意识形态（信仰系统）的关系模式、基本军事制度、基本经济制度等几大方面（见图 2-2）。当然，基本政治制度最为关键和重要。

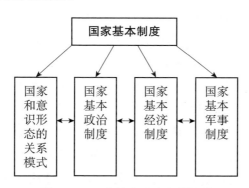

图 2-2　国家基本制度主要构成

基本政治制度、基本军事制度、基本经济制度没有费解之处，这里重点阐释国家和意识形态（信仰系统）的关系。用中国古代语言就是政统（治统）和道统的关系问题，当然并不完全等同。这在 1912 年前的中国是一对基础性关系。王夫之说："天下所极重而不可窃者二：天子之位也，是谓治统；圣人之教也，是谓道统。治统之乱，小人窃之，盗贼窃之，夷狄窃之，不可以永世而全身；其幸而数传者，则必有日月失轨、五星逆行、冬雷夏雪、山崩地坼、鼋飞水溢、草木为妖、禽虫为蠥之异，天地不能保其清宁，人民不能全其寿命，以应之不爽。道统之窃，沐猴而冠，教猱而升木，尸名以徼利，为夷狄盗贼之羽翼，以文致之为圣贤，而恣为妖妄，方且施施然谓守先王之道以化成天下；而受罚于天，不旋踵而亡。"①任何一个国家都有信仰系统、意识形态系统，也都有国家政权系统、国家权力，政权和意识形态的关系是区分不同国家形态的重要指标。在中国，意识形态权力具有极端重要的地位，它始终是国家试图牢牢掌控的重大权力。贯穿整个古代中国史，意识形态权力和政治权力都存在结构性的张力关系。在西方现代民族国家，意识形态权力与政权一定程度上是分离的。

---

① 王夫之.读通鉴论：中册.北京：中华书局，1975：352.

在中世纪的西欧，信仰系统始终和世俗国家较量。意识形态和国家的关系，构成辨识、认知国家形态的重要方面。

第三，国家统治方式。国家统治方式又称国家治理方式，指的是国家政权运作、国家治理的方式、特点、特性和本质。如果说国家基本制度很大程度上解决国家政权结构、权力结构的问题，那么国家统治方式主要解决国家运行和国家治理的方式问题。本书将国家运行的理性化、世俗化、法治化、制度化纳入国家统治方式维度进入研究。理性-宗教、世俗-神权、法治-人治、制度化-非制度化等，都构成分析国家统治方式的维度。依据基于西方政治学的分类法，国家统治方式有人治、法治两种主要类型。按照古代中国的分类法，主要有礼法之治和律法之治。古代的王道和霸道也包含了国家统治方式的差别。汉代以来，中国是儒法道并用，在治理方式上呈现混合的礼法之治的意味。

第四，国家和社会关系。国家和社会关系指的是作为政权的国家和社会的基本关系，这是国家形态极重要的方面。国家形态绝不能止步于对于立国基本理论、国家基本制度、政体的思考，应该充分衡量国家和社会的基本关系，由此评估国家的自主性、国家机器的规模、国家的价值导向等。杨光斌认为："无论是什么样的国家理论，离开国家-社会关系的维度，其解释力就会受到质疑。国家从社会中来，国家独立于社会，但又受到社会影响。"① 政治学者袁峰认为："不了解一个国家的社会形态，将难以确认推动或阻碍制度运行的各种社会力量以及它们的发展趋势对未来政治的影响。将社会形态分析纳入国家类型研究的视野，将会使国家类型研究获得可靠的支撑感。"② 国家和社会的关系的差异性恰恰构成国家形态的重大差异。在西方世界，社会和国家总体上是一种对立关系，而在古代和当代中国，这主要是一种合作关系。国家和社会关系的差异性和多样性，构成了国家形态的丰富性。

第五，社会和阶级结构。社会和阶级结构主要指一个国家划分为哪些阶级、阶层、群体、族群、民族，以及它们之间的关系，比如阶级阶层间

① 杨光斌.政治变迁中的国家与制度.北京：中央编译出版社，2011：245.
② 袁峰.论现代国家的政治分类.比较政治学研究，2011（1）.

是否可流动，是否有阶级阶层压迫。社会和阶级结构反映国家的阶级关系和重要属性。"社会阶层结构形态体现着一个国家或地区文明程度的整体发展水平。社会阶层结构形式比较复杂还是比较简单，处于社会中层的人数相对较少还是相对较多，各个社会阶层间的流动性相对较大还是相对较小等，都是判断社会发展水平的重要依据。它更深刻、更本质性地体现着一个社会的文明程度。"① 一般而言，社会和阶级结构越复杂、越平等，国家形态就越先进。由于历史原因和政治的强制性，社会和阶级结构长期都是等级性的、不均衡的，其结构形态反映国家形态的差异，亦深刻影响国家结构和国家运行，应予以高度重视。

第六，国家经济形态。指一个国家总体性的经济结构和经济水平。可以用居于主导性地位、发挥最重要作用的产业来命名一个国家的经济形态，如游牧经济、农业经济、农牧经济、工业经济、信息经济等。之所以将经济形态作为国家形态的重要一环，是因为经济形态可以生动地反映国家的外在形态和国家形态的特性和优劣。难道游牧国家、农业国家、工业国家还不够清晰地揭示国家形态的性质和特征吗？再者，经济在国家和社会的运作中具有基础性作用。经济的维度和技术的维度连在一起，虽然不能决定政治形态，但极端深刻地影响和塑造着政治形态，深刻影响国家统治方式的选择、政治制度的完善程度等众多方面②。

（三）国家形态的分类

"由于政治社会条件的差异，国家呈现出不同的形态与特征，也形塑了国家的不同特性。正是由于国家形成和演化路径的差异性，引致了国家形态的多样性和丰富性。"③ 基于国家形态的具体特征、属性、结构、完善程度等因素对国家形态进行分类是推进国家形态研究、丰富人类政治知识

---

① 张分田．秦始皇传．北京：人民出版社，2003：399.
② 需要补充的是，国家规模一定程度亦可以视为国家形态的内容。但由于周秦之变中，中国始终保持一个较大规模乃至于超大规模，因此本书暂时未将国家规模纳入国家形态概念之中。虽然如此，本书始终保持对国家规模重要性的高度关注。
③ 黄振华．家户制与家户国家：中国国家形态的一个解释框架．东南学术，2021（5）.

的重要方式，亦是国家形态理论的重要组成部分。

第一，依据国家形态的完善程度，可以将国家划分为早期国家、成熟国家和现代国家，或者直接分为古代国家/传统国家、现代国家。古代国家/传统国家和现代国家的划分是最重要的国家分类法[①]。简单地说，早期国家是在人类历史早期诞生的尚未完全实现国家集权和中央集权的国家。早期国家继续完善，实现了国家集权和中央集权，并在经济、文化、社会发展程度上有了一个较大的飞跃，则可以称为成熟国家。人类历史上的成熟国家包括了大量统治力和创造力惊人的帝国、超大规模国家。成熟国家的历史占据人类文明史的极重要部分。早期国家和成熟国家一般都属于古代国家或者传统国家。成熟国家再继续发展，具备足够多的现代特质且实现了国家形态的质变，可称为现代国家（见图2-3）。在当今世界，任何一种国家，如果不能成为现代国家，都将面临被淘汰的命运。

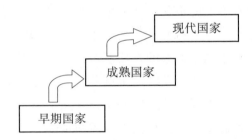

图2-3 早期国家、成熟国家、现代国家演进图

早期国家、成熟国家、现代国家之间都存在着巨大的"鸿沟"。跨越"鸿沟"需要这个国家的精英和人民具备较高的政治智慧并且只有在较为特殊的有利的条件下才能实现。这些跨越往往以国家形态变革或革命的形式出现，是历史的关键节点，是国家研究应予重点关注的领域。早期国家向成熟国家的转型分成两种：一种是原生型演进道路，即不是通过学习借鉴外国，而是主要依靠自身演进实现的；一种是次生型演进道路，即是依靠学习借鉴外国而实现的。前者是极少数，是领先国家；后者更多，往往

---

① 可能有人质疑古代国家—现代国家的分类比较西方化或者绝对化。每一种分类法都是有得有失的。当我们坚持去"西方中心主义"立场，尊重古代国家—现代国家的关联性并且历史地考察其转化过程，这种分类法就会扬长避短，发挥巨大功效。

是后发国家。

那么成熟国家向现代国家转型是否可以分成原生型演进道路和次生型演进道路？现代国家是人类迄今为止最复杂、最先进的国家形态。历史研究发现，现代国家的形成并非一蹴而就，相当多的古代国家蕴含了大量的现代元素；现代国家不是一个文明的产物，而是人类文明集成创新的产物。因此，从严格的标准来说，很难说现代国家形成可以区分为原生型演进道路、次生型演进道路。但从宽泛的意义来说，西方民族国家或者国民国家是完全意义上的现代国家的首次出现，此后的人类现代国家构建受到其深刻影响，西方人因此视自己的国家为原发的现代国家甚至是唯一的现代国家范式。这些内容后文将讨论。

第二，依据国家政权在国家中的地位和作用，可将国家分为中心主义国家和非中心主义国家，后者也可称为多中心主义国家（见表2-2）。王续添、辛松峰认为："中心主义国家，是指由社会中心力量主导建构起来的以中心主义政治制度为基干的国家形态，中心力量的作用也随之渗透到国家各个层级和社会各方面。同理，由社会非中心力量建构起来的以非中心主义政治制度为基干的国家形态，即非中心主义国家。"[1] 这是一种从国家产生的角度进行的界定。笔者认为，中心主义国家主要是指国家政权具有压倒社会、超脱于社会的强大自主性，国家政权居于整个国家中心的国家。这种国家的各种制度受到政治制度形塑，各种力量都受到了国家政权的规训和约束，政治是国家的最重要功能。依据国家政权在社会中的自主性程度和中央集权程度，中心主义国家可以分为弱中心主义国家、强中心主义国家。弱中心主义国家仍旧具有较强的国家自主性，但社会或者地方也分走了国家的大量权力，国家强制性权力较强但基础性权力较弱，是介于强中心主义国家和国家-社会（宗教）双中心主义国家之间的一种国家形态类型。中心主义国家极好地揭示了中华国家的本质和特征，是迄今为止关于中华国家的最具分析力也最为中性的概念之一。

---

① 王续添，辛松峰. 中心主义国家现代化的历史逻辑：以近代中国社会中心力量转换为中心的考察. 政治学研究，2021（6）.

表2-2　中心主义国家、非中心主义国家分类

依据国家政权在国家中的作用和国家自主性分类				
分类	中心主义国家		非中心主义国家	
子类型	强中心主义国家	弱中心主义国家	国家-社会（宗教）双中心主义国家	宗教中心主义国家	社会中心主义国家
主要代表	秦汉以后多数中国强盛朝代、当代中国、当代俄罗斯	夏朝、商朝、周朝	美国、英国	古代伊斯兰教国家；欧洲教权压过王权时代的国家形态	20世纪多数非洲国家

非中心主义国家指的是国家不享有超脱于社会、压倒社会的强大自主性的国家形态类型，这种国家从组织上来说也并非围绕着国家政权而展开的。它至少包括三种主要类型，第一种是国家-社会（宗教）双中心主义国家。在这种国家中，社会具有极为重要的作用，它可以和作为政权的国家分庭抗礼。英国、美国很大程度上就是这种国家形态。第二种是宗教中心主义国家。在这种国家中，宗教具有最高的地位，国家是宗教的外化、外壳甚至附属。古代伊斯兰教国家很大程度上就是这种国家形态。当代伊朗是宗教-国家双中心范式，可以归为国家-社会双中心主义国家大类。第三种就是社会中心主义国家，这种国家中的社会力量强于国家，甚至完全宰制了国家，国家自主性严重不足，甚至几乎成为社会的附庸。

第三，依据国家形态之间的相互关系，可以将国家划分为原生型国家、衍生型国家或者次生型国家。原生型国家指的是一种国家形态的创造国，如中国乃君主官僚制国家的原生型国家，古代朝鲜和古代日本则是这种国家形态的衍生型国家。当代美国的总统制国家形态，其模仿者不下数十个国家。首创于英国的君主立宪制国家形态及其变体议会制国家形态在全世界的模仿者亦不下数十个国家。考虑到成功的原创性国家形态的极度稀缺和人类在国家形态领域模仿行为的普遍性，原生型国家是极少的，衍生型国家占据多数；原生型国家演进道路亦是极少的，次生型国家演进道路占据多数。原生国家-次生国家很好地揭示了国家形态之间的关系，是一种重要的分类法。

第四，依据国家基本政治制度、社会和阶级结构等要素的组合，可以将国家划分为天子诸侯制国家、中央集权大一统君主官僚制国家（简称君主官僚制国家）、大众选举型民主制国家、共和制奴隶国家、贵族制奴隶国家、君主制奴隶国家、民主制奴隶国家等。这种分类法较传统分类法的优点在于较全面地包含了国家形态的内涵。比如，以共和制奴隶国家来解释罗马共和国，比单纯使用共和国更具全面性和真实性。同样地，以君主官僚制国家解释秦朝至清朝的中国国家形态，远比单纯使用君主制、专制主义、封建社会更具有解释力。

第五，依据国家和社会的关系，可以将国家划分为强自主性国家、弱自主性国家。由于国家自主性对于国家运作非常重要，强自主性国家往往是有效国家、成功国家，弱自主性国家往往意味着无效和落后，甚至成为虚弱国家、失败国家。

（四）国家形态构成要素内在关系

国家形态不是六大构成要素简单相加，而是各构成要素的有机整合。国家形态各构成要素之间的关系是复杂的，包括互动、联动、制衡、支撑、反作用等多个层次，这种作用有"物理反应"，也有"化学反应"。这种复杂性、综合性关系构成国家形态概念的重要特色。

首先，立国基本理论是国家的思想基础，是主导国家形成和国家构建的基本理念，在国家形态之中属于根本部分，对其他各方面都产生重大影响，但其他要素反作用于立国基本理论。立国基本理论的实现形式是多样化的，即使是同样的立国基本理论，比如主权在君，因为各国的传统、民情、生产力不同，国家基本制度、国家统治方式、国家与社会关系、社会和阶级结构、国家经济形态可能存在极大差异。甚至，后五个要素可能反过来会影响甚至决定立国基本理论。比如，一个国家曾经长期存在的国家基本制度、国家统治方式、国家和社会关系、社会和阶级结构、国家经济形态，可能会影响精英们在创设新国家时的立国基本理论选择。

其次，国家基本制度是国家最基本的权力构架，是国家形态的核心内容，也是国家形态的标志性表征，国家统治方式构成国家政权体系的特性以及国家政治体系运行的特性。其中，国家基本政治制度反映国家权力配置情况，是国家权力运作的最重要架构。国家基本军事制度反映一个国家组织程度和应对外敌的基本能力，是国家形态发达程度的重要指标。国家基本经济制度反映国家的经济状况，还反映国家与民众的经济关系。国家与民众的经济关系可以折射国家与民众关系的本质。国家与意识形态（信仰系统）的关系反映政治精英与思想精英和宗教精英的关系，也反映国家权力运行和国家形态的特质。无论在东方还是西方，国家与意识形态（信仰系统）的关系都十分重要，而且明显存在差异。在国家基本制度内部，这些基本制度是相互联动、相互作用的。国家统治方式反映国家权力运行的本质、方式、特征，反映国家形态的完善程度，构成国家形态极为重要的维度。

最后，国家和社会关系折射出国家和民众、社会的基本关系，反映国家权力的边界、社会的自主程度。没有人希望生活在一个国家权力不受任何约束的国家，也没有人会愿意生活在缺乏最高权威导致的霍布斯丛林里。社会和阶级结构展示的是国家的社会面向，是国家在社会结构维度的反映。国家和社会关系、社会和阶级结构所涉及的社会形态、社会制度，反映这个国家的社会面貌，从一个侧面反映国家的本质。此外，国家统治方式反映国家机器运行的特点和属性，体现立国基本理论、国家基本制度，反作用于国家基本制度、社会和阶级结构等。国家经济形态反映国家形态的发展水平、发展程度，从基础面深刻影响其他五大构成要素的内涵和特点。

国家形态是国家的整体构造和样态，是一个系统的整体的概念。六大构成要素相互作用、互相平衡，构成了国家形态的多变性、复杂性、综合性和有机性。在对国家进行命名时，可能会简化，以一两个要素为主体，但任何单个要素，不管多么突出和重要，都不构成国家形态。国家形态是绝对不可分割的整体。六大构成要素相加、综合之后呈现出来的东西才是国家形态。在分析任何一种国家形态时，既应当关注构成要素的内涵，也应当关注构成要素间的关系。

二、国家形态演变概念

在搭建国家形态的分析框架后，有必要基于政治学理论，结合中外历史经验，对国家形态演变的内涵和形式进行原则性探讨，为后文分析奠定基础。

（一）国家形态演变定义

人类文明史已有几千年，国家形态的相对稳定性已被历史所充分见证。有些国家形态、政体可以延续几百年甚至上千年的时间。比如君主制国家、西方奴隶制国家、奥斯曼帝国、欧洲的封建国家等。但是，国家形态并非经常一成不变。在各种内外因素的作用下，国家形态会发生变化、调整、变迁、变革、革命，本书统称为演变。发生演变是国家形态经常出现的现象。国家形态演变指国家形态的一些或者全部构成要素发生变化。除了非常微小的国家形态演变，比较剧烈或者重大的国家形态演变是一种比较重要乃至于说比较高级的政治和社会变迁。国家形态演变理论是国家形态理论的重要组成部分。

（二）国家形态演变形式

根据演变的深度和广度，国家形态演变可以划分为三种主要形式。

其一，国家形态渐变或者调适。国家形态演变可以分为一般时期和特殊时期。在一般时期，国家形态在保持大结构基本稳定的前提下出现变化和调适。比如，明朝、清朝虽然都是君主官僚制国家，但具体形式不尽相同。又比如，夏商周这三个朝代都是天子诸侯制国家，但具体形态亦不完全相同。到了西周，天子诸侯制国家形态已经发展到成熟阶段。国家形态在整体结构稳定下的变化、调适是常态。可以将这种温和的、程度不那么剧烈的、非根本性的国家形态演变称为国家形态渐变或者国家形态调适。

其二，国家形态变革。当温和的演变积累到一定程度，就会来到历史的关键点上，可能发生国家形态的重大变迁，乃至于根本性全局性变迁、质变、突变。这是国家形态更高级别的演变，往往具有重大意义。自发的长期性的国家形态的根本性全局性变迁，可称为国家形态变革。周秦之变就属于此种情形。

其三，国家形态革命。在国家形态发生的根本性全局性变迁、质变、突变中，有一种是由革命性政治团体推动的，而且非常剧烈、非常迅猛，可称为国家形态革命。中国的旧民主主义革命、新民主主义革命，法国大革命，俄国十月革命就属于这种情形。在这种变迁中，政治革命、大众动员的痕迹非常明显。

国家形态变革、国家形态革命的区别在于是否有革命性政治团体推动。国家形态变革、国家形态革命不常见，但一旦发生，就是政权、国家制度、社会结构、国民观念等的全方位大变迁。这是历史的炸裂时刻、激荡时刻，会释放出巨大的能量，改变整个国家，使得这个国家发生重大转向，走向新的阶段。国家形态变革或者革命属于国家形态演变的非常时期，这种非常时期的国家形态演变往往具有决定性意义。国家形态的主体结构往往都是在国家形态变革或者革命时期确立的。正如杨光斌指出的：制度变迁存在常规时期和关键时刻，"很多国家常规的制度变迁样式都是由关键时刻所确立的制度决定的"[①]。在国家形态研究中，国家形态变革、国家形态革命尤其值得注意。

这里讨论三种国家形态演变形式之间的内在关系（见表 2－3）。渐变、变革、革命是国家形态演化的不同形式，它们常常是相互关联的。国家形态一般由量变开始，快速或者逐渐发展到质变，当然也可能止步于量变。国家形态渐变是最常见的。从历史来看，绝大多数国家形态演变都止步

---

① 杨光斌. 政治变迁中的国家与制度. 北京：中央编译出版社，2011：27.

于量变。当能量足够大时，国家形态就可能发生全局性根本性变迁，也就是变革或者革命。每一次国家形态变革或革命都是根本性全局性的质变。如果是正向的，则往往是一次国家形态的飞跃，迈向更高级别的国家形态；如果是负向的，则是一次国家形态倒退，迈向更低级别的国家形态。

表2-3　国家形态演变的形式

	国家形态渐变	国家形态变革	国家形态革命
程度和特点	局部性有限程度变迁	局部重大变迁，全局性重大变迁，国家形态质变	政治团体推动的猛烈剧变、暴力造反，且出现国家形态质变
阶段	国家形态演变一般时期	国家形态演变特殊时期	国家形态演变特殊时期
案例	夏商之变、东西汉之变	周秦之变	中国新民主主义革命、法国大革命、俄国十月革命、墨西哥革命

周秦之变不是一次国家形态渐变，也不是一种由革命性团体推动的国家形态革命，而是一种自发的、长期的、根本性的国家形态变革，其结果具有革命性。

第三节　国家形态演变的类型

本书将国家形态演变分成古代国家内部的国家形态演变和古代国家向现代国家的演变两种类型。这是两种性质不同的国家形态演变，后者是一种程度更深、烈度更大、范围更广、发生难度更大、影响更大的演变。本节将对其进行界定和探讨。

一、古代国家内部演变

人类历史演变至今，绝大多数时期都属于古代史范畴。因此，古代国家内部演变是国家形态演变的最常见形式（见表 2-4）。识别古代国家很容易，难的是识别现代国家。不妨这样定义，只要没有成为现代国家，都是古代国家。分析古代国家形态演变应当包含四个维度。第一，性质的维度，即在何种类型的古代国家之间发生演变。第二，内容的维度，即哪些方面、哪些要素出现了演变及其基本情况。第三，原因和动力的维度，即为什么会发生这种演变。第四，结果和意义的维度，即国家形态演变的结果和意义是什么，有什么影响。

表 2-4 古代国家内部演变

	子类型	东方代表	西方代表
古代国家内部演变	早期国家内部演变	殷周之变	古希腊城邦政体变换和国家形态进化
	早期国家向成熟国家演变	中国周秦之变、日本大化改新	罗马从小城邦变成罗马帝国（帝国是国家形态，并不简单等同于帝制）
	成熟国家内部演变	唐宋之变、明清之变（正向演变）	罗马帝国转向中世纪封建国家（负向演变）

第一，关于演变的性质。古代国家一般可分为早期国家、成熟国家。早期国家可分为初级阶段的早期国家（包括原始国家、古国、小型城邦等）、高级阶段的早期国家（比如较大型城邦国家、天子诸侯制国家等）。成熟国家可分为纯粹意义上的古代成熟国家、带有现代特征的复合型成熟国家或者说半现代型成熟国家。古代国家内部的演变在这些国家形态之间发生。早期国家向成熟国家的演变是一种非常重要的国家形态演变。"并非所有的早期国家都能走完不同发展阶段而成功演进为成熟国家。只有那

些善于适应新的环境及时主动做出变革的早期国家才能在激烈竞争的环境中生存下来并向前发展。"①

第二，关于演变的内容。按照国家形态基本定义，应当从立国基本理论、国家基本制度、国家统治方式、国家和社会关系、社会和阶级结构、国家经济形态六大维度分析国家形态演变的内容。前文对此已有论述，此处不赘述。一般而言，古代国家在这六大维度上的演变幅度是有限的，未达到后文将要提及的向现代国家突破的高度。但这不绝对，少数古代国家内部的演变可能在局部指标上取得了重大突破，甚至达到现代国家的水平。这种情况的发生往往意味着历史的巨变，会对该国历史乃至本区域历史产生深刻影响。周秦之变就是如此。

第三，关于为什么会演变和怎么演变。这涉及国家形态演变的动力和内在机理。应当从政治、经济、文化、地理、阶级关系、族群关系、精英作为等多个维度展开剖析，以揭示出古代国家形态演变的深层次动力和规律。

第四，关于演变的结果和意义。应当考察国家形态演变是否解决了时代的主要问题，是否带来更强大更先进的国家形态，是否促进了社会生产力的发展，是否给民众带来更多福利，是否促进了社会的团结和进步，是否促进了国家规模的扩大，是否带来了阶级的解放或者打破阶级固化。此外，还应当从本国历史、本地区历史乃至于从世界历史的视角，对国家形态演变的历史定位进行分析。对于国家形态演变的评价，应当既有历史的比较，也有国际的比较，以充分揭示其意义和作用。

二、古代国家向现代国家演变

现代国家理论是国家理论的最重要部分之一，是国家研究中难以回避

---

① 何增科. 早期国家//俞可平. 政治通鉴：第3卷. 北京：中国大百科全书出版社，2022：506.

的根本性问题。中国共产党领导中国人民努力实现"两个一百年"奋斗目标，其核心是建设社会主义现代化国家。"现代化的力量如此巨大，我们被迫询问关于我们自己制度的新问题。每一个国家，不管是已经现代化的还是正处于现代化进程中的，均面临着现代化结果的审判，并为之感到恐惧。"① 本书的重要关怀是，尝试以具有一定现代性的周秦之变历史来回应现代国家理论。

为搭建古代国家向现代国家演变分析框架，有必要先对现代国家进行界定。在界定现代国家定义前，有两个基本事实应该予以揭示。首先，从现代国家实践来看，现代国家基本要素是逐步出现的。现代国家相当多的要素，在古代中国等国家已经出现，并非西方文明一家的贡献。其次，从现代国家理论来看，现代国家理论主要来源于西方，目前总体上是西方经验的总结。现代国家的核心理论贡献者主要有马克思、韦伯等人。两人的现代国家理论具有源头性作用。马克思将资本主义社会以来的社会称为现代社会，相应的国家称为现代国家，而将此前的国家称为古代国家，并深刻研究了资本主义社会的特点、本质、运行规律、内在矛盾。韦伯的重要贡献在于将国家定义为理性化的组织，提出国家类型学说，揭示官僚制和现代国家的关系。韦伯本质上亦将资本主义视为现代国家的起源。

现代国家历史的多元性（多种文明都有现代国家元素的早期实践）和现代国家理论的一元性（主要基于西方经验归纳并视现代性为西方文明的"特产"），导致现代国家话语存在理论逻辑与历史逻辑、实践逻辑的脱节，存在明显的"西方中心主义"属性和"去中国化"等局限，应当反思。政治学者景跃进指出，"依据现代化的流行理论，现代性是一元的，只此一家，并无分店；只能加盟，不能别号开张"。在政治学领域，"对于西方主流理论而言，中国亦已成了一个难以处置的'例外'——在现有知识的棋盘上，没有安置它的格，不知道往哪里放；更准确地说，是放在哪儿都有问题"②。这种理论逻辑和历史逻辑、实践逻辑的脱节，导致经典现代理论

---

① 阿普特. 现代化的政治. 陈尧，译. 上海：上海人民出版社，2011：1.
② 景跃进. 中国政治学的转型：分化与定位. 政治学研究，2019（2）.

无法解释包括中国在内的非西方式现代化道路的合理性。应当"超越中西经验，在两者之上建构一个具有包容性和普遍性的一般理论。在这个普遍理论中，西方现代化和中国现代化都是它的亚类型"①。

从人类国家演变史来看，古代国家并非一开始就有向现代国家演变的方向性和目的性，历史没有那么简单和充满目的性，无序野蛮生长、分头演变等情况在人类历史上是存在的。在人类国家演变的历史进程中，相当多的国家消失了，比如亚述、古希腊、古罗马、马其顿、古埃及等。随着人类交往频度越来越大、程度越来越深，人类国家在长期互动、相互借鉴、相互影响的过程中，逐步形成一种不可逆的趋势，那就是人类国家最终都主动地或者被动地向更强大、更先进、更民主的国家形态演变。从某种意义上说，官僚制、科层制、完善的国家机器、强大的中央权威、法治、民主制、负责任的政府、世俗化、理性化、广泛的社会流动等，几乎成为人类优良国家的"标配"。西方人率先将这种国家形态视为现代国家。这种称呼不胫而走，成为世界通行的称呼。因此，古代国家的演变有很多种，其中最重要的方向就是向现代国家演变，这是古代国家最重要的演变。基于此，可以将现代国家视为国家的特殊形式，它是一种国家机器更先进、国家能力更强、国家和人民关系更加和谐、国家统治方式更加理性、正义性更强、经济形态高度发达的国家形态。

虽然人类国家有不断往更高级国家形态演变的趋势，但并非每个国家、每种文明都遵循着相同的演变道路，每种文明之下的现代国家并非一模一样。每个国家的演变道路都不尽相同，是多元的。不同文明之下的现代国家具有一定的共性，但也存在一定的差别。国家演变存在倒退、分叉或相互影响等现象。"传统向现代的历史转型是人类文明进程的重要现象，但每一种文明形态的转型方式、时间跨度、过程、结果与未来走向并不一致。"② 现代国家是不同文明相互影响的产物，是历史演变和历史互动的产物，受制于不同文明的发展程度的差异以及相互作用的情况。

---

① 景跃进.中国政治学的转型：分化与定位.政治学研究，2019（2）.
② 郭台辉.西方政治学转向历史的三个层次及其启示.教学与研究，2021（10）.

界定现代国家有三种主要路径（见表 2-5）。第一种是要素论，即基于历史和经验列出现代国家应该具备的要素，拥有这些要素的全部或者绝大部分的国家就是现代国家。有的论者的现代国家定义偏重国家机器，比如福山。有的论者的现代国家定义偏重其他指标，比如人的现代化、经济形态的现代化、民主制。有的论者的现代国家定义是非常全面的，比如吉登斯和皮尔逊。第二种是国家类型论。坚持这个路径的人多数认为只有出现了西式的民族国家（nation-state），才符合现代国家的定义。国内多数学者相当长时期内都持这种观点，但这种观点实际上无视现代国家形态的具体性、差异性，本质上是一种"西方中心主义"的观点，近来已经开始引起反思。第三种是依据历史时期来划分，即将 19、20 世纪以来（甚至更早）的国家基本上都划为现代国家。这种观点的不足在于其不是基于现代国家标准而是基于历史分期的划分，进入 20 世纪并不意味着所有国家都会成为现代国家。第一种划分是一种符合历史和实际的分类法，因为现代国家不是一天建成的，现代国家要素是逐步出现的。承认这个历史事实才能揭示现代国家的本质。本书采用这种界定方式。

表 2-5　现代国家界定方式

	基本内涵	主要代表
要素论	列出现代国家应该具备的要素，拥有这些要素的全部或者绝大部分的国家就是现代国家	福山、吉登斯、约瑟夫·R. 斯特雷耶、克里斯多夫·皮尔逊等
国家类型论	民族国家（nation-state）是现代国家唯一类型，只有符合该类型才是现代国家，否则都不是	国内政治学界传统观点
时间论	19、20 世纪以来（甚至更早）的国家基本上都可称为现代国家	一些历史学者等（内藤湖南甚至依据平民社会发育情况将宋代视为中国近世时代开始）

这里，笔者尝试基于兼顾中西方经验的立场，结合中西方现代国家构

建历史和学术界关于人类历史、现代国家已有探索①，寻找一般化的古代国家向现代国家演变分析框架。笔者发现，完成现代国家构建或者说通往现代国家必须翻越五座"珠穆朗玛峰"或曰五级台阶，即实现五次飞跃（见图2-4）。只有全部完成五次飞跃，才能成为现代国家，否则仍旧属于古代国家或者传统国家。五座"珠穆朗玛峰"亦可视为现代国家的五大核心支柱，或者现代国家构建的五大最重要的普遍问题。它们是人类国家演变史的最重要事物。具体而言，每一项都由一些子项目构成。它们构成一个联动的有机整体，即历史政治学关注的"结构"。

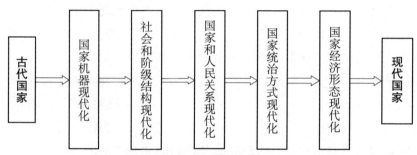

图2-4　翻越现代国家构建的五座"珠穆朗玛峰"

（一）国家机器现代化

核心内容包括两个方面。首先，建立中央集权的理性的国家机器，形成严格意义上的完整的官僚制。国家垄断其统治区域内的公共权力，中央

①　参考但不限于以下理论作品：曼.社会权力的来源：1—4卷.陈海宏，等译.上海：上海人民出版社，2015；韦伯.经济与社会（第二卷）：上、下.阎克文，译.上海：上海人民出版社，2010；斯特雷耶.现代国家的起源.华佳，等译.上海：格致出版社，2011；皮尔逊.论现代国家：第3版.刘国兵，译.北京：中国社会科学出版社，2017；吉登斯.民族国家与暴力.胡宗泽，等译.北京：生活·读书·新知三联书店，1998；芬纳.统治史（全三卷）.王震，马百亮，等译.上海：华东师范大学出版社，2014；蒂利.强制、资本和欧洲国家（公元990—1992年）.魏洪钟，译.上海：上海人民出版社，2012；福山.政治秩序的起源：从前人类时代到法国大革命.毛俊杰，译.桂林：广西师范大学出版社，2014；福山.政治秩序与政治衰败：从工业革命到民主全球化.毛俊杰，译.桂林：广西师范大学出版社，2015；肖滨.中国现代国家成长的三级台阶：以斯蒂芬·哈尔西、王柯和孔飞力的相关论述为中心.四川大学学报（哲学社会科学版），2021（1）；等等。另外参考了大量全球史、世界史、地区史、国别史等历史学作品。

政府或者联邦政府成为国家的最高权威。公共权力必须国家化，而不能贵族化、地方化、部族化、族群化，实行直接统治模式。其次，形成强大的国家基础能力和国家强制能力，包括强大的财政汲取能力、动员能力、管控能力、治理能力、渗透能力、合法化能力、国防能力等。任何国家都具备一定的国家能力，但要形成强大的国家能力，就必须有强大、高效的国家政权体系、国家治理体系。

理性高效、分工精细、官僚制运作的强有力的国家机器，在当代世界看起来很是平常，但它在人类多数文明的历史上却是个极端傲慢的迟到者，只有极少数发达文明才有这种成就。它是人类最稀缺的东西之一。国家机器现代化是现代国家构建的第一座"珠穆朗玛峰"，也是最基本指标。之所以将翻越这座"珠穆朗玛峰"视为现代国家构建的最基本指标，是因为国家首先是一个公共组织，组织问题是第一位的，是国家职能、国家能力、国家运行的基石。作为公共组织，国家必须实现"组织化"，形成能够有效管理自身和社会的最高权威。一般的"组织化"不能视为现代国家的特征，因为所有国家都不同程度地存在组织化现象，只有组织制度发展到中央集权的官僚制，才是最有效的组织。现代国家机器的核心就是中央集权的官僚制。只有形成中央集权的官僚制，作为国家的人类共同体才可能更好发挥出集体、组织的优势，才能够制度性地从国家治理的低效沼泽里走出来。猩猩群、狮群、部族国家、城邦，和一些历史上的帝国[1]，都不能够制度性地摆脱低效的组织结构，因此不能形成更强大的力量。国家的出现将人类从人人对人人的战争状态解放出来，是人类的第一次大解放。国家机器现代化则将带来人类的第二次大解放，使得人类摆脱国家内部人与人的低效共存关系，为人类更好发展奠定政治和组织基础。

国家机器现代化相当程度上等同于韦伯、福山、蒂利所关注的现代国家构建。以他们为代表的一部分西方学者相当程度上就是在这个意义上讨

---

[1] 秦朝至清朝的中国是否为帝国，学界存在两种截然对立的观点。多数西方学者将其视为帝国，称为"中华帝国"，这种用法在国内已经普遍化。而钱穆等学人认为帝国一词包含的侵略、掠夺含义不适用于中国这种统一的多民族国家，加上中国统治机制不同于帝国，不宜将秦朝至清朝的中国视为帝国。本书采用第二种观点。秦朝至清朝的中国的民众同质化程度、大一统程度远非西方意义上的帝国可比，更重要的是这种国家本质上并非帝国。

68

论现代国家构建的。"'国家建构'是政治学国家理论的核心命题，西方现代国家建构理论集中关注国家建构中的政权建构，即'regime construc-ture'，它以构建现代国家政权体系为目标，以制度建设为主题。按照这些理论，在现代化进程中产生的国家，基本特征在于构建了一个集中统一的国家政权。这种现代国家的建构是一个过程，实际体现为将传统社会散落于地方的权力集中构建为统一的国家政权，形成国家政权主导的权力结构，同时，将国家权力无差异地行使于国家的全部疆域。因此，在西方国家理论中，'现代国家建构'的典型特征包括现代国家政权的建立和权力的集中统一行使。"① 应该说，国家机器现代化是现代国家极端重要的支柱，但西方现代国家理论的上述倾向恰恰反映了西方现代国家形成的经验（包括中央集权的官僚制国家机器的"迟到"）和一贯的政体中心主义。

（二）社会和阶级结构现代化

社会和阶级结构现代化指实现社会和阶级结构平等化、社会流动普遍化，确保绝大多数国民不会因为出身而缺乏上升的机会。这是现代国家构建的第二座"珠穆朗玛峰"。这是实现国民与国民关系的现代化。人类进入国家阶段后，人各亲其亲、各私其私的本性，几乎导致所有古代国家都衍生出社会和阶级结构的森严壁垒，印度的种姓制度、周朝的世卿世禄制、古希腊古罗马的奴隶制度、欧洲封建时代的阶级制度就是比较典型的阶级专横和固化。这些无情而低级的出身论，是极端化的血缘主义，是极大的不公。只有打破阶级、种族固化，保证社会的强流动性，让优秀的人才得到相应的机会和资源，国家才会有生机活力，才符合现代国家的标准。换言之，社会和阶级结构一旦实现了放开，允许社会流动，寒门可以通过自身努力上升到社会上层，成为重要的国家管理人才、社会名流、商界精英、文化精英，就可以释放出社会的巨大活力、创造力，使得社会始终处于竞争、优胜劣汰、良性循环的阶段。

① 陈军亚，王浦劬. 以双重革命构建新型现代国家：基于中国共产党使命的分析. 政治学研究，2022（1）.

开放的社会和阶级结构，自由流动的社会，不同族群、种族的相互平等在今天看起来天经地义，但却是现代国家构建的一道不折不扣的世界性难题。不用说古希腊、古罗马的阶级和族群压迫是国家性制度，即使号称"自由灯塔"的美国建国后也一直与全国性的奴隶制度共存，直到 20 世纪 60 年代才逐步废除种族隔离制度。印度的种姓制度直到今天还有大量残余。在一些国家，某些族群、阶级和群体生来就是低贱的，贵族被视为血统高贵、高人一等，从来就没有全国性社会流动，只有阶级或者族群的内部循环和流动，这一切都被视为理所当然，而且这种制度和观念可以延续上千年甚至几千年。

（三）国家和人民及社会关系现代化

国家和人民及社会关系的现代化，简称国家和人民关系的现代化，主要包括三方面①。首先，实现国家和人民关系的民主化，国家的施政以人民为导向，以人民的整体利益为主要考量，国家管理者来自人民，人民中的优秀成员可以参与管理国家事务。国家和人民的关系不是对立的关系，而是国家对人民负责的和谐关系。这种国家的政府是责任制政府。如果政府违背了施政为了广大人民的根本利益原则，则人民有权要求更替政府核心领导成员乃至于更替政府。如果不能和平实现，则有权直接推翻政府。

其次，绝大多数民众以国家为最高忠诚对象，高度认同国家的合法性和最高权威，忠诚于国家，形成普遍的坚固的身份认同和国家认同，形成以国家为核心认同和最高忠诚对象的具有强大内聚力的国族，简言之，完成真正意义上的国族建构②。这个过程亦可以视为国家共同体构建的现代

---

① 笔者没有简单使用民主或者民主化的概念，而是使用国家和人民关系的现代化的概念，有两点原因。其一，国家和人民关系的现代化的含义更为宽泛，包含民主概念及该概念所不能包含的内容。其二，民主是全人类共同价值，但是民主一词被当代西方学者阉割和特殊处理，变成了政党选举型体制的代名词。全过程人民民主理念的提出是一次大转变。

② 从现代国家构建角度来看，国族比民族的用法更好，国族更能突出族的国家性，并能反对地方性、分裂性和狭隘的民族主义。政治学者肖滨、马德普等人对此有讨论。参见：肖滨．扩展中国政治学的现代国家概念．中国社会科学评价，2020（2）；马德普．跳出西方"民族国家"的话语窠臼．政治学研究，2019（2）．

化。"'国家共同体建设'是指在国家疆域内，把分散的个人和地区联结成具有一定内聚力的政治共同体之过程，此种过程既体现为政治共同体的内聚力逐渐增强，也体现为政治共同体的联结纽带逐渐强化和多元化。"① "历史证明，如果国家政权未能实现对社会的改造和建设，从而未能将现代国家意识和价值植入民众内心，获得国民对它的认同和忠诚，国家政权组织就没有与社会文化和心理有机融合一体，国家就没有建立在稳定的社会土壤和政治合法性根基上，这样的国家和制度难以获得稳定性和持续性，实质意义上的现代国家建设也就难以获得成功。"② 国族建构在许多时候具有压倒性的重要性。

最后，建立强国家与强社会和谐共存、良性互动的国家和社会关系。国家有足够的自主性，但不是完全自主、毫无约束以至于蜕变成施暴者，而是受到社会的必要制约。社会不能过于虚弱，以至于成为国家的附庸，也不能过于强大，以至于完全宰制国家。国家和社会关系应该是和谐、合理的，两者相互制衡、良性互动。"现代国家的构建是一个不断寻求国家与社会、市场关系合理化的持续性进程。"③ "国家与社会发展的'双强模式'才能为个人的成长发展提供合理的空间分布。"④

这是现代化的第三座"珠穆朗玛峰"。只有翻越它，才能保证国家演变的正确方向，防止国家异化为压迫民众的力量，使得国家建立在国民认同的坚实基础上，保障社会具有足够的自由度。政治学者肖滨指出：中国现代国家成长需要迈过三级台阶，第一级台阶为（垄断）暴力手段的支配、税收、官僚体系、领土权、主权，第二级台阶的主要任务是国族建设，第三级台阶是合宪性、法治/非个体权力、权力/合法性、公民权，"第二级台阶的建立也具有明显的优先性，因为只有通过一体化、实现国

---

① 曹正汉将政权建设、国家共同体建设视为国家建设的两个维度。参见：曹正汉．"强政权、弱国家"：中国历史上一种国家强弱观．开放时代，2019（2）.
② 陈军亚，王浦劬．以双重革命构建新型现代国家：基于中国共产党使命的分析．政治学研究，2022（1）.
③ 贺东航．复线性的成长：新中国国家建设的经验、特征与重大挑战：一项历史政治学的考察．中国政治学，2020（2）.
④ 慕良泽，高秉雄．现代国家构建：多维视角的述评．南京社会科学，2007（1）.

族统一，才能为法治民主和公民权利保障提供坚实的基础"①。他的现代国家成长第一级台阶类似于笔者所谓的国家机器现代化，他的现代国家成长第二级台阶、第三级台阶突出了国族建设、公民权等问题，和笔者所谓的国家和人民关系现代化基本吻合。

（四）国家统治方式现代化

国家统治方式现代化指国家统治方式的理性化、世俗化、法治化。国家总体上不再以依靠鬼神来进行统治，而是主要依靠人类的理性和慎思来进行统治。宗教不应该再是国家政治生活的主体，而应该居于次要位置。国家的统治不再是单纯依靠人的意志和智慧，而应该依靠巩固的长效的制度和法律。法律代表着这个国家大多数人的意见或者最深刻的洞见，是最高的智慧和规则的凝结。"在现代国家，法治是国家治理的基本方式，是国家治理现代化的重要标志，国家治理法治化是国家治理现代化的必由之路。"②

国家统治方式的理性化、世俗化、法治化是现代国家构建必须翻越的第四座"珠穆朗玛峰"。国家统治方式现代化亦是现代国家构建的迟到者和稀缺品，因为其包括理性化、世俗化、法治化三个维度，是极难同时达到的。实际上，它是人类不同文明合力才突破的伟大成就。只有翻越它，国家才能够从神权的沉重束缚下解放，才能发挥理性的作用，让人而不是神、让理性而不是任性占据国家的中心位置，才能防止暴政，保持国家的长期繁荣稳定，走出治乱兴衰的"历史周期率"。

（五）国家经济形态现代化

国家经济形态现代化简称经济形态现代化，指国家经济维度的发达，

---

① 肖滨. 中国现代国家成长的三级台阶：以斯蒂芬·哈尔西、王柯和孔飞力的相关论述为中心. 四川大学学报（哲学社会科学版），2021（1）.
② 张文显. 法治与国家治理现代化. 中国法学，2014（4）.

当然亦包括先进的科技。从高标准来说，工业经济形态或更先进的经济形态，才能说是现代国家的经济形态。这是现代国家构建必须翻越的第五座"珠穆朗玛峰"。只有翻越它，国民才能真正从物质的牢笼中解放出来，有更多的时间和精力来发展自我，国家才能具备强大的科技能力、经济实力，应对更大的风险挑战。经济维度的发达是国家发达程度的最重要指标之一，将极大地为国家"赋能"。原子弹、核潜艇、航天飞机、巡航导弹、无人机、航母等，都是工业时代才可能有的武器，它们极大地增强了国家的能力。这亦是本书将经济形态现代化纳入现代国家的基本原因。芬纳指出，"工业化绝不仅仅是政治发展的一个重要因素，事实上它还是世界历史的分水岭"，他还将"广泛的工业化"视为落后国家眼中的现代国家六个主要特征之一①。笔者坚信，任何不包含经济维度现代化的现代国家都是残缺不全的。古代国家在实现了经济维度现代化之现代国家的进攻下，存在武器代差，一般都是难以招架的。

这五座"珠穆朗玛峰"是人类在现代国家构建之路上面临的"刀山火海"，每一座"珠穆朗玛峰"的成功翻越，一般都会付出极为惨重的代价，也会获得前所未有的巨大回报，释放前所未有的生产力和能量。没有一只蛹是不经历蜕变就变成蝴蝶的。在通往现代国家的道路上，没有任何国家可以随随便便地闯关，也基本没有任何国家可以恰如其分地翻越，不出现过激行为，"过"和"不及"是常态，毕竟人类的理性有限，集体的事务又显得尤其复杂。需要解释的是，提出通过现代国家必须翻越五座"珠穆朗玛峰"，并非意味着每一个国家的现代形态都是一模一样的，而是一个大致的共同性，而且不同国家通往现代国家的道路或者说现代国家构建的方式亦存在差异性，套用一些学者的话就是"同向不同路"。这种差异性和民族性、宗教、文明等因素密切联系，带来人类现代国家形成史和人类国家演变史的丰富性。

---

① 芬纳.统治史（卷三）：早期现代政府和西方的突破：从民族国家到工业革命.马百亮，译.上海：华东师范大学出版社，2014：450-451.他认为现代国家六大特征为：民族和民族主义，人民主权，民族国家，世俗主义和现代国家的意识性和目的性，工业化——对经济对立和社会福利主义的追求，财富和福利主义。

　　每一座"珠穆朗玛峰"对应现代国家的不同领域，也存在一定的但非绝对的先后顺序。按照现代政治学的逻辑，一般地，第一座"珠穆朗玛峰"是国家构建的起点。这里一般需要通过国家形态变革、革命才能实现。正如肖滨指出的："建设现代国家三级台阶不是一步到位的过程，其中某些台阶的搭建具有顺序上的优先性。具体而言，相对于第二级、第三级台阶，构筑第一级台阶具有优先性，因为只有首先建立军事-财政国家、确立中央集权、实行直接统治，才能确保国家共同体的生存、安全和统一。"① 这基本上等同于笔者所谓的国家机器现代化。其余四座，不同国家成功翻越的时间未尽相同。

　　翻越五座"珠穆朗玛峰"是五次飞跃，是相互联动、相互影响的，存在内在的张力和关系。实现了任何一次飞跃，一般都会对现代国家构建的其他方面产生影响。这种影响是非常复杂的，包括推动、联动，也包括阻扰、滞缓、扭曲等作用。这就带来了人类现代国家构建历史的差异性和丰富性。比如国家机器的现代化，一般性地会带动第二座"珠穆朗玛峰"的翻越。因为国家机器现代化必须形成官僚制，而真正的官僚制要求打破阶级专制和阶级固化，确保官职对社会的多数人开放。但同时，强大的国家机器在错误观念影响下可能阻挠经济形态现代化，如中国历史上被国家机器严格执行的重农抑商政策。同样地，强大的国家机器可能阻扰国家统治方式法治化。古代中国强大的国家机器存在不受约束的天然趋势，深刻影响了古代中国统治方式的法治化，当然亦深刻影响社会和阶级结构、国家和人民的关系、经济发展。观察一个国家的现代化进程，一般都可看到这五大维度及其复杂关系对于该国现代化进程的巨大影响。翻越五座"珠穆朗玛峰"的先后顺序及其内在复杂关系的差异性构成了人类现代化道路差异的内核。不同国家和文明翻越这五座"珠穆朗玛峰"的时间不同、顺序不同，构成了不同的现代国家构建道路。

　　只有完全完成五座"珠穆朗玛峰"的翻越，现代国家构建才算真正完成。这时国家会焕发出巨大的活力，而且只要这种国家拥有足够大的领土

---

　　① 肖滨．中国现代国家成长的三级台阶：以斯蒂芬·哈尔西、王柯和孔飞力的相关论述为中心．四川大学学报（哲学社会科学版），2021（1）．

和足够多的人口，就可能成为地区级甚至世界级的强国。

　　对于大多数国家而言，翻越"珠穆朗玛峰"都是长期积累的结果，先有量的积累，最后才有质的突破。现代国家的出现都是通过国家形态变革或者革命才实现的，必须有系统性全局性的质变才会实现。早期现代国家的出现，对后发国家产生示范效应，这种示范效应多多少少是无法抗拒的。后发国家的现代国家构建受到内生因素、外在因素的双重影响，并不是完全独立的过程，加之人类交往的不断深化，导致现代国家越来越像。

　　国家形态的分类不是绝对的，国家形态演变的分类亦不是绝对的。古代国家内部的演变、古代国家向现代国家的演变，可能是交织进行的，比如古代国家内部的演变也可能混杂着现代国家的因素，而所谓的现代国家也可能依旧包含着古代国家的要素。"一个国家从总体上已进入传统国家，但还大量保留着前国家的元素。一个国家从形式上具有现代国家的特性，但在内容上还处于传统国家。一个国家的成长，犹如人的成长一样，具有不可逆性；但在某些事件，却回复着过去发生的状况，甚至反复发生和出现"，"要注意国家成长中的延续性、复杂性和回复性"①。国家形态演变的复杂性增加了国家形态研究的魅力（见图2-5）。周秦之变恰恰就是一种极

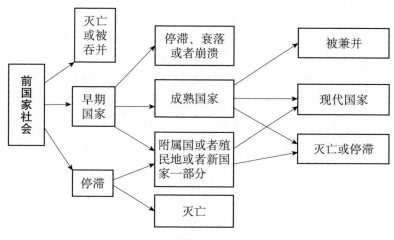

图2-5　国家演变走向概略图

---

　　①　徐勇.关系中的国家：第1卷.北京：社会科学文献出版社，2019：21-22.

具复杂性的国家形态演变，它属于古代国家内部的演变，但又带有大量现代国家因素，横跨了两种国家形态演变类型。又由于它是极早发生的带局部现代特征的国家形态变革，对其他国家有强烈的示范推动作用，它又具有世界性。这是这场国家形态演变具有重大而深远的世界历史意义的重要原因。

三、国家形态演变的意义

国家形态是人类社会的"芯片"，在一个国家和民族的历史中占据核心地位。国家形态演变可能会对于整个社会、整个国家、整个民族都有较大乃至是决定性影响。国家形态演变大致可以分为正向演变和负向演变。

所谓负向国家形态演变指的是国家形态在演变中退化、畸变、倒退。情况严重的，可能会带来国家能力的削弱、国家机器的弱化、生产力的退化、民众生活的倒退乃至于国家的毁灭、民族的灭亡，甚至引发世界历史的倒退。法西斯国家、日本军国主义国家的产生就是国家形态的负向演变，是国家形态的畸变、倒退，致使大量人口死亡，给人类带来巨大灾难，导致了本国历史乃至于人类历史的退化。正向国家形态演变指的是国家形态的进化、发展、升级乃至于脱胎换骨，迈向更高级的国家形态。当然，由于人类事务的复杂性、人类理性的有限性，所谓的负向国家形态演变和正向国家形态演变都不是绝对的，是一种总体性描述，负向国家形态演变中可能也带有正向的因素，正向国家形态演变可能也带有负向的因素。

正向国家形态演变特别是正向国家形态变革或者革命可能主要有以下意义：第一，解决社会和时代主要问题，化解国家危机，保障国家安全，恢复和改善国家秩序。第二，带来国家机器的进化、国家能力的提升。第三，带来社会生产力的解放和发展、民众福利的增加。第四，带来统治方式的理性化、世俗化、制度化、法治化。第五，带来国家和人民关系民主化。第六，推动国家与社会关系的和谐化、合理化，增强国家内聚力。第七，出现全新的更高级的国家形态。这是人类历史的荣耀时刻、特殊时刻，人类历史上这种国家形态变革或者革命并不多。周秦之变和十七八世纪以来欧洲民族国家的出现就是这种特殊情况。第八，一些代表人类发展趋势的、发生于主要大国的国家形态演变，可能会带来国际性、世界性影响，推动区域历史、世界历史向前发展。法国大革命以暴力方式实现新旧国家形态的更替。这种国家形态演变方式，连同它的产物——资产阶级共和国形态，都对世界产生重大影响，第三世界国家的民族独立革命、反封建反帝革命不同程度受其影响。这些国家形态演变之所以产生如此重大的影响，是因为它们都是剧烈的颠覆性的变革，刺激人类翻越现代国家构建的五座"珠穆朗玛峰"，释放了巨大的能量。以上这八方面，未必是每一次正向国家形态演变都会产生的影响，只是它们可能产生的影响的范围。很可能发生的是，边缘性小国发生的国家形态演变，没有产生区域性、世界性影响，亦没有促进国家内聚力的上升，但发生在主要国家的重大的正向国家形态演变，很可能具有以上意义的全部或者局部。

第四节　两种国家形态界定

本节讨论与周秦之变相关的两个基本概念——天子诸侯制国家形态、君主官僚制国家形态的定义，为后面的分析打下基础。它们亦是本书的核心概念。如果从国家形态史来认识中国，它们具有极其重要的意义。

一、天子诸侯制国家形态

回望和追寻中国西周、东周历史，我们得到的是一本本典籍、一个个刻满文字的青铜礼器、一个个诸侯国的遗址等。秦朝留给我们的是秦简、兵马俑、万里长城等。这两者存在巨大差别。我们不满足于所谓的封建社会、奴隶社会、王朝国家等描述，希望重新认识充满内在个性却不能说话的周朝国家、秦朝国家或者说秦汉国家。要做到这一点，需要借鉴前人的研究，并从一个新起点开始。

本书将周朝国家形态称为天子诸侯制宗法分封国家（the king-vassal state），简称为天子诸侯制国家，或者天子诸侯国家、天子-诸侯国家。天子和诸侯不但是周朝最重要的政治实体，也是社会结构的最重要部分，非常鲜明地显示这个国家的样态和结构。当然，这里的"诸侯"有两重含义。其一，它是周天子统辖下的列国君主的统称，指的是领导一个诸侯国或者政治经济文化实体的君主。比如说，秦非子因养马有功被周天子封为附庸。秦庄公击败西戎，被周宣王封为"西垂大夫"。公元前770年，秦襄公派兵护送周平王东迁，被封为诸侯。从国家形态层面来理解，秦襄公被封为"诸侯"之前，秦都是一个政治经济文化实体，其君主或领袖都属于本书意义上的诸侯。其二，它还有诸侯国的意思。本书中的诸侯国是政治学上的理想类型，在实践中包括诸侯国、封国、部族势力、方国等，即天子统治之下的一个个政治经济文化实体。诸侯国的大小、地位、治理结构、族群构成可能也未必相同。这就是天子-诸侯结构的丰富性、多样性、多元性。

在"天子诸侯"后加一个"制"（制度），主要有两点原因。其一，天子和诸侯的关系本身就是高度制度化的，在漫长的天子诸侯制国家时代，两者关系并未发生根本性变化。其二，除了天子和诸侯的关系，还包括了大量制度，包括册命仪式、朝贡制度、森严的等级制度和礼制，构成了一个复杂的制度体系。这个制度是整个周朝基本制度的核心所在。加上"宗法分封"一词，因为这是周朝基本制度的重要组成部分。宗法制、分封制鲜明地把周朝政治秩序、政治制度的特色揭示了出来。因此，"天子诸侯制宗法分封国家"或者"天子诸侯制国家"，鲜明地揭示周朝国家形态的内涵和主要特征。

本书还认为，夏商两朝亦是天子诸侯制国家，夏朝乃天子诸侯制国家形态的形成期和奠基期，商朝为天子诸侯制国家的发展期，西周乃天子诸侯制国家的顶峰期，东周乃天子诸侯制国家的衰亡期。天子诸侯制国家是从中华文明起源时的满天星斗模式①演化而来的，是建立在成千上万个古国、部落等基础上的早期国家形态。同样为早期国家，天子诸侯制国家形态区别于古希腊城邦。古希腊城邦体系更小、更松散，不同的城邦之间并无等级关系，缺乏一个可以统摄和辐射全国的权力和文化中心。中国的天子诸侯制国家有一个天下的共主——天子，是有全国性的权力和文化中心的。

二、君主官僚制国家形态

关于周秦之变中形成的国家形态，笔者称为中央集权大一统郡县制君主官僚制国家，或者大一统世俗型中央集权君主官僚制国家，简称为君主官僚制国家、大一统君主官僚制国家、中央集权君主官僚制国家、中央集权郡县制大一统国家（the emperor-bureaucrat state）。中央集权大一统郡县制君主官僚制国家，直接地点出这种国家的基本制度和鲜明特征：君主制、官僚制、郡县制、中央集权和大一统。历史学者何炳棣便称秦为"专制集权统一郡县制大帝国"②。该提法比较全面，但"专制"一词存在贴标签和以偏概全等问题，遮蔽了君主官僚制国家形态的复杂内涵和先进内容。

对于中央集权大一统郡县制君主官僚制国家，"国家"是我们关注的

---

① 满天星斗模式是考古学者苏秉琦阐释中华文明起源和演变的一个重要理论。该理论认为，新石器时代的中国，甚至到夏商时期，其实同时存在着发展水平相近的众多文明，散布在中国的四面八方，犹如天上群星，而中原文明只是众星之一，而且并非众星之核心。参见：苏秉琦.中国文明起源新探.沈阳：辽宁人民出版社，2009；苏秉琦.满天星斗：苏秉琦论远古中国.北京：中信出版社，2016.

② 何炳棣.国史上的"大事因缘"解谜：从重建秦墨史实入手//何炳棣.何炳棣思想制度史论.北京：中华书局，2017：396.

重点。前面的定语是对它的形容和限定。中央集权大一统郡县制君主官僚制国家，远远超出君主制、官僚制、郡县制、大一统等任何一个单一要素的范畴。任何单一要素都不足以解释这种国家形态。比如说君主制，君主制指向的范围非常广，用之于中国，解释力有，但有限。君主官僚制连在一起，指出中国的君主制和官僚制是相互支撑、相互联动、相互制衡、相互促进的关系。这种制度模式在古代世界是罕见的，古希腊、古罗马没有这种制度模式。君主官僚制已比君主制、官僚制更加具有解释力。再加上郡县制、世俗化、开放流动的社会、理性主义、天下主义、集体主义、农业经济、国家份地授田制、家户制等，这些要素组合在一起，产生"化学反应"，才构成君主官僚制国家。这是一个关系交错、相互整合的整体。这种整体性极为重要，构成这种国家形态的本质、内涵。单独使用国家形式、国体、政体、政治制度等概念，不足以揭示这种国家形态的本质、内涵和运行机理。这是本书使用整体性国家概念——国家形态的核心理由。

君主官僚制国家形态奠基于春秋战国，主体结构和基本制度形成于秦朝。毛泽东曾写道："劝君少骂秦始皇，焚坑事要商量。祖龙魂死业犹在，孔学名高实秕糠。百代都行秦政法，十批不是好文章。熟读唐人封建论，莫从子厚返文王。"[①] 这是他作为大政治家对历史的深刻洞察。历史学者夏曾佑指出："故中国之教，得孔子而后立。中国之政，得秦皇而后行。中国之境，得汉武而后定。三者皆中国之所以为中国也。"[②] 类似观点古人和今人都有论述，比如梁启超、谭嗣同等。

但是，从国家形态变革而言，秦朝并不是君主官僚制国家形态形成的终点。汉朝对于秦朝原生性的君主官僚制国家形态进行重要调整，最终使其成为后世中国的通行版本。汉朝的改造和定型在君主官僚制国家形态形成史上的地位是不可忽视的。"自秦以来，垂二千年，虽百王代兴，时有改革，然观其大义，不甚悬殊。譬如建屋，孔子奠其基，秦、汉二君营其

---

① 中共中央文献研究室. 建国以来毛泽东文稿：第 13 册. 北京：中央文献出版社，1998：361.

② 夏曾佑. 中国古代史. 石家庄：河北教育出版社，2000：245.

室，后之王者，不过随事补苴，以求适一时之用耳，不能动其深根宁极之理也。"① 将君主官僚制国家形态称为秦朝国家形态或者秦汉国家形态都可接受。秦始皇开创并确立、汉朝调整并定型的中央集权大一统郡县制君主官僚制国家在中国延续 2 000 多年，成为传统中国的主流国家形态，并传播到周边国家，塑造古代东亚的格局和历史进程，对世界史产生重大而深远的影响。

---

① 夏曾佑. 中国古代史. 石家庄：河北教育出版社，2000：245. 这里的"秦、汉二君"指秦始皇、汉武帝。

第三章

天子诸侯制国家：以西周为中心

　　阐释周朝国家形态是研究周秦之变的重要起点。本章将周朝国家形态名为天子诸侯制国家，并以西周为中心，阐释这种国家形态的内涵。西周（公元前 1046—前 771 年），历时 270 余年，为中国第三个朝代，是原来商朝的诸侯国——周国通过武力推翻商朝而建立的，在中国历史上具有极为重要的地位。西周历经武王、周公、成王、康王、昭王、穆王、共王、懿王、孝王、夷王、厉王、共和（共伯和）、宣王、幽王时期[①]。从文明发展来说，西周处于中华文明形成的关键时期。从国家形态发展史来说，西周处于中国早期国家的高级阶段、顶峰阶段。

　　尽管夏商周三代统治方式、基本政治制度等有差别，但总体上可归为天子诸侯制国家。夏朝是天子诸侯制国家的开创期，亦是天子诸侯制国家的第一个实体。商朝乃天子诸侯制国家的发展期。西周是这种国家形态的顶峰期。东周为这种国家形态的衰落期、衰亡期。"中国古代创制的国家，是世界历史上大规模政治体创制的奇迹。远在西周立定中国古代国家根基之前，就已经经历了漫长的国家建构过程。夏商两代，已经基本确立了国家建构的基调。""到了西周，中国古代国家的基本理念、制度框架与运行机制，方始确立下来。夏商两代的国家，在规模上不是太大，在结构上相对简单，在功能上比较单一。周王朝的国家也是一种复合型国家形态。但西周的分封制国家，乃是大规模国家的东方建构模式尘埃落定的一种样式。周代王权建制具有内核建构与扩展机制相互支持的一整套国家机制。"[②]

　　作为一种高级的早期国家形态，天子诸侯制国家是中国和东亚国家演变中的重要一环。它和西方历史上的城邦国家、城市国家有相似性，但又

---

　　① 杨宽. 西周史：上册. 上海：上海人民出版社，2016：13.
　　② 任剑涛. 从家国到国家：中华帝国的民族国家转向. 社会科学战线，2022（4）.

有重大区别。按照上一章提出的理论阐释框架，本章将从立国基本理论、国家基本制度、国家统治方式、国家和社会关系、社会和阶级结构、国家经济形态六大要素分析天子诸侯制国家形态的内涵。

第一节　立国基本理论

　　古代人类思维和认识水平有限，面对浩渺的宇宙、冷酷的自然环境、变幻莫测的自然现象和残酷的生存竞争，经常产生神秘主义思想，迷信鬼神，崇拜各种已经存在的自然事物或者是自己虚构的偶像和神秘力量。神人关系或者说天人关系对于国家形态形成和演变有至关重要的作用。宗教学者米尔恰·伊利亚德等学者发现，在人类的轴心时代之前，当时的大多数社会都有对高位神（High God）的早期信仰，通常被称为苍天神（Sky God），因为他与天空相关[1]。米尔恰·伊利亚德指出，天空以自己的存在模式揭示出了其超验、力量和永恒，因为天空又是高远的、无限的、永恒的和强有力的，所以它又是绝对的存在；"上天的这种存在能够激发出一种神圣超验的宗教感。而且因为上天是绝对存在，所以原始民族的许多至上神都用那些表示高远、苍穹、气象或者是'苍天的主人'或者'苍天的居住者'的词语来命名"。"中国人的'天'不仅仅意味着天空，同时也有'天空之神'的含义。"[2] 天人关系和国家构建是密切联系的。刘泽华认为："天人关系，一般都把它作为哲学问题，其实，它在政治上也很重要。"[3] 米尔恰·伊利亚德认为苍天神容易从人们的宗教活动中消失，从人们的狂热崇拜中消失，逐步变成遥远的、不活跃的逊位神[4]。但中国的苍天神——

---

　　[1]　阿姆斯特朗. 轴心时代：人类伟大思想传统的开端. 孙艳燕, 白彦兵, 译. 上海：上海三联书店, 2019：8.

　　[2]　伊利亚德. 神圣与世俗. 王建光, 译. 北京：华夏出版社, 2002：63-65.

　　[3]　刘泽华. 先秦政治思想史. 天津：南开大学出版社, 2019：89.

　　[4]　伊利亚德. 神圣与世俗. 王建光, 译. 北京：华夏出版社, 2002.

天一直存在，不但在早期国家时代存在，在秦朝至清朝同样存在，而且始终是具有本体意义的存在，这是深刻影响中国历史的一个重要特殊性①。

神人关系在中国主要表现为天人关系。中国古文献记载了中国的高位神观念。《史记·五帝本纪》《史记·夏本纪》就有天的记载②。《孟子·梁惠王下》引"《书》曰：'天降下民，作之君，作之师。惟曰其助上帝，宠之四方'"③。这是关于天人关系、天与国家关系的经典论述。这其中涉及的天、君、民、师等要素及其关系是古代中国极其重要的根本性范畴和关系。古代中国人很早就形成了天命观和天下观。这种以天命观、天下观为核心的宇宙观念和政治观念为中国国家形态演变确定了方向和范畴，1912年前的中国一直被称为天下国家或者天下型国家。英国曼彻斯特大学政治系教授柯岚安指出，"天下"这个概念"是中国两千多年来治理国家和理解自己的关键"④。华裔学者杨庆堃认为："中国政治生活的许多宗教影响，都源于'天'这一基本概念和附属于天的众神体系，而这个体系能够预先决定包括政治事件在内的宇宙万物的生发过程。它的核心概念就是'天命'，这种合法性的象征不仅被历朝政权所承认，也在普通民众中获得广泛接受。"⑤

对于夏商周三代的立国基本理论，笔者统一用天命论或者天命观称之，即统治者或者统治集团宣称或者认为自己受天、帝、天神等具有非凡能力的神的命令组建国家、统治人民。虽然如此，但具体到每个朝代，天命论的具体内涵又不完全相同。史华慈认为："作为高高在上的神的'帝'的兴起与'商朝及其统治氏族占据至高地位这一点正相合拍'"，"'天命'（heavenly Mandate）的观念必将在周代初年的宗教意识形态史上占据着显

---

① 高位神（苍天神）在中国的延续和流变，与其在其他文明的不同命运的比较，可能是有助于揭示中外国家形态和政治文明差异的源头性问题。与汉族类似，匈奴也有对天的崇拜。

② 司马迁．史记：点校本二十四史修订本第1册．裴骃，集解．司马贞，索引．张守节，正义．北京：中华书局，2014：1-118.

③ 孟子．方勇，译注．北京：中华书局，2018：25. 这里所引的《书》为《尚书》。

④ 柯岚安，徐进．中国视野下的世界秩序：天下、帝国和世界．世界经济与政治，2008（10）.

⑤ 杨庆堃．中国社会中的宗教：宗教的现代社会功能与其历史因素之研究（修订版）．范丽珠，译．成都：四川人民出版社，2016：102.

著的中心地位，而在整个观念的核心部分，天占据有中心地位"，"不论天的概念会在中国思想史中经历什么样的转变，对于帝国官位的占据者来说，是天而不是祖先一直成为合法性的最高来源"①。周朝是中国第三个朝代，留下大量文献和文物，足够剖析出其立国基本理论。西周立国基本理论是商人天命论（帝命论）的发展，可称为天命保民论。

一、君主奉天命建国治民

周人认为人类所居住的世界受到一个最高主宰——天的统治。人类的有德者周王，包括周文王及其继任者，受了天命灭商。周王乃天子，周天子奉天命建立国家，治理民众。历史学者晁福林称："周人创造了'天子'之称，作为其神圣性质的根本依据，亦是其天命理论的进一步发展"，"'天子'之称亦是周人的一大发明"，"周人对于最高权力的总体设计是：周王向上对于天国而言，垄断了天国和天命；向下对于社会而言，则是以宗子的身份而凌驾于芸芸众生"②。李峰指出："周代国家是建立在天命思想基础上的。"③ 美国汉学家万志英认为：周王朝取消了祖先作为凡间统治者与至上神间中间人的身份，这使君主成为获得神力的唯一途径，其他公卿贵族若要分享"天"的恩赐，只能与君主建立从属关系④。商人强调自己的祖先是宇宙最高主宰——帝的侍从，围绕在帝的周围。周人直接越过祖先，强调自己就是宇宙最高主宰的儿子。周人克商前后的一系列举动以及所留下的文献充分证明周人笃信天命。周朝天命观的证据充分，笔者谨

① 史华慈. 古代中国的思想世界. 程钢, 译. 南京：江苏人民出版社, 2008：40 - 51.
② 晁福林. 先秦社会最高权力的变迁及其制约因素//晁福林. 夏商西周史丛考. 北京：商务印书馆, 2018：1142.
③ 李峰. 西周的政体：中国早期的官僚制度和国家. 吴敏娜, 等译. 北京：生活·读书·新知三联书店, 2010：65.
④ 万志英. 左道：中国宗教文化中的神与魔. 廖涵缤, 译. 北京：社会科学文献出版社, 2018：20 - 31.

列出若干条。

《史记·周本纪》记载，周武王"诸侯不期会盟津者八百诸侯。诸侯皆曰：'纣可伐矣。'武王曰：'女未知天命，未可也。'乃还师归"①。第二年，周武王伐商，"武王乃作太誓，告于众庶：'今殷王纣乃用其妇人之言，自绝于天，毁坏其三正，离逖其王父母弟，乃断弃其先祖之乐，乃为淫声，用变乱正声，怡说妇人。故今予发维共行天罚。勉哉夫子，不可再，不可三！'"② 这里明确提到"天命""自绝于天""天罚"。周宣称，商违背天命是周伐它的主因。《逸周书·商誓解》称："昔在我西土，我其有言，胥告商之百无罪，其维一夫。予既殛纣承天命，予亦来休命。尔百姓里居君子，其周即命。"③《尚书·周书·康诰》称："天乃大命文王殪戎殷，诞受厥命越厥邦厥民。"④《大盂鼎》铭文称："丕显文王，受天有大命，在武王，嗣文王作邦，辟厥慝，匍有四方，畯正厥民。"⑤《毛公鼎》铭文称："丕显文、武，皇天引厌厥德，配我有周，膺受大命，率怀不廷方亡，不闬于文、武耿光。"⑥《诗经·大雅·大明》称："有命自天，命此文王，于周于京。缵女维莘，长子维行，笃生武王。保右命尔，燮伐大商。"⑦

克商后，周武王夜不能寐，因为深感还"未定天保"，最后他们营新都于雒邑（今河南洛阳）⑧。这件事反映两点情况：第一，周武王时期天命观的建构已有雏形，但未完成，武王并不心安；第二，政治宇宙观和政治建设开始统一。他们在自认为的"天下之中"雒邑建设成周，作为京师，在地理上进一步居于天下之中，和他们政治宇宙观中的一个上天、一个天

---

① 司马迁. 史记：点校本二十四史修订本第 1 册. 裴骃，集解. 司马贞，索引. 张守节，正义. 北京：中华书局，2014：156.

② 同①157.

③ 黄怀信，张懋镕，田旭东. 逸周书汇校集注（修订本）：上册，上海：上海古籍出版社，2007：455 - 456.

④ 尚书. 王世舜，王翠叶，译注. 北京：中华书局，2012：181.

⑤ 中国科学院考古研究所. 殷周金文集成：第 5 册. 北京：中华书局，1985：239 - 242. 释文尽量用通行字体.

⑥ 同⑤261 - 269. 释文尽量用通行字体.

⑦ 程俊杰，蒋见元. 诗经注析：下册. 北京：中华书局，1991：756.

⑧ 同①165 - 166.

子、一个天下、天子奉天命统治天下的理论契合。这样周王室把天命观进一步落实在政治地理上。

这一系列证据表示，西周主流政治观乃典型的天命观，认为周文王、周武王受上天之命来革商的命并统治民众，他们将天命遗传给了周的后世统治者。

二、敬天保民

虽然天命观是夏商周三代共同的立国基本理论。但殷周之际政治和文化发生重大变革。"殷周之变包含着一场深刻的宗教革命，它的目标是既有传统宗教瓦解的情况下，探寻新的至上神，重建宗教权威和社会信仰，从而为正在发生的社会变革寻找精神动力，这场宗教革命在政治、文化、法律、道德领域引发了一系列深刻变革，对于中国文化的品格与特性产生了决定性影响。"[①] 商周之际所出现的变化的核心内容就是人文化、道德化、理性化，在天命观领域亦不例外。

古人说夏人忠诚，商人信鬼神，而周人则信文。"夏之政忠，忠之敝，小人以野，故殷人承之以敬。敬之敝，小人以鬼，故周人承之以文。"[②] 人文化指在天—君—民的链条中，民的位置开始上升，民意反映天意，民意甚至可以成为天意，民之生活成为施政之本。《尚书·周书·泰誓》提出："天听自我民听，天视自我民视。"[③]《诗经·大雅·假乐》："宜民宜人，受禄于天。"[④]《诗经·大雅·卷阿》称："维君子命，媚于庶人。"[⑤]《尚书·虞书·皋陶谟》称："安民则惠，黎民怀之"，"天聪明，自我民聪明。天

① 赵法生. 殷周之际的宗教革命与人文精神. 文史哲，2020 (3).
② 司马迁. 史记：点校本二十四史修订本第 2 册. 裴骃，集解. 司马贞，索引. 张守节，正义. 北京：中华书局，2014：493.
③ 尚书. 王世舜，王翠叶，译注. 北京：中华书局，2012：436.
④ 程俊杰，蒋见元. 诗经注析：下册. 北京：中华书局，1991：820.
⑤ 同④835.

明畏，自我民明威"①。《尚书·周书·康诰》称："天畏棐忱，民情大可见。"②《尚书·周书·酒诰》称："'人，无于水监，当于民监。'今惟殷坠厥命，我其可不大监，抚于时?"③

道德化指道德成为衡量整个政治体系乃至于整个社会的根本性法则和最高标准。有德者，有天命，有天下；失德者，失天命，失天下。锤炼自己的道德成为沟通天、民的根本途径。理性化指的是，与商朝比起来，思维水平有了跃进，不再陷入一种彻头彻尾的迷信之中，凡事都要问神，把一切归于神命，强调了人的作用和能动性，体现了一种理性精神。陈来指出：传统天命观在西周发生民意论的重大转向，"在西周的政治思想中，天意已经被民意化了，天命在信仰形态上仍具有神学特征，但在内容上则出现了政治民本主义，使得西周政治开始远离神权政治"④。徐复观认为周初宗教中有"人文精神的跃动"，"周人建立了一个由'敬'所贯注的'敬德'、'明德'的观念世界，来照察、指导自己的行为，对自己的行为负责，这正是中国人文精神最早的出现"⑤。

人文化、道德化、理性化让天命观的内涵发生巨大变化，使得整个国家从商朝的"率民以事神"变成周朝的"郁郁乎文哉"，天命论最终演化为天命保民论。这种变革之所以发生的最重要原因在于周克商时民众展示了巨大的威力，让周的统治者感到震撼。周联合各种古国"以下造反"而推翻商朝的特殊建国方式决定了民众地位在天—君—民链条中的上升。从而，天、君、民关系成为立国基本理论中的核心环节。天命和民意逐步开始了某种关联，民意逐步地可以反映天意，因此天子要敬天保民，也就是说既要尊崇天命，同时也要保护、怜惜万民，在天和民之间取得某种平衡。天（万物之源）、君（天子）、民（天生之民）之间的关系逐步成为古代中国立国基本理论中的最基本关系。后世不同学者和政治家围绕它而提出不同的解释，形成不同的流派。

---

① 尚书. 王世舜，王翠叶，译注. 北京：中华书局，2012：35-39.

② 同①184.

③ 同①205.

④ 陈来. 中国早期政治哲学的三个主题. 天津社会科学，2007（2）.

⑤ 徐复观. 中国人性论史·先秦篇. 北京：九州出版社，2014：14-23.

三、天命无常

周人的天命观强调天命靡常、惟德是辅。天命可以改变，失德者就会失去天命。要求统治者必须敬天保民、明德慎罚、永言配命，否则就将失去天命，面临悲惨的命运。"殷鉴不远，在夏后之世。"周人不但以天命更替论解释了周代商的原因，而且也解释了商代夏的原因。其理论立足点就是天命无常，失德者失去天命。天命无常是天命有德观念的自然延伸。德的可变性、人的主动性带来天命的变动。

《诗经·大雅·文王》提出："穆穆文王，于缉熙敬止。假哉天命，有商孙子。商之孙子，其丽不亿。上帝既命，侯于周服。侯服于周，天命靡常。"① 这是讲述周文王事迹的重要文献，明确地提出天命靡常的思想。《尚书·周书·康诰》记载："周公初基作新大邑于东国洛，四方民大和会。侯甸男邦，采卫百工，播民和见，士于周"，周公接着传达周成王的命令，命令中有一句话是"呜呼！肆汝小子封，惟命不于常，汝念哉！无我殄享。明乃服命，高乃听，用康乂民"② 。这是个非常庄严的公开场合，参与的民众、诸侯、官吏甚多，由周公传达周成王的命令，是一个重大政策和理念宣誓。这其中就有"惟命不于常"。刘泽华认为"惟命不于常"是"对帝理论最重要的修正和补充。大意为：上帝所赐予的大命不是固定不变的。上帝根据什么命凶吉呢？这要看表现。天所以不再保祐殷王，因为殷王辛胡作非为，奢靡无度，酒气熏天，被天抛弃"③ 。这个见解是对的。英国学者阿姆斯特朗指出："周朝人在宗教中引入了一个伦理观念，而在此之前的宗教对道德伦理从不关心。上天不仅仅受到人们宰杀猪和牛的贿赂，而且被同情和正义所感化。天命在中国轴心时代将成为一个重要

---

①　程俊杰，蒋见元. 诗经注析：下册. 北京：中华书局，1991：748-749.
②　尚书. 王世舜，王翠叶，译注. 北京：中华书局，2012：179-195.
③　刘泽华. 先秦政治思想史. 天津：南开大学出版社，2019：31.

理念。如果一名统治者自私、残忍、压迫人民，上天不会支持他，他就会垮台。一个国家可能会显得弱小，就像征服商之前的周。而如果国家的统治者贤明、仁慈，真正关心其臣民的福祉，人民便会从四海之内聚集到他周围，上天会将他提升到至高地位。"①

天命无常是天命保民论的重要内容。它给天命保民论加入极强的政治压力（这一点周初立国思想家们也许未想到）。虽然这是在解释周代商的合法性时使用的，但却引发一连串后果，既给统治者带来神圣光环，起到安抚殷商贵族和遗民、四方邦国的作用，也给周统治者带来巨大压力，即周王若是干得不好，就会失去天命。这客观上给了被统治阶级反抗暴政的理由。西周的天命保民论虽然还没有发展到系统化地以自然灾害、天气异象等作为天命的警示，但已重视通过气象变化、自然灾害来评估执政者的作为。

这里对天命保民论做一点总结。天命保民论是中国早期国家的立国理论，影响深远。其一，它将国家的轴心关系演绎为天—君—民关系，这从根本上塑造了国家的政治结构和运行模式。其二，它具有强烈的人文主义、民本主义和道德主义色彩，构成中华文明和世界其他文明在古代史时期的一个重大分野。天命保民论承认天的最高权威，是宇宙的主宰，认为天命降于周文王，周文王的子孙继承天命，替天统治人间。人类必须尊重天的意志，必须敬天，通过一整套的礼节来表达对于天意的尊重和贯彻。但天的意志通过多种形式呈现，比如闪电、地震等自然现象，更主要的是通过民众来反映和体现，统治者必须充分尊重民众的集体意志，保障民众的基本生存权、生活权，而不是虐民，更不能行暴政，也就是必须"保民"。保民了才能真正做到敬天，保持天命不改。天命保民论是一个整体。它一定程度上把天的事情交给了天，让统治者把精力放在人世间，善待民众，替天好好统治民众，这样天就会满意。"天命观向中国提供了一种人文主义与历史理性主义的传统，这与其他传统社会是非常不同的。这是在现代化兴起之前，中国与其他世界文明差异的开端"，"在现代化兴起之前，其他文明的传统政体往往在很大程度上通过传统的和神圣的途径来获取

---

① 阿姆斯特朗. 轴心时代：人类伟大思想传统的开端. 孙艳燕，白彦兵，译. 上海：上海三联书店，2019：52.

其合法性，但是在中国，从西周以来，政绩就成为政权合法性的一个重要内容"①。从周朝开始，与世界其他文明相比，中华文明弱化神权倾向，具备较强的民本、人文、道德和世俗色彩，这为中华文明成为理性的世俗的文明奠定重要基础。图 3-1 揭示了中外思想和国家形态关系的差异。

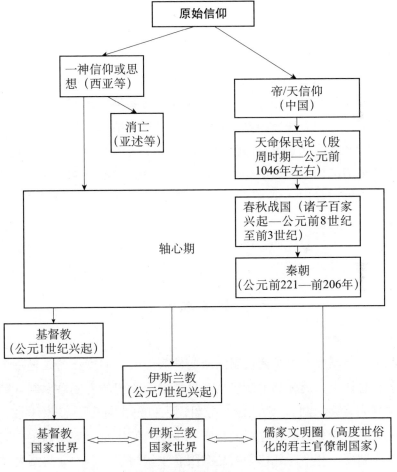

图 3-1　思想和国家形态关系的中外简要对比

注：双向箭头表示互动关系。尚未包括印度等国家。毫无疑问，亚洲是人类宗教和哲学思想的最重要产生地。

---

① 赵鼎新．"天命观"及政绩合法性在古代和当代中国的体现．龚瑞雪，胡婉，译．经济社会体制比较，2012 (1).

第二节　国家基本制度

国家基本制度是在国家组织和运作中起着基础性、骨架性、决定性作用的制度。天子诸侯制国家受到当时生产力条件、交通条件、制度条件、社会思想环境、族群关系等多种因素限制，尚属早期国家形态。相对于君主官僚制国家、西方民族国家，天子诸侯制国家结构较为松散、权力较为分散、统治较为间接。天子诸侯制国家有一个居中心地位的中央政权，这是具有辐射力的国家权力中心。在它之下，没有严格意义上的地方行政区划制度，只有诸侯国、邦国、部族，后者既是血缘共同体的概念，也是地域的概念。

一、基本政治制度

基本政治制度是天子诸侯制国家的核心内容。制度在此处是一个宽泛的概念。总体上，周朝基本政治制度包括贵族联盟的有限君主制（简称有限君主制或者天子制）、宗法制、分封制、世卿世禄制、官僚体系、内外服制度等等。更具体的还包括嫡长子继承制、家臣制、家族制度、国野制度等具体制度。其中，最核心的是有限君主制。宗法制、分封制是其左膀右臂，是极为重要的国家基础性制度，同时又构成对君主制的制约，此为这种君主制属于有限君主制类型的重要原因。世卿世禄制建立在宗法制和分封制基础之上，三者相辅相成。嫡长子继承制是有限君主制的具体组成部分。内外服制度和官僚体系构成国家运作的重要基础。家臣制、家族制度等属于具体制度，囿于篇幅，本书不予展开。

（一）贵族联盟的有限君主制

关于最高国家权力的制度从来都在国家政治制度中具有核心作用，具有牵一发而动全身的作用。虽然古代中国并无君主制、贵族制、民主制的概念，而有关于治理得好不好、是否照顾了民众的生活、民众生活得好不好、君主失德不失德、仁政还是暴政等的命题，但周代实行的是政治学上的君主制。周代君主制实际上是天子制。作为接受天命的人，周王即周天子，也就是天的儿子，代表天治理人民。周王作为一国之君，是最高统治者、军队最高统帅，也是宗法体系中的顶峰——宗子，掌握政治、行政、立法、军事、意识形态权力、宗教权力和宗族权力，成为国家和社会的中心。周王实行终身制、世袭制，在周武王之后形成嫡长子继承制。这就完全具备了君主制的一般特征。

但由于西周君主制尚是一种发展中的君主制，是中国君主制的早期阶段。因此，君主的权威和权力并不绝对，一些本应属于以君主为代表的中央政府的权力，包括政治权力、行政管理权、人事权、立法权力、经济权力，有相当一部分还分散在地方诸侯国、封国、方国、部族首领和社会手中。周王实际上是与诸侯国、封国、方国贵族等分享统治权。

这种早期君主制形态可归为贵族联盟的有限君主制。历史学者李泉、杜建民将其概括为"君权多元化的等级君主制"[①]，比较准确。周邦以小邦国取代商朝后，虽然是中国当时最强大的政治体，但还存在大量大大小小的"国家"，包括东夷集团、楚国等。这些"国家"和原来的周国一样，都是地域性政治体，具备国家的元素。它们有的实力还相当强大。想要征服它们、消灭它们，不但成本巨大，而且难以实现。周朝和商朝一样，建立后短期内不可能彻底征服已经存在的国家，把它们变成自己直接统治之下的一个地方行政单位，比如周短期内根本无法彻底征服商人，也无法征服已存在多年的东夷集团、楚国，只能采取一种贵族联盟的、天下共主式

① 李泉，杜建民. 论夏商周君主制政体的性质. 史学月刊，1995（3）.

的有限君主制。作为中央政治体，周王室具有最强大的实力，集中了有限权力，对其周围不超过1 000里的地方实行有限的统治。诸侯国、封国、方国和部族首领和周王室共享统治权。这种君主制和秦朝及此后的君主制有重大区别。历史学者宁镇疆将中国的早期王权视为"有限"王权，强调远非"专制"或"独裁"，并从政治发生学、政府组织和运作、三代放逐君主的历史、国家结构来论证王权的有限性①。其观点是成立的。滥用专制或者专门针对中国使用专制概念已不具有建设性。

（二）宗法制

中国的宗法制源于中国历史早期的家族制度、氏族制度，后逐步演化为政治制度，其形成于夏朝，周朝时达到顶峰，成为笼罩于周朝整个政治世界和社会领域的基础性制度。西周的宗法制在全世界范围内可能都是最发达的宗法制度，其政治制度属性又使得其在世界范围内十分独特。"周代宗法制度是周初以来创立的政治制度，以血缘关系、嫡庶之别、宗子特殊地位以及宗族分衍等宗法组织原则为基础，统治者将之应用到国家和社会结构的建构之中，并在周王朝政治权力所及范围内形成自天子以下层层相属的政治等级结构，并强化了以宗族为基础的社会结构。"②

第一，基本内容。《左传·桓公二年》称："天子建国，诸侯立家，卿置侧室，大夫有贰宗，士有隶子弟，庶人、工、商，各有分亲，皆有等衰。"③这是西周宗法制的缩影。《礼记·大传》说："亲亲故尊祖，尊祖故敬宗，敬宗故收族，收族故宗庙严，宗庙严故重社稷"④。宗法制自一开始就是和政治联系在一起的，是基本政治制度的重要组成部分。刘泽华对周代宗法制有一个大概的描述："周代的宗法制度，是由氏族社会演变下来的以血

---

① 宁镇疆.再论"余一人"问题//谢维扬，赵争.国家起源问题研究的理论与方法："国家起源研究的理论与方法国际学术研讨会"论文集.黄薇，译.上海：中西书局，2020：235-437.

② 高婧聪.宗法制度与周代国家结构研究.北京：中国社会科学出版社，2020：2.

③ 杨伯峻.春秋左传注（修订本）：第1册.2版.北京：中华书局，1990：94.

④ 孙希旦.礼记集解：上册.北京：中华书局，1989：917.

缘为基础的族制系统。其具体内容大略是这样：天子世世相传，每世的天子都是以嫡长子的身份继承父位为第二代的天子，奉祀始祖，是为大宗。嫡长子是土地和权位的法定继承人，其地位最尊，称之为宗子。嫡长子的同母弟与庶兄弟封为诸侯，是为小宗。每世的诸侯也是以嫡长子的身份继承父位，为第二代的诸侯，奉始祖为大宗，他的诸弟弟封为卿大夫，为小宗。每世的卿大夫也是以嫡长子的资格继承父位，仍为卿大夫，奉始祖为大宗。他的诸弟为士，为小宗。士的长子仍为士，其余诸子为庶人。确定以嫡长子继承国土田邑的宗法制度，是解决贵族间的矛盾、巩固分封制的一种方法。"①

周人和其他族群一开始并无血缘关系，如何确立大宗小宗的等级关系？历史学者杨坤认为是通过"宗盟"这种"仿效宗族组织结构而成的一种政治盟会形式"实现的，"周天子借此与各政治势力构成拟宗族的大宗、小宗关系，强化'天下一家'的意识"②。拟血缘化使得国家规模可以突破血缘而扩大，构成周朝这种血缘道德宗法综合体的重要组成部分。

在这种以周天子为核心的宗法体系中，血缘、地位和权力交织，大宗小宗错落有序，各分支内部存在等级，形成了一个严密的权力和地位等级体系。王族、贵族之外，普通民众未必有这么严密的宗法制，但亦是聚族而住，各亲其亲。宗法制度之下还有一系列配套制度，包括宗庙制度、族墓制度、姓氏名字制度、族外婚制和贵族的等级内婚制、嫡长子继承制、族长主管制、家臣制等一系列制度③。

第二，实行宗法制之目的。这包括两个方面。一是建构周朝国家形态。周朝成立之后，除了最初的周人，还存在不同的部族、氏族和古国。周朝是征服了大量"国"才建立起来的。《逸周书·世俘解》称："凡服国六百五十有二。"④ 这些已经存在的政治实体、国家构成部分之间的关系如

① 刘泽华. 先秦政治思想史. 天津：南开大学出版社，2019：51.
② 杨坤. 两周宗法制度的演变. 上海：上海古籍出版社，2021：283.
③ 杨宽认为这些制度是宗法制度的组成部分，并进行了系统研究。参见：杨宽. 西周史：上册. 上海：上海人民出版社，2016：454-482.
④ 黄怀信，张懋镕，田旭东. 逸周书汇校集注（修订本）：上册. 上海：上海古籍出版社，2007：436.

何处理是周朝的重要政治问题。宗法制和分封制的一个基本使命就是建构整个国家。"宗法制度自周初实行之后，对于周代国家和社会秩序的建构产生了极大的影响，宗法制度以分封制为依托，造就了周初以来的国家结构和政治格局，可以说宗法制度的建立就是周代国家的建立过程。"① 从而不同的政治结构部分得以整合在一个有序的政治社会体系之中，周朝国家较为清晰和有序地组织了起来。

二是维护周人相对于其他族群或组织的特殊地位，建立亲亲尊尊、贵贱有序的基本秩序。建国时期的周邦人是创立国家的主体力量，首先需要维护其根本利益。周朝又是典型的贵族政治，上层阶级的特殊利益需要得到制度性维护。宗法制就是这样一个体系，它建立起了树状的金字塔结构，维护的是周朝建国精英、少数贵族、宗子等人的利益。"宗法制度是中国古代维护贵族统治的一种制度，它由原始的父系家长制血缘组织，经过变质和扩大而成。宗法制度不仅是西周春秋间贵族的组织制度，而且和政权机构密切地结合着的。它不仅制定了贵族的组织关系，还由此确立了政治的组织关系，确定了各级族长的统治权力和相互关系。"② 在一个宗族内部，亦建立了等级关系。杨坤指出：宗子作为宗族之长，族人往往尊称其为"君"、"宗君"或"公"等，宗子在宗族内部具有至高权力，体现在主导宗族祭祀、使令族人以及支配宗族财产等多方面，同时宗子为笼络族人以保持宗族凝聚力，也须承担相应义务，族人须承担尊事宗子之义务，但也有凭借宗族身份任事的权利③。从而，整个国家在一个等级体系之中。

第三，宗法制的本质和影响。它是家族制度的国家化，是一种以血缘关系为中心的政治社会制度，具有差序格局和等级制的浓厚特色，是中国早期国家构建的基础性制度，和中国国家起源特殊的氏族制度维新之路有着密切关系。这种制度之下，血缘关系是国家构建和政治运作的重大原则，和最高统治者关系越近者居于越重要的地位。血缘化、血缘至上成为

---

① 高婧聪. 宗法制度与周代国家结构研究. 北京：中国社会科学出版社，2020：406.
② 杨宽. 西周史：上册. 上海：上海人民出版社，2016：454.
③ 杨坤. 两周宗法制度的演变. 上海：上海古籍出版社，2021.

西周政治生活和社会生活的重要法则，甚至一般性的社会关系也开始准血缘化、再血缘化。民众在国家中的政治地位、社会地位和所获取的各种资源取决于血缘和出身。通过实行全国性的宗法制，周王和与他有着宗法或者婚姻关系的贵族们共享统治权，实现家族组织国家化、国家组织家族化，家国同构。宗法制带来宗法社会，宗法社会必然是一个以血缘为中心的等级社会。"宗法制度的普遍实行，特别是它同分封制度的紧密结合，集中体现了西周时国家的基本特点，这就是君权与宗统合一、政权和族权合一。"①

宗法制在中国国家形态形成演变史、中华文明发展进程中居于重要地位。夏商周三代的宗法制是古代中华文明的一大特色，亦构成早期中华文明和世界其他文明的一个重大不同。当很多文明的家族制度逐步退出历史舞台时，中国的家族制度却不断发展并衍生成全国性的政治制度，宗法原则成为政治和社会运作的重大原则，深刻形塑国家形态，使得中国国家形态始终脱离不了家国同构模式。这反映了家国关系在中国国家运行和国家形态演进中的特殊重要地位。

（三）分封制

分封制是周代政权的基本组织形式，和宗法制一道，在国家制度中居于重要地位，成为西周国家基本制度的重要组成部分。"如果说宗法制度是用团结宗族避免争夺的方法来巩固封建贵族阶级的土地所有制的话，那末封国制度就是用政治分权的办法来加强他们的统治地位和力量。二者相辅为用，是支持封建社会整个上层建筑的两大柱石。"②"两大柱石"的定位是准确的。

第一，分封制的内容。分封制是一种主要依据血缘和亲疏关系、辅以功绩大小分配国家权力和资源的全国性制度。《左传·隐公八年》说："天子建德，因生以赐姓，胙之土而命之氏。诸侯以字为谥，因以为族。官有

---

① 赵伯雄. 周代国家形态. 长沙：湖南教育出版社，1990：79.
② 赵光贤. 周代社会辨析. 北京：人民出版社，1980：110.

世功，则有官族。邑亦如之。"① 这里提到分封三要素：赐姓、胙土、命氏。孟子称："诸侯之宝三：土地、人民、政事。"② 分封制将国家权力（政事）、领土和人口都永久性地分封给了贵族或者官员，允许其世袭。受封的诸侯国、封国等③，其对内接近一个独立王国，国君享有几乎完整的统治权，包括财权、物权、大部分军权和相当大的人事自主权。李峰认为："一个地方封国首先以它所占有的土地和人口为标志。在空间上，地方封国由一群散布的邑所界定，每一座邑都被一定数量的耕地围绕，与诸侯居地及宗庙、公墓所在的中心城邑存在一定的距离。地方封国的人口富有多样性，而且存在典型的分层分级。它首先由一小群征服者，周人及其附属、依附于诸侯家族的社会权贵组成。他们之下，是不同族群和文化背景的移民，他们被与其有复杂社会关系的周人贵族带入新建的封国。"④ 也就是说，封国可能由贵族或者新迁入的贵族，或许还要加上殷商移民和本地人组成，存在一定的部族结构、阶级结构、社会结构、地理结构，构成一个政治、地域和血缘单元。

《史记·周本纪》和《左传》记载了周朝的两次大规模分封。第一次是周武王克商后。"武王追思先圣王，乃褒封神农之后于焦，黄帝之后于祝，帝尧之后于蓟，帝舜之后于陈，大禹之后于杞。于是封功臣谋士，而师尚父为首封。封尚父于营丘，曰齐。封弟周公旦于曲阜，曰鲁。封召公奭于燕。封弟叔鲜于管，弟叔度于蔡。余各以次受封。"⑤ 第二次主持分封的是周公。"昔周公吊二叔之不咸，故封建亲戚以蕃屏周。管、蔡、郕、霍、鲁、卫、毛、聃、郜、雍、曹、滕、毕、原、酆、郇，文之昭也。邗、晋、应、韩，武之穆也。凡、蒋、邢、茅、胙、祭，周公之胤也。"⑥

---

① 杨伯峻.春秋左传注（修订本）：第1册.2版.北京：中华书局，1990：60-62.
② 孟子.方勇，译注.北京：中华书局，2018：297.
③ 基于简约和抓住关键的原则，在天子诸侯制国家形态概念中，所有次于中央政府的地方政治社会实体，无论是否叫诸侯国，无论等级有多大差别，本书皆命名为诸侯国.
④ 李峰.西周的政体：中国早期的官僚制度和国家.吴敏娜，等译.北京：生活·读书·新知三联书店，2010：240.
⑤ 司马迁.史记：点校本二十四史修订本第1册.裴骃，集解.司马贞，索引.张守节，正义.北京：中华书局，2014：163.
⑥ 杨伯峻.春秋左传注（修订本）：第1册.2版.北京：中华书局，1990：420-423.

《荀子·儒效》称："周公屏成王而及武王以属天下，恶天下之倍周也。履天子之籍，听天下之断，偃然如固有之，而天下不称贪焉；杀管叔，虚殷国，而天下不称戾焉；兼制天下，立七十一国，姬姓独居五十三人，而天下不称偏焉。"① 所封之人包括前朝先王圣人之后、功臣谋士、宗亲子弟等。历史学者张荫麟认为周朝诸侯国起源有四类：一是开国之初新取得的土地上所封的宗亲姻戚或功臣，二是开国许久之后畿内土地所封的子弟或功臣，三是商朝后裔宋国，四是商朝原有的诸侯国或独立国②。每次分封一般都会举行隆重仪式，主要是在祖先灵位前举行册命仪式。政治仪式和神权、祖权结合起来，体现政治运行中权力来源于神灵、先祖。这种复杂的仪式本身也构成一种重要的制度和统治方式。天子所在的中央王国-诸侯国构成了周朝最基本的权力结构，形成了一种"封建亲戚，以藩屏周"的一中心、多点散开的差序统治格局和权力结构。

西周之际的诸侯国应在数百个之多。《汉书·诸侯王表》称："昔周监于二代，三圣制法，立爵五等，封国八百，同姓五十有余。"③ 于薇根据文献考察，认为文献所见西周封国有130多个④。清代学者顾栋高认为："昔武王大封列侯，各有分地，至春秋时犹存百二十四国。"⑤ 不见于文献的封国应当也不在少数。

第二，诸侯国之间的关系。这些诸侯国对内较为自主，相互之间构成等级化权力体系。周朝设有一定等级和制度进行管理。据《孟子》记载：北宫锜问孟子："周室班爵禄也，如之何？"孟子曰："其详不可得闻也。诸侯恶其害己也，而皆去其籍。然而轲也，尝闻其略也。天子一位，公一位，侯一位，伯一位，子、男同一位，凡五等也。君一位，卿一位，大夫一位，上士一位，中士一位，下士一位，凡六等。天子之制，地方千里，

---

① 荀子．方勇，李波，译注．北京：中华书局，2015：90.
② 张荫麟．中国史纲．上海：上海古籍出版社，1999：25.
③ 汉书：第1册．安平秋，张传玺，主编．上海：汉语大辞典出版社，2004：157.
④ 于薇．徙封：西周封国政治地理的结构—过程．上海：上海古籍出版社，2022：1. 另外，顾德融和朱顺龙认为："到春秋时见于《春秋》、《左传》的封国和与国尚有一百四十余国。"参见：顾德融，朱顺龙．春秋史．上海：上海人民出版社，2019：28.
⑤ 顾栋高．春秋大事表．北京：中华书局，1993：495.

公侯皆方百里，伯七十里，子、男五十里，凡四等。不能五十里，不达于天子，附于诸侯，曰附庸。"①《礼记·王制》称："天子之田方千里，公侯田方百里，伯七十里，子男五十里。不能五十里者，不合于天子，附于诸侯，曰附庸。"② 后世学者将此归纳为"五等爵制"。有不少学者认为并无如此严格的五等爵制。

笔者认为，从出土金文来看，天子、公侯、伯、子、男是客观存在的，且有一定的等级，但或许并没有形成严格的五等爵制，不过是否存在五等爵制并不能成为天子诸侯制国家是否成立的关键。"目前的金文和考古材料都不支持西周时期，至少是西周早中期存在诸侯五等爵制。但这并不表明西周外服中的诸侯邦君之间不存在礼仪上的等级差别。"③ 一个基本事实是，这些诸侯国、封国等次级政治社会实体，在领土和人口规模、权力大小、地位高低上都是不同的，根据地位和实力的不同对天子承担不同的义务。这使得周朝国家的权力关系、权力结构呈现等级性、复杂性等特点。

第三，分封制下周王室和诸侯国的关系。西周没有地方政府概念，诸侯国并不是地方政府，它们是一种半独立性质又具有隶属性质的政权。诸侯国的君主虽然是世袭的，但必须经过周王室的册封或任命才有效力，周王室还可以根据诸侯国之大小，任命诸侯国的少数主要官员。比如说大国三卿都是由周王室任命的。诸侯国需要对周王室承担一定的义务，否则将受到严厉惩罚，甚至会被取消封国、征伐、处死。历史学者王宇信指出，被分封的各国诸侯的义务包括：根据军事、政治形势的需要和周王的意旨，有义务"不就封"而留在中央王朝任职；地方诸侯要定期朝觐周王；外服诸侯要向中央王朝缴付贡纳；外服诸侯有义务藩屏周室，必要时须出兵勤王④。

第四，简要评价。其一，分封制是周朝国家基本政治制度的重要组成

---

① 孟子. 方勇，译注. 北京：中华书局，2018：196.
② 孙希旦. 礼记集解：上册. 北京：中华书局，1989：310.
③ 邵蓓.《封许之命》与西周外服体系. 历史研究，2019（2）.
④ 王宇信，杨升南. 中国政治制度通史（第二卷）·先秦. 北京：人民出版社，1996：352-354.

部分，也是人类早期国家形态、政治制度的最重要代表之一，深刻影响了周朝国家的运行。虽然郡县制在秦汉及以后的中国占据着更为重要的地位，但分封制从未真正断绝过。分封制不断在中国历史上出现和"回潮"，特别是西汉、西晋、明朝曾经大肆举行分封。这可以称为分封制的三次"大回潮"。在其他朝代，分封制也以不同形式而存在，一般采取"越国不临民、封爵不锡土、食禄不司事"形式，甚至像李世民这样的帝王也曾想大规模进行分封。这显示一种曾经主流的政治制度的彻底退出是不容易的，也显示了分封制有其内在的优点和合理性，特别是它在古代中国历史上仍旧有生命力，和中国政治社会结构、民族心理有深度契合之处。

其二，分封制形塑了周朝政治地理结构和国家结构。分封制构成西周政权组织形式，构成西周国家结构的核心内容。在西周，只有两层国家政权，一层是中央王邦，也就是周王室所在朝廷和王畿地区。另一层是诸侯国、封国、部族乃至于一些方国，大致相当于后世的省级政权。中央政府的权力只渗透到诸侯国这一级，难以渗透到这一层级之下。诸侯国、封国、方国、部族内部的事情，周王室并不干预太多。因此，周王室和诸侯国、封国、方国、部族共享统治权。西周存在内外服制度，这不但是政治分野、地理分野，也是一种社会结构的分野。畿内与畿外构成一种社会结构的区划，畿内是天子直接统治区，最重要。畿外是诸侯国。实际上，西周不是严格的单一制国家，也不是严格的联邦制国家。考虑到诸侯国分割了中央政府的大量权力，西周实际上更偏重于联邦制。"周代王权建制具有内核建构与扩展机制相互支持的一整套国家机制。其中，'大宗套小宗'的分封机制，既解决了中央王权的建构问题，也型塑了地方权力的建构方式，这是一种依于血缘关系建立起来的国家机制"，"在中国早期历史上，由于政治建制未能打破血亲机制，因此，反向依托于血缘关系建立政治国家，就成为建立早期国家的一条可靠进路"①。以血亲和权力联盟来建国和治国，与中国特殊的国家和文明起源有关，是先秦之前构建国家、治理国家的最可行道路。关于这一点，后文还将论述。

---

① 任剑涛. 从家国到国家：中华帝国的民族国家转向. 社会科学战线，2022 (4).

其三，分封制对华夏族和华夏文化圈的形成有深刻影响。民族或者族群是国家形态的重要组成部分。周王室的分封核心在于将自己的兄弟和子孙后代、少数特别信任的功臣、先圣的后代等分封在国家的重要之处，最快时间内将自己的势力扩充到全国，巩固统治。通过以周王室为核心的、有控制的、以血缘宗法关系为主的分封，周人和周人的联盟势力很快就分布到全国各地。以王城为中心的王畿和各封国形成一个以王畿为中心的统治网络。在当时天下万国并存的条件下，分封制有利于形成一个文化上、政治上相对一体的周文化圈。当然，其带来的分裂作用亦是明显的，尤其是当周王室衰落后。但和商朝的统治相比，它更加有效有力、更加深入，带来了族群上、文化上和政治上的一体化作用。它的这些作用，和它所造成的政治社会结构一道，深度影响君主官僚制国家的形成和运行。

（四）颇为可观的官僚体系

虽然周朝是天子诸侯制国家，天子、王族、贵族乃国家之主干，而且实行世卿世禄制，但其作为一个在古代堪称巨大的国家，仍旧存在官僚体系。况且周朝不是凭空诞生的，之前已有大型国家夏朝和商朝，两者加起来已经有上千年的历史，它们早就产生一大批官制，尤其是商朝，已有一定规模的官僚体系。"西周初期的职官名有不少来自殷商，但西周职官的系统化和制度化，则是殷商所无法比拟的。"① 周朝官僚体系在国家运作中发挥着重大作用。

第一，周朝实行内外服制度，周朝官僚体系分为内服、外服官吏。

内服-外服是一个至少源自商朝（如果不是夏朝的话）的古老政治和社会结构。周朝继承之，将国家领土依据地理远近、亲疏关系和重要程度分成两大部分进行内涵不同的统治，构成内外服制度。内外服是周朝国家结构在地理上的分野，亦造成周朝官僚体系的地理分野。周王室倚重内服系统驾驭外服诸侯。

---

① 过常宝．制礼作乐与西周文献的生成．北京：中国社会科学出版社，2015：63.

　　内服既是一个地域概念，是王畿之地和少量的周边地区；也是一个政治概念，是周王室直接管理的区域，是其更为依赖、更为信任的地区，是这个国家最为重要的地区。因此它是一个政治地理综合结构。西周的内服主要在西部。"自宗周至成周的广大地域，成为周天子直接控制的王畿地区，是为'内服'。西周王朝就是通过设置在宗周镐京和成周洛邑的'内服'庞大官僚机构，实现了对畿内以及畿外的'外服'诸侯的控制。"① 内服官僚主要是中央官僚、为周王服务的王室内部官僚和对公族进行管理的官僚等。

　　外服同样是建立在分封制基础上的政治地理综合结构，是周王室间接统治的广阔地区。"西周的外服是一个政治地理综合体系，其构成主要包括诸侯和未受封为诸侯的邦君，二者皆为外服君长。其中，诸侯包括'侯'、'田'、'男'；邦君则包括被周人尊称为'公'的宋君、被称为'子'的蛮夷戎狄之君、称'伯'的周之同姓或异族邦'伯'。西周外服还分布着某些内服王臣的采邑，以及身份尚难确定的卫官。"② 外服官僚主要为畿外诸侯、地方贵族和官僚。周朝通过宗法制将外服诸侯纳入宗法体系③。虽然内服官僚更靠近周天子，但外服地区更为庞大，在天子诸侯制国家中也具有极为重要的位置。总体上，后来在春秋战国时期发挥重要作用的国家大都是外服诸侯国。

　　李峰认为西周国家是在两次征伐后建立起来的，周王室的分封是"殖民化"，"由'殖民化'过程产生了西周国家的二分结构，主要是指新征服的、由诸侯（regional ruler）权威所控制的东方和陕西中部渭河流域及洛阳周围小范围区域内由周王室直接实施行政控制的西部之间的划分。这个划分造成了两个分开的行政区域，并在西周王朝发展的整个过程中始终都保持这个基本特征"④。这里的二分结构和外服内服基本一致，但周朝的建立不是殖民化。

---

　　① 王宇信，杨升南．中国政治制度通史（第二卷）·先秦．北京：人民出版社，1996：331.

　　② 邵蓓．《封许之命》与西周外服体系．历史研究，2019（2）.

　　③ 张利军．商周服制与早期国家管理模式．上海：上海古籍出版社，2016：257.

　　④ 李峰．西周的政体：中国早期的官僚制度和国家．吴敏娜，等译．北京：生活·读书·新知三联书店，2010：48.

第二，西周官僚体系是以周王为中心的金字塔式的官僚体系。

目前学界普遍认为，在周王之下，有一个人数一般在一到三四人的高级执政集团。这些人大致就是三公：太师、太保、太傅，或者是太师、太保、太史。当然，在王朝的不同阶段（比如早期、中期、晚期）他们的称呼和地位又不同，而且未必同时都存在。他们不但向周王提供决策意见，而且是具有实权的重量级人物，接近于后世的宰相，并掌管部分军权，实际上就是政府首脑。早在周武王时，"武王即位，太公望为师，周公旦为辅，召公、毕公之徒左右王，师脩文王绪业"[①]。这里已有了三位辅助大臣，且是"三公"。周成王时，"召公为保，周公为师"[②]。姜太公作为周朝的开国功臣，更是一直辅佐周成王，直至周康王时期才去世。王宇信说："西周王朝设立'三公'辅佐周天子，《大戴礼记·保傅》'召公为太保，周公为太傅，太公为太师'……'三公'在奴隶主贵族阶级统治集团中，处于较高的地位，可以说，他们是周天子之下、众官之首的有权势的资深望重的执政大臣。"[③] 杨宽认为："这种政治上的长老监护制度，是从贵族家内幼儿保育和监护的礼制发展起来的。"[④] 王玉哲的观点与杨宽近似，认为"周代的太师、太保等官位最为尊荣，其职责实即氏族社会家族中的长老，以其知识经验对嗣位的首领尽保护与监护之责，其后即演成太师、太保之官，在中国政治制度史中始终保有尊贵的地位"[⑤]。这和中国国家起源的氏族维新之路的大逻辑是一致的。杨宽认为，"西周王朝的主要执政者是'公'一级的太师和太史，而实际权力则掌握在太师手中，因为他既是军队的最高统帅，又是朝廷大臣的首脑"，司马、司土（徒）、司工以及太宰、公族，都是"卿"一级的朝廷大臣，其官爵地位都在太师和太史之下[⑥]。笔者认同该观点。

---

① 司马迁. 史记：点校本二十四史修订本第 1 册. 裴骃，集解. 司马贞，索引. 张守节，正义. 北京：中华书局，2014：155.

② 同①170.

③ 王宇信，杨升南. 中国政治制度通史（第二卷）·先秦. 北京：人民出版社，1996：331-332.

④ 杨宽. 西周史：上册. 上海：上海人民出版社，2016：338.

⑤ 王玉哲. 中华远古史. 上海：上海人民出版社，2019：618.

⑥ 同④383.

在这些主要执政大臣下，在中央一级一开始主要有卿事寮、太史寮两大官署。这些执政大臣常常担任这些官署的首长。"西周初期官僚体系一个最重要、最明确的标志是卿事寮和太史寮。"① 此外，还有内廷管理系统和宗族事务管理系统，这两类官僚系统还没有达到卿事寮、太史寮这种大型官署的地步，但亦是重要的，且其地位逐渐抬升，以至于内廷最终凌驾于外廷之上。

一是卿事寮。它是负责大多数行政事务、军事事务和司法事务的主要中央机构。《毛公鼎》铭文称："王曰：父歆，已曰及兹卿事寮，大史寮，于父即君，命女摄司公族，雩三有司，小子，师氏，虎臣雩朕亵事。"② 这里明确提到卿事寮、太史寮是两大中央官署。《令彝》铭文云："惟八月，辰才（在）甲申，王令周公子明保，尹三事四方，受（授）卿事寮。丁亥，令矢告于周公官。公令出同卿事寮。惟十月月吉癸未，明公朝（早）至于成周，出令：舍三事令，暨卿事寮、暨诸尹、暨里君、暨百工、暨诸侯。"③ 卿事寮主管"三事"和"四方"，是最重要的官署。杨宽解释道，"所谓'三事'，就是王畿以内的三种政务。所谓'四方'，就是王畿以外的所分封的四方诸侯地区的政务"，"卿事寮可以说是周王的办公厅和参谋部，掌管着政治、军事、刑法等等。古代是兵刑不分的。卿事寮的长官，无论大师或大保都掌握军政大权，所以召公和周公都曾出征"④。大抵不错。日本学者白川静认为卿事寮为行政系统，"是对成周及其周边外服实行统治的行政组织"⑤。这种理解似乎偏窄化了。卿事寮大致相当于今天中国国务院的大部分、中央军委、最高人民法院、最高人民检察院。

二是太史寮。它主管文化、宗教、历史、占卜、历法、人事等的中央机构，和卿事寮并列。它像是文化部门、宗教事务管理部门、农业农村部门、人事部门等的融合。杨宽认为："太史寮的官长是太史，掌管策命、制禄、图籍、记录历史、祭祀、占卜、礼制、时令、天文、历法、耕作

① 过常宝. 制礼作乐与西周文献的生成. 北京：中国社会科学出版社，2015：61.
② 中国科学院考古研究所. 殷周金文集成：第5册. 北京：中华书局，1985：261-269.
③ 杨宽. 西周史：上册. 上海：上海人民出版社，2016：346.
④ 同③346-348. 古语太、大不分，大师、大保即太师、太保.
⑤ 白川静. 西周史略. 袁林，译. 西安：三秦出版社，1992：80.

等。太史寮可以说是周王的秘书处和文化部，太史可以说是周王的秘书长，同时又是历史家、天文学家、宗教家。既是文职官员的领袖，又是神职官员的领袖。其地位仅次于主管卿事寮的太师或太保。"① 彼时，宗教、历史、占卜类事务非常重要，和今天不同。杨宽还认为："原始官职不外乎'天官'和治民之官两大系统，西周中央政权之所以分设太史寮和卿事寮两大官署，当即由此而发展形成。"② 这个看法是有见地的。

三是内廷管理系统。主要指负责周王的宫廷日常生活事务的官职，主要包括宰、善夫、守宫、御正、内史、作册内史、作册、作册尹、缀衣、趣马、小尹、庶府等。后世的宰相名称就来自这里。内廷官僚逐步驾驭外臣的现象在中国历史上屡见不鲜。在西周也不例外。王宇信、杨升南指出，内廷事务官常在周王左右，是王的近侍和近臣，"周公以内廷官之首大宰的身份，不仅经常参与外廷政务，而且为'冢宰，摄政'以后，内廷官正式统驭了外廷官……内臣参政或内臣统驭外臣的现象，自西周王朝一开始就已经出现了"③。李峰指出："可能在整个西周国家结构中，直接服务于周王是最有威望的职位。到了西周晚期，宰已经成为周王室中最重要的政治人物之一。"④

四是主管宗族内部事务的官僚。杨宽认为："西周设有'太宗'这个官，亦称'宗伯'，是主管宗族内部事务的最高长官。它和太保、太师、太史的地位相等"，"太宗的职位与太保、太史相同，既不属于卿事寮，也不属于太史寮"⑤。宗族事务在当时的地位十分重要，关系统治集团的稳定，但西周早期主管宗族事务的官僚是否形成严密的系统，以及规模和发展程度如何，还需更多资料。

第三，周朝实行世官世禄制，官僚是世袭的，官僚体系由大大小小的贵

---

① 杨宽.西周史：上册.上海：上海人民出版社，2016：348.
② 同①349.
③ 王宇信，杨升南.中国政治制度通史（第二卷）·先秦.北京：人民出版社，1996：347-348.
④ 李峰.西周的政体：中国早期的官僚制度和国家.吴敏娜，等译.北京：生活·读书·新知三联书店，2010：220.
⑤ 同①349-350.

族垄断，对平民是封闭的。越是高级的官僚，越为极少数世族世代所垄断。

一是官吏由贵族垄断，以姬姓贵族为主，同时亦有大量异姓贵族，君主不能轻易违背这种制度。童书业认为，西周春秋时期实行世族和世官制度，"所谓'世族'，就是卿大夫的氏族，他们有细密的宗族组织，世世代代拥有土地和势力，所以唤做'世族'。世族实在就是列国内部的小国家，这种世族制自然是源于封建制和宗法制的"，世族制与世官制相互支撑，"决没有一个庶人可以突跃而为卿大夫的"，"国君们倘若'弃亲用羁'，便要被世族排挤掉"①。这里说的是高级贵族。赵光贤指出："什么叫世卿？它就是周天子或诸侯下的大贵族，世袭地享有卿的政治地位，执掌政权。……世卿制度说明大贵族阶级垄断着政治权力，把它看成他们的政治特权。"②王玉哲认为：周代的"世族即本族中世世为高级贵族的家族，一般认为春秋时的大夫之家为世族。这是狭义的世族。其实，王族、公族更是世世为高级官吏的贵族。所以，王族、公族更应是世族。各类贵族既然是世族，他们在政治上也就几乎世代掌守世袭做官的资格"；世族虽然世袭为官，但世袭官职、采邑、爵位时，均须履行一定形式的手续，"必须要得到天子的重新任命或重新册封"③。

官僚没有实行俸禄制，而是实行分封、采邑制度。据王玉哲研究，周公后裔侯国"邢"，邢侯一族为世族，"第一代邢侯之次子留王朝，做王室大臣，食采于畿内的井邑"④。这很有代表性。这种贵族既有封国，又有官职，还有食邑，世代继承，极大地腐蚀了君主的权力。

二是虽然周朝官僚体系总体上属于前官僚制时代的官僚体系，但官僚化的特点是很明显的。首先，官僚世袭不意味着存在绝对的子承父位，其官僚体系内部仍有流动。绝对的子承父位意味着阶层的彻底固化。事实上绝对的子承父位是不太可能的，一方面是西周的官僚体系是一个发展的过程，官职在变多，如何一一对应？另一方面是这就完全取消了周王和核心

①　童书业. 春秋史. 北京：商务印书馆，2010：64-67.
②　赵光贤. 周代社会辨析. 北京：人民出版社，1980：121.
③　王玉哲. 中华远古史. 上海：上海人民出版社，2019：634-641.
④　同③635.

执政大臣的人事控制权，他们变成了人事任命的"橡皮图章"，这是他们不会容忍的。事实上，观察西周历史，担任核心执政大臣的人并不都属于一个家庭或者家族，这就反证了这一点。而且如果一个家族犯罪了，或者在战争中消失了，必然有其他家族来代替他们的位置。现实和理论都难以保证绝对的子承父位。童书业认为："世官制度，就是世袭的贵族用了特殊阶级的地位世世做官，执掌国政。但在这里有一点应当特别声明的：便是世官并不就是世职"，"大夫士的地位虽可由各世族世袭着，而卿的地位就比较的要以声望和资格荐升了"①。

李峰通过仔细考察青铜铭文中的官僚册命案例，认为关于周朝的子承父位的观点不是绝对的，西周在这些方面展示了灵活性。他的结论是："世袭继承是获得政府职位的一个重要途径，因为周王任命了很多官员来继承其祖辈、父辈在西周政府的服务"，"世袭继承并未形成选择官员的一个规定原则，至少周王也任命了同样多的并未表现出家族服务史的官员。显然有多种进入政府服务的途径"。"世袭任命多集中出现在西周中期，随着时间的推移，周王任命的官员中非世袭性所占的比例越来越多。至西周晚期，直接的世袭继承主要发生在有专门技能要求的职位上"，"即使一个人凭借其家族服务史获得了任命，也不能保证其担任其祖、父曾经服务的职位"，"一个人的家庭背景仅意味着一个'资格'或仅是一个'更好的机会'，而若要沿着官僚阶梯向上发展在很大程度上取决于他本人"②。

另外，官僚并非为特定贵族所垄断，亦存在上下流动。这一点李峰做出了精辟的分析："周王考虑到自己的权力基础和中央政府的政治环境，做出了对官员们的很多（如果不是大部分）任命，而这些任命并未考虑候选者家族在政府中服务的历史。""世袭任命随着时间的发展而趋于减少，非世袭的任命却趋于增加。""西周官员可以通过晋升提高他们的地位。显然，进入政府服务有多个渠道，而且对于家庭出身不是很显赫的人来说，他们也有机会晋升到官僚结构的最高层。地方小封国的人员也有机会到中

---

① 童书业. 春秋史. 北京：商务印书馆，2010：66.
② 李峰. 西周的政体：中国早期的官僚制度和国家. 吴敏娜，等译. 北京：生活·读书·新知三联书店，2010：213.

央政府服务，成为有影响力的中央王庭官员。""西周政府是向广大社会精英群体开放、为他们提供了进入政府服务的机会，而并非一个仅允许几个显赫家庭垄断绝对部分职位的政府体系。""到了西周中期，政府官员的生活和仕途都带有清晰的官僚化特点，而他们所服务的西周政府也发展成了一个官僚化机体。"①

第四，基本评价。一是，在西周贵族为主导的社会中，官僚世袭，具备一定的分工，履行国家管理职能，是一个复杂的体系。西周官僚体系以周王为核心，是金字塔式的。周王之下是近乎宰相集团的三公执政集团。其下是两个系统的官署和管理内廷、宗族事务的官僚。其地位和大小不同，大致可以简称为四大系统。这四个系统有着比较清晰的分工，较为合理。一个重要特色就是文武不分以及意识形态权力十分重要。这是中央层面的官僚体系，比较简洁、高效。西周已有宰相制度雏形，宰相制度是制约王权的重要制度。地方诸侯国大致复制中央政权的制度。此时有了初级的乡里制度，但还没有建立起地方行政区划制度。如果要与周边世界相比的话，西周的官僚化程度是更为发达的。

二是，官僚和贵族相互补充，都是国家政权体系的重要组成部分。贵族担任官职意味着可以拥有权力、食邑，这意味着更多的政治和经济资源，所以贵族是有动力为官的。周代的官僚体系和现代意义上的官僚制的根本性不同是，它的官僚是世袭的，不对社会开放，而且规模相对有限，专业化程度较低，其策命、考核是比较初级的。这是尚未形成官僚制之前的官僚体系。周朝基本政治制度结构如图3-2所示。

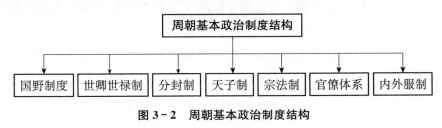

图3-2 周朝基本政治制度结构

① 李峰．西周的政体：中国早期的官僚制度和国家．吴敏娜，等译．北京：生活·读书·新知三联书店，2010：210-230．

二、国家和意识形态的关系

该问题类似于政统和道统关系问题。古史中记载的中国早期祖先、圣王都具有"教"的一面，这一定程度上反映了中国国家起源时的特征，即最高统治者和思想权威常常联系在一起。比如神农氏、有巢氏都教人生存技术。无论是巫和国家统治者最初的合一，还是这些传说，都反映意识形态权力和政治权力的合一。传说中颛顼（"五帝"之一）时代的绝地天通，就反映统治者垄断沟通上天角色、独占思想权威的追求。这种潮流到了周朝有新发展。

西周可能比人类其他早期文明世俗化程度高，但意识形态依旧带着较强的宗教味道，和神权混杂在一起。国家和意识形态的关系在西周表现为国家生产、提供意识形态，国家注重通过信奉天命、祖先崇拜、礼法系统、宗法制、器物等方式和手段，在全社会普及官方意识形态。钱穆指出：西周"以言学术，则政教不分，官师合一"①。夏曾佑在讨论周朝之政教时指出："大约古人政教不分，其职任皆属于天子。"② 总体而言，周朝最高统治者掌握了意识形态权力，并且这种意识形态权力是在周王政治军事控制力衰弱之际保证周王道德权威的根本力量。但这种意识形态权力逐步被削弱，周王室逐渐失去意识形态生产者、提供者和领导者的地位。

第一，西周的建立者，周文王、周武王、周公等都是非常杰出的政治家、思想家，是国家意识形态的生产者。特别是周公，制礼作乐，是周朝政治制度和礼制的设计者和开创者，后世称之为人文始祖。"周公集黄帝、尧、舜、禹、汤、文、武之大成，其道繁博奥衍。"③ "有远见的伟大政治家如周公，以封建宗法制为基础，创造了作为当时宪制之辅助的国家正统政法意识形态——'周礼'，试图通过定期祭祀共同的远祖，重新唤起进而

---

① 钱穆. 秦汉史. 北京：生活·读书·新知三联书店，2012：2.
②③ 夏曾佑. 中国古代史. 石家庄：河北教育出版社，2000：38.

强化周王室血缘群体的内部认同、团结。"① 周公是周朝立国基本理论——天命保民论的系统阐释者和主要完成者，当然重要奠基者还包括周文王和周武王等周统治者。所以，在周朝这里体现出政治和思想的高度统一。国家成为意识形态的提供者，政治家同时是思想家，思想家同时是政治家。这是中国历史上极为罕见的一个时期。历史学者王家范指出："意识形态的创制，也是西周的一件大事。这是有鉴于殷商神权统治观念的弊端而立意革新的，其功当归于周公。宗法制度产生的一系列规则（礼仪），在当时也具有意识形态整合的功能，自不待言。周公还创造了'德'（从直从心，讲求自我反省、端正心思）的概念，用以矫正'天命'的偏颇，实为先秦思想史上的一大发明。"② 周朝统治者是民众的教化者。

这一点亦体现在很多古籍和文物上。比如《尚书》记载，周武王提出："天佑下民，作之君，作之师，惟其克相上帝，宠绥四方。"③《周礼》反映了周朝的思想，该书多次提到官吏教化民众的作用和职责。《周礼·地官·叙官》称："惟王建国，辨方正位，体国经野，设官分职，以为民极。乃立地官司徒，使帅其属，而掌邦教，以佐王安扰邦国。"④《周礼·地官·大司徒》称大司徒有教化之职责："而施十有二教焉。一曰以祀礼教敬，则民不苟。二曰以阳礼教让，则民不争。三曰以阴礼教亲，则民不怨。四曰以乐礼教和，则民不乖。五曰以仪辨等，则民不越。六曰以俗教安，则民不偷。七曰以刑教中，则民不暴。八曰以誓教恤，则民不怠。九曰以度教节，则民知足。十曰以世事教能，则民不失职。十有一曰以贤制爵，则民慎德。十有二曰，以庸制禄，则民兴功。"又说："以五礼防万民之伪而教之中，以六乐防万民之情而教之和。凡万民之不服教而有狱讼者，与有地治者听而断之，其附于刑者，归于士。"⑤ 这凸显了国家的教化性权威。邢义田认为，《尚书·洪范》《荀子·礼论》里的话"已经为中国此后理想中的君王，描绘出一个标准印象，也就是说天子应为天下百

---

① 苏力. 大国及其疆域的政制构成. 法学家，2016（1）.
② 王家范. 中国历史通论（增订本）. 北京：生活·读书·新知三联书店，2019：61.
③ 尚书. 王世舜，王翠叶，译注. 北京：中华书局，2012：431.
④ 周礼：上册. 徐正英，常佩雨，译注. 北京：中华书局，2014：187.
⑤ 同④216-231.

姓的父母兼君师，对百姓不但要如父母之养子女，更要以君师的身份治之、教之"①。

后世中国各个朝代，从秦朝到清朝，意识形态的提供者主要是圣人及追随圣人的知识分子。秦朝主要是法家，此后主要是孔子及其传人儒家士人。当然，他们的思想是经过政府的选择和确认才成为国家意识形态的，即皇帝及其领导的国家政权掌握了意识形态的选择权、确认权、否决权，但没有直接生产权，生产权归于社会。通俗一点说就是生产权和经营权是分离的。换言之就是政统和道统不重合，存在结构性张力关系，政统并不能绝对凌驾于道统之上，但道统也不能主宰政统。因此，周朝的特殊性在于周朝国家就是意识形态的生产者、提供者，政统和道统合一。

第二，西周统治程度和深度有限，民众和贵族享受大量自由空间。国家和意识形态的关系亦体现这种特质。西周并无专门的意识形态部门。如果要算的话，太史寮勉强可以算得上，但太史寮的功能是多样的。虽然意识形态统治手段不如后世丰富，但还是存在的，周朝中央政权试图从意识形态上、从思想上确立自己的统治地位的意图非常明确，而且做了大量卓有成效的工作，包括提出天命保民论，并通过礼法系统、祭祖制度、青铜器物等手段使天命保民论深入人心，形塑周王的绝对权威地位。此外，周和夏商一样，同样是学在官府，即教育掌握在政府手中，彼时教育范围有限，主要针对贵族，没有专门针对平民的教育。

因此，这就构成一个有趣的结构。一方面，西周国家是意识形态的提供者，是主要的意识形态源头，垄断意识形态权力②；另一方面，西周的统治程度又是有限的，是间接统治模式，民众感受到国家统治的力度、深度都是有限的。这构成了一种平衡、一种灵活性。后世王朝统治程度更深，但它们不再成为意识形态的生产者，而只是充满偏好的强势使用者。

第三，到了东周，由于周王权威的衰落，统治力衰退，周王室根本无力对日益强大的诸侯国进行有效统治，甚至其实力远不如诸侯国，诸侯国

---

① 邢义田. 天下一家：皇帝、官僚与社会. 北京：中华书局，2011：214.
② 有周朝国家主导意识形态的事实，才有所谓的春秋战国私学兴起、"道术为天下裂"之说。西周时期，国家的文化精英、技术人才大多为周王室所拥有。

之间开始相互吞并。此时"道术为天下裂"，思想开始多元化，国家无力垄断意识形态。"除了在政治、经济、军事权力上逐渐衰弱，春秋时期的国君在思想前线也处于非常弱势的地位。我们通过《左传》这一记录当时历史和思想的主要著作可以看到春秋思想家们的意见，而这些思想家，除了极个别例外，都来自那些卿大夫家族。"① 国家的意识形态权力不断流失，新的思想流派，如法家就反对西周的政治模式，这加剧了周朝的衰落。虽然这时周王已无法从政治、军事上控制诸侯国，但诸侯国仍然在一定程度上尊重周王，主要在于意识形态的力量。

三、基本军事制度

本书讨论基本军事制度，不在于详细描述基本军事制度内容，而在于从完整掌握国家形态角度对文武关系、军队是否职业化、军队规模、暴力资源和最高统治者的关系、军队的组织形态等做简略讨论。

第一，常备军为主、宗族武装为辅、军权多元化的军事体制。西周君主是军队的最高统帅，掌握军事权力。国家设有常备军，包括两个部分，中央王朝军队、诸侯地方军以及卿大夫家兵。军队的最高组织单位为师。西周中央政府的主力军是西六师、成周八师。白钢认为："西周的军队由中央王朝的正规军和诸侯地方军两部分构成。中央王朝的军队由西六师、成周八师（即殷八师）的正规军、王室禁卫军和特殊的夷隶兵等几部分组成。"② 王宇信、杨升南认为："中央王朝的军队又主要包括西六师、成周八师（即殷八师）的正规野战部队和王室禁卫军等几部分。"③ 李裕杓认为西周王朝的军队可以归为三类：从周王之乡邑所出的王师、畿内贵族的族

---

① 尤锐. 展望永恒帝国：战国时代的中国政治思想. 孙英刚，译. 上海：上海古籍出版社，2013：31.

② 白钢. 中国政治制度通史（第一卷）·总论. 北京：人民出版社，1996：608.

③ 王宇信，杨升南. 中国政治制度通史（第二卷）·先秦. 北京：人民出版社，1996：361.

兵、畿外封君与诸侯的军队[①]。三人观点比较接近。王玉哲认为，西六师和成周八师是西周王朝的常备军，是"基本主力部队"，都来源于"士"阶层[②]。他估计西周前期这两支军队共 14 师，最多有 42 000 人[③]。瞿同祖估算，按照西周礼制，"天子有六军，以万人为军，则王室共有兵六万人。如以万二千五百人为军，则共有七万五千人"[④]。4 万至 7 万，大约就是西周初期王室直接掌控的军队规模。"西周王朝的军事力量远远地超过诸侯国，在军事方面占了绝对优势。"[⑤] 这是西周立国之本。在周朝建立之初，周朝中央政府掌握的军队资源比较充足。

诸侯有自己的军队，即地方军，由诸侯领导，一般由其国人构成，其规模要远小于周王朝。"诸侯的军队不过三师，如齐、鲁一类的大国；少者仅有一师，如宋、陈、莒一类的旧国和小国。而且诸侯国的军事行动要经周天子的准许，诸侯国的军队随时服从周天子的调遣。"[⑥] 周王发布征伐诸侯国或者方国的命令后，诸侯国有跟随周王或者周王任命的中央军事官员出征的义务。

周王是中央军队的直接领导，是地方诸侯军队的间接领导。军权两元化、多元化是西周国家形态的一大特色，亦是一大致命缺陷，暗含着国家分裂的因素。除诸侯之外，卿大夫亦掌握一定的武装力量。赵光贤指出："卿大夫不仅有自己的官署，还有自己的武装。正因为他们有采邑作根据地，有武装爪牙，往往据地自雄，与诸侯作对……这样就形成封建割据更加混乱的局势。"[⑦] 这些武力资源在西周早期尚不构成对周天子的致命威胁。但随着卿大夫的不断壮大，在春秋战国之际，卿大夫私属的武装力量成为诸侯乃至于周天子的巨大威胁。

举一个案例。西周晚期的周厉王统治时期，鄂侯驭方联合淮夷、东夷

① 李裕杓．西周王朝军事领导机制研究．上海：上海古籍出版社，2018：67.
② 王玉哲．中华远古史．上海：上海人民出版社，2019：654-656.
③ 同②649.
④ 瞿同祖．中国封建社会．北京：商务印书馆，2015：208.
⑤ 石井宏明．东周王朝研究．北京：中央民族大学出版社，1999：6.
⑥ 文士丹．春秋时期的军制演变．江西社会科学，1990（5）.
⑦ 赵光贤．周代社会辨析．北京：人民出版社，1980：119.

发动叛乱，"周王动用了六师和八师前去征讨鄂侯，但却以失败告终。随后，武公派出自己的戎车和徒驭，在禹的率领下，成功俘获了鄂侯驭方"①。武公只是当时一个权势很大的贵族。李峰评论道："对周王而言，一支具有如此高的作战能力却又掌握于私人之手的军队将是一种严重的威胁。"② 这个案例反映周朝存在的军权二元化、多元化体制到了西周晚期已经异化，部分贵族拥有大量的国家暴力资源，甚至强过国家军队。西周如此，东周更是如此。

除了常备军，宗族武装也是一支重要的军事力量。一些青铜铭文对此有记载。如《明公簋》铭文记载："唯王令明公遣三族伐东或（国）。"③《班簋》铭文："以乃族从父征。"④ 不过，这些记载的宗族武装都是诸侯国或贵族的，不是周王的。但它们整体上属于周王朝。周王室强大时，可以调动使用。考古学者徐良高指出："西周时期，除了常备军如殷八师、西六师外，宗族武装也是周王朝的重要武装力量。"⑤ 历史学者王玉哲持相同观点，他认为周王室所掌握的军队除了西六师和成周八师这些常备部队外，还有"非常设的'族兵'"⑥。当然，"族"一开始就是战斗组织，宗族武装是周王朝的武装力量，并不稀奇。某种意义上，这既和当时的国家构建严重依赖血缘、人们聚族而居有密切关系，同时也反映周朝国家政权并未完全垄断武力。

第二，文武不分、军政合一。西周时文武关系尚未分开，官僚不分文武。中央执政官，比如周公旦，既是文官又是武官。在组织结构上，军队领导机构就是卿事寮的首长。对此，杨宽指出："西周中央政权机构的特点是军政合一。卿事寮以大师为长官，大师就是军队的最高统帅。吕尚官为大师，就是伐商大军的统帅。"⑦

①② 李峰. 西周的灭亡：中国早期国家的地理和政治危机（增订本）. 徐峰，译. 上海：上海古籍出版社，2016：141.

③ 明公簋，又称鲁侯簋，铭文出自：谢明文. 释鲁侯簋"逝"字兼谈东周文字中"噬"字的来源. 青铜器与金文，2017（0）.

④ 中国科学院考古研究所. 殷周金文集成：第8册. 北京：中华书局，1987：303-305.

⑤ 徐良高. 中国民族文化源新探. 北京：社会科学文献出版社，1999：269.

⑥ 王玉哲. 中华远古史. 上海：上海人民出版社，2019：656.

⑦ 杨宽. 西周史：上册. 上海：上海人民出版社，2016：355.

第三，士兵主要来源于贵族和国人，一般民众被排除在士兵来源之外。在西周，打仗是贵族的事，士兵来源于贵族和国人，平民没有参战资格。加之从氏族社会走来不远，所以一般以宗族为单位参加。王宇信、杨升南认为："西周时期，宗法血缘关系进一步制度化，贵族和平民以宗族为单位，聚族而居。大宗、小宗的贵族宗主和宗子以及他们的子弟，居住在立有宗庙的城邑之内。而那些与贵族有一定血缘关系的原贵族子弟，沦为平民后，日渐贫困，居住在城外的郊。贵族和平民就是西周王朝的'国人'阶层。战时，以宗族为单位参战……中、小奴隶主贵族和平民中的上层——士等，是西周王朝军队的基本兵源。"[1] 王玉哲认为，"西周西六师的'甲士'，出于周族的'国人'，地位比野人庶民要高"，"周初的成周八师，其中的甲士大概即来自商族中的'国人'"[2]。

第四，缺乏稳定财税体制支撑的军事体制。虽然周王重视农业，抓住了当时产业的根本，在相当多的地区实行井田制，重视民生，但由于实行分封制，诸侯国对周王室缴纳贡赋，贡赋具有相当大的不确定性，国家的财力相当程度上掌握在诸侯国手中，中央财力的根基脆弱。随着分封制的不断实践，周王室能够控制的领土和人口越来越少，经济权力不断流失，财力越来越贫瘠，甚至后来穷到连周王去世后都要去诸侯国乞讨丧葬费用的地步。虽然周王室也有自救行为，比如周厉王要对山林川泽的物产实行"专利"，但遭到诸侯和民众的反对。在中央和地方财政关系不断向地方倾斜的浪潮中，西周王朝越来越难以维持一支强大的常备军。西周的中央军队最终变成一支虚弱的军队。

四、基本经济制度

基本经济制度在国家基本制度中具有重要作用。本书讨论国家基本经

---

[1] 王宇信，杨升南. 中国政治制度通史（第二卷）·先秦. 北京：人民出版社，1996：366.
[2] 王玉哲. 中华远古史. 上海：上海人民出版社，2019：656.

济制度的目的在于揭示西周总体上实行的是私有制还有公有制，以及涉及国家和社会关系的最重要的经济制度，而不对经济制度进行详尽、全面的讨论。理解西周经济制度，有以下关键几点：

第一，从生产资料所有制维度来看，周王和贵族垄断土地和山林薮泽之利，实行土地国有制或者说贵族所有制。"土地是传统社会最基本的生产资料，土地所有制性质决定着传统社会结构及其变迁，更是考察国家力量、国家职能与社会发展、社会矛盾关系的核心要素，是揭示农民与国家关系、农民身份演变及其历史命运的基础，是揭示中国历史规律的基本依据。"① 西周是农业经济占主导地位的社会，农业为国之本，土地是最重要的农业生产资料，名义上为周王所有。《诗经·小雅·北山》云："溥天之下，莫非王土。率土之滨，莫非王臣。"②《尚书·周书·梓材》说："皇天既付中国民越厥疆土于先王。"③《大盂鼎》铭文称："我其遹省先王受民受疆土。"④ 土地制度构成西周国家统治的重要基础。西周强调土地国有制，但实际做法却与之相悖，分封导致其统治的经济基础和领土基础不断丧失。周王不断进行分封，将大量土地都分封给了诸侯且难以收回。诸侯国内部亦层层分封，土地分到更低级的贵族手中。

因此，西周名义上是土地国有制，但实际上却是贵族土地私有制。赵伯雄认为，西周土地制度应该叫作领主贵族所有制，属于私有制范畴，但中国古代的所谓土地所有权，并不具备今天这样完整的法律意义，谁掌握了政治上的权力，谁就能够支配一切，土地也在其中⑤。

除了土地，周王和贵族们还垄断山林薮泽之利，平民没有生产资料，主要以出卖劳动力为生。童书业认为："西周和春秋时土地大部分在国君和贵族的手里，所谓'公食贡（似指'公田'的收入），大夫食邑，士食田，庶人食力'，士以上都是贵族，他们是有土地的阶级；庶人是平民，

① 臧知非. 战国秦汉土地国有制形成与演变的几点思考. 中国社会科学，2020 (1).
② 程俊杰，蒋见元. 诗经注析：下册. 北京：中华书局，1991：643.
③ 尚书. 王世舜，王翠叶，译注. 北京：中华书局，2012：213.
④ 中国科学院考古研究所. 殷周金文集成：第5册. 北京：中华书局，1985：239-242. 释文尽量用通行字体.
⑤ 赵伯雄. 周代国家形态. 长沙：湖南教育出版社，1990：118.

他们大部分没有土地，只是替贵族们耕田，食他们自己的力气。"①

第二，在土地国有制基础上，实行井田制，保障国家、贵族和民众的经济需求。在西周，土地国有，山林薮泽亦为国家和贵族垄断，普通民众依靠什么生存？这是一个关乎国家稳定的根本问题。孟子曰："夏后氏五十而贡，殷人七十而助，周人百亩而彻，其实皆什一也。彻者，彻也；助者，藉也"，"方里而井，井九百亩，其中为公田，八家皆私百亩，同养公田。公事毕，然后敢治私事，所以别野人也。此其大略也"②。一般认为这是对周代井田制的概略性描述。周朝井田制的大致做法是每一家分给份地百亩，八家为一个单位，八块地围着中间一百亩的公家的田。赵光贤指出："什么是周代的土地制度？我以为主要是井田制。我说主要的，就是说它不一定是全国通行的。从地理上说，井田制宜于平原沃野，至于丘陵沼泽之地当然不能行；从历史上说，井田制是由村社田变化来的，但不是所有的村社田都变为井田。"③ 杨宽指出：我国土地的井田制，确是村社的制度，因为我国古代历史上，确实存在过这种整齐划分田地而有一定亩积的制度，也确实存在过按家平均分配份地的制度；井田制实行区域为河流灌溉的平原地区，按照战国的亩的算法，当时百亩合现在的三十一点二亩④。不但如此，周朝还实行隆重且正式的籍礼制度，由周天子亲自耕地，为天下做出示范，表示对于农业的重视。这是一种正式制度，以至于周宣王要废止籍礼引发大臣反对。虢文公强调："不可。夫民之大事在农，上帝之粢盛于是乎出，民之蕃庶于是乎生，事之供给于是乎在，和协辑睦于是乎兴，财用蕃殖于是乎始，敦庞纯固于是乎成，是故稷为大官。"⑤

此外，从整个社会来看，周朝尊重私有制，贵族和民众有拥有财富的

---

① 童书业．春秋史．北京：商务印书馆，2010：56. 钱穆指出：西周和春秋时期"凡土地之所有权，则全属王侯。山林薮泽，渔猎樵采之利，直属封君地主，农民并不得与"。参见：钱穆．秦汉史．北京：生活・读书・新知三联书店，2012：2.

② 孟子．方勇，译注．北京：中华书局，2018：90-91.

③ 赵光贤．周代社会辨析．北京：人民出版社，1980：25.

④ 杨宽．西周史：上册．上海：上海人民出版社，2016：200-202.

⑤ 国语．陈桐生，译注．北京：中华书局，2013：16.

权利。民众创造的财富并不是周王或者国家的，将一部分所得献给国家或者贵族后剩下的就是自己的。

第三节　国家统治方式

国家统治方式是国家形态的重要内容，亦是识别和评价国家形态的重要维度。天命保民论、分封制、宗法制，投射到西周的统治方式上就是礼法之治。礼法之治，主要指夏商周三代（但不限于三代）奉行的以一整套内在制度、外在器物和仪式等手段来构建、维护、巩固以王权为核心、以宗法血缘为纲领的政治社会秩序的国家治理方式。"有关礼的观念与学说是中国传统文化的核心，它影响社会生活的各个领域，调整着人与人、人与家庭、人与国家、甚至人与天地宇宙的关系。礼与法的相互渗透与结合，又构成了中华法系最本质的特征和特有的中华法文化。"①

一、礼法之治的内涵

礼法之治的核心就在于通过一整套宗教化、无微不至的制度体系、价值体系、仪式体系来达到维护天子诸侯制国家基本秩序，尤其是其政治秩序和宗法秩序之目的。

关于礼，在周代，它是包括一系列政治制度、宗法制度、社会制度在内的规范体系，地位至高，涵盖极广。《礼记·礼器》描述了周朝礼仪，有"礼经三百、曲礼三百"② 之语。《汉书·礼乐志》称："周监于二代，

---

① 张晋藩. 中国法律的传统与近代转型：第4版. 北京：法律出版社，2019：12.
② 孙希旦. 礼记集解：上册. 北京：中华书局，1989：651.

礼文尤具，事为之制，曲为之防，故称礼经三百，威仪三千。"① 礼在周代具有极端的重要性，是统治的极重要手段。周朝统治者高度依赖意识形态权力的使用，礼的极端重要地位反映了这一点。周朝统治者在最强盛的时候，可以将人口和土地的统治权、管辖权赐给诸侯，但绝不能容忍礼制上的任何违背。《左传·隐公十一年》称："礼，经国家，定社稷，序民人，利后嗣者也。"② 礼成为国家之根本。《中庸》记载孔子说："郊社之礼，所以事上帝也；宗庙之礼，所以祀乎其先也。明乎郊社之礼，禘尝之义，治国其如示诸掌乎。"③ 这说明礼是侍奉上帝、保持宗法秩序、治国的根本。司马光分析了周礼的重要性，称"天子之职莫大于礼也"④。李泽厚说：周代"这整套的礼仪制度和规范秩序并不认为乃世间人际的约定，而被强调是天地宇宙的普遍法则。'礼'仍然保存着'巫'所特有的与天地沟通、与神明交往从而能主宰万事万物的神圣力量和特质"⑤。葛兆光认为："周代礼制的核心，是确立血缘与等级之间的同一秩序，由这种同一的秩序来建立社会的秩序，换句话说，就是把父、长子关系为纵轴、夫妇关系为横轴、兄弟关系为辅线，以划定血缘亲疏远近次第的'家'，和君臣关系为主轴、君主与姻亲诸侯的关系为横轴、君主与领属卿大夫关系为辅线，以确定身份等级上下的'国'重叠起来。"⑥ 礼连接上帝、祖宗、宗族、政治、社会，把维护天的权威、保持祖先崇拜、维护政治秩序整合在一起，成为天子诸侯制国家形态的重要内容。

关于法，它指的是当时实行的一套以刑法为主体的法律制度，是礼的补充。周初就有刑法。《左传·昭公六年》称，"夏有乱政，而作禹刑，商有乱政，而作汤刑，周有乱政，而作九刑"⑦。司马迁说，周文王"改法

---

① 汉书：第1册.安平秋，张传玺，主编.上海：汉语大辞典出版社，2004：448.

② 杨伯峻.春秋左传注（修订本）：第1册.2版.北京：中华书局，1990：67.

③ 论语·大学·中庸.陈晓芬，徐儒宗，译注.北京：中华书局，2015：321.

④ 司马迁.资治通鉴：第5册.胡三省，音注.北京：中华书局，1956：2185-2186.

⑤ 李泽厚."说巫史传统"补//李泽厚.由巫到礼 释礼归仁.北京：生活·读书·新知三联书店，2015：51.

⑥ 葛兆光.中国思想史·第一卷·七世纪前中国的知识、思想与信仰世界.上海：复旦大学出版社，2019：33.

⑦ 杨伯峻.春秋左传注（修订本）：第4册.2版.北京：中华书局，1990：1275.

度，制正朔矣"，"成康之际，天下安宁，刑错四十余年不用"①。法学学者胡留元、冯卓慧称："周统治者深知法律在国家政治生活中的重要作用，非常重视立法活动。早在文王建国之初，为了巩固、发展奴隶制度，加速'翦商'大业，便'改法度，制正朔'，制定并颁布了'有亡荒阅'和'罪人不孥'等民事、刑事法规。"②

严格来说，礼主要在统治阶级内部实行，刑对的主要是庶民，但不绝对。刑法在诸侯反叛、严重违反礼制等特殊时期亦照样用于贵族阶级内部，贵族被天子杀戮的情况亦照样存在。礼法系统涵盖了天子诸侯制国家政治秩序和社会秩序的大部分内容，成为天子诸侯制国家的标志性特征。西周的礼法之治具有政治性、等级性、仪式性、阶级性等特性。

二、礼法之治的评价

周朝是中国朝代中最依赖礼法之治的朝代，从国家形态的角度来说，周朝可以称为天命礼法国家、礼法国家。礼法秩序之下，人各有自己的位置，相互之间是不平等的。天子在礼法系统的顶端，而贵族则在礼法系统的上端，是礼法系统规范的主体。卿大夫、士等级依次下降，野人和奴隶是礼法系统的底层。礼法之治的目标在于维护周王室治下的统治秩序，核心是维护周王室为中心的王族和贵族利益，维护天子诸侯制国家形态，归结到一点，也就是周王和贵族的世袭特权，具有等级制度的特色。

礼法之治成为中华国家、中华文明的重要特色。礼法、礼制、礼对于中华国家、中华文明有着特殊重要性，成为中华国家、中华文明与其他国家和文明的一大分野。"起源于宗教特别是一神教的法治对统治者具有的约束主要是外在约束，而人本主义文化的礼治对统治者的约束主要是内

---

① 司马迁．史记：点校本二十四史修订本第1册．裴骃，集解．司马贞，索引．张守节，正义．北京：中华书局，2014：154-171.
② 胡留元，冯卓慧．夏商周法制史．北京：商务印书馆，2006：328.

在约束。发端于中国并扩散到东亚诸国的礼治由此与欧洲、中东和印度的法治形成了历史发展道路的分岔"，"'殷周之变'为世界政治文明贡献了礼治"①。

礼法之治是中国文化的特有概念，并非完全的人治，更不是完全的法治。不能完全用源自西方的人治或者法治概念来对应。因为如果说人治，那么显然已有的礼法秩序和制度就是连周天子也未必想改变就能改变，他必须在礼法系统范围内活动。如果说是法治，那么现代法治是具有依法统治、权由法定、法律面前人人平等等特质的，周朝对此是陌生的，礼法之治不能完全对应现代法治上述特质。因此，不宜简单地从形式上来认定礼法之治是人治还是法治，它兼具人治和法治的因子。

第四节　国家和社会关系

总体而言，西周的国家权力尽管没有秦朝那么集中和强势，但仍然属于国家主导型的国家和社会关系。这体现在以下几个方面：

第一，西周的君权相对于整个社会仍然是高耸的。历经夏商两代的发展，王权进一步强化，西周时期王权对于整个国家的驾驭和控制相对于夏商已大大增强。宗法制和分封制的推行，使得周王室的权力和权威更有效地遍布全国。而一般地，松散的社会是难以对抗君权的。君权是国家权力的代表。

第二，虽然广泛存在的贵族尤其是畿外诸侯分割了周王室的权力和权威，但他们仍然是国家权力的组成部分，是地方而非社会，他们和周王室分享了国家统治权。地方性国家权力强大是西周国家和社会关系的一大特点。

---

① 田野. 礼治与国家建设：将中国元素植入政治秩序理论. 世界经济与政治，2020（9）.

第三，没有强大的社会势力对政府和国家构成强有力的制约乃至于成为主导性力量。西周时期，商人力量、宗教力量、学者和思想家的力量，总体上都臣服于国家、臣服于王权，甚至就是国家的一部分。

第四，虽然强调国家的中心地位，但不如后世那么绝对。西周时期，国人作为一个阶层，对于政治的影响力很大，特别重要的国家大事可能要征求他们的意见。他们有时候甚至流放不称职的君主。周厉王就是被国人驱逐的国王，且一直不得返回王城。当然，这种事是历史的支流。这反映国家和社会关系在当时具有一定的平衡性。国家不能完全主宰社会，社会有一定的反制能力。

总之，西周的国家与社会关系是以国家为中心的、国家主导型的国家与社会关系。但"国家"是由中央权威和地方诸侯的权威构成的。与后世不同的是，地方诸侯的权力非常之大，而且总体来说，西周的国家权威还没有过度高耸和具有过强的压抑性，社会有非常大的自由空间。

第五节　社会和阶级结构

西周阶级和阶层大约可分为王族、贵族、国人、野人（庶人）、奴隶。西周的社会和阶级结构相对简单，这和国家形态尚属于早期国家有关。芊尹无宇曾对楚灵王说："天子经略，诸侯正封，古之制也。封略之内，何非君土？食土之毛，谁非君臣？故诗曰：'普天之下，莫非王土；率土之滨，莫非王臣。'天有十日，人有十等，下所以事上，上所以共神也。故王臣公，公臣大夫，大夫臣士，士臣皂，皂臣舆，舆臣隶，隶臣僚，僚臣仆，仆臣台。马有圉，牛有牧，以待百事。"① 这是对周朝等级化、固化的社会和阶级结构的一个简要概括。具体说来，西周社会和阶级结构如下：

---

① 杨伯峻.春秋左传注（修订本）：第4册.2版.北京：中华书局，1990：1243-1284.

一是王族。王族即周王及其家族，姬姓。被分封为诸侯的周王家族成员及其后裔不宜再被视为王族，而应被视为姬姓贵族。王族是世袭性拥有最高统治权的家族，处于周朝社会和阶级结构的顶端，亦是统治阶级的核心，人数极少，地位最为重要。王族是一个封闭结构。西周一世，王权基本上都在王族内部流转。对于王族的挑战主要来自王族内部，以及贵族阶级。

二是贵族。贵族是一个西方概念，主要指世袭性拥有特权的社会上层。在中国西周，贵族主要包括诸侯、卿大夫，也包括士。瞿同祖认为："大概说来，天子、诸侯、卿大夫、士都属于统治阶级，以驱使被统治的四民及奴隶。"[①] 他们人数比较少，但政治地位非常高，在整个国家占据统治和支配地位，是官吏的主要来源。杨宽对此有清晰论述：西周"贵族聚族而居，实行宗法制度，把同一血统的贵族连结在一起，分别为大宗小宗，建立有嫡长子继承制，并推行分封制，由天子以下，分成诸侯、卿大夫等级，分封统治地区，给予世袭官职，从而建立各级政权"；"每个贵族男子，幼年由父亲取'名'，成年时要'结发'举行冠礼，由贵宾取'字'，表示正式成为贵族成员，开始有参与政治活动和统治的特权，同时有参与本族祭祀的权利，并开始有服兵役的责任，成为国家军队的骨干"[②]。贵族人数虽少，但是聚族而居，垄断统治权，就像是撒在国土上的钻石，每到一处就是那里的支配性力量。同时，由于西周实行内外服制度、宗法制，贵族阶级被分成姬姓和非姬姓。一般地，姬姓比非姬姓在礼法体系中的地位更尊贵。因为宗法、血缘带来的划分使得贵族是高度碎片化的，不能形成一个统一的自觉的阶级。周朝乃等级制社会，各阶级之间有等级关系。

三是国人。国人一般包括没落贵族、贵族的族人，或者一些地位较高的部族的上层成员。他们一般住在城中，承担军事义务，具有较大的政治参与权，其地位高于庶人。他们并非严格的贵族，也不是普通的庶人，介乎两者之间。侯外庐认为周代的国人就是市民、自由民，和"士"地位相

---

① 瞿同祖. 中国封建社会. 北京：商务印书馆，2015：196.
② 杨宽. 西周史：上册. 上海：上海人民出版社，2016：452.

近却没有列入贵族等级①。郭沫若认为："所谓'国人'，指的是周王国和各诸侯国的国都内的居民，其中包括一些贵族，但绝大多数是平民。"② 笔者赞同这两种观点。赵伯雄认为："国人既不是一个阶级概念，在战国以前也不表示城市居民（或城郊居民），它只是对一国自由民的笼统称谓。"③ 大致也成立。值得一提的是，一些学者将居于社会上层的贵族和居于社会下层的民众都归入国人，这显然与史实不符，不能成立。《左传·襄公三十年》记载："乙巳，郑伯及其大夫盟于大宫。盟国人于师之梁之外。"④ 这里国人和"大夫"这种贵族是区分开来的。

　　国家有更立君主、重大战争一类大事，还常常询问国人意见。他们甚至还一起行动，杀死残暴的大臣、驱逐不合格的君王等，从而影响整个国家政局。当然驱逐君王的行为是极少数。同时，国人是军队的重要来源。概言之，他们是当时一支足可以改变政局的重要政治力量。杨宽认为：西周时期，"'国人'是天子的王城和诸侯的都城中'乡'的居民，具有自由公民的性质，有公民的政治权利，国家有危难和改立国君等大事，要征询他们的意见；同时他们经常评论国君，甚至流放暴虐的国君"。"'国人'是贵族中基层的下层，属于'士'一级，既是国家军队中的甲士、战士，又是贵族基层的支柱。"⑤ 顾德融、朱顺龙认为："在西周、春秋时代的'国人'与贵族的矛盾成为阶级矛盾的重要方面，对国家的安危起了十分重要的作用。西周时由于'国人暴动'赶走了周厉王，改变了国家政权。春秋时'国人'暴动更加频繁，而且与统治者内部的斗争交错在一起，对春秋时代各国历史的演变产生了十分重要的影响，并直接推动某些国家由宗族公社制向封建制逐步过渡"。国人斗争的结果包括驱逐或杀死大臣、赶走或杀死国君、国人暴动导致国家灭亡等⑥。

　　国人和贵族一道占据西周文明的主要堡垒——城市，成为周朝统治的

---

①　侯外庐. 中国古代社会史论. 石家庄：河北教育出版社，2000：255.
②　转引自：赵伯雄. 周代国家形态. 长沙：湖南教育出版社，1990：173.
③　赵伯雄. 周代国家形态. 长沙：湖南教育出版社，1990：183.
④　杨伯峻. 春秋左传注（修订本）：第3册. 2版. 北京：中华书局，1990：1176.
⑤　杨宽. 西周史：上册. 上海：上海人民出版社，2016：452.
⑥　顾德融，朱顺龙. 春秋史. 上海：上海人民出版社，2019：365-366.

坚实基础，发挥非常重要的作用。但从全国范围看，由于西周实行内外服制度，并且推行分封制，诸侯国不但拥有领土，而且拥有领土上的居民，因此在地理层面国人是被大大小小的诸侯国切豆腐一样切碎的。他们作用的发挥受到国家形态、地域的限制，不是一个自觉的阶级。

四是野人。也称为遂人、庶人，其地位次于国人，属于平民中的下层，因为周代是典型的农业社会，所以他们以务农为主，一般住在乡间。这个群体规模最大，人数最多，但政治参与权力很小，属于典型的被统治阶级。杨宽认为："'遂人'是王城和都城郊外'野'、'鄙'、'遂'的农民，也包括卿大夫所属采邑的农民，亦称为'庶人'、'庶民'、'野'、'鄙人'或'氓'。他们要集体耕种'井田制'的'大田'（或称'甫田'），又要耕种'井田制'的'私田'（即份地），更要对贵族随时贡献和服役，贡献包括纺织品和猎得物，服役包括修屋和贵族家中杂务。同时还要接受贵族的召集，参与狩猎和防守及出征。"① 这些人是劳动生产的主体，政治上处于从属地位。

五是奴隶。奴隶是西周社会的组成部分，自身生命没有保障，地位低于野人。杨宽指出：在西周，"贵族占有大量奴隶，既有单身奴隶称为'人鬲'、'鬲'或'讯'等，又有婚配成家的奴隶称为'臣'，更有整个氏族或部族被用作奴隶的，主要来自掠夺和征服战争，奴隶主要从事农业、手工业和开发山泽等生产事业"②。目前，无法弄清楚西周具体有多少奴隶，但西周绝对不是建立在奴隶制之上的。奴隶只是这个国家的点缀和补充，也绝非重要阶级。沈长云、张渭莲认为："三代社会确实存在着不少奴隶，但他们并不是社会的基本阶级，当时社会最基本的两大阶级是贵族和平民，平民才是社会生产劳动的主要承担者。"③ 美国学者理查德·拉克曼指出："奴隶和其他形式的强制劳力的数量在中国和美洲的所有古代帝国都是极为有限的。"④ 较少的奴隶，是中华文明区别于同时期西方文明的一个显著特色。

---

① 杨宽. 西周史：上册. 上海：上海人民出版社，2016：452-453.
② 同①453.
③ 沈长云，张渭莲. 中国古代国家起源与形成研究. 北京：人民出版社，2009：17.
④ 拉克曼. 国家与权力. 郦菁，张昕，译. 上海：上海人民出版社，2013：4.

以上是对于西周社会和阶级结构的初步划分。虽然分为五个部分，但国人和野人总体上属于平民，是和王族、贵族相对应的阶级。这两大阶级是天子诸侯制国家的主体阶级。王族、贵族、国人、野人、奴隶五大阶级地位依次降低、高度固化，等级森严。有一系列礼法制度来区隔他们，维护这种社会结构。统治阶级都来自王族、贵族，二者垄断统治权。野人、奴隶地位最低。国人介于贵族和野人之间。贵族之间也存在不同等级，各等级都有固定的制度规范，包括命服、丧葬、祭祀、婚姻、车马等各个方面。西周社会的中心力量是贵族。贵族在社会和阶级结构中处于关键地位，是政治领导者、财富拥有者、社会管理者。

第六节　国家经济形态

西周经济是人类早期的农业经济，农业是主体产业。西周的农作物包括"黍、稷、粟、谷、粱、麦、稻、菽等等"①。农业的生产资料以木制类、石制类、骨角类为主，金属类极少。有一定的牧业和工商业。手工业门类很多，号称"百工"。王玉哲称："西周社会以农业经济为重心"，"西周的手工业已有复杂的分工，大体上说已有：青铜器业、陶瓷业、玉石业、骨角业、皮革业、麻丝业等等"②。

从经济属性来看，当时自然经济占主导地位。各地的经济是分散的，呈现点状，为诸侯国所割裂，没有统一的全国市场。田地名义为国有，事实上为贵族私有，普通民众无土地所有权。当时的工商业者都是由官府养起来的，实行官府垄断，即所谓的"工商食官"。《国语·晋语四》："公食贡，大夫食邑，士食田，庶人食力，工商食官，皂隶食职，官宰食加。"③

① 尹盛平．周原文化与西周文明．南京：凤凰出版社，2005：488．
② 王玉哲．中华远古史．上海：上海人民出版社，2019：726 - 738．
③ 国语．陈桐生，译注．北京：中华书局，2013：411 - 412．

当时政府规模应该不至于太大，却能将工商业者养起来，可见当时的工商业规模很小，处于手工作坊阶段。

西周不发达的初级农业经济、自给自足的自然经济、有限的技术能力，制约了统治程度的深入，构成了天子诸侯制国家形态的经济面向。当然，所有的先进和落后都是从比较的维度来说的。这里的不发达总体上来说是相对于今天的中国而言的。如果从当时的世界范围来看，周朝的经济形态又是比较领先的。比如说，中国的青铜器是当时世界上最精美的。这一点中外已达成共识。"在世界文明史上，中国青铜时代成就斐然，青铜铸造技术的复杂程度以及青铜器的使用规模都是空前的。这个时期包括夏、商、周三代。"[①] 周朝国家经济形态在当时世界上相对发达，为中国形成天子诸侯制国家形态这种先进国家形态提供了重要经济基础，并对周秦之变产生深远影响。

此处对本章内容略做总结。天子诸侯制国家从夏朝出现，西周达到顶峰，西周末年开始衰落，这前后已经有约 1 300 年的历史，其完全被君主官僚制国家取代是在秦始皇统一中国的公元前 221 年，此时已有约 1 800 年的历史。在中国历史上，天子诸侯制国家非常重要，为中国国家形态往更高级阶段发展打下了坚实基础。

天人关系或者说神人关系是早期人类的核心命题之一，深度影响国家构建。中国早期的高位神信仰是天，天容易和自然的天联系在一起，而且天又经常发生天象。中国的天的信仰经久不衰同其他一些文明的神的信仰十分坚固之差异，在某种意义上预示了中外国家理论和实践的关联和分殊。中国思想家很早就呈现出分层-关联思维的坚固特质，将天人关系、天德关系、天礼关系、天地关系视为核心命题，天、君、民、礼、德、地、法等概念成为核心概念。但对任何一个概念，都是在关系中去理解和思考的。比如，对于君的思考，从来不是孤立的，是和天、地、民、礼、德联系在一起考虑的。这些最早的思维方式和关注重点，极大地影响了中国国家形态的形成和演变。天子诸侯制国家形态、君主官僚制国家形态都

受到其有力塑造。

天子诸侯制国家的构建基于这种立国基本理论：具有最高统治力的上天创造了民众，上天将统治权交付天子，由天子来统治民众。天子具有人世间的最高统治权，但不能无视民众的生死，他应该维持人间的秩序，照顾民众的生活，把上天的恩德传达给民众。人世间的一切事物，都由上天主宰，上天监视着一切。天子需要不时向上天请命，告知统治情况，甚至请示该如何进行统治，否则上天可能震怒、给予惩罚乃至于剥夺其统治权。

天子诸侯制国家的组织形态和权力结构是一中心、多点散开的差序统治格局。天是权力合法性的终极来源，一切皆在天之下。因此整个世界叫天下。天子所在的都城，是天下之中，承接天命，离天最近，乃全天下的最高权力中心。只有天子或者其身边的个别人才有权祭祀上天，与上天沟通。王畿离天子最近，是统治的核心区域，构成内服。此外，不断往外扩散，其统治力度和亲疏关系逐步减弱，构成外服。最外围是所谓的外部族群。当然，实际上外部族群未必居于外部，王畿附近也可能有外部族群，内外主要是从文化上讲的。

周朝是天子诸侯制国家形态的顶峰期和衰落期，该国家形态在此期间得到最充分发展。天子诸侯制国家的立国基本理论为天命论，而具体到了周朝，则是天命保民论。天命论中加入具有根本性意义的保民思想。这种保民思想、民本思想反映了平民地位的上升，这和周朝推翻商朝依靠的不是自上而下的武力，而更多地依靠来自民间和盟国的武力是分不开的，还和周初统治者的个性、价值观有关系。周初统治者强调德治多过于武力。

在国家基本制度层面，天子制、分封制和宗法制是最基本的制度。周朝王室分封天下，让功臣、子弟、族人以及一些特殊的古国和部落势力得到世袭特权。他们通过与这些势力联盟，分享国家统治权，维系自己的权威，维持血缘等级制。军事上，周朝实行常备军制度。建国初年，周朝对于诸侯国的暴力资源是有严格控制的，周王拥有的暴力资源超过任何一个诸侯国（通常至少是三倍于后者），而且周王可以调动和使用诸侯国的暴力资源。但周朝暴力资源是二元化甚至碎片化的，随着周天子政治、经济和宗族权威衰落，这种军事制度逐步带来巨大危机。

周朝中央政府的规模未必非常大，但职能却比较完整。在夏商两朝的基础上，周朝形成了较完善的官僚体系。不过，这种官僚体系是建立在世卿世禄、贵族垄断官职的基础上的，以礼制而不是以法律为基本遵循。周朝尽管也有官僚体系，但并无真正意义上的官僚制。周朝的官僚体系是从最高执政者身边最亲近的人发展起来的，三公是当时地位最高的执政大臣。其下有卿事寮、太史寮、内廷机构和管理宗族事务的机构。最重要的是卿事寮。

在国家和意识形态关系上，周朝中央政府掌握了主动，是意识形态的提供者、发出者、阐释者和领导者。周朝的天命保民论意识形态来自周王、周公等主要统治者的创造和运用。此时道统和政统是合一的。至少从周开始，甚至更早，中国国家权力就体现出浓厚的教化色彩。政府虽然享有宽泛的统治权，但负有养育民众、教化民众、保护民众的基本职责。

王族、贵族、国人、野人（庶人）、奴隶是西周五大阶级。王族、贵族世袭性地垄断统治权，而平民和奴隶则是被统治者，阶级之间基本不流动，特别是平民和奴隶阶级基本上是不能向上流动的。西周是典型的阶级统治。从另一角度来说，天—君—民关系构成周朝最具统领性的关系，天子和诸侯的关系成为这种关系的一个具体体现；在天子与诸侯之外，还有卿、大夫、士农工商和奴隶阶层，这些阶层及其关系亦可以归结到天—君—民关系中去。理解周朝国家形态亦要从天—君—民的关联和关系中去着力。

西周是贵族时代，平民并没有太多生产资料，他们依靠为国家和贵族从事有关劳作而获得财富。土地虽然号称是周天子的，但却被贵族永久性地占有。土地制度、阶级制度都维护着天子和贵族的权威和权力。宗法制、分封制牢牢支配着这个社会。对于下层人而言，这是不公平的。周天子的权威因为分封制逐渐流失。周王室领导下的国土、人口和统治权都在不断流失。从国家和社会的关系来看，国家仍旧处于强势地位，却是一种相对且不太巩固的强势。贵族掌握了太多的权力，构成了对周王室的制约。如果把这些掌握一定权力和武力的诸侯、贵族亦视为国家的组成部分，那么周朝国家权力相对于社会是强势的。

从经济形态来看，西周以自然经济为主，农业是主体，有一定的牧业，手工业特别是青铜冶炼是发达的。商周时代的青铜被称为世界上最精美的青铜，这显示周朝在技术上位于世界前列。周代青铜主要用于礼制和军事，是权力、地位和身份的象征。天子诸侯制国家是青铜国家，是世界青铜文明的明珠。中国国家起源大约不是全世界最早的，但周朝的国家形态和技术成就说明，中国的国家形态进步却是极快的，在商周时期就已经逐步达到世界先进水平。

第四章

周秦之变历史过程：演进脉络和阶段性特征

周秦之变的社会政治起源：从天子诸侯制国家到君主官僚制国家

　　周秦之变是人类历史上的一场史诗级的大变革、大变迁。只有深刻了解此过程，才可能深刻理解周秦之变的动因、机理、结果和意义，更好掌握天子诸侯制国家形态、君主官僚制国家形态的生成和交替过程。本章将全面梳理和分析从周朝建立到汉武帝去世这个跨越近千年的历史过程，全面阐释周秦之变的发生过程、演进脉络及阶段性特征。在天子诸侯制国家向君主官僚制国家演进过程中，中国的国家制度、社会制度、社会和阶级结构、立国基本理论、国家统治方式、国家和社会关系、思想观念等各方面都发生了根本性变革，本章将对此进行分析。周秦之变的过程亦是君主官僚制国家形成和定型的过程，本章在阐释时将统筹兼顾这两个事件。

　　选择好主线是划分好周秦之变过程分期、阐释好两种国家形态生成和交替过程的前提。至少有这么几个方面可作为了解这段历史时期的重要线索。第一，中央权威的确立、衰落和重建，包括西周中央权威的演变过程；春秋战国时期的君主个人集权朝系统性的中央集权演化，再到更强大的中央权威的逐步形成并巩固。第二，国家从统一到分裂，到局部统一，再到最终实现全国统一。第三，国家形态演变，包括天子诸侯制国家的确立、巩固，再到其瓦解，以及代表新国家形态的官僚制、郡县制、户籍管理制度、税收制度、国家份地授田制等制度和统治技术不断发展，并最终形成中央集权大一统君主官僚制国家。第四，阶级关系由等级化、封闭化转向流动化、开放化，包括贵族阶级的退潮和瓦解、平民的崛起。

　　周秦之变的核心和主体是国家形态的变革。本书以两种国家形态的衍生、交替、定型为主线，将这个历史阶段分成四个阶段（见表 4 - 1）。第一个阶段为天子诸侯制国家期，此乃周秦之变前期，是天子诸侯制国家阶段。此期间，天子诸侯制国家经历强盛期（公元前 1046—前 922 年）、总体守成期（公元前 922—前 771 年）、勉强维持期（公元前 770—前 707 年）

三个阶段。第二个阶段为周秦之变中期，即君主官僚制国家奠基期，可分为两个阶段。一是半分封-半郡县国家期（公元前 707—前 453 年），又可称为逐利性大型霸权活跃期。此时，新国家形态的要素有所出现，但还比较少。二是不完全君主官僚制国家期（公元前 453—前 238 年），又可称为君主-官僚联盟地区强权对立期。此时最重要的是出现大量法家改革，新国家形态的多数要素已经出现。这两个阶段的衍生和变革，为君主官僚制国家形成奠定了坚实基础。第三个阶段是君主官僚制国家形成期（公元前 238—前 206 年），从秦始皇亲政到秦朝灭亡。此时，全要素的中央集权大一统的君主官僚制国家形态形成、确立。第四个阶段是君主官僚制国家改造和定型期（公元前 206—前 87 年），简称君主官僚制国家定型期。通过汉初 100 多年的改造、调适和完善，一个高度成熟、具有强大统治力和战斗力的先进国家形态——君主官僚制国家最终定型。第三阶段、第四阶段可以称为周秦之变后期。

表 4-1 周秦之变历史过程

周秦之变历史过程（公元前 1046—前 87 年）						
大分期	前期			中期		后期	
阶段划分	天子诸侯制国家期（公元前 1046—前 707 年）			君主官僚制国家奠基期（公元前 707—前 238 年）		君主官僚制国家形成期	君主官僚制国家定型期
子阶段	强盛期	总体守成期	勉强维持期	半分封-半郡县国家期	不完全君主官僚制国家期	—	—
时间期限	公元前 1046—前 922 年	公元前 922—前 771 年	公元前 770—前 707 年	公元前 707—前 453 年	公元前 453—前 238 年	公元前 238—前 206 年	公元前 206—前 87 年
朝代	西周			春秋	战国	战国秦朝	西汉

周秦之变的时代是世界历史的大动荡、大突破、大创新的时代。从政治上看，这总体上是人类从普通王权时期走向超大规模国家、帝国的时期，是超大规模国家、帝国摧毁普通王国、城邦国家的时期，超大规模国家、帝国崛起在当时是世界性趋势。但同时，一些国家在经历繁荣或者强

盛后都走向衰落甚至衰亡，比如波斯、亚述、马其顿。古希腊在经历思想繁荣后走向衰落，于公元前 338 年被马其顿征服①。只有罗马等少数国家克服了危机，处于上升期。不少国家和中国一样，出现了官僚制萌芽。这些萌芽在中国得到最充分发展，中国最早形成真正的官僚制。从思想上看，人类几大主要文明都经历了轴心时代，取得了"哲学的突破"，产生了一大批影响深远的世界级哲学家、思想家，如孔子、韩非子、苏格拉底、亚里士多德、柏拉图、释迦牟尼等。总体来看，这时的中国在政治制度和国家形态发达程度、思想文化的先进性等方面处于世界前列，是极少数在此次世界历史的大动荡、大突破、大创新时代中实现"华丽转身"的国家。在人类从较高级文明形态、国家形态向更高级文明形态、国家形态演进的潮流中，很多国家和文明陨落，中国表现不俗，创造了人类文明新形态，逐步开始了对世界文明的强有力影响时代。这一切是在 900 多年的变革、流血和战争之后才获得的。

第一节　天子诸侯制国家时期
（公元前 1046—前 707 年）

这段时期指公元前 1046—前 707 年，是天子诸侯制国家期，属于周秦之变前期。这段时期可以划分为三个阶段。自夏朝诞生的天子诸侯制国家形态在周朝建立后逐步达到顶峰。公元前 922 年，也就是周穆王统治结束后，周朝历史、天子诸侯制国家形态都进入转折点，周人的扩张暂时告一

---

① 以下列举若干有代表性事件：公元前 830 年，所罗门帝国一分为二：北部的以色列王国和南部的犹大王国。公元前 722 年，以色列王国被亚述人攻破，十支族被掳走并失散。公元前 587 年，巴比伦人占领犹大王国。公元前 612 年，亚述帝国覆灭。公元前 525 年，波斯征服埃及，将其划为总督区。公元前 324 年，孔雀王朝建立。公元前 187 年，孔雀王朝灭亡。在公元前 5 世纪遭遇两次波希战争失败后，曾经强盛的波斯帝国走上下坡路。公元前 330 年，马其顿攻占波斯，波斯灭亡。公元前 323 年，亚历山大猝死，此后亚历山大帝国一分为三。

段落。周朝的强盛期结束，转入 150 余年的总体守成期。到了周幽王统治时期，周幽王宠信褒姒、废长立幼，引发犬戎入侵，西周灭亡，周朝的总体守成期结束，进入勉强维持期。天子诸侯制国家形态得以勉强维持，但国家形态合法性下降、中央权威衰落，小型霸主不断崛起，国家逐步陷入大分裂、大动荡、大变革时期。

一、天子诸侯制国家强盛期

这段时期从周武王（公元前 1046—前 1043 年）[①] 执政开始至周穆王（公元前 976—前 922 年）执政结束。从整个西周、东周来看，从周朝建立到周穆王时期，属于天子诸侯制国家的完善期、顶峰期，亦是周朝实力最强时期，中央权威维持着比较强大的存在，地方诸侯不足以从根本上挑衅周王朝的权威，亦未有外部族群成为周朝的根本性挑战。国家制度演变总体上处在周制的巩固、发展阶段。以小邦克商上位的周朝在承认已经存在于各地的古国、部落势力对其内部的局部统治权的基础上，于周武王时期进行了一次大分封，此后于周公时期又进行了一次大分封，在全国范围全面确立分封制。此后不断进行分封、赏赐土地。分封制是周朝的基本制度，它扩充了周朝的统治范围，但也埋下了国家统治资源流失、中央权威涣散、地方分裂主义发展的种子。

周武王灭商一年后死亡，周公执政 7 年。周公被称为人文始祖，有很多文治武功，打牢了周朝统治的坚实政治、制度、经济和军事基础。文治方面，他整体性地创立周朝基本制度、基本政治架构，奠定周朝基本统治基调——承认天命、敬天保民。武功方面，他亦有大突破。比如，管叔、

---

① 本章关于历位周王在位年份，若无说明，一般都依据夏商周断代工程成果。见：夏商周断代工程专家组.夏商周断代工程 1996—2000 年阶段成果报告（简本）.北京：世界图书出版公司北京公司，2000：88.本章"周武王（公元前 1046—前 1043 年）"类表述，括号内一般为在位时间。

蔡叔勾结商纣王的儿子武庚并联合东夷部族发动叛乱，成为新生的周朝的第一个重大挑战。"周公相武王诛纣、伐奄，三年讨其君，驱飞廉于海隅而戮之，灭国者五十"①。周公亲自率兵东征 3 年，灭了不少国家，肃清了反叛势力，妥善处理了商朝遗民，使得周朝国力达到新高度。杨宽说：东征后周朝"对殷贵族的控制力量就大大加强了。经过周公攻克东夷许多方国和部落，就把东部原来东夷居住地归入周的直辖领土"②。《逸周书》记载：周公"及将致政，乃作大邑成周于土中。城方千七百二十丈，郭方七百里。南系于洛水，地因于郏山，以为天下之大凑。制郊甸方六百里，国西土为方千里。分以百县，县有四郡，郡有□鄙，大县城，方王城三之一；小县立城，方王城九之一。都鄙不过百室，以便野事。农居鄙，得以庶士；士居国家，得以诸公、大夫"③。周公执政 7 年后归政于周成王。

周成王（公元前 1042—前 1021 年）是很有作为的君主。"成王既迁殷遗民，周公以王命告，作多士、无佚。召公为保，周公为师，东伐淮夷，残奄，迁其君薄姑。成王自奄归，在宗周，作多方。既绌殷命，袭淮夷，归在丰，作周官。兴正礼乐，度制于是改，而民和睦，颂声兴。成王既伐东夷，息慎来贺，王赐荣伯，作贿息慎之命。成王将崩，惧太子钊之不任，乃命召公、毕公率诸侯以相太子而立之。"④ 这里既有文治，还有多次用兵，包括攻击强大的东夷、淮夷。《史记·楚世家》称："楚子熊绎与鲁公伯禽、卫康叔子牟、晋侯燮、齐太公子吕伋俱事成王。"⑤ 说明周成王得到包括楚在内的众诸侯的辅助，反映这时中央权威没有问题。

此后就是周康王（公元前 1020—前 996 年）。周康王也得到好评。《史记·周本纪》称："康王即位，遍告诸侯，宣告以文武之业以申之，作康

---

① 孟子．方勇，译注．北京：中华书局，2018：120.

② 杨宽．西周史：上册．上海：上海人民出版社，2016：169.

③ 黄怀信，张懋镕，田旭东．逸周书汇校集注（修订本）：上册．上海：上海古籍出版社，2007：525 - 531.

④ 司马迁．史记：点校本二十四史修订本第 1 册．裴骃，集解．司马贞，索引．张守节，正义．北京：中华书局，2014：170 - 171.

⑤ 司马迁．史记：点校本二十四史修订本第 5 册．裴骃，集解．司马贞，索引．张守节，正义．北京：中华书局，2014：2042.

诰。故成康之际，天下安宁，刑错四十余年不用。"①《古本竹书纪年》称："成、康之际，天下安宁，刑错四十年不用。"②《诗经》称赞道："不显成康，上帝是皇。自彼成康，奄有四方，斤斤其明。"③ 李定一认为："成王、康王两朝四十余年，为西周极盛时代。"④ 这是可以成立的。

此后就是周昭王（公元前 995—前 977 年）。周昭王时期，国力仍旧很强。周昭王两次征讨楚国，第一次成功，第二次征讨楚国时，死于汉水之上，所率的西周主力军队之一的西六师全军覆灭。此事件反映周朝国家军队在征讨地方军队时遭到惨败，同时反映当时楚国作为地方诸侯，拥有可以抗拒中央权威的实力。《史记》称："昭王之时，王道微缺。昭王南巡狩不返，卒于江上。其卒不赴告，讳之也。"⑤《古本竹书纪年》称：周昭王"十九年，天大曀，雉兔皆震，丧六师于汉。昭王末年，夜清，五色光贯紫微。其年，王南巡不返"⑥。不过，在位很短的周昭王为什么要征讨楚国，《史记》并无清楚记载。笔者认为，这一定程度是周初以来周朝比较强大，加上攻无不克带来的自信，以至于周昭王认为可以轻易地通过武力讨伐的方式处理政治问题。实际上，周康王的父亲周成王还得到楚国的辅助。短短一代人的时间就变成兵戎相见，至少反映双方在处理关系上过于僵硬，缺乏艺术。

李峰指出，"西周历史中第一个可资辨识的危机是周昭王（公元前 977/975—前 957 在位）的灾难性南征"，"总的来看，周昭王十九年南征的失败宣告了西周早期扩张时代的终结"⑦。这个观点有待商榷。理由至少有两点：一是虽然周昭王第二次伐楚失败，但周仍旧处于攻势。二是此后周穆王等周王仍旧进攻犬戎，说明此时周王室仍旧处于扩张阶段。童书业也

①　司马迁．史记：点校本二十四史修订本第 1 册．裴骃，集解．司马贞，索引．张守节，正义．北京：中华书局，2014：171.

②　范祥雍，订补．古本竹书纪年辑校订补．上海：上海古籍出版社，2018：29.

③　程俊杰，蒋见元．诗经注析：下册．北京：中华书局，1991：950.

④　李定一．中华史纲：从传说时代到辛亥革命．重庆：重庆出版社，2019：63.

⑤　同①172.

⑥　同②29-30.

⑦　李峰．西周的灭亡：中国早期国家的地理和政治危机（增订本）．徐峰，译．上海：上海古籍出版社，2016：101-102.

指出："后人因昭王未得善终，乃以昭王为周室之衰主，其实昭王、穆王之时正当周室向南发展之期，故后世有'左昭右穆'之说，此盖周人纪念二王，特尊之耳。"① 这时仍旧是周朝的强盛期。

周昭王之后是周穆王（公元前 976—前 922 年）。周穆王是一位执政时间非常长的有作为的君主，其执政背景是周围的外部族群已经很强大。《史记》称，穆王即位后，"王道衰微，穆王闵文、武之道缺，乃命伯冏申诫太仆国之政，作冏命。复宁"。《史记》还记载穆王征犬戎，"得四白狼四白鹿以归。自是荒服者不至"②，委婉地批评了周穆王。《古本竹书纪年》记载了周穆王北征、西征、南征、东征等多次征伐举动，但比较少记载征伐的成果③。周穆王还做"甫刑"④，推进周朝的刑法系统建设。这是加强国家治理的一件极大的事。根据李峰的分析，周穆王时期，周昭王亲征时覆灭的西六师"显然得到重建"，"穆王时期似乎是一系列重大变化的开始，这些变化一直持续影响到西周中期以后的几个王世"，包括册命金文⑤。册命金文出现反映周穆王在巩固自己的权威以及推进行政管理的制度化，是周朝官僚化的进一步推进。

李峰分析周穆王统治时期的淮夷入侵，认为"周人遭受到了克商一百年以来第一次大规模外族入侵"，发生在周穆王时期的淮夷入侵是西周历史上的一个重要分水岭——周人开始走下坡路了。从这时候起，周人在对外关系中从过去的进攻者变成了防御者⑥。许倬云认为，周昭王之后，"盛极而覆，西周再经过穆王一代，也就渐次衰微了"⑦。此事大致可以作为一个重要节点，说明周王室实力开始衰落。周穆王时期可以作为周朝历史的一个分界点。

---

① 童书业. 中国历史地理论集. 上海：上海人民出版社，2019：15.
② 司马迁. 史记：点校本二十四史修订本第 1 册. 裴骃，集解. 司马贞，索引. 张守节，正义. 北京：中华书局，2014：172.
③ 范祥雍，订补. 古本竹书纪年辑校订补. 上海：上海古籍出版社，2018：30-33.
④ 同②176.
⑤ 李峰. 西周的灭亡：中国早期国家的地理和政治危机（增订本）. 徐峰，译. 上海：上海古籍出版社，2016：102-103.
⑥ 同⑤103-104.
⑦ 许倬云. 西周史（增补二版）. 北京：生活·读书·新知三联书店，2018：200.

　　李峰指出："考古、铭文以及文献记录共同表明在西周早期晚段，周人竭尽所能欲将长江中游地区纳入自己的控制范围。很可能他们确实已经对长江以北、汉水以东这一经由随枣走廊和南阳盆地而与北方相连的地区成功建立起了政治控制。"① 西周前期一直在扩张，但是最终遭遇到了阻力。

　　这段时期周朝总体上处于进攻和扩张状态，主要敌人不是一般的诸侯国，而是外部族群。此时楚国亦是外部族群（其此后逐步转化为非外部族群），挑战了周朝的权威。周朝所封的同姓诸侯国、功臣诸侯国等，一般没有反叛周朝。外部族群的中原化、华夏化是中国国家形成和发展的一种极重要方式，但这个过程不是一帆风顺的，少不了交流、冲突甚至战争。

二、天子诸侯制国家总体守成期

　　这段时期是周共王（公元前 922—前 900 年）时期至周幽王（公元前 781—前 771 年）后期。此间有周王室主动发动进攻，或者在面对挑衅后发动军事进攻，但更多的是周王室通过军事等手段来维持既有的统治范围和周朝制度，而不是对外扩张。此时周王室主要面临外部族群的沉重甚至是致命性压力。诸侯国在壮大，但一般没有直接挑战周王室，中央权威在命令地方诸侯方面不存在大问题。这期间，和君主官僚制国家形态有关的新制度产生得不多，国家制度演变总体处在周制的发展和变形阶段。

　　周穆王之后是周共王（公元前 922—前 900 年）、周懿王（公元前 899—前 892 年）。周共王、周懿王时期大约还比较平稳。《史记》载"康公不献，一年，共王灭密"② 。密国是西周初期的姬姓小国。因为密国君主康

─────────────

　　① 李峰．西周的灭亡：中国早期国家的地理和政治危机（增订本）．徐峰，译．上海：上海古籍出版社，2016：349.

　　② 司马迁．史记：点校本二十四史修订本第 1 册．裴骃，集解．司马贞，索引．张守节，正义．北京：中华书局，2014：178.

公的不当行为，周共王一怒而灭之，一定程度说明周王室仍旧具有较强的实力。继起的周懿王执政多年，但无大作为，较为被动。"懿王之时，王室遂衰，诗人作刺"①。《汉书·匈奴传》称："至穆王之孙懿王时，王室遂衰，戎狄交侵，暴虐中国。中国被其苦"②。《古本竹书纪年》关于周懿王无多少记载。《今本竹书纪年》称周懿王时期，"七年，西戎侵镐。十三年，翟人侵岐。十五年，王自宗周迁于槐里……二十一年，虢公帅师伐犬戎，败逋"③。这些资料反映当时外部族群犬戎等对于周王室形成较大威胁，包括侵入王畿地区，周王命人北伐却失败，不得不迁都。此时的周朝国力分散、衰落，已难以有效地维护王畿地区的政治秩序。严格说来，这时的迁都是一种示弱。

周懿王后是周孝王（公元前891—前886年）。《今本竹书纪年》称周孝王即位元年，"命申侯伐西戎"；周孝王五年时，"西戎来献马"④。反映了周孝王在守成之时依旧有一定的进攻性行为。不过，由于资料稀少，我们难以得知其是否存在被动应对挑战的情形。

周孝王后是周夷王（公元前885—前878年）。《古本竹书纪年》记载，周夷王依旧有强势行为，有三件事体现了这一点。一是蜀国与吕国派遣使者向周王室进贡。二是周夷王烹杀齐哀公。三是周夷王派遣虢国国君率军攻打不服王命的太原之戎，获马千匹⑤。《今本竹书纪年》记载，周夷王八年，周夷王患病，诸侯祈于山川，周夷王病逝⑥。齐国是强大的诸侯国，周王敢于烹杀齐哀公，虽然是鲁莽行为，但显示其有实力，否则齐国必反。与此同时，"楚子熊渠伐庸，至于鄂"⑦。这是对于周礼的破坏行为，显示作为诸侯国的楚国对于周王室权威的直接挑战。

周夷王后是周厉王（公元前877—前841年）。周厉王的名声不太好，

---

① 司马迁. 史记：点校本二十四史修订本第1册. 裴骃，集解. 司马贞，索引. 张守节，正义. 北京：中华书局，2014：178.

② 汉书：第3册. 安平秋，张传玺，主编. 上海：汉语大辞典出版社，2004：1860.

③④ 王国维. 古本竹书纪年辑校·今本竹书纪年疏证. 北京：国家图书馆出版社，2021：107.

⑤ 范祥雍，订补. 古本竹书纪年辑校订补. 上海：上海古籍出版社，2018：34-35.

⑥⑦ 同③108.

但个性很强，武力仍旧较强。《史记·楚世家》称："及周厉王之时，暴虐，熊渠畏其伐楚，亦去其王。"① 周厉王在位很长时间，强大的楚国都畏惧他征伐，自动去掉王号，一定程度上说明周王室仍旧有较强的武力。《古本竹书纪年》称："淮夷入寇，王命虢仲征之，不克。"② 周厉王有"好利"之名。这可以理解为他感受到国家财力不足，周王室施政受到严重制约，推进改革，要增强中央财政，但遭到贵族和国人的反对，改革失败。周厉王时期，周王的实力遭到诸侯和国人的极大制约，周王室与贵族在关键性的财政问题上存在严重分裂和冲突。

《史记》记载的大夫芮良夫谏厉王的话深刻反映了周制和周朝意识形态的缺陷，以及国家统治资源不断流失、国家汲取能力严重不足，但依旧没有引起当权贵族的思考。大夫芮良夫说："夫王人者，将导利而布之上下者也。使神人百物无不得极，犹日怵惕惧怨之来也。故颂曰'思文后稷，克配彼天，立我烝民，莫匪尔极'。大雅曰'陈锡载周'，是不布利而惧难乎，故能载周以至于今。今王学专利，其可乎？匹夫专利，犹谓之盗，王而行之，其归鲜矣。荣公若用，周必败也。"③ 这种其义甚高、于事无补的陈词滥调在这个时候很有害，蕴含导致国家衰败的可能，但却是主流观点。

《史记》称周厉王行为"暴虐侈傲"，国人谤王，王派人监视民众，发现"谤者，以告，则杀之"，召公劝诫周厉王未被采纳，导致诸侯不朝，国人"乃相与畔，袭厉王"，"厉王出奔于彘。厉王太子静匿召公之家，国人闻之，乃围之"④，最后国人杀了召公的儿子代替太子。按照这种说法，周厉王的行为超过了国人可以接受的范围，遭到国人武力相逼，太子成了牺牲品。周厉王出现合法性危机，失去最高统治权。此事显示天子诸侯制国家是一种柔性的有限的君主制，君主不但和诸侯分享统治权，就

---

① 司马迁．史记：点校本二十四史修订本第 5 册．裴骃，集解．司马贞，索引．张守节，正义．北京：中华书局，2014：2043．

② 王国维．古本竹书纪年辑校·今本竹书纪年疏证．北京：国家图书馆出版社，2021：21．

③ 司马迁．史记：点校本二十四史修订本第 1 册．裴骃，集解．司马贞，索引．张守节，正义．北京：中华书局，2014：180．

④ 同③180-182．

是国人也持有武力，可以制约周王，周朝国家并没有垄断暴力资源。国人和召公在此冲突中出现对立，最终国人杀了召公的儿子。这说明召公这种执政的大贵族也不足以为国人之首领。国人群体在政治上具有一定的自主性。

德国历史社会学者戈德斯通认为，一个社会出现四种关键性趋势时，可能会破坏社会的稳定，导致国家崩溃，发生革命。一是国家财政压力越来越大，二是精英内部冲突越发普遍，三是群众动乱越来越多，四是变革思潮越发显著[①]。此时的周朝在前两个方面都存在严重问题，出现了政治僵局和政治危机。李峰认为此时"西周国家便遭到了全面的危机"[②]。笔者认为，这时的周朝已经十分清楚地展现出天子诸侯制国家的局限，但要对其进行改革却极难。周厉王出奔于彘后，《史记》称是召公、周公二相行政，号曰"共和"。共和十四年，厉王死于彘[③]。共和行政（公元前841—前828年），一共进行了14年，对此没有很多的记载。《古本竹书纪年》称是"共伯和干王位"[④]，一个叫共伯和的贵族篡了王位。不管怎么样，都说明周朝出现了政治危机。

再之后是周宣王（公元前827—前782年）。历史上有"宣王中兴"一说。周宣王个性非常强势，在用人、用兵、处理与诸侯的关系、反击外部族群等方面很有作为。政治和用人方面，"宣王即位，二相辅之，脩政，法文、武、成、康之遗风"[⑤]。二相分别是周定公、召穆公。在诸侯关系方面，"诸侯复宗周。十二年，鲁武公来朝"[⑥]。《古本竹书纪年》记载周宣王多次发动对外部族群的战争，胜败参半[⑦]。《今本竹书纪年》记录了很多为

---

① 戈德斯通. 早期现代世界的革命与反抗：1600年至1850年间英国、法国、奥斯曼土耳其和中国的人口变化与国家崩溃. 章延杰，等译. 上海：上海人民出版社，2020.

② 李峰. 西周的灭亡：中国早期国家的地理和政治危机（增订本）. 徐峰，译. 上海：上海古籍出版社，2016：110.

③ 司马迁. 史记：点校本二十四史修订本第1册. 裴骃，集解. 司马贞，索引. 张守节，正义. 北京：中华书局，2014：182.

④ 范祥雍，订补. 古本竹书纪年辑校订补. 上海：上海古籍出版社，2018：35.

⑤⑥ 同③.

⑦ 同④36-37.

《古本竹书纪年》所没有记载的内容，真假尚不能完全辨识。《今本竹书纪年》称：周宣王"九年，王会诸侯于东都，遂狩于甫""三十二年，王师伐鲁，杀伯御。命孝公称于夷宫""四十三年，王杀大夫杜伯，其子隰叔出奔晋"①。西周后期，王会诸侯的记录并不多，周宣王却有对诸侯的杀伐。经济方面，"复田赋"②。按亩征税，默认土地可以私人占有，扩充了国家财力。

军事方面，周宣王多次组织对于外部族群的反击和进攻，其用兵频次之多、进攻面之广，非常罕见。除了命令诸侯讨伐，周宣王还亲自带兵讨伐。比如，"三年，王命大夫仲伐西戎"。"五年夏六月，尹吉甫帅师伐玁狁，至于太原。秋八月，方叔帅师伐荆蛮。六年，召穆公帅师伐淮夷。王帅师伐徐戎，皇父、休父从王伐徐戎，次于淮。王归自伐徐，锡召穆公命。……三十三年，齐成公薨。王师伐太原之戎，不克。……三十八年，王师及晋穆侯伐条戎、奔戎，王师败逋。……三十九年，王师伐姜戎，战于千亩，王师败逋。"③ 他的进攻很广泛，包括西戎、玁狁（猃狁）、荆蛮、淮夷、徐戎、太原之戎、条戎、奔戎、姜戎，几乎是全面开战。但越到执政晚期，用兵失败越多。虽然《古本竹书纪年》记载不尽相同，但都反映周宣王有广泛对外用兵的行为。

此外，周宣王还有一些施政方面的创新举措。"宣王既亡南国之师，乃料民于太原。仲山甫谏曰：'民不可料也。'宣王不听，卒料民。"④ 周宣王料民于太原，实际上是想更好控制人口、汲取资源，或许是一次挽救周朝衰落的尝试，但遭到顽固迂腐的贵族反对，没成功。这说明周朝贵族仍旧守着陈腐观念，不支持改革，甚至将个人利益凌驾于国家利益之上。"周王室因为财政困难，试图通过清查包括诸侯领地的人口来获得收益，但遭到强烈反对。这是因为诸侯获得分封的土地后，直接占有和经营，是

---

① 王国维. 古本竹书纪年辑校·今本竹书纪年疏证. 北京：国家图书馆出版社，2021：112-114.
② 同①111.
③ 同①111-114.
④ 司马迁. 史记. 点校本二十四史修订本第1册. 裴骃，集解. 司马贞，索引. 张守节，正义. 北京：中华书局，2014：184.

利益的直接获得者。"① 贵族的这些行为，亦埋下国家衰败的祸根。事实上，到了春秋战国时期，编户齐民、全民动员是先进的统治手段，被很多诸侯国采用，极大地增强了它们的实力。

周宣王之后是周幽王（公元前781—前771年）。周幽王时期有大地震。"幽王二年，西周三川皆震"，"是岁也，三川竭，岐山崩"，伯阳父称"周将亡矣！"② 周幽王已经处于明显的危机中，但他在感情生活上较为洒脱，而很少顾及政治局势。司马迁称他宠爱褒姒，褒姒生子伯服，周幽王"竟废申后及太子，以褒姒为后，伯服为太子"。"申侯怒，与缯、西夷犬戎攻幽王。幽王举烽火征兵，兵莫至。遂杀幽王骊山下，虏褒姒，尽取周赂而去"③。这充分显示周幽王的荒谬和无能。李峰说："幽王统治的十一年是中国历史上变故不断、殊不平静的一个时期。王室的政治斗争交织着王室与一些地方诸侯国之间的冲突，同时再加上政治危机和自然灾害之间的相互作用，幽王时期的整个情况显得错综复杂。但最终引起西周王朝崩溃的政治混乱之根源却是在宣幽两世的权力交替。"④ 周幽王死于非命后，周朝中央权威总体守成期结束。

在这个阶段，中央政权与外部族群的矛盾依旧是主要矛盾，同姓诸侯国、功臣诸侯国一般并不挑战中央权威，但正在快速崛起。犬戎等外部族群进逼王畿，多次威胁和进攻周朝，这极大加重周朝的生存压力，构成其灭亡的主要外在原因。同时，身为诸侯国首领的在朝为官的贵族权势越来越大，他们私人化地占有了国家的暴力资源，逐步成为中央政权的威胁。此时，士人、平民尚未崛起。周天子、贵族和国人是中国政治舞台的主角。

---

① 徐勇，杨海龙. 历史政治学视角下的血缘道德王国：以周王朝的政治理想与悖论为例. 云南社会科学，2019（4）.

② 国语. 陈桐生，译注. 北京：中华书局，2013：28-29.

③ 司马迁. 史记：点校本二十四史修订本第1册. 裴骃，集解. 司马贞，索引. 张守节，正义. 北京：中华书局，2014：186-188.

④ 李峰. 西周的灭亡：中国早期国家的地理和政治危机（增订本）. 徐峰，译. 上海：上海古籍出版社，2016：218.

三、天子诸侯制国家勉强维持期

时间为东周开始至繻葛之战前，即公元前 770—前 707 年①。它属于大变革、大革命的前夜，属于各方势力相互消长但表面上仍旧比较平静的阶段，亦可称为均势期或者天子诸侯制国家的"最后荣耀期"。从历史政治学的视角来看，它是一个关键节点。这期间，周天子的威慑力和惩罚力仍旧存在，所谓"瘦死的骆驼比马大"。地方诸侯国尚不构成周王室的致命威胁，礼法秩序得以维持。周朝制度的权威和魅力虽然遭到削弱，但仍旧是主流。没有大规模的争霸战争，小规模的战争亦比较少，小的诸侯国被兼并的情形较少，各国的政治和行政制度创新极少。周王室如果深刻检讨国家形态的缺陷，停止分封或赏赐土地和人口，抓住机遇发展自己，是可能强大起来的。此阶段后，它再也没有这种机会。这段时期有四个主要特点。

第一，周王室仍旧勉强是全国权力中心。周王室在东迁后，尚有方圆 600 里地，比一般的诸侯国大得多，天子诸侯制国家形态得到继续维持，周天子和周王室虽然地位下降，但周天子基本上还保持其至高的政治和宗教权威的作用，为天下共主，国家依旧存在有效的中央政府。周王室主动征讨当时实力最强的诸侯国郑国，本身就说明周王室还处于主动地位。清代学者顾栋高认为："周自平王东迁，尚有太华、外方之间六百里之地。其时西有虢，据桃林之险，通西京之道；南有申、吕，扼天下之膂，屏东南之固；而南阳肩背泽潞，富甲天下；辕辕、伊阙，披山带河，地方虽

小，亦足王也。"① 历史学者晁福林指出，"洛邑从周开始就是周王朝的东都，它不仅地居天下之中，有优越的地理形势，而且驻有周的八师重兵和贮藏着天下大半赋税。东周王朝立国于此，无论是从历史的或地理的方面看，都是较其它诸侯国为优的"，"平王在位五十一年，连同其后的桓王、庄王、禧王，共约百年之久。这期间的周王朝尚有不可忽视的军事力量"，"前 722 年王师伐卫，前 717 年王师伐宋，前 708 年王师围魏，前 702 年王师伐宋"，"这个时期，晋、楚等国尚未勃兴，西戎、北狄被秦、虢、晋等牵制，并未对周王朝构成威胁，因此在诸侯国之中，周王朝不仅有共主之名，而且尚有其实"②。

与此同时，周平王（公元前 770—前 720 年）因为引犬戎进攻周朝，导致父亲周幽王死亡、西周覆灭，被视为引狼入室、弑父得位，威望大受影响，周王室的权威已经远远不如过去。有些诸侯国开始不按时纳贡，中央政府的财政收入急剧减少。周平王死后，周王室只得派人到鲁国求赗。

第二，诸侯国正在壮大，但普遍不强，后期小型霸主兴起。此时，秦国、齐国、晋国、燕国、楚国等普遍没有兴盛起来。诸侯国也正是因为都不是很强，所以不敢轻举妄动，即使是比较强的诸侯国，都对周王室的权威保持一定的尊重。与此同时，大诸侯国吞并小诸侯国已经开始了，周王室也难以制止。赵鼎新对此有描述："在霸主时代之初，诸侯国的国力大多非常弱小，它们一般仅控制着一到数座城邑及周边邻近地区。而在这些城市国家之间的广阔土地上则零星散布着各类人群，他们中有以狩猎采集为生的人，也有农人、牧人，以及部落土著，还有一些则是从城市国家中出逃的'国人'。"③

历史上有春秋三小霸之说，指的是郑庄公（公元前 743—前 701 年）、齐僖公（又称为齐釐公，公元前 731—前 698 年）、楚武王（公元前 740—前 690 年）。三位小霸主在位时间都很长，虽然小霸，但一般并不直接挑

---

① 顾栋高．春秋大事表．北京：中华书局，1993：501-502.
② 晁福林．试论东迁以后的周王朝．宝鸡师院学报（哲学社会科学版），1990（1）.
③ 赵鼎新．儒法国家：中国历史新论．徐峰，巨桐，译．杭州：浙江大学出版社，2022：119. 他所说的霸主时代指的是公元前 770—前 546 年。

战周王室权威。如最先称霸的郑庄公，他在公元前 722 年平定胞弟共叔段叛乱后在诸侯国中初步称霸。直到繻葛之战前，郑国都是尊崇周王室的，并不构成对其的根本性挑战，更谈不上取代。公元前 714 年，宋殇公对周桓王不恭敬，任周桓王左卿士的郑庄公以天子的名义讨伐宋国。齐僖公在位时多次主持多国会盟，平息宋国与卫国之间的争端，以宋国、郕国不向周天子朝觐而出兵讨伐，与郑国一起击败狄戎，使齐国形成小霸局面。

公元前 741 年，楚厉王去世，楚武王熊通杀其兄楚厉王之子，自立为君。楚武王继位后，将楚国势力向北扩张，攻击周的同姓诸侯国，推行县制，奠定楚国富强的基础。楚国作为外部族群或者准外部族群崛起，和郑、齐两国不同，它对周王室的尊重不足，但尚未威胁到周王室本身。

第三，旧政治秩序仍旧存在一定的约束力。虽然一些违背礼法的行为发生了，在已经延续 1 000 多年的天子-诸侯权力结构中，谁敢轻易而毫无顾忌地触犯天子的权威，道义上就处于下风，就可能受到其他诸侯国的共同声讨。此时，没有任何人公开质疑天子的权威和合法性，也没有任何人敢僭越称天子。旧政治秩序不但对于诸侯国有效，周王室自己也受到约束。周王室在制度惯性、路径依赖和缺乏对周制弊端的认知的前提下，继续分封、赐地，虽然说明其缺乏自我反省，但也说明了制度的惯性和约束力。在诸侯国内部，一般也没有进行系统性的制度改革，没有改变原来的分封制、宗法制，旧的制度依旧保持着。

第四，外部族群进一步崛起，威胁华夏诸侯国。中国的政治地理结构决定中国长期存在中原族群和外部族群的对立、冲突和合作关系。赫尔佐克在研究古代中国国家起源时指出："中国同所有其他高级文化的区别在于它对游牧民族问题的处理。世界上任何一个地方从来没有出现过这样一种现象，即一个如此高度发达的文化始终要面对面积如此广大的游牧地区，从而也要面对人数如此众多的游牧民族。"[①] 日本神户大学教授王柯认为："王朝与周边民族之间的关系，自始至终都是中国历史的一个重要组

---

①　赫尔佐克.古代的中国：起源和统治形式.赵蓉恒，译.北京：北京大学出版社，1998：245.

成部分。"①

西周初年武力很强，征服了很多外部族群和古国。周昭王时期还开拓南部疆土。周穆王时期，四周外部族群已经颇为强大，《今本竹书纪年》《史记》记载王师败于犬戎。犬戎灭掉西周一事更刺激外部族群进入中原。"及至平王东迁后，犬戎在丰邑和镐京饱掠的消息在夷狄之间不胫而走，于是游牧部族对于诸夏财富大启觊觎之念。诸夏却不能在王命号召之下团结抵御，复自相攻杀，自是'戎狄横行'的最好机会。自平王晚年到齐桓公初年（齐桓公立于前685年），前后约五十年，游牧部族四处侵扰，诸夏备受蹂躏，农业文化几有遭受毁灭的危机，'霸政'遂应运而生。"② 此时的诸侯国中的强国，如郑国、齐国都有牵头对抗戎族的作为。而楚国小霸，进攻姬姓诸侯小国，也是外部族群崛起的表现。当时楚国被视为蛮夷，但此后逐步转化为华夏的一部分。

在此期间，秦国尚属于诸侯国中的"三线国家"，既不居于关键性地位，也无制度和文化上的优越性。周平王东迁，秦襄公护送有功，被封为诸侯。周平王答应如果秦人把西戎赶走，则赐给岐山以西之地。"周避犬戎难，东徙雒邑，襄公以兵送周平王。平王封襄公为诸侯，赐之岐以西之地。曰：'戎无道，侵夺我岐、丰之地，秦能攻逐戎，即有其地。'与誓，封爵之。"③ 这是秦第一次获得周人爵位体系中的诸侯的地位，标志着其地位的大大提升。秦国从附庸，到秦庄公变成西垂大夫，再到秦襄公成为诸侯，这是由弱小变强大的路。这条路是秦人通过和戎人的常年战争开辟的。

周王室东迁后，原来的地方成为空白地带，但秦国亦陷入戎人包围中。秦人并没有因此而湮灭，而是在秦襄公、秦文公、秦宁公等秦国君主领导下同戎人不断斗争，一步步走向壮大，最终驱逐了戎人，占领了周人放弃的岐山一带，并将岐山以东献于周王室。西部的广阔纵深为秦国的发展提供了宽广舞台，与戎人的常年战争丰富了秦国的实战经验，这是秦国

① 王柯. 从"天下"国家到民族国家：历史中国的认知与实践. 上海：上海人民出版社，2020：36.

② 李定一. 中华史纲：从传说时代到辛亥革命. 重庆：重庆出版社，2019：69.

③ 司马迁. 史记：点校本二十四史修订本第1册. 裴骃，集解. 司马贞，索引. 张守节，正义. 北京：中华书局，2014：230.

崛起的有利因素。总体上来说，对于秦国而言，周王室的东迁是重要的发展机遇，揭开了秦人国家发展史的新篇章。基于秦在周秦之变中的核心角色，因此，周王室东迁亦是周秦之变中的关键性节点之一。

第二节　君主官僚制国家奠基期
（公元前 707—前 238 年）

　　经过前期 360 多年的演变，天子诸侯制国家形态基本释放出其绝大部分力量，进入衰败期。因为周天子无力对国家进行有效统治，中国逐步进入霍布斯丛林状态，大国争霸，小国被吞并，周礼难以维持，新的国家制度、新的社会制度、新的观念不断涌现。这个阶段可以被称为君主官僚制国家奠基期（公元前 707—前 238 年），属于周秦之变中期，分为两个阶段。一是半分封-半郡县国家期（公元前 707—前 453 年）。此时主流诸侯国不断寻找代替性制度，新制度不断出现，出现分封制和郡县制、土地国有制和土地私有制、贵族没落和平民崛起、世卿世禄制和官僚化趋势、封君制和官僚化趋势等各种要素混杂共存、相互竞争的半分封-半郡县国家状态。二是不完全君主官僚制国家期（公元前 453—前 238 年）。此时普遍化的法家改革催生了不完全君主官僚制国家，这些国家比半分封-半郡县国家更进一步，基本上完全采用了新制度，周制的元素已经压缩到了极小的范围，兼并之战继续发生，诸侯国数量继续减少，国家朝着大一统、中央集权的新方向迈进，新国家形态呼之欲出。

一、半分封-半郡县国家期

　　这个时期是从繻葛之战至三家分晋前，即公元前 707—前 453 年，亦可称为逐利性大型霸权活跃期。公元前 453 年，赵、魏、韩三家分晋，晋国名存实亡。三个新的大型政治实体加入大国竞争行列。此时，因为中原四分五裂，外部族群进一步对中原族群施加压力。

这个阶段，周王室实力不足以统治全国，中央权威塌陷。在没有全国权力中心的约束下，中国出现霍布斯丛林状态，各国都面临着考验和危机，大的诸侯国崛起，很多小国被灭。争霸战争导致局部统一不断推进。这个阶段的不同时期有不同的诸侯国称霸，试图弥补中央权威缺乏带来的权力真空。争霸的主要目的在于霸主和盟主地位，包括驱逐不断侵入的外部族群，其次才是土地及相关政治经济利益，但非整个中国的统治权，因此统称为逐利性大型霸权。东亚史学者韩昇指出："春秋争霸，所争者乃充当盟主，以号令诸侯匡扶周室，而非征服兼并他国。"[1] 钱穆指出："所谓霸业是要把当时诸夏侯国重新团结起来，依旧遵守西周王室规定下的封建制度和封建礼节。对外诸侯间不得相互侵略，对内禁止一切政权的非法攘夺。如此便逐渐形成了一个当时国际间的同盟团体，又逐渐制下了许多当时的国际公法。他们在名义上仍尊东周王室为共主，实际则处理一切国际纷争与推行一切国际法律的，其权由霸国即盟主任之。"[2]

因为强大的诸侯国之间制度相近、实力接近，存在激烈的竞争状态，没有一个诸侯国在国家形态、政治制度、施政等方面取得长期的压倒性优势，所以此时的霸权并不持久，往往只能维持几十年甚至更短。一开始齐桓公"尊王攘夷"，成为全国性霸主，齐国成为暂时的替代性中央权威。此后宋襄公、晋文公、秦穆公、楚庄王、吴王阖闾和越王勾践等称霸。这些霸主虽然只称雄一时，甚至只能影响中国局部地区，也没有真正成为统领全国的国家元首，但却发挥了重要作用，并为后来的国家统一奠定基础。这个阶段，周朝制度的魅力急剧减弱，主流诸侯国不断寻找代替性制度，新制度不断出现，但总体上，旧制度仍旧占据重要地位。虽然如此，各国仍朝着君主官僚制国家演进。这个阶段有以下几个主要特点：

第一，大国崛起并连年战争，争夺全国霸权，局部统一不断推进。公

---

① 韩昇. 东亚世界形成史论（增订版）. 北京：中国方正出版社，2015：25.
② 钱穆. 中国文化史导论（修订版）. 北京：商务印书馆，1994：33 - 34.

元前 707 年，不满郑国蛮横的周桓王率陈、蔡、卫等国军队讨伐郑国，但王师失利，周桓王被郑国人的箭射中，颜面扫尽，史称繻葛之战。历史学者李定一指出：繻葛之战"是历史的转折点，时为前 707 年，上距平王东迁六十三年。从此列国纷争，强国吞并弱国，无和平公道可言，封建帝国的体制连形式都无法维持了"①。繻葛之战打破均势期，拉开争霸序幕。《史记·楚世家》载，该战一年后，也就是公元前 706 年，楚国伐随，称"我蛮夷也。今诸侯皆为叛相侵，或相杀。我有敝甲，欲以观中国之政，请王室尊吾号"。该战三年后，公元前 704 年，楚国熊通自立为王，即楚武王②。

周礼既衰，强大的诸侯国不断扩张。齐、楚、秦、鲁、宋、晋、吴、越等国崛起，蚕食小国，不同程度地成为地区性或者全国性霸权型国家。这些国家有的因为地理优势，有的因为改革，有的因为长期积累，有的因为贤明的君主和大臣，有的因为综合了几种因素，而不断壮大。以楚国为例，楚国大肆兼并小的诸侯国，连姬姓诸侯国也不能幸免。《左传·僖公二十八年》称："汉阳诸姬，楚实尽之。"③ 李学勤指出："楚国在东周时代吞并诸侯国最多。依清代顾栋高统计，春秋二百四十二年间，楚灭国凡四十二，近人略有修正，但说楚在春秋时期共灭四五十国总是符合实际的。"④ 范文澜也称："楚在春秋时先后吞并四十五国，疆土最大。"⑤ 郑庄公后，原来强盛的郑国陷入内乱并逐步衰落，失去早先的小霸地位。此后，齐桓公、晋文公、秦穆公、楚庄王、宋襄公、吴王夫差、越王勾践等人都成为一时霸主。这些国家称霸时，周天子有时候会被邀请参加会盟仪式。

这些国家之所以能够称霸，一个重要原因就是通过改革实现了集权，国家对于整个社会的控制和动员能力增强，能够发动更多兵力进行战争，

---

① 李定一. 中华史纲：从传说时代到辛亥革命. 重庆：重庆出版社，2019：67-68.

② 司马迁. 史记：点校本二十四史修订本第 5 册. 裴骃，集解. 司马贞，索引. 张守节，正义. 北京：中华书局，2014：2046.

③ 杨伯峻. 春秋左传注（修订本）：第 1 册. 2 版. 北京：中华书局，1990：459. 鲁僖公二十八年即公元前 630 年.

④ 李学勤. 东周与秦代文明. 上海：上海人民出版社，2007：126.

⑤ 范文澜. 中国通史：第 1 册. 北京：人民出版社，1994：117.

同时大力发展生产，经济更加富饶。霸权国家崛起的过程也是小国不断被兼并的过程，很多小国从中国历史上消失。中国朝着统一方向迈进。

第二，霸权的兴起，有抗击外部族群入侵和在诸侯国之间攫取利益双重原因。在早期，抗击外部族群入侵是重要原因。随着外部族群威胁变小，争霸的动力逐步转化。大约从晋文公、秦穆公时期开始，争霸的动力已经主要是内部因素，此前的小型霸主的存在为大型霸主形成做了铺垫。《汉书·匈奴传》对这段历史做出了精彩描述："秦襄公救周，于是周平王去酆镐而东徙于雒邑。当时秦襄公伐戎至岐，始列为诸侯。后六十有五年，而山戎越燕而伐齐，齐釐公与战于齐郊。"① 这里谈到周平王迁都后65年（公元前706年），齐釐公执政的齐国遭遇戎人进攻。齐釐公是小型霸主，齐桓公是其儿子，后来齐桓公任用管仲变法，成了大型霸主。

《汉书·匈奴传》接着写道："后四十四年，而山戎伐燕。燕告急齐，齐桓公北伐山戎，山戎走。"② 齐桓公（公元前636—前628年）打着"尊王攘夷"的旗帜称霸，除了救燕，在遇到狄人进攻邢国、卫国等国时，齐桓公也有出兵或其他救援行为，还帮助邢国和卫国复国、建立国都。《汉书·匈奴传》接着写道："后二十余年，而戎翟至雒邑，伐周襄王，襄王出奔于郑之汜邑。初，襄王欲伐郑，故取翟女为后，与翟共伐郑。已而黜翟后，翟后怨，而襄王继母曰惠后，有子带，欲立之，于是惠后与翟后、子带为内应，开戎翟，戎翟以故得入，破逐襄王，而立子带为王。于是戎翟或居于陆浑，东至于卫，侵盗尤甚。"③ 这里写到戎人和周王室、郑国、卫国的恩怨，雒邑作为周朝首都竟遭戎人进攻，可见周人之衰落和戎人进攻力度之大。

《汉书·匈奴传》接着称："周襄王既居外四年，乃使使告急于晋。晋

---

① 汉书：第3册.安平秋，张传玺，主编.上海：汉语大辞典出版社，2004：1860.齐釐公，一作齐僖公，公元前731年至公元前698年在位。周平王迁都发生在公元前770年，为东周之开始。

② 同①.

③ 同①.周襄王（前651年至前619年在位），在位期间王室动荡不安，对诸侯大肆赏赐土地，加剧周朝衰落。因救周襄王，晋文公逐步得以称霸中原。

文公初立，欲修霸业，乃兴师伐戎翟，诛子带，迎内襄王于雒邑。当是时，秦晋为强国。晋文公攘戎翟，居于西河圜、洛之间，号曰赤翟、白翟。而秦穆公得由余，西戎八国服于秦。故陇以西有绵诸、畎戎、狄獂之戎，在岐、梁、泾、漆之北有义渠、大荔、乌氏、朐衍之戎，而晋北有林胡、楼烦之戎，燕北有东胡、山戎。各分散谿谷，自有君长，往往而聚者百有余戎，然莫能相一。自是之后百有余年，晋悼公使魏绛和戎翟，戎翟朝晋。后百有余年，赵襄子逾句注而破之，并代以临胡貉。后与韩魏共灭知伯，分晋地而有之，则赵有代、句注以北，而魏有西河、上郡，以与戎界边。其后，义渠之戎筑城郭以自守，而秦稍蚕食之，至于惠王，遂拔义渠二十五城。"① 也就是说，大致在晋文公（公元前636—前628年）、秦穆公（公元前659—前621年）后期，北方的外部族群遭到重创，力量分散，不再为强大外部族群，直到匈奴崛起。这是一个重要的转折。从这时开始，争霸的动力已经以内部政治经济利益为主。

第三，一些国家实行富国强兵的改革，局部地打破周制的传统。这其中齐桓公时期的管仲改革最典型，代表本阶段改革的最高水平，使得齐国朝着君主官僚制国家迈了一大步。徐中舒指出："齐桓公进行一系列的变法改制后，经济实力大大加强，有甲士三万人，革车八百乘，中原各国尊奉他为霸主，周王十分礼遇，一些山戎、北戎、东夷和南蛮也受到齐国先进的物质和精神文明的影响。"② 根据学者顾德融、朱顺龙的研究，管仲的改革大致如下：

经济上。农业方面，实行"均地分力"，"与之（民）分货"，"相地而衰征"，将井田划分给耕者，实行分田到户的个体经营，调动农民积极性。手工业方面，设置专门的管理机构，加强对冶铜、制铁、纺织等手工业的管理，并大力发展冶金手工业生产。商业方面，设置市场，促进经济发展，加强对市场物价的控制，稳定国家的经济。

政治上。实行国（都）、野（鄙）分治的制度，将士农工商分开。将国（都）分为二十一乡，其中工商之乡六，士乡十五。在野（鄙）建立属

① 汉书：第3册.安平秋，张传玺，主编.上海：汉语大辞典出版社，2004：1860-1861.
② 徐中舒.先秦史十讲.北京：中华书局，2015：101.

管县、县管乡、乡管卒、卒管邑、邑管家的层层相连的严密统治系统。这是朝郡县化迈进的重要步骤。

军事上。提出寄军令于内政的办法，实行军政合一，将全国民众以军事编制组织起来。规定五家为一轨，每轨设轨长一人；十轨为一里，设司里一人；四里为一连，设连长一人；十连为一乡，设良人一人。由各级军官掌管军令。每五家各出一人，五人为伍，由轨长率领；十轨为里，里有五十人，为一小戎，由司里率领；四里为连，有二百人，为一卒，由连长率领；十连为乡，有二千人，为一旅，由乡良人统领；五乡组成一帅，有一万人，为一军，由五乡的帅带领①。这是对国家的再组织化，朝动员体制迈进。

管仲的改革体现了组织和动员齐国民众、发挥民众积极性、使得国家机器严密起来、发展经济、军政和民政合一等特点。这种改革使齐国从过去的松散分割状态，转向了由"中央政府"领导的组织严密的军事化状态。齐国开始有军事国家的味道。"由于在行政、财政和军事上领先于所有邻国，齐国在（公元前）7世纪上半叶成为最强大的诸侯国。"② 这是中国历史上的重要改革，对君主官僚制国家形态的出现起到了先导作用。从社会组织层面来看，这次改革水平很高，对后世改革起到示范作用。不过，这次改革并不彻底，特别是对政治制度的改革不多。可以说，这次改革主要是经济、社会、行政、军事领域的改革。

除了齐国，楚国蔿掩、郑国子产、越王勾践的改革也比较有名。子产的改革包括让城乡有所区别，上下尊卑各有职责，以维护原来的等级制度；巩固井田制，承认私田；任用忠诚简朴的士大夫，发挥士大夫集体智慧；作丘赋、铸刑书；等等③。不过，虽然各重要国家不同程度上都有推进改革，但都不如后世的法家改革那么深入，带有过渡和妥协的痕迹，因此影响亦相对有限。在国家竞争、改革等众多因素作用下，当时出现一系列国家治理的重要制度创新。

---

① 顾德融，朱顺龙. 春秋史. 上海：上海人民出版社，2019：72-76.
② 马伯乐. 古代中国. 肖菁，译. 北京：北京理工大学出版社，2020：295.
③ 同①376-378.

其一是井田制遭到破坏，土地私有制出现并发展，国家和民众的经济关系发生变革。战争和竞争需要国家具备较强的汲取能力和经济实力。过去那种松散的国家与民众的经济关系不能适应这种要求。管仲的分田到户，实际上是国家授田制，承认国民对于土地的占有和使用权（虽然未必就是现代意义上的所有权），推动中国朝小农经济迈进，极大调动社会积极性，推动生产力发展。公元前594年，鲁国率先实行"初税亩"，即实行按亩征税的田赋制度，承认土地私人占有的合法性。各主要诸侯国相继开始实行按亩征税制度，保障了国家稳定的经济汲取。杨宽认为："到春秋后期，中原各国都已采用按亩征税的制度。"① 这些制度的出现有利于调动民众的生产积极性，提高国家实力和国家汲取能力，是诸侯国从纳贡式的财政体制往军事-财政国家演化的重要一步。李峰指出："公元前7世纪到前5世纪社会转型的最重要影响也许是将中国社会完全重新改组为成百上千个小农家庭"，认为小农经济是新国家的支柱②。他这个小农家庭规模的数据偏小，但其强调小农的重要性是对的。

其二是从都鄙制演进到郡县制③。西周、春秋之际，实行国（都）、野（鄙）分立的制度。杨宽称："国是指都城及其周围地区，都城里主要住的是各级贵族；都城的近郊往往分成若干'乡'，住着贵族的下层，统称为'国人'……野也称'鄙'或'遂'，是指广大农村地区，主要住的是从事农业生产的平民，称为'庶人'或'野人'。"④ 春秋时期，中国出现了县、郡。顾德融、朱顺龙指出："春秋初期，诸侯国内普遍实行采邑制度。到了中后期，由于土地私有制的发展和按亩征收赋税，原有的采邑制度已不能适应新的形势。这时，一些国家在所占领的地方推行由国君直接管理的县、郡管理体制。最初的郡大抵建于边境地区，区域虽大，地位却比县

① 杨宽.战国史.上海：上海人民出版社，2016：170.
② 李峰.早期中国：社会与文化史.刘晓霞，译.北京：生活·读书·新知三联书店，2022：169.
③ 历史学者万昌华归纳了郡县制起源的五种学说，即任地说、灭国置县说、戎索说、城市化说、势说。不失为一种重要的归纳。参见：万昌华.郡县制起源理论的历史考察.齐鲁学刊，2000（5）.
④ 同①162.

低"，"开始时，县和郡都是由国君派官驻守，后来为了扩大兼并和抵御外敌的需要，就成了固定的地方政权组织，有权应变边境的突然事变"①。先秦史专家韩连琪指出："春秋时，郡县制设立最早和较普遍的是晋国和楚国。楚国设县最早。"② 郡县制是国家行政区域制度的根本性创新，是国家迈向直接管理模式的重要步骤。郡县制出现后，逐步瓦解和取代原有的分封制、采邑制等。"公元前 6 世纪中叶的晋国，在构成县制下层的舆人、县人（百姓）阶层，以徭役编制为中心，根据民众居住地进行的组织化取得相当大的进展。但是统治阶层仍是根据以世族结合为基础的军事编制原理被统合的。这种根据军事编制原理结合的世族制统治者共同体，在将逐渐形成小农经营的舆人、县人编制为步兵、进入政治社会的过程中解体。"③

其三是官制的发展。在周天子无法掌握诸侯国卿大夫的任免权后，诸侯国全面掌握了官吏任免权。此时，由于卿大夫专权十分严重，官僚世袭仍然是主流形式，但是贵族垄断官职的现象已被打破，平民中的杰出人士有了当官的通道。各国官职数量大大增加、种类越来越多，官僚体系越来越庞大。文官、武官的分开亦逐步出现。

其四是成文法的公布。为了加强管理，过去那种法律秘而不宣的做法得到改变，诸侯国公开法律，让全国百姓遵守。"成文法在有些国家开始出现，如郑国的《刑书》《竹刑》，晋国的刑鼎，这些刑法的公布突破了以往法不宣众的状况。"④ 成文法的公布是国家治理取得重大进展的重要标志。

其五是平民可以当兵、担任将领。西周时期，当兵是国人和贵族的权力，平民没有这种权力。在争霸和混战中，扩大兵员成为各国的普遍需求，平民拥有了当兵的权力。有了当兵的权力，也就有了当将领的机会，这实际上是极大地打破了旧有的社会和阶级结构。

这些制度创新总体上有利于君主集权，也有利于官僚制形成和国家政

---

① 顾德融，朱顺龙. 春秋史. 上海：上海人民出版社，2019：285.

② 韩连琪. 春秋战国时代的郡县制及其演变. 文史哲，1986 (5).

③ 渡边信一郎. 中国第一次古代帝国的形成：以龙山文化时期到汉代的聚落形态研究为视角. 魏永康，译. 中国史研究，2013 (4).

④ 同①306.

权构建，推动诸侯国往军事-财政国家、领土型国家、官僚制国家、郡县制国家演进。

第四，贵族之间的内斗，导致大量贵族死亡，加速贵族阶级的消亡，刺激平民和官僚崛起。在这个阶段，诸侯国之间、诸侯国内部的斗争和残杀都是普遍现象。这些斗争的结果是贵族作为一个阶级遭到极大削弱。最典型的就是晋国贵族、公族之间的残杀，先后被灭掉的贵族和公族有晋国原来的公族、先氏、郤氏、栾氏、异姓公族、中行氏、范氏、知氏等。随着知氏的灭亡，晋国被赵、魏、韩三家瓜分，最终一分为三①。晋国并不是唯一的案例。贵族的灭亡有利于平民和士人的崛起，有利于推动社会和阶级结构往君主、官僚和士农工商结构发展。瞿同祖认为：到了春秋时代，阶级之间的上下服从关系，"已经逐渐地发生了动摇，阶级关系很不固定，人们只要有本事，可以从这个阶级跳跃到另一个阶级去。以小凌大的事情，公然地一一演出，无从制止"②。梁启超认为，贵族、平民两阶级，在春秋初期以前，"盖划然不相逾"，然而，"政权并非由某种固定阶级永远垄断，在春秋中叶已然。贵族政治之完全消灭，在春秋以后"③。

另外是秦国的基本情况。从公元前 707 年到秦穆公（公元前 659—前 621 年）执政之前，秦国虽有诸侯国之名近百年，但尚不是"一线国家"或者说主要国家，实力不如晋国、楚国、齐国等强国，其文化、制度、实力都不具备优势。秦穆公时期是个转折点。作为杰出的统治者，秦穆公在前几任秦国国君奋斗成果基础上，任用百里奚、蹇叔、公孙枝为重臣，励精图治，使秦国实力大大增强。实力壮大后的秦国有了向东扩张、称霸中原的行动，取得了一些军事胜利，但遭遇"崤之战"和"彭衙之战"等的惨败，受到了一流强国晋国的压制。

此后，秦穆公改变策略，一心向西扩张，灭掉了不少小国，开辟国土千里，被周襄王任命为"西方诸侯之伯"，称霸西戎，因此获列春秋五霸。有学者认为秦穆公平定西戎之战"对秦国的发展有巨大的影响"，一是

①　顾德融，朱顺龙．春秋史．上海：上海人民出版社，2019：367－370．
②　瞿同祖．中国封建社会．北京：商务印书馆，2015：220．
③　梁启超．先秦政治思想史．南昌：江西教育出版社，2018：48．

"益国十二、开地千里"；二是稳定了西方，解除了向东扩张后顾之虑；三是提高了秦国的声望，奠定了秦国后世强盛之基础①。秦国敢于对诸侯国中的一流强国晋国发动战争，虽然总体上处于劣势，但时有胜利，说明它已经成为一个重要国家。

其后，秦国经历从康公至出子共 14 位国君，230 多年（公元前 621—前 384 年）间，表现比较平庸，又由于地缘政治原因受到强大的晋国的压制，秦国固守关中，长时间内没有成为一流强国，直到秦献公（公元前 384—前 362 年）之后才有所改变。根据许田波统计："从公元前 656 年到公元前 357 年，在 160 场有大国卷入的战争（至少有一个大国卷入的战争），秦国只发动过 11 场（占 7％）。"② 政治学者叶自成认为："秦穆公之后的秦国，在两百多年的时间里，对华夏体系的其他国家没有产生重大影响，是孤立于西隅的一个二流国家，既不参与中原六国的活动，也不受中原六国重视，并以戎狄国家自卑。"③ 周灵王二十六年（公元前 546 年）7 月举行的弭兵会盟，是一次有十多个诸侯国参加的"国际性"事件。会议约定各国间停止战争，奉晋、楚两国为共同霸主，除齐、秦外，各国须向晋、楚同样纳贡，谁破坏协议，各国共讨之。这一定程度上肯定了秦国、齐国次于晋、楚的二流国家地位，当然比宋、鲁、卫、陈、郑、曹、许、蔡等国的地位要高。虽然如此，秦国仍旧被视为野蛮落后。

总体来说，从公元前 8 世纪直到商鞅变法之前，秦国总体上是二流国家，尽管偶尔在非决定性的战争中打败一流国家，但其影响力有限，更少有领先性的国家制度创新成就。它主要是一个吸纳先进国家经验的边陲国家，是一个学习者、输入者。秦穆公时期秦国开始形成的客卿制度，就显示了一种学习者的心态。边陲国家的强大都需要较长的学习中心国家、先进国家的过程。秦国虽然还不是最强大的国家，但秦在西部并无强敌，具有广阔战略空间，具备成为一流强国的条件，这是处四战之地的郑国等国所不能比的。

---

① 赵国华，叶秋菊．秦战争史．西安：西北大学出版社，2021：41.
② 许田波．战争与国家形成：春秋战国与近代早期欧洲之比较．徐进，译．上海：上海人民出版社，2009：61.
③ 叶自成．治道：商鞅治秦与现代国家治理的缘起．北京：中信出版社，2021：46.

二、不完全君主官僚制国家期

公元前 453 年至秦始皇亲政的公元前 238 年，又可称为君主集权国家阶段或者君主-官僚联盟地区强权对立期。半封建-半郡县国家期的后期，晋国国君的权力衰落，实权由六家卿大夫（韩氏、赵氏、魏氏、知氏、范氏、中行氏）掌握。六家相互厮杀。范氏、中行氏最先灭亡。公元前 453 年，赵、韩、魏联合消灭知氏，六家卿大夫仅剩三家，而晋国亦名存实亡。公元前 403 年，周威烈王正式承认赵、韩、魏的诸侯地位。三家分晋后，中国的形势进一步发生重大变化。徐中舒认为，战国时代三家分晋，田氏代齐，标志着封建社会君主等级制向君主集权制（专制主义）过渡的时代，这是霸主时代存亡断绝所绝对不能容许的事①。魏国率先变法，确立君主集权、官僚统治的新型国家形态，成为当时最强大的国家。此后各国陆续变法，确立君主集权、官僚统治的新型国家形态，简称不完全君主官僚制国家或君主集权国家。其为君主官僚制国家的前身。此时，新制度占据主导地位，和前一阶段不同。

这些君主集权国家是君主-官僚联盟地区强权，继续兼并周边国家，在大一统思想、法家思想等的影响下，朝着相互吞并、取代周朝、统一天下的方向迈进。中国逐步只剩下齐、楚、燕、韩、赵、魏、秦、越、宋、中山等大国，以及 20 多个小国，如周朝分裂而成的东周国、西周国，还有卫国等②。君主-官僚联盟地区强权之间的战争不再局限于争夺一城一地的

---

① 徐中舒. 先秦史十讲. 北京：中华书局，2015. 另，公元前 386 年，周安王册命田和为齐侯，田和成为诸侯。公元前 379 年，齐康公去世，奉邑入于田氏。田氏代齐完成。

② 杨宽列举了战国初期近 30 个国家和 10 多个部族，认为大国包括齐、楚、燕、韩、赵、魏、秦、越 8 国，小国有 20 多个，杞、蔡、郯等小国占地不过今一县地。参见：杨宽. 战国史. 上海：上海人民出版社，2016：300 - 310. 赵鼎新认为他所划分的全民战争时代，尚有十多个国家具备足够强大的军事实力，分别是秦、齐、楚、魏、赵、韩、燕、宋、中山，以及义渠。参见：赵鼎新. 儒法国家：中国历史新论. 徐峰，巨桐，译. 杭州：浙江大学出版社，2022：250.

利益，而在于争夺天下的统治权。这时的君主就是本诸侯国内的最高权威，并朝着全国性最高权威迈进。君主-官僚联盟地区强权比上一阶段的逐利性大型霸权更为强大、更为自主、更具有制度上的优势。公元前256年，秦国灭西周，周赧王病逝，周朝灭亡。名义上的天下共主消失了，中国进入没有天子的阶段。这段时期主要有三个特点。

第一，主要国家普遍实行富国强兵的法家式改革，确立或者巩固君主集权、郡县制，周制全面瓦解。

魏国从晋国分裂出来，地处中原核心，东面是齐国，西面是秦国，南面是楚国，北面是赵国，处于四战之地，易攻难守，十分不利。魏文侯（公元前445—前396年）危机感深重，礼贤下士，启用大量出身小农或者低级贵族的人才，任用李悝率先变法，开战国变法之先河。李悝变法的大致思想和内容包括：高度重视农业，"尽地力之教"，发展农业生产，强调精耕细作，巩固君主政权的经济基础；实行平籴法，保障农民利益，限制商人的投机活动，巩固小农经济；制定《法经》，核心是打击贵族特权，奖励有功之人，严惩盗贼和贪污腐败，强化君主集权，维护以君主为中心的国家秩序[①]。魏国变法后，国家富强，攻占秦国河西地区，伐灭中山国，打败齐国，对其他国家是极大刺激。此后各主要国家陆续变法。许田波指出："从公元前4世纪中叶开始，战国体系变得愈加不稳定起来。各诸侯国纷纷实施'自强型改革'、推行各个击破战略和执行狡诈而不择手段的计谋，加剧了对霸权的争夺。"[②] 赵鼎新亦强调魏国的法家式改革增强了魏国实力，对其他国家改革产生示范作用，刺激崭新的战争形式——全民战争的出现[③]。

根据黄中业统计，公元前359年，秦孝公、商鞅在秦国变法；公元前355年，韩昭侯、申不害在韩国实行改革；公元前348年，齐威王、邹忌在齐国实行改革；公元前311年，燕昭王、乐毅在燕国实行改革；赵烈侯

---

① 杨宽. 战国史. 上海：上海人民出版社，2016：206-208.
② 许田波. 战争与国家形成：春秋战国与近代早期欧洲之比较. 徐进，译. 上海：上海人民出版社，2009：53.
③ 赵鼎新. 儒法国家：中国历史新论. 徐峰，巨桐，译. 杭州：浙江大学出版社，2022：185-186.

于公元前 403 年任命牛畜、荀欣、徐越等人进行改革，公元前 307 年，赵武灵王在赵国实行"胡服骑射"；公元前 350 年前后，继魏文侯之后，魏惠王在魏国实行改革①。这些变法形成了广泛而深刻的法家式改革浪潮。它们相互影响，旨在实现富国强兵、获得自身的安全并力求成为最强大的国家。其中，秦国的商鞅变法最为全面和彻底，收效最大，成为秦国崛起的决定性因素。

秦孝公之所以要变法，是因为"秦僻在雍州，不与中国诸侯之会盟，夷翟遇之。孝公于是布惠，振孤寡，招战士，明功赏。下令国中曰：'昔我缪公自岐雍之间，修德行武，东平晋乱，以河为界，西霸戎翟，广地千里，天子致伯，诸侯毕贺，为后世开业，甚光美。会往者厉、躁、简公、出子之不宁，国家内忧，未遑外事，三晋攻夺我先君河西地，诸侯卑秦，丑莫大焉。献公即位，镇抚边境，徙治栎阳，且欲东伐，复缪公之故地，修缪公之政令。寡人思念先君之意，常痛于心'"②。这里明确谈到其他诸侯瞧不起秦国，魏文侯夺走秦国河西之地，秦孝公深以为耻辱。秦孝公表示："宾客群臣有能出奇计强秦者，吾且尊官，与之分土。"③ 可见，当时的"国际关系结构"是国家演进的重要动力，各国变法的结果相互影响，推进了历史演化。

商鞅变法分为两次，变法内容在《商君书》《史记》等中有记载。"修刑，内务耕稼，外劝战死之赏罚"，"作为咸阳，筑冀阙，秦徙都之。并诸小乡、聚，集为大县，县一令，四十一县。为田开阡陌。东地渡洛"，"初为赋"④。杨宽有一个大致归纳。第一次变法，时间为公元前 356 年，主要内容有四点：颁布法律，制定连坐法，轻罪用重刑；奖励军功，禁止私斗，颁布按军功赏赐的二十等爵制度；重农抑商，奖励耕织，特别奖励垦荒；焚烧儒家经典，禁止游宦之民。第二次变法，时间为公元前 350 年，主要有六点：废除贵族的井田制，"开阡陌封疆"；普遍推行县制，设置县

---

① 黄中业. 秦法之变. 北京：新星出版社，2021：6-7.
② 司马迁. 史记. 点校本二十四史修订本第 1 册. 裴骃，集解. 司马贞，索引. 张守节，正义. 北京：中华书局，2014：255-256.
③ 同②256.
④ 同②256-257.

一级官僚机构；迁都咸阳，修建宫殿；统一度量衡制，颁布度量衡的标准器；开始按户按人口征收军赋；革除残留的戎狄风俗，禁止父子兄弟同室居住①。

商鞅变法的核心内容是从各个层面彻底废除天子诸侯制国家形态，废除贵族特权、宗法制和分封制，实行君主集权的官僚制郡县制统治模式，承认民众对土地的占有，户成为国家统治单元，以国家政权和法律将秦国所有民众都组织和动员起来，最大限度调动民众积极性，把民众的精力都集中到耕战上，使秦国变成以君主为中心、以农业为主体经济、以律法为基本准则、以耕战为国家导向、以举国体制为特征的军事化强国。这就是赵鼎新所说的："商鞅改革的目的就是为了建立一个能够对其全部人口实施总体性控制的中央集权的科层制国家。建立这样一个国家的主要意图在于最大限度地从社会中汲取人力与物质资源以更有效率地进行战争。"②

从这次变法的直接起源看，它们无疑是危机驱动的。魏国、秦国变法都体现了这一点。随着魏国因为变法而强、叱咤中原，变法又相互影响、相互传染。从国家形态演进脉络看，这些变法是周秦之变历史过程中发生的关键事件。它们实际上是当时的政治精英对时代问题的集中回应，也是对历史和政治经验的深刻总结，特别是汲取了周朝国家形态衰败的深刻教训，使得中国往中央集权大一统君主官僚制国家的道路上大大迈进了一步。这些变法是周秦之变过程中政治社会结构和人的能动性互动的一个例证。变法导致国家性质发生局部性变化，对战争性质、历史进程等产生了重要的影响。

第二，各国大战不绝，朝大型化、全民化、大规模击杀对方有生力量方向演进，战争越来越关乎国家生死存亡，进一步推动各国朝君主官僚制国家演进。

一是战争规模越来越大，战争目标发生变化。公元前707年后，经过长期的兼并并且生产力不断发展，很多国家的人口都大大增多，疆域也有

① 杨宽．战国史．上海：上海人民出版社，2016：217-229.
② 赵鼎新．东周战争与儒法国家的诞生．夏江旗，译．上海：华东师范大学出版社，2006：112.

所扩大，加上变法带来的国家动员体制普遍化，使得诸侯国的军队规模、战争规模越来越大。此时的战争旨在夺取领土，杀伤对方有生力量。"战国时代的战争有一个特点，就是战争双方都奖励斩杀敌人"，"这时的战争主要已经不是捕捉俘虏的战争"①。马陵之战、乐毅破齐、长平之战等，规模都巨大，卷入大量人口。其中长平之战，秦赵两国男性人口卷入比例极高。《史记·赵世家》称："秦人围赵括，赵括以军降，卒四十余万皆阬之。"② 赵鼎新将公元前 419—前 211 年称为全民战争期。"这一时期的战争之所以被称为'全民战争'，是因为与以往的战争相比，这些战争不但持续的时间更长，投入的物质资源更多，而且将一个国家中很高比例的成年男性人口卷入了进来。新旧战争之间的差异还表现在领土扩张取代霸主争夺成为战争的首要目标……全民战争的出现与法家理念指导下的改革有着极大的关系。""诸侯国内的封建危机严重抑制了霸主国家扩张领土的欲望。但随着科层制国家的形成，这已经不再成为一个问题，诸侯国家扩张领土的欲望因此而大大增强。此外，法家的改革还极大增强了国家实力，使全民战争在技术上成为可能。"③ 贵族战争已经被全民战争、争霸战争已经被争夺领土战争、小规模礼法战争已经被大规模击杀战争取代了。

二是战争不断摧毁原有的国家权力结构。在天子诸侯制国家时期，天子-诸侯结构是国内结构。但是随着中央权威崩溃，这种结构蜕变为"国际结构"。与上一阶段的惩罚性、惩戒性、争霸性为主的战争相比，本阶段的战争以兼并和灭国为主，使得很多诸侯国消失，原有的普遍化的天子-诸侯结构不断被打破，国家权力结构发生急剧变化，形成七个君主-官僚联盟地区强权对立结构。拉铁摩尔指出，在中国，"从公元前 5 世纪起，把被征服国的统治家族完全杀掉，并吞并其土地——不只以它为附庸，而是合并到战胜国去，这样的事已经很普遍了"，而过去的封建战争"只

---

① 杨宽．战国史．上海：上海人民出版社，2016：197.

② 司马迁．史记：点校本二十四史修订本第 6 册．裴骃，集解．司马贞，索引．张守节，正义．北京：中华书局，2014：2199.

③ 赵鼎新．东周战争与儒法国家的诞生．夏江旗，译．上海：华东师范大学出版社，2006：112.

改变了力量的组合，没有改变力量的结构"①。他还指出："秦国于公元前364年击败了韩、赵、魏三国，帝国的征服与统一的战争由此开始，战争的本质开始转变。封建制度那种冗长持久的战争变为具有决定性意义的战争。"②

三是战争成为新国家形态的催产婆。战争是变法的原因，亦是变法的结果，使得越能实现直接统治、越能动员民众、越能整合国家资源、越能培养和使用杰出人才的国家越能取胜。对于一个曾有壁垒森严的阶级结构的文明而言，持续的全民战争的出现是新事物。壁垒森严的阶级结构被打破，这才会有整体性、全体性的"民"的概念，否则是难以做到的③。全民战争无疑又会进一步打破阶级的藩篱。这就进一步推动各国朝着君主官僚制国家形态演进。

第三，有利于中央集权的政治体制和行政体制进一步发展。

这里笔者从五个方面进行阐释。其一是官僚制度进一步发展并最终确立。在上阶段半分封-半郡县国家的基础上，世袭性官职逐步消失，官僚的任期制得到确立。官吏选拔制度、文武分途制度（将相分离）、俸禄制度、货币而非土地赏金制度、玺符制度、对地方官吏的监督制度、上计制度等一系列制度出现，进一步推动以国君为中心的官僚制的确立和完善。

其二是郡县制进一步发展。春秋争霸时期的郡、县是分开的，并不存在统属关系，且很多郡、县地处各国的边境，依旧有封地的性质，长官有的是世袭的。战国时代郡县制真正形成。杨宽认为："战国时代中央集权国家的地方行政组织是郡、县。郡、县的行政和军事权力，都控制在国君手里，国君直接任免郡、县长官，并加以考核。"④ 日本学者渡边信一郎认为："公元前4世纪中叶秦国的商鞅变法，标志着从具有县大夫采邑和公邑

---

① ② 拉铁摩尔. 中国的亚洲内陆边疆. 唐晓峰，译. 南京：江苏人民出版社，2005：255.

③ 政治学者张广生分析了近代欧洲民族国家形成中，"传统君主统治下的贵族、平民等不同的身份等级都被整合成一个统一的整体，那就是'人民'（people）"，"民主许诺给个人的政治权利并不乖乖地在'利维坦'的绝对君主制下臣服，而是成为主权国家所依赖和动员的力量，从而战争也由'国王们的游戏'转变为'总体战争'"。[张广生. 在历史与理论之间：西方冲击、儒法传统与中国发展道路. 中国政治学，2019（1）.] 这和中国春秋战国时期阶级藩篱被打破、"民"的概念越来越具有整体性、全国性有类似性。

④ 杨宽. 战国史. 上海：上海人民出版社，2016：245.

双重性的县，向通过户籍、军制、田制对小农进行统一管理的县，亦即以晋国为代表的春秋时期的县向战国秦汉时期县的转型。"① 商鞅的改革让秦国的县完成了从半分封半官僚化管理的地理单元往中央集权体制下的地方统治实体单位的转变，这在各国中最彻底，因此动员和军事性质也最强烈。此时的郡县已经成为国君直接控制的地方政权单位。

郡县的管理机构也普遍完善起来。"商鞅在秦变法时，每县设有令、丞和尉。县令是一县之长，下设丞、尉，丞主管民政，尉主管军事。秦的县尉，可以得到六个奴隶和五千六百枚货币的赏赐。魏、韩等国在县令下设有御史，也是秘书兼监察的性质。韩还设有司寇，主管刑法。秦更设有县啬夫、县司空、县司马及治狱、令史等。"②。根据叶山的研究，里耶出土的秦简记载，秦国的迁陵县下辖三个乡，至少拥有狱东曹、狱南曹、户曹、仓曹、司空曹、尉曹、车曹、金布曹、廷令曹和廷吏曹等 10 个下属行政单位③。这就好比县以下有至少 10 个科，不但统一以"曹"命名，其设置和秦国律法具有一定的对应关系。秦有仓律、司空律、金布律等，这里有仓曹、司空曹、金布曹。当然目前所获得的秦律只是秦律的一小部分，不排除这些曹和其他律法对应。总之，这显示秦国县级政权是分曹设置的，官僚化、法律化程度已经比较高。

总之，通过持续几百年的演化，郡县制最终超越了一般的管理制度范畴，变成重新组织和管理国家的基础性制度。"各诸侯国的统治机构，从国到郡，从郡到县，从县到乡，已是有系统地分布到每一个角落，层层控制着国家。"④

其三是法律的体系化、专业化、精细化、完善化。春秋时期，成文法已经公布并成为国家统治的重要手段。战国时期，法制有了新发展。李悝制定的《法经》，"是第一部系统化的国家法典"⑤。这时各主要国家的法律

---

① 渡边信一郎. 中国第一次古代帝国的形成：以龙山文化时期到汉代的聚落形态研究为视角. 魏永康，译. 中国史研究，2013（4）.

② 杨宽. 战国史. 上海：上海人民出版社，2016：249.

③ 叶山. 解读里耶秦简：秦代地方行政制度. 胡川安，译. 简帛，2013.

④ 同②.

⑤ 同②250.

普遍更加完善。睡虎地秦简显示，秦不但有分工甚细的秦律，至少有田律、仓律、工律等十八种，还有法律答问（法律的解释）、封诊式（民事和刑事案例）等。其中田律的规定极为详细，体现了精准化、精细化的特征①。可见，此时的诸侯国向国家治理法制化迈出重要步伐。

其四是暴力资源国家化、君主化、专业化、职业化。过去那种贵族、宗族、权贵占有大量武装力量的现象逐步绝迹，暴力资源国家化、君主化、专业化、职业化成为主流。诸侯国普遍实行征兵制和常备军制度，郡县成为征兵单位。小农成为国家暴力资源的主要来源和军队主力，打破了贵族从军特权。主要大国都维持大规模的军事力量。普遍实行以人头论军功、奖优罚劣的残酷军事制度使得军队的导向就是消灭敌人的有生力量，夺取战争胜利。"战国时各国都实行了军功授爵制，但由于各国的具体情况不尽相同，所以实行的程度也不一致，秦国实行的比较彻底，商鞅变法时就全面推行了军功授爵制。"②《商君书·境内》便称："五人一屯长，百人一将。其战，百将、屯长不得首，斩；得三十三首以上，盈论，百将、屯长赐爵一级"，"能攻城围邑斩首八千已上，则盈论；野战斩首二千，则盈论。吏自操及校以上大将尽赏"③。

其五是对于民众的再组织和民众与国家关系的调整。西周时期周宣王"料民于太原"，被贵族大肆攻击，最终放弃。战国时期，各国都普遍实行编户齐民制度，对统治区域内的民众进行登记，作为国家授田、征收税赋、征兵、国家治理的重要依据。户籍制度最早源于三晋地区，秦国实行得较晚，但却最为严格和彻底。"通过编户齐民，国家重新界定了与民众之间的关系，也重塑了社会基层的组织方式，为构建中国'大一统'国家形态创造了条件。"④ 编户齐民和郡县制一道，使得国家权力直达家庭、直达个人，户、个体成为国家基本单位，深化了统治，是国家直接统治、统治精细化的重要标志。

---

① 睡虎地秦墓竹简整理小组. 睡虎地秦墓竹简. 北京：文物出版社，1990.
② 《中国军事史》编写组. 中国历代军事制度. 北京：解放军出版社，2006：72.
③ 商君书. 石磊，译注. 北京：中华书局，2011：141 - 142.
④ 黄振华. 编户齐民与中国"大一统"国家形态的构建. 中央社会主义学院学报，2021 (4).

　　在秦国，商鞅的变法集各国变法经验之大成，特别是充分借鉴原来晋国地区的经验，改革最为彻底，从而秦国中央集权的国家制度最完备，国家最具有动员体制、举国体制、军事化的特征。由于商鞅变法以及秦国历代君主的努力，此时的秦国从西周时期的边缘国家、春秋时期的"二线国家"变成了"一线国家"，并逐步变成实力最强、最具有统一中国野心的国家。实力的变化，使得秦国在周秦之变中的地位和作用急剧抬升，逐步由周秦之变历史事件中的配角变成"男一号"，并逐步对主要诸侯国发动了大规模战争。根据赵鼎新的统计，在他所划定的全民战争时期（公元前419—前221年），秦国发动战争106场，之后依次是魏国（33场）、赵国（25场）、齐国（22场）、楚国（7场）、燕国（2场）与韩国（0场）①。秦国发动的战争比其他六国之和（89场）还多。这反映了秦国地位的巨大变化。

第三节　君主官僚制国家形成期
（公元前 238—前 206 年）

　　这段时期涵盖秦始皇亲政至秦朝灭亡（公元前238—前206年），长达32年的时间。这是周秦之变后期，亦是最重要的阶段，是新国家形态的形成期。如果没有形成最终的成果——中央集权大一统君主官僚制国家，那么周秦之变就是一场无止境的全民族内战、无意义的巨大内耗、变相的民族自杀。在这段时期，大规模的统一战争、大规模的制度创新、大量的技术创新不断出现。这亦是新国家形态立足未稳的阶段，对新国家形态的怀疑、不解甚至是排斥、反对是广泛存在的，复古、狭隘的心理和地方主义

---

　　① 赵鼎新. 儒法国家：中国历史新论. 徐峰，巨桐，译. 杭州：浙江大学出版社，2022：250. 他认为，如果一场战争由多国联盟共同发动，那么只应将挑起战争的国家视为该战争的发动者。

是普遍的、极为强大的。在这个特殊时期，中国第一次实现了郡县大一统，形成了中央集权的多民族国家，但暴力亦经常发生，动员体制仍旧紧绷，民众仍旧生活在战争和近乎战争的动员压力下。无论是万里长城、灵渠、秦始皇陵墓、各种国家道路的修筑，还是征服周边少数民族的大规模战争，人力密集、雄心勃勃的大规模工程和行动显示了新国家和周朝的礼法治国模式截然不同的特性。

第一，秦始皇军事统一中国。这个过程可以分为两个阶段。第一阶段，秦统一六国。公元前230—前221年，秦始皇先后灭掉韩国、赵国、魏国、楚国、燕国、齐国，实现中国核心地区统一。秦始皇统一六国的过程虽残酷，发生过多起大规模战争，导致大量人员伤亡，但因秦国制度更为先进、实力更强、地理上有优势，再加上秦始皇乃雄心勃勃的雄主，策略得当，总体还算顺利。第二阶段，秦反击或统一周边少数族群，扩大中国疆域。时间主要是从公元前221年至秦始皇去世的公元前210年。分为四个方面。包括：西北和正北方向反击匈奴，正南方向征服南越，东南方向统一东越、闽越，西南方向经营西南夷。通过四个方面的用兵和经营，包括设置郡县、强化政府机构、修路、移民等行为，秦始皇大大拓宽了中国的疆域，使中国首次成为一个中央集权的超大规模国家。

第二，秦始皇政治统一中国，建立国家基本制度。秦始皇在完成第一阶段军事统一后，很快就在秦国政权体系基础上进行制度建设，打造新国家形态。这些制度建设最核心的内容包括以下几个方面：创立皇帝制度；废除封建制，实行郡县制；构建一整套有效的官僚体系；统一文字、货币、度量衡，实行社会标准和思想统一；建立和完善秦朝法律体系；实行阶级开放，保持官职和社会上层地位对平民开放，形成广泛的社会流动；等等。

这些作为和制度，是春秋战国以来国家形态演变逻辑的自然衍生和发展，秦始皇及其统治集团在关键性的历史关头，顺应了历史的潮流，站在了进步的一面。

这段时期的总背景是改朝换代，是战争，是新旧交替，是旧制度的毁灭、新制度的创生，是民众的新生，但也是民生的艰难时期。这个过程的主要特征如下：

首先，这是秦国统治集团主导的国家构建过程，官方的军队在战争中发挥决定性作用。这和周朝的建立是截然不同的。周朝的建立依赖周邦和西部很多国家、部落的联合，商朝军队的倒戈也是周人能够成功克商的重要原因。普通民众在周朝的建立中发挥了重要作用，而秦朝的建立则是秦国自上而下武力统一中国的结果。

其次，君主官僚制国家形态作为全新的国家形态，在建立后存在内部协调不够、施政用力过度的问题。秦朝作为一种新制度、新社会、新时代，还没有得到民众完全的接纳，其差错更容易引起民众不满。过多地使用民力，过度相信法律的力量，过多的国家"超级工程"，使得秦朝短期内损耗了大量的元气，导致民不堪命，最终引发广泛的怨恨和反叛，最终在秦二世和赵高荒腔走板的施政下灭亡。

最后，秦朝的出现不是阶级斗争的产物，而是精英集团内部斗争的结果，是边缘性权力取代中央权力、边缘国家成为正统王朝国家、地方成为中央的过程。一般的革命话语认为，革命是阶级斗争、阶级矛盾的集中体现。但周秦之变主要不是阶级斗争的产物，而是不同的精英集团相互取代的产物，不存在平民阶级或者士人阶级的自发的具有阶级意识的集体性行动，一切都是在齐、楚、燕、韩、赵、魏、秦这七大君主-官僚联盟地区强权构成的既定大结构下推进的。

由于君主官僚制国家形态的具体内涵将在下一章详细介绍，包括秦朝时期君主官僚制国家形态的内涵，以及汉朝的调整和改造情况，本节不再展开论述。

秦始皇去世后，秦二世和赵高倒行逆施，导致秦朝统治集团内部四分五裂，统治力大为削弱，国内矛盾进一步加重，积累已久的官民矛盾、地方主义和中央的矛盾如火山一般喷发。公元前206年，也就是秦始皇去世后4年，秦朝在农民起义军的进攻下灭亡。代之而起的是汉朝，中国国家史进入新的阶段。

第四节　君主官僚制国家定型期
（公元前 206—前 87 年）

　　每一种文明都有自身的演进特性、演进机制和演进规律。大变革就是文明演进的特殊方式，亦是国家演进的特殊方式。每一次大变革都有核心问题和主要问题，解决这些问题的自发和不自发的追求和合力形成大的历史逻辑。对于中华文明而言，文明演进的逻辑最集中地体现在国家演进逻辑中，国家演进逻辑受到文明演进逻辑的塑造，但它反过来强有力地作用于文明演进逻辑。大变革核心问题和主要问题在实践层面上的完成，意味着历史逻辑的完成。但核心问题和主要问题如果只得到基本解决，而没有得到彻底解决，历史逻辑也就没有终止，它在实践逻辑上也会继续推进。

　　秦始皇统一中国，重建中央权威，构建了秦朝国家形态，也就是君主官僚制国家形态的初级形态，基本但没有完全解决周秦之变的核心问题和主要问题。由于秦始皇猝死，秦二世和赵高乃无政治才华的庸人小人，秦朝二世而亡，导致秦朝没有完全解决大变革所要解决的核心问题和主要问题。秦朝所创生的君主官僚制国家形态未来得及调整完善，仍旧延续战争逻辑和动员体制逻辑，儒法道关系严重失衡，法家思想被极端化运用，儒家思想遭到沉重打击，民本思想被扬弃，是马上打天下模式而不是下马治天下模式，在政策和治理层面不适用于国家长治久安。换言之，这次国家形态演进尚未真正完成。这一点学者们有深刻论述。刘巍指出："'秦政''秦制'在'三代'之后新阶段统一的达到高度文明的国家形塑历程中，其制度创新是值得大书特书的。但是其政太暴，其命太短，相对于早期中国以德礼之治为核心的'中国式法治'传统来说，其偏离轨道也太严重太极端了。这就需要后继者一则顺承其制弘扬广大，一则改弦更张补偏救弊，则其制之良法美意乃能历时历朝而显，另一方面重新回溯、评估、融汇先秦之'王道'法统，是另一番的创造性转化。"① 拉铁摩尔指出："秦朝的攻击力量在这些年的攻伐中已经十分壮大，但还缺乏必要的习惯及经验，以使这个攻击力量转变成一种固定的开发及统治制度。"②

因此，秦朝是君主官僚制国家的形成期，但不是最终形态，亦非这种国家形态的成熟形态。它是君主官僚制国家的原型和初级形态。秦朝国家形态无法稳定下来，必然继续演进，直到它和中国人的需求，中国人的思想结构、观念结构乃至于中国的民族结构、社会结构完全匹配起来。

汉朝是秦朝小吏刘邦借助农民起义的东风推翻秦朝而建立的。为树立自身的合法性，妖魔化秦始皇和秦朝成为汉朝持续不断的国家性行动。一种新国家形态的生成，不是一朝一夕便能达成之事，也非一人之力便能达成的。底层出身的汉朝开国者和统治精英在当时条件下无力新创国家形态。为了国家长治久安，汉朝既总体上接受秦朝国家形态，这就是所谓的"汉承秦制"；同时又对秦朝国家形态进行调整和完善，形成汉化版的君主官僚制国家形态，史称"秦汉之变"。"秦汉之变"并非国家形态的根本性变革、质变，而是同一种国家形态范畴内部的修正和完善。将"汉承秦制"和"秦汉之变"割裂，片面强调一方面，都违背了历史事实。它们是一体两面，只有将其统一起来才能完整地阐释汉朝和秦朝的关系，才构成国家形态演变的完整逻辑。范文澜指出："汉朝继承秦制，一般儒生却开口就斥秦朝的不是，后世政论家，又跟着汉儒说话，其实中国封建制度的发展，到嬴政才转上新的阶段，而这些人又正是这种制度的拥护者。"③ 张分田指出："'汉承秦制'具有系统性，大到基本政治制度，小到许多具体规定，上至思想理论，下至社会风俗，几乎涉及一切主要的硬件、软件，遍及政治、经济、军事、社会、文化、道德以及各种礼仪、文字、度量衡等等。这表明，由秦至汉整个政治制度及相关的社会文化体系是一种承继关系，在一切主要方面都没有发生断裂。"④ 任剑涛指出："'秦汉之变'，

---

① 刘巍. 以礼统法：晚周秦汉儒法竞合之归宿与中国政治文明精神之定格. 齐鲁学刊，2021（5）.

② 拉铁摩尔. 中国的亚洲内陆边疆. 唐晓峰，译. 南京：江苏人民出版社，2005：283.

③ 范文澜. 中国通史简编：上. 石家庄：河北教育出版社，2000：111.

④ 张分田. 秦始皇传. 北京：人民出版社，2003：654.

变在何处？是否具有结构性改善秦制的意义？这是关系到秦汉变局是否真是一场关乎中国走向的大变局的两个关键问题。从前者来讲，需要从两个方面来定位：一方面，秦制的基本架构为汉所承袭，是一个合乎基本事实的说法。但另一方面，汉制对秦制是做出了重大改变的。"① 这些论述说得很到位。

完成继承和变革两个动作的汉朝，至汉武帝时期，从实践层面完成了先秦以来国家形态演生发展的历史逻辑，真正实现君主官僚制国家形态的定型。"汉代把一个长达两千年基本上保持原状的帝国理想和概念传给了中国。在汉之前，帝国政府是实验性的，并且名声不佳；在汉以后，它已被接受为组织人的正统的规范形式。"② 从汉朝建立到汉武帝去世，中国人完成了对君主官僚制国家形态的改造和定型。从此，一种全新的世界主流国家形态开始定型并成熟，它施行于世界 2 000 多年，对世界文明特别是世界政治文明产生巨大而深远的影响。

因此，从一般意义上说"百代皆行秦政法"是成立的，这主要是从国家基本制度和整体框架来说的。但如果要说汉承秦制、以为万世法，可能是更为全面的。汉朝既继承秦制又改造秦制，对新国家形态为后世继承发挥了重要作用。

此处对本章内容略做总结。周秦之变是一个跨越 950 多年的漫长历史过程，是逐渐发生的历史演变，其中充满无穷无尽的暴力、战争、阴谋、杀戮、痛苦、徘徊和创新。在持续的战乱中，一种更具战斗力、更为强大、中央集权程度更高、经济形态更发达、统治程度更深的国家形态诞生了。

周秦之变的本质是国家形态变革，是天子诸侯制国家形态衰亡并逐步被君主官僚制国家形态取代的过程，俗称为秦制取代周制的过程。走出周制是中国历史上的重大问题，走入秦制同样是中国历史上的重大问题。这两个重大事件在周秦之变中发生、完成，造成了这次变革的深刻性、特殊

---

① 任剑涛.常与变：以五大变局重建中国历史宏大叙事.中国文化，2021 (2).
② 崔瑞德，鲁惟一.剑桥中国秦汉史（公元前 221 年至公元 220 年）.杨品泉，等译.北京：中国社会科学出版社，1992：98.第 2 章"前汉"由鲁惟一撰写。

性和历史性。把握这次历史性变迁的线索很多，但最为核心的还是国家形态变革，包括国家形态六大构成要素的演变，但其最为核心的指标是制度变迁。周制和秦制的复杂博弈、互动、冲突和一定程度的融合是周秦之变的一个根本性线索。

从大约公元前30世纪进入古国时代算起，中国的早期国家时代至少一直延续到公元前707年。此后，中国进入半分封-半郡县国家期（公元前707—前403年）、不完全君主官僚制国家期（公元前403—前238年），算是一种早期国家和成熟国家元素混杂的时代，或可称为半早期国家半成熟国家时代。直到秦始皇在公元前221年统一六国，成立中央集权大一统国家，中国才算是彻底走出了早期国家时代，进入了成熟国家时代。中国的早期国家维持了约2 300年。公元前707—前221年是周朝国家形态衰败期与新国家形态奠基和形成期，单看时间就知道中国从早期国家蜕变为成熟国家的转型期就达到了近500年。即使是在君主官僚制国家形态形成后，也是经历了近120年（公元前206—前87年）的调试和修正才稳定下来。这其中又发生了秦末农民造反、汉朝翦除异姓王和平定七王之乱等战争。可见，一个新国家形态的生成和定型是多么复杂的事情，需要经历多少流血冲突、斗争和创造。

从早期国家转型为成熟国家是极为艰难的，只有具备极高智慧的民族才能够做到这一点。在人类历史上，更多的是前国家社会、部落、夭折的早期国家。人类历史早期的国家或者政治体可能超过数十万个，能够存至今天的，也就200多个。即使仅从这一点出发，我们也应该对君主官僚制国家这种中国奉行2 000多年、成为古代中华政治文明核心内容、深刻影响东亚和世界的国家形态保持必要的敬意。君主官僚制国家的形成和延续，道理是极为复杂的，不是专制、暴政、"东方专制主义"、黑暗统治等一些意识形态化的概念所能涵盖的。

第五章
君主官僚制国家：秦朝形成
和西汉定型

秦朝起于公元前 221 年，止于公元前 206 年，二世而亡，共 16 年。秦
人先世乃远古嬴姓部族，和夏人姒姓、周人姬姓起源几乎同样古老。按照
中国传统观点，关于秦的确切纪年始于公元前 841 年（秦仲四年）。公元前
770 年（秦襄公八年），秦襄公被封为诸侯，秦获得了正式的诸侯资格①。
汉朝分为西汉、东汉，起于公元前 206 年，止于公元 220 年，享国 426 年。
西汉乃秦朝小吏刘邦所建。本书将春秋战国奠基、秦朝诞生且完成主体结
构、西汉改造并定型的国家形态命名为中央集权大一统君主官僚制国家，
简称君主官僚制国家。本章将从立国基本理论、国家基本制度、国家统治
方式、国家和社会关系、社会和阶级结构、国家经济形态六个维度对君主
官僚制国家形态进行阐释，以揭开其基本模式、基本内容。

本章将采用如下阐释方式：首先，以秦朝为主体对君主官僚制国家形
态进行全面阐释。随后，在第六节专门介绍汉朝对于秦朝国家形态的调整
和定型。之所以如此安排，有两点原因。第一，通过这种方式，将全面展
示君主官僚制国家刚刚诞生时的原生状态。而且君主官僚制国家的主体结
构和基本制度都完成于秦朝，以秦朝为主体不会妨碍对于君主官僚制国家
形态的阐释。第二，如果将国家形态每个构成要素都混杂着秦汉历史进行
描述，可能会混杂不清，毕竟两个朝代的具体情况有所不同。

在中国历史上，类似于秦朝一般的"短命"朝代和政权很多，但如秦
朝产生这么巨大的影响的却几乎没有。形成于秦朝、定型于西汉的君主官
僚制国家形态深刻影响中国和东亚 2 000 多年，并对世界政治文明产生重
大而深远的影响，成为人类历史上最重要的国家形态之一。不过，"现代
学者的一个大难题是，如何评价秦朝的功绩成就而不被汉代过度负面的史

---

① 王云度. 秦汉史编年：上册. 南京：凤凰出版社，2011：65 - 70.

料所遮蔽"①。"透过层层累积的关于秦始皇的陈词滥调，他所做事情及其所维持的政府的意义逐渐显现。但是，几乎没有直接来自秦始皇本人的言语和思想；甚至没有一份出自身份可知的始皇帝身边的同情者的记录。"② 史料的缺乏、"东方专制主义"思潮的影响、长期的刻板的负面形象，使得要在秦朝、君主官僚制国家形态相关问题上说出新话，很容易产生被人质疑的风险，甚至被批判为政治不正确。笔者在此指出，本人不支持任何专制暴政行为。

第一节　立国基本理论

秦朝孕育于周朝，其诞生既是中国历史的延续、继承，也是中国历史的断裂、重生，是国家形态变革。从立国基本理论来说，它既继承了周朝天命论，但又有所不同。它还整体性地接纳了法家思想，核心是以君主集权、法治和官僚制为根本治国方式的思想。法家的法治思想和现代的法治思想有区别，为和现代的法治相区隔，不妨称其为律法之治。秦朝立国基本理论可命名为天命律法论。过去对秦朝国家形态的很多研究受到"东方专制主义"的束缚，对秦朝立国基本理论的阐释亦然。今天应该更为客观全面地认知秦朝。

一、皇帝受天命建国治民

天人关系或者神人关系深度影响国家起源和国家形态演变。在秦朝，统治者依旧认为国家的合法性来源于天，天授命于秦朝为最高统治者，秦

---

① 韩森. 开放的帝国：1600 年前的中国历史. 梁侃，邹劲风，译. 北京：社会科学文献出版社，2016：96.

② 贝德士. 中华帝国的建立. 池桢，译. 上海：上海教育出版社，2019：69.

朝统治者奉天命而建国治民。这一点和周朝天命论有继承关系，但具体内容又有所不同。

第一，秦朝依旧信奉天命论，但有所发展，是一天多神信仰系统。一方面，夏商周都有天命观的信仰，天命观至周朝已成熟。另一方面，春秋战国是多神论时代，各诸侯国都有自己的神，祭拜山川神灵是普遍风气。虽然亦有先哲表示了对神鬼信仰的反对，但不改变总体格局，中国信仰体系进入了一天多神深度发展的时代，出土的秦简《日书》等表示当时的中国人对神秘力量很是迷信。历史学者杨华指出："先秦以来的祭祀，以天神、地祇、人鬼为三大主干系统。而这三者，都具有极强的区域特点，各地神祇之间互相排斥。"① 神灵地域化反映了国家的思想分裂、社会分裂，天的地位虽然下降了，但仍是最高的。秦国作为地方性政权，在秦始皇统一中国前祭祀白帝、青帝、黄帝和炎帝，视这些神为其保护神，甚至认为自己受了天命。上海博物馆编的《商周青铜器铭文选》刊有春秋时期秦武公时期的《秦公镈》，其铭文称："秦公曰：我先且受天令，商（赏）宅受或（国）。"文末又提及秦公"应受大命，眉寿无疆，匍（敷）有四方"②。其中的"我先且受天令"就是先祖受天命。该书的《秦公钟三》铭文称："秦公曰：不（丕）显朕皇且受天命。"③ 文中的"且"就是"祖"的通假字，强调祖先受天命。这里的受天命主要是受了天命统治秦国的疆域，作为地域性政权的合法性基础。

秦始皇作为有神论者，接受了秦国原来的信仰系统，认为自己承受了更高的天命，受到天的保护。秦朝官方的信仰系统是一天多神的综合体系。孟祥才认为："秦统一前，襄公祠白帝，宣公祭青帝，灵公祭黄帝与炎帝。与殷、周时的至上神一元化不同，秦人的至上神带有原始、多元的拜物教的遗迹。秦统一后，这种多元的对至上神的祭祀保留下来了。"④ 张分田认为："秦始皇显然是一个有神论者。他非常迷信，不仅沿守秦的多

---

① 杨华. 秦汉帝国的神权统一：出土简帛与《封禅书》《郊祀志》的对比考察. 历史研究，2011（5）.

② 上海博物馆. 商周青铜器铭文选：第4册. 北京：文物出版社，1988：607.

③ 同②608-609.

④ 孟祥才. 中国政治制度通史（第三卷）·秦汉. 北京：人民出版社，1996：55-56.

神信仰，还把中华大地所产生的诸多神灵都接受下来，一一加以崇拜。在他的心目中有一个多神的世界。"① 这些论述大致成立。《司马迁·秦始皇本纪》中 108 次提到"天"。秦朝留下的不多的碑文中多次出现"天""天下"，包括"天下咸抚""初并天下""亲巡天下""天下承风""既平天下""普天之下""维秦王兼有天下""天下和平"等②。秦始皇所用的传国玉玺上所刻的字就是："受命于天，既寿永昌。"这是李斯所书③。这都是秦朝信奉天命论的有力证据。学者邢义田认为："秦并天下后，丞相王绾建议'昭明宗庙'，始皇于是在渭南作极庙为祖庙。极庙乃象天极，天极在天之中，谓之中宫，为天宫所居。他的这一套做法和想法有非常古老的渊源，殷商即是以祖庙所在为天下的中心。秦并六国，置祖庙于天下之中，似乎有意以此证明他们得以王天下的根据和凭借。"④

　　秦朝的天命论不但体现在思想上、文字上，而且体现在行动上。"国之大事，在祀与戎。"秦朝祭祀白帝、青帝、黄帝和炎帝，这是国家祭祀，秦始皇亲自参加。公元前 210 年冬，秦始皇出游时生病，"使蒙毅还祷山川"⑤。这再次显示秦始皇是相信神灵的，且总体上他更相信秦国故地的神灵。秦始皇不远千里去泰山封禅，就是其相信天命的体现。秦始皇前往泰山封禅，是出于对天命的相信和宣示。杨华指出，"秦朝设立了县一级的官祀"⑥。专家学者对陕西省凤翔县雍山血池秦汉祭祀遗址进行了持续性的考古调查，认为"该遗址系首次在雍城发现与古文献记载吻合、时代最早、规模最大、性质最明确、持续时间最长，且功能结构趋于完整的大型国家'郊祀'遗存"⑦。该发现和研究揭示了秦汉国家祭祀的真实存在，神

①　张分田. 秦始皇传. 北京：人民出版社，2003：242.
②　根据司马迁《史记·秦始皇本纪》统计. 参见：司马迁. 史记：点校本二十四史修订本第 1 册. 裴骃，集解. 司马贞，索引. 张守节，正义. 北京：中华书局，2014：289－377.
③　孟祥才. 中国政治制度通史（第三卷）·秦汉. 北京：人民出版社，1996：112.
④　邢义田. 天下一家：皇帝、官僚与社会. 北京：中华书局，2011：4.
⑤　司马迁. 史记：点校本二十四史修订本第 8 册. 裴骃，集解. 司马贞，索引. 张守节，正义. 北京：中华书局，2014：2115.
⑥　杨华. 秦汉帝国的神权统一：出土简帛与《封禅书》《郊祀志》的对比考察. 历史研究，2011（5）.
⑦　田亚岐，陈爱东，游富祥，等. 陕西凤翔雍山血池秦汉祭祀遗址考古调查与发掘简报. 考古与文物，2020（6）.

人关系在国家治理中仍旧发挥重要作用。这些是秦朝相信天命论的证据。虽然秦朝统一了中国，却保留了多元的至上神，反映了秦朝意识形态领域的集权尚未完成。

第二，秦朝天命论逻辑中，秦天子的地位比周天子的地位更高，秦始皇称皇帝，但这不能改变天命观的本质：承受天命者必须对人民负责。天乃天地万物之主宰，而皇帝是天的儿子，是天下（人世）的代理者，是承受天命的人，因此成为天下最高的权威。秦朝天命观比周朝天命观更进一步的地方在于更加强调天子在人间的权威性，但总体而言，秦朝天命观与周朝天命观并无本质的不同，只是秦始皇认为自己的功劳亘古未有，所以变更名号。事实上，皇帝和周王在未丧失天命前都是天子，并无不同。不过，由于制度条件不同，更具体地说，秦朝有了郡县制、官僚制、户籍管理等更有力的统治手段，天子的权威才发生变化。

但是，天命观并不认为天下就是一个人的，而是认为上天将统治天下的天命授予天子，天子代替天统治国家，天下并不是承受天命者的私产、家产，承受天命者必须治理好人间、维持人间秩序，否则天命就可能转移，上天可以收回天命。正如马丁·雅克在讨论天命思想时指出的："依据西方的'君权神授'学说，统治者的权力实则来源于出身。而中国统治者的天命则建立在道德的基础之上，这使得普通的中国人能够与统治者保持一定的距离，对统治者的道德及合理性进行考量。连年的收成不佳、日益严重的贫困现象、一系列自然灾害（例如洪水、地震）发生之后，人们都可能会质疑皇帝的统治权：这种日益增长的合法性危机，可能导致声势浩大的民众暴动。"① 失德则失天命、失天下。西方一些思想家喜欢将中国的历代王朝视为"家产制国家"。这是不能成立的。倘若如其所言，何来天命可以收回？天子只是替天统治，而并非最终的主人，甚至他只是一个工具，干得好就可以接着干，干得不好，天命就会被收回。当然，信奉天命观的周朝乃至于中国后世王朝，不同于一般意义上的神权政治、宗教国家。天命观是立国基本理论的最重要组成部分，但不意味着中国就是神权

① 雅克. 大国雄心：一个永不褪色的大国梦. 孙豫宁，张莉，刘曲，译. 北京：中信出版社，2016：60.

统治国家。

秦朝接受天命论，承认统治合法性来源于上天，但在施政时不过多强调和宣扬这一点，而是一定程度上用秦法的合理性、永恒性、巨大功效和秦朝武力的强大来调和天命的极端重要性。现有文献显示，秦朝并没有公开否认天命论中政府需要对人民负责的思想，在实践中，它宣称自己是体恤民众的。也就是说，它无法抗拒天命论中的政府必须对人民负责的思想，但它不像周朝，由最高统治者公开承认这一点。由于秦朝太短暂且战争较多，秦朝统治者并没有在合法性上进行系统性、全面性的构建，而只是沿用了天命论和法家等流派的既有思想。

二、君民是复杂的共生关系

天人关系一定程度上解决了国家合法性来源问题，但立国基本理论还有一个核心的问题，就是君民关系，指向的是国家权力为谁的问题。君民关系是君主官僚制国家乃至一切国家的基本关系，形塑一国的基本政治权力结构和运行机制，深刻揭示国家的本质。在古代，秦朝的历史大多是由憎恨秦朝的人写的，因此秦朝历史一直显得非常黑暗。"由于加进了窜改的文字，《史记》对秦帝国，特别是对秦始皇的描述可能是过于阴暗了。"①史料稀缺和历史叙述的真假难辨增加了研究难度，但仍旧可尝试从三个方面对其君民关系进行探索。

第一，从秦朝留下、司马迁记载的石刻碑文看。虽然这是政治宣传性文献，但亦流露出当时的一些真实信息。非常重要的是，所有石刻碑文都没有流露出把民众贬低为工具的意思，相反一再表示自己的功绩和行为给民众带来了安宁、和平和幸福，或者出发点是为了民众。这是很重要的信息。如果秦朝的官方意识形态压根就把民众当作牛马一样的工具，那么在

---

① 崔瑞德，鲁惟一. 剑桥中国秦汉史（公元前 221 年至公元 220 年）. 杨品泉，等译. 北京：中国社会科学出版社，1992：81.

这些石碑中也完全可以流露出来，但是没有。这些碑文提到黔首时，都没有贬低的意思。《之罘石刻》碑文称："六国回辟，贪戾无厌，虐杀不已。皇帝哀众，遂发讨师，奋扬武德。义诛信行，威燀旁达，莫不宾服。烹灭彊暴，振救黔首，周定四极。""黔首改化，远迩同度，临古绝尤。常职既定，后嗣循业，长承圣治。"① 它强调统一六国的目的是"皇帝哀众""振救黔首"。不管真实目的如何，统一中国之后，战争大大减少，民众是受益的。春秋战国时期每年死于因分裂带来的动荡和灾难的人难有精确统计，但数字是巨大的。统一客观上减少了战乱。《琅邪石刻》称："皇帝之功，勤劳本事。上农除末，黔首是富。普天之下，抟心揖志。"② 《碣石石刻》称："地势既定，黎庶无繇，天下咸抚。男乐其畴，女修其业，事各有序。惠被诸产，久并来田，莫不安所。"③ 《会稽石刻》称："大治濯俗，天下承风，蒙被休经。皆遵度轨，和安敦勉，莫不顺令。黔首修絜，人乐同则，嘉保太平。后敬奉法，常治无极，舆舟不倾。"④ 这些碑文都没有贬低"黔首"，而是强调皇帝对于民众的功劳。

这些碑文记载出自秦始皇的批评者司马迁之手，司马迁没有美化秦始皇、美化秦朝的任何动机。这些碑文记载可以和流传的碑文实物或其他资料相印证⑤。它们至少透露六个方面的信息：

其一，在这些碑文中，民众（"黔首"）是非常重要的概念和话题，反复出现，占据较大篇幅。这说明民众在秦始皇及其执政团队心中具有一定的地位。如果毫无地位，根本没有必要反复提。其二，在这些碑文中，秦始皇多次强调其统一中国和其执政行为的重要出发点是为减轻民众痛苦，而且他自认为实现了这个目的。其三，秦始皇并没有在碑文中有任何贬损民众的意思。碑文中多次提及民众的生活状态，提到的安宁、乐、业、和

---

① 司马迁. 史记：点校本二十四史修订本第 1 册. 裴骃，集解. 司马贞，索引. 张守节，正义. 北京：中华书局，2014：319 - 320.

② 同①314.

③ 同①322.

④ 同①323.

⑤ 柯马丁的《秦始皇石刻：早期中国的文本与仪式》是一本研究秦始皇石刻的重要专著。参见：柯马丁. 秦始皇石刻：早期中国的文本与仪式. 刘倩，译. 上海：上海古籍出版社，2018.

平、富、诸产、田、安所等用语，核心的意思是安居乐业，关注的是民众的生活环境和物质生活。其四，这里提到的"黔首"都是集体概念，不是具体概念。这一定程度上反映"黔首"作为一个整体，是秦始皇施政的重要考虑对象。其五，这里的"黔首"并没有刻意突出地域差异，没有明显的秦国旧人、非秦国旧人的概念，反倒是强调一致性、统一性。其六，《泰山石刻》是封禅石刻，有向上天交代施政成就，祈求上天保佑之意。《泰山石刻》碑文共183字，不但没有祈求上天保护秦朝之意，反倒是主要交代了自己的施政成就，包括统一天下、作制明法、勤政、百姓生活有序等内容。这其实暗含秦始皇认为只要把人世间的事办好，就是对上天最好的交代，就能得到天命所托，含有有功绩者得天命的意思。反过来，如果这篇碑文以及其他碑文把天命放在极高的位置，成篇都是讲天命、求天保佑，说明这种国家神权色彩很重。天命和人事在秦朝碑文中有良好平衡。因此，至少从这些碑文看，秦朝没有如秦朝历史书写者写的那样，视民众为工具、为牛马。

第二，从民众实际地位看。民众得到了什么、地位是什么样的，是衡量君民关系进而是国家和人民关系的最实际指标。在周朝，人的阶级地位是固化的，官职、社会财富、土地被贵族世袭地占有，平民、庶人根本就没有机会，他们始终处于社会底层，不能向上流动。贵族世袭特权、普遍化的阶级固化是国家形态不够完善的标志，亦是现代国家构建所必须克服的障碍。

秦朝统治者的务实本性使得其很少关注道德、人情因素，绝大部分精力都集中在法律、利益、权力和武力上。贵族高人一等、"礼不下庶人，刑不上大夫"等不利于民众的观念和制度都已成为过去式。君主之下都是平等的民众、律法统治下的民众。秦朝是皇帝、官僚加四民社会的模式，是一种阶级开放、高社会流动的社会，打破了社会固化，民众可以凭借功绩获得资源和地位，向上流动。这是社会和阶级结构进步的重要标志，是巨大的社会进化成就。从这一点看，秦朝的"黔首"比周朝的庶民、平民地位高很多。

第三，从为秦始皇非常赏识的思想家看。因为关于秦始皇的思想的直接记载极少，不得已只好从其非常赏识的思想家来理解秦始皇。这是一种退而求其次的办法。韩非是秦朝国家理论的重要贡献者，其思想为秦始皇非常赏识。《史记·老子韩非子列传》称："秦王见孤愤、五蠹之书，曰：'嗟乎，寡人得见此人与之游，死不恨矣！'"秦始皇并因此"急攻韩"，从韩国要到了韩非①。韩非并非将君主统治民众视为绝对真理，未把民众视为君主之工具，也不认为民众必须绝对服从君主尤其是不遵守法治的君主，而是认为民众"使"君主王天下、君主干不好就可能亡国。他认为："上古之世，人民少而禽兽众，人民不胜禽兽虫蛇。有圣人作，构木为巢以避群害，而民悦之，使王天下，号之曰有巢氏。民食果蓏蚌蛤，腥臊恶臭而伤害腹胃，民多疾病。有圣人作，钻燧取火以化腥臊，而民说之，使王天下，号之曰燧人氏。"② 这里的字面意思是民众使圣人称王于天下，肯定民众是国家权威的来源，这个观点是比较惊人的。韩非说："圣人之治民，度于本，不从其欲，期于利民而已。"③ 他还说：君主"好宫室台榭陂池，事车服器玩，好罢露百姓，煎靡货财者，可亡也。……好以智矫法，时以行杂公，法禁变易，号令数下者，可亡也。……简侮大臣，无礼父兄，劳苦百姓，杀戮不辜者，可亡也"④。提到不可以劳苦百姓。政治学者何包钢归纳得好："在韩非的权力理论和人性恶的关系中，有这样一个构想：以人性恶为起点，而以制度化的权势结构，或者说一种迫使庶民守法、下臣尽职的权力机制为终点；以君主的中材为出发点，而以制度化、'法'律化的政治秩序为终点。简言之，从较坏或最坏的可能性出发，谋取较佳或最佳的政治秩序，这就是韩非基于人性恶的政治设计。"⑤ 正是如此，张广生才称："法家和儒家同出于西周王官学传统，敬天保民的统治责任论是儒法两家谈论治国理政的共同前提。"⑥

---

① 司马迁. 史记：点校本二十四史修订本第 7 册. 裴骃，集解. 司马贞，索引. 张守节，正义. 北京：中华书局，2014：2621.

② 韩非子. 高华平，王齐洲，张三夕，译注. 北京：中华书局，2015：698.

③ 同②757.

④ 同②147-148.

⑤ 何包钢. 中国权力观念的四种类型：兼评俞可平先生的《权力和权威》. 北大政治学评论（第 8 辑）.

⑥ 张广生. "文明—国家"的自觉：中国道路与中国政治话语建构. 浙江社会科学，2017（2）. 尽管部分法家提出弱民说，但是对于法家还是宜从整体上进行认知。

概言之，目前无论从秦朝留下的一手文献，还是秦始皇最推崇的思想家那里，都找不到秦朝藐视民众的证据。相反地，秦朝民众的地位比周朝民众有了非常大的提升。因此笔者审慎地认为，在较为理想的状态下，君主官僚制国家的君民关系是：君民是复杂的共生关系，君主替天统治民众，奉行严肃严厉的律法之治，以此为治国之基本手段，民众的地位是比较高的，有军功者、有能力者甚至可以封侯拜相，和君主分享国家管理权力，君主不可以违反律法迫害或杀害民众。当然，这种君民关系是以君主为中心的，君主权力过大，使得君民关系向君一端倾斜。秦二世时，秦朝政治处于非常状态，民众和大臣的权利得不到保障。但秦二世不能代表秦朝，更不能代表君主官僚制国家的正常水平。

三、功绩主义

在君主官僚制国家，最高国家权力是通过世袭来处理的。这是君主制的重要特征。秦始皇应该是希望长子扶苏继承皇位的，但他猝死之后，皇位被胡亥夺得。因此，秦朝并没有形成成熟的皇位继承制度。总体而言，最高权力的继承，秦朝和周朝并无本质区别。除此之外，能力和功绩是组织国家的首要法则，这和周朝的血缘至上法则存在根本性区别。

《商君书·农战》称："善为国者，其教民者，皆作壹而得官爵。是故不作壹，不官无爵。"这里的"作壹"就是"农战"①。《商君书·君臣》称："明王之治天下也，缘法而治，按功而赏。凡民之所疾战不避死者，以求爵禄也。明君之治国也，士有斩首、捕虏之功，必其爵足荣也，禄足食也。"② 这里已有论功行赏的思想。《韩非子·亡征》称："公家虚而大臣实，正户贫而寄寓富，耕战之士困，末作之民利者，可亡也。"③ 这里都有

---

① 商君书 . 石磊，译注 . 北京：中华书局，2011：25.
② 同①162.
③ 韩非子 . 高华平，王齐洲，张三夕，译注 . 北京：中华书局，2015：149.

有功者有地位的思想。秦律奖励优秀者、惩罚不上进者的规定很多。除了最高权力，秦朝整个国家就是以能力和功绩为原则构建的。一个人的能力和他做出的贡献成为他获取社会地位和资源的基础。具体说来就是军功爵制或者说耕战体制。出身论、血缘主义已经被摧毁了，功绩主义、能力主义成为根本原则。

概言之，天命律法论作为立国基本理论，高扬君权，将君主视为天命的承接者，虽然它没有像周朝"天命保民论"那样明确提出天命可由民意来反映的论点，但它也没有将民众看成动物一样的存在。事实上，秦朝有国家份地授田制、耕战制等来保障民众生活和上升通道。因此，君主官僚制国家的君臣关系、君民关系是一种复杂的相互倚重、相互依靠的共生关系。为秦朝统治者信奉的法家的务实本性使得这种国家形态很少关注道德、人情因素，绝大部分精力都集中在法律、利益、权力和武力上。秦朝统治者虽然极少标榜仁义，但打破了世卿世禄制度和传统。这是一种新的道义和秩序。从人类历史发展的角度看，这是一种更进步的道义和秩序。

第二节　国家基本制度

本节将从基本政治制度、国家和意识形态关系、基本军事制度、基本经济制度四大方面来描述君主官僚制国家的国家基本制度。这是君主官僚制国家的主体性内容。国家和意识形态的关系反映国家权力和意识形态权力的关系。基本军事制度从一个侧面反映国家组织化程度和军事权力组织、运行情况。基本经济制度反映国家经济领域的基本制度。基本政治制度是核心，是最重要的权力结构，对其他制度产生制约、规范、塑造作用。国家和意识形态关系、基本军事制度、基本经济制度从不同维度联动，影响基本政治制度，从而构成一个完整的有机的国家制度体系。

一、基本政治制度

基本政治制度乃国家基本制度的核心，亦是国家形态的极重要内容。秦朝国家形态的独特性很大程度就在于其基本政治制度。秦朝基本政治制度主要包括皇帝制度、官僚制、郡县制、大一统制度、军功爵制（耕战体制）、国家份地授田制度、针对少数民族地区的因俗而治等（见图5-1）。这是一个以皇帝为统治中心的、中央集权的、理性化世俗化半军事化的政治制度体系，具有较强的制度韧性和适应力，在世界政治制度史上具有独特性、卓越性，是古代东方特别是古代东亚政治制度的最高峰。限于篇幅，这里主要介绍皇帝制度、官僚制、郡县制、大一统制度等四个最重要制度，它们的地位最为重要，深刻影响其他制度，而且在一定程度上可以统摄、包容其他制度。

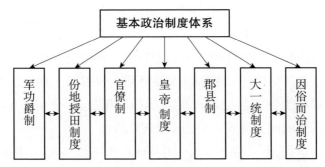

图5-1　君主官僚制国家基本政治制度体系（以秦朝为蓝本）

（一）皇帝制度

秦始皇统一中国后，结合群臣的智慧，汲取传统政治文化资源，包括所谓的三皇五帝传说，创立皇帝制度。这是中国天子制的进一步坐实和发展，夏商周时期的虚弱的"王"已经不见了，取代的是掌握更多国家权力的皇帝。皇帝制度有广义和狭义两种含义。广义的皇帝制度指的是以皇帝为中枢和根本的整个政治制度体系和国家治理体系，包括最高元首制、中央官制、地方官制、中央与地方关系、国家运行机制，乃至于整个社会和阶级结构、国家和社会关系。狭义的皇帝制度指的是与皇帝作为国家的核心有密切关系的皇帝集权、皇权运作、皇位继承、皇帝起居、皇族特权、皇家礼仪等各方面的制度体系。此处采用狭义。皇帝制度是中国历史和人类历史从未有过的新型政治制度。

西周时期，开国之君周武王和统治集团核心成员周公等人已具备"天子应在天下之中"的思想观念，并在其认为的"天下之中"雒邑（今河南洛阳）建设成周，作为京师，在地理上进一步居于"天下之中"，以契合其政治宇宙观中的一个上天、一个天子、一个天下、天子奉天命统治天下的根本逻辑。这样，周王室把天命观落实在政治地理上，宇宙-政治结构和地理结构同构起来。

春秋战国以来，中央集权制度有了很大发展。韩非子从哲学高度阐释中央集权、君主掌握国家统治大权的思想。他提出："事在四方，要在中央。圣人执要，四方来效。"[1] 韩非子的思想到了秦始皇那里最终得到实践。在三代王制、春秋战国君主集权制度等的基础上，中国发展出了皇帝制度。皇帝制度是中国独有的，是君主制的一种特定类型、中国类型、东方类型。皇帝制度的确立是秦朝国家形态确立的关键一步，是对西周的间接统治、东周的无法统治的制度模式的彻底超越。《史记·秦始皇本纪》记载了皇帝制度的确立过程，此处不赘述[2]。

"皇帝"称号的形成综合了传说中使用的"皇""帝"，相较于古代的"王"，更为尊贵、权威和具有唯一性。皇权较之于王权，更为高耸，更具有集中性和统一性。皇帝成为人间的最高主权者，超越族群和部落，是所有人的统治者。所有的官僚都是皇帝的下属，重要的官僚都由皇帝任命。皇帝成为集最高政治权力、最高军事权力等于一身的最高统治者。徐勇指

① 韩非子.高华平，王齐洲，张三夕，译注.北京：中华书局，2015：59.
② 司马迁.史记：点校本二十四史修订本第1册.裴骃，集解.司马贞，索引.张守节，正义.北京：中华书局，2014：303-307.

出："帝制体系是以至高无上的皇权为核心的"，"国家是以皇帝为核心的制度体系来组织和治理的。以皇帝为核心的帝制成为国家制度的核心制度"①。日本历史学者鹤间和幸指出：秦王嬴政统一全国时（公元前221年）创立了"皇帝"称号，"这一称号借助了可以主宰上天之'上帝'（天帝）的权威"，"天帝是上天的中心，与之相应，秦王希求建立自己在地上世界中心的权威地位"②。日本学者宫崎市定称："皇帝是不承认有对立者存在的最高统治者，他不仅是中国人民的统治者，而且还是立于全世界人类之上的主权者。天地之间，皇帝是独一无二的，因此'皇帝'是一个专属名词，在它的前面不能附加国号之类的限定词。"③ 这些说法指出了皇帝制度的一些特性。皇帝制度的最初出现，一定程度上显示了国家这个利维坦诞生时的最初状态。

皇帝和过去的王的重大差别就是，王只拥有国家统治权的一部分，大部分统治权被诸侯分割，而皇帝拥有完整的国家最高统治权，总体上采用任命制、任期制来管理官僚系统，避免出现官僚演化为西周时期那种尾大不掉的诸侯，威胁国家既有秩序。皇帝制度意味着国家集权的大发展，是中国国家形态走向成熟的重要标志。与皇帝相关的有称谓、诏书、年号、礼仪、继承、宗庙、后宫、外戚等一系列制度，这些制度在秦朝只有不同程度的建立，至后世才逐步建立或者完善起来④。

很多学者特别是国内学者在讨论皇帝制度时，受到"东方专制主义"思潮和革命话语的影响，一般都持有负面批评态度，一个是强调专制主义，一个是强调宗法性。甘怀真指出："'专制论'也影响20世纪学者认识皇帝制度。"⑤

---

① 徐勇.关系中的国家：地域—血缘关系中的帝制国家：第2卷.北京：社会科学文献出版社，2020：14-15.
② 鹤间和幸.始皇帝的遗产：秦汉帝国.桂林：广西师范大学出版社，2014：52-54.
③ 宫崎市定.东洋的古代：从都市国家到秦汉帝国.马云超，张学锋，石洋，译.北京：中信出版社，2018：34.
④ 孟祥才认为皇帝制度包括：皇帝、皇位和皇权，以及礼仪制度（包括礼制、宫室、封禅、祭祀、舆服、陵寝）、太子制度、后宫制度、外戚制度、宦官制度等内容。参见：孟祥才.中国政治制度通史（第三卷）·秦汉.北京：人民出版社，1996：40-117.
⑤ 甘怀真.秦汉的"天下"政体：以郊祭礼改革为中心//甘怀真.东亚历史上的天下与中国概念.台北：台湾大学出版中心，2009：97.

林剑鸣在讨论秦朝皇帝制度时，就强调专制主义特性①。孟祥才在讨论皇帝制度的特性时，认为具有神秘性（君权神授与天人合一）、宗法性（皇位世袭）与排他性（皇权无限）②。白钢认为，皇帝制度的基本精神就是专制主义，具体体现为皇帝的神格化、家天下、宗法性、皇帝就是法律、在不断重建封建等级基础上的高度集权③。不可否认皇帝制度存在个人高度集权、皇位世袭、权力可能任性而为等特性和不足，但皇帝制度的合理性和价值没有被揭示出来。专制主义作为标签式话语，阻挡了对皇帝制度的深入研讨。

笔者认为，对于皇帝制度的理解应该从天—君—民三者的关系来理解，甚至要从天、地、君、礼、法、德、民等概念范畴及其相互关系并基于中国国家和民族发展史的角度来理解，偏执于一端都无正解。皇帝制度绝非一文不值，亦没有超出中国历史的逻辑和人类国家集权的限度。

其一，一个民族和国家走向成熟，需要经历成熟国家阶段，而这要求实现较高程度的中央集权。中央集权是国家成熟的重要标志④，没有实现中央集权的国家始终处在现代国家构建的第一座"珠穆朗玛峰"之下，永远无法实现国家机器现代化，也难以走出国家管理的低效沼泽。国家集权是国家生存的前提。没有国家集权，就不存在国家。恩格斯指出，"集权是国家的本质、国家的生命基础……每个国家必然要力求实现集权，每个国家，从专制君主政体起到共和政体止，都是集权的"；"集权是国家的一条原则，但也正因为集权，才不可避免地使国家超越自己的范围，使国家把自己这个特殊的东西规定为普遍物、至高无上者"⑤。查尔斯·蒂利认为，国家是"在一片边界明确的领土上控制着大的集中的强制手段，在某些方面享有凌驾于在同一领土上运行的其他一切组织的优先权的独特的组织"⑥。实

　　① 林剑鸣. 秦汉史：上. 2版. 上海：上海人民出版社，2019：51.
　　② 孟祥才. 中国政治制度通史（第三卷）·秦汉. 北京：人民出版社，1996：111-117.
　　③ 白钢. 中国政治制度通史（第一卷）·总论. 北京：人民出版社，1996：180-188.
　　④ 这里的中央集权是从国家维系和存在的角度说的，不是从国家结构形式说的，本书多数地方亦然。
　　⑤ 马克思，恩格斯. 马克思恩格斯全集：第41卷. 北京：人民出版社，1982：396，397.
　　⑥ 蒂利. 强制、资本和欧洲国家（公元990—1992年）. 魏洪钟，译. 上海：上海人民出版社，2012：156-157.

现中央集权对于任何一个国家都是巨大发展成就。皇帝制度是政治发展取得巨大成就的结果，意味着中国国家形态走向成熟，这本身就具有重大意义。

其二，皇帝制度是一种集权的制度，但集权不等于专制，这是必须区分的。一些观点将集权和专制不加区分，这是混淆和误读。"有人认为中国古代制度是'专制'，事实上是对郡县制当中的核心要义——'事在四方，要在中央'——的中央集权制度的一种污蔑。"① 如果认为中央集权、国家集权就是专制，那么所有成熟的国家都是专制的。皇帝可能是专制的，亦可能不是专制的。周朝末年权力分散，带来国家分裂、战乱不止，秦朝汲取周朝的教训，将分散于诸侯、卿大夫和社会的权力收了上去，这本身是对的，是中国国家演进中的伟大飞跃。用专制来形容古代中国的政治制度是近代以来的事。陈明明指出："把中央集权视为'专制'只是近代政治思想的产物。"② 佐藤慎一认为："在甲午战争以前，清朝不仅没被视为专制政体，而且被看作世界上少有的以德治主义为原理的政治体制。这在众多的知识人之间是公认为理所当然的事情。"③ 滥用"专制"一词实在是给中国古代国家研究造成了极大的干扰和误导，不破除"东方专制主义"的束缚，进行古代中国研究可能就像是醉驾。

其三，秦汉皇帝制度的集权是有限度的。皇帝是国家元首，但国家还设有三公，特别是丞相。丞相作为百官之长，即当代政治学中所说的政府元首，是国家元首权力的重要分割、重要制约。秦朝丞相拥有统领万机的实权，包括行政权、用人权、制度改革权、创制权、弹劾百官权力、司法权等，实际上拥有最高行政权。这是对皇权的极大制约。当然，同时亦需要看到，丞相的废立是由皇帝掌控的，且丞相是直接对皇帝负责的。但是，无论如何质疑丞相缺乏权威，都不至于否定丞相实际上承担着政府首长的角色和职能，都不至于否定丞相分走了一部分皇帝的权力。反倒是现

① 曹锦清．郡县中国与当代国家治理．华东理工大学学报（社会科学版），2017（5）.

② 陈明明．作为知识体系建构的中国政治学：经验、历史及其意义．江苏社会科学，2020（5）.

③ 佐藤慎一．近代中国的体制构想//沟口雄三，小岛毅．中国的思维世界．孙歌，等译．南京：江苏人民出版社，2006：583.

在的美国等国，国家元首和政府元首是合一的。除了丞相，廷尉也分走了一部分皇帝的权力。此外，中国的皇帝并未完全掌握意识形态权力，只选择而不生产意识形态，意识形态都是由法家或者儒家等提供的。特别是汉朝及以后的皇帝，都采用圣人之教作为官方意识形态，并不认为自己就是最高意识形态权威和最高道德权威。

尽管如此，皇帝制度并不完美。对皇帝制度的批评应该集中在两个方面：一是皇帝制度总体上能够保证国家强自主性，但未必能够保证国家政权法治化运作；二是皇帝制度总体上能够保证国家有最高统治者，但不能保证制度化地生产和更替高素质且负责任的最高统治者。这才是真正的问题。

（二）推行官僚制

官僚制是迄今为止有效解决超大型国家组织问题的最佳方式，是人类走向高级国家形态（如现代国家）的必备基础性制度，是人类政治文明的最璀璨明珠之一。"中国政治传统优先关注的是政治职分，主张选贤与能、设官分职，历史上政府与王室划分清晰，政府与社会融合，政府内部宰相负责最高而综合的职任，选举、考课、监察弹劾各有专职，上下级之间分职综成而又各有定数。"①

大致从战国开始，中国开始了官僚统治的时代。到秦朝时，官僚制更加统一、专业，上升到一个更高的水准。官僚制是君主官僚制国家的基础性制度，亦是最突出特征之一。官僚系统构成了国家统治的中流砥柱、国家治理的关键依托，亦成为这种国家形态高效运作的关键所在。亨廷顿指出："政党是现代政治特有的组织形式，但从另一意义上说它又不是完全现代的制度。政党的功能在于组织参与、综合不同利益、充当社会势力和政府之间的桥梁。在履行这些功能时，政党必然反映政治的逻辑而非效率的逻辑。一个具有分工结构和选贤任能制度的官僚体制，从效率逻辑来

---

① 任锋. 大国礼治何以重要？：政制崇拜、治体论与儒学社会科学刍议. 孔子研究，2021(6).

讲，是比政党更加现代的制度。"① 他说出了官僚制的现代性。

1. 秦朝在全国层面建立庞大的官僚体系

西周已具备官僚制的雏形，但其官僚一般由贵族担任，没有俸禄，主要通过采邑、封地来解决报酬问题，而且是世袭的。在这种情况下，官僚某种意义上是贵族身份的点缀和装饰。周朝属于天子诸侯制国家。这种局面在春秋战国的混乱、竞争局面中被打破。各国逐步采用官僚制，任用士人、能人作为大臣、高级官吏。商鞅变法更是成为君主官僚制国家的探索性实践。这时候，官僚制逐步发展并成型。到了秦朝，秦始皇在秦国已有政治制度基础上，推行一系列制度创新，从中央到地方，一整套官僚体系建立起来，官僚制成为国家的基础性制度。"秦兼天下，建皇帝之号，立百官之职。"②

秦朝中央官僚体系以"三公九卿"为主要结构。"三公"只是一个约定俗成的说法，并不意味三人皆为地位极尊贵的"公"，而是强调三人最为重要，各自为一个领域、一个系统之首。"三公"包括丞相、太尉和御史大夫。三人有着明确分工。《汉书》称："相国、丞相，皆秦官，金印紫绶，掌丞天子助理万机。秦有左右。"③ 秦朝设有左右丞相，相当于正副政府首长，乃百官之长，地位最为重要，掌握着行政权和司法权，类似于政府总理。李斯曾担任左丞相。丞相拥有广泛职权，有规模庞大的丞相府。历史学者安作璋、熊铁基表示："史书上没有明确记载秦丞相的属官，这一点和后来汉代颇不相同。这说明虽然确立了丞相制，但在组织上还不是那么完备。"④

御史大夫主管监察，掌握监察权，在当时有副丞相之称。《汉书》称："御史大夫，秦官，位上卿，银印青绶，掌副丞相。"⑤ 一般认为御史大夫是秦始皇设立的，由皇帝的亲信担任。孟祥才称："御史大夫由皇帝的亲信御史发展而来。正因为如此，它虽然位居副丞相，但与皇帝的关系却比

---

① 亨廷顿. 变化社会中的政治秩序. 王冠华，等译. 上海：上海人民出版社，2008：70.

②③ 汉书：第1册. 安平秋，张传玺，主编. 上海：汉语大辞典出版社，2004：312.

④ 安作璋，熊铁基. 秦汉官制史稿：上. 济南：齐鲁书社，2007：21.

⑤ 同②.

较密切。皇帝有不少事情都是交由御史大夫办理的。如秦始皇追查卢生、侯生的潜逃案、二世处理蒙毅案，就都是御史大夫办理的。"① 安作璋、熊铁基持大致相同的观点②。秦朝如此安排，显然是希望以御史大夫形成对丞相的制约，巩固皇权，同时健全国家权力设置。

太尉主管军事，协助皇帝掌握军事权力，类似于国家军队的最高副统帅。最高统帅自然是皇帝本人。《汉书》称："太尉，秦官，金印紫绶，掌武事。"③ 虽然《汉书》言之凿凿，但关于秦史的材料中并无太尉的直接记载。安作璋、熊铁基说："在秦国和秦朝，似乎没有一个太尉那样的固定的最高武官职位。至于带兵打仗，多系临时差遣，除了白起、王翦等武将之外，有时可以是丞相出征，有时也可以是一般官吏，内吏、少府等官都可以统兵打仗。"④ 但毕竟秦史材料极度稀缺，还不能说明它一定没有。秦朝军队规模庞大，日常事务繁多，不可能没有日常管理性的机构。还是应重视《汉书》的记载，毕竟当时离秦不远，虚构这么一个重要官职，似乎没有必要。最可能的是，秦朝存在太尉，奉皇帝命令行事，在皇帝领导下行使调兵权、用兵权。学者霍印章认为："空前庞大、统一且拥有百万大军的秦王朝，对全国日常军事工作的管理和领导任务是大量而复杂的，在它的地方各级政府中都设有相应的军事机构，在它的中央政府中当然也必须设有相应的职官和机构，这个职官和机构只能是太尉和逐步发展形成起来的太尉府。"⑤ 笔者支持此观点。

太尉、御史大夫的存在既是国家事务分工的体现，也是对丞相的有效制约。这时形成行政权、监察权、军权的分工，也形成由行政机关的下设机关处理司法的制度范式（不是当代西方的司法独立）。丞相、太尉和御史大夫都由皇帝任命，对皇帝负责。这三公及其领导的机构实行中央与地方贯通，构成三个系统。比如，监察系统在地方设有监御史，"掌监郡"⑥。

① 孟祥才.中国政治制度通史（第三卷）·秦汉.北京：人民出版社，1996：160.
② 安作璋，熊铁基.秦汉官制史稿：上.济南：齐鲁书社，2007：49-52.
③ 汉书：第1册.安平秋，张传玺，主编.上海：汉语大辞典出版社，2004：312.
④ 同②73.
⑤ 霍印章.中国军事制度通史（第四卷）·秦代军事史.北京：军事科学出版社，1998：57.
⑥ 同③319.

三公之下设"九卿"。据林剑鸣的研究，"九卿"实际之数不止于九，包括奉常、郎中令、卫尉、太仆、廷尉、典客、宗正、治粟内史、少府、中尉、主爵中尉等①。这些"卿"各有专业化分工，相当于中央政府的组成部门。这就构成较为科学的中央官僚体系。地方也有较为完善的官僚体系，这一点将在郡县制部分阐释。

秦朝官吏主要来源包括两个方面。一是耕战。《商君书·农战》称："凡人主之所以劝民者，官爵也。国之所以兴者，农战也。"② 这是主要途径。二是通晓律法人士或政治才华特别杰出人士。《史记·李斯列传》记载："高固内官之厮役也，幸得以刀笔之文进入秦宫，管事二十余年。"③ 赵高因为通律法而得到重用。李斯因为政治才华杰出而得到重用。因此，官僚来源的主体是耕战，但也包括其他途径。

法家强调责任到人、规定明确、明赏必罚、奖优罚劣。在法家思想指导下，秦国和秦朝的官吏考核和监督是一个完整体系，主要分为两类。一是中央对地方政府的考核。根据林剑鸣的研究，秦朝中央政府对于郡、县地方官的考核主要有两种方式：一种是朝廷派出御史到各郡监督、视察，称"监"或"监御史"，监御史考核有关官吏后向皇帝报告结果。另一种是上计制。地方官年终时要将本地税赋、人口、气候、灾情、治安等情况报告中央政府，上报的内容要求十分详细，各种谷物的种类要分别写清上报。各地按时派上计吏将"上计"送至中央以后，由有关部门分别审查"上计"④。二是每一级政府内部的考核。林剑鸣认为，秦朝都官（即朝廷列卿所属诸官署），郡县所属的各官署管理，"也有定期考核制"⑤。秦朝官吏考核最重要的有四点：一是非常注重中央对地方政府官员的考核，形成了机制化安排，往往以年为单位，全面考核地方政府官员在经济、治安、人口等方面的政绩。二是责任具体、可衡量和量化、严格落实，体现了一

① 林剑鸣.秦史稿.上海：上海人民出版社，1981：360.
② 商君书.石磊，译注.北京：中华书局，2011：24.
③ 司马迁.史记.点校本二十四史修订本第8册.裴骃，集解.司马贞，索引.张守节，正义.北京：中华书局，2014：3094.
④ 林剑鸣.秦汉史：上.2版.上海：上海人民出版社，2019：113-114.
⑤ 同④114.

种精确管理和责任制的思想。三是有激励惩罚机制。完成得好的，受到奖励；完成得不好的，将受到轻重不等的惩罚。四是有关于官吏考核的完善法律、机构和机制。

秦朝留给后世的官职数量尚缺权威精准统计，但据已有研究，已经是个庞大的数字。别林斯顿认为中国公元前 2 年设立的官僚机构职位总数已达 130 285 个①。"汉承秦制"，加上秦朝本身官僚统治非常缜密，笔者估计秦朝官僚机构职位总数在 13 万以上。陈松长等学者在《秦代官制考论》一书中收录了 2000 年到 2014 年底间所公布秦文字资料中的县及以上级别的官职和官署名称。其中，"秦玺印封泥所见职官官署名"表就列出包括安居室丞、安台居室、巴左工印等 332 种②。傅嘉仪编著的《秦封泥汇考》一书列举了 434 种秦封印，包括左右丞相印、御史之印，也包括中车府印、西陵丞印等各种封印，范围非常之广③。由此可见秦朝官职数目繁多，已成为一个庞大而精致的复杂体系。秦朝乃人类历史上一个前所未有的官僚国家。中国已经在人类历史上率先进入官僚制阶段，官僚成为国家支配性力量，官僚体系成为国家运作的骨架体系。这是人类政治文明史的新纪元。

2. 秦朝官僚制的特点

第一，秦朝官僚体系是以中央集权、分级管理为原则进行构建的，同时以律法为运行准则，是一个高效、理性、专业、高度分工的官僚体系，这个官僚体系所围绕的核心是皇帝。芬纳指出，"中国是现代形式的官僚制度的'发明者'"，中华帝国"最早出现了受过专业训练的领薪酬的官僚阶层，以及具备同样特征的常备军，两者都是按照理性原则组织起来的"④。他指的就是秦朝。中国是世界上最先创造完善的官僚制的国家。

---

① 芬纳.统治史（卷一）：古代的王权和帝国：从苏美尔到罗马（修订版）.王震，马百亮，译.上海：华东师范大学出版社，2014：510.
② 陈松长，等.秦代官制考论.上海：中西书局，2018：97-111.
③ 傅嘉仪.秦封泥汇考.上海：上海书店出版社，2007.
④ 同①91-92.

第二，秦朝官僚体系中有三大系统，分别为政府（行政）系统、军事系统、监察系统。军事和监察都是从政府领域分离出来的，之后成为单独的系统，尤其是监察系统，还成为政府系统的重要制衡。这个设计比较合理，既可以保证最高统治者的权力和地位，亦可以保证国家的有效运作。

第三，存在政府首脑和专门处理政府事务的丞相府。这是中国政治制度的重要传统，是极具中国特色的政治制度构成。秦朝总结历史经验，实行由政府首脑统领政府系统并对国家元首负责的制度，并一直坚持。秦朝丞相制度是对中国政治传统经验的总结，亦是中国早期以来官僚制萌芽发展演变的一个飞跃。虽然皇帝是最高统治者，拥有最高的政治、军事、外交、意识形态等各方面权力，但他依旧不垄断性行使权力，而是和官僚系统共同行使权力。皇帝设置辅佐他处理政务的丞相，作为政府首脑。丞相是实权人物，一定程度上构成对皇权的制约。

第四，官僚的权力和责任是高度关联的。虽然官僚是社会的支配性阶层，享有较高的地位和待遇，但法律对于官僚的要求非常严格，高于普通民众，他们必须比民众承担更多的责任，失职将受到严厉的惩处。

第五，秦朝官僚体系的运作、管理和考核是比较现代的。它遵循法家的明赏必罚、律法治国的思想，责任制、奖优罚劣、完成工作的时效性、全国标准统一、赏罚由法律明文规定等原则都用到管理之中。

以政治为业的领取俸禄的职业化政治家、职业化官僚的出现以及其成为国家的主体性政治结构，成为治理体系的主干，是人类社会分工深化、职能分化的产物，是人类政治智慧的制度性结晶，是人类政治文明史的最重大事物之一。笔者在跨国比较中发现，秦汉中国甚至西周时期的中国，官僚数量之多、种类之多、分工之细化、地位之重要、记录之详细，是同时代其他多数古代文明无法望其项背的，甚至不在一个量级上。这一点笔者在第九章讨论"周秦之变"的世界意义时将进一步讨论。这恰恰是中国政治文明演进的关键独特性之一。因此，官僚制是中华文明的重要标识，显示了中国人在政治智慧上的独特性和卓越性。官僚制一旦成为社会结构，就成了韦伯所说的不可摧毁的结构。这个结构在中国一直延续至今，并在历史上不断向其他文明、其他社会扩散。

(三) 实行郡县制

春秋战国之际，一项意义极为重大的新国家制度已在战争烈火催生下诞生于中华大地，那就是郡县制。它可以解决秦朝的超大规模领土的治理难题，因此在秦朝得到发展并定型。郡县制是在中国奉行 2 000 多年甚至深刻影响当代中国并传播到东亚等境外国家的重要制度。它和官僚制一道，都是中华文明史的最重要标识之一。

1. 废除分封制，实行郡县制

分封制是夏商周的基础性政治制度，是一种间接统治形式。西周分封制种下的国家分裂种子到了战国已长成参天大树，此时诸侯国林立，国家四分五裂，人民饱尝战乱痛苦。秦始皇统一六国后，在如何建国立制上曾经组织过群臣的讨论[①]。秦始皇站到历史的正确一面，在秦国郡县制的基础上，在全国确立郡县制，而且非常坚决，没有给子孙尺寸的封地。"海内为郡县，法令由一统"，"皇帝并一海内，以为郡县"[②]。"秦始皇统一中国，灭掉原有主要以血缘关系为基础构建的诸侯国家。形成了一个地域规模超大的帝制国家。新型的帝制国家重新定义人口，并要依据地域而不是血缘关系将重新定义的人口组织起来，并进行有效治理。"[③] 这里的依据地域组织人口主要就是指郡县制，它是具备有效组织国家、动员民众功能的强有力的制度。

2. 郡县制的基本结构

秦朝形成中央、郡、县、乡四级政权架构。乡下有里、亭，它们非一级政权，但也设有基层官僚。郡、县是重点，其制度架构仿照中央政

---

① 司马迁. 史记：点校本二十四史修订本第 1 册. 裴骃，集解. 司马贞，索引. 张守节，正义. 北京：中华书局，2014：303 - 308.

② 同①304 - 316.

③ 徐勇. "郡县制""封建制"的历史纠缠与斗争：以关系叠加为视角. 南国学术，2020(2).

府，比较完备。林剑鸣认为："统一后，秦王朝将原在秦国范围内实行的一套地方政权组织，推广到全国，即建立郡、县、乡、亭四级行政组织"，秦郡最多时有 46 个①。关于郡的个数，存在不同看法，《史记》提到36 个，"分天下以为三十六郡，郡置守、尉、监。更名民曰'黔首'"②。考古学者刘庆柱等人认为，"从出土文物及有关的文献看，自战国至秦代灭亡，设郡数量当在五十郡以上"③。不管数量怎么样，秦朝普遍实行郡县制。

第一级地方政权为郡。郡设有郡守，负总责，还设有尉、监等辅助和监督官员，由朝廷任命。《汉书·百官公卿表》称："郡守，秦官，掌治其郡，秩二千石。有丞，边郡又有长史，掌兵马，秩皆六百石。景帝中二年更名太守。"④ 林剑鸣认为，"守治民、尉典兵、监御史负责监督百姓及官吏"⑤。郡守、郡尉、监御史构成郡级政权的基本结构，其下有很多负责专业领域工作的官吏。郡守有辟除权，可自行配置幕僚属吏。郡守是一郡之最高长官，统辖郡内各县，但无权任免县长或是县令。

第二级地方政权为县。郡下设县。县为一级重要政权。根据严耕望的研究，秦县有 1 000 个左右⑥。刘庆柱等考古学者认为，秦代现仅封泥与铜器铭文所见就达百余县，所见县一级的城有 110 多个⑦。县有 1 000 个左右的说法大致是可信的。《汉书·百官公卿表》记载："县令、长，皆秦官，掌治其县。万户以上为令，秩千石至六百石。减万户为长，秩五百石至三百石。皆有丞、尉，秩四百石至二百石，是为长吏。百石以下有斗食、佐史之秩，是为少吏。大率十里一亭，亭有长。十亭一乡，乡有三老、有

① 林剑鸣．秦史稿．北京：中国人民大学出版社，2009：291 - 293.
② 司马迁．史记：点校本二十四史修订本第 1 册．裴骃，集解．司马贞，索引．张守节，正义．北京：中华书局，2014：307.
③ 中国社科院考古研究所．中国考古学·秦汉卷．北京：中国社会科学出版社，2010：167 - 168.
④ 汉书：第 1 册．安平秋，张传玺，主编．上海：汉语大辞典出版社，2004：312.
⑤ 同①293.
⑥ 严耕望．中国地方行政制度史·秦汉地方行政制度．台北："中央研究院"历史语言研究所，1997：35.
⑦ 同③168.

秩、啬夫、游徼。三老掌教化。啬夫职听讼，收赋税。游徼徼循禁贼盗。县大率方百里，其民稠则减，稀则旷，乡、亭亦如之，皆秦制也。"①《后汉书·百官志》记载："凡县主蛮夷曰道。公主所食汤沐曰邑。县万户以上为令，不满为长。侯国为相。皆秦制也。丞各一人。尉大县二人，小县一人。"② 也就是说，县一级设有令（长），负总责，其他还有县丞、尉，是县令（长）的佐官。这是县一级权力的基本结构，其下有不少专司各种职务的官吏。

历史学者吴方基基于出土秦简对秦朝县级政务运行机制进行了深入考察。他认为，从出土官府档案所见，秦代县政令的下达与执行有着相当完善的运行机制。首先，文书用语多样，文书格式较为固定。其次，县政令下达机制主要体现为两点：政令下达效率高；县政令负责下达者（多为县丞或守丞）与接收者明确到个人（一般是机构长官），具有严格的责任落实制度。最后，政令执行标准明确，程序正当，并对执行不当的情况设定处理方式与处罚条款，保障政令的执行③。这是一个重要的发现。

第三级地方政权为乡。乡为完整的一级政权机关，有三老、有秩、啬夫、游徼，各有分工。亭为治安机构，是政府的派出机构。由十里一亭、十亭一乡的制度设计以及更大范围内的郡县体制可见，整个国家都已在严密的国家治理体系和国家制度体系中。

除了华夏族地区正规的郡县体制，在少数民族地区，则有"属邦""臣邦""道"等制度或机构设置，尊重当地的习俗和传统，实行因俗而治。"属邦是秦针对境内少数民族设置的管理机构，在秦统一六国前具有中央与地方双重属性，管理归服的'臣邦'和有蛮夷聚居的'道'；统一后，属邦与内史、郡平级，主要在陇西地区辖有县、道，管辖界内蛮夷和秦人。秦统一前，在属邦之下由'臣邦君长'统辖'臣邦人'，袭用原有的统治方式；统一后，相应称谓变为'蛮夷君长'和'蛮夷'。"④ 这些机

---

① 汉书：第1册．安平秋，张传玺，主编．上海：汉语大辞典出版社，2004：319.
② 范晔．后汉书：第4册．李贤，等注．北京：中华书局，2012：2931.
③ 吴方基．新出土秦简与秦代县级政务运行机制研究．北京：中华书局，2021：353.
④ 邹水杰．秦代属邦与民族地区的郡县化．历史研究，2020（2）.

构是占据主体地位的郡县体系的补充，并逐步郡县化。

　　相对于后世尤其是当代地方政府首长，秦朝地方长官的权限较大。除了郡、县的首长和主要官吏都由皇帝任命外，秦朝郡守、县令都可以自行雇用大量属吏，叫作"辟除权"。秦朝郡县制仍带有一定的分封制痕迹，郡县首长有后世郡县首长所没有的较大权力。张分田指出，"综观中国古代政治制度发展史，在历代王朝中，秦朝郡县一级政权及其行政长官的实际权力属于较大的一类。在当时的历史条件下，这是容易出问题的"。"项梁、刘邦等一批豪杰只要夺取守令印信，便可以形成一股势力，在一定程度上暴露了这个问题。"[①]

　　除了郡县制，秦朝和其他国家一样，存在局部性的封君制，亦称为封君食邑赐爵制。封君制是指由国君亲属、外戚、大臣、将领、宠臣等特定人士享有爵位、食邑、封地等政治经济特权但一般不能世代继承的制度。杨宽认为："战国时代各国的封君，就其身份来说，不外乎是：国君亲属和外戚，国君和太后的宠臣，有功的将相大臣"，"秦国卫鞅变法，为了奖励军功，制定二十等爵制度，第二十等列侯就是封君性质"[②]。有学者认为："封君制是源自西周的分封制度演进到春秋战国时期表现出的新形式，也是分封制度发展史中的重要组成部分。"[③] 任何一种曾经流行一时的制度，总是难以突然消失，总会留下一定的痕迹甚至变种。分封制总是不时在中国历史上"回魂"，并对新的制度——郡县制产生重大影响。寓封建于郡县，不但是一种学理上的观点，亦为明朝等朝代所实践。

3. 郡县制的基本定位

　　郡县制和官僚制一样，都不能简单视为行政制度，它是政治制度的重要组成部分，在君主官僚制国家的国家制度体系中具有重要地位，联动和影响其他制度的运行，进而影响国家形态其他要素的内涵和运行，在中国和世界政治制度史上具有重要地位。

　　第一，郡县制是作为分封制的代替物出现的，推动中国由血缘主导型

---

①　张分田. 秦始皇传. 北京：人民出版社，2003：311.

②　杨宽. 战国史. 上海：上海人民出版社，2016：288.

③　郑威. 楚国封君研究. 武汉：湖北教育出版社，2012：15.

国家向地域主导型国家转型。徐勇提出血缘主导地域的王制国家、地域主导血缘的帝制国家两个概念①。受其启发，笔者从血缘、地域这两个组织国家的基本手段出发，将国家分为血缘主导型国家和地域主导型国家。当一个国家将血缘关系作为组织国家的基本依据、血缘关系成为社会关系的基本准则时，整个国家成了血缘宗法共同体，则可称为血缘主导型国家。这种国家形态能够维持的国家规模是有限的，而且蕴含了分裂、不平等的因素。地域主导型国家指的是以地域为主要依据对国家进行组织和管理。以地域为基础来组织国家，有利于克服血缘关系的封闭性、自私性、不平等性，更为合理、更为平等，有利于建构更大规模的国家。从血缘主导型国家演进到地域主导型国家是一个伟大的进步。

周朝是一种血缘宗族分封国家模式，属于血缘主导型国家。郡县制国家则是一种地域化的国家治理结构，可称为地域主导型国家。"郡县制是中国自秦以后实行的基本国家体制，其特征是中央政府直接统辖全国疆域和人民，同时，把疆域划分为若干行政区，设立直属于中央政府的地方政府，任命地方官员，对人民及管理事务分而治之，以实现中央集权的目标。"② 郡县制成为中国向地域主导型国家转型的基本制度、基本标志。

第二，郡县制有效地保证了中央集权，是中国实现直接统治模式的标志性制度，是中国完成向领土国家转型的重要指标，成为后世中国国家基本制度的重要组成部分。"郡县制为历史中国提供了最强有力的中央集权的大国宪制。"③ 作为全国性推行的制度，郡县制在中国政治制度史上具有划时代的意义，从此中国人在管理国家时有了科学合理的行政区划制度、中央与地方关系范式。这就打破了西周的天子诸侯制国家形态，推动中国向领土国家转变。这个变化在春秋战国时期已经开始。秦始皇统一中国后在全国推行郡县制，中国国土的主体部分都实行郡县体系，在边疆少数民族地区虽然实行因俗而治，但治理体系同样朝着郡县化的方向发展，这标

---

① 徐勇. 关系中的国家：地域—血缘关系中的帝制国家（第二卷）. 北京：社会科学文献出版社，2020.
② 曹正汉. 论郡县制国家的统与治. 学术界，2021（8）.
③ 苏力. 大国及其疆域的政制构成. 法学家，2016（1）.

志着中国由非领土国家向领土国家转型的完成。

第三，郡县制不单单是一种行政区划制度，也不单单是一种管理制度，而是对于整个国家结构、国家组织方式、国家治理方式、民族文化与民族心理的重塑，对于君主官僚制国家的运行具有基础性制度的意义，是保障其强大统治力的重要制度基础。哲学学者李若晖指出："郡县制构成了中国秦至清二千余年的基本社会关系"，"皇权是伞柄，它控制着整个社会。郡县制则是伞架，它真实地建构了整个社会的制度，并由此准确地反映着社会的结构及其变迁"①。历史学者宋亚平指出："郡县制的'横空出世'与逐渐成型，不仅仅只是简单地对传统分封制的否定，而且也是春秋战国到秦汉时期中国社会组织结构一次极其重大的调整，同时亦是人们在行政管理体制与运行机制上一次大刀阔斧的改革，更是中国古代社会进步与发展过程中关于国体与政体建设的一次史无前例的创新。"② 郡县制可以保障国家有效进行行政管理、大众动员、资源汲取和权力渗透，并可以联动、支撑和影响其他国家形态要素。郡县制对中央集权、皇帝制度、官僚制度、直接统治模式都有支撑和塑造作用。比如，郡县制对整个国家的官僚体系是一种极大的形塑，影响了官僚体系的结构、分层和运行模式。对于中央集权和皇帝制度而言，郡县制都具有基础性的支撑作用，与郡县制相对应的分封制恰恰在一定程度上削弱了中央集权。郡县制使得中央权力打破了贵族对于人口、领土和国家权力的地缘化垄断，构成了中央权力运行的基本政治结构。郡县制对于国家和社会关系的影响亦是深刻的。它是保障国家主导社会、介入社会的制度。郡县制对于社会和阶级结构亦有深刻影响，郡、县、乡作为行政层次，亦很大程度上成了社会纵向分层的界限。中央—郡—县—乡的政治和社会结构，有利于保障中央的中心地位。

第四，郡县制是古代中国最重要的国家制度发明之一，是维系古代中国大一统国家、维持中国在东亚和世界上的优势地位的基础性制度。分封制经常在中国历史上出现，一般都和西周的分封制存在极大差异，更像是

---

① 李若晖. 不丧斯文：周秦之变德性政治论微. 上海：上海人民出版社，2019：111，243.
② 宋亚平. 郡县制度：君主专制与中央集权的坚实基石——历史发展与反思. 浙江学刊，2012（6）.

战国的封君制。它是君主官僚制国家的重要构成，是郡县制的补充。政治学上的概念，常常带有一定的理想类型的味道，讲的主要是主体、主流。分封制的存在并不能否认秦朝至清朝中国是郡县制国家。历史上肯定分封制优于郡县制的大有人在，当代中国亦不乏其人。分封制总体上是"树兵"之制度，天然蕴含着分裂和战乱的趋势。秦始皇和李斯都有此认识。

如果没有郡县制作为主体构成，没有郡县制的支撑作用，换作分封制作为国家的主体性制度，那么中国要想始终维持大一统国家是不可能的。汉代的郡国制、唐朝藩镇、明朝的藩王、清朝初年的三藩，总体上都是祸乱国家的制度设计，尽管一开始可能有迫不得已的初衷。汉朝、明朝、清朝都有郡县制作为中央政府的统治支撑和稳定器，能够克服分封制之弊。倘若没有郡县制作为中央政府的统治支撑和稳定器，这三朝政府极可能重蹈周朝之覆辙，中国可能重新陷入全国性持续动荡和战乱。因此，对于国家长久治安而言，分封制可以作为郡县制的补充。但如果郡县制成了分封制的补充，那么国家难以长久治安。这种辩证关系是必须承认的。尽管有各种局限，但是，是郡县制而不是分封制，才是符合历史潮流的制度，而且郡县制、郡县化是中国历史的主流制度和发展趋势。郡县制和中央集权的配合，是中国能够有效发挥大国优势的重要原因，亦保证了古代中国在东亚的优势地位。

第五，郡县制是中华文明的重要标识，也是一项具有世界意义的国家制度。在概括中华文明、中华政治文明的重要标识时，中央集权、世俗性、高社会流动、官僚统治等都是重要标识。但还有一个中观层次的重要标识，就是郡县制。尽管有分封制的间歇性存在，但郡县制是秦朝以来中国人组织和管理国家的主流方式，亦是一直存在的最重要方式。郡县制是单一制国家的最具有代表性的实现形式之一。郡县制和官僚制、皇帝制度一道，构成了组织和治理中国的基本制度。中国发达的郡县制及其文化，还影响了大量周边国家。古代东亚和当代东亚多数国家延续和发展了郡县制。郡县制是中国对人类国家治理、世界政治文明的极重要贡献。

（四）大一统制度和政治原则

大一统是极具中国特色的政治思想、基本制度和组织原则，是"中国政治思想和政治实践的主轴"①。大一统思想主张实现政统和道统融合、政治与日常整合、时间与空间统摄、宇宙天地秩序和政治秩序调和，实现国家的领土、政治、军事、制度、法律、思想、文化、社会标准等的统一。任剑涛指出："秦汉正式确立了中国古代国家的帝国体系，秦国不仅地域很广，跨族群立国，而且因帝制的建构确立了国家的中央王权与权力体系。这一体系的基本特点是大一统，'一法度衡石丈尺。车同轨。书同文字'。这与儒家倡导的大一统国家理念，具有一致性。儒家所谓'今天下车同轨，书同文，行同伦'在秦制中得到呈现。"② 陈明明指出："大一统是中国古代思想家在大型复杂共同体中生活的经验凝结，它既是中国人的生活方式，也是中国政治的制度样式。"③ 林尚立指出："对于传统中国社会来说，'大一统'既是一种政治形态，同时也是中华民族得以生存与发展的组织形态。"④

先秦至清朝的中国人的主流观点认为，人类活在"天"之下，人世间为"天下"，天下只有一个最高权威。中国的最高权威是普天之下的最高权威，具有普适性、普遍性和无处不在性。天子奉天命而治理天下，对天负责，祭祀上天，力求达到宇宙天地秩序和国家秩序的同构与和谐。到了春秋战国，战乱频繁，天地人失序，哲人从政治社会现实出发，认为没有统一是导致天下纷争的根源，只有定于一才能安定。《孟子》有言："天下恶乎定？""定于一。"⑤ 大一统逐步成为主流价值观，战国七雄都追求天下一统。政治家、思想家的共识是完成天下统一，才能保障民众福祉。秦始皇将大一统从理念变成现实。其以中央集权、皇帝制度、官僚制、郡县制等为

---

① 李欢，任锋.民主集中制与大一统国家的现代构建.中央社会主义学院，2021（4）.
② 任剑涛.从家国到国家：中华帝国的民族国家转向.社会科学战线，2022（4）.
③ 陈明明.中国政府原理的集权之维：历史与现代化.公共管理与政策评论，2021（1）.
④ 林尚立.大一统与共和：中国现代政治的缘起.复旦政治学评论，2016（1）.
⑤ 孟子.方勇，译注.北京：中华书局，2018：9-10.

支撑的大一统，超越了周朝，是中国历史的新事物。作为国家基本制度的极其重要的组成部分，秦朝大一统制度和政治原则主要包括以下内容：

第一，政治上的一元主义。主要包括四个方面内容。一是全国乃至全天下只有一个政治中心、权力中心，即以皇帝为核心的中央政府。历史学者杨念群在阐释大一统的内涵时指出："'大一统'分别包含了'空间'（天地）和'时间'（古今）两个维度。帝王不但统领着广大的自然地理疆域，同样也统治着人间社会，通过规定时间起始及其运行准则建构出一套政教秩序。"① 皇帝是国家政治生活的核心，任命中央和地方的主要官吏，包括三公九卿以及地方的郡、县长官，掌握最高国家权力。所有官吏和王族要求遵守政治一元主义，服从最高的政治权威。二是政治制度、行政制度上的一元主义，地方政府不享有制度上的创设权，必须服从中央政府的制度设计和安排。三是法制统一。根据出土秦律，秦朝强调法制一统。所有全国性法律都是中央政府制定的，而且已经规定得很细致。秦律是全天下之秦律，地方政府必须执行，不可改动，否则将受到惩罚。四是军事的一元主义。暴力资源主要由皇帝及其领导的中央政府控制，允许地方政府掌握一定的军力，但受到严格限制，不允许地方政府、地方军队构成对中央政府的挑战和威胁。

第二，思想的统一。思想上以官方意识形态为主导，对整个国家和社会实行思想统一，推动全国人民在思想上形成高度共识，以思想的统一、同质化来降低统治成本、社会运行成本。秦朝以法家学说为官方意识形态，对于儒家、道家等其他学说保持有限的宽容度。

第三，领土的统一。秦朝在领土上追求完整和统一众所周知。分为两个阶段。第一个阶段是统一六国，实现原来基本上是周朝统治区域的统一。第二个阶段是统一周边的少数民族，包括西南、东南、西北、北方和南方。这样便实现了国家空前的大一统。领土的统一是天命观、天下观逻辑的自然延伸。

第四，社会标准和文字的统一。公元前 221 年，秦始皇"一法度衡石

---

① 杨念群 ."大一统"与"中国""天下"观比较论纲 . 史学理论研究，2021（2）.

丈尺。车同轨。书同文字"①。在货币方面，大刀阔斧改革，废除六国旧有货币，统一使用秦朝新货币，实现币制统一，国家掌握铸币权和发行权。据林剑鸣的研究，秦始皇采取大量措施实现币制统一，包括整顿秦的旧有币制，"废除原在秦以外通行的六国刀、布、蚁鼻钱以及郢爰等，一律使用新规定的货币"，规定黄金为上币，半两钱为下币，"币制统一后，克服了过去使用、换算上的困难，便利了各地商品交换和经济交流。而秦代圆钱的形式，一直沿用了两千多年，到了现代才被淘汰"②。秦始皇还通过修筑驰道、直道、"五尺道"，拆除壁垒关塞，移民实边等手段，维持和加强在全国范围内的统治，促进社会统一，密切国家内部的融合和交流。秦始皇实行这一系列措施，在全国范围内树立了可遵循的统一标准，有利于形塑中国人共同的生活方式和促进中华民族的形成。

第五，身份认同的统一。理想的制度设计是，大一统之下，民众具有共同的国家认同、文化认同、制度认同，也就是所谓"王者无外，天下一家"。只要是在秦朝统治范畴之内，接受秦朝政治和文化模式，都被视为平等的民。秦朝在进行统治时，不以原来的六国旧地来进行族群和阶级划分。秦朝郡、县一般并无地域的高低之分。授田制、编户齐民对绝大多数民众开放，少数奴隶或者贱民除外。任何人只要是通过耕战体制，皆有上升途径。常轶军认为，大一统包括"华夷一家的身份认同"，"华夷一家的身份认同意味着'我'与'他'的边界主要是地理意义上的，而不是社会和文化意义上的，更不是种族人群意义上的"③。正是这种身份认同的大一统，才使得国家可以打破国家不同阶层、族群的界限，有效地进行民族构建、国家整合，从事实上开启了一种不同于古代欧洲长期存在的身份政治、阶级政治的新政治形态。

总体来说，大一统是古代中华文明的一个具有决定性作用、标识性意义的机理和特征，同时也是政治制度和政治法则的构成部分。它不但追求

---

① 司马迁．史记：点校本二十四史修订本第 1 册．裴骃，集解．司马贞，索引．张守节，正义．北京：中华书局，2014：307 - 308.

② 林剑鸣．秦史稿．北京：中国人民大学出版社，2009：298 - 300.

③ 常轶军．"大一统"的现代性解码与当代中国政治认同建构．山西大学学报（哲学社会科学版），2020（4）.

政治、军事、文化、思想和社会等各方面的统一，亦追求文明统一，即天下统一于以国家为中心的中华文明。"中国历史上，大一统的观念根深蒂固，据此观念，天下一统，不但统一于政治（王），更统一于文明、文化和道德（圣）。"① 大一统并不消除差异性，而是能够包容差异性。比如说，君主官僚制国家并不追求意识形态的纯粹化，秦始皇本人就杂用法家、儒家、阴阳家等多家学派的思想。君主官僚制国家在古代大国或者帝国中，属于意识形态、宗教包容度相对比较高的一类②。大一统实际上是包容差异性之上更高层次的统一和统合。大一统思想和原则对君主官僚制国家形态的构成和运作产生全方位的影响。

二、国家和意识形态关系

和西周一样，秦朝国家和意识形态的关系亦极度重要。这两种国家的国家与意识形态的关系既有相同点，亦有不同点。总体上，秦朝实行的是高思想和政治主导范式，国家选择主导性意识形态，意识形态的发展需在国家许可的范围内进行。具体而言，秦朝国家与意识形态的关系主要有以下方面：

第一，秦朝作为君主官僚制国家形态的首创者，其对意识形态的重视是一个逐步加强的过程，最终走向思想统一和思想集权，即国家试图主导民众的思想和社会思潮。根据权威但不完全可信的《史记》，秦始皇三十四年，在秦始皇的寿宴上，有博士齐人淳于越鼓吹分封制，李斯对此坚决反对，并认为："古者天下散乱，莫之能一，是以诸侯并作，语皆道古以害今，饰虚言以乱实，人善其所私学，以非上之所建立。今皇帝并有天

---

① 梁治平．"天下"的观念：从古代到现代．清华法学，2016（5）.

② 社会学者孙砚菲讨论了 23 个所谓的前现代帝国的宗教政策，依据包容度高低将其分为 6 个梯队，将中华帝国（明清帝国）排在第二梯队，属于比较包容的一类。社会学者马戎认为中华文明对外来文化有罕见的包容度。分别参见：孙砚菲．零和扩张思维与前现代帝国的宗教政策：一个以政教关系为中心的分析框架．社会学研究，2019（2）；马戎．中华文明的基本特质．学术月刊，2018（1）.

下，别黑白而定一尊。私学而相与非法教，人闻令下，则各以其学议之，入则心非，出则巷议，夸主以为名，异取以为高，率群下以造谤。如此弗禁，则主势降乎上，党与成乎下。禁之便。臣请史官非秦记皆烧之。非博士官所职，天下敢有藏诗、书、百家语者，悉诣守、尉杂烧之。有敢偶语诗书者弃市。以古非今者族。吏见知不举者与同罪。令下三十日不烧，黥为城旦。所不去者，医药卜筮种树之书。若欲有学法令，以吏为师。"秦始皇同意李斯所言①。这里描述了一幅残酷的思想专制、文化专制画面。按照这个记载，秦始皇在统一中国之初并无思想统一的行动，在统一六国数年后才有此行动。国家统一已有数年，作为参与最高层决策的核心幕僚，这些博士竟然提倡实行前朝奉行的基本政治制度，难免让秦始皇感到震惊和担忧，于是有统一政治思想的行动。

据睡虎地秦墓竹简《法律答问》记载："擅兴奇祠，赀二甲。"可（何）如为"奇"？王室所当祠固有矣，擅有鬼立（位）殹（也），为"奇"，它不为。译文为："擅自兴造奇祠，罚二甲。"怎样算作奇祠？王室规定应加祭祀的已经有了，此外擅自设立神位，就是奇祠，其他的不是②。祠涉及宗教信仰，属于思想领域，和政治关系密切。秦律规定"擅兴奇祠，赀二甲。""赀二甲"属于物质惩罚，罚两副铠甲。按照于振波的研究："秦律赀罚中甲的价格为金2两1锤或1344钱。"③ 对一个普通家庭来说，这应该不算太轻的惩罚。这说明秦朝对于思想的管控的确存在，但没有那么严苛。因为这里既不是杀头，不是抓去从事长年的体力劳动等限制身体自由的惩罚。《史记》记载的"有敢偶语诗书者弃市。以古非今者族"，是不是真实，还有待证实，毕竟《史记》里有关徭役失期按秦律皆斩的说法是不实的。

秦朝的实际做法是，政治思想上实行严格的控制，与政府观点不同的史书可能被限制传播或禁止，对非政治领域的思想、学说则比较宽松，不

① 司马迁. 史记：点校本二十四史修订本第1册. 裴骃，集解. 司马贞，索引. 张守节，正义. 北京：中华书局，2014：325-326.
② 睡虎地秦墓竹简整理小组. 睡虎地秦墓竹简. 北京：文物出版社，1990：131.
③ 于振波. 秦律中的甲盾比价及相关问题. 史学集刊，2010（5）.

加限制。这是政府追求的目标，但至于政府是否以极端的刑罚手段来实现这一目标，则尚未有定论，很可能并没有这种极端手段。事实上，直到秦朝末年乃至灭亡，持不同观点、学说的大有人在，道学、儒学等各种学说并没有中绝。依据秦朝的统治能力，如果要禁绝其他学问，是可能做到的。可能的事实是，秦朝并没有采取极端手段来灭绝不同的学问。

第二，秦朝国家政权选择意识形态，但并不创造意识形态。徐勇认为皇帝对国家权力的独揽包括意识形态权力，强调"在帝制国家时期，意识形态与国家权力紧密结合，将人们的思想高度统一到皇权体制中"[1]。皇帝并不生产意识形态，而是选择意识形态。秦始皇虽然厉行思想统一，但并不生产意识形态，而是选择性地运用当时存在于世的各种学说，为其所用。秦朝所采用的意识形态主要包括：法家学说、周朝流传下来的天命观、战国时期兴起的阴阳家思想、部分儒家思想、神仙方术思想、道家思想等。其中核心是前两者。

秦始皇留下的石刻中流露出非常多元的思想，除了法家，还包括儒家，也包括天命观。张分田指出："秦始皇的统治思想具有以法家为主、综合百家的特点。他是一个比较偏爱法家的'杂家'皇帝"，"只要对秦朝统治思想做全面、深入、细致的分析，就不难发现，它的来源广泛，构成复杂，内容丰富。"[2] 张分田还认为："无论某个王朝、某个最高统治者偏好哪一学派的政见，统治思想中都会包含礼治、法治、无为而治的内容。这些思潮所形成的共同的政治文化成果，才是皇帝制度统治思想的基础和主调。"[3] 睡虎地秦墓竹简中有一篇《为吏之道》，为南郡郡守发给各县的带有命令和教育色彩的公文[4]。其中提到的思想明显包含法家、儒家等多家的思想。这虽然是秦朝统一前的作品，但也一定程度上能够反映秦代思想。这和秦始皇身边始终有儒家博士一样，反映秦朝对各种思想、政治学说都采用为其所用的态度，而不是一味追求禁绝。

---

① 徐勇．关系中的国家：地域—血缘关系中的帝制国家（第二卷）．北京：社会科学文献出版社，2020：40.

② 张分田．秦始皇传．北京：人民出版社，2003：233-234.

③ 同②240.

④ 睡虎地秦墓竹简整理小组．睡虎地秦墓竹简．北京：文物出版社，1990：167-168.

第三，思想统一是反对地方主义、维持国家统一、促进国家整合和民族融合的重要举措，在当时非常必要。秦始皇统一的是一个分裂了 500 多年的国家，有些诸侯国比如楚国，存在的历史超过 800 年。秦始皇统一的少数民族及其政权更是如此，是第一次列入中国版图。某种意义上，秦始皇是第一次真正统一中国，第一次将中国推进到直接统治状态，因此难度极大。当时中国存在根深蒂固的地方主义、分裂主义，没有统一的国家认同，没有非常手段，国家便无法维持。章学诚指出，中国历来"以吏为师"、政教合一，秦非特例。他说：三代"治教无二，官师合一"，"秦人禁偶语《诗》、《书》，而云'欲学法令，以吏为师'。夫秦之悖於古者，禁《诗》、《书》耳。至云学法令者，以吏为师，则亦道器合一，而官师治教，未尝分歧为二之至理也。其后治学既分，不能合一，天也"[①]。另外，秦始皇并未将他本人的言论定为最高的学问、最高的真理，他实际上没有高调地将法家定为一尊，而只是采取强制性的手段，限制非议政府、政治体制的观点和学说传播。虽然法家某种意义上是官方意识形态，但不绝对，秦朝统治者依旧使用其他学说。

第四，意识形态约束和塑造秦朝国家形态。以上讨论了国家对于意识形态的选择、运用和限制等政策，国家与意识形态的关系还有一点就是，秦朝国家形态受到意识形态的形塑。秦朝国家形态的理论基础主体上来自法家和天命观，而这些都非秦朝统治者创造的思想。秦朝统治者只是思想和意识形态的搬运工、加工者、选择者。他们既主动选择意识形态，同时也受到意识形态的约束和形塑，已有的思想资源相当程度上框定了统治者所能选择的范围。国家和意识形态的关系如表 5-1 所示。

表 5-1　国家和意识形态的关系对比

	天子诸侯制国家	春秋战国时期（过渡）	君主官僚制国家
国家的角色	国家是意识形态的生产者、提供者、主要阐释者、完全的领导者	中央政府虚弱，难以自主选择意识形态；诸侯国是意识形态选择者和使用者，相互竞争	国家是意识形态的选择者、强势使用者、重要阐释者、不完全的领导者

---

① 章学诚.文史通义.商务印书馆旧版本影印本.上海：上海书店，1988：34-37.

续表

	天子诸侯制国家	春秋战国时期（过渡）	君主官僚制国家
意识形态权力掌握者	国家政权的最高层、高级贵族	周天子拥有一定的意识形态权力；诸子百家争鸣、士人兴起	国家政权的最高层、官僚集团、士大夫集团（汉及以后）
意识形态内容	天命保民论，礼法秩序说（儒学之前身）	天命论，百家学说争鸣	天命律法论（秦），天命礼法论（汉及以后），儒法道等诸子百家（一家为主）
教育主体	学在官府	官学瓦解，私学兴起	学在官府，私学亦存在

三、基本军事制度

君主官僚制国家实行的是以皇帝为最高统帅的一元化常备军制度，军队组织化、专业化程度较高，军队维持在庞大的规模，文武关系是高度理性的，实行以文制武。从国家形态的维度来看，其军事领域的制度反映出国家的高度组织化、分工专业化状态。

第一，成熟稳定的常备军制度。周朝实行的是周王统领的常备军制度，秦朝延续并发展了这一制度。秦朝是在武力统一六国、周边少数民族政权或者势力的基础上建立的。秦朝军队包括"皇帝警卫部队、首都卫戍部队、边防戍守部队和郡县地方部队四种"[1]。其中，前两者被称为中央军，后两者被称为地方军。地方军由郡县统领，比较分散，它们是中央军的来源。秦朝军队分为陆军和水军，陆军包括步兵、车兵和骑兵。全军的武器装备由国家提供，设有专门保管兵器的仓库，制定了有关武器保管的各项规定[2]。秦朝建立超过百万的常备军。比如，秦国在灭亡楚国时用兵

---

[1] 《中国军事史》编写组. 中国历代军事制度. 北京：解放军出版社，2006：81.

[2] 同[1]81－83.

60 万，对西南的越族、夷族用兵史称 50 万，此外蒙恬北伐戎狄称 30 万。这还不是全部。因此，一般认为秦朝的常备军在百万以上。霍印章认为，秦朝京城禁卫部队大约 10 万人；郡县地方部队方面，日常武装至少在四五十万以上；边防守备部队方面，北部大约 30 万，南部大约 50 万。以上加起来就是 130 万或者 140 万以上①。学者周天游认为："秦代拥有强大的常备军。根据文献记载，成年男子一般 23 岁起要为中央政府服兵役两次，另在地方上还要服役一个月。秦时人口大约为 3 000 万，以五口为一家计，壮丁应该在 600 万上下。仅戍守北境的就有 30 万人，驻岭南的便有 50 余万人，估计常备军应该在 100 万人以上。"② 常备军的强大反映秦朝国力、国家组织力的强大，也反映国家形态的发达。这是周朝完全无法想象的。

　　第二，一元化、专业化的领导体制。首先，秦朝整个国家的军事权力是完全一元化的，皇帝作为国家、中央政府的代表掌握最高军事权力。太尉、国尉、都尉、关都尉、郡尉、县尉等武官都接受皇帝的统领。地方军事长官负责训练和管理军队，但无调兵权、统兵权。调兵权属于皇帝。秦朝有节符制度，必须有节符才能调动军队。战国时期秦国的《新郪兵符》记载："兴士被甲，用兵五十人以上，必会王符，乃敢行之。"③ 秦始皇时期是否 50 人以上军队调动都必须由皇帝同意尚不可知，但调兵仍旧延用节符制度。秦始皇时期的《阳陵兵符》记载："甲兵之符，右才（在）皇帝，左（在）阳陵。"④ 霍印章指出："秦代征调军队的大权完全操在皇帝手中，其他任何一级政府、官员或将领都无权擅自征调军队，凡是征发军队或调动军队，必须执行玺、符、节三位一体的严格制度。"⑤ 杨宽认为："到秦始皇时，嫪毐凭借太后的势力，专横跋扈，据有河西、太原两郡为封国，封国内'事无大小皆决于毐'，但是他要发动武装叛乱，无发兵之权，还

----

① 霍印章. 中国军事制度通史（第四卷）·秦代军事史. 北京：军事科学出版社，1998：62 - 65.

② 周天游. 论秦汉帝国与"中国"的关系//王子今. 秦史：崛起与统一. 西安：西北大学出版社，2019：4.

③ 孙慰祖，徐国富. 秦汉金文汇编. 上海：上海书店出版社，1997：1.

④ 同③2.

⑤ 同①53.

是'矫王御玺及太后玺以发县卒及卫卒、官骑、戎翟君公、舍人'。可知当时无论封国和郡县，发兵之权都是由中央的国君直接掌握的。"① 因此，秦朝的郡县武官虽然掌握一定的暴力资源，但无用兵权力。军事大权都握在皇帝手中。

其次，军事管理是专业化、机制化的。其系统就是太尉、国尉、都尉、关都尉、县尉、游缴（乡一级）。他们都是专职设置，机制化处理军事或者治安问题。乡以下由里长、什长、伍长兼职处理。总之，军事管理有完整的系统。

第三，耕战结合、寓兵于农、军功爵制。按照商鞅设计体制，军事是国家的主要功能之一。通过国家份地授田制、耕战体制、郡县体制、官僚体制，将整个国家都组织起来。按照张金光的研究，秦朝、秦国是国家权力为中心的国家体制，国家权力是社会的纲领，行政组织是社会组织的统领②。其最终目标指向的是增强国力和武力，为的是在当时的国家竞争中赢得生存和优势。霍印章认为，秦朝"根据国家和战争需要，按郡县行政组织统一征发居民入伍、参战"③。秦朝全国成年男性一般而言都有义务服役。郡县是征兵的组织体系，将所有成年男性都组织了起来。农业是士兵的基础性依托，非服役时期，士兵归农，可以养活自己。战时则变成兵，成为国家军队的一员。士兵在战争中获得军功，将在耕田、爵位和权力方面获得相应回报。因此，耕田、战争、爵位、官职、服役通过制度关联在一起。秦朝的军事体系和经济体系、官僚体系相互依托、相互支撑、相互打通，形成了强大的韧性和战斗力。

总之，秦朝是一元化领导的军事制度，皇帝直接统领军队，是最高军事统领，实行常备军制度，国家最多时维持 140 万左右的大军④。这与皇

---

① 杨宽. 战国史. 上海：上海人民出版社，2016：283.

② 张金光. 战国秦社会经济形态新探. 北京：商务印书馆，2013.

③ 霍印章. 中国军事制度通史（第四卷）·秦代军事史. 北京：军事科学出版社，1998：72 - 73.

④ 这是一支十分庞大的军队。秦朝只有 4 000 万人左右。秦朝军民比非常高。此处秦朝人口数依据葛剑雄的分析。参见：葛剑雄. 中国人口史·第一卷·导论、先秦至南北朝时期. 上海：复旦大学出版社，2002：312.

帝是国家大事的最后决策者的根本政治逻辑一致。军权高度集中、常备军规模庞大、执行制度严密是秦朝军事制度的重要特点。此外，秦朝军事制度和国家政治、经济制度是联系在一起的。耕战体制的导向是国家强盛、军力强大、打败敌人。兵农是融合的，军事和权力、资源、地位、爵位都是密切相关的。成年男人都要服徭役和兵役。皇帝过度集中军权，也带来郡县应对军事叛乱时的虚弱和艰辛。而秦律又十分严肃，地方长官不敢轻易破坏秦律。因此，过度集权的军事制度在统治者能力雄伟时可以发挥巨大战力，在统治者无能时则成为巨大的障碍。

四、基本经济制度

秦朝实行的是公有制、私有制并存的制度，而且总体上是以私有制为主体的经济制度。这和历史上曾经出现的取消私有制的社会实践不同。一般认为，在人类历史上，取消私有制都是巨大灾难。秦朝没有犯此错误。

第一，秦朝实行的是土地国有基础上的民众占有制。土地是古代最重要的生产资料，土地制度是基本经济制度的重要组成部分。秦朝土地制度和周朝一样，呈现出复杂性、复合性、双重性。在周朝，名义上是国家土地所有制，实际上却是贵族土地所有制。作为这种制度的受益者和教训汲取者，秦朝统治者果断放弃分封制，子孙无尺寸之封。秦朝具体是怎么处理土地的？

一是，秦朝坚持天下的土地都是国家的。周天子已宣称"溥天之下，莫非王土"，作为更为强势的最高统治者，秦朝统治者更没有理由放弃。秦国有土地国有制的传统，秦孝公时代土地国有化已经很普遍。张金光认为："商鞅实行的田制改革，其实质就是土地国有化。他把立足于村社土地占有制基础上的多级分享同一块土地所有权的多层结构，简化为普遍国有与私人占有的二级结构。"[①]《商君书》写道："能得甲首一者，赏爵一

---

① 张金光.秦制研究.济南：山东大学出版社，2004：1.

级，益田一顷，益宅九亩，除庶子一人，乃得人兵官之吏。"① 这个措施是国家占有大量土地后才能实行的政策。秦国的土地制度在秦朝得以延续。秦朝留下的《琅邪石刻》称："六合之内，皇帝之土。西涉流沙，南尽北户。东有东海，北过大夏。人迹所至，无不臣者。"② 这种主张是周朝"溥天之下，莫非王土"的延续和升级。公元前 216 年，秦始皇"使黔首自实田也"③。这意味着国家正式承认民众对于国土的占有。因此，秦朝实行的土地制度实际是国家所有基础上的民众占有制。

二是，秦朝土地按户授予，需要归还，接受国家土地的民众需要承担租税徭役。张金光指出：秦授田原则是"按户口、定数量、定期还授、制辕田、乡田同井"④。杨宽指出："秦国从商鞅变法以后，与魏国同样实行按户籍身份的授田制，规定'百亩给一夫'（杜佑《通典·州郡典·雍州风俗》）。耕作者必须每年按授田之数上缴定量的租税，包括禾稼（粮食）、刍（饲料）和稾（禾秆）。"⑤《秦律十八种·田律》称："入顷刍稾，以其受田之数，无垦（垦）不垦（垦），顷入刍三石、稾二石。"⑥ 这里说得非常清楚，是一个铁证。按户授田之后，受田者需要对国家承担赋税徭役等义务。杨宽认为："由于这种按户籍身份的授田制的推行，自耕小农就在各国领域内普遍地存在，这种小农经济就成为各国君主政权的立国基础。"⑦ 小农经济是理解秦朝基本经济制度的重要概念。这种土地、税赋、徭役相联的普遍化家户制是秦朝国家形态的基层堡垒⑧。从西周的土地贵族占有制到秦朝的土地民众占有制，这是平民地位和权力的一次巨大飞

---

① 商君书．石磊，译注．北京：中华书局，2011：144.
② 司马迁．史记：点校本二十四史修订本第 1 册．裴骃，集解．司马贞，索引．张守节，正义．北京：中华书局，2014：315.
③ 同②321. 这是《史记·秦始皇本纪》裴骃《集解》引用徐广的话。
④ 张金光．秦制研究．济南：山东大学出版社，2004：13.
⑤ 杨宽．战国史．上海：上海人民出版社，2016：175.
⑥ 睡虎地秦墓竹简整理小组．睡虎地秦墓竹简．北京：文物出版社，1990：21.
⑦ 同⑤.
⑧ 一些学者提出"家户制"，认为这是传统中国的基础性制度。这是一个深刻洞见。参见：徐勇．中国家户制传统与农村发展道路：以俄国、印度的村社传统为参照．中国社会科学，2013(8)；黄振华．家户制与家户国家：中国国家形态的一个解释框架．东南学术，2021（5）.

跃。平民因为拥有土地，享有了过去相当于贵族才有的大量政治权力，包括参军、当官、成为将领等。

　　秦国和秦朝土地制度具有两种属性：所有权上的国有性、占有权和使用权上的私人性。在中华文明之中，这两种属性是不冲突的。古代中国并不十分严格地区分所有权和使用权。此外，正是这种土地制度的根本属性是土地国有制，才能理解政府为什么对在耕田上表现不佳者予以惩罚。

　　三是，在土地国有基础上，政府通过授田制度、耕战体制来授予民众土地，一方面保障民众的基本生活，另一方面保障国家统治的社会、经济和阶级基础，保障政权体系的运作。土地制度构成社会制度的基础，深刻影响社会秩序、经济秩序。张金光指出：在秦朝，"国家掌握全国土地所有权，并且运用土地，通过各种形式的国家份地授田制，使作为主要生产资料的土地与直接生产者结合起来，以榨取直接生产者的剩余劳动或剩余生产物即地租。正是在这个基础之上，形成了一种具有普遍意义的社会生产关系——官社经济体制，并由此而决定了官社经济体制的组织形式及其基本特征必然是政社合一制，亦即以国家政治行政为统绪，以农为本，实行政、农、军乃至社会精神文化的同步一体化。也正是这种官社经济体制保证了国家土地所有制之经济内容的实现，并保证了国家对社会实行有效的直接控制"①。历史学者朱军献认为"发端于春秋晚期的国家授田制，不仅持续整个战国时期，至西汉初年还依然实施"，国家授田制乃战国秦汉以来传统中国政治制度的重要基础②。土地是当时最重要的生产资料，国家授田制沟通了官民、国家和社会，成为国家统治的重要经济基础。

　　第二，在土地之外的其他领域实行私有制。民众拥有的房产、财富等都实行私有制，而不是公有制。按照法家的逻辑，虽然君主拥有至高的地位和权势，是国家的领导者，但民众的财产却不是君主和官僚可以任意掠夺的。

---

① 张金光. 秦制研究. 济南：山东大学出版社，2004：276.
② 朱军献. 中国君主官僚制政体建立初期之经济基础. 中州学刊，2019（3）.

第三节　国家统治方式

秦朝是闻名于世的中华法系的形成阶段，在中国和世界法制史上的地位十分重要。"秦律体现出了巨大的创制精神，它的制定是历史上'前无古人'的大事件，而秦律又影响了中国传统法律两千余年，表现出'后有来者'的历史功绩。"[1] 同时，秦律和秦朝依靠法律统治是极富争议的问题。严刑峻法是后世对秦法的一般认知。比如，林剑鸣认为秦代法律有法网严密、条目繁杂、"轻罪重刑"和严刑酷罚等特点[2]。秦律研究应当克服刻板印象，力求客观。审慎起见，本书从思想和现实结合维度进行阐释，相互印证，力求去伪存真。只有从思想层面进行追溯，才能从纷繁复杂的秦律中找到秦朝律法统治实践的出发点和根本逻辑。只有从实践上进入探索，关于秦朝的律法之治的立论才能坚实。

一、秦朝律法之治的根本逻辑
——基于思想层面的分析

秦始皇没有留下任何著作和亲自撰写的只言片语，只能通过他的行为和他非常推崇的人去了解他的思想。秦始皇是法家的忠实信徒，对法家尤其是韩非子、商鞅主张的依法治国深表认同，身体力行。刘泽华认为："韩非子死在了秦国，他的思想也留在了秦国，在很大程度上被付诸实践。"[3] 韩

---

① 闫晓君. 秦律：中国"第一"律. 法学，2020（11）.
② 林剑鸣. 秦汉史：上. 2版. 上海：上海人民出版社，2019：133-135.
③ 刘泽华. 先秦政治思想史. 天津：南开大学出版社，2019：280.

非子与商鞅的政治和法律思想一定程度上能代表秦始皇的思想。秦始皇推崇的法家在律法之治方面的主张到底是怎样的，是从何种立场、目的出发来思考法律和国家治理问题的？只有破解了这个根本问题，才能更好地掌握秦朝的律法统治问题。商鞅的相关观点便可归为这么几个方面（见图 5 - 2）。

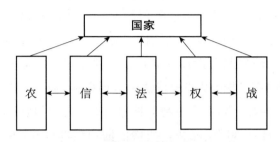

图 5 - 2　商鞅治国思想的核心支撑

　　首先，法、信、权、威、刑等是"国之所以治"之关键，是国之重器，非君主一人之重器，不能单纯将其视为君主之工具。《商君书·修权》称："国之所以治者三：一曰法，二曰信，三曰权。"①《韩非子·有度》称："威、制共，则众邪彰矣；法不信，则君行危矣；刑不断，则邪不胜矣。"② 法、信、权、威、刑等概念是法家的核心概念。法家认为处理好它们的关系、践行法治是国家实现良好运行、走向富强的关键。

　　其次，法是国之权衡、治国之准绳，是君臣必须遵守的准则，不是君主的工具，君主不得以私害法。《商君书·修权》称："法者，君臣之所共操也"；"君臣释法任私，必乱。故立法明分，而不以私害法，则治"，"惟明主爱权重信，而不以私害法"；"故法者，国之权衡也"；"故明王任法去私"③。《韩非子·有度》《韩非子·说疑》主张："奉法者强，则国强；奉法者弱，则国弱"，"法不阿贵，绳不挠曲。法之所加，智者弗能辞，勇者弗敢争。刑过不避大臣，赏善不遗匹夫"。"一民之轨，莫如法。""远仁义，去智能，服之以法。"④ 在法家看来，法具有人世间规则的崇高意义，

---

① 商君书．石磊，译注．北京：中华书局，2011：105.
② 韩非子．高华平，王齐洲，张三夕，译注．北京：中华书局，2015：49 - 50.
③ 同①105 - 109.
④ 同②41 - 50，627.

而不是简简单单的条文。

何包钢认为，韩非子的"法治"有限制庶民造反、臣下叛乱和篡权的意图，"'法'更是韩非苦心设计用来约束、限制君主肆用权力的方法"，"韩非强调'法'的客观性、标准性、平等性、公平性，不仅如现代人所说的为君主专制服务，而且还企图限制君主。他深知君主滥用权力的危害，自身的悲惨遭遇也促使他审视如何限制君权"①。国际关系学者田野指出："法家思想的理想制度设计并非现代意义上的法治，而是依法而治的现代国家。"② 法家的法治虽非现代法治，但明确强调君主不得以私害法，这一点在法家普遍被污名化为专制工具的当下，是值得强调的。

最后，法律要体现明赏必罚，严格依据功绩进行赏罚，不得因血缘关系而滥用赏罚。《韩非子·制分》称："故治乱之理，宜务分刑赏为急。治国者莫不有法，然而有存有亡；亡者，其制刑赏不分也。"③

二、秦朝律法之治的基本情况
——基于实践层面的分析

从实践层面看，秦朝律法是在秦国律法基础上形成的专业化程度较高的律法体系，是一套维护中央集权制度、皇帝制度、大一统政治秩序的法律体系。秦律流传于世的极少，很难看到其全貌，好在近些年已有不少秦简出土，包括睡虎地秦墓竹简、龙岗秦简、里耶秦简、岳麓书院秦简、清华战国秦简、郝家坪秦简、放马滩秦简等，还有一些汉墓竹简。所有秦简中，睡虎地出土的秦简有《秦律十八种》《秦律杂抄》《法律答问》等，涉及秦国秦朝政治、经济、社会生活的方方面面，价值极大。笔者以其为

① 何包钢.中国权力观念的四种类型：兼评俞可平先生的《权力和权威》.北大政治学评论（第8辑）.

② 田野.礼治与国家建设：将中国元素植入政治秩序理论.世界经济与政治，2020（9）.

③ 韩非子.高华平，王齐洲，张三夕，译注.北京：中华书局，2015：761.

主，兼顾其他秦简，分析秦律的内涵和特征。

第一，广泛性、精准性和明赏必罚。光是睡虎地出土的秦简就涉及秦律十八种，《秦律杂抄》《法律答问》更是涉及政治、社会生活、军事、祭祀、文化等方方面面。《秦律十八种·田律》规定："春二月，毋敢伐材木山林及雍（壅）堤水。不夏月，毋敢夜草为灰，取生荔、麛鸓（卵）鷇，毋□□□□□毒鱼鳖，置穽罔（网），到七月而纵之。唯不幸死而伐绾（棺）享（椁）者，是不用时。邑之纴（近）皂及它禁苑者，麛时毋敢将犬以之田。百姓犬入禁苑中而不追兽及捕兽者，勿敢杀；其追兽及捕兽者，杀之。河（呵）禁所杀犬，皆完入公；其它禁苑杀者，食其肉而入皮。"① 这里既有统一的规定，精确到了月份和具体禁止的事项，又考虑了老百姓制造棺材的需要。在针对百姓的犬进入禁苑的情况时，区分了不同情况的处置办法，而且规定很细。《秦律十八种·徭律》规定："县为恒事及献有为殹（也），吏程攻（功），赢员及减员自二日以上，为不察。上之所兴，其程攻（功）而不当者，如县然。度攻（功）必令司空与匠度之，毋独令匠。其不审，以律论度者，而以其实为繇（徭）徒计。"② 这里规定县级政府进行经常性的及经呈报批准的工程，由吏估计工程量，如施工时间超过或不足两天以上，以不察论处。县以上的征发，如估计工程量不确，与县同例。估算工程量，必须由司空和匠人一起估算，不得单令匠人估算。如所估不实，对估算者依法论处，再按实际情况计算所需服徭役徒众的数量。《秦律十八种·徭律》对于具体情况的区分、对于工程质量的强调、对于官吏责任的明确等都是非常突出的，可谓精细化、具体化，甚至有点苛刻。《秦律十八种·徭律》在国家法律层面（而非行政法规、地方性法规层面）就把规则规定得如此细致，是极少见的。

第二，强调官吏的责任，失责将受到惩罚。总体来看，秦律对于官吏的职责规定非常明确，而且要求甚高。后世历朝受儒家影响较深，提倡仁政、人情和宽严相济，其对于官吏职责严格之程度，一般都不如秦朝。其

---

① 《田律》内容可参见：睡虎地秦墓竹简整理小组. 睡虎地秦墓竹简. 北京：文物出版社，1990：20。（）内为通假字指向的正确词。□表示原简牍缺字一个。

② 睡虎地秦墓竹简整理小组. 睡虎地秦墓竹简. 北京：文物出版社，1990：47.

一，责任规定非常具体细致。《秦律十八种·田律》规定：下了及时的雨和谷物抽穗，应即书面报告受雨、抽穗的顷数和已开垦而没有耕种田地的顷数。禾稼生长后下雨，也要立即报告降雨量多少，和受益田地的顷数。如有旱灾、暴风雨、涝灾、蝗虫、其他害虫等损伤了禾稼，也要报告受灾顷数。距离近的县，文书由走得快的人专程递送，距离远的县由驿站传送，在八月底以前送达①。这规定政府在农事上的具体职责，细致具体，而绝不是含糊其词的笼统规定。其二，官吏责任大于黔首，失责追究。《法律答问》有一条内容为："贼入甲室，贼伤甲，甲号寇，其四邻、典、老皆出不存，不闻号寇，问当论不当？审不存，不当论；典老虽不存，当论。"② 盗贼进入居民甲的屋子里，伤害了甲，甲呼喊有贼，四邻、里典、伍老都外出了，追责时四邻没有责任，但里典、伍老却应论罪。这体现法律对官吏的要求更高。里典、伍老只是最低级官吏而已。前文所引《秦律十八种·徭律》中规定吏计算工程量不准确等都是要追责的。秦律中有大量条文规定了官吏的连带责任。"从岳麓秦简相关律令条文可知，官吏犯错，常被罚往新地为吏或以士卒的身份戍边，时长一般是四年。"③ 其三，强调必须认真履职、高效办公。周海锋分析秦律后提出，秦代各级官吏都要认真履行视事、出差、检举前任之责、无宿治等共同责任，"秦代十分注重行政效率，提倡'无宿治'，严防官员怠政"④。无宿治这种标准即使在现代都是极高的要求。《秦律十八种·行书律》对公文运作要求之严可见一斑："行命书及书署急者，辄行之；不急者，日觱（毕），勿敢留。留者以律论之。"⑤ 从这一点来说秦律严苛，倒也是可以成立的。

第三，并非残暴不仁和动辄杀人。史书关于秦朝法律的记载，动不动就说秦律规定要杀人。这些史书绝大部分都是基于汉朝的记载，一些内容已被证明为不实。事实是，秦律并非随便规定死刑，对于死刑的规定较

① 睡虎地秦墓竹简整理小组 . 睡虎地秦墓竹简 . 北京：文物出版社，1990：20. 这里是权威译文。
② 同①116.
③ 周海锋 . 秦官吏法研究 . 西安：西北大学出版社，2021：203.
④ 同③201-211.
⑤ 同①61.

少。张分田指出："汉代以来的各种记载与评论又有意或无意地夸大了秦
法的严酷程度，许多说法与历史事实不符。例如，秦有告奸、连坐之法，
并有重赏重罚之条，这是事实。为了证明秦法重赏重罚，司马迁在《史
记》中的说法是'不告奸者腰斩，告奸与斩敌首同赏，匿奸与降敌者同
罪'。《盐铁论·申韩》为了贬斥法家，渲染秦法恐怖，竟然说此法的目的
是'设罪以陷人'，乃至'以陷无辜，累无罪，以子及父，以弟及兄。一
人有罪，州里惊骇，十家奔亡'。而云梦秦简提供的材料表明，秦律法定
的告奸之赏、连坐之罚远未达到这种程度。揭发杀人犯的告奸之赏是奖给
黄金二两，并未言及赐爵。适用连坐法而受到牵连的家属也仅是与罪犯本
人同罪同罚。对不告发罪犯的同户、同伍、伍老、里典则区别对待，递降
刑罚，有的只是罚些款物而已，根本没有一律腰斩的规定。'同居'的主
人犯罪，其奴隶还可以不必连坐。"[1] 这里指出汉代权威典籍对于秦朝的系
统性抹黑。因此，单纯依靠二手资料，特别是汉代资料，难以得出正确结
论。如果没有出土文物，古史关于秦朝的很多记载就很难被发现是不实的。

　　《秦律十八种·徭律》规定："御中发征，乏弗行，赀二甲。失期三日
到五日，谇；六日到旬，赀一盾；过旬，赀一甲。其得殹（也），及诣。
水雨，除兴。"[2] 即"为朝廷征发徭役，如耽搁不加征发，应罚二甲。迟到
三天到五天，斥责；六天到十天，罚一盾；超过十天，罚一甲。所征发人
数已足，应尽速送抵服役处所。降雨不能动工，可免除本次征发"[3]。这里
既没有徭役失期杀头的规定，而且区分了是否征发、失期多久等不同情
况，都是物质惩罚，而没有刑罚。这证明了《史记·陈涉世家》征发徭役
"失期，法皆斩"[4] 乃不实的记载。耶鲁大学教授、中国学家芮乐伟·韩森
因此指出："我们由此可以断定，汉朝史学家夸大了这些刑罚以败坏已经
灭亡了的秦王朝的声誉。"[5]《秦律十八种·厩苑律》规定："叚（假）铁

① 张分田.秦始皇传.北京：人民出版社，2003：472-473.
②③ 睡虎地秦墓竹简整理小组.睡虎地秦墓竹简.北京：文物出版社，1990：48.
④ 司马迁.史记：点校本二十四史修订本第6册.裴骃，集解.司马贞，索引.张守节，正
义.北京：中华书局，2014：2366.
⑤ 韩森.开放的帝国：1600年前的中国历史.梁侃，邹劲风，译.北京：社会科学文献出
版社，2016：107.

器，销敝不胜而毁者，为用书，受勿责。"① 也就说，借用官家的铁制家具，因破旧不堪使用而损坏的，以文书上报损耗，收下原物而不令赔偿。这里的立法原则是区别具体情况的，也是比较宽恕的。

睡虎地出土的《秦律十八种》《秦律杂抄》《法律答问》，是目前为止最完整、缺损最少的秦朝律法一手资料。其中，《秦律十八种》涉及 18 种非常重要、常用的秦律，共 109 条规定，但无一条规定死罪。《秦律杂抄》有 27 条规定，无一条涉及死刑。《法律答问》有 192 条答问，只有 4 条涉及死刑。从《秦律十八种》、《秦律杂抄》和《法律答问》来看，只有 1.2% 的情形涉及个人的死罪。《法律答问》涉及 4 条死罪包括动摇军心、教唆未成年人杀人、杀死养子、同母异父者通奸。②

应当指出，依照现在的标准，秦律的许多规定是残酷的。但从历史角度看，秦国和秦朝律法规定不可一概斥为残暴不仁。相对于古代社会其他国家的刑罚，秦法未见得更残酷。美国秦史专家卜德指出：毫无疑问，从现代的视角来看，秦朝一些刑法是残忍的，但也很难说，就比在其他许多地方和时代所发现的刑罚更残暴（例如，在 1818 年前的英格兰，从店中偷走价值五先令的货物就要处死）③。在古罗马，"一个奴隶若是谋杀了自己的主人，家里的所有其他奴隶习惯上都要被处决"。公元 61 年，罗马城长官卢基乌斯·佩达尼乌斯·塞孔都斯被他的一名奴隶杀死，根据规定，其拥有的 400 名奴隶（包括女奴和儿童）都被处死④。

第四，劳役刑过多过滥。这是秦律最具破坏性的缺陷。"秦汉国家还通过建立系统的徭役制和刑徒制等机制，使政府获得充分的资源。其中，劳役刑制度既是法律机制的有机组成部分，也是其运行的重要资源保障。"⑤ 隶

---

① 睡虎地秦墓竹简整理小组．睡虎地秦墓竹简．北京：文物出版社，1990：23.

② 以上内容根据《睡虎地秦墓竹简》统计．参见：睡虎地秦墓竹简整理小组．睡虎地秦墓竹简．北京：文物出版社，1990：19-144.

③ 崔瑞德，鲁惟一．剑桥中国秦汉史（公元前 221 年至公元 220 年）．杨品泉，等译．北京：中国社会科学出版社，1992：66-67.

④ 弗里曼．埃及、希腊与罗马：古代地中海文明．李大维，刘亮，译．北京：民主与建设出版社，2020：653.

⑤ 王志强．中华法的政治机理：基于秦汉与古罗马时期的比较视角．中国社会科学，2021（10）.

臣、隶妾、城旦、鬼薪等必须为官方承担劳役的惩罚和罪名是秦律中经常出现的。秦律的严重缺陷恰恰不在于死刑太多，而在于法律规定比较细致和严厉，且一旦违法，就将受到惩处，包括物质惩罚或者体力惩罚，比如罚作替官方从事劳动。虽然有一些是物质惩罚的规定，但相当多的人可能因为交不起物质惩罚（如罚铠甲、盾牌）而只能出卖自己的体力劳动，不同程度地丧失人身自由，成为秦朝劳役群体中的一员，从而破坏了社会生产和社会生活。比如，城旦是为官府从事筑城 4 年的劳役的罪名[①]。秦律中关于城旦的规定很多[②]。严厉的刑法规定和严厉的执行，导致服劳役刑的人越来越多，怨声载道，成为秦朝灭亡的重要原因。

概言之，秦朝相当严格地（甚至极端化地）遵循了法家思想，奉行律法统治，以律法为治国之准绳，奖优罚劣，将耕战原则、保障农业主体地位、责任制、军功爵制等都贯彻到了律法中。秦律对于官僚的要求明显高于普通百姓。据现有文献，秦律没有体现出后世所说的残暴、滥杀，至少不可一概而论。历史地看，秦律总体上呈现出灵活性、合理性、可操作性、精细化、实用性，当然亦存在劳役刑泛滥等根本性缺陷。芮乐伟·韩森指出，睡虎地秦墓竹简表明，"这是一个与汉代所谴责的秦代邪恶统治完全不同的法律制度"[③]。

第四节　国家和社会关系

君主官僚制国家的国家和社会关系极具特色，是一种国家主导的国家

---

① 《史记·秦始皇本纪》称："令下三十日不烧，黥为城旦。"裴骃集解："如淳曰：律说'论决为髡钳，输边筑长城，昼日伺寇虏，夜暮筑长城'。城旦，四岁刑。"参见：司马迁 . 史记：点校本二十四史修订本第 1 册 . 裴骃，集解 . 司马贞，索引 . 张守节，正义 . 北京：中华书局，2014：326.

② 睡虎地秦墓竹简有大量相关条文，囿于篇幅，恕不列举。参见：睡虎地秦墓竹简整理小组 . 睡虎地秦墓竹简 . 北京：文物出版社，1990.

③ 韩森 . 开放的帝国：1600 年前的中国历史 . 梁侃，邹劲风，译 . 北京：社会科学文献出版社，2016：108.

和社会关系，官民关系是这种国家和社会关系的主体。这是中国国家第一次在全国层面通过郡县制、官僚制直达基层，具有划时代的意义，但也存在国家权力过大、社会活力自主性不足等问题。

一、以国家为中心

秦朝以国家政权为中心，国家政权是整个社会的"纲"，并无十分严格的国家和社会的区分。张金光指出，战国秦国属于官社经济体制模式，其组织形式的首要特点"可谓'政社合一'，详言之，实是以国家基层行政为统绪，以农为本，包括农业社会生产、军事以及社会、经济、精神文化生活等在内的一切服从于国家政治、同国家政治行政的一体化，其基本框架结构，乃是以政府行政系统进行编民、编农甚至于编军，在这个'合一'体中，'政'是筋骨，是统绪，是绳贯，是支配一切、统帅一切的"[1]。王彦辉认为"秦汉时期国家权力的终点通过直属的行政网络直接到民"[2]。

在秦朝，国家作为社会的管理者、统治者、组织者、仲裁者、守卫者、保卫者，扮演着社会的尺度和法则的角色。国家通过一整套国家治理体系、国家制度体系、律法体系、社会规则体系来治理社会，因此确保了国家居于中心地位。天命律法论之下，秦朝君主以及其领导的官僚体系掌握国家权力，具有合法性，因此他们处于国家的中心地位。

二、官民关系是国家和社会关系的主体

以上是从君主官僚制国家的立国基本理论层次来谈国家和社会关系的。

---

① 张金光. 战国秦社会经济形态新探. 北京：商务印书馆，2013：39 - 40.
② 王彦辉. 秦汉户籍管理与赋税制度研究. 北京：中华书局，2016：112.

现实中，国家是国家，官是官，民是民，官府之外的确存在一个不同的世界。秦朝国家和社会关系的主体是官和民的关系。官僚是一个庞大阶层，是社会的管理者。平民是一个更庞大的阶层，包括士农工商等，官僚从他们之中产生。当然，秦朝还存在封君一类的贵族，但他们不是一个重要的阶层。

官民关系的基础是土地和权力。官僚是有功绩和能力的平民。平民是官僚的来源。土地、官职、爵位是最重要的社会资源，成为社会地位和社会身份的象征，而要获得这些资源就需要功绩和能力。《商君书·农战》称："凡人主之所以劝民者，官爵也。国之所以兴者，农战也。今民求官爵，皆不以农战，而以巧言虚道，此谓劳民。劳民者，其国必无力。无力者，其国必削。善为国者，其教民也，皆作壹而得官爵。是故不作壹，不官无爵。国去言则民朴，民朴则不淫。民见上利之从壹空出也，则作壹。作壹，则民不偷营。民不偷营，则多力。多力，则国强。今境内之民皆曰：'农战可避，而官爵可得也。'是故豪杰皆可变业，务学《诗》、《书》，随从外权，上可以求显，下可以求官爵；要靡事商贾，为技艺，皆以避农战。具备，国之危也。民以此为教者，其国必削。"① 这虽是《商君书》的话，但很大程度上代表秦朝的情况。

秦朝爵位有二十等，每一等有不同的权力和利益。民众靠耕战之功来获取爵位和官职。这是官民转换的主要途径。《商君书》还称："其有爵者乞无爵者以为庶子，级乞一人。其无役事也，其庶子役其大夫月六日。其役事也，随而养之军。"② 如此看来，民有爵位和没有爵位地位差异极大。庶子的安排是屈辱性的，必将激励民众拼命赢得爵位，这就需要其投身耕战潮流之中。

三、强国家、弱社会模式

秦朝的国家和社会关系属于强国家、弱社会模式。国家非常强大，社

---

① 商君书．石磊，译注．北京：中华书局，2011：25.
② 同①140.

会比较被动和弱小，受到国家的宰制和控制。国家权力一直渗透到乡一级。秦朝在乡亭设立管理机构，国家控制直达乡里。历史学者孟祥才指出："秦统一全国后，普遍实行以县统乡、以乡统里的地方基层制度"，秦汉时期"县以下的乡、亭、里等，乃是当时最基层的政治组织"①。秦朝国家权力渗透到基层社会。

从某种意义上来说，秦朝国家权力的渗透程度具有一定的现代性，基本达到了现代国家权力渗透的程度和力度。当然，秦朝的乡亭组织非常简单，和当代中国不可同日而语。虽说秦朝是一种强国家、弱社会模式，但这不是绝对的。实际上，从秦朝末年农民起义的情况看，秦朝社会蕴含巨大能量。从绝对意义来说，秦朝政权是弱于社会的，只不过社会力量是分散的。

第五节　社会和阶级结构

秦朝继承春秋战国的遗产，第一次在全国范围内开启了阶级开放的社会结构。这种社会结构为后世王朝所继承。这种无贵族社会在人类历史上可以称得上是一枝独秀。尽管不尽完美，但代表着人类社会发展的正确方向。

第一，秦朝社会结构主要包括皇帝及皇族、官僚、民众（平民、庶人）、贱民（奴隶）四大阶层。张分田认为："在秦朝，君（皇帝）、臣（官僚）、民（黔首）是三种最基本的政治身份和政治等级，它们又分别构成君与臣、君与民、官与民三种基本的政治关系。"② 瞿同祖认为周朝之后中国社会结构包括官僚、平民，平民中包括士农工商，以及贱民，贱民则处于社会最底层，包括奴隶、妓女、艺人和侍从以及一些地方性团体③。

---

① 孟祥才. 中国政治制度通史（第三卷）·秦汉. 北京：人民出版社，1996：236.

② 张分田. 秦始皇传. 北京：人民出版社，2003：353－354.

③ 瞿同祖. 中国阶级结构及其意识形态//费正清. 中国思想与制度. 郭晓兵，等译. 北京：世界知识出版社，2018：261－268.

笔者认为，秦朝社会结构中的主体为皇帝及皇族阶层、官僚阶层、民众阶层，贱民或者奴隶阶层是比较少的，贱民阶层包括因为违反秦律被罚为奴隶或者因为历史原因就是奴隶或贱民的人，但这不是秦朝的主体性阶层。

皇帝及皇族居于社会的最高地位，皇帝是整个社会结构的核心，整个社会和阶级结构都是以皇帝为核心构成的同心圆。天命律法论决定了皇帝上承天命，下接百官和万民，是国家政权和制度体系中最重要的存在。官僚分为高级官僚、低级官僚，极少数功勋卓著的高级官僚和将领还可以被封侯，成为与周代不同的、无世袭权力的封君，他们总体上可归入官僚阶层中。

官僚阶层构成国家的统治力量，是国家政策的执行者，处于国家脊梁的地位。秦朝民众又称"黔首"，包括士农工商四民。其中地位最高的民当属于社会的主体，也就是农民。农民阶层为秦朝的主体性阶层，成为官僚的主要来源。其他阶层还有士工商。秦朝的士包括读书人，亦包括侠客。士农工商并非不可流动。商人阶层受到国家的抑制。

第二，秦朝社会从主体上来说，只有阶层而并无严格意义上的阶级。秦朝打破了周朝等级森严、阶级不可逾越的制度，变成整体上来说没有阶级界限、趋向于平等的社会。民众内部的社会阶层地位有高有低，但总体机会平等，而且非固化。官僚从民众中产生，官僚和民众相互流动。国家为人的流动提供了很多机会。农民可因军功、耕田表现优秀而获得爵位，成为将领和官僚。这种社会结构可以称为皇帝、官僚加四民社会。四民指的是士农工商。皇帝包括皇族，是一个特定群体，在整个社会中是极少数。判定社会组成人员的地位高低有两个依据。一是血缘，这里指的是皇族。这是极少数人。二是职业。瞿同祖认为："中国传统社会中的上下层关系以职业类别为基础。"① 官、士、农、工、商都是职业，除了商人受到限制，其他官、士、农可以通过耕战进行转换。这一点潘维也有论述。他说：在古代，"中华有'四民分业'，但'百姓'平等，构成了'编户齐

---

① 瞿同祖．中国阶级结构及其意识形态//费正清．中国思想与制度．郭晓兵，等译．北京：世界知识出版社，2018：268.

民'的基本条件，也是'大一统'的基本条件。既然'百姓'平等，编户齐民，就没有欧式的'阶级文化'"①。

第三，秦朝社会和阶级结构的平等是相对的，而不是绝对的，是从其社会流动和社会机会层次来说的。秦朝同时又是一个有一定等级的社会。民众可以通过不同的贡献、功劳获得不同的爵位，爵位分为20等，称为军功爵位。秦朝由于军功爵位制度实行甚广，而且又是一个军事导向的国家，因此这种军功爵制一定程度带来社会的等级化。

概言之，君主官僚制国家是一种皇权高耸、民众相对平等、官僚居于国家管理者地位、社会流动性高的社会结构。这种皇位世袭、皇帝阶层基本不流动，官僚和民众阶层流动的社会结构模式，深刻影响君主官僚制国家的运作。首先，皇帝成为国家的轴心力量，除了是政治中心之外，亦是社会结构的中心。其次，总体来说，官僚阶层和民众阶层成为两大主体性阶层，亦是国家的主要社会关系、主要矛盾。"官民二元对立是中国古代社会阶级结构的基本格局。它不仅是中国古代官社经济体制下社会阶级结构的基本格局，而且是尔后数千年中国社会之社会阶级结构坐标中轴线。"② 瞿同祖所讲的"'统治阶级和被统治阶级'二分法在中国社会和政治思想中是一个核心的概念"③，亦是此意。官民关系的处理是君主官僚制国家形态的最重要问题之一。

第六节　国家经济形态

经济形态是国家形态的重要构成，可以从经济、技术和物质层面反映

---

① 潘维．大型政治共同体的逻辑//潘岳．中西文明的根性比较．北京：新世界出版社，2022：277.

② 张金光．战国秦社会经济形态新探．北京：商务印书馆，2013：5.

③ 瞿同祖．中国阶级结构及其意识形态//费正清．中国思想与制度．郭晓兵，等译．北京：世界知识出版社，2018：268.

国家的能力、国家治理的可能性。由于秦朝短暂，又和秦国有着密切联系，这里难以完全区分秦国和秦朝。秦朝的出现是建立在较高水平的农业社会基础上的。

一、较高水平的农业社会

秦朝乃不折不扣的农业经济社会，农业为国民经济之绝对主干、核心产业。秦朝农业已经达到了集约化发展、依据律法进行管理的程度。

一是十分重视农业，以农立国。由于秦国、秦朝推行尚农除末、重农抑商政策，农业的经济地位比起周朝更重要。在秦朝的基本经济制度中，土地制度具有基础性地位。陆威仪认为秦汉时期，"有 90％的人口从事着农业生产"①。在商鞅之时，秦国已高度重视农业，农战被定为最重要的国策。农业是基础，服务战争是目的。没有农业、农民的支撑，战争就没有经济基础、人力基础。《商君书·农战》开篇就说："凡人主之所以劝民者，官爵也。国之所以兴者，农战也。"这里已彰显秦国的官僚制气息和农战气息。农战被视为兴国之本。《商君书·农战》还说："圣人知治国之要，故令民归心于农。"②《商君书·垦令》说："重关市之赋，则农恶商，商有疑惰之心。农恶商，商疑惰，则草必垦矣。以商之口数使商，令之厮、舆、徒、童者必当名，则农逸而商劳。农逸则良田不荒；商劳则去来赍送之礼无通于百县。则农民不饥，行不饰。农民不饥，行不饰，则公作必疾，而私作不荒，则农事必胜。农事必胜，则草必垦矣。"③ 这就是重农抑商。商鞅的重农抑商政策在秦朝依旧延续，秦王政二十八年刻就的《琅邪石刻》写道："上农除末，黔首是富。普天之下，抟心揖志。"④ 受到秦

---

① 陆威仪.早期中华帝国：秦与汉.王兴亮，译.北京：中信出版社，2016：105.

② 商君书.石磊，译注.北京：中华书局，2011：24-32.

③ 同②21.

④ 司马迁.史记：点校本二十四史修订本第1册.裴骃，集解.司马贞，索引.张守节，正义.北京：中华书局，2014：314.

始皇欣赏的韩非子也主张："夫明王治国之政，使其商工游食之民少而名卑，以寡趣本务而趋末作。"①《秦律十八种·田律》详细规定政府要及时关注雨水和收成，并及时向上级报告，否则将受到惩罚。《秦律十八种·厩苑律》规定，每年4、7、10、12月比赛养牛的成果，还要考核，根据牛的肥瘦程度实施奖惩②。可见秦朝对农业的极端重视，在管理上也是高度制度化、精准化的。

二是农业在世界居于领先地位。历史学者王家范指出："至迟到战国时期，我国传统社会已经确立起一种世界上居领先地位的农业发展模式——以多锄多肥、精耕细耨为特色的劳动力高度密集类型的集约农业。单位面积产量与耕地复种指数之高，是这种集约农业突出的两大显著优势，世界其他国家的传统农业均莫之能比。"③秦朝较普遍地实行牛耕，并使用铁制、青铜器农具。秦国还有都江堰、郑国渠等著名水利工程。这些事实都反映秦国和秦朝重视农业、农业发达。林剑鸣指出："在生产发展的前提下，到战国末年秦国的富庶程度，远远超过了其它诸侯国，'秦富天下十倍'（《史记·高祖本纪》），正是指的这个时期。这时，秦国生产的粮食不仅保障本国食用，而且也满足不断扩大的土地上之人口所需要，从而为统一中国准备了物质前提。总之，从封建制确立以后，秦国农业生产水平的提高是十分显著的。"④

二、手工业具备较大规模和较高水平

首先，铁器和青铜器的制造业较为发达。秦朝实行非常严格的责任制，保证其冶铁、青铜制造等手工业生产的有效性。林剑鸣认为，秦国冶

---

① 韩非子.高华平，王齐洲，张三夕，译注.北京：中华书局，2015：720.
② 睡虎地秦墓竹简整理小组.睡虎地秦墓竹简.北京：文物出版社，1990：19-23.
③ 王家范.中国历史通论（增订本）.北京：生活·读书·新知三联书店，2019：134.
④ 林剑鸣.秦史稿.上海：上海人民出版社，1981：284-285.

铁业分为官营和私营两种，国家设有专门管理铁器制造的官员"左采铁""右采铁"等，《秦律十八种·廏苑律》规定"叚（假）铁器，销敝不胜而毁者，为用书，受勿责"，铁器成为日常生活所用之物，"秦国的冶铁业是十分发达的"[①]。这些信息显示铁器制造在秦国、秦朝有相当大的规模。

青铜器制造比较发达。林剑鸣指出："秦国的武器大部分仍旧用青铜制造，如近年在秦始皇陵东侧大型陶俑陪葬坑中发现的兵器如箭、矛、镞等皆为青铜制造，这些武器的制造水平，达到了古代青铜兵器铸就史上的高峰。这里出土的秦剑，从制造技术上考查，是相当精良的"，"秦国的冶炼技术，有其独到之处，如对兵器的焠化处理，在秦俑坑中发现的武器：剑、矛、镞等在泥土中埋藏了二千年以后，仍旧不蚀不锈，光耀夺目，锋利如新，就是因为它们经过焠化处理，使兵器表面生成十微米的氧化层。这种技术在德国和美国，分别在一九三七年和一九五〇年才正式列为专利"[②]。这是一个实证。

其次，陶瓷、漆、纺织等制造业较发达。秦俑历经 2 000 多年依旧色彩十分鲜艳、美丽，而且出土规模极大，造型活泼、栩栩如生，就是一个例证。田昌五、安作璋认为："秦统一后，制陶业在原来的基础上有了巨大的发展。近年来在秦俑坑出土的大约八千件陶制兵马俑，是其突出的标志。这些陶制兵马俑，都是用黏土烧制的，火候高，质地硬，形体与真人真马相似，烧制难度较大，已被誉为'世界第八大奇迹'。"[③] 此外，皮革、煮盐等产业亦有相当规模。

秦国、秦朝倾向于建立一种标准化、责任化、规范化、统一化的制度，这种制度倾向于问责到每个具体的个人，绝不把管理当作一笔糊涂账。许倬云指出："秦代官家作坊，出品都列举由工人到各级官员的名字，实是显示工作的责任制。……秦代兵器的标准化，可能是秦人能够以武力击败六国的原因之一。"[④] 正是有了这种精神和思想，秦的大军才会如此整

---

① 林剑鸣.秦史稿.上海：上海人民出版社，1981：286.

② 同①286 - 288.

③ 田昌五，安作璋.秦汉史.北京：人民出版社，2008：59.

④ 许倬云.我者与他者：中国历史上的内外分际.北京：生活·读书·新知三联书店，2015：35.

齐，包括出土的秦俑、兵马阵、武器才会保持宏大的规模、高标准、高质量。由于秦朝的资料十分有限，难以量化和精准分析其经济结构、经济水平，但依据已有材料，亦可见秦朝的手工业在当时世界是先进的，而且有着较为科学的管理制度。

秦朝抑制商业，商业发展有限，但依旧有不少大商人，有些商人还被封侯。《史记·货殖列传》称："乌氏倮畜牧，及众，斥卖，求奇缯物，间献遗戎王。戎王什倍其偿，与之畜，畜至用谷量马牛。秦始皇帝令倮比封君，以时与列臣朝请。而巴寡妇清，其先得丹穴，而擅其利数世，家亦不訾。清，寡妇也，能守其业，用财自卫，不见侵犯。秦皇帝以为贞妇而客之，为筑女怀清台。夫倮鄙人牧长，清穷乡寡妇，礼抗万乘，名显天下，岂非以富邪？"[①] 可见，秦朝对于商人并非一概贬斥。不过，抑制商业限制了秦朝经济的发展。

三、具备较好城市文明基础和较发达道路网

经历东周以来三四百年的竞争和发展，战国后期已经形成大量的较发达的城市、地域中心。范文澜指出："战国时代万户大邑，到处都有。"[②] 按照很多西方和日本学者的看法，战国时期的中国出现了大量的领土国家。平势隆郎用领土国家形容战国时期的中国[③]。这些诸侯国有着明确的边界和颇为发达的城市，这些都为构建更为先进、联系更加紧密、中央集权程度更高、大一统程度更深的国家形态打下物质基础。

此外，秦朝大兴道路交通，构建了以咸阳为中心、包括驰道和直道等在内的国家道路网，展现了一个新国家的气象。陆威仪指出："为了完

---

① 司马迁. 史记：点校本二十四史修订本第 10 册. 裴骃，集解. 司马贞，索引. 张守节，正义. 北京：中华书局，2014：3957.

② 范文澜. 中国通史简编：上. 石家庄：河北教育出版社，2000：121.

③ 平势隆郎. 从城市国家到中华：殷周、春秋战国. 周洁，译. 桂林：广西师范大学出版社，2014：9-11.

全把帝国联为一体，把控制范围之外的地区排除在外，秦始皇修建了以都城咸阳为中心、呈扇形向四周延伸的道路网，用来调遣军队，派遣官员、信使，以及促进商业。……秦的皇家道路长达 6 800 公里。"① 马丁·雅克认为："秦朝的存在虽然很短，但却建造了 6 400 多公里的官道，其规模和罗马帝国不相上下。"② 尽管数字有一些差别，但都是 6 000 公里以上。

因此，秦朝建立时的中国已是一个较发达的农业、手工业经济体，大量城市遍布中华大地，道路畅通，人口增加到约 4 000 万。这和周朝建立时中华大地人烟稀少，许多地方仍旧是不毛之地、经济尚不发达完全不同。秦朝君主官僚制国家建立在有相当发展的农业、手工业、商业、城市、聚落和道路网的基础上。这些经济基础已具备支撑构建先进、强大的君主官僚制国家的条件。从世界范围来看，秦朝的经济水平、经济体制、技术水平、责任明晰的手工业生产管理制度、城市发达程度处于世界领先地位。这为秦朝国家形态成为世界领先的国家形态奠定了重要基础。

第七节　西汉的改造和定型

西汉对君主官僚制国家形态的改造和定型是周秦之变的重要组成部分。西汉为什么要改造于秦朝产生的国家形态？改造的主要内容是什么？为什么改造后的君主官僚制国家形态就能够被中国人接受？本节将围绕这些问题进行讨论。

---

① 陆威仪. 早期中华帝国：秦与汉. 王兴亮，译. 北京：中信出版社，2016：56-57.
② 雅克. 大国雄心：一个永不褪色的大国梦. 孙豫宁，张莉，刘曲，译. 北京：中信出版社，2016：51.

一、西汉对新国家形态的改造和定型

西汉对秦朝国家形态的改造和定型，史称"秦汉之变"。相当多历史学者将周秦之变、秦汉之变并列。这种看法总体上是形式上的区分、朝代上的区分，而非国家演进周期上的区分。基于国家演进逻辑，本书将秦汉之变作为周秦之变的重要但非主要的组成部分。汉朝主要改造如下：

第一，从立国基本理论维度看。从天命律法论变成天命礼法论。天、人、礼（德）、法均是古代中国人思考的最重大范畴。儒法关系某种意义上就是这四者关系的集中体现。四者关系的不同，反映儒家和法家的互动和竞合关系，对国家治理有着根本性影响。特别是周、秦、汉三朝，作为中国历史关键的开创性时期，此期间四大要素的竞合和博弈结果对于后世政治发展和历史演进几乎有着决定性意义。赵鼎新将秦朝至清朝的中国称为"儒法国家"，这从一个侧面反映儒、法及其关系对于秦朝至清朝中国的极端重要性。

从天人关系看，和秦朝一样，汉朝同样继承天命论，明确宣示承认五德循环论（秦朝是否承认五德循环论尚有争议），天命论毫无疑问就是汉朝的立国基本理论。从礼、法关系来看，秦朝并非不要礼，秦始皇泰山祭祀依旧用礼，且曾问礼于鲁国旧地的儒生，但秦朝是以法统礼、法本礼末。汉朝继承了法家的大量思想，放弃了法家激进的主张，引入儒家作为主导性意识形态，礼成为更重要的治国方式，可称为"以礼统法"①、礼法并用、融法入礼。汉朝早期信奉黄老之术，强调无为而治，汉武帝开始独尊儒术。这其中已经有 70 年左右时间，此后汉朝延续 300 多年。无论是信奉黄老术还是独尊儒术，汉朝对于法家的"依法治国"是继承了的。在汉

---

① 历史学者刘巍从礼治与法治关系的角度探讨中国政治文明的传统精神，提出"以礼统法"概念。参见：刘巍. 以礼统法：晚周秦汉儒法竞合之归宿与中国政治文明精神之定格. 齐鲁学刊，2021（5）.

朝，律法具有崇高地位，是治国的主要遵循和主要工具之一。和秦朝一样，汉朝出土文物、大量墓葬里的陪葬品就涉及律法。这就是一个重要证据。比如，张家山汉墓里就有汉律竹简。律法对于秦汉国家治理的重要性，只能从中国历史演进的根本逻辑中去理解。也就是说，周朝那种法不示人、道德说教感化式治理已经在春秋战国的持续暴力混战和竞争中被普遍扬弃，律法对于国家治理的重要性已得到治国精英们乃至于普通官僚的普遍认同。

从儒法关系看，汉武帝实行"罢黜百家、独尊儒术"，这和秦朝"以法为教"是有区别的。当然，汉朝并不只用儒家，实际上也用其他各家。汉武帝本质上亦是"同时尊奉儒、法两家的学说"①。汉宣帝说得明白："汉家自有制度，本以霸王道杂之；奈何纯任德教，用周政乎。"② 后人形容汉朝至清朝中国是外儒内法、济之以道，这种说法是深刻的。汉朝对于不同思想流派都使用的做法，和秦朝实际上是一致的，虽然秦朝过度偏向法家。

汉朝既使用律法作为治国的重要手段，同时又高度强调礼和德的重要作用，以儒家的礼治、仁政冲淡法家的严厉和冷酷。这种既信奉天命论，又以儒家作为官方主导性意识形态，同时并用法家等其他各家学说的立国逻辑，笔者称为天命礼法论。天命礼法论是周朝天命保民论和秦朝天命律法论的调和、混合和新发展。天命礼法论和天命律法论都属于天命论范畴。从政治上看，混合的东西可能会兼具各方优点，从而具有较强的生命力和适应力。

虽然同属于天下型国家，细分下来，秦朝可称为律法国家。律为治国之准绳，律强调精准性和普适性，无论对谁，甚至包括皇帝本人（韩非子甚至反对帝王以私害法、任私乱法），都要适用。汉朝可称为礼法国家。礼本身就具有一定的等级性、人情性和灵活性，不如法之精准和一体化。汉朝的法受到儒家思想的影响，国家允许以经义断事，法带上了道德性、

① 赵鼎新.东周战争与儒法国家的诞生.夏江旗，译.上海：华东师范大学出版社，2006：161.

② 司马迁.资治通鉴：第2册.胡三省，音注.北京：中华书局，1956：880.

人情性和灵活性。礼法国家一定程度上是将秦朝的律法国家往周朝的礼治国家方向拉，是一种符合中国文化结构和民族主流价值的调和。立国基本理论是一整套意识形态，对于国家维系和治理产生深远影响。天命论总体上延长了君主官僚制国家的寿命。这一点上，古代中国和罗马帝国形成鲜明对比。"罗马统治者可能由军队或元老院选出，王朝原则从来都没有深深扎根，对皇帝的崇拜也几乎没有精神内涵。这与中国人的明确观念——皇帝是天子，有特权获得皇室祖先权力的恩泽形成了鲜明对比。"①

第二，从国家基本制度维度看。总体看，皇帝制度、官僚制、郡县制、中央集权、大一统制度、因俗而治等秦朝基本制度，都被汉朝继承和发展。汉朝出现刺史制度，这是加强皇权的新做法。汉朝还使用分封制，这是周朝国家形态在局部领域的"回光返照"。汉高祖"封了他的九位兄弟和儿子为王，并附有大量土地。他还封了他的 150 位最重要的追随者为侯爵。汉朝版图内 2/3 的领土在刘邦的儿子和其他亲戚手里。只有 1/3 国家的土地，即包括国都在内的西部重要部分，还直属中央管辖"②。此后汉朝花费了上百年的时间才彻底将分封制的弊端克服③。法学学者苏力指出，西汉曾有过半个世纪关于郡县和分封的论争和"修宪"举动，削弱各诸侯王的政治经济实力，后又平定七王之乱，"打败了地方的封建势力，也彻底粉碎了汉初政治家们曾寄托于封建制的那最后的迷信"，"当汉武帝通过独尊儒术进一步完成意识形态上的中央集权后，汉承秦制，终于在中央与地方关系上全面完成了历史中国宪制的这一伟大转变"④。他的论述是成立的。当然，分封制的实行不是汉朝对君主官僚制国家进行改造完善并被后世继承的内容，而是刘邦维护刘家天下的自我保护举措。汉朝经历此一大曲折，最终回过头去全面继承秦朝的郡县制，郡县制成为国家主体性制

---

① 布利特，等. 大地与人：一部全球史：上. 刘文明，等译. 北京：商务印书馆，2020：247.

② 韩森. 开放的帝国：1600 年前的中国历史. 梁侃，邹劲风，译. 北京：社会科学文献出版社，2016：118.

③ 今天的人们很容易看清楚郡县制和分封制的优劣，因为我们是"事后诸葛亮"。对于古人而言，一项大的制度、新的国家形态，不但建构和形成过程是漫长的，对其认知过程亦是漫长的。

④ 苏力. 大国及其疆域的政制构成. 法学家，2016（1）.

度，分封制成为国家补充性制度。这亦构成"汉承秦制"的一部分。

汉朝改变秦朝的耕战体制、军功爵制度，变成耕读体制、举孝廉制度。从此，选拔人才不再依靠战争和耕田的成绩，而主要依靠符合儒家标准的孝廉和才华，当然世袭、血缘也是一条重要标准。除皇族本身，秦朝管理集团的主体成员为军功地主和阎步克所称的"文法吏"①。汉朝管理集团的主体成员则逐步转化为士大夫集团。士大夫官僚政治逐步取代军功地主官僚政治，成为君主官僚制国家政治运转的基本形态。因此钱穆指出，汉武帝时期，"自此汉高祖以来一个代表一般平民社会的、朴素的农民政府，现在转变为一个代表一般平民社会的、有教育、有智识的士人政府，不可谓非当时的又一进步"②。

当然，汉律对秦律亦有调整和修改，但不宜夸大这种调整。历史学者戴梅可认为："早期资料记载，汉朝开国皇帝颁布新的刑法典，在秦朝刑法典的基础上减少了大量的刑罚，但是睡虎地（公元前 217 年）和张家山（公元前 186 年）出土的竹简证明，汉代初年的刑法和秦朝刑法如出一辙。"③ 芮乐伟·韩森教授持类似看法，认为刘邦事实上"保留了大部分秦朝法令"④。汉律在总体继承秦律的基础上，对秦律进行了修改和完善。

国家基本制度的差异是国家形态差异的关键。正因秦朝和汉朝在国家基本制度上基本相同，这才构成汉承秦制之说的重要理由。"秦汉之变"并不意味着汉朝国家形态脱离了秦朝国家形态的宏观结构和基本属性。

第三，从国家统治方式和统治策略维度看。春秋战国以来的战争逻辑在秦朝并没有终止，秦朝相当程度上仍处于战争逻辑中，具有强烈的动员体制气息和军事化意味，用古语就是行"霸道"。汉朝则逐步淡化这种动员体制气息和军事化意味，而强调与民休息、爱惜民力，减少政府的干预，用古语就是行"王道"。汉代在继承秦制基础上施行王道，讲究刚柔

---

① 阎步克. 士大夫政治演生史稿. 北京：北京大学出版社，1996.
② 钱穆. 国史大纲：上册. 北京：商务印书馆，2010：149.
③ 戴梅可. 古代中国"帝国"论//穆启乐，阎逆安. 构想帝国：古代中国与古罗马比较研究. 李荣庆，等译. 上海：复旦大学出版社，2013：37.
④ 韩森. 开放的帝国：1600 年前的中国历史. 梁侃，邹劲风，译. 北京：社会科学文献出版社，2016：110.

相济、恩威并重，将能力道德主义和血缘法则兼顾了起来，调和了统治集团和知识精英的矛盾，是其成功的关键所在。任剑涛指出："汉代在实际统治策略上，不再推行秦的暴政，而设置了一套软硬兼施的统治方式，且对之进行了高于政治实操层次的政治哲学探究。这是汉代统治方式与统治理念，相对于秦制有了革命性变化的地方。"①

从田赋等民众负担来说，汉朝比秦朝更轻。历史学者肖灿通过研究岳麓书院秦简认为，秦朝根据不同的田的种类，征收不同的税赋。对于私有性质的田，种植粮食作物的"禾舆（與）田"的税率为什一之税，种植非粮食作物的"枲舆田"的税率为十五分之一；使用刑徒耕种国有田地，田租率是百分之百②。张金光估算秦朝的田税可能是行什一之税，收的是实物，分两类，一为禾粟，二为刍稾③。比较一致的可靠的结论是秦朝种植粮食作物的田的税赋一般是 10%。汉代有十五税一的广泛说法，极个别皇帝在特殊时期甚至实行三十税一。历史学者于振波认为："不论战国、秦代的'什一之税'，还是两汉时期的'十五税一'、'三十税一'，都主要是指粮食作物的田租率。"④

第四，从社会和阶级结构维度看。这一点，秦朝和汉朝大致处于同一个水平，都是具有较强流动性和开放性的社会，都属于阶级开放社会。皇帝及皇族、贵族、官僚、士农工商，外加少量的奴隶和一定数量的教徒，就构成汉朝社会的基本结构。秦朝没有佛教徒。东汉至魏晋南北朝，是中国本土宗教道教形成和确立的时期。道教徒的出现，是对社会结构的调整和丰富。僧侣阶层的出现，反映社会发展和进步。从流动性来说，汉朝和秦朝相比不是变好了，而是变坏了，主要是因为分封制大规模存在。遍布全国的皇族和分封的贵族及其后裔成为一个特殊的封闭性的存在，并对社

---

① 任剑涛. 常与变：以五大变局重建中国历史宏大叙事. 中国文化，2021（2）.

② 肖灿. 从《数》的"舆（與）田"、"税田"算题看秦田地租税制度. 湖南大学学报（社会科学版），2010（4）."舆（與）田"即"受田"。枲就是麻。

③ 张金光. 秦制研究. 济南：山东大学出版社，2004：192-194，189. 还可参见：于振波. 秦简所见田租的征收. 湖南大学学报（社会科学版），2012（5）；李恒全. 从新出简牍看秦田租的征收方式. 中国经济史研究，2018（2）.

④ 于振波. 秦简所见田租的征收. 湖南大学学报（社会科学版），2012（5）.

会秩序和政治运行产生重要影响①。这在当时是历史的反动，是对秦朝已经形成的四民社会的破坏。

第五，从国家和社会关系维度看。秦朝政权直达乡里，乡之下还有亭这种治安机构，政权体系是全覆盖、缜密的。再者，秦律对于官僚管理社会的责任规定得相当详细，秦律被严厉执行。因此秦朝国家政权对于社会的控制要比汉朝严密。汉朝开国君主刘邦起义期间宣布废除秦法、"约法三章"。立国后，他的实际做法是后缩的，基本继承了秦朝律法。随着统治的推进，汉朝以秦法为主体，通过改造、新建、完善等方式，建构了复杂、庞大的汉朝律法体系。但在儒家思想的主导下，汉朝国家对于社会的控制有所松弛，在基层社会注重发挥贤良、士绅的作用。从国家和社会关系来看，汉朝给了民众更多的自由空间，这就增强了汉朝制度的活力，但同时也带来了国家组织化的削弱。在经济形态维度，秦汉两朝并无本质区别，所以不展开论述了。表 5-2 揭示了秦汉国家形态异同，图 5-3 揭示了定型后的君主官僚制国家的国家和社会关系。

表 5-2　秦汉国家形态比较

	秦朝	汉朝
国家形态发育情况	君主官僚制国家原生状态	君主官僚制国家定型状态
立国基本理论	天命律法论（天命论＋法家学说等）	天命礼法论（天命论＋儒家、法家、道家学说等）
国家基本制度	皇帝制度、官僚制、郡县制、军功爵制、耕战体制、国家份地授田制度、编户齐民制度、大一统制度、因俗而治制度等	皇帝制度、官僚制、郡国制、分封制、耕读体制、举孝廉制度、国家份地授田制度、编户齐民制度、大一统制度、因俗而治制度等
国家统治方式	律法之治（法家思想为主），霸道，治国方式比较"硬"	礼法之治（外儒内法、济之以道），王道，软硬兼施，基本继承秦朝律法体系

① 李开元对此做出了精彩分析．参见：李开元．汉帝国的建立与刘邦集团：军功受益阶层研究（增订本）．北京：生活·读书·新知三联书店，2023.

续表

	秦朝	汉朝
儒法关系	以法统礼、法礼失和	以礼统法、以礼入法、礼法并用
社会和阶级结构	皇帝及皇族、官僚、士农工商；少量封君与贵族；少量奴隶	皇帝及皇族、官僚、士农工商；少量奴隶和僧侣阶层；扩散在全国各地的分封皇族和异姓贵族
国家和社会关系	以国家为中心，强国家弱社会，国家权力直达乡里、基层	以国家为中心，强国家弱社会，国家权力直达乡里、基层，但程度有所下降
国家经济形态	农业经济为主，手工业商业较发达	农业经济为主，手工业商业较发达
延续时间	16年（公元前221—前206年）	426年（公元前206—220年）

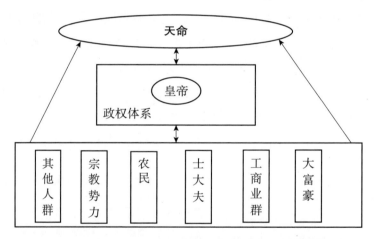

图5-3　定型后的君主官僚制国家的国家和社会关系

注：箭头表示作用方向。

二、新国家形态在西汉定型并为后世法的原因

西汉调整和改造后的君主官僚制国家，纠正了秦朝的弊端，仍旧秉持

天下型国家范式，实行国家中心主义，具有强大的生命力和适应力。从中国当时的历史演进逻辑来看，这种国家形态是可以稳定的；从中国人的政治意识和国家观念来看，这种国家形态是可以接受的。西汉在君主官僚制国家形态的定型、传承中发挥的重要作用是不可磨灭的，构成君主官僚制国家形态历史上的重要一环。如果说秦朝是君主官僚制国家的原生阶段、源头、原型，那么西汉就是君主官僚制国家的定型阶段、成熟阶段，构成一个完整的国家形态演进周期。之所以如此，主要原因如下：

第一，它是在总体继承原有结构和基本制度基础上的调整。西汉对于君主官僚制国家形态的改造和调整，没有破坏这种国家形态的主体结构，因而是顺应了中国历史演进的根本逻辑的，而不是相反。虽然汉初曾开分封制的"倒车"，相当程度上毁坏了国家的部分"承重墙"，但西汉统治者和周朝不同，他们发现了问题并采取措施、纠正错误，回到郡县制的路子上去了。分封制的反复说明历史逻辑是不可以轻易违背的，否则必会付出代价。顺应了国家形态演进历史逻辑是西汉能够起到国家形态定型作用的前提。柳宗元说得非常好："汉有天下，矫秦之枉，徇周之制，剖海内而立宗子，封功臣。数年之间，奔命扶伤之不暇。困平城，病流矢，陵迟不救者三代。后乃谋臣献画，而离削自守矣。然而封建之始，郡邑居半，时则有叛国而无叛郡。秦制之得，亦以明矣。继汉而帝者，虽百代可知也。"①

第二，及时纠正秦朝执政者和秦朝国家形态的弊端。西汉较妥善地处理政府与社会精英特别是知识分子的关系，吸纳这些人为其所用，而秦朝很大程度上不能做到这一点。通过精英的辅助，平民出身、一开始并无多少文化的西汉统治者通过一系列施政，实现了从打天下向治天下的转型，调和了儒法道关系特别是儒法严重对立冲突的关系，实行"外儒内法、济之以道"，治国方式更中庸，意识形态上更灵活，兼顾皇权和民本，刚柔相济、恩施并重，更具弹性和韧性，具有较强的自我修复能力，极大化解了统治者与被统治者、精英和大众的矛盾。就当时的中国人思想世界而

---

① 柳宗元. 柳宗元集：第 1 册. 北京：中华书局，1979：72.

言，儒家、道家、法家的影响都是巨大的，形塑了中国人特殊的政治心理和政治文化，不尊重是不行的，西汉的成功在于尊重了这种民族心理结构和民族文化。

第三，汉朝持续 400 多年，影响重大而深远。汉朝的长寿使得统治者可不断根据实践情况和思想家的建议，对君主官僚制国家形态进行完善，以使得它更稳地扎根于中国。汉朝持续 400 多年，是汉族形成期，对中国各方面都产生深远影响。汉朝的强盛和繁华是君主官僚制国家形态支撑的结果，同时亦增强了人们对于君主官僚制国家形态的信心，有利于他们接受这种国家形态。

经过秦朝的形成、西汉的改造和定型，君主官僚制国家形态最终完全确立。对于中国历史和政治演变而言，从西周发轫的一个完整政治周期结束。陆威仪说："秦和汉两个帝国构成了中华文明的'古典'时代，如同古希腊和古罗马之于西方。"① 借用他的这个说法，古典中国至此完全成型，中华文明古典时代基本框架和基本特质确立。中国的特殊之处在于古典中国在国家机器完善性、社会流动性、族群关系、立国基本理论、国家统治方式、国家和社会关系等多个方面不同于古希腊、古罗马，具有较强的现代性，古典和现代具有一定的贯通性。这是中国国家和文明演进的特殊性。这种特殊性深刻影响了后来的中国历史。

这里对本章内容略做总结。秦朝是中国第一个郡县一统的新国家。继第一个主流国家形态——天子诸侯制国家之后，君主官僚制国家是中国历史上的第二个主流国家形态（古国是否构成一种主流国家形态尚待讨论）。秦朝的立国基本理论是天命律法论，来源包括夏商周三代极兴盛的天命论，法家学说、阴阳家学说等各家学说。法家学说成为秦朝建国治国的主要指导思想。无论是君主集权作为最重要的政治原则、律法之治的普遍性、官僚制在国家政治结构中居于主干地位、重农抑商、实行思想和制度统一，还是明赏必罚、论功行赏、反对贵族世袭特权、编户齐民等，都体现了法家的思想。秦朝无论是组织结构、基本制度还是社会结构，都深度

---

① 陆威仪 . 早期中华帝国：秦与汉 . 王兴亮，译 . 北京：中信出版社，2016：1.

契合法家主张。在天命律法论中，天命依旧极度重要，成为君主统治合法性的来源，但这种国家绝非神权国家。无论是从秦朝留下的石刻还是从法家学说中都可以看到，天命在解决君主统治的合法性后，就只保持了一种至关重要却并非无处不在的存在。

君主官僚制国家是中国历史发展的产物，它是一种国家中心主义的政治和社会秩序。以皇帝为代表的国家居于整个社会的中心。皇帝制是一种新型君主制，是中国特色、东方特色的君主制。皇帝作为主权者的出现，一定程度上代表着人类国家形成时的面貌。主权者有带来压抑的一面是必然的。大一统制度是中国极具特色的基本制度和政治原则，包括政治一元化、军事统一、制度统一、思想统一、文字统一、货币统一、社会标准统一、领土统一等多个方面。大一统思想和制度带来国家统一和发展，也一定程度上带来人的个性和自由的压抑，这是一个两难问题。秦朝作为第一个践行大一统制度的国家，完成了国家统一，创设了一整套为后世所继承的政治制度和国家治理体系，但其在思想统一上是不成功的。超过 500 年的国家分裂（春秋战国）、超过 800 年的地方主义（比如楚国历史超过 800 年）带来的国家意识形态多元化，没有在秦朝激烈的思想统一措施下得到根本改变，秦朝政权未能真正在意识形态上占据主导地位，也未赢得多数知识分子特别是儒家人士的认同和效忠，从而埋下失败的种子。

秦朝可以称为官僚国家。官僚在国家中具有主导性地位。从中央到地方，秦朝都有一整套分工清晰、各负其责、依照法律运作、下级服从上级的官僚体系。秦朝官僚制运行理性、高效。秦朝的国家治理体系已出现行政系统、军事系统、监察系统的分野，三套系统互不隶属，直接对皇帝负责。这是合理和有效的制度结构，深刻影响中国几千年的国家治理。丞相制度，反映出秦朝国家元首和政府首脑的分野，是重大制度创新。虽然皇帝是最高统治者，但无论是秦朝的制度设计，还是法家的思想，都不支持将官吏和民众视为皇帝的仆人的主张。秦朝对于官僚系统高度依赖，对于官吏的要求比普通民众更高。官吏拥有权力，但必须及时有效履行责任。秦朝实行常备军制度，维持了超过百万的庞大常备军。皇帝是最高军事统帅，军队的调度权在于皇帝。秦朝汲取周朝军事权力二元化、碎片化的教训，在军事上高度集权，但亦带来沉痛教训。当面对农民军的叛乱时，中央政府一旦失灵，国家机器就像是被捆住了，郡、县长官难有大作为。

秦朝国家和社会是一体的，以国家为中心，这是中国的传统。官社一体，是理解中国政治的极重要面向。其理论逻辑是国家统治者是出于管理众人的需要才产生的。即使在韩非子、商鞅那里，国家亦被视为因群体的需要而产生的善。包括儒家、法家在内的诸多学派都持这种观点，这深刻揭示了当时中国人的观念：国家是必不可少的善。中国人习惯从合作、整体利益的角度去看待国家和政治。这种观点无论在周朝还是在秦朝，都形成了国家只要出于整体利益的需要，就可以采取一切必要行动的观点。周代虚构的王土制到了秦朝变成了一种坐实了的土地国有制。官方通过国家份地授田制、租税徭役制、编户齐民制度等形成了官社一体的国家治理模式。民众接受国家授田，接受国家保护，免受非法侵害，但必须承担赋税徭役。土地国有的大前提和民众的实际占有并行不悖。这就是当时的现实。天、地、君、民、法构筑了君主官僚制国家的基本内核。礼和德让位于法，贵族让位于官僚，血缘让位于才干。传统印象中，秦律严酷残暴，汉儒对于秦朝、秦始皇、商鞅等的描述是这些刻板印象的主要来源。出土秦律虽然不多，但已证明《史记》中的不少记载不实。秦律关于死刑的规定比较慎重。秦律的关键问题不在于死刑，而在于劳役刑较多、惩罚较重。

秦朝是一种皇帝为核心、官僚为管理主体的四民社会。在皇族、官僚之外，士农工商是社会四大主体阶层。官僚主要从农民阶层、士阶层中产生，他们最后又回到这些阶层中。官僚和民众可相互流动，依据主要在于耕战成绩。因为耕战之功劳，民众可获得爵位、官职，成为国家的管理者。在这些阶层外，还存在贱民或奴隶。秦朝的经济基础是发达的农业社会，比较发达的手工业和商业已经在咸阳、临淄、邯郸、宛、陶等大量城市出现，中国出现了很多地域性经济中心。

汉朝特别是汉武帝在继承秦朝君主官僚制国家的主体结构和基本制度基础上，对后者进行了调整和改造，核心是在既有高度法家化的国家形态上推进儒家化，调和儒法道关系，变打天下模式为治天下模式，变秦朝的暴力扩张型为汉朝的长治久安型。汉化的君主官僚制国家形态成为后世国家通行的范式。因此，君主官僚制国家形态某种意义亦可称为秦汉国家形态。君主官僚制国家形态是中华早期文明的集大成者，集成了古国以来主要的制度创新，在多个方面都是世界领先的，但它不是完美的。

第六章
天子诸侯制国家和君主官僚制国家的基本定位

本章将主要以西周和秦汉为基础，对天子诸侯制国家和君主官僚制国家两种国家形态的基本定位进行分析和比较。只有深刻认识这两种国家形态的基本定位，才能对这两种国家形态、对周秦之变有深刻认识，本研究的理论意义才能充分彰显。为完整地阐释这两种国家形态的基本定位，避免夹缠不清，本节分开阐释这两种国家形态的基本定位，最后做总结。本章将从中国国家史、世界国家史、中华民族史等视角进行探讨。

第一节　天子诸侯制国家：东方早期国家之代表

天子诸侯制国家上承古国，下接君主官僚制国家，持续时间大约1 800 年，在中国国家形态史上具有基础性、枢纽性地位，是中国国家形态演进的重要一环，在中国国家形态史和政治史上占据重要地位，对周边国家亦有深远影响。

（一）标志着中国国家形态和中国历史的飞跃

大多数中国考古学者和历史学者将中国古代国家和社会演变划分为三个主要时期，一般是古国（或者方国、酋邦、邦国）、王国、帝国。易建平指出，中国学者之中存在"中国古代社会演进三历程理论"，"重要的有苏秉琦的三历程、三部曲与三模式说，谢维扬的部落联盟模式与酋邦模式说，王震中的大体平等的农耕聚落形态—含有初步不平等和社会分化的中心聚落形态—都邑国家形态和邦国—王国—帝国说，严文明的古国（＝酋邦＝原始国家）—王国说，张忠培早期的方国（古国）—王国—帝国与后期的神王之国—王国—帝国—党国说，李伯谦的古国—王国（方国）—帝国或酋邦—王国—帝国说，王巍的邦国—王国—帝国说。苏秉琦先生的学说创立最早（其中最早也影响最大的'三历程'说距今已经 30 多年），至今仍然是影响最大者，仍然指导着中国许多学者尤其是考古学家探索中华文明起源的工作"①。这些论点一定程度上揭示了中国国家起源和演进中的阶段性特征，即古代中国大致经历了三四个不同的发展阶段，每一个阶段的完成实际上是一次国家形态的飞跃。从政治学来说，这三四个阶段，亦可以视为三四个政治大周期、国家形态大周期。周秦之变就属于从天子诸侯制国家周期向君主官僚制国家周期转型的交汇期，是天子诸侯制国家周期的结尾、君主官僚制国家周期的肇始。

借用古国概念，笔者认为中国国家形态形成和演变可归纳为城邑—古国（或者古族国）—天子诸侯制国家—君主官僚制国家（见图 6-1）。从古国开始，中国进入国家时代。

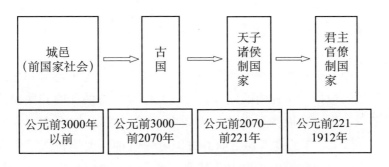

图 6-1　中国古代国家形态形成和演变图

关于古国的定义。作为中国考古学主要奠基人之一的苏秉琦最先提出古国概念，并将中国国家起源概括为：从氏族公社向国家转变的典型道路，为古文化—古城—古国；国家发展的三部曲，为古国—方国—帝国；国家形成的三模式，为北方原生型、中原次生型、北方草原续生型。他将

① 易建平. 中国古代社会演进三历程理论析论. 中国社会科学，2020 (11).

古国界定为"高于部落之上的、稳定的、独立的政治实体"①。他认为以祭坛、女神庙、积石冢群和成批成套的玉质礼器为标志的红山文化在距今5 000年以前率先跨入古国阶段，即早期城邦式的原始国家。全国六大区系尽管发展不平衡但大体同步，不迟于距今四五千年前大体都进入了古国时代，即城邦、万国林立时代②。其古国概念比较笼统，比较接近城邦式的原始国家，其具体类型、结构、制度尚未有所阐释。考古学者何努在全面梳理各种关于古国论述的基础上认为，古国是"高于部落之上，有地缘政治倾向，稳定的、独立的、等级化的（ranked）血缘政治实体。其中的关键词是'有地缘政治倾向''等级化''血缘政治实体'"。这是可以接受的，但其将古国定义为"中国史前时期不平等的前国家社会"则不可以接受。他还将史前古国分成自然经济古国与商品经济古国两种类型③。

　　笔者认为，古国或古族国是早期中华大地上出现的以血缘和族群为基础构建的政治族群共同体，是一种早期国家形态。它是以一个或者几个部族、族群为主体形成的小型国家，像陶寺就是这样的古国。族群、部族、宗族是古国的核心，即其核心仍旧是血缘，加上一定的地域，就构成了一个小型地域性国家。它大致存在于公元前3000年/前3300年至公元前2000年左右。古国理论的提出，是中国国家起源研究的重大成果，将中国国家史推到公元前3000年前。

　　关于古国是中国早期国家的最初形式的观点，已越来越有共识。历史学者李学勤将包括中国在内的世界上第一批原生形态的文明和国家起源分为三个阶段，第三阶段为早期文明形成和国家确立期，"在中国为公元前3000年—前2000年的夏王朝之前的方国崛起时期，大体相当于考古学上习惯称的龙山时代和古史传说中的颛顼、尧、舜、禹时期"④。政治制度史学者白钢称："中国古代国家，大约形成于传说中的黄帝时代。时间约在公元前3000年左右，距今大约5 000年。"⑤ 历史学者田昌五认为，中国古代国

① 苏秉琦．满天星斗：苏秉琦论远古中国．北京：生活·读书·新知三联书店，2022：13.
② 苏秉琦．中国文明起源新探．北京：生活·读书·新知三联书店，2019：126-127.
③ 何努．关于"古国"定义的理论思考．文物春秋，2021（3）.
④ 李学勤．中国古代文明与国家形成研究．北京：中国社会科学出版社，2007：14-15.
⑤ 白钢．中国政治制度通史（第一卷）·总论．北京：人民出版社，1996：81.

家从公元前 3000 年左右开始产生，其后经历了两个大的发展阶段。从黄帝到夏代为第一阶段，又可分为部落奴隶制王国时期（早期城市国家时期）、城市国家联盟时期两个时期。商、周属于第二阶段，主要特点是出现了中央王国和地方族邦的组合体①。历史学者袁建平认为，我国最早的国家为邦国，这是"以古城为中心的小国寡民式的地方性国家，是中国早期国家第一阶段——初始的早期国家阶段，大体相当于前 3500 年至前 2500 年间"②。

　　笔者认为，古国后期大致对应《史记》的五帝时代。山西陶寺遗址（陶寺巅峰期围墙所包围的面积达 280 公顷）、陕西石峁遗址（遗址占地 400 公顷）就是这类古国的遗址。五帝时代的存在在考古上亦是有支撑的。历史学者李伯谦指出，推定陶寺遗址"为尧都比否定其为尧都有更充分的理由"，"陶寺遗址是黄河流域中游的中原地区最早出现的一个科学意义上的国家——王国的都城所在地，在中国古代文明演进中占有重要地位，则是完全可以肯定的"③。历史学者王震中表示："陶寺遗址既可推定为帝尧陶唐氏的遗存，那么在陶寺所发现的面积达 280 万平方米的中期城邑和面积为 56 万平方米的早期城邑，就属于陶唐氏的都城。"④

　　古国之间不断发生战争、联合、交融、妥协。一些古国不断壮大，整合乃至于统治其他古国，当这种量的积累达到一定程度，就会产生国家形态变革⑤。当一个古国拥有可以迫使其他大量古国、部族服从其权威和统治的地位，即它们之间的关系变成统治与被统治关系时，就形成了天子诸侯制国家。这个时期大约肇始于新石器时代的结束和青铜时代的开始⑥。

---

　　①　田昌五．中国古代国家形态概说．社会科学辑刊，1991（6）.

　　②　袁建平．中国早期国家时期的邦国与方国．历史研究，2013（1）.

　　③　李伯谦．略论陶寺遗址在中国古代文明演进中的地位．华夏考古，2015（4）.

　　④　王震中．中国古代国家的起源与王权的形成．北京：中国社会科学出版社，2013：330.持这种看法的还有：杜勇．中国早期国家的形成与国家结构．北京：中国社会科学出版社，2013：34－35.

　　⑤　赵辉认为，古国这种政治实体出现之后，一些具有更大实力的古国开始了对邻居的整合。就现有资料，还很难讨论国之间整合的确切开始时间和最初过程，但作为这种政治进程的结果却是毋庸置疑的，即在公元前 3000 年前后建立起来的良渚、屈家岭-石家河文明这样的大型社会。参见：赵辉．"古国时代"．华夏考古，2020（6）.

　　⑥　张光直认为中国的青铜时代的开始不会迟于公元前 20 世纪。参见：张光直．中国青铜时代．北京：生活·读书·新知三联书店，1983：2.

开启这种国家模式的就是夏朝。"帝舜荐禹于天，为嗣。十七年而帝舜崩。三年丧毕，禹辞辟舜之子商均于阳城。天下诸侯皆去商均而朝禹。禹于是遂即天子位，南面朝天下，国号曰夏后，姓姒氏。"① 历史学者陈剩勇指出："夏禹建立的夏朝，则凭借其强大的国势，成为对周围小国构成有效控制的'大邦'，或凌驾于万国之上的比国更高级别的列国同盟体的盟主。"② 王震中指出："夏禹在其后期，完成了由邦国联盟的盟主权走向王权的跨越，而作为'家天下'王朝王权的世袭制也正是从禹到启完成转变的。"③ 田昌五指出："夏朝是由万国时代的最后一个城邦联盟发展而来的。"④ 这时，中国实现了国家形态的伟大飞跃，进入夏朝，中国历史进入大型中央王朝国家时代，开辟了中国历史的新纪元。

天子诸侯制国家是大型中央王朝国家，具有远远超过古国的统治力，亦拥有更为完善和成型的国家机器。它标志着中国政治制度、国家统治力、国家统治机器、政治统一的巨大进化。即使最小的天子诸侯制国家——夏朝，其统治区域亦远大于绝大多数古国。《礼记》称："天子之田方千里。"⑤ 傅斯年提出："夏之区域，包括今山西省南半，即汾水流域，今河南省之西部中部，即伊洛嵩高一带，东不过平汉线，西有陕西一部分，即渭水下流。东方界线，则其盛时曾有济水上流，至于商邱"，最西、最南所至，无法确定⑥。历史学者詹子庆指出，夏盟邦和夏王畿，"大致形成了以豫西为核心，北上晋南，西达陕东，南靠南阳汉水，东向今山东境内，直指淮水流域的星罗棋布格局"⑦。谢维扬认为夏朝的统治范围大约为 10 万平方公里，商朝有效控制的地域面积大约为 50 万平方公里，

① 司马迁．史记：点校本二十四史修订本第 1 册．裴骃，集解．司马贞，索引．张守节，正义．北京：中华书局，2014：102.

② 陈剩勇．中国第一王朝的崛起：中华文明和国家起源之谜破译．长沙：湖南人民出版社，1994：356.

③ 王震中．中国王权的诞生//谢维扬，赵争．国家起源问题研究的理论与方法："国家起源研究的理论与方法国际学术研讨会"论文集．黄薇，译．上海：中西书局，2020：44.

④ 田昌五．华夏文明的起源．北京：中国书籍出版社，2015：186.

⑤ 孙希旦．礼记集解：上册．北京：中华书局，1989：310.

⑥ 傅斯年．民族与古代中国史．上海：上海古籍出版社，2012：35.

⑦ 詹子庆．文明的历程：夏朝．上海：上海科学技术出版社，2020：171.

西周时期名义上属于周朝国家控制的各诸侯国的总面积可能已达到 100 万平方公里①。即使与秦汉王朝（秦朝超过 300 万平方公里、西汉鼎盛期大约为 600 万平方公里）相比仍较小，天子诸侯制国家的出现仍旧为中国政治进化的巨大成果。

天子诸侯制国家虽然比不上实行直接统治的君主官僚制国家，但却是中国从"满天星斗"的天下万国模式走向四海之内皆郡县的大一统模式的必经阶段，是非常重要的政治和社会成就。对于相当多国外学者而言，只有出现这类中央王朝国家，才视为真正意义上进入国家状态，才是可以媲美古埃及、波斯帝国、亚述帝国之类的国家演化成就。"西周其实是中国远古社会的一个巅峰。其'众建诸侯，裂土为民'，不仅有'旧邦新造'的宪制创新，也推动了周朝统治区域内各民族或部落的融合。'以道观之'，西周封建制代表了当时中原政治精英，除以军事强力外，建立政治统一（'齐政'）的疆域大国的最早的宪制努力。西周封建制所做的是当时可能做的且最可行的集权形式。"②

（二）属于东方式的早期国家的高级阶段

将古代国家分为早期国家和成熟国家是从国家构成要素及其整体的发育情况把握国家形态的一种方式，深化了国家理论研究。"早期国家理论通过对国家形成及其早期发展的研究，在国家进化理论和现代国家理论之间搭起了一座桥梁。"③

早期国家概念最先是 20 世纪 70 年代荷兰学者克赖森等人提出的。克赖森将早期国家定义为："一种有着三个层次（国家、地区与地方层次）的权力集中起来的社会政治组织。它的目的在于调控社会关系。它那复杂的分层社会，至少分成了两个基本的阶层，或者说，两个新兴的社会阶

---

① 谢维扬. 中国早期国家. 杭州：浙江人民出版社，1995：475-477.
② 苏力. 大国及其疆域的政制构成. 法学家，2016（1）.
③ 何增科. 早期国家//俞可平. 政治通鉴：第 3 卷. 北京：中国大百科全书出版社，2022：473.

级，也即统治者和被统治者。这两个阶层或者阶级之间关系的特征是，前者实施政治控制，后者缴纳赋税。早期国家的合法性在于共同的意识形态，这又是以互惠为基本原则的。"他将早期国家分为三类或者三个阶段，即未完全形成的早期国家（后来改为初始的早期国家）、典型的早期国家、过渡形态的早期国家。他强调"一个政治组织成为一个国家或者是早期国家，其最重要的一点便是政府的组成类型"，早期国家的领土概念是模糊的[①]。俄罗斯学者列奥尼德·格里宁认为早期国家是一种类型，"用以指代一个规模较大、复杂程度较高，且能够决定其外部政策和部分社会秩序的农业社会（或一群社会/地区）；这一强有力的组织（a）拥有主权和统治权（或至少有自治权）；（b）能够强制被统治者满足其要求，能改变重要的社会关系并引进新规范，以及重新分配资源；（c）（完全或主要）建立在非血缘关系的基础之上"[②]。这个定义对于西方人而言亦具有代表性，但关于非血缘关系的论述恰恰不符合中国早期国家的经验。

历史学者谢维扬将国家分为"早期国家"和"成熟的国家"，认为早期国家至少应该具备如下特征："（1）从原始社会直接演化而来，或可以被看作是这一演化发生后的最初一些阶段；（2）中央集权的最高权力；（3）行政和政治管理机构；（4）社会分层或阶级分化；（5）领土观念；（6）国家意识形态。"[③] 历史学者易建平受到马克斯·韦伯关于国家是合法垄断暴力的组织的定义的影响，依据最高领导者掌握"武力合法使用权"（可以理解为最高权力的独立性、完整性）的程度将国家划分为早期国家、成熟国家、完备国家。他认为早期国家的最高统治者没有完全掌握统治权，地方势力仍旧掌握重大的统治权，且不受最高统治者限制。成熟国家的最高统治者掌握了大部分统治权，地方势力仍旧掌握一定的统治权，但受最高统治者限制。完备国家的"最高的领导者'垄断了武力合法使

---

① 克赖森，胡磊. 关于早期国家的早期研究. 胡磊，译. 怀化学院学报，2007（1）；转引自：高江涛. 试论中国早期国家形成的模式与动力. 史学月刊，2019（6）.

② 格里宁. 论早期国家的形成模式//谢维扬，赵争. 国家起源问题研究的理论与方法："国家起源研究的理论与方法国际学术研讨会"论文集. 黄薇，译. 上海：中西书局，2020：94.

③ 谢维扬. 中国早期国家. 杭州：浙江人民出版社，1995：51.

用权'。其他的组织与个人，如果要合法地使用武力，必须得到该领导者授权"①。考虑到中国属于中心主义国家脉络，政治在中国具有中心地位，这种分类法是适用于中国的。

沈长云指出，中国早期国家就是指夏商周三代已具备公共权力，但社会仍滞留在居民血缘组织基础之上的政治组织，将"居民血缘组织"的存在视为中国早期国家存在的首要标志②。

比较之下，笔者基本认同谢维扬、易建平、沈长云关于早期国家的定义。易建平界定的完备国家实际上就是笔者所谓的成熟国家。笔者主张以中央政府的集权程度和统治能力为基础并结合统治疆域大小、经济社会发展程度等要素划分早期国家和成熟国家。早期国家是从前国家社会演变而来的，是出现于人类历史早期、难以集中必要的权力进行直接统治、国家机器较为简单的国家，包括城市国家、城邦、封建制国家、天子诸侯制国家等。早期国家又可以分为初级阶段的早期国家、高级阶级的早期阶段。成熟国家指的是中央权威强有力且可以对全国实施有效统治、国家机器较为成熟、经济社会较为发达的国家。其基本标志就是中央政府垄断国家主要权力，形成强有力的统治机器，其外在形态一般是大国、帝国或超大规模国家。早期国家、成熟国家主要对应农业社会、游牧社会或农牧社会。

成熟国家对于国家自主性、国家能力、国家机器和国家制度、国家内聚力、国家经济水平都有着更高的要求。早期国家、成熟国家之间存在巨大的国家形态水平"鸿沟"，只有极小比例的早期国家跨越这道"鸿沟"。何增科指出，早期国家的进化是指早期国家经历了初始阶段、典型阶段、过渡性阶段后发展成为成熟国家，这是一个艰难的过程；在早期国家理论家所研究的 21 个案例中，只有秦汉时期的中国和中世纪的法兰克王国达到了成熟国家的水平③。按照这个研究，早期国家发展为成熟国家的概率为

①　易建平. 关于国家定义的重新认识. 历史研究，2014（2）.
②　沈长云. 夏朝的建立与其早期国家形态. 齐鲁学刊，2022（1）.
③　何增科. 早期国家//俞可平. 政治通鉴：第 3 卷. 北京：中国大百科全书出版社，2022：498.

10.5%。实际上，早期国家的夭折率要高得多。

天子诸侯制国家是还没有达到领土国家阶段的早期国家。主要理由包括四点。第一，也是最重要的，它的权力国家化和中央化的历史进程没有完成，没有形成真正的国家集权和中央集权，大量本属于中央政府层面的国家权力被诸侯国和各种贵族侵占，中央政府难以干涉诸侯国内部事务，实际形成了一种弱中心主义国家范式，"一个强全国中心-诸多地域中心"是这种国家权力和社会结构的经典范式。诸多地域中心中的"诸多"可以是超过1 000个（西周初期），也可以是数百个（春秋时期），还可以是数十个或者十多个（战国时期）。权力和治理的地方化、贵族化、社会化现象是天子诸侯制国家的极重要面向。第二，它的国家统治机器虽然有一定规模，但仍不够精致，尚未形成真正的官僚制，真正意义上的行政区划制度没有形成。第三，它是典型的间接统治模式，中央政府的权力不能直达基层。第四，它是农业和游牧业混合的经济形态，生产力水平不高。作为早期国家，天子诸侯制国家总体上是较低层次生产力和社会阶段的产物，难以组织较大规模的生产和社会活动，军事能力亦是有限的，制约了社会生产力和社会文化的发展。

不过，相对于人类同期其他国家，天子诸侯制国家是高水准的。有三个重要证据。其一，其生产的青铜被中外学界公认为当时世界最精美青铜之一。其二，其国家机器完善程度特别是官僚化程度是当时世界较高甚至是最高的。其三，其统治的疆域在当时是非常广阔的，已经远远超出一般的城邦国家。周朝繁荣时期统治大约100万平方公里的疆域。

天子诸侯制国家具有中国特色、东方特色，和古希腊城邦这类早期国家不同。和分散的城邦之路不同，天子诸侯制国家走的是一条宗族、血缘和政治、地域融合的路，古希腊的城邦国家并无周天子及其领导的中央政府这种政治中心，是碎片化的、各自为政的。而中国的天子诸侯制国家虽然松散，但却有一个中心，而且族群不断融合，为中国走大一统国家道路打下了基础。因此，天子诸侯制国家的出现已经初步预示中国和西方将走不同的国家演变道路。

（三）开创影响深远的天下型国家范式

天、天下、天命、皇天、苍天、昊天、上天、天子、天道、天理、皇天后土等，均是古代中国的标识性词语，是古代中国的重要构成。"'天下思想'，是中国传统国家思想的集大成者。从中国的历史来看，无论是在空间上展开的国家构造，或是在时间上展开的王朝更替，都受到'天下思想'的影响与制衡。"① "天下观念意蕴丰富，乃是中国古代思想世界中最具概括力和表现力的观念之一。它塑造了中国人的世界观，尤其国家、文明诸观念，支配了中国人对于世界与道德文明秩序的想象。"② 理解天命和天下是理解古代中国国家的基础。从理论上来说，古代中国是天下型国家。古国是天下型国家的奠基期。天子诸侯制国家属于真正的天下型国家，并且成为天下型国家的开创者。源自中国的天下型国家延伸到了中国周边国家与地区，是古代东亚最重要的国家形态，亦是古代世界最重要的国家形态之一。

第一，天下型国家的界定和产生。古代中国人不用"天下型国家"概念，都是单用天下或者国家，或者用王朝、朝代。天下型国家是当代人使用的概念。许纪霖、赵汀阳、列文森、甘怀真、陈赟、平势隆郎、渡边信一郎等学者都使用过天下型国家、天下国家或者类似概念描述古代中国。前文充分论证了天、天命在中国国家运作中的本体论地位。日本学者沟口雄三指出："中国的天的特质，显示出的是关系到例如秩序原理的框架等政治、社会的大的统一体""在古代中国的观念中，决定社会存立的根据是天，其原理笼统称为天道或天命，人们认为，社会或者国家、王朝的体制可否存立，不取决于地上的帝王，而是托付于天上的'主宰者'之手"③。哲学学者陈赟说："中国文明对人类的政治思想亦做出了自己的独

---

① 王柯. 从"天下"国家到民族国家：历史中国的认知与实践. 上海：上海人民出版社，2020：8.

② 梁治平. "天下"的观念：从古代到现代. 清华法学，2016（5）.

③ 沟口雄三. 中国的思维世界. 刁榴，等译. 北京：生活·读书·新知三联书店，2014：3.

特贡献，这就是'天下'政治形态的发明。"① 他肯定中国发明"天下"政治形态，阐释了天下型国家的起源、流变和内涵。许纪霖使用家国天下连续体的概念，指出天下的内涵："何谓天下？在中国文化当中，天下具有双重内涵，既指理想的伦理秩序，又指对以中原为中心的世界空间的想象。"② 历史学者王柯在探究中国多民族国家的起源时追溯到古代中国，将古代中国描述为"天下"国家，视为不同于民族国家的一种重要范式③。

目前，学界主要还是从中西方对比的视角提出和使用天下型国家概念的，同时主要基于天下和国家的关系、天命论、天下论等宏大视角来讨论天下型国家。古代中国是不折不扣的天下型国家，天命思想、天下思想、天下政治、天下国家、天下体系、天君民关系等，是中国古代政治和古代历史的基本内容。

天下型国家孕育于中国特殊的国家理论和政治经济文化环境中，是古代中国国家的一般化概括。天下型国家形成的实践基础是远古中国人的实践，其观念来源则从天的观念开始。天的观念在中国思想特别是政治思想中具有起点式的意义，投射到国家理论上，就是天命论、天下论。"古时所谓天下，或指'中国'，或指'世界'。这两个概念，都与'治'有关，而'治'，在中国古代思想语境中，不只关乎地域、时空、人群，还涉及天人关系、文明秩序，以及植基于天人互动、文明创造和秩序构造过程中的统治的正当性。"④ 天命观视天为最高的神性权威、最高统治权力的来源，认为世间的人为天所造；最高统治者为天子，对天负责，失去天命则失去统治的正统性和合法性。最高统治者对天负责的一个重要方面，除了敬天、祭天，就是照顾好天的子民——民众的生活，维持人世间的道德礼法秩序。天命论进一步延伸和推演，就有了天下论、天下体系。

第二，天下型国家的内涵和主要特征。深刻理解天命论的内涵及其重

---

① 陈赟. 从五帝、三王到"天下型国家"："天下政治"的历史成立. 社会科学，2011（12）.

② 许纪霖. 家国天下：现代中国的个人、国家与世界认同. 上海：上海人民出版社，2017：19.

③ 王柯. 从"天下"国家到民族国家：历史中国的认知与实践. 上海：上海人民出版社，2020.

④ 梁治平."天下"的观念：从古代到现代. 清华法学，2016（5）.

要性是理解天下型国家进而理解古代中国的关键。天、天命、天道、天下、天子、构成天下之"国"①、构成"国"之家、天所生之民②等构成了完整的链接。王、皇帝、天子、贵族、官僚、国、家、民，都必须在天命论中得到理解。天、君、官、民都是存在内在关系的，在关系中存在。除了天这个绝对的最高主体，君、官、民都不构成绝对的主体地位，其政治权利和地位的限度不能破坏由他们构成的国家的正义性和整体性。如果君主残暴不仁，则民众可以革命，甚至天意体现在民意中，不存在完全不考虑民意的天意。天下（世界）、国、家、人存在特殊关系。国家和天下是联动的，天下不是国家的外在，国家支撑着天下，甚至就是天下。家国又是高度关联的，俗称家国同构，甚至天地家国都是同构的，即天地家国同构，形成了一个强大的环环相扣的自洽平衡的结构。哲学学者陈赟说："中国政治思想的气质类型与精神基础只有在天下与中国这两个词语的内涵及其关联的历史进程中才能得以理解。每一次巨大的社会—历史性的变革，都导致中国与天下思想内涵的更新，而伴随着这一观念更新的则是新的制度性回应方式。"③

从古国演进到天子诸侯制国家，形成了由天子所在的中央统治区域和四方广泛存在的诸侯国构成的一中心、多点散开的差序统治格局，这是一种中心/中央-边陲/地方、主导-被主导的关系，立国基本理论为天命论，天子制产生并稳定运作。中国进入夏朝就是进入了天下型国家阶段，商

---

① 这里的国是诸侯国，并非主权国家。

② 天生民思想在中国古代是主流的，可见于《左传》《荀子》《春秋繁露》等多则早期重要材料。天生民说明民亦天所生，地位较高，这是天命论的一部分。《左传·襄公十四年》有一段对于天子诸侯制国家天、君、贵族、民关系的经典描述，其中，君、贵族、民的地位都是关联的、变动的，失德失职则无位。"师旷侍于晋侯。晋侯曰：'卫人出其君，不亦甚乎？'对曰：'或者其君实甚。良君将赏善而刑淫，养民如子，盖之如天，容之如地；民奉其君，爱之如父母，仰之如日月，敬之如神明，畏之如雷霆，其可出乎？夫君，神之主而民之望也。若困民之主，匮神乏祀，百姓绝望，社稷无主，将安用之？弗去何为？天生民而立之君，使司牧之，勿使失性。有君而为之贰，使师保之，勿使过度。是故天子有公，诸侯有卿，卿置侧室，大夫有贰宗，士有朋友，庶人、工、商、皂、隶、牧、圉皆有亲昵，以相辅佐也。'"参见：杨伯峻. 春秋左传注（修订本）：第3册. 2版. 北京：中华书局，1990：1016-1017.《荀子·大略》亦称："天之生民，非为君也；天之立君，以为民也。"参见：荀子. 方勇，李波，译注. 北京：中华书局，2015：453.

③ 陈赟. 从五帝、三王到"天下型国家"："天下政治"的历史成立. 社会科学，2011（12）.

违背城邦及其利益。换言之，希腊人缺乏一个在城邦之外的空间，城邦就是他们的神教。中国思想中以天下表述的整体性的世界秩序，在西方是通过基督教达到的，作为世界性的神教，基督教将全人类视为一个整体，而不将繁荣一个独立的城邦作为其最终的目的。但是在古代中国，则出现了既不同于基督教，也不同于古希腊的秩序理解，这就是将天下与方国结合起来，形成整体的、立体性秩序的方式。在这个语境中，就不难理解，帝、王作为天命的最高承担主体，其对应的是天下，而不是国家；天下落实到一个具体的国家，则为'中天下而立'的'中国'。言'天下'者意必在'中国'，言'中国'者，则其意必为'天下'。即便是在其后传统典范的'天下型国家'（也就是一般被概括为秦汉以来的'帝国'）时期，中国与天下的这种关联仍然是中国政教实践与思想运转的轴心。"① 天下型国家为世界提供了一种新的国家类型、新的国家治理模式。

在周秦之变中，天下型国家的内涵和模式发生了巨变，这一点后文将详述。天下型国家的演进道路在君主官僚制国家时代得到延续和发展，成为后世中国和东亚的主流路径，极大地丰富了世界国家形态史和世界政治史。

（四）是中国社会整合、民族构建的崭新阶段

天子诸侯制国家超越了古国以族为国、孤立分散、以邻为壑等局限，实现了跨血缘、跨地缘的统治，使得相当多的古国作为地方诸侯国成为中央王朝国家的一个组成部分，形成一中心、多点散开的差序统治格局和社会格局。中央王国是国家的中心，大量诸侯国、封国和部族散居四周。

在这一点上，夏商就是如此。历史学者陈剩勇说："夏王朝崛起的独特路径，决定了夏代国家形态的东方社会特色：一方面，夏后氏是'天下万国'之一员，它以城邑为主体，实行姓族统治，即通过占据较大规模城邑从而形成对周边千里之地上的本姓居民以及为其所兼并的异姓、异姓居

---

① 陈赟. 从五帝、三王到"天下型国家"："天下政治"的历史成立. 社会科学, 2011（12）.

民的直接统治","另一方面，夏王朝又是凌驾于万国之上的比'国'更高级的列国同盟体的盟主，它通过武力征服等强制手段使周边方国或诸侯与之建立臣属关系，从而对'天下'（夏禹划分为'九州'）实行着间接的控制"①。台湾历史学者郭静云称："殷商可以视为最早的上古帝国，在这个帝国中，尚包含有许多被中央政府征服、统一的原有小型和中型国家"，"殷商其实是一个庞大、多元的文明集合体，它的领土涵盖了许多本身就具有深厚传统文化和社会结构的地区"，"殷商王室集权的过程，是在许多原有国家的基础上，渐次集结联合了各种不同的族群的过程"②。

中央邦国和其他古国、部落势力构成了一种"复合型国家结构"③，极大地扩大了中国的国家规模，提升了国家的统治力。这种具有全国性中心政治力量的政治结构和国家结构相对于古国时代的古国和部落林立、缺乏中心力量、相互攻伐是巨大进步。在天子诸侯制国家时代，天子领导的中央政府虽然力量不如后世王朝那么强大，但已是全国的政治中心，其在强盛时期可以对诸侯国发号施令，诸侯国不敢不从。它可以推行自己制定和构建的礼法秩序、政治秩序、社会秩序，从而有力推动社会整合、民族融合、国家整合。经过天子诸侯制国家时代长期的民族融合，春秋战国时期华夏族基本形成，为日后的汉族、中华民族形成打下基础，亦为中华民族多元一体国家的出现做了铺垫。

（五）丰富了国家构建和国家治理经验，对中国和东亚影响深远

天子诸侯制国家形态的漫长实践对中国和东亚的影响是深远的。它比古国更好地保障了中国人的安全，奠定了中国国家形态演进的基础，后世中国就是在这个基础上演进的。

---

① 陈剩勇．中国第一王朝的崛起：中华文明和国家起源之谜破译．长沙：湖南人民出版社，1994：370.

② 郭静云．夏商周：从神话到史实．上海：上海古籍出版社，2013：181-184.

③ 王震中认为，由王邦与属邦以及其他层面政治实体而共同构成的夏王朝这样的"大国家结构"，可称为"复合型国家结构"。参见：王震中．夏代"复合型"国家形态简论．文史哲，2010（1）.

首先，天子诸侯制国家更好地保障了中国先民的安全和中华文明延续。古代中国始终面对人类历史上数量和种类繁多的游牧族群及其政权的威胁。这是中国国家形态演进中始终存在的重要影响因素，也是中华文明面临的一个特殊问题。如果不能有效应对游牧族群的进攻，至少在遭到进攻后可以组织有力的反攻，那么华夏族很可能将湮没为历史的尘埃，难以创造灿烂的中华文明。天子诸侯制国家统摄数千个或数百个诸侯国、封国、部族势力，拥有比古国更强的统治力、组织力、综合国力，较好地保障了国家安全和民族安全，为中国后续发展奠定了基础。

其次，天子诸侯制国家是一种卓越的早期国家形态，通过夏商周三代约 1 800 年的实践，生活在中华大地上的先祖们积累了国家治理和国家构建的丰富经验。天命保民论、民本主义、礼法之治、宗法制、颇具规模的官僚体系、分封制、中央集权、王权相关制度、集体主义、诸子百家学说等，都是中国社会发展的重大成就，体现了中华文明的较高水平，也是人类社会发展的重大成就。其中相当多的原则和经验为后世中国继承或者发展。这里仅举数例。

天命论形成于天子诸侯制国家时期，是古代中国最重要的立国基本理论，某种意义上划定了后世中国国家形态演进的基本方向。从夏朝到清朝，中国一直是天下型国家，天命论是立国基本理论的主要构成部分。这时的中央集权思想影响也很深远，并在秦朝时得以真正坐实。此时的王权思想也影响深远，皇帝制是王权制的发展，属于同一脉络。西周的民本思想、礼治思想、重农思想等为儒家所继承和发展，是儒家的主要思想来源，儒家是汉朝及此后各朝的主流意识形态。夏商周三代的国家治理始终被儒家视为典范，为儒家提供了不竭的思想和制度资源。此时形成的分封制，和后来形成的郡县制一道，成为后世王朝最重要的制度选择之一。西汉、西晋、明朝均出现分封制"大回潮"。

同时，天子诸侯制国家在国家观念、中央集权、官僚制、社会平等化、功绩主义、央地关系规范化、成文法律统治、直接统治、疆土观念等方面存在的局限日益彰显，带来巨大危机。为解决这些危机，后世政治家在新的政治经济文化条件下，采取新手段，推动中国国家形态往新的方向发展。

再次，天子诸侯制国家提供了统一的中国的重要样本。在秦朝统一中国之前，中国人是存在统一的国家的，即使不说夏朝，商朝、西周就已经是统一的国家①。西周初期统治领域达到约 100 万平方公里之大，为古国时代以来之最。当时的中国人对中国一直存在统一国家是毫不怀疑的。"在周代时，夏商周三代是统一国家的认识一直保留着。"② 有没有统一国家这个事实，对于秦朝的出现、对于中国历史的发展是深远影响的。其一，提供了一个最可能的历史演进方向——重归国家统一。"战国争雄，追求的仍然是统一王朝之重建。"③ 其二，提供了实现统一的重要经验和重要基础。周天子作为中央权威，在西周时期有着至高的政治地位，即使在春秋战国时期亦发挥了一定的作用。诸侯国差异再大，亦曾共享共同的最高权威，共同遵守相同的礼制秩序、政治秩序，曾使用相同的语言和文字，具有大致相同的民族心理。"即便西周宪制最后完全散了，也不等于失败。西周还是留下了一个农耕大国的底子，周礼也创造了一个农耕大国的宪制想象，也便利了大国的宪制实践。甚至春秋战国时期政治精英在各国间来回流动，也是全国性的政治、经济、文化层面的交流，有许多异形字，但文字仍大致统一，即便口音再重，政治精英间也还可能以'雅言'交流。没有这些，秦朝统一文字就不可能，秦朝'以吏为师'和'以法为教'也不大可能。"④

最后，天子诸侯制国家对古代东亚秩序的形成有重要影响。周人在一国之内建立天下体系，天子诸侯制国家虽然在周朝消亡，但它的遗产一直存在。"周朝建立了'世界性'的天下体系，天下体系包容千邦，中国居中而为宗主国，而天下体系每个层次都是同构的，由此保证了天地神圣秩序在政治秩序中的普遍传递性，于是中国成为神圣天下的核心。虽然秦汉将天下收敛为中国，但中国继承了天下的基因而成为内含世界结构

---

① 当前，中外有许多学者怀疑夏朝的存在。基于历史事实和考古成就，笔者不做这样的怀疑。

② 马克垚．汉朝与罗马：战争与战略的比较．北京：北京大学出版社，2020：34.

③ 同②71.

④ 苏力．大国及其疆域的政制构成．法学家，2016（1）.

的国家。"①天下观、天命观在古代东亚有着广泛影响，是古代东亚普遍的立国理论和宇宙理论。

与天下观、天命观有关的就是天子-诸侯结构，是一种政治结构、文化结构、心理结构和空间结构。天子-诸侯结构对应的就是天朝上国-藩属国、中心国家-边陲国家。因此，天命观和天下观是朝贡制度、朝贡体系、东亚秩序形成的思想基础。没有天下观和天命观的支撑，东亚国家不太可能接受中国作为区域内的中心国家。天下观、天命观是古代中国处理国际关系的主要思想资源。概言之，天子诸侯制国家形态的出现为东亚世界形成奠定了重要基础。

第二节　君主官僚制国家：古代中国主流国家范式

君主官僚制国家的基本定位，包括它在中国历史和世界国家形态史上的地位，它对于人类政治走向、世界政治演进的影响，对于世界历史格局和世界历史进程的影响，对于世界现代化进程的影响等。为了避重，本节不过多展开，一些重要内容留待第八章、第九章集中探讨。和天子诸侯制国家相比，君主官僚制国家更为成熟、影响更大、地位更高。

（一）是天下型国家的成熟范式

天子诸侯制国家开创天下型国家范式，是天下型国家的初级阶段。君主官僚制国家是天下型国家范式的大发展，是其成熟范式和高级阶段，正是君主官僚制国家持续 2 000 多年的存在和发展，使得天下型国家成为世

---

① 赵汀阳.惠此中国：作为一个神性概念的中国.北京：中信出版社，2016：69.

界政治历史上一种极重要的国家形态。

第一，君主官僚制国家属于天下型国家类型。君主官僚制国家刚刚诞生时，立国基本理论是天命律法论，和天子诸侯制国家一道，属于天命论范畴。秦朝之后的中国，兼有天命保民论和天命律法论的成分，只是程度和比例多少的问题。汉朝的立国基本理论可以称为天命礼法论。概言之，君主官僚制国家继承天子诸侯制国家的天命传统，是天下型国家路数。所有的天命论都不同程度地强调国家对于民众的责任。

《史记·秦始皇本纪》中108次提到"天"、84次提到"天下"，包括"初定天下""天下大定""分天下以为三十六郡，郡置守、尉、监"等[1]。秦朝的律法有大量保证农业生产的内容，这也符合天命论要求的国家对民众负责的基本内涵。将秦朝描绘为对人民的生活极不负责是后世史家特别是汉代学者抹黑和扭曲的结果。秦朝派大军驱逐时常侵犯中国边境的外部族群，修万里长城，虽然给民众带来劳累、痛苦，但减少了边民因外部族群掠夺、进攻而带来的沦为奴隶或家破人亡。国家份地授田制的推行、郑国渠的修建等也同样带来民生的改善。

第二，君主官僚制国家为天下型国家的成熟范式。三代之际已有天命论、天下观。天命论虽已非常巩固，但那时的天下体系有半真实半虚幻的味道，毕竟周朝统治力有限，不得不和各地已存在的部族、方国、封国等政治实体保持妥协。周朝的天下体系是共享统治权力的分权式的国家形态，诸侯国林立，周天子居于意识形态和宗族体系的顶端，更像宗族权威、意识形态权威，虽然也有较强的政治权威。这时的国家集权、中央集权尚未完成。

到了秦朝特别是汉朝，天命论得到发展，国家统治力得到极大提高。中央集权，郡县制，官僚制，高度发达的法家、儒家学说都出现了，交通和物质条件亦得到极大发展，天下型国家进一步发展，秦始皇将周朝只能进行间接统治的地方都囊括在自己的治理体系之中，还大大拓展了中国的疆域。"溥天之下，莫非王土"真正变成现实。原来松散的天下体系变成

---

① 司马迁.史记：点校本二十四史修订本第1册.裴骃，集解.司马贞，索引.张守节，正义.北京：中华书局，2014：289-377.

了中央政府直接领导的严密的郡县体系。原来半独立国家联合的天下体系变成皇帝直接掌控、有力统治的郡县体系，天下型国家进入直接统治阶段。"因秦的全国统一，天下才开始有了具体的四至，并被分割为郡县实施统治，从而成为了实际支配领域。"[1] "从五帝时代的'共识的中国'，经过三代的带有理想性的'王制中国'，再到秦汉王朝的大一统，天下型国家天下－中国的政教形态得以确立，这一形态集种姓民族、国家形式与文化文明形态于一体。这个形态的基本特征是纳天下的政教理想于成熟的国家形态之中。"[2] "像秦始皇这样建立一个从中央直接统治地方的数千万人口的大国，在人类历史上是第一次。"[3] 也就是说，君主官僚制国家的出现意味着天下型国家在民族构建上更加深入、国家形态上更为先进、国家统治力上更加强劲、文化基础上进一步整合、疆域上进一步拓展和巩固，这无疑是天下型国家的新发展阶段，是郡县官僚制天下型国家。

（二）是古代中国历史上最主流最重要的国家形态

天子诸侯制国家的出现是中国远古以来直到夏朝初年历史演进的最重大产物。前国家社会、古国时代，中国积累了不少的社会管理、国家治理经验，亦积累了大量的文化和技术，这些要素在各方面因素作用下，最终催生天子诸侯制国家，出现夏朝。在夏商和西周，天子诸侯制国家维持了1 000多年。

随着历史发展，天子诸侯制国家难以维持下去。春秋战国时期，中国国家形态朝君主集权的领土国家演变。到了战国后期，中央集权、官僚制、郡县制等重要制度已基本成形。秦朝是集大成者，秦始皇结合秦国固有的制度和文化传统，在战国各国制度和文化基础上，构建了大一统的君主官僚制国家。在公元前221年至公元前210年间，他一直在对这种国家

---

① 渡边信一郎. 中国古代的王权与天下秩序（增订本）. 徐冲，译. 上海：上海人民出版社，2021：73.
② 陈赟. 从五帝、三王到"天下型国家"："天下政治"的历史成立. 社会科学，2011（12）.
③ 张国刚. 《资治通鉴》与家国兴衰. 北京：中华书局，2016：88.

形态进行建构、调适和完善，这其中也有焚书等极端行为，但这种国家形态的主要框架、制度和结构在他手中已形成①。

作为新创的国家形态，君主官僚制国家是在试错中发展的。秦朝二世而亡，使得这种国家形态停留在原创阶段，儒法矛盾尖锐、严重失衡，带有太多战争逻辑和动员体制的痕迹，是打天下的逻辑架构，亟待改成守天下、治天下模式，使之能在和平条件下推进国家治理和保持国家长治久安。此后，汉朝特别是汉武帝对君主官僚制国家进行改造，这种国家形态最终定型②。

君主官僚制国家是中国在国家形态层面的重要发明，是中华国家范式演进的关键环节，将中华国家范式推进到高度成熟、定型和具有普适性的阶段。从世界范围来看，这种国家形态在立国基本理论、国家基本制度、国家统治方式、国家和社会关系、社会和阶级结构、国家经济形态领域都有着领先性和巨大优势。比如，天命律法论（秦朝便是，汉朝及后世则为天命礼法论）、君主制、官僚制、郡县制、中央集权、阶级开放、社会流动、国家中心主义、大一统原则、集体主义、世俗化、理性化、人文主义、民本思想（汉朝及后世）等，都是重大的文明成就。前文已指出，国家形态的六大要素是相辅相成、相互联动、相互制约的，构成完整的严密的体系，从而构成一种国家形态。君主官僚制国家已不再是上述单个要素本身。这是本书所强调的国家的整体性。

这种国家形态在中国延续 2 000 多年，是 1912 年前中国历史上最主流最重要的国家形态，影响深远、意义重大。君主官僚制国家成为中华传统政治文明的最重要标志，是中华传统政治文明的最核心内容，甚至可以说是东亚文明乃至古代世界文明的主要标志之一。美籍华裔历史学者何炳棣

---

① 当代学者对秦始皇是否有坑儒行为有争议。秦史学者李开元是有力的质疑者之一。他认为"焚书坑儒，是一个用真实的焚书和虚假的坑儒巧妙合成的伪史，编造者是儒学的经师们，编造的时间在东汉初年"。他主要运用历史资料对比等方式进行论证，可信度较高。参见：李开元. 焚书坑儒的真伪虚实：半桩伪造的历史. 史学集刊，2010（6）. 此事之复杂难辨是秦史研究难的例证之一。

② 社会学者赵鼎新对此过程和结果有深入独到的分析，提出儒法国家概念。参见：赵鼎新. 东周战争与儒法国家的诞生. 夏江旗，译. 上海：华东师范大学出版社，2006；赵鼎新. 儒法国家：中国历史新论. 徐峰，巨桐，译. 杭州：浙江大学出版社，2022.

指出："就全部传统中国历史而言，真正最大之事应是秦专制集权统一郡县制大帝国的建立及其传衍。"[①] 历史学者张传玺指出："人们都常常说中国是世界上的四大文明古国之一，津津乐道的事例极多，但有一项更伟大的发明，而且已创造出并沿用了两千余年，却为人们所忽视，这就是在中国所实行的中央集权制度。此制度的创行和存在、发展、完善，是中国古代政治文明的标志；也应当说，是世界古代政治文明的重要标志之一。"相对于欧洲历史小国林立、战乱不止，"我们的先人在两千余年前即选择了走多民族、大一统、中央集权国家的政治道路，是正确的、必要的"[②]。对于中华文明而言，国家具有决定性地位，文明的成就首先是在先进而稳定的国家形态的基础上形成的。君主官僚制国家这一国家形态本身，是中华文明对世界的重要贡献之一。

（三）开启了为后世继承、影响深远的大一统传统

大一统思想最早见于战国时期的《公羊传》，大一统实践开始于秦始皇时期。《公羊传·隐公元年》写道："何言乎王正月？大一统也。"[③] 按照张分田的分析，"夏商周时期的'王有天下'观念是'大一统'观念的滥觞。当时的'天下共主'政治模式和王权至上观念为'大一统'思想的形成提供了基本条件。'大一统'的基础理论和制度模式到战国时期已经初具规模。秦始皇所创立的皇帝制度则集其大成"[④]。从思想根源来看，天命观就蕴含大一统的逻辑。天下皆为天子所统治，天子为君为师，自然就有一种宽泛的一统天下的政治、制度和社会设想在其中。王有天下、王权至上都是天命观的次级观念，包含在天命观中。天命观中的大一统思想和制度种子从夏到商再到西周不断演进、发展，在春秋战国的混战中变成一种崇高且主流的政治和社会理想。战国七雄都有意统一中国，尤其是赵、

---

① 何炳棣. 何炳棣思想制度史论. 北京：中华书局，2017：396.
② 张传玺. 中国古代政治文明讲略. 北京：北京出版社，2019：93-94.
③ 春秋公羊传. 黄铭，曾亦，译注. 北京：中华书局，2016：2.
④ 张分田. 秦始皇传. 北京：人民出版社，2003：266.

齐、楚、秦、魏等十分强盛的国家，最终是秦国完成国家统一，实现了中国由高度分裂走向政治、疆域、制度、政策和文化的高度统一。

考古学者苏秉琦认为："夏、商、周三代，由于方国的成熟与发展，出现了松散的联邦式的'中国'，周天子的'普天之下，莫非王土；率土之滨，莫非王臣'的理想的'天下'。理想变为现实的是距今 2000 年前的秦始皇统一大业和秦汉帝国的形成。"① 弗朗西斯·福山认为："秦始皇把秦的制度推广到全中国，其所创造的不仅是一个国家，而且将在后继者汉朝手里变成一种统一的中国精英文化。这不同于群众现象的现代民族主义。尽管如此，将中国社会精英链结起来这一新意识，坚韧不拔，在朝代兴亡和内乱之后，总能浴火重生。外邦人好几次打败中国，但无法改变中国制度，反而被吸收消化，直到 19 世纪欧洲人抵达。"② 张分田指出："在中国历史上，秦始皇第一次从疆域上、制度上和文化上名副其实地实现了'大一统'。秦始皇的'大一统'观念及相关的制度堪称这种政治观念和政治制度的范本。"③

钱穆认为："秦并六国，中国史第一次走上全国大一统的路"，秦政府对统一事业，亦大有努力，包括废封建行郡县，收军器，毁城郭，决川防，夷险阻，建设首都，巡行郡邑，筑驰道，统整各地制度文化风俗，开拓边境，防御外寇，"大体而言，秦代政治的后面，实有一个高远的理想，秦政不失为顺着时代的要求与趋势而为一种进步的政治"④。卡尔·雅斯贝斯指出："所有统一的一致性在中国建立了大一统帝国之后达到顶峰。文化、宗教和国家全体一致。对于中国人的意识来说，整体是一体的人类世界，是独一无二的帝国。"⑤

以上这些论述指向的都是秦朝大一统。实践层面的大一统由秦朝开创。实际上，中华国家和中华世界在大一统后已经进入了全新的历史阶

---

① 苏秉琦. 中国文明起源新探. 沈阳：辽宁人民出版社，2009：82.

② 福山. 政治秩序的起源：从前人类时代到法国大革命. 毛俊杰，译. 桂林：广西师范大学出版社，2014：119.

③ 张分田. 秦始皇传. 北京：人民出版社，2003：265.

④ 钱穆. 国史大纲：上册. 北京：商务印书馆，2010：120-124.

⑤ 雅斯贝斯. 历史的起源与目标. 魏楚雄，俞新天，译. 北京：华夏出版社，1989：294.

段。此后，大一统传统流传了下来，对中国影响极为深远。

其一，是中国得以成为中国、没有四分五裂的重要原因。从人类历史来看，总体来说，分裂、独立是常态，强调持续的永久性的统一的至高价值是极少数。多数文明不过度强调统一，尤其是没有大一统思想。历史学者瞿林东等人认为，"在西方的文字中似乎还找不到与中文'统一'相对应的词"，"古代西方文明，比较缺乏中国古代文明那样的统一因素。在古代希腊，始终没有形成统一的政治中心"①。古希腊没有所谓分裂和统一的说法。崇尚个性和独立的他们，从来就把城邦视为终极的国家形态。世界历史上，国家分裂之后再也没有统一的情况很多。古罗马的分裂就是其中之一，当代南联盟的分裂、苏丹的分裂等亦然。大一统思想和传统使得中国和其他国家区分开来。"世界上原生的大规模国家几乎都难以维持而解体。而中国作为一个大规模的政治统一体却一直延续下来。"② 秦朝大一统政策带来的华夏族的向心力、凝聚力是"波斯帝国、马其顿帝国、古罗马帝国等上古帝国所不能比拟的——这些帝国是依靠武力兼并形成的，内部的离心力足够强，一旦土崩瓦解，就再也无法恢复从前的疆域了"③。

中国大一统传统自秦朝一直延续至今，超过 2 000 年，成为多数中国人的信仰。中国历史上国家分分合合，分裂后总能再度统一起来。"对于大多数人没有宗教信仰的中国来说，民族信仰需要同文化传统相一致，其特点之一是对国家统一的恒久追求。在传统文化中，统一象征着光明与进步，而国家分裂则意味着灾难和黑暗。自古至今，无论付出什么样的代价，一统天下的事业都是受到颂扬的。"④ 中国共产党仍旧强调完成祖国统一。大一统从思想到现实并成为中国的重要政治原则，君主官僚制国家形态有不可抹杀之关键贡献。

其二，君主官僚制国家形态和大一统的结合，带来国家规模的超大

---

① 瞿林东. 历史文化认同与中国统一多民族国家：第 5 卷. 石家庄：河北人民出版社，2013：178 - 184.

② 徐勇. 中国的国家成长"早熟论"辨析：以关系叠加为视角. 政治学研究，2020 (1).

③ 洪春嵘. 秦的统一是文字、疆域和华夏族三个层面的统一//王子今. 秦统一的进程与意义. 北京：中国社会科学出版社，2017：273 - 297.

④ 王缉思. 世界政治的五大目标. 国际政治研究，2016 (5).

化，增强了中国的实力。大一统对于君主官僚制国家运行产生了深远影响，塑造了其政治运行的基本模式。大一统还使得中国总是维持在超大规模。国家规模是影响国家地位的重要因素。如果不是因为超大规模的体量，中国在世界上的影响将急剧减小。古代中国对于东亚的塑造、对亚洲和世界的深远影响，固然离不开君主官僚制国家形态，但也离不开中国的超大国家规模效应。

（四）形成了强国家自主性和强国家能力国家

国家自主性和国家能力是衡量和分析国家形态的重要方面。依据国家自主性强弱，可以将国家分为强国家自主性国家、弱国家自主性国家。依据国家能力的强弱，可以将国家分为强国家能力型国家、弱国家能力型国家。优秀的国家大多是强国家自主性和强国家能力型的国家。君主官僚制国家是在战争、对抗和竞争中出现的国家形态，其建立的基本目的是动员国家全部资源战胜敌人。战争因素深度塑造君主官僚制国家形态的内容。因此，它在创生后就表现为一种举国体制模式，国家具有强大的自主性和强大的国家能力。"在前工业时代，中国是长期拥有强大能力的国家，开创了他国无出其右的辉煌文明。"[1] 秦朝是君主官僚制的原生期，其举国体制的特点表现得淋漓尽致。

第一，整个国家处于高度组织化的状态。秦朝建立后，第一次在全国彻底地、全覆盖地推行郡县制，包括原来最为遥远的穷乡僻壤和化外之地。全国设立了数十个郡，郡以下设县，县下设乡。乡以下有治安组织亭。乡是一级政府，有乡官。相对于周朝的分封制，诸侯分割而治，秦朝把全国都组织了起来。这是中国第一次在全国范围内如此严密地组织起来。商鞅实行连坐制度，秦朝也延续了。相邻的邻居，每一户、每一个人的命运都捆绑在了一起，并且和国家权力以及国家法律发生密切关系。秦朝实行这套制度，目的就是将全国人民都组织起来，成为一个严密的统治

---

① 黄清吉. 论国家能力. 北京：中央编译出版社，2013：6.

和治理网络。按照秦史研究者张金光的说法，秦朝官社经济体制模式的组织形式的"首要特点，简言之，可谓'政社合一'，详言之，实是以国家基层行政为统绪，以农为本，包括农业社会生产、军事以及社会、经济、精神文化生活等在内的一切服从于国家政治、同国家政治行政的一体化，其基本框架结构，乃是以政府行政系统进行编民、编农甚至于编军，在这个'合一'体中，'政'是筋骨，是统绪，是绳贯，是支配一切、统帅一切的"①。

第二，政府拥有巨大的权力，是整个国家共同体的中心，具备强大的国家自主性和国家能力。中央政府及地方政府拥有领导整个社会的权力，是整个国家的中心力量。它们制定法律、执行法律，制定政策、执行政策，拥有强大的国家机器来动员民众，调动资源，具备强大的国家能力。从国家与社会关系角度来看，社会整体力量虽然大于国家机器，但由于处于分散状态，没有任何单独的社会势力、社会阶级、社会团体、政治力量可以挑战国家的权威。因此，国家自主性是有足够保证的。

第三，实行军事导向政策。秦始皇通过军事手段和其他手段统一六国后，战争的逻辑并没有终结。一是，战争上的巨大成就足够让秦始皇认为武力和战争是解决问题的极端重要手段，从而增加了其继续使用这种手段的可能性。秦始皇是强势的帝王，选择了使用武力手段统一或者反击西南夷、南方百越、北方匈奴等族群。二是，四方边陲地区仍有大量少数民族存在，这些族群有些和华夏族有交流，有些曾发生战争。有些族群威胁秦朝的安危，比如已经极为强大的匈奴。在那个弱肉强食的时代，军事导向是必须的。从汉高祖刘邦白登之围的遭遇来看，武力不强的后果在当时是致命的。如果秦朝不实现统一，或者晚一两百年实现统一，华夏族可能在冒顿单于领导的匈奴军队的进攻下沦为奴隶。三是，天下观、天命观的推动。这种观点包含天下皆天子之统治范围的基本理论逻辑，在强势的君王那里可能会变成一种扩张性的举动。四是，秦人有尚武的风气，军功爵制、耕战体制是秦国和秦朝的重要制度，在国家运作中具有支撑性的地

---

① 张金光. 战国秦社会经济形态新探. 北京：商务印书馆，2013：39-40.

位。这也促进了举国体制的存在和发展。

秦朝灭亡后，随着此后儒家的改造，君主官僚制国家的举国体制色彩不断弱化。儒家的改造有两条很重要。一个是弱组织化。儒家强调人性善，强调国家拥有强大的权力和巨大的责任，但同时也希望国家不要干预社会太多，强调宗族、家族、乡绅势力在社会管理中的重要作用。在儒家的倡导下，很多君主认为自己少一些作为，天下才能变得安宁。其结果是国家的组织化程度日渐下降。到了清朝末年，国家的组织能力已经到了比较虚弱的地步。英国一支一两万人的军队已经足够让清政府屈服。另一个是过度强调文，对于军事强调不足。这极大弱化了中原王朝的战斗力。这两点使得这种国家形态的举国体制特点遭到削弱。虽然遭到削弱，但中国在君主官僚制国家时代始终保持着强国家自主性和强国家能力。国家能力一般又分为国家基础性能力、国家强制性能力。秦朝、汉初时，国家能力都是很强的。随着后世的不断儒化，强国家能力逐步只保留了强国家强制性能力，而国家基础性能力逐步弱化。

（五）决定性地增强中国实力，使其成为古代世界最重要国家之一

本部分力图基于国际关系、民族关系视角分析君主官僚制国家对于中国的深远影响，因为只有在比较中才能看清楚这种国家形态的历史定位。

在人类文明史上，欧亚大陆的农耕文明和游牧族群的关系一直被视为一种带有根本性的重大关系，深刻影响国家制度形成和演变、历史和文明进程。美国历史学者斯塔夫里阿诺斯指出："迄今为止，欧亚大陆的历史在很大程度上是欧亚大陆内地的游牧部落和周围的各大河流域文明区之间的关系史。"① 华夏族的主体经济形态为农业，牧业为辅。从夏商到西周乃至于战国时期，华夏族在文化上、制度上、生活方式上处于相对发达和先进的地位。当时使用的天子诸侯制国家形态初步地保持了华夏族的政治和

① 斯塔夫里阿诺斯. 全球通史：1500 年以前的历史. 吴象婴，梁赤民，译. 上海：上海社会科学院出版社，1988：91.

军事优势，但这种优势并不巩固。到了西周，华夏族政权受到以游牧为主业的外部族群的沉重挑战。松散的天子诸侯制国家形态带来国家军事力量、政治力量和经济力量的分散化，不利于华夏族集中力量对抗外部族群的沉重压力。在一系列举措失当的情况下，军事力量分散化、碎片化的西周灭亡于政治经济和文化上落后于自己的外部族群犬戎。

到了春秋战国时期，外部族群对于华夏族、中原地区、农耕文明区域的威胁一直存在。北方的诸侯国都面临这种挑战，它们修筑长城、保持强大的边防军以防备和抗击外部族群的进攻。小的诸侯国在外部族群进攻下无力自保，有的覆灭了，幸存的只得依靠已经高度军事化、半郡县化的大型霸权性诸侯国（齐、晋）的庇护。前文对此已经做出分析。当然，如果中国仍旧是夏商时期那般松散状态，则恐怕是难以应对这些外部族群的。

概言之，在匈奴统一之前，外部族群的这种威胁虽然不是致命的，但仍旧给华夏族造成了巨大的压力，促进了中国国家形态的演化。如果中国从全国层面调整完善人员分布、物资力量、军事力量、政治制度、社会制度，进行全国动员，解决国家分裂问题，则能够更加有力地应对外部族群的挑战。

在当时的环境下，天子诸侯制国家形态的权威已经逐步丧失，国家必须重组。从周朝的天子诸侯制国家到秦朝的君主官僚制国家，这种变革的基本内涵就是对整个国家的革命性重组。君主官僚制国家是典型的举国体制、动员体制，它的出现使得中国人第一次掌握了可以对整个国家的人口和资源进行有效组织和动员同时又能进行高效理性治理的制度模式和统治方式，形成了可以直接和有效治理超大规模领土的崭新的强劲的国家形态，决定性地增强了华夏族的力量，使华夏族的实力和能力实现了革命性大飞跃，从此华夏族在与外部族群、中国在与周边国家的较量中长期处于战略主动地位。钱穆指出："中国自秦汉，大体上版图确定，民族抟成，中国史遂开始有其对外问题。中国以民族之优秀，疆土之超越，使中国国力常卓然高出于四围外族之上。因此中国史上对外之胜负、强弱，几乎完全视国内政治为转移。"[①]

---

① 钱穆. 国史大纲：上册. 北京：商务印书馆，2010：192.

秦始皇时代，国家依靠君主官僚制国家的强大的组织力、动员力和保障力，组织调动大军长期守备北方，修筑万里长城，对抗匈奴，"胡人不敢南下而牧马"，取得巨大成功。史载"秦灭六国，而始皇帝使蒙恬将十万之众北击胡，悉收河南地。因河为塞，筑四十四县城临河，徙适戍以充之。而通直道，自九原至云阳，因边山险堑谿谷可缮者治之，起临洮至辽东万余里。又度河据阳山北假中"①。此时，匈奴不能对秦国构成巨大威胁。

秦末汉初，中国社会动荡，实力遭到极大削弱，匈奴却迅速崛起，对汉朝构成巨大威胁。汉高祖刘邦遭遇白登之围，差点被匈奴俘虏，此后汉朝和匈奴和亲，采取屈辱的外交政策。汉武帝当政后，组织开展了漠南之战、河西之战和漠北之战三次大规模战略反击，取得决定性胜利，使得匈奴远遁或归顺，从根本上解决了匈奴的威胁。君主官僚制国家形态是这种国家行为得以实现的基本保障和主要原因。由于汉朝取得反击匈奴的巨大胜利，迫使匈奴西迁，引起中亚、罗马政治格局大变动。斯塔夫里阿诺斯指出："汉武帝接连派出好几支远征大军去讨伐匈奴，最后迫使匈奴各部落或者归顺，或者逃往沙漠地区。实际上，正是因为中国人的胜利，引起了向西民族大迁徙、最终冲击罗马帝国、导致其崩溃的连锁反应。"②"犯我强汉者，虽远必诛"之所以能够实现，核心在于国家形态的优势。除了匈奴等族群，南方、西南等其他方向的外部族群同样存在，同样存在着进攻性力量，如果汇聚起来，将成为华夏族的威胁。

只有中国走入君主官僚制国家时代，华夏族的政治、制度、文化、经济和军事优势才得以真正确立和巩固，华夏族建立的国家和文明才能真正成为一个具有巨大辐射力、吸引力的存在。一旦这种优势地位确立了，华夏族、华夏文明和周边族群、周边文明的交流和融合就能够以我为主地顺畅进行，中国才得以成为东亚的领导者和核心国家，成为东亚文明的主要

---

① 司马迁．史记：点校本二十四史修订本第9册．裴骃，集解．司马贞，索引．张守节，正义．北京：中华书局，2014：3490-3491.

② 斯塔夫里阿诺斯．全球通史：1500年以前的历史．吴象婴，梁赤民，译．上海：上海社会科学院出版社，1988：183.

源头、主要代表，并和印度一道，成为东方世界的主要代表；中国才得以成为世界最伟大的文明中心之一，成为古代世界主要的政治中心、权力中心、文化中心、技术中心、制度供给中心和创新中心。

通过以上分析可知，天子诸侯制国家属于早期国家的高级阶段，君主官僚制度国家则属于古代国家中的成熟国家。天子诸侯制国家开创了天下型国家范式，是天下型国家的初级阶段，而君主官僚制度国家则继承了天下型国家范式，并且是天下型国家的成熟范式。天子诸侯制国家的出现，标志着中国从小型国家进入大型中央王朝国家时代，是中国历史的飞跃，而君主官僚制度国家则是先秦以来中国社会进化和国家形态演进的最重大成果，汲取了古国、天子诸侯国制国家的优点，更为先进，具备强国家自主性和强国家能力，将中国历史推进到超大规模国家阶段、直接统治阶段。

天子诸侯制国家是中国社会整合、民族构建的崭新阶段，奠定了中华民族多元一体的统一的多民族国家范式的重要基础，而君主官僚制国家则是中华民族多元一体的统一的多民族国家的第一次真正形成，从实践上开启了大一统国家先河。天子诸侯制国家以比古国更大的政治实体维护了华夏族的生存发展，但随着外部族群崛起，日益感受到巨大的外部压力。君主官僚制国家通过对国家的革命性重组，决定性地增强了中国和华夏族的实力，使得中国在处理与外部族群、外国关系时日益处于战略主动地位。

对天子诸侯制国家和君主官僚制国家两种国家形态的具体比较，如表 6-1、表 6-2 所示。

表 6-1　两种国家形态比较（基本要素）

比较维度	天子诸侯制国家	君主官僚制国家
立国基本理论	天命保民论（君主奉天命建国治民；敬天保民、明德慎罚；天命靡常、惟德是辅；主体为血缘家族主义，极小范围内的贤能政治）	（1）天命律法论（秦朝：皇帝受天命建国治民，天命有所淡化；君民关系是一种复杂的共生关系；能力主义和功绩主义是组织国家的主要法则；明赏必罚；法、信、权为治国之支柱）；（2）天命礼法论（汉朝及以后：本质是以周制调和秦制，外儒内法、儒法并用、刚柔相济、恩威并重）

续表

比较维度	天子诸侯制国家	君主官僚制国家
国家和社会关系	弱国家中心主义；国家权力主导社会，但是国家权力被地方权威——诸侯分割，中央权威不够；社会存在广阔的自由空间	强国家中心主义；中央权力主导社会，地方受到中央严控；强国家、弱社会，官社一体；社会存在较大的自由空间
社会和阶级结构	（1）基本阶级：王族、贵族、国人、野人、奴隶。它们构成的金字塔式社会结构。其中贵族阶级又分为诸侯、卿大夫、士三个主要阶层。（2）基本特征：以天子及其家族为中心；血缘亲疏关系异化为社会结构、社会等级；大户大姓是社会的坚固堡垒，社会流动性极弱。（3）社会主要矛盾：阶级矛盾，少许时候是与外族的矛盾	（1）基本阶级：皇族、官僚、士、农、工、商六大主要的阶级阶层，再加上少量的奴隶或贱民，以及少量贵族，简称为皇帝、官僚加四民社会。（2）基本特征：以皇帝及其家族为中心，普遍化的小农个体社会直接对应国家权力；相对平等、高社会流动的社会。（3）社会主要矛盾：官民矛盾，少许时候是与外族的矛盾
国家统治方式	礼法之治，贵族和平民采用不同的统治策略，贵族主要受礼约束（也受到法的约束），平民主要受法约束。"礼不下庶人、刑不上大夫。"可称为礼法国家	秦朝实行律法之治，成文法公开，全体民众不分贵贱一体适用。法律非常具体、精准和专业化，涉及国家政治、社会生活、人伦家常等方方面面。可称为律法国家。汉朝调和礼治和法治，法律的地位比周朝更重要，可称为新礼法国家
国家经济形态	不太发达的农业经济，手工业不太发达，中原存在许多不毛之地，交通不太便利，中国人口数百万，青铜文明属性	较为发达的农业经济，手工业较为发达，大量的地域经济中心出现，交通条件更好，中国人口已达到约四千万，黑铁文明的开始
国家规模	西周初期大约 100 万平方公里。东周大约 200 万平方公里	秦朝超过 340 多万平方公里。汉朝鼎盛期大约 600 万平方公里

注：这里主要以周秦汉为代表。

表 6-2 两种国家形态比较续（国家基本制度）

比较维度	天子诸侯制国家	君主官僚制国家
基本政治制度	贵族联盟基础上的君主制（天下共主制）、分封制、宗法制；血缘家族主义，世卿世禄制度；内外服制；间接统治模式；有一定规模的官僚体系	中央集权、皇帝制度、官僚制、郡县制；能力主义、无功不受禄、耕战体制，军功爵制；直接统治模式，编户齐民制度。汉朝恢复了局部分封，实行举孝廉制度等，不再实行耕战体制
基本军事制度	常备军制度；军事权力二元化、碎片化，中央军队为小规模的常备军，中央政府拥有 4 万～7 万人的兵力；贵族当兵、平民无权当兵；车战为主，战争规模小	更完备更强大的常备军制度；军事权力一元化，地方不拥有独立的暴力资源；最高约 140 万人的常备军；平民当兵且能成为将领，步骑兵皆有；发生了战争形态革命，战争规模非常大
基本经济制度	井田制，周王、贵族占有土地，朝贡制，不稳定的国家汲取能力	国家份地授田制；土地为国家所有，平民普遍占有土地（不能简单以现代土地权属关系理解之）；实行赋税制度，国家汲取土地收入的 10%～15%；稳定强大的国家汲取能力
国家和意识形态的关系	周朝道统和政统合一。实行学在官府，官方垄断教育，垄断宗教和意识形态支配权。国家既是意识形态生产者，又是使用者。国家权力和意识形态权力合二为一	秦汉时期道统和政统是结合的，但不是合一的。国家不是意识形态生产者，而是使用者、选择者。秦朝实行以吏为师、以法为教，后期禁止儒家学说传播，实行文字统一和思想统一。汉朝完成国家权力和意识形态权力紧密结合

注：这里主要以周秦汉为代表。

　　本书没有专门阐释这两种国家形态的局限，但仍旧有义务指出。天子诸侯制国家存在的问题有：尚未完成国家集权和中央集权，国家自主性不足；国家机器不够精美和完善；阶级固化和阶级专制比较严重；对权力的认知不足和制度设计不科学，导致国家统治资源流失；战斗力不足；等等。君主官僚制国家存在的问题有：国家权力独大，可能造成权力任性、独断和腐败；国家命运过多维系于最高统治者，存在较大政治风险；律法之治或礼法之治并非现代法治，容易受到国家权力挑战；民众在国家政治生活上是被动的，其权益容易受到国家权力侵犯；政治主导、地权本体化和重农抑商政策偏好阻挠国家形态演进；存在国家形态超长延续性、坚韧合法性和政权周期性震荡的矛盾；等等①。

---

① 黄涛. 从天子诸侯制国家到君主官僚制国家：周秦之变的历史政治学阐释. 北京：中国人民大学，2022.

第七章
周秦之变：成因和机理

作为一项历史政治学研究，本研究的主要意图之一就是对周秦之变因果机制和历史规律，特别是君主官僚制国家形成和演进规律进行探知。即：周秦之变是怎么起源的，为何会发生，有何深层次原因？中国为什么会形成君主官僚制国家？中国这次国家构建、国家形态变革有何规律？周秦之变历史经验可以和既有国家理论进行何种互动？"中国与欧洲的历史过程，既有相同点也有不同点，同时亦兼具普遍性与独特性。资本主义与欧洲国家形成，在解释西方历史变迁的转折点时是很重要的过程。同时，它们也与更大的世界有关。但它们并不能代替其他政治经济变化的动力，因为它们有特殊的变迁过程及历史意义。"① 长期以来，学界对于周秦之变演进规律、动因、机理的讨论既有较多的重要成果，亦有一定的局限和不足。对于古人而言，其局限在于往往仅从封建和郡县之变、王道和霸道之变来认知周秦之变，缺乏政治学的学理支撑。对于当代中国人而言，相当长时期内，相关讨论被革命话语系统、五种社会形态理论支配，存在意识形态化、运用理论绝对化、忽视中国历史实际、政治性重于学理性等问题。事实上，任何单一因素决定论，或者简单机械套用西方理论，或者不顾中国国情将马克思主义绝对化公式化，都比较难解释清楚中国古代国家演进特别是周秦之变，单纯的经济决定论、阶级斗争论、文化决定论等解释范式深度不足，已经被相当多的学者扬弃。

当前，中外已经出现大量关于中国古代国家史包括周秦国家史的讨论，一些人将中国春秋战国和近代欧洲、秦汉和罗马进行深度比较，从战争等维度讨论中国周秦之变和古代国家转型等，取得不少重要成果。但对

---

① 王国斌. 转变的中国：历史变迁与欧洲经验的局限. 李伯重，连玲玲，译. 南京：江苏人民出版社，2014：253.

于周秦之变和中国古代国家演进的动因和内在机理的讨论仍待深化，一方面有待拓展深度，另一方面有待进一步提炼为可言说、可对话、具有标识性的概念和理论。

周秦之变是古代中国国家形态形成和演变的关键环节。周秦之变及君主官僚制国家形成的动因、内在机理和内在规律不仅是中国国家形态演变史的重要组成部分，也是世界国家形态演变史的重要组成部分；不仅深刻影响秦朝至清朝中国政治运作、国家制度、政治变迁、社会演变，还影响当代中国国家形态构成和演变。离开对周秦之变规律的探索，就难以深刻认知中国古代国家形成和演进规律，也不利于基于中国经验构建国家理论。因此，完整地解释周秦之变中蕴含的历史规律特别是国家形成和演进规律，无论是对于周秦之变研究，还是对于中国古代国家研究，甚至对于一般性地探知人类国家形成和演进规律、丰富国家构建理论，都具有极其重要的价值。中国国家形态演变史对于人类国家理论构建的价值很大一方面也就在此。

笔者将遵循第二章所提出的理论阐释框架来分析周秦之变、君主官僚制国家形成的动因和内在机理。君主官僚制国家形成是周秦之变的重要组成部分，本章将综合讨论周秦之变和君主官僚制国家形成的动因、内在机理。笔者认为，周秦之变、君主官僚制国家形成绝非单一因素导致的，而是一个各种因素综合作用的过程。地理、政治、文化、历史传统、经济、战争等各种因素相互作用、长期互动，并以特殊形式耦合，共同塑造了这一伟大的历史变迁和历史事件。本书特别关注到了中国特殊的地理环境和地理结构、特殊的国家起源道路、极其特殊的国家中心主义路径（这种路径常常被误读为专制主义）、极早发育壮大的官僚因素（这不宜视为丑恶的官文化、官僚主义、官本位）、特殊的国家观念、特殊的族群关系和精英关系、中国国家的超大规模和中心-边陲结构、重大事物来临的不同顺序、特殊的国家性和国家构建传统等要素对于周秦之变、君主官僚制国家形成的关键性影响。

虽然中国存在一定的"特殊性"，但更准确地说，这其实是一种内在规律性。要笼统言说特殊性的话，任何一个国家和文明都是特殊的。本书重点在于探知中国国家形成和演变（周秦之变阶段）的内在规律性。事实上，每一个文明的经验都是地方的，但未必是地方性的或者说是狭隘的，西方人将自己的历史经验和理论视为普世性的是有问题的。在社会科学领域，全球性、普遍性恰恰是在众多地方经验基础上提炼而成，没有脱离地方经验的抽象普遍性。

对于周秦之变因果机制、历史规律的讨论，既需要借助既有国家构建理论、政治学一般概念与对于因果机制和历史规律讨论的既有范式，亦必须在尊重历史事实基础上对现有的国家理论做一定的补充和修正。

第一节　特殊地理和环境因素的深刻塑造

中国的地理环境是古代中国人进行政治、经济、文化活动的基本场域，深刻影响了古代中国人的思想和行为，塑造了中国古代国家形态，对周秦之变产生深远影响。古代中国所处的东亚大陆极其辽阔、主体连成一片。因为气候和地理等因素，黄河、长江一带明显具有巨大生产和生存优势。对于当时而言，这个地方具有半独立、半封闭的特性，这一切都深刻影响中国国家起源、周秦之变的发生和演进进程，具有原点意义。

一、一片足够孕育大国的大陆

先秦和秦朝时期，中国先民的活动区域是亚欧大陆的一块重要地域，拥有一片广阔土地，包括黄河流域、长江流域、珠江流域、淮河流域等众多地方，有上千万平方公里，有着极深极广的纵深，对于当时的中国人而言，这是一片足够发展的"大海"。唯其有大，文明的创造、国家的构建、政治的运行、谋略的施展才有必要的空间。地理和环境的影响使得中原地区有足够的气候、地理、水源条件进行农业生产，夹杂其中以及与其相邻的其他地形则能够从事游牧业。"中国的史前农业有一个很大的特点，它的面积幅员极其辽阔。如果我们把黄河流域、长江流域、钱塘江流域、淮河流域、海河流域、西辽河流域的流域面积加起来有 320 万平方千米，即便把黄河、长江流域最上游青藏高原的一部分去掉，也是二百大几十万平方千米，这没有一个太准确的数字，这么大的一个范围在全世界是唯一的，这是一个非常大的特点。两河流域文化的面积大概六七十万平方千米，埃及文明那么辉煌的一个文明，今天的埃及 105 万平方千米，其中 95％是沙漠，5％的地区就是尼罗河流域和它下游的三角洲，就 5 万多平方千米，而中国是将近 300 万平方千米，300 万平方千米里边的人们都在从事农业生产、农业开发。"① 史前如此，此后依旧如此。概言之，这一块地域能够养活上亿甚至更多人口，这就为周朝、秦朝这种巨型国家、巨型文明体的存在提供了物质条件。如果是在一个小岛上，则不可能存在周朝、秦朝这种巨型政治实体。

农业文明是一种定居文明，可以进行财富积累，便于文化创造的累积，能够保障社会进行分工、分化，这是高级文明存在的条件。无论是周朝国家形态，还是秦朝国家形态，地理和环境因素都是前提性因素。徐勇指出："在世界文明和国家进程中，中国很早就是一个规模较大的政治统一体，支撑这一政治统一体的制度性力量包括中央集权、行政官僚、郡县户籍等一系列制度因素。这一中央集权的政治统一体源于中国的文明和国家赖于存在的历史条件，最主要的是大规模的农业社会……中国正是因为农业发达而在古代领先于世界文明。但愈是发达的文明所要求的条件愈高，其中包括政治条件。大规模农业社会决定着中央集权体系的产生，并要求与之相适应。"② 斯塔夫里阿诺斯认为："中东、印度、中国和欧洲这四块地区的肥沃的大河流域和平原，孕育了世界历史上最伟大的文明"，"中国的文明中心是黄河流域和长江流域"③。

---

　　① 赵辉. 谈谈"古国时代". 文物天地，2021（9）.

　　② 徐勇. 中国的国家成长"早熟论"辨析：以关系叠加为视角. 政治学研究，2020（1）.

　　③ 斯塔夫里阿诺斯. 全球通史：1500 年以前的历史. 吴象婴，梁赤民，译. 上海：上海社会科学院出版社，1988：58.

二、地理的"半封闭半开放性"

就当时的交通条件和科技能力而言，这一区域总体上处于半封闭半开放状态。中国西北有沙漠，北部有寒冷的高原，东有大海，西南有青藏高原，南方有海和热带茂林，构成半封闭状态。因此，中华文明在早期大体上是独立发生发展的，没有太多机会和渠道吸收外部资源（不是绝对没有），总体上是一种独立的原生型原创型文明。无论是周朝，还是秦朝，其政治智慧大都来自本地的中原族群和外部族群，而较少有来自外域的文明提供资源。美国历史学者斯塔夫里阿诺斯认为："欧亚大陆上的文明也是多种多样的，它们的独特性取决于所在地与中东最早的文明中心地相隔之远近。中国与中东之间有一片辽阔的、荒漠的地区，并有大山作屏障，因此，从古代最早时期起直至今天，中国文明一直与欧亚大陆的其他文明彼此相异。"①

从文明属性看，中华文明主要是大陆文明，具备大陆文明的稳重、保守气质。从经济属性看，中华文明的基础主要是农业，也有牧业和工商业。古希腊世界地处世界的交通要道，地势十分开放，文明发展和中国不同，其相当多地受到周边文明，甚至完全不同的埃及文明、波斯文明、马其顿文明等各种其他文明的影响。赵鼎新认为："中国的哲学传统与古希腊哲学相比，思想渊源要单薄得多。在古希腊，地中海沿岸地区的商业贸易路线四通八达并不断向外扩展，这种得天独厚的条件使得古希腊人能够融爱奥尼亚人、爱尔兰人、诡辩术师以及埃及人乃至印度人的文化于一炉，从而创造了光辉灿烂的人类文明成就。"② 他指出的这种地理局限带来

---

① 斯塔夫里阿诺斯. 全球通史：1500 年以前的历史. 吴象婴，梁赤民，译. 上海：上海社会科学院出版社，1988：106.

② 赵鼎新. 东周战争与儒法国家的诞生. 夏江旗，译. 上海：华东师范大学出版社，2006：108.

的文化资源的局限是存在的。也正是这种地理环境的半封闭性，使得中华文明的政治体制走上一条十分独特的发展道路，和西方存在巨大差异。中国的古国、天子诸侯制国家、君主官僚制国家三大重要国家形态都为西方文明所没有。这是三种独特的国家形态。

三、明显的农牧地理结构

中国存在一块以黄河流域和长江流域为核心的辽阔地区，这是中国农业生产条件最好、最易于人生存和发展的地方，还存在广阔的草原、高原，生产条件相对较差，比较适合从事游牧业，越往北越是如此。笔者曾两次前往内蒙古调研。内蒙古的一片片草场是笔者在南方从未见过的风景，那里土地广阔、人烟稀少。几天调研下来，笔者了解到这样的草原和环境能养活的人口是有限的，笔者对中国南北地理差异、气候差异、产业差异有了进一步的体会。在先秦和秦朝，这种地理和环境对生产的影响巨大，对农业和游牧业的布局产生决定性影响。秦朝所修长城，大致构成古代中国农业和游牧业的分界线。这些对比彰显出中原地区的巨大魅力。

因此，早期中国始终存在一块富有魅力的中原地区以及生存条件相对恶劣的广阔边陲，易于形成中心-边陲、中央-地方的地理空间、政治空间、政治秩序。斯塔夫里阿诺斯指出：幼发拉底河、底格里斯河、尼罗河、印度河和黄河流域的永久性的灌溉农业生产率远远高于刀耕火种的农业和游牧性的畜牧业，"伟大的文明之所以能产生，之所以能在全球居统治地位直至今日，是因为这些大河流域和其他一些自然条件较好的地区提供了必不可少的物力和人力。这些富饶的文明中心区对欧亚中部大草原的较为贫穷的游牧部落来说，就像一块块磁石，有着不可抗拒的吸引力"①。张金光

---

① 斯塔夫里阿诺斯. 全球通史：1500 年以前的历史. 吴象婴，梁赤民，译. 上海：上海社会科学院出版社，1988：92.

指出，以中原为核心的农业区域，"总是以其较高的物质文明和精神文明而对其周围产生着极强的吸引力。古史上长期以来，在人们的意识中是不到'中国'非好汉的"①。

特别是当气候恶劣时，更容易吸引北方外部族群向中原进发，这会对中原政权构成巨大压力。这种地理上、族群上的压力，深刻影响了国家形态演变进程，如西周就灭亡于犬戎的进攻。

西周灭亡后，大量外部族群入主中原，刺激中原地区民众民族意识的觉醒，促进华夏族的形成。外部族群对中国政治有很大的影响。秦始皇派蒙恬率领大军北击匈奴，修筑长城，耗资甚巨。秦始皇长子扶苏长年随蒙恬驻扎边疆，号称监军，为秦始皇死后赵高篡权提供了便利，亦深刻影响了周秦之变的进程和后果。

四、连成一片的大陆

虽然这片古老的大陆与外界相对地、有限地隔绝，但内部总体上是连成一片的，不存在不可跨越的鸿沟，不是希腊、日本那样的分散的岛屿。这对于国家形态形成和演进有两个方面的重要影响。

一方面，成片的大陆有利于先民之间的交流、交往和融合，有助于民族的形成以及民族融合，最终形成统一的民族。民族的形成是国家构建的重要助力。强大的、具有内聚力的国家大都建立在相对同质化的族群、人口、民族条件上。

另一方面，这种地理上的内部开放性，有利于政令的施行、政治资源的调配、交通建设的推进，有利于政治统治和社会管理，这为构建君主官僚制国家这种内部联系更加紧密、内聚力更强、统治程度更深的国家形态打下基础。

---

① 张金光. 秦制研究. 济南：山东大学出版社，2004：自序 33 - 34.

第二节　国家起源之路的深远影响

认知周秦之变、君主官僚制国家的形成，中国国家起源道路是一个极其重要的基础性因素。中国国家起源道路不可谓不特殊，这种异于西方文明的特殊的道路模式对于周秦之变产生重大而深远的影响，成为周秦之变动因和内在机理的基础性内容。中国国家起源道路可以分成两个维度，从外在形态来看，是特殊地理结构和政治结构互动、耦合的产物，是早期中华文明呈现满天星斗状分布并在中国漩涡效应之下不断聚集、壮大、发展的过程；从内部权力结构和组织职能演化来看，主要是保留氏族因素的维新之路、公共管理（者）蜕变之路，我们不可盲目将其与古希腊古罗马氏族组织炸裂、阶级和族群压迫的国家起源之路对应。这两个维度、四个解释范式从宏观和中微观结合、地理和政治结合、结构和过程结合上比较完整地解释了中国国家起源之路，符合中国的历史事实，从中可以找到周秦之变的历史规律。图7-1揭示了古代中国国家起源的核心机理。

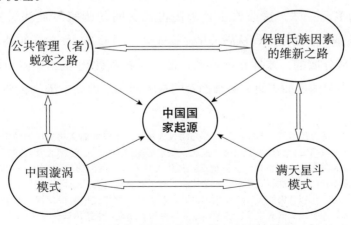

图7-1　古代中国国家起源核心机理示意图

一、满天星斗模式和中国漩涡模式

满天星斗模式是考古学者苏秉琦阐释中华文明起源和演变的一个重要理论。这一理论认为中国文明的起源和形成在地理上是多点散开的。新石器时代甚至夏商时期的中国，同时存在着众多发展水平相近的文明，分成六个板块，散布在中国的四面八方，犹如天上群星，这个时代持续 2 000 年至 2 500 年，是中华文明的奠基阶段；中华文明在来源上是多元的，中原文明只是众星之一；中华文明在形成上是多形式的，有裂变、撞击、融合三种形式①。这个理论的核心贡献在于解释了中华文明和中国国家起源初期和早期的宏观结构模式和演进特征、规律。这个理论和苏秉琦先生提出的古国—方国—帝国三阶段论结合起来，可以较好地解释古代中国国家起源和演变历史。笔者认为，满天星斗模式基本上是成立的，但如何阐释中国从满天星斗演化成为一个统一的多元一体的国家，还存在讨论空间。

满天星斗时代之早期可能没有中心，但中后期（夏朝及以后）明显演化出了中心-边陲结构，演化出了中心主义国家，也就是后来的中央集权大一统中国。这是历史事实。"中国文明起源与形成是从无中心的多元到有中心的多元一体，这或许正是中国古代文明与国家发展演进的最大特色。"② 但是，中国是如何从满天星斗模式演进到天下一统的中央集权国家形态，如何从分散的、差异化的部落、部族结构演化出多元一体的民族结构的？这是中国国家演进研究必须回答的重大问题。因此，满天星斗模式仍需

---

① 苏秉琦认为我国新石器遗址可以分为六大板块：一是以仰韶文化为代表的中原文化；二是以泰山地区大汶口文化为代表的山东、苏北、豫东地区的文化；三是湖北及其相邻地区，其代表是巴蜀文化和楚文化；四是长江下游地区，其代表是浙江余姚的河姆渡文化；五是西南地区，从江西的鄱阳湖到广东的珠江三角洲；六是从陇东到河套再到辽西的长城以北地区，其代表是内蒙古赤峰的红山文化和甘肃的大河湾文化。参见：苏秉琦. 中国文明起源新探. 沈阳：辽宁人民出版社，2009；苏秉琦. 满天星斗：苏秉琦论远古中国. 北京：中信出版社，2016.

② 高江涛. 试论中国早期国家形成的模式与动力. 史学月刊，2019（6）.

要细化和发展。但不管怎么样，这个理论能够成立的部分依旧极为重要。

哲学学者赵汀阳创造性地提出"中国之所以成为中国"的"中国漩涡"解释模型。其核心观点是："早期中国的四方万民为了争夺最大物质利益和最大精神资源的博弈活动形成了以中原为核心的'漩涡'动力模式，漩涡一旦形成，就具有无法拒绝的向心力和自身强化的力量，从而使大多数参与者既难以脱身也不愿意脱身，终于形成一个巨大的漩涡而定义了中国的存在规模和实质概念。"① 他的这个观点是建立在首先承认中原存在巨大的地理优势和政治经济文化优势的基础上的，总体来看，本书对当时地理和环境的分析能够支撑其观点。他还认为："漩涡模式能够解释为什么古代中国并非扩张型的帝国却能够不断扩展，其秘密就在于，中国的扩展不是来自向外扩张行为的红利，而是来自外围竞争者势力不断向心卷入漩涡核心的礼物。'中国漩涡'的形成一方面与争夺核心的博弈游戏有关，另一方面也与天下秩序的发明有关。天下秩序是能够化解漩涡的激烈冲突而兼收并蓄的万民共在制度，它开创了多文化民族的共在模式，也创制了权力分治一体模式。即使在天下体系终结之后，天下精神也作为遗产而化为中国国家的内部结构，因此得以形成一个多文化多民族的大一统国家。所谓大一统，实质就是以天下为内在结构的国家。"② 赵汀阳强调了外围竞争者对于漩涡中心的能量补充作用，引入了天下观念这个关键性变量，强调天下秩序的缓解冲突和兼收并蓄的关键性作用，初步简略地解释了大一统的多民族多文化的中国为何生成的问题，发展和补充了满天星斗理论。正是这种各地皆有发展、中原具有优势、形成以中原为中心的漩涡模式才导致中华国家和中华文明像滚雪球一样不断壮大。

应该说，中国历史能够证明中原一带对于周边族群和游牧族群的吸引力。满天星斗状的中华文明起源和演变，不是均衡发展的，中原一带明显具有早发优势，优势在逐步积累后越来越突出，形成了对于周边族群、游牧族群的巨大吸引力。游牧族群的迁徙、加入可能带来破坏，但总体上带来了人口规模的扩大和文化的发展，扩大了中原地区的优势。考古学者戴

① 赵汀阳. 惠此中国：作为一个神性概念的中国. 北京：中信出版社，2016：15-16.
② 同①16-17.

向明指出："最终完成对中国早期区域文明整合的主体还是中原文明。……位于中原腹地的二里头文化强势勃兴，随后雄踞大中原的商周文明又接力扩展，逐步覆盖到黄河中下游和长江中下游的广大地区，其影响还渗透到周边更广远的地方，成为东亚文明的核心。"① 考古学者许宏称："二里头文化与二里头都邑的出现，表明当时的社会由若干相互竞争的政治实体并存的局面，进入到广域王权国家阶段。黄河和长江流域这一东亚文明的腹心地区开始由多元化的邦国文明走向一体化的王朝文明。"② 这是成立的。苏秉琦提出中国文明形成有裂变、撞击、融合三种形式。这三种形式都很重要，特别是融合。中华文明从满天星斗到多元一体，离不开的是融合，虽然有裂变和撞击，但如果不融合就不可能变成多元一体。

因此，极其广阔的国土、特殊的农牧分野的地理结构、中原文化的早发优势等，推动中原地区在碰撞和交流中不断扩大自身优势，逐步形成和发展出了中心观念和中心意识、天下观念、中心-边陲结构，逐步形成和发展出了中心主义国家和以国家为中心的文明。这就形成了一种重要的倾向和路径依赖，并在周秦之变中得到彰显。

周秦之变中，中国由弱中心主义国家转向了强中心主义国家，出现了一系列和国家中心主义有关的制度机制、文化思想和社会观念。不过，国家中心主义对周秦之变的影响将在下一节讨论。

二、公共管理（者）蜕变之路和保留氏族因素的维新之路

中国国家起源和形成还有两个重要方面和重要特征，即公共管理（者）蜕变为国家首领之路和保留氏族因素的维新之路，这构成了中国国家起源和形成的两个内在机理，从中微观层面描述了中国国家起源和形

---

① 戴向明. 中国史前社会的阶段性变化及早期国家的形成. 考古学报，2020（3）. 类似观点还可见：高江涛. 试论中国早期国家形成的模式与动力. 史学月刊，2019（6）.

② 许宏. 二里头：中国早期国家形成中的一个关键点. 中原文化研究，2015（4）.

成，深刻影响了中国国家形成和演变，包括周秦之变。

（一）公共管理（者）蜕变之路和保留氏族因素的维新之路的具体内涵

中国国家首领起源于公仆、管理者的蜕变，中国国家起源道路不同于古希腊古罗马"军事民主制"、暴力征服奴役道路，而主要是公共管理（者）蜕变之路。历史学者沈长云、张渭莲认为："我国古代国家的形成走的是原始共同体内各级职事人员应其管理职能的'独立化'倾向，而由'社会公仆'发展成为'社会的主人'，从而演变成为对共同体普遍成员进行奴役的统治者阶级的道路，而不是走的依靠征服战争建立起来的奴隶制国家的道路。"[①] 考古学者徐高良认为，根据埃尔曼·塞维斯的观点，国家起源可以归为两类，一类认为国家的管理机构是首先作为管理社会的机构发展起来的，叫作"融合理论"，另一类认为国家是作为解决社会内部因为经济分层导致的冲突的强制性结构而出现的，称为"冲突理论"。他认为中国国家起源属于前者，"即国家管理机构首先是作为一种大部分社会成员都承认和接受的协调和管理复杂社会的各个部分的融合机构而发展起来的。尤其是在国家出现初期，国家的基础是血缘集团组织（在中国古代很长时期内都是如此），这个集团内的成员有着一种内在的血缘纽带的联结"[②]。历史学者晁福林认为中国国家起源和古希腊、古罗马彻底打碎氏族制度并在其废墟上建立国家不同，"而是在普遍存在的氏族组织的基础上滥觞国家的萌芽，国家与氏族长期并存而使早期国家完善与发展"，古代中国早期国家"管理功能应当远远大于镇压功能"[③]。历史学者谢乃和指出："古代国家的产生有两条道路，一是在私有制及奴隶制取得发展的历

---

① 沈长云，张渭莲. 中国古代国家起源与形成研究. 北京：人民出版社，2009：70.
② 徐高良. 中国民族文化源新探. 北京：社会科学文献出版社，1999：279. 乔纳森·哈斯对这两条国家起源道路有较好梳理，参见：哈斯. 史前国家的演进. 罗林平，等译. 北京：求实出版社，1988.
③ 晁福林. 关于中国早期国家形成的一个理论思考//晁福林. 夏商西周史丛考. 北京：商务印书馆，2018：178-186.

史背景下，通过对氏族社会晚期业已产生的不平等氏族组织结构的改变，在氏族社会的废墟上建立起奴隶制国家，经典作家所指出的古罗马等古代国家走的就是这条道路。二是在众多氏族联盟或一个大邦统一领导的基础上，通过联合体的首领由'社会公仆'至'社会的主人'的角色转换，从而建立起维护新生政权的国家机器，古代中国国家的产生就是走的这条道路。"① 这些观点总体上是一致的。

从中国历史记载来看，国家管理者大多以为民众造福的形象出现。比如《国语·鲁语上》称："黄帝能成命百物，以明民共财，颛顼能修之。帝喾能序三辰以固民，尧能单均刑法以仪民，舜勤民事而野死，鲧障洪水而殛死，禹能以德修鲧之功，契为司徒而民辑，冥勤其官而水死，汤以宽治民而除其邪，稷勤百谷而山死，文王以文昭，武王去民之秽。"② 除了上述记载，中国关于古代早期君王的记载和传说，都是记录其对民众有功的部分居多。大禹治水三过家门而不入等传说，一定程度上印证了这一点。政治学者何增科将国家形成路径划分为管理型国家、压迫型国家、军事型国家和征服型国家四种③。按照这种分类，中国国家形成属于管理型国家路径。在长期演化中，原本单纯具有管理职责的氏族组织人员逐步演化为国家的管理者和统治者，国家在氏族社会的壮大中产生。

当然，中国国家起源之后，国家职能不断发展、丰富乃至于异化，暴力镇压功能会极大增强。从起源的角度来看，管理功能大于镇压功能的一个结果是国家政权不容易与社会形成对立，管理机构比较容易得到民众的支持，从而能够普遍发展起来，助推官僚因素和国家机器的发展。

中国国家起源走的是保留氏族因素的维新之路。历史学者侯外庐先生较早地提出中国古代国家和文明社会的形成走的是"保留氏族制度的维新的路径"④。这个观点成为主流看法。梁颖、李庭华认为，中国国家起源走的是从家到国的道路，随着形式上与氏族制度相联系并包容于氏族组织之

---

① 谢乃和. 古代社会与政治：周代的政体及其变迁. 哈尔滨：黑龙江人民出版社，2011：8.
② 国语. 陈桐生，译注. 北京：中华书局，2013：173.
③ 何增科. 早期国家//俞可平. 政治通鉴：第3卷. 北京：中国大百科全书出版社，2022：488-491.
④ 侯外庐. 中国古代社会史论. 石家庄：河北教育出版社，2000.

内的显赫父权家族崛起，破坏了氏族制度，使具有阶级压迫性质的父权渐次扩及氏族、部落乃至于部落联盟，并向凌驾于社会之上的方向发展。血族征服战争促使父权和军事首长职责结合，使之成为凌驾于社会之上的君主，促使部落联盟向国家机构演化，某些夺取了统治权的显赫家族的父权家长利用自己的威望和权力，以其血缘关系为基础，构建起"家天下"的统治格局，于是以"家天下"为特色的中国早期国家终于形成①。王震中认为："在夏商周三代国家社会的政治经济中，'族氏血缘关系'依旧发挥着重要的作用，家族和宗族依旧是政治经济实体，这种以此为中国早期国家形态重要特征的认识，已成为我国学术界的主流观点。"② 谢乃和指出："由于中国古代国家产生道路没有对父权制的氏族组织结构进行突破性的改造，新生的王权在贯彻专制权力时在国家政权机构上尚保留着浓厚的氏族组织结构传统。"③ 血缘主义、家族因素在夏商周三朝具有极重要地位。氏族因素得以广泛保留，对国和家的关系产生深刻影响，一定程度上预示国和家关系可能成为中国极其重要的关系。

（二）公共管理（者）蜕变之路和保留氏族因素的维新之路的一般性后果

上述两个内在机理是联动的，亦是相互印证的，但同时也带来三个后果。

一是家族制度的高度发达，亦容易带来家国不分、家国同构、以家代国等现象。这使得家族制度深度嵌入国家构建中。这在西周达到顶点。西周宗法制和分封制就是家族制度的国家化。张光直认为："中国文明时代的亲族制度和国家的统一关系，就是中国古代的宗法制度。氏族或宗族在国家形成后不仅没有消失、消灭或重要性减低，而且继续存在，甚至重要性加强了。"④ 徐勇指出："在中国，由于农业生产等历史条件，在产生了

---

① 梁颖，李庭华. 中国早期国家形成的道路与形态研究. 桂林：广西师范大学出版社，1998：61 - 62.
② 王震中. 中国古代国家的起源与王权的形成. 北京：中国社会科学出版社，2013：13.
③ 谢乃和. 古代社会与政治：周代的政体及其变迁. 哈尔滨：黑龙江人民出版社，2011：8.
④ 张光直. 考古学专题六讲. 北京：文物出版社，1986：12.

郑庄公非常怨恨，不再朝见周王，周王室集结虢、蔡、卫、陈等国军队讨伐郑国，发生繻葛之战，这也显示官职对于贵族很重要。李峰认为："随着历史性的伐商，周人可能带来了一个全新的政府形式和一个新的政治文化；这个文化存在于随后几个世纪中国历史中。这为中国第一个官僚政府，也是世界上最早的官僚政府之一的产生创造了一个原初条件。周人以天命思想作为西周国家的基础，因此认为他们的历史使命与商十分不同，周贵族通过任用大量执行类、书记类官员的民事和军事行政来对其事务进行实际的（如果不是'实用主义'的）管理。"① 他出色地指出周朝官僚系统的结构和运行机制。

到了秦朝，官僚制最终形成，成为国家基本制度的重要组成部分，深度嵌入国家形态中。谢维扬说得很清楚："秦朝是中国第一个被国内历史学界称为中央集权制的国家，这是它作为成熟国家的标志之一。而战国时期各国官僚制度上的深刻变革是在政治上促使秦朝成为成熟国家的重要因素。"②

（四）官僚成为国家治理的主体力量

在周朝社会结构中，周天子、诸侯、卿大夫、士尊卑有别，具有明显的等级差异，但都是贵族阶级。这些贵族通过天命观、宗法制、分封制等构建起一个以周天子为核心的差序结构，这是天子诸侯制国家的基本结构模式。天子诸侯制国家拥有阶级专制的社会，国家制度捍卫的是阶级利益，普通民众没法参与到国家政治生活之中。在贵族阶级之中，担任官职的贵族直接治理民众，成为沟通君主和民众的桥梁和纽带。他们垄断政治、经济和文化资源，国人、野人、奴隶是被统治者。属于没落贵族或者和统治者同属于一个氏族的国人偶尔也作为重要参政力量出现，但总体上国人、野人和奴隶是没资格参与到政权核心结构中去的。因此，在周朝，贵族阶级是国家治理的关键阶级和中心力量。

---

① 李峰. 西周的政体：中国早期的官僚制度和国家. 吴敏娜，等译. 北京：生活·读书·新知三联书店，2010：304.

② 谢维扬. 中国早期国家. 杭州：浙江人民出版社，1995：470.

到了春秋战国以至秦朝，官僚因素在战争、竞争、对抗和政治学家的总结下不断发展，最终成为严格意义上的官僚制。无论是官僚的非世袭性、官职对于全社会的开放，还是官僚的俸禄、任期，官僚遵守的基本规则，秦朝都和周朝不同。周朝官僚以封邑为报酬，官僚职务只是其贵族身份的补充，而秦朝官僚则是纯粹的官僚，失去了官职，什么都没有。官僚在贵族社会瓦解过程中发挥重要作用，最终成为国家治理体系中的骨干力量。君主官僚制国家形成后，皇帝和官僚成为国家制度体系的关键力量。这里不说皇帝，只说官僚。一方面，官僚是统治的主体，是最高统治者的助手和帮手，是政务的决策者和执行者，没有他们，国家的运作就会停摆。他们身份单一，就是官僚，不拥有世袭性的地位和领地。另一方面，他们来源于瓦解了的贵族阶级和广大普通民众，成为君主和民众的桥梁和纽带。军功地主转化而成的大小官僚以秦律为遵循和规则，这和西周的世袭性贵族官僚以周礼为行事依据存在巨大差异。秦朝的文法吏大多要经历耕战体制的选拔，这就确保了他们本身就是非常上进和优秀的社会成员。同时，秦朝对官僚有严格的任职要求。秦朝以统一标准来管理官僚，带来统治和治理质量的提升，可确保治理保持在一个较高水平。

官僚成为皇帝离不开的重要依托、统治支柱，成为国家治理的主体。同时，他们还成为民众不得不依靠的管理力量。官僚成为仅次于君主的重要政治力量。官僚制成为国家基本制度。秦朝成为世界上最早的完全意义上的官僚制政府。由此，中国在周秦之变实现了社会中心力量①的切换，即由世袭的、封闭的、崇尚血统的贵族阶级转换到流动的、来源广泛的、尚能的官僚阶层。当然，秦朝并不代表家国关系、公私冲突中的国和公的彻底胜出。

汉初又有一定的反复。汉初，国土的一半实行分封制，这说明了家国冲突的复杂性。但汉朝最终还是纠正了分封制之弊端，更为普遍地实行郡

---

①　王绩添和辛松峰认为，"社会中心力量是指在一个社会中居于中心地位，以正式或非正式的组织形式，并借助一定的制度形式，对国家和社会发展起到引领、指导或支配性作用的群体或组织"。笔者很多时候更愿意使用国家中心力量表达类似的含义。参见：王绩添，辛松峰. 中心主义国家现代化的历史逻辑：以近代中国社会中心力量转换为中心的考察. 政治学研究，2021（6）.

县制、官僚制。不过，汉朝及此后中国的官僚制仍旧深嵌于家族制度之中，官僚制仍旧需要一定程度上依托和利用家族制度。像秦朝那样在政权体系中比较彻底地摆脱家族制度，对于中国人来说是很难完全接受的。日本学人伊藤道治认为："古代社会，特别是中国古代，由血缘关系而结成的族组织是一切事物的基本，官职也是通过此组织继承并发挥其职能的。"[①] 这是一种深刻的论述。从此，官僚制始终伴随中华文明，成为其重要制度构成和优势。

概言之，中国特殊的国家起源道路（总体上属于国家起源的融合道路），催生了中国的中心主义国家（至少周朝已经出现[②]），催生了中国的国家中心主义禀赋；同时亦促进了中国人对国家的高度信任和特殊定位，中国人视国家为从家族和社会中内生的正义性领导性力量，视为自己、社会和文明的保护神；同时刺激了中国官僚因素的极早发育。在家国融合、对立和斗争的过程中，官僚制最终胜利，但官僚制在汉朝及以后依旧依托家族制度的架构而存在和发展。中心主义国家、官僚制两大要素的耦合，已经很大程度上构成周秦之变的重要内容并奠定君主官僚制国家的根基。

第三节　国家中心主义路径的"内在锁定"

依据是否存在中心力量、中心主体来对国家和文明进行分类是一种极为重要的研究方式，可以较为深刻地揭示一种国家和文明的重要特质。"中心主义国家，是指由社会中心力量主导建构起来的以中心主义政治制度为基干的国家形态，中心力量的作用也随之渗透到国家各个层级和社会各方面。同理，由社会非中心力量建构起来的以非中心主义政治制度为基

---

① 伊藤道治. 中国古代王朝的形成：以出土资料为主的殷周史研究. 江蓝生，译. 北京：中华书局，2002：123.

② 笔者认为夏朝就已经出现。不过本书研究的是周秦之变，无法对夏朝问题进行过多论证。

干的国家形态，即非中心主义国家。"① 与中心主义国家相关联，国家中心
主义是中华文明特别是中华政治文明具有轴心意义的特征，是古代中国国
家形态和国家运行模式的集中概括。中央集权、皇帝制（夏商周的王制）、
郡县制、官僚制、国家权力和意识形态权力的结合、大一统、天命观、国
家是文明和社会的保卫者等制度或者观念，都是国家中心主义的构成和延
伸。"'中心主义'政治文化是中国国家治理模式的深层结构，是深藏于中
国国家治理模式显性制度秩序之下的隐性秩序。在漫长的政治文明史中，
尽管中国历史分合无定，但'中心主义'政治文化的'内核'一直未被动
摇，至今仍在无形、无影地影响着中国人观察政治的视角、处理政治事务
的行为方式，以及构建政治的理念和态度。"②

　　国家中心主义这个远古萌芽、伴随着中国早期国家出现而逐步形成的
特质一直延续和发展，深度嵌入周秦之变全过程，在其中起着约束性、牵
引性作用，构成周秦之变的一条极具特殊性的根本性动因，赋予其为其他
多数国家形态变革所不具有的特质。并且，中国的国家中心主义在周秦之
变中较完整地呈现了其自身，和君主官僚制国家的定型一样，中国的国家
中心主义在周秦之变中亦定型了下来并为后世所继承。

一、国家被视为文明和社会的中心与保卫者

　　在中华文明视野下，国家从来都被视为至高的、必不可少的善，是具
有教化功能的最高权威，国家政权始终是社会和国家的中心。从古国演进
到天子诸侯制国家，再演进到君主官僚制国家，国家中心主义路径始终保
持，并且不断强化。"至少从孔子所处的时期以来，国家均被视为中华文

① 王续添，辛松峰. 中心主义国家现代化的历史逻辑：以近代中国社会中心力量转换为中
心的考察. 政治学研究，2021（6）.
② 孙百亮，吕辉. "中心主义"国家治理模式的文化逻辑. 云南民族大学学报（哲学社会科
学版），2014（4）.

典籍《周礼》第一句话就是："惟王建国，辩方正位，体国经野。设官分职，以为民极。乃立天官冢宰，使帅其属，而掌邦治，以佐王均邦国。"① 这句话将国家的起源放在"王"这里，实际上明确王是建国者、创始者，暗含王是主宰者的意思。这里的"设官分职，以为民极"就是分设百官职位，作为天下民众取法的榜样，包含了国家及其领导者为天下的准则、榜样的意思。《周礼·地官司徒·大司徒》提出："日至之景，尺有五寸，谓之地中，天地之所合也，四时之所交也，风雨之所会也，阴阳之所和也。然则百物阜安，乃建王国焉。制其畿方千里，而封树之。"② 强调王国要建在地中，天子处于中央，包含中央权力为天下之中心的意思。

先秦思想家大多认为国家具有教化功能，且教化功能是国家的最重要功能之一。《逸周书·度训解》称："明王是以极等以断好恶。教民次分，扬举力竞。任壮养老，长幼有报。民是以胥役也。夫力竞非众不剀，众非和不众。和非中不立，中非礼不慎，礼非乐不履。明王是以无乐非人，无哀非人。人是以众。人众，赏多罚少，政之美也；罚多赏少，政之恶也。罚多则困，赏多则乏。乏、困无丑，教乃不至。"③ 这里的"教民""教"流露出王为民师之意。《管子·形势解》称："天生四时，地生万财，以养万物而无取焉。明主配天地者也，教民以时，劝之以耕织，以厚民养，而不伐其功，不私其利"，"神农教耕生谷，以致民利"④。强调王者的教化职责。三代、春秋的实践和上述论述一致。政治学者杨阳指出，先秦诸子大多认为国家应努力营造单一的意识形态，孔子将国家施政分为"庶、富、教"三层次，统治者教化万民使之"有耻且格"，是国家政治运行的最高目标；荀子强调国家在"化性起伪"、教人做人中的作用⑤。教化职责说明古代中国人视君主为意识形态权威。

其次，君主官僚制国家在这方面既有继承，又有发展。皇帝成为人间秩序的建立者、捍卫者，亦是最重要的仲裁者。《泰山石刻》写道："皇帝

---

① 周礼：上册．徐正英，常佩雨，译注．北京：中华书局，2014：2.
② 同①220.
③ 黄怀信，张懋镕，田旭东．逸周书汇校集注（修订本）：上册，上海：上海古籍出版社，2007：12 - 16.
④ 管子：下册．李山，轩新丽，译注．北京：中华书局，2019：847 - 853.
⑤ 杨阳．中国传统国家理论的奠基：先秦诸子的国家学说．政治学研究，2018（1）.

临位，作制明法，臣下修饬。二十有六年，初并天下，罔不宾服"，"治道运行，诸产得宜，皆有法式。大义休明，垂于后世，顺承勿革"①。《琅邪石刻》写道：皇帝"端平法度，万物之纪"②。这里，一个统治四方、为人间秩序立法的最高统治者形象已然浮现。《琅邪石刻》写道："六合之内，皇帝之土。西涉流沙，南尽北户。东有东海，北过大夏。人迹所至，无不臣者。功盖五帝，泽及牛马。莫不受德，各安其宇。"③ 彰显了皇帝及其统领的政府是国家乃至于天下的中心和裁判者。

　　与之相应，秦朝推行"以吏为师"。《商君书·定分》提出："置主法之吏，以为天下师。"④《韩非子·五蠹》说："故明主之国，无书简之文，以法为教；无先王之语，以吏为师；无私剑之捍，以斩首为勇。"⑤ "以吏为师"不能简单视为专制手段，它是构建国家认同、治理国家的重要手段，同时亦反映国家政权在国家治理、国家运行、社会秩序维护中的核心地位。美术史学者刘晓达指出："秦始皇时代对天下'中心'的强调是由他营造极庙、阿房宫以及增筑战国时期的咸阳宫等一系列建筑行为完成的。这个中心不仅仅代表了秦帝国位于地上世界的政治中心，同时也应被看作是秦始皇掌控的天、地之轴心。而他对帝国四方空间的框定与控驭，则是由他历次出巡立石、碣石宫、驰道、直道、长城等一系列巨型视觉景观显示的。"⑥

　　当然，在具体教化问题上，秦朝和汉朝及以后的君主官僚制国家有一定区别。秦朝强调君主是天下之最高权威，重刑法而相对不那么重视道德教化。尽管如此，其仍旧强调以法为教、以吏为师，国家权力依旧具有教化的意味。但无论是口头上还是实际上，教化都不是秦朝治国之根本。汉朝及此后的朝代，儒家思想成为统治思想，国家高度重视教化，教化成为施政的主要手段和主要目的之一。战国时期的孟子说："仁言不如仁声之

---

　　① 司马迁. 史记：点校本二十四史修订本第1册. 裴骃，集解. 司马贞，索引. 张守节，正义. 北京：中华书局，2014：312.

　　② 同①314.

　　③ 同①315.

　　④ 商君书. 石磊，译注. 北京：中华书局，2011：180.

　　⑤ 韩非子. 高华平，王齐洲，张三夕，译注. 北京：中华书局，2015：714.

　　⑥ 刘晓达. 王者无外、天下一家：美术史视野中秦皇汉武时代的"天下"观. 北京：文物出版社，2018：92.

入人深也，善政不如善教之得民也。善政民畏之，善教民爱之。善政得民财，善教得民心。"① 西汉时期的贾谊称："夫民者，诸侯之本也；教者，政之本也；道者，教之本也。有道，然后教也；有教，然后政治也。"② 西汉时期的董仲舒称："古之王者明于此，是故南面而治天下，莫不以教化为大务。立太学以教于国，设庠序以化于邑，渐民以仁，摩民以谊，节民以礼，故其刑罚甚轻而禁不犯者，教化行而习俗美也。"③ 这三人的观点代表儒家主流观点。思想家们如此认为，实践亦是如此。

反观其他文明，包括基督教文明、伊斯兰教文明甚至佛教文明，宗教在同时期或者古代历史的特定时间或较长时期，都是最高权威，至少是最高权威之一。在中世纪的西方，存在长达数百年的王权和教权的斗争，教权很多时候高于王权，教皇可以废立国王，国王加冕需要教皇主持仪式。对于伊斯兰教文明而言，在相当长时期内，政权如果不借助于宗教权威则不可能维持基本的统治，政权始终是神权的侍女。表 7-1 揭示了国家的中外角色差异。

表 7-1　国家的中外角色差异

	秦汉	周朝	古希腊	古罗马	中世纪欧洲国家	西式民主国家	当代中国
最高权力	垄断性行使最高统治权	中央政府和地方诸侯分享统治权	垄断性行使最高统治权	垄断性行使最高统治权	不稳定行使统治权	垄断性行使最高统治权	垄断性行使最高统治权
阶级包容性	包容性高，国家乃绝大多数民众的命运共同体	包容性较高，国家乃大多数民众的命运共同体	包容性极低，国家乃公民的命运共同体	包容性非常低，国家乃公民的命运共同体	阶级意识和教徒意识支配，公民国家意识不强	包容性非常高，国家乃全体公民的联合；强调民族性，此后逐步淡化	包容性极高，国家乃全体民众的命运共同体，多民族国家；同时强调人民国家属性

① 孟子.方勇，译注.北京：中华书局，2018：263.
② 于智荣.贾谊新书译注.哈尔滨：黑龙江人民出版社，2002：271.
③ 汉书：第2册.安平秋，张传玺，主编.上海：汉语大辞典出版社，2004：1196.

续表

	秦汉	周朝	古希腊	古罗马	中世纪欧洲国家	西式民主国家	当代中国
意识形态角色	国家乃教化性权威，意识形态的强势使用者、领导者	国家乃教化性权威，意识形态的生产者、使用者、领导者	不明显；且因政体差异而变化大	早期信仰比较自由，接受基督教后，立法规定接受其他宗教为犯罪行为	国家并非教化性权威，意识形态权力由基督教等支配	国家并非教化性权威，但具备政治社会化功能，意识形态权力由宗教、学校等掌握	国家乃教化性权威，意识形态的生产者、使用者、领导者
和社会的关系	国家乃社会的中心，是社会的领导者，政社一体、政社融合	周王乃天下之中心，地方诸侯国林立，存在很多次级的半独立的中心	国家统摄了社会，公民私有空间极少	国家和社会分离，民法规范了社会空间	国家和教会、社会分离，国家时而处于教会的领导下	国家和社会分离，各按法律和规则行事	国家和社会有区分，但国家领导社会，国家是社会的仲裁者
和文明的关系	国家乃文明的保卫者，追求文明大一统	国家乃文明的保卫者	国家乃文明的保卫者	国家乃文明的保卫者	国家是宗教文明之下的国家，国家具有明显的基督教属性	淡化国家的宗教属性，政教分离，实行宗教包容政策	国家仍旧是文明的保卫者，一直高度世俗化

三、不断增强的中央集权趋势

在周秦之变中，在国家中心主义路径延续和发展的大背景下，中央集权不断增强，体现在以下几个方面：

第一，最高统治者的权力越来越大。从周天子到秦始皇，不只是名号的变化，也是国家集权的大发展、大跃升，原来大量被贵族世袭性垄断和掌握的政治权力集中到了皇帝手中。贵族作为一个阶级存在，拥有世袭性地位和权力，意味着对于君主权力的分割、分享、占有和制约。也正是这种世袭性的贵族权力，才导致君权不断衰落，周天子逐渐只勉强保留了宗族权力、意识形态权力，人事权力、政治权力、军事权力、领土控制权力几乎完全丧失了。官僚和贵族有着极大的不同，官僚是任期制的，不可世袭，君主可以随时撤换他们，而且官僚不占有封地和人民，其一切地位和资源都取决于官职。官僚阶层的崛起是国家集权的大前提，也是中央集权的重要基础，君主从此不必太担心自己的统治权被人世袭占有。"'皇帝'称谓的出现，不仅仅是简单的名号变更，它反映了一种新的统治观念的产生。"① 皇帝的出现一定程度上意味着成熟国家的出现。

第二，中央政府掌握越来越多的国家权力。中华文明最早是满天星斗状分布，通过不断融合、合并、同化、吞并，形成小的区域文明。在漩涡模式的作用下，越来越多的小部落、小国、方国变成了更大国家的一部分。夏朝作为一个超大型国家，是社会进步的结果。商朝比夏朝的统治更有力，能够集中的权力更多，即便很多部落和方国仍旧占有大量统治权。周朝立国者非常聪明，采取分封制、宗法制并行的政治制度，极大地拓展了统治区域，周朝的实力和控制能力远超夏商。但即使如此，楚国、徐国和犬戎等依旧威胁周朝中央政权，甚至对周朝中央政权带来沉重打击。国家的发展是波浪式前进的，周朝最初作为一个诸侯国取得统治权，一时间内不可能消灭并存于世的其他部落或古国。这说明天子诸侯制国家形态有其局限和极限。

在周朝，很多本应属于中央政府的权力，比如军事权力、意识形态权力、人事任免权、制度设计和变革权、领土和人口控制权都落于诸侯和贵族之手。这是一个国家理论不清晰、不成熟的时代，本属于中央的权力却旁落地方。到了春秋战国时期，随着新的政治理念和统治制度出现，包括中央集权观念和郡县制、官僚制、授田制、俸禄制、租税徭役制度、编户齐民、家户制等出现②，经济和科学技术的进步，交通条件的改进，中央

① 林剑鸣. 秦汉史：上. 2版. 上海：上海人民出版社，2019：48.
② 随着中国学术的发展，这些问题差不多都有人专门研究。

集权取得更大发展，国家形态出现巨大进步。一个颇为有趣的现象是，战国时期，诸侯国无一不是君主集权的中心主义国家模式，这和古希腊城邦的政体丰富性形成鲜明对比。这再次反映出，中国的国家中心主义路径的内在锁定作用。

秦朝将军事权力收归中央，由皇帝担任最高军事统帅，调动军队的权力只属于皇帝和中央政府，军事权力二元化、碎片化局面彻底结束。意识形态权力则通过皇帝制度、严密的法制、"以法为教、以吏为师"等方式加以巩固，东周时期的意识形态多元化、缺乏主导性国家意识形态的局面有了改变。人事任免权由皇帝及中央政府掌握。郡县制的出现"代表君权强化和官僚制发展"[①]。郡县制的全国推行，使得全国行政制度统一化、规范化，不再是五花八门、各行其是。领土和人口控制权也严格地归于中央政府及其领导的地方政府，贵族占有大片领地和人口的情况基本绝迹。到了秦朝，中央政府掌握了该掌握的国家权力，基本成熟了。因此，君主官僚制国家是成熟的国家形态。

概言之，古代中国人几乎从一开始就不存在或者较少存在和国家的紧张关系，而将国家视为内生的组织，视为管理力量、保卫力量、教化者，国家和社会并不存在对抗关系或者说国家和社会很大程度上是一体的，政治和文化是合一的，这逐步构成了一种思维定式和路径依赖。周朝中央权威不足带来的混乱更加深了这一点，人们普遍提出强化中央集权、强化国家各项职能的主张并实践之。春秋战国的战乱和暴力更使得只有实行强有力的动员和集权才能生存，使得很多原来与国家中心主义不适应的理念和制度被扬弃了，如原有的分封制，国家对于全国户籍的不掌握，军事权力的二元化、碎片化等。它还进一步塑造和强化了国家中心主义理念、制度和结构，包括皇帝制、郡县制、官僚制、国家权力和意识形态权力的结合、军事权力的一元化等。由此，国家中心主义秉性和结构得以充分展开并定型，中国从弱中心主义国家走向了强中心主义国家。

---

① 西嶋定生. 秦汉帝国：中国古代帝国之兴亡. 顾姗姗，译. 北京：中国社会科学出版社，2017：22.

第四节　国家最高权威和周制合法性双重衰落耦合

作为国家中心主义型文明，中央政府的权威在中国是根本性变量，是政局稳定、社会稳定、民族团结和国家发展的基本前提，具有牵动全局的本源性作用。周秦之变中的国家最高权威衰落除了有实力层面的衰落，亦是国家形态、政治制度合法性的衰落，是具有特殊性的国家最高权威衰落（见图 7－2）。双重衰落耦合极大增加了周秦之变的复杂性。这种特殊性是周秦之变发生的重要原因。

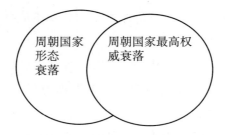

图 7－2　周朝国家形态和国家最高权威同时衰落

一、国家最高权威衰落成为导火线

由于国家形态的缺陷、周王室统治力的匮乏、派系斗争、诸侯壮大等，西周末年中央政府权威逐步削弱，犬戎杀死周幽王，以残酷和醒目的方式直接挑战周王室权威，迫使周朝中央政府东迁，周人"龙兴之地"都不保。这构成周朝的重大政治危机，是周朝整体性衰落史上的里程碑事件。东周开始后的近 70 年（公元前 770—前 707 年），周朝中央政府勉强可以维持最高权威的地位。但由于缺乏足够的领导力和对于形势的正确认知，周朝中央政府在政策上出现一连串失误，陷入与当时实力较强的郑国的冲突中。周朝中央政府还继续分封土地，经济实力、军事实力继续遭到削弱。

繻葛之战（公元前707年）后，周王室的地位大大下降，这是一个临界点，春秋战国混战开始，中国进入半分封-半郡县国家时期。斯考切波在分析中国、俄国和法国近代革命时指出："一旦旧制度国家土崩瓦解，根本性的政治与阶级斗争就开始兴起，直到新的行政和军事组织得以确立，冲突才会逐渐平息。"[①] 中央政府一旦呈现出虚弱的样子，诸侯国就蠢蠢欲动，开始破坏周朝礼制，大国之间相互攻伐，小国自身难保，不断被兼并。周朝中央政府已难以通过军事、经济、政治手段去惩罚秩序破坏者，特别是大诸侯国，也难以保护弱小诸侯国，整个国家陷入霍布斯丛林状态。公元前453年，中国进入不完全君主官僚制国家期。此时诸侯国发动战争的目标不在于争霸，更重要的是为了兼并领土、壮大自己，最终实现统一中国的梦想。这时中国已在进行局部统一了。

秦始皇亲政后，中国进入君主官僚制国家形成期（公元前238—前206年）。通过长达20多年的努力，秦始皇完成中国军事、政治和社会统一，构建了强大的国家制度体系、官僚体系和军事体系，中国出现比周朝初年更强大的权威。更强大的最高国家权威的形成，是春秋战国时期历史演进的根本逻辑在实践中的展开。

二、周制合法性不断衰落

周秦之变的发生，不光是最高国家权威衰落的过程，亦是国家形态、政治制度合法性逐步丧失的过程，这是观察周秦之变动因的重要方面。作

---

①　斯考切波. 国家与社会革命：对法国、俄国和中国的比较分析. 何俊志，王学东，译. 上海：上海人民出版社，2007：343.

为天子诸侯制国家形态的巅峰，西周经历了长期的文化繁荣、经济繁荣，这是间接统治范式的辉煌。但其自开始就潜伏着的问题和矛盾不断发展，到了西周晚期已经较为突出，周朝的经济资源、军事资源、人口、领土等重要资源很多都已经被为数众多的诸侯国占有，周朝中央政府的权威不断弱化，特别是周朝中央政府掌握的意识形态权力不断衰落，质疑周朝统治模式合法性的思想逐步衍生。总体上看，天子诸侯制国家形态的崩溃是内在矛盾在特殊时期发展的产物。

从天的权威演变的角度来看。从西周初年到东周末年，中国经历世俗化过程，天虽然依旧极其重要，但权威有所下降。思想史学者刘泽华指出："在西周，天、上帝是一个东西，是至高神。到西周末年，有的把天视为自然现象。"① 春秋战国时期，这种思想进一步演化发展，有很多思想家把天当作自然现象、自然规律。美国汉学家万志英指出："由于周王室的无能，其用以确立自己政治合法性的逻辑以及道德权威的概念本身都遭到了质疑。'天'表现出的明显不公和王权的式微动摇了周朝宗教信仰的根基。在春秋时期的武士文化中，同美德和荣耀相提并论的是武功，而不是道德传承或对礼制的遵从。"② 日本学者宫崎市定指出："周朝鼎盛时，政教合一的倾向曾十分明显，而到了此后的春秋时代，诸侯各自独立以割据一方，其统治方式淡化了自古以来人们对天命的信仰，君主逐渐失去了宗教性色彩，而愈发带有浓厚的政治色彩。"③ 随着天的权威不断下降，周天子的宗教权力、宗教权威的作用逐渐减弱，进而这种政治制度的合法性亦跟着下降。

从社会思想的维度来看。西周灭亡后，出现诸子百家，政治思想多元化，而且主要的思想家都不在周中央政府，而在诸侯国，主要是卿大夫乃至于士人。诸子百家各自提出政治思想、治国策略，号称百家争鸣。以色列学者尤锐指出："除了在政治、经济、军事权力上逐渐衰弱，春秋时期

---

① 刘泽华. 先秦政治思想史. 天津：南开大学出版社，2019：89.

② 万志英. 左道：中国宗教文化中的神与魔. 廖涵缤，译. 北京：社会科学文献出版社，2018：35.

③ 宫崎市定. 亚洲史概说. 谢辰，译. 北京：民主与建设出版社，2017：59.

的国君在思想前线也处于非常弱势的地位。我们通过《左传》这一记录当时历史和思想的主要著作可以看到春秋思想家们的意见，而这些思想家，除了极个别例外，都来自那些卿大夫家族。"①诸子百家中只有儒家等少数流派肯定周王室所代表的政治模式。法家、墨家等都提出了与周朝国家治理模式不同的政治主张，提倡强化君权，实行新政治制度。这是周朝国家形态合法性和魅力下降的重要表现。

从历史演进趋势来看。从上古到清朝，中国历史有一个以君主为代表的国家集权的过程和趋势，而西周后期、东周，天子诸侯制国家这种权力分散模式已不能适应这种趋势。必要的国家集权是国家形成和发展的前提。不能实现国家集权，则国家不能成熟。国家不成熟，则社会不可能进入更高的状态，生产效率的提高就会大受限制。周朝相对于夏、商两朝在国家集权程度上已经更高。但到了周朝后期，由于其错误地延续分封制以及不断赏赐土地，国家权力和权威高度地方化。这与历史要求的中央集权趋势相反。在实践中，天子诸侯制国家和东周出现的君主集权国家相比，在生产效率、战斗力等方面都呈现劣势。尤其是当诸侯国林立、相互竞争和蚕食的局面一旦出现，谁越能实现以君主为代表的国家集权，就越能适应经济社会发展需要，越能适应竞争的需要。在竞争中胜出的诸侯国全是君主集权国家，如齐国、楚国、赵国、魏国、韩国、燕国、秦国，没有一个采用天子诸侯制国家形态的诸侯国获胜。这些国家采用的一般是郡县制、官僚制、编户齐民等制度。比较残酷但却不可动摇的事实是，天子诸侯制国家形态已经不能适应时代的需要了。《商君书·更法》云："三代不同礼而王，五霸不同法而霸。"②"五霸不同法"只是具体形式不同，主要的制度和思想却是基本一致的，都是中央集权制度。

这些因素综合起来导致的结果就是到了春秋战国时期，特别是战国时期，周朝国家形态、周制的合法性已经受到极大质疑。推崇周制的儒家思想较少被诸侯国君接受，更难实行，因为其在当时根本就不能够解决国家富强和国家统一问题。孔子、孟子不受重用的遭遇就是例证。改革和变法

① 尤锐. 展望永恒帝国：战国时代的中国政治思想. 孙英刚，译. 上海：上海古籍出版社，2013：31.

② 商君书. 石磊，译注. 北京：中华书局，2011：5.

一再兴起，改革的对象就是周朝国家形态、周制。

因此，周秦之变虽然有深刻的社会经济背景，但作为导火线和直接原因，就是周朝中央政府权威和周朝国家形态合法性的双重衰落，这是政权合法性和制度合法性的双重衰落。从理论上来说，可以将周秦之变看成是一个不断寻找和形成强大权威的过程，这个权威不但是从实力层面来说的，而且是从制度和意识形态层面来说的。新权威是君主官僚制国家的最高权威，最高统治者称皇帝。从周王演变到秦始皇，不只有名字的变化，还有中央权威经历了削弱、衰落、重建、新生，是弱中央权威到强中央权威的转变，是一个漫长的历史过程。

第五节　精英集团相互取代、边陲取代中心

可以从三个维度分析周秦之变。第一，周秦之变到底是阶级斗争的产物，还是不同精英集团斗争的产物，还是其他？第二，政治精英在周秦之变中发挥了什么作用？第三，和第一个问题相关，周秦之变与中心-边陲、中央-地方关系又有何种关系？复杂的族群关系是否因为中国超大的国家规模，又和中心-边陲、中央-地方关系耦合在一起而产生了独特作用呢？

一、精英集团相互取代而非阶级斗争

从历史事实来看，周秦之变不是一个阶级代替另一个阶级，而是一个精英集团代替另一个精英集团，而且这两个精英集团从属于拥有各自起源、几乎同样古老的不同族群。夏商周秦四代之间的纵向关系是理解中国古代国家形成和演变的重要方面，它们之间的横向关系同样是理解中国古

代国家形成和演变的重要方面。张光直指出："夏商周三代之间的横的关系，才是了解中国古代国家形成过程的关键"，"夏商周三代的关系，不仅是前仆后继的朝代继承关系，而且一直是同时的列国之间的关系。从全华北的形势来看，后者是三国之间的主要关系，而朝代的更替只代表三国之间势力强弱的浮沉而已"①。夏商周秦四者之间的横向关系，总体上是一种平行的关系。

秦与周甚至夏、商是平行的政治集团。《史记·秦本纪》称秦人祖先大费辅佐大禹，其他先祖还曾"以佐殷国，故嬴姓多显，遂为诸侯"②。历史学者雍际春说得很清楚："夏商时代作为中国文明时代最早的两个政权，在中国上古史上无疑具有承上启下的重要地位。而嬴秦作为一个自尧舜时期就开始发挥重要作用的东夷部族，很早就同中原地区存在着部族流动与文化交流，并作为商朝的显贵和诸侯，就曾广泛参与了有关活动。"③ 周人历史异常悠久，比秦人历史更为显赫。《史记·周本纪》称："周后稷，名弃……后稷之兴，在陶唐、虞、夏之际，皆有令德。"④ 按照此说法，周人在"陶唐、虞、夏之际，皆有令德"。《国语·周语上》称："昔我先王世后稷，以服事虞、夏。及夏之衰也，弃稷不务，我先王不窋用失其官，而自窜于戎、狄之间，不敢怠业，时序其德，纂修其绪，修其训典，朝夕恪勤，守以敦笃，奉以忠信，奕世载德，不忝前人。至于武王，昭前之光明而加之以慈和，事神保民，莫弗欣喜。"⑤

到了周朝，居于核心地位的统治精英集团是周王及其核心团队。在周初就是周武王、周公、周成王等人，以及其主要大臣。他们是国家的决定力量，中央政府的权力掌握在他们手中。在西周，姬姓贵族和非姬姓贵族虽然也有矛盾，但总体上是一种合作关系。西周社会主要矛盾不是贵族和平民的矛盾，而是贵族之间的矛盾、贵族和外部族群的矛盾。当时没有全

①　张光直. 中国青铜时代. 北京：生活·读书·新知三联书店，1983：28-31.
②　司马迁. 史记：点校本二十四史修订本第1册. 裴骃，集解. 司马贞，索引. 张守节，正义. 北京：中华书局，2014：224.
③　雍际春. 秦早期历史研究. 北京：中国社会科学出版社，2017：83.
④　同②145-146.
⑤　国语. 陈桐生，译注. 北京：中华书局，2013：3.

国意义上的奴隶主阶级和奴隶阶级。奴隶是存在的，分散在众多诸侯国内，没有太多的主体性和自觉性，没有集体的阶级行动，很难说他们是历史的决定者。

随着周天子实力下降，诸侯国不断壮大，统治集团内部矛盾开始加剧，主要表现为周天子和诸侯特别是实力比较强大的诸侯之间的矛盾。周朝和外部族群的矛盾依旧存在，刺激并加剧周朝社会主要矛盾。到了东周，周天子和诸侯的矛盾进一步激化。诸侯逐步掌握更多的资源、人口和领土，具备挑战周天子的能力，很多诸侯有取代之心。无论是魏国、赵国、齐国、燕国、韩国，还是秦国，新崛起的精英集团已无法满足于只当诸侯，而想成为统一中国的赢家。

秦朝的建立，是秦人精英集团打败六国和少数民族，取代周朝统治精英集团的结果。这其中，没有真正形成大规模的阶级斗争，阶级斗争并不是社会进步的根本动力。商代夏，周代商，秦代周，都是一个新族群的统治精英取代原来的统治精英，成为新的国家统治精英。历史学者童书业说："原来古代所谓'中国'人其实可分为东西两支：东支的代表是殷商，西支的代表是夏、周。夏、商、周三代原是三个不同的氏族。殷商起自东方，血统与东方夷族很是接近，从种种方面看来，或竟与淮夷为一族。夏人起自西北，其种族来源不确知，但与周人的关系必很密切。周人起自西方，血统与西方戎族很是接近，从种种方面看来，或竟与氐、羌为一族。"①

周朝有阶级斗争，但阶级斗争的动力作用并不那么明显，并没有成为社会变革的主导性动力，更重要的还是不同的统治精英争夺权力的斗争。到了秦朝，已经变成了皇族、官僚、四民阶层构成的社会，除了皇族，没有严格意义上的阶级，官民关系成为社会的主要关系，官民斗争成为社会变迁的重要动力。

因此，周秦之变，由此进一步延伸到中国古代历史上多数国家形态之变和朝代之变，主要是精英之间的斗争，是不同精英集团争夺统治权、施展政治抱负的行动和过程。新政治精英集团在新的政治、经济、文化、交

---

① 童书业. 春秋史. 北京：商务印书馆，2010：116.

通、制度、国际关系条件下，构建新的国家，它们分别是夏朝、商朝、周朝、秦朝、汉朝及其他朝代。

同时，周秦之变还存在一个特殊性，那就是由于春秋战国、秦朝时期华夏族已经形成，因此汉代秦不再是具有强烈族群色彩的精英集团的相互取代，而是同一民族之下具有强烈地域色彩或者不同政见的精英集团的相互取代。刘邦率领的一群人虽以楚人为主，但由于他们已经深度融入华夏族，刘邦集团代秦朝而兴，是政权的兴替，而非主政的族群的兴替。这和秦代周存在根本性差异。这一定意义上意味着中国早期民族构建在秦朝已经完成了。

二、政治精英在周秦之变中发挥重要作用

历史是结构性的，但不意味着人没有主观能动性。政治精英在历史的结构基础上发挥作用，甚至可以改造结构、建立新结构。周秦之变是一个漫长的历史过程，这期间产生了大量政治家、军事家，包括管仲、子产、李悝、公仲连、吴起、申不害、王翦、白起、商鞅、李斯、秦孝公、秦始皇等，这些政治精英对于历史进程产生了重大而深远的影响，影响了历史的内涵和走向。完整分析政治精英对周秦之变的作用超出了本书的范畴。总体来看，政治精英在周秦之变中的作用主要有两个方面。

一是加快周秦之变进程。以秦国为例。秦穆公对于秦国崛起具有奠基性作用。商鞅对于秦国、秦朝有着巨大影响，其在秦孝公的领导下主导的两次大规模变法为秦国的富强打下基础，是秦国走向一流强国的关键所在。秦孝公之后，秦国历代君主都任用贤能之臣，一心图强，大大推进了国家统一。"在统一中国前夕，秦国聚集了几乎是全中国所有的第一流的军事家、政治家。这里有王翦、王贲、尉缭、李斯、姚贾、顿弱等等，他们大都并非秦国人，却在尽心地为秦效力。一切克敌制胜的军事进攻和政治策略计划，都是由他们制定和实现的。秦始皇的作用在于善于发挥他们

的作用，听从他们的劝谏和有错勇于改。"① 秦始皇任用王翦、王贲、李斯等人，统一中国，直接建构了大一统君主官僚制国家。

二是在关键性的国家制度设计上站在正确的一面，为君主官僚制国家形态形成起到促进作用。根据《史记》等的记载，秦始皇、李斯等人在皇帝制度、郡县制、官僚制的形成过程中发挥了重要作用。秦始皇是皇帝制度的直接构建者。郡县制的选择，也同李斯的建议和秦始皇的最后决策有直接关系。历史不容假设，但是秦始皇及其统治集团完全可以选择分封制、世卿世禄制、贵族制，而不是选择郡县制、官僚制、军功爵制等作为国家制度，就好比刘邦、项羽的选择。秦末主要政治精英刘邦和项羽都选择了分封制。刘邦建立的汉朝，实行分封制的领土远比实行郡县制的领土大，"列国控制了远比诸郡广阔的领土和甚至更大的一部分中国人民"②。此后，汉朝大肆残杀异姓诸侯王和削弱同姓诸侯王，大规模取消和削弱诸侯国，在全国范围确立郡县制。项羽更为夸张，他"设想了一套根本不同的中国行政体制，即由他本人任霸主的 19 国联合体"③。可见，做出正确选择并不是那么简单的事。如果秦始皇、李斯做出项羽那样的选择，那时的中国就不是君主官僚制国家了，而是回到天子诸侯制国家形态中去了。

因为秦始皇及其执政集团的正确选择，中国才能在秦朝形成君主官僚制国家形态，否则很可能要推迟一些年甚至几百年才形成这种国家形态。没有秦朝的铺垫，刘邦很有可能会更大规模实行分封制。谢维扬指出："周朝国家制度在政治技术上的局限性和春秋、战国时期政治家们的杰出创造，是中国在公元前 3 世纪便产生出成熟的国家形态的历史性原因。"④刘庆柱等学者认为："郡县制的实施，如果不是秦始皇这样一位具有雄才大略、远见卓识的政治家，恐怕不会如此决断地推行全国。"⑤ 因此，政治精英在关键时期的选择对于国家形态变革具有促进作用，有时候甚至是决定性作用。

---

① 林剑鸣. 秦史稿. 上海：上海人民出版社，1981：405.

②③ 崔瑞德，鲁惟一. 剑桥中国秦汉史：公元前 221 年至公元 220 年. 杨品泉，张书生，陈高华，等译. 北京：中国社会科学出版社，1992：118.

④ 谢维扬. 中国早期国家. 杭州：浙江人民出版社，1995：467.

⑤ 中国社科院考古研究所. 中国考古学·秦汉卷. 北京：中国社会科学出版社，2010：173.

　　这里可略为提及政治精英和人民的关系。周朝建国时，周人人数极少、实力不足，周武王起兵时特别倚重不同部落、古国的力量，这些力量具有强烈的民间色彩。周人建国时政治精英高度依赖民众的力量，是自下而上的建国。这是周朝强调敬天保民、敬畏民意的重要原因。而这个事实亦体现到周朝立国基本理论和国家统治方式之中。秦朝建国依靠的国家正规军队，是自上而下的建国，建国时政治精英并不十分依赖民众的力量。秦朝并不过度强调对民众的仁慈，而只是按照法家理念，在国家份地授田制基础上，依靠律法来治国。可见，建国方式深刻影响政治精英和人民的关系。

三、边陲（地方）反噬中心（中央）

　　国家规模对几乎所有影响国家演进的变量及其关系都具有巨大影响，深刻塑造国家演进。对于一个超大规模国家或者巨大规模国家来说，中心与边陲、中央与地方关系极为重要，往往成为左右政治局势、影响国家演变的极重要因素。小国的中心与边陲、中央与地方关系往往并不是那么重要。中国到了周朝已经成为一个大国，中心与边陲、中央与地方关系的重要性日益彰显，深度嵌入国家演进过程之中。

　　周族群性政治集团、秦族群性政治集团一开始存在中心与边陲或者说中央与地方的关系。对于周而言，秦在几百年里一直是边陲、地方；对于秦而言，周在几百年里都是中心、中央。但这种中心与边陲、中央与地方的关系逐渐发生变化。边陲、地方从中心、中央汲取政治营养和文化知识，不断壮大。中心、中央因为各种原因，比如封闭僵化、施政不当、内部斗争，政治不断衰败。当两者的势力消长过了临界点时，边陲、地方就可能通过战争、政变等各种方式取代中心、中央。历史学者王坤鹏指出：夏、商和西周三代国家的形成都经历了一个由伯而王的过程，三代国家俱是从偏居一隅的小邦成长为中心大邦，通过附属其他次级族邦从而得以成为"万邦之方，下民之王"①。

周秦之变，除了是精英集团的相互取代，亦是边陲成为中心、地方取代中央的过程。封闭僵化的社会和阶级结构导致周人统治集团不断衰败和退化，并在处理关键性政治问题上屡屡失当，为秦人的崛起提供了前提条件。秦作为一开始文化上比较落后的地方，不断从先进的周文化中汲取养分，借鉴周朝统治经验，包括周朝的地方性政权晋国（后来的赵、魏、韩）等的统治经验②，最终成为比周朝更强大的政治力量并取而代之。秦人广泛汲取周人先进制度、先进技术的过程是一个漫长的过程，秦国发端于秦穆公时期并长期存在的客卿制度就是秦人吸收周人先进文化、先进技术的重要制度性安排。在商鞅变法中，无论是变法者商鞅的思想，还是变法所模仿的魏国等国的制度和管理经验，都是周文化的组成部分或者源自周文化。秦人长期主动地广泛吸纳周人的文化和优点，是秦人最终能够崛起的不可或缺的重要原因。没有周以及周的诸侯国的"营养"，秦人要独自进化到君主官僚制国家形态，几乎是不可想象的。赵鼎新讨论了非农业人口对于中原文化的学习以及由此带来的竞争关系，强调楚国等最初的非华夏国家通过学习周人技术与组织方面的知识而不断壮大，加速了西周的衰落③。

边陲、地方取代中心、中央成为中国历史演进、中国国家形态演进的重要动力和重要方式。地方性和中央性不同，但相互关联。一开始，地方性依附于中央性，边陲远离中心，地方依附于中央，但又受到中心、中央程度不一的牵制、影响。边陲、地方从中心、中央汲取智慧和经验，最终成长为拥有中心、中央部分经验同时又拥有自身经验的新中心或者新中央，从而带来大量新元素、新变化。边陲、地方取代中心、中央可以称为地方性的反噬或者说边陲的反噬，这在中国屡屡发生。商、周、秦、汉、唐、明、清的出现走的都是这个路子，都是从边陲或者地方开始，最终反噬中心或者中央。但这个过程不会那么顺利，阴谋、流血、造反、战争常常是难以避免的。

---

① 王坤鹏. 越在外服：殷商西周时期的邦伯研究. 北京：商务印书馆，2022：402.
② 晋国，最重要的姬姓诸侯国之一，首任国君唐叔虞为周武王姬发之子，周成王姬诵之弟。晋文化是周文化的重要代表。虽然在周秦之变中，秦取代了周，但周文化一开始是先进的文化。
③ 赵鼎新. 儒法国家：中国历史新论. 徐峰，巨桐，译. 杭州：浙江大学出版社，2022：83.

　　概言之，周秦之变为重新审视阶级和国家的关系、国家规模和国家演进的关系提供了机会。它揭示了中国作为一种阶级性不太明显的文明，阶级斗争的作用极其有限，不同族群、不同精英之间的斗争作用更为重要。作为一个超大规模国家，中心与边陲、中央与地方关系是基本关系，在国家形态形成和演变历史上起着重要作用。中心与边陲、中央与地方的相互转化，构成了中国国家形态形成和演进的特殊方式，中华国家和中华世界在这种转化中不断丰富、不断扩大（见图7-3）。而之所以存在不可测的、颠覆性的边陲和地方，又和中国巨大的国家规模、特殊的地理环境相关。中国领土广阔和北方敞口结构等特点，使得中国面临源源不绝的外部族群（特别是游牧族群）的威胁、压力和带来的新元素。这些威胁、压力和新元素深刻影响国家形态和国家演进。赵汀阳所谓的"中国漩涡"更多的是强调外部族群的正向作用，实际上是正负作用参半。由此亦可看到，中国国家史是民族交往与互动史，亦是政治、地理、民族的复杂互动和相互作用史。

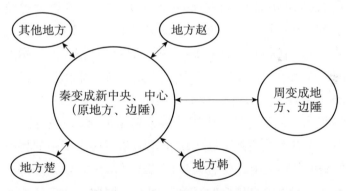

图7-3　秦代周：地方权力的反噬

第六节　特殊条件下的特殊战争的推动

　　和平是国家形态变革的一种方式，更多时候国家形态变革是在暴力和战争中进行的。中国从古国演进到天子诸侯制国家，再从天子诸侯制国家演进到君主官僚制国家，是政治、经济、文化、族群、地理、政治家、思想家等各种因素共同作用的结果，其中就包括战争和暴力。对此，福山、赵鼎新、徐勇、苏纳等学者已做出分析。福山指出："在中国的东周时期，国家形成的最重要动力就是战争。从公元前 770 年的东周初期到前 221 年的秦朝统一，中国经历了连绵不绝的战争，规模、耗资、人命的牺牲有增无已，从分散封建国家到统一帝国的过渡全凭武力征服。这时所建立的几乎每一个现代国家制度，都直接或间接地与发动战争息息相关。"① 赵鼎新认为："春秋—战国时代的封建制度导致了诸侯列国之间频繁的局部性非摧毁性战争；这些战争驱动型冲突刺激了该时期各个社会领域的发展。然而，由于该时期中国社会的其他社会力量发展薄弱，社会的多元化程度很低（比如与封建时期的欧洲和古希腊相比），由战争而催生的军事权力、意识形态权力和经济权力的发展最终均为国家所控制；国家权力的一元独大为儒法国家（Confucianism-legalist state）的形成开辟了道路，并限定了日后两千多年来中国历史发展的方向。"② 徐勇指出："中国的国家起源于战争推动。正是在不断的战争中，国家的规模日益扩大。秦始皇统一中国，依靠的是大规模和持续性的战争。秦始皇统一中国后，没有确定明确清晰和共同认同的领土边界，且不断面临着与其他民族之间的冲突和战争。"③ 芬纳指出：战国时期，中国"国家转型的驱动力来自军事竞争"④。可以说，中外学者都关注到了近代欧洲建国和周秦之变中的持续几个世纪的暴力。但是中外历史上都曾有大规模持续性战争，但不是都产生强有力的国家，不是都产生中央集权的官僚制国家。因此，特定条件下的战争才是周秦之变和新国家形态形成的重要原因。当时中国的战争到底呈现何种

---

① 福山. 政治秩序的起源：从前人类时代到法国大革命. 毛俊杰，译. 桂林：广西师范大学出版社，2014：104 - 105.

② 赵鼎新. 东周战争与儒法国家的诞生. 夏江旗，译. 上海：华东师范大学出版社，2006：21 - 22.

③ 徐勇. 关系中的国家：地域—血缘关系中的帝制国家（第二卷）. 北京：社会科学文献出版社，2020：18.

④ 芬纳. 统治史（卷一）：古代的王权和帝国：从苏美尔到罗马（修订版）. 王震，马百亮，译. 上海：华东师范大学出版社，2014：484.

特点，并且到底是如何影响新国家形态的生成的？

一、国家最高权威崩溃滋生战争

作为中心主义国家，中央权威对政治秩序的形成和演变具有根本性影响。春秋战国时期，无有效全国性最高权威带来的残酷竞争成为战争的温床。公元前 707 年之后，周天子不足以维持全国性统治，中央政府的实力已经被地方政府——当时的诸侯国超越，中国开始了长达 400 多年的分裂。春秋之初有超过 100 个诸侯国和政治实体，大小不一、强弱不一，强者地广百里，弱者不过一个城而已，它们构成了一个"国际社会"，也就是丛林社会，弱肉强食是基本规律。《孟子·离娄上》说，"争地以战，杀人盈野；争城以战，杀人盈城"①，正是这时的写照。张金光指出："战国时期，各大诸侯国所面临的形势与背景大抵是相同的，即兼并势成，不是兼并别国，就是被兼并，故为自身计，皆务富国强兵之道，实行一定程度的改革和新政。"②

春秋战国就是这么一个霍布斯丛林。周人是以战争打败商朝、取而代之而立国的。这个道理对于它的诸侯国同样适用。春秋无义战、战国兼并战，大国吞并小国，强国吞并弱国，无任何道义可言。只有不断吞并别国，才能使得自己更加壮大，才能避免被别国吞并。春秋战国的多数时期，诸侯国处于两种状态，一是战争，一是为战争做准备。战国时期，列强竟相变法，核心是为了提高进行战争的能力，保存自己的国家。春秋末期，已经只剩下十多个国家。战国末年，已经只剩下一个主要国家——秦国，割据性的地方诸侯国已不存在。反过来说，天子诸侯制国家可能一开始会带来和平，但其所造成的权力地方化、地方政权实体化和独立化趋势，最终会带来对立、分裂和战争。汉朝的分封、明朝的分封也都曾带来这些问题。

---

① 孟子. 方勇，译注. 北京：中华书局，2018：140.
② 张金光. 秦制研究. 济南：山东大学出版社，2004：自序 18.

二、春秋战国战争的特殊性

中国的特殊性在于，战争的烈度、持续时间、动员程度等比一般国家的变革期更剧烈、更长、更大。换言之，中国春秋战国时期的战争不是一般意义上的战争。美国学者内森·罗森施泰因称：尽管罗马在公元前 4 世纪至前 1 世纪"几乎每年都在进行战争，所动员的意大利人口在比例上看与中国的时期相当，但它从未像中国那样发展出一套倾全国之力以备战的行政结构。事实上，在罗马军事动员最盛时期的政府机构，也就是在公元前 3 世纪末到前 1 世纪这段时期内，也远比不了秦和其他的战国列强"①。之所以如此，有五个重要原因。

一是中国经过 2 000 多年的发展，已经经历了两种国家形态阶段，一种是古国，一种是天子诸侯制国家，文明达到了一定的高度，积累了大量的统治术、管理术、战争术，具有一定的科技水平，这些为战争特别是大规模战争的推进奠定了一定的基础。以战争术为例，世界级水平的《孙子兵法》问世就是一个证据。

二是中国作为一片广袤的陆地，在西周几百年发展的基础上，已经具备了较好的交通条件。大量的诸侯国都分布在黄河中下游，比较密集。它们之间要进行战争，交通非常便利。如果是一片碎裂的岛屿，则发生战争的难度要大很多。

三是中国较早出现了较为完善的官僚化机构、常备军制度。中华文明从一开始就在政治上、国家治理上展露出与众不同的气质，政治要素相对发达。经过夏朝、商朝、西周的发展，中国的官僚化机构已经比一般的国家规模大得多、完善得多，"官"的地位比一般的国家要更高。常备军制度至少在西周就较为完善，西周由西六师、成周八师构成的中央军是强劲

---

① 罗森施泰因. 古代中国与罗马的战争、国家结构与军事机构演变//施德尔. 罗马与中国：比较视野下的古代世界帝国. 李平，译. 南京：江苏人民出版社，2014：29.

的常备军。在这两个方面，中国都比一般的国家、一般的文明发育得更早、更为成熟。这两个方面都有利于战争动员和战争的剧烈化。战争越多，越能刺激官僚化机构和常备军制度的发展。后者反过来又促进战争动员和战争的扩大，这是一个正向循环。

四是天命观和大一统思想加剧了战争。春秋战国之前，中国是一个封建统一的国家，拥有正式的天子——周王。这和古希腊城邦相互战争的背景不同。后者从来都是各自为政的，视城邦为国家的终极形态。在中国，天命观到了西周已经非常完善，具有强大影响力。天命观指向的就是统一，春秋时期已经出现大一统思想，战国时期的中国更是大一统思想的实践期，强大的诸侯国无一不想一统中国。这就加剧了战争的烈度，扩大了战争的规模。对于当时的中国人而言，七强林立不是一个可以让人接受的状态，天下必须统一于一个国家，也就是孟子所谓的"定于一"。这就进一步推动战争的发生和持续，直到天下一统。近代欧洲发生的战争并没有任何因素要导向统一。

五是中国面临极为强大而复杂的外部族群的竞争和压力。多数古典文明均面临游牧民族的挑战，但中国所面临的外部族群压力明显较大。人数多、种类多、不断有新族群冒出，混杂在中国周围甚至穿插在中原地区，并且善于学习中原族群的文化，是中国面临的外部族群的特点。德国学者赫尔佐克指出："中国同所有其他高级文化的区别在于它对游牧民族问题的处理。世界上任何一个地方从来没有出现过这样一种现象，即一个如此高度发达的文化始终要面对面积如此广大的游牧地区，从而也要面对人数如此众多的游牧民族。"[1]秦国始终处于同外部族群的竞争中，长期与戎狄作战，丰富了战争经验，甚至本身亦被视为戎狄之国。内忧外患之下，中国国家形态演进承受着比一般国家更为巨大的压力。外部族群的竞争、挑战加剧了中国春秋战国时期的战争。

这些特殊要素使得中国春秋战国时期的战争无论在战争目的、战争规模、战争烈度、战争持续时间、战争动员程度、战争效果等方面都具有特

---

[1]　赫尔佐克. 古代的国家：起源和统治方式. 赵荣恒，译. 北京：北京大学出版社，1998：245.

殊性，最终亦导向特殊的战争结果。

三、特殊战争和其他因素耦合

战争和国家构建的关系极其复杂，并不是一种简单的对应关系。单纯的战争并不见得会促进国家的诞生或者推动国家形态的升级。非洲的部落战争反复发生，并没有很好地促进非洲的国家进程，直到 20 世纪，非洲很多地方仍旧是部落社会。中国春秋战国时期的战争恰恰是在政治文化较为发达特别是已经具备官僚化机构和常备军制度的背景下，并与天命观、大一统思想、发达的农业经济基础耦合，才刺激了中央集权国家的诞生。近代欧洲战争导致的绝对主义国家的兴起，亦是在具备相当好的政治经济条件下才实现的。古希腊城邦之间的混战，只导向了城邦的摧毁或延续，并不改变城邦国家形态，是因为没有相应思想观念和其他要素的作用。中国历史上持续上千年的古国阶段，彼时的战争更多时候起到的作用是摧毁古国，而非推动天子诸侯制国家的出现。"战争对国家权力的影响不是单一性和决定性的——它既可能导致国家的崩溃，也可能强化国家的权力。换句话说，战争可能造就国家，也可能毁灭国家。"[1] 概言之，战争推动国家形态变革、升级只是在极为偶然的条件下才出现的。战争必须和特定的政治经济文化条件耦合才会产生革命性后果，而这种情况是极少见的。周秦之变恰恰就是这样一种特殊情况。

公元前 770 年，东周开始，郑国在次年（公元前 769 年）灭掉了郐国，过了两年（公元前 767 年）又灭了东虢[2]。不管郐国是不是春秋时期最早被灭掉的诸侯国，它的灭亡无疑给其他国家以极大教训。正如赵鼎新所说的，春秋战国时期诸侯国之间频繁爆发的战争是形塑春秋战国时代历史发

① 乔治·劳森. 关于国家力量社会来源的商榷//赵鼎新. 儒法国家：中国历史新论. 徐峰，巨桐，译. 杭州：浙江大学出版社，2022：545-546.
② 顾德融，朱顺龙. 春秋史. 上海：上海人民出版社，2019：45.

展的最为重要的因素，反复发生的非摧毁性的战争"催生了效率导向型行为的快速发展，并很快积累成宏观水平上的社会演变"①。萧功秦指出："战争的实效表明，相对于权力分散、等级森严、动员效率低下的分封制诸侯国家，这种军国主义化的中央集权的官僚专制国家，能最为有效地动员人力、财力与物力资源，满足兼并战争的需要。吴起变法、商鞅变法的本质，与其说是'地主经济化'，不如说是军、国、民一体化，从而把整个社会变成一部高效的战争机器。实现这一目标的途径，就是把分封制国家改造为中央集权的专制官僚国家。"② 战争导向的是适者生存、强者生存、高效率者生存，如果不能适应，就必然在战争中毁灭。

　　在西周官僚机构发达、华夏族政治潜质突出的基础上，加之天命观、大一统思想、中央集权传统等因素的影响，为了生存，很多诸侯国最终通过各种途径建立君主集权程度更高、国家动员能力更强、劳动生产率更高、军队更加卖命的制度。君主集权、反对政出私门、官僚制、郡县制、户籍管理制度、按亩收税制度、授田制、耕战体制、更高效的武器生产体系、更高明的战争技术等逐步产生，善于作战、能够富国强兵的改革家、实干家、理论家受到欢迎，一大批为新国家做理论阐释的国家学说出现。战争成为此时制度变革、社会变迁、社会结构变动、观念革新、国家构建的重要推动力，不断推动中国社会的理性化，催生强动员能力、举国体制式的君主官僚制国家。

　　持续的战争给中国带来巨大影响，民众心理、人的行为、政治文化和国家机器等都深深打着战争的烙印。秦朝形成的君主官僚制国家形态布满了战争的痕迹，动员体制、举国体制、郡县制、官僚制、半军事化管理、编户齐民等都是战争的结果。换言之，如果这次国家形态变革、新国家形态的形成不是在持续的战争中实现的，可能就不会有这么强的中央集权、动员体制、半军事化国家的痕迹。

　　战争逻辑的潘多拉魔盒一旦打开，就不是轻易可以盖上的，没有人可

①　赵鼎新. 东周战争与儒法国家的诞生. 夏江旗，译. 上海：华东师范大学出版社，2006：20.

②　萧功秦. 华夏国家起源新论：从"猴山结构"到中央集权国家. 文史哲，2016（5）.

以恰如其分地控制战争的节奏和周期，即使是最杰出的政治家。秦朝通过战争而建立，拥有巨大的自信，相信武力、暴力、动员体制、耕战体制才是最有效的。秦国和秦朝非常注重通过制度机制激发民众投身耕战的积极性，但亦带来了民力的枯竭、民心的逆反。战争逻辑在秦朝得到延续，给秦朝带来灾难性影响。秦末起义同样成为这次国家形态变革的组成部分。起义的目的是不尽相同的，有的要报复或者终结秦朝国家机器带给他们的痛苦，有的是要复兴六国，有的是盲目地跟随起义队伍。底层造反加上中上层精英的介入，使得暴力战争急剧扩大和更为持久。秦末起义推动国家形态继续演进。起义的本质是试图以战争停止秦朝统治者延续的马上打天下逻辑、战争逻辑，而非反对新的国家形态，因为起义之后建立的汉朝继承了秦朝的国家形态。

因此，战争一方面提供国家形态演进的动力，塑造君主官僚制国家的内涵和特征，同时也给君主官僚制国家统治者带来沉痛的教训，即可以马上打天下但不可以马上治天下。推动国家形态变革的力量，未必可以成为维持国家形态、实现国家治理的力量，甚至反而成为国家治理的破坏性力量。当战争的逻辑让位于建设和治理的逻辑，这次国家形态演进才算完成。

包括战争在内的暴力因素成为贯穿周秦之变始终的重要因素。世界上有几个地方的国家构建，离得开暴力？这一点中国也不例外。中国的例外在于特殊条件下的特殊战争导致了中国并没有在内战中毁灭，而是形成了君主官僚制国家形态。但是，暴力和战争是否就是周秦之变或一般意义上的国家构建的决定性因素呢？笔者认为不是。由于周秦之变的发生和君主官僚制国家形态的形成有太多的成因，包括天命论、周朝国家形态的危机、社会生产力的进步、中央与地方的互动等，战争不是最主要因素，它更像是加速器、搅拌机和催化剂。战争受到了其他因素的强烈塑造，并非决定性因素。"在先秦，战争对国家形态有着重要影响。秦汉以后，军事和战争尽管在改朝换代、政权更替中具有决定性作用，但对社会结构与国家形态已不再具有重要的形塑作用。"① 这句话是深刻的。周秦之变之后直

---

① 应星. 从历史视角考察中国式现代化. 中国社会科学报，2022-04-26.

到清朝末年之前，中国的战争很大程度上都没有改变基本的国家形态。这就说明战争必须和其他要素耦合才能起到推动国家构建特别是推动国家形态变革或者革命的作用①。

第七节 思维模式影响和天命论的本体意义

观念和思想在国家形态演变和政治发展中的地位和作用是政治学的重要课题。任何一种伟大国家形态的出现，往往首先有政治思想的重大突破。周秦之变有两个大背景。第一，中华文明历史悠久，神话传说时代则更为漫长，已形成比较成熟的思维方式，以及大量政治制度和政治观念，其中就包括了天命论等立国原理级别的思想。第二，春秋战国时期的中国处于人类历史的轴心期，中国出现孔子、孟子、韩非子等大量世界级思想家②。这些思想家就宇宙天地、人间秩序、社会治理、国家构建、人伦纲常等著书立说。这些思想家既继承传统又创新学问，他们的思想和中国更早的政治思想、国家观念一道，对国家形态的形成和演变产生重要影响。

---

① 波拉克认为战争并不必然对国家构建和发展产生影响，他以欧洲和美国历史为基础进行分析，认为"战争若想对国家发展产生影响，还需要有其他的因素，其中最基本的就是收入"。笔者认为，以周秦之变来看，收入不是一个基本的因素，因为春秋战国时期的多数诸侯国都是中心主义国家，国家汲取能力并不存在什么问题。这就是中西方历史的差异之一。当然，随着汉以后儒家的主流化，轻徭薄赋的观念深入人心甚至过度发展，国家汲取能力逐步成为问题。参见：波拉克．战争、收入与国家构建：为美国国家发展筹资．李婉，译．上海：上海财经大学出版社，2021：48.

② 轴心期理论是德国哲学家卡尔·雅斯贝斯提出的重要理论。他将历史分为史前、古代文明、轴心期、科学技术时代四个时期。其中，轴心期指的是从公元前800年至公元前200年。他认为此时西方、中国、印度不约而同出现了思想和哲学上的伟大突破，其中公元前5世纪是轴心期的高峰。参见：雅斯贝斯．历史的起源与目标．魏楚雄，俞新天，译．北京：华夏出版社，1989.

一、分层－关联思维模式

思维模式会对人的行为产生重大影响，一个民族的思维模式会对历史演变产生重大影响。美国学者普鸣讨论了中国的思维模式问题，梳理了不同学者关于中国思维模式的看法，提出海外学者认为中国存在一种叫作关联性宇宙论的思维模式。他提及，学者惠特利（Paul Wheatley）认为："中国宇宙论的前定和谐（pre-established harmony）——所有的存在物都自发遵循其自身本性的内在必然性时所达到的状态，它使得中国政治学家在关系（relation）而非实体（substance）中寻求真实。"[①] 中国人在相当古老的时代就习惯于将事物分层并构建起事物之间的关联网络，并从关联网络中思考宇宙道理、人世治理的规律，进而阐释自己的理论主张，构建自己的理论体系。在中国人看来，万事万物只有在关系中才有其价值和定位。暂且把这些思维模式概括为分层－关联思维模式或者关联思维模式。这种思维模式对中国社会和国家的形成和运行产生了深远影响。

分层－关联思维模式指向的就是政治哲学和宇宙哲学。中国人极早就将身处的世界分成天、地、人不同层次。这三大要素是古代中国人思考问题的第一层级命题。葛兆光研究了大量上古遗物后认为："中国古代思想世界一开始就与'天'相关，在对天体地形的观察体验与认识中，包含了宇宙天地有中心与边缘的思想，而且潜含了中国古代人们自认为是居于天地中心的想法，这与中国这一名称的内涵有一定的关系，对天地的感觉与想象也与此后中国人的各种抽象观念有极深的关系。"[②] 他还指出："很早以来，中国人就已经开始有了这样的看法，宇宙是互相关联的一个整体，

---

① 普鸣. 成神：早期中国的宇宙论、祭祀与自我神化. 张常煊，李健芸，译. 北京：生活·读书·新知三联书店，2020：16-46. 引文出自该书第46页。

② 葛兆光. 中国思想史（卷一）：七世纪前中国的知识、思想与信仰世界. 上海：复旦大学出版社，2019：18.

'天'、'地'与'人'之间有一种深刻而神秘的互动关系，不仅天文学意义上的'天'与地理学意义上的'地'及生物学意义上的'人'乃至政治学意义上的'国'可以互相影响，而且'天'、'地'、'人'在精神上相互贯通，在现象上相互彰显，在事实上彼此感应。"① 张光直指出："中国古代文明中的一个重大观念，是把世界分成不同的层次，其中主要的便是'天'和'地'。不同层次之间的关系不是严密隔绝、彼此不相往来的。中国古代许多仪式、宗教思想和行为的很重要的任务，就是在这种世界的不同层次之间进行沟通……中国古代文明是所谓萨满式（shamanistic）的文明。这是中国古代文明最主要的一个特征……把世界分成天地人神等层次，这是中国古代文明的重要成分，也就是萨满式的世界观的特征。"② 思想史学者武占江认为，远古时期的中国人存在泛神论，其宇宙观可以被称为巫史宇宙论、巫史存在论，这是一种连续性的宇宙论，认为世界万物被一种具有无限可能性的联系所笼罩着。宇宙分成天地两个最基本层次，神灵存在不同的层次，祖先神可以达于天，也可以降于地，山川之神各居其所③。

　　历史学者王柯在分析《史记·秦始皇本纪》中提到的"古有天皇，有地皇，有泰皇，泰皇最贵"论述时指出："所谓天、地、人三皇及其时代，不过是远古时代'中国人'对空间和时间的一种概括和想象而已。但是这种概括想象，却反映了远古时代'中国人'的一种最原始的、朴素的思维方式。这就是，空间与时间相同，人间与天、地相联。人类世界，不是人类独自的家园，而是人类与天、地共存的空间；人类社会的历史，也就是人类与天、地共同度过的时间；人类社会的一切现象和规律，也处处体现了天、地的意志。远古时代'中国人'的这种朴素原始的思维，奠定了'天下思想'的基础。"④ 这些论述指出天、地、人及其必然而内在的关系对于古代中国人的极端重要性。

---

　　① 葛兆光. 中国思想史（卷一）：七世纪前中国的知识、思想与信仰世界. 上海：复旦大学出版社，2019：71.

　　② 张光直. 考古学专题六讲. 北京：文物出版社，1986：4-5.

　　③ 武占江. 中国古代思维方式的形成及特点. 西安：陕西人民出版社，2001：60-73.

　　④ 王柯. 从"天下"国家到民族国家：历史中国的认知与实践. 上海：上海人民出版社，2020：7-8.

关于天、地、人的描述，古文献中有很多。《诗经·小雅·小明》写道："明明上天，照临下土。"①《诗经·商颂·烈祖》写道："自天降康，丰年穰穰。来假来飨，降福无疆。顾予烝尝，汤孙之将。"②《诗经·商颂·玄鸟》写道："天命玄鸟，降而生商，宅殷土芒芒。古帝命武汤，正域彼四方。"③《诗经·商颂·殷武》写道："天命多辟，设都于禹之绩。岁事来辟，勿予祸适，稼穑匪解。天命降监，下民有严。不僭不滥，不敢怠遑。命于下国，封建厥福。"④《左传》中关于天、天王的记述也有不少。比如，《左传·隐公元年》写道："秋七月，天王使宰咺来归惠公、仲子之赗。"⑤《周礼·春官宗伯·大宗伯》写道："大宗伯之职，掌建邦之天神、人鬼、地示之礼，以佐王建保邦国"，"以玉作六器，以礼天地四方。以苍璧礼天，以黄琮礼地，以青圭礼东方，以赤璋礼南方，以白琥礼西方，以玄璜礼北方"⑥。在这些文献中，天居于最高位置，天、人、王、地命题已经出现，且具有极端重要的地位⑦。

地在古代的经典中表示是土地，与之相关的有田、赋税、房屋、居住等概念。地的重要性在一句流传至今的古语"天地君亲师"中得到体现。历史学者张金光对于地在古代中国政治运作中的重要性有深刻揭示，提出地权本体论，强调："研究中国历史，有三个概念必须重视：'王土'、'王民'、'王权'是也。此之谓中国古代国家权力形态之'三纲'。'王土'制为纲中之纲"，"'王土'观念即中国地权'本体'"，"'王土'观念及其制度，自周代产生并确立以来，成为中国历代土地所有权制度中的本体、本根"⑧。

---

① 程俊杰，蒋见元.诗经注析：下册.北京：中华书局，1991：648.

② 同①1027.

③ 同①1030.

④ 同①1042.

⑤ 杨伯峻.春秋左传注（修订本）：第1册.2版.北京：中华书局，1990：8.

⑥ 周礼：上册.徐正英，常佩雨，译注.北京：中华书局，2014：400-411.

⑦ 汪文学指出："在中国古人的心目中，以北极为中心的天是一个神圣的存在，具有至高无上的地位。古人以人间秩序比附宇宙时空，以人君比附星。因此，他们认为人间的君主亦应该仿效北极，像北极规范宇宙时空一样管理人间社会秩序。"参见：汪文学.正统论：中国古代政治权力合法性理论研究.贵阳：贵州人民出版社，2019：53.

⑧ 张金光.战国秦社会经济形态新探.北京：商务印书馆，2013：11-12.

除了天、地，人同样重要。中国人很早就视人为天地中最宝贵的。由天、地、人展开，衍生出君、神、民、官、国、礼、法、德、家等第二层级命题，继而延伸出天人关系、天地关系、天地人关系、天下和国家关系、天和礼关系、天和法关系、天和德关系、天和民关系、天君民关系、内外关系、国和家关系、人和人关系（包括祖先与我、我和他人关系）等一系列重大关系。探讨这些要素及其关系的文献很多。王国维说："《召诰》一篇，言之尤为反覆详尽，曰命，曰天，曰民，曰德，四者一以贯之。"① 这里就提到命、天、民、德四个要素。《召诰》是《尚书·周书》中的一篇。

分层-关联思维模式实际上未将任何东西置于绝对的地位，而是在关系网络中来认知事物的价值和作用，并认为它们之间是可以互动的，理想状态是达成一种平衡和谐状态。分层-关联思维模式和古希腊进而是西方人的思维方式存在着根本性差异。古希腊思想家总是习惯于从绝对化的理念出发思考问题。"古希腊以城邦为基础的政治思想突出'正义'的观念，把正义作为追求的目标。在中国，西周至春秋时代，并没有出现以'正义'为中心的讨论，而是提出了一些特有的概念范畴，如天和民、天和礼、天和德的关系等。这些讨论虽然还未形成政治哲学的体系，但无疑已经是具有政治哲学意义的论述和命题；这些论述和命题构成了儒家古典政治哲学的背景和前提。"②

思想和政治是密切相关的，尤其是宇宙观和政治思想。"宇宙观在中国早期帝国形成过程中所扮演的角色是中国历史上的一个关键问题，也与今天如何定义所谓'中国性（Chineseness）'密切相关。这是因为宇宙观和统一帝国一直被视为中华文明的两个最为持久的结构。"③ 由于天处于最高的位置，因此与天相通的君具有极大权威。这是古代中国君权极具权威性的一个重要思想基础。张光直指出："通天地的手段与政治权力有直接的关系，这个道理是很清楚的：天、神是知识的源泉，通天地的人是先知

---

① 王国维. 殷周制度论//王国维. 观堂集林：上. 北京：中华书局，1959：476.
② 陈来. 中国早期政治哲学的三个主题. 天津社会科学，2007（2）.
③ 王爱和. 中国古代宇宙观与政治文化. 金蕾，徐峰，译. 上海：上海古籍出版社，2018：1-2.

先觉。在古代，自然资源开发不足，人们生活很困难、很被动。能够先知先觉的人或是说人们相信他能先知先觉的人，就有领导他人的资格。"① 但是中国人的思维方式和思想传统又预示着乃至于决定了中国人并没有将君王、帝王置于绝对的地位。中国古人排斥绝对的君权，排斥绝对的民权，也排斥不可转换的天命。

中国在大部分历史时期都未将任何一个维度置于绝对位置。比如说，天命虽然极其重要，但是天命可以转移，天命可以通过民意来反映。君主乃天地之枢纽，但其一旦不能照顾好民众的生活，就将丧失天命，如果其实行暴虐的统治，则人民有权"革命"，重建天命。因此，任何一方都不是绝对的。曹正汉指出："在中国历史上，国家与社会关系的建构不是以民选制度为基础，而是以'天命观'为基础。'天命观'把君主视为天之代理人，称为'天子'，天子在天监督之下管理人间事务。同时，'天命观'又把民提到了与天同等地位，视民心即'天心'，民意即'天意'"，"这种以'天'为政治和道德的最高权威，同时，又视民意为天意，建构君民之间相互约束关系，后人称之为'称天以制君'"②。

天和人（包括君和民）、天和礼、天和德、天和地等关系，以及天、地、君、民、礼、德、法等概念成为西周乃至于此后中国思想家和政治家关注的核心问题后，深刻影响国家形态的形成和演变，更进一步说，天、地、君、民、官、礼、法、德等命题最终成为天子诸侯制国家、君主官僚制国家的核心要素。从西周至清朝，中国的国家形态始终没有脱离上述要素的形塑，周秦之变亦然。从整体上看，周秦之变基本上是在这些要素及其关系的范畴内演进的，并选择性地以这些要素为基本支撑或者基本工具。

二、天命论为周秦之变划定方向和范畴

基于以上思维模式和重点思考命题，并在长期的政治经济文化活动

---

① 张光直.考古学专题六讲.北京：文物出版社，1986：11.
② 曹正汉.纵向约束体制：论中国历史上一种思想模型.社会，2021（4）.

中，中国逐步形成天命观。大约在五帝时代、夏商周时代，天的观念进一步发展，开始形成以天命观、天下观为核心的宇宙和国家理论。春秋战国时期，天命观成为诸子百家普遍接受（尽管程度不一）的关于宇宙和国家的根本性理论。正是如此，《孟子》称："人有恒言，皆曰：'天下国家。'天下之本在国，国之本在家，家之本在身。"[①] 在天命观这种具有顶层意义的原理性思想促使下，中国形成独具特色的天下型国家模式，走上与西方、伊斯兰文明、印度文明等完全不同的国家演变道路。这条路代表了古代东亚国家的道路。王柯指出："'天下思想'，是中国传统国家思想的集大成者。从中国的历史来看，无论是在空间上展开的国家构造，或是在时间上展开的王朝更替，都受到'天下思想'的影响与制衡。"[②] 历史学者李宪堂指出："'天下'作为中国传统文化中的一个重要概念，为中华民族的知识体系、价值体系和实践活动提供了一个预设性的认知框架，诸如权力的神圣性、道德的绝对性、秩序的天然性等传统政治文化的所有基本命题都由此生发出来。"[③]

其一，天命观导向的是中央集权、中心主义国家。天作为宇宙的主宰，具有最高的神性和神力，天、帝或者天帝将其部分权力交给人世间唯一的统治者，也就是天子，天子替天统治万民，天下皆为天子所统治的领土。这构成了中国天子诸侯制国家、君主官僚制国家的合法性来源，也是立国的共同原理。美国汉学家史华慈认为："'天命'（Heavenly Mandate）观念必将在周代初年的宗教意识形态史上占据着显著的中心地位，而在整个观念的核心部分，天占据有中心地位……在也许可以称为国家宗教的领域内，不论天的概念会在中国思想史中经历什么样的转变，对于帝国官位的占据者来说，是天而不是祖先一直成为合法性的最高来源。"[④] 因此，天

① 孟子．方勇，译注．北京：中华书局，2018：132.
② 王柯．从"天下"国家到民族国家：历史中国的认知与实践．上海：上海人民出版社，2020：8.
③ 李宪堂．"天下观"的逻辑起点与历史生成．学术月刊，2012（10）.
④ 史华慈．古代中国的思想世界．程钢，译．南京：江苏人民出版社，2008：52. 当然，祖宗崇拜在古代中国政治运作中也具有极为重要的地位，但天更具本体意义。祖宗崇拜是重要但次一级的命题。

命观导向的是中央集权、中心主义国家，是国家统一，是中心与边缘的差序格局。"由天地四方的神秘感觉和思想出发的运思与想象，是中国古代思想的一个最初起点，换句话说，是古代中国人推理和联想中不证自明的基础和依据。它通过一系列的隐喻，在思维中由此推彼，人们会产生在空间关系上中央统辖四方、时间顺序上中央早于四方、价值等级上中央优先于四方的想法：天穹运转，天道左旋的现象会使人们生出一种天地中央螺旋形生成的观念；极点不动，天如穹盖的感觉会使人们形成一种天地均有中心和四方的观念；而当这种观念与神话相遇，就会在人间的意识与仪式中心形成中央之帝王与四方之神祇的整齐神谱；当这种观念延伸到社会领域，就会成为中央帝王领属四方藩臣的政治结构的神圣性与合理性依据。"[①]

其二，天命观、天下观为春秋战国的战争乃至于夏商周的战争、对抗和冲突划定了一个最终的方向和目标——国家统一，形成更具有权威性的中央集权的政治实体。天命论一般性地都会指向国家的统一，并在中国特殊的政治社会实践中顺理成章地衍生出大一统思想，这个时间节点就是春秋。天命、中心-边陲、国家中心主义都是紧密关联的，最基本的理解就是不可能存在两个人同时接受天命。长时间的天子诸侯制国家形态实践更是强化了天下统一的重要性。春秋战国时期的战争导向的不是分裂，而是统一。其核心原因就在于以天命观为核心的宇宙和国家理论。《孟子》有言："天下恶乎定？""定于一。"[②] 天下和统一这两个中国政治实践和理论的轴心命题在孟子这里非常自然地联系在一起，其根本逻辑是贯通的。"战国之世，群雄并作，逐鹿中原。其驱动力，自理想层面言，无疑是王者一天下的理念。"[③] "尽管这两者对于'大一统'有不同的政治主张，但是不论'儒家'还是'法家'，它们都胸怀'只有一个共主，一个最高中心的历史观念'，这一'历史观念'就是'大一统'观念。及至战国时期，周王室已经衰弱到无法占据最高的权力中心，要另一个新的最高权力中心取代周

---

① 葛兆光. 中国思想史（卷一）：七世纪前中国的知识、思想与信仰世界. 上海：复旦大学出版社，2019：18.

② 孟子. 方勇，译注. 北京：中华书局，2018：9-10.

③ 梁治平. "天下"的观念：从古代到现代. 清华法学，2016（5）.

天子，这就是'列国'企图通过兼并战争所要追寻的最终目的。"① 这一点是中国的特殊性，世界其他很多地区的战争更多导向的是分裂。

　　古希腊人视城邦为国家的终极形态，视碎片化的城邦为天经地义，不可能在政治观念中出现统一的命题。亚里士多德称："当多个村落为了满足生活需要，以及为了生活得更美好结合成一个完全的共同体，大到足以自足或近于自足时，城邦就产生了"，"城邦是自然的产物"②。按照这种标准，城邦自然是"小国寡民"式的。在亚里士多德看来，城邦是最高的善，是事物本性的完全展开，是终极的状态。"城邦制度既是希腊的传统，也是希腊政治思想的不可违背的潮流，是希腊政治学的既存前提，离开了城邦制度就没有政治学。"③ 直到被彻底征服，古希腊人也从未想到要统一为一个国家。

　　天命论和神权政治不能画等号。这一点前文有所涉及，这里再加以论述。超验的天和自然的天联系在一起，打雷、暴雨、刮风、地震、火山、海啸等都可能被视为天的旨意的体现，这就给地上的统治者以巨大威慑，要求统治者必须自省、做得更好。而如果要以神来为统治服务的话，就完全不必要和天联系在一起。虚构一个抽象的神，不和任何天象联系在一起，恐怕是最有利于统治的。中国的天命观势必导向一种责任型政治，也就是说虽然天命被赋予天子，但这不是目的，而是要通过这种方式来造福民众。这也许并非完全符合统治者的利益，但思想的发展并不都是由统治者说了算，政治家和思想家并非总是合一的，思潮形成是各种因素交织的结果。中国远古神话和传说中的统治者都是以造福民众而出名的。这一开始也许有一定的虚构成分（更多的是真实的），但久而久之就可能形成普遍性认知，一旦形成普遍性认知，民众就会对统治者形成这种期待，这种期待不是谁都可以违背的。到了周朝，在经历了残酷的殷周革命和朝代更替后，受到极大震撼的周朝统治者提出敬天保民思想。这种思想在春秋时

---

　　① 辛万翔，曾向红．"多国体系"中行为体的不同行为逻辑及其根源：兼与许田波商榷．世界经济与政治，2010（3）．

　　② 亚里士多德．政治学．颜一，秦典华，译．北京：中国人民大学出版社，2003：3-5．

　　③ 顾准．希腊城邦制度：读希腊史笔记．北京：中国社会科学出版社，1982：6．

代继续发展，形成了"天听自我民听，天视自我民视""夫民者，神之主也"的民本思想。在这种先进思想中，民意甚至成为天意的表现。这必然导向一种国家必须承担保护民众、保障民生之责任的要求。

因此，以天命观、天下观为核心的宇宙和国家理论一方面会带来君主集权、国家中心主义，另一方面也会强调统治者的责任。儒家、法家都不认为君主可以恣意妄为。秦朝留下的石刻中既有关于天的内容，亦有大量关乎民众福祉的表述，这是天命论逻辑的一种表现。

三、思想家为周秦之变提供理论基础

除了一般化、普遍化的天命论，还有必要讨论思想家或者主要的思想流派和周秦之变的关系。周朝的建立和周武王、周公关系十分密切。周公既是政治家又是思想家，其思想和主张对于周朝国家形态的形成起到重要作用。周秦之变恰好包含了中国思想史上的轴心期，形成了大量政治学说、国家学说，这些学说对于政治运行、国家演进起到重要作用。张分田指出："秦始皇的很多政治选择都是在当时最为流行的理论学说的指导下做出的，有些政治选择很有创造性，具有为中国历史发展进程定向的意义。""秦朝的统治思想比以《韩非子》为代表的法家学说的内容更丰富。从《史记》、《云梦秦简》等保存的历史材料看，法家的'以法治国'论，儒家的礼仪、教化和忠孝之道，道家的玄学、方术，阴阳家的'五德始终'说、'四时之政'等，对秦朝的制度、法律和政策都有重大的影响。统治集团内部时常有以一定学术流派为背景的政策之争。"[①]

法家的思想，特别是商鞅、韩非子的思想对君主官僚制国家的形成起到重要作用。商鞅提出一系列改革举措，"就是为了建立一个能够对其全部人口实施总体性控制的中央集权的科层制国家"[②]。商鞅时代的很多立

---

① 张分田．秦始皇传．北京：人民出版社，2003：233－234.

② 赵鼎新．东周战争与儒法国家的诞生．夏江旗，译．上海：华东师范大学出版社，2006：112.

法、制度、举措都被秦始皇继承，成为秦朝的律法、制度和政策。韩非子的思想更是被秦始皇高度欣赏。笔者在阅读和研究《韩非子》、秦朝出土的律法和文物时，强烈感受到秦朝生动地践行了法家的治国之术。秦朝的立国基本理论是不折不扣的天命律法论。法家主张的君主集权、奉行法治、明赏必罚、论功行赏、重农抑商等一系列思想几乎都能在秦朝找到痕迹。史华慈指出："秦始皇是国家的世袭统治者，这个国家已经实施过许多法家的方案。凭借本国的力量，利用其他尚存的'强大国家'之间的涣散，他得以把他的统治扩展到整个'文明化'的世界。因而他本人十分信赖法家的'乌托邦'梦想，这一乌托邦是由非人格化的法律机制、'技术'和神秘的权势支配的；在这种社会中，数不清的私人激情、情感、价值以及信念的力量都将被清除出去"[①]。除了法家，上古以来的天命观、儒家士人的思想也在秦朝的石刻、简牍中有所体现。

由此可见，思想和观念在中国国家形态演进中发挥着重要作用，相当程度上划定了国家形态演进的方向和范畴，周秦之变并没有超越古代中国思想的世界。思想和观念的特殊重要地位，成为影响周秦之变和中华国家演进的一个重要机理，亦成为国家权力和意识形态权力联合或者合一是古代中华国家重要特征的重要原因。

第八节　经济因素的基础性作用

经济和国家形态的关系是复杂的。分析周秦之变历史过程恰好可以成为观察经济与政治、经济与国家形态的复杂关系的窗口。总体来看，周秦之变时期中国处于农业经济时代，农业不断发展，为新国家的形成奠定了基础。

---

① 史华慈．古代中国的思想世界．程钢，译．南京：江苏人民出版社，2008：470.

一、较发达的经济是构建新国家的经济基础

周朝、秦朝都是农业社会，农业经济占据绝对主导地位，游牧业、手工业、商业是第二位的。这一点前文在描述周朝国家形态、秦朝国家形态时已有清晰描述。秦朝的农业生产效率、生产规模和生产条件较周朝有了很大发展，有了更多余粮，手工业、商业、科技都有了更大进步。这有利于支持国家以俸禄为官员提供报酬，为官僚制发展打下经济基础。更重要的是，手工业、商业、科技进步使得大规模和长距离运输军队、粮食成为可能，使得国家的政令可以在更远的地方产生效力，延长了统治距离，提高了统治效率。这些都为构建更强大的进行直接统治的君主官僚制国家提供了重要条件。没有较发达的经济基础，是很难构建君主官僚制国家这种强大而完备的国家形态的。历史学者谢维扬讨论了周秦之变的原因，指出："春秋、战国时期中国经济社会生活的空前繁荣是使早期国家制度发生变化的最根本的原因之一。"①

但是，经济的发达不必然导致周秦之变，不必然导致出现君主官僚制国家形态。世界上拥有和秦朝差不多发达的经济条件、交通条件、科技条件的地方不是没有，比如古罗马、古希腊，但它们并没有出现君主官僚制国家，而是罗马共和国、罗马帝国、古希腊城邦。

二、经济精英对国家形态演变作用有限

在先秦和秦朝，商人阶级、经济阶层从未成为独立自主的、有组织的

---

① 谢维扬. 中国早期国家. 杭州：浙江人民出版社，1995：466.

阶级或者团体，经济精英对于国家形态形成和演变的作用有限。中华文明具有国家中心主义属性，在古代中国，国家是社会的纲，是社会的裁判，因此包括宗教力量、商业人士、产业人士等在内的其他力量，都没有成为强大的自主性的力量。经济精英从未成为一个独立的阶层或阶级。赵鼎新说：春秋战国时期"中国的商人阶级从未像欧洲的商人那样形成一股有组织的、可与国家相抗衡的力量，中国在春秋—战国时期也未曾像西欧的国家那样有过一个不得不依赖商人的钱财来为战争提供经费保障和人员供应的雇佣军（mercenary army）阶段"。"由于春秋—战国时代的中国并不存在独立于政治势力之外的经济性城市，卷入战争的诸侯列国也就从来不需要因为战争经费的问题而与商人势力进行妥协和交易"，在公元前419年至前211年，"面对法家改革对其私人财富和利益的损害，我们没有发现商人阶级做过任何形式的有组织的抵抗"①。法国汉学家谢和耐指出："无疑，华夏世界存在独立的宗教生活形式，存在战争传统与战争环境，也有过摆脱国家控制的异常活跃的商业部门，但是从来没有任何僧侣、任何军事集团、任何商业阶层能够在中国僭取政权。这大概便是华夏世界经久不变的重大特点之一。在这方面，华夏世界有别于其他国家。"②马丁·雅克指出：和欧洲不同，"在中国，学者、农民、商人和艺人的功能分化，并没有转化为独立的权力基础或者为社会所认可的声音"③。相反，当时的经济精英委身政治以获得更大的政治资源、经济资源和社会地位。吕不韦就是其中的典型。他攀附秦国王族，投资秦国公子子楚，自己升为秦国相国，最后在政治斗争中失势，被迫自杀。

在周朝和秦朝，商人虽然拥有大量财富，却没有崇高的政治地位、社会地位，一般很难直接参与政治决策。在春秋战国时期的政治斗争和战争中，商人的作用是有限的。他们不是参与决策的阶层。此外，国家的经济制度改革主要是政治竞争和改革的结果，也不是经济阶层的贡献。比如列国的

---

① 赵鼎新．东周战争与儒法国家的诞生．夏江旗，译．上海：华东师范大学出版社，2006：125-128.

② 谢和耐．中国社会史．黄建华，黄迅余，译．南京：江苏人民出版社，2010：28.

③ 雅克．大国雄心：一个永不褪色的大国梦．孙豫宁，张莉，刘曲，译．北京：中信出版社，2016：59.

变法，主持变法的都是各国的改革家，这些人大多是没落的贵族、有能力的读书人，比如李悝、商鞅、管仲、吴起等。管仲虽曾为商人，但商人并非他的主要身份。在古代中国，商人对于社会和政治的影响，既比不上政治家，也比不上思想家。他们虽然富有，但在政治上却是一个边缘性的存在。

周秦之变过程显示了生产力发展并不构成周秦之变的主因，也不构成君主官僚制国家形态形成的主因，国家形态存在相对独立性。相对独立性是国家形态的重要属性。"从总体上讲，任何社会形态都有与其相对应的政治形态，但在具体的社会中，政治形态的具体形式可能是不一样的，这一方面与政治本身所具有的相对独立性有关，另一方面则与同一种社会形态下不同社会的经济关系，因生产力发展水平差异而呈现出的多样性密切相关。"① 当然，不能忽视经济因素的基础性作用。强大的国家形态是需要较发达的经济作为基础的，经济因素的变动亦可能对政治社会发展产生联动性影响。

第九节　重大事物到来时序的深刻影响

政治学高度关注历史进程中重大事物到来的先后顺序及其影响，认为这种时序性对于一个国家和民族的政治进程有重大影响。历史政治学则更进一步，高度关注时间和结构的互嵌和互动，认为已有的结构是在时间的维度里取得的，同时又会影响后续时间内的结构的生成和演变，即政治在时间（历史）里发生，受到时间（历史）塑造，又深刻影响后来的时间（历史）。时间、历史和政治相互塑造，很多时候互为因果。历史本身也成为一种结构，新的结构在原有的历史基础上形成。更进一步地说，历史政治学甚至认为历史是一种本体，所有的当下是在历史本体基础上的延续。

---

① 林尚立. 当代中国政治形态研究. 2版. 天津：天津人民出版社，2017：35.

古今是不同的，但又具有统一性。时间和结构的互嵌还是历史和理论的结合。理论从历史中来，理论工作者将历史提炼为理论。理论又回到历史，在历史中得到展开和检验，并且塑造历史、影响历史。历史政治学的所有理论是历史中的理论，历史政治学的所有历史也应当是包含理论倾向同时真实可靠的历史。为了防止理论的错误和失真，理论必须牢牢地扎根于真实而全面的历史。

福山认为，在人类政治秩序的构成要素中，最重要的就是国家、法治、负责任政府（见图 7-4），并深刻讨论了这三者到来顺序的相互影响，富有启发性①。毫无疑问，这三者具有重要地位。不过，对于国家而言，还有更多的重大事物。政治学所谓的重大事物包括国家（主要指中央集权的高效的国家机器）、法治、负责任政府、强大的普世性宗教、官僚制、常备军制度、相对平等开放的社会结构、人民主权学说、思想多元化、农业革命、工业经济、现代科技、城市化、组织化的经济阶层、世俗主义、人文思潮、全球化、和平的环境等。这些重要事物的到来次序对于政治进程的影响是巨大的。以农业革命为例。人类社会一般经历采集狩猎、游牧、农业、工业、信息化经济等不同经济形态，当然不同的经济形态可以并存。农业革命意味着生产效率的提高。"从社会发展史看，人类经历了农业革命、工业革命，正在经历信息革命。农业革命增强了人类生存能力，使人类从采食捕猎走向栽种畜养，从野蛮时代走向文明社会。"②"随着农业革命的到来，所有这一切都起了变化。随着农业生产率的提高，人口不断增加，村庄拓展成城镇，城镇又扩张成拥有巨大的宫殿和庙宇以及聚敛来的财富的帝国。由于此时可以争夺的东西实在太多了，战争变得越来越频繁，也愈来愈具有毁灭性。"③ 农业社会的到来必然对政治进程产生

①　福山. 政治秩序的起源：从前人类时代到法国大革命. 毛俊杰，译. 桂林：广西师范大学出版社，2014；福山. 政治秩序与政治衰败：从工业革命到民主全球化. 毛俊杰，译. 桂林：广西师范大学出版社，2015.

②　习近平. 在网络安全和信息化工作座谈会上的讲话//习近平. 论党的宣传思想工作. 北京：中央文献出版社，2020：191.

③　斯塔夫里阿诺斯. 全球通史：从史前史到21世纪（第7版·修订版）：上册. 吴象婴，等译. 北京：北京大学出版社，2012：44.

重要影响。此外，世俗主义的到来自然对整个国家的运行方式、国家基本制度、国家组织方式等都会产生重大影响。官僚化的优先发育，对于国家机器、国家运行方式、社会和阶级结构等都会产生重要的塑造作用。

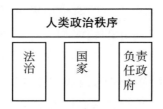

图 7 - 4　福山的人类社会政治秩序三大核心支柱

注：这里的"国家"指以官僚制为基础的国家机器。

资料来源：福山. 政治秩序的起源：从前人类时代到法国大革命. 毛俊杰，译. 桂林：广西师范大学出版社，2014：9 - 29.

　　2 200 多年前，中国还没有工业经济、现代科技、城市化、组织化的经济阶层，也没有人民主权学说、强大的宗教、全球化。农业革命、天命观、世俗主义、相对平等开放的社会结构、强调中央集权的政治思潮①、持续几百年的战乱和杀戮最先出现，这就一定程度上决定了中国国家形态演进必定是在这些要素的基础上开展的，逃离不了它们的塑造。

　　从实践来看，农业经济的发达为君主官僚制国家的构建奠定了物质基础和技术基础。没有农业经济的积累，不可能会有较多的财富积累。庞大的军队、强大的国家机器、几千公里道路的修筑、大规模体力劳动的组织等，都离不开发达的农业。没有世俗主义，没有高度繁荣的轴心期的思想铺垫，不可能有发达的官僚制，不会有相对平等开放的社会结构，也不会有糅合了天命观和崇尚理性、实力的法家学说的天命律法论作为秦朝之立国基本理论。没有人文思潮，不会有在尊重天命观的同时，强调人的地位和尊严。持续的残酷战争则催生了强有力中央集权、动员型政治体制、官僚制和常备军制度。而这一切都促成了福山所说的高效的国家机器、强有

---

　　①　诸子百家虽然号称百家，但是多数流派都支持建立中央集权的君主制国家。而且，法家在当时占有压倒性的优势。儒家非常有影响力，是主流学派，虽然强调"从周"，也就是支持天子诸侯制国家形态，但也是支持君主制的。

力的国家的出现。

此时中国出现了高效的国家机器、中央集权、官僚制、常备军制度、相对平等开放的社会，也出现了律法统治，强调"法不阿贵，绳不挠曲。法之所加，智者弗能辞，勇者弗敢争。刑过不避大臣，赏善不遗匹夫"①，等等，最终耦合为君主官僚制国家形态，不得不说是人类历史的一个奇迹。中外很多文献在评价中华文明时都用了"早熟"一词。徐勇指出："作为第二次思想突破发源地的西欧的思想家创建了一个个概念，来定义他们所认知的事物，并通过传播产生广泛的影响。文明和国家成长的'早熟论'便是其中之一。19世纪，随着资本的扩张，世界历史进程将一个个西方人陌生的文明和国家展现在他们面前。思想家通过比较，对这些文明和国家进程加以认识并给予定义。中国文明与国家是其中之一。'早熟'是代表性的定义之一。"② 何增科也指出："从早期国家的进化来看，中国这样的早期国家在发展为成熟国家的过程中，早在秦汉时期就在国家现代性的多个维度如集权化、官僚化等方面就取得了显著的进展，相比于当时的欧洲国家，属于明显的早熟国家。"③

早熟论源自西方，是以西方为参照的结论，反映一个事实：中华文明在政治上突飞猛进，在公元前221年就形成了中央集权的君主官僚制国家，把世界很多文明甩在后面。这种西方人所认为的早熟，是中国在国家形态领域的领先。福山说得很到位："我们现在所理解的现代国家元素，在公元前3世纪的中国业已到位。其在欧洲的浮现，则晚了整整一千八百年。"④

依旧可从福山的逻辑展开论述。中国由于国家成熟得比较快，尤其是在没有普遍的民权思想、普世性的强大宗教和严肃的法治的前提下进行的，因此带来了不少问题，最重要的问题之一就是形成了国家权力独大的局面。虽然中国绝大多数思想家、政治学家都不支持暴虐的最高统治者，

① 韩非子.高华平，王齐洲，张三夕，译注.北京：中华书局，2015：50.

② 徐勇.中国的国家成长"早熟论"辨析：以关系叠加为视角.政治学研究，2020（1）.

③ 何增科.早期国家//俞可平.政治通鉴：第3卷.北京：中国大百科全书出版社，2022：504.

④ 福山.政治秩序的起源：从前人类时代到法国大革命.毛俊杰，译.桂林：广西师范大学出版社，2014：24.

比如法家的律法统治思想是非常严肃的，但毕竟古代中国的思想家过于倚重君主的德行和素质，强调内在约束。因此，在政治体制尚不成熟时，存在着权力滥用和暴政的危险。

君主官僚制国家形成后，中国始终保持中央集权、官僚制、大一统制度、国家主导意识形态、高流动社会、世俗主义，这些都具有现代性。后来被奉为统治思想的儒家强调德治、礼治，轻视法家式的律法之治，法家的地位下降。从此，驯服国家权力更多依靠天命可能转移的震慑，更多依靠君主的修为和道德，更多依靠被神圣化神秘化的"礼"，因此带来不确定性，而这些都与重大事物到来的顺序有关。

现代国家或者理想国家构建必须翻越国家机器现代化、社会和阶级结构现代化、国家和人民关系现代化、国家统治方式现代化、经济形态现代化这五座"珠穆朗玛峰"。这五座"珠穆朗玛峰"是国家构建的五大最重要事物。它们之间存在强大的张力关系，是相互影响的。任何一项事物的优先到来，都会对其他事物的到来和实际内涵、运行模式产生重大而深远的影响。

中国和西方国家在这五大事物的到来顺序上是存在巨大差异的，这种差异对于中西方国家的"国家性"及其关系产生深远影响。在中国，无疑是国家机器现代化、社会和阶级结构现代化、世俗主义、与民主有关联亦有差异的民本主义等重大事物首先到来的，这个顺序支配性地塑造了中国的国家演化进程，即使是19世纪以后的中国的现代转型，也离不开其根本性塑造作用。这一点，在阐释周秦之变和君主官僚制国家形态的世界意义时还将讨论。

此处对本章内容略做小结。学界关于周秦之变动因和机理的解释非常丰富，存在一定的侧重点和倾向性。比如说赵鼎新、许田波等人关注战争因素的主导性作用，赵鼎新还高度关注政治权力、经济权力、军事权力、意识形态权力的特殊关系和特殊组合对于中国国家形态演变和历史演化的影响；中国经典马克思主义学者强调经济因素或者阶级斗争的决定性作用，最终解释为从奴隶社会向封建社会的转变；传统中国学者强调此期间的政治理念的根本性冲突和变迁，从王道到霸道的变化，强调儒法斗争；

一些坚持马克斯·韦伯研究路径的学者关注国家机器的理性化、社会的理性化等；不少基于中国主体研究路径的学者主张从国家形态演变来认知，提出这是中国从王国（方国）到帝国的变迁，有的认为这是从早期国家到成熟国家的变迁。这些观点十分重要。严格说来，这些要素都一定程度上构成了周秦之变的动因和机理，但仍旧存在巨大的讨论空间，且本书认为单个或者两三个因素不足以揭示周秦之变。

本书描述了一幅更为全面和综合的历史政治图像。从本质上来说，周秦之变是一个具备巨大国家规模和较强的农业经济基础的较为发达健全的中心主义国家的一次内部演变，是中国从弱中心主义国家向强中心主义国家的一次伟大转型，亦是中国从早期国家时代的中心主义国家向成熟国家形态的中心主义国家的一次伟大转型。这就是周秦之变的一句话故事。

中国所具有的国家中心主义特质和秉性从根本上规范和影响了这次国家形态演进。中心主义国家一般具有中心主义理念，天命论就扮演着这样一种具有主宰性的伟大的立国基本理念，具有立国原理的地位。当然，具体到不同国家形态和不同朝代，天命论有所变化。天命论的产生主要根源于中国人思考世界和事物的特殊方式。中国人很早就将世界划分为不同的层次并从中寻找自己的定位。天、地、人就是最为基本的层次。天、地、人之间的复杂关系在中国具有超乎寻常的重要性，而这三者也只有在关系中才能找到自己的定位。这三者中，天和天命具有本体意义，是包括天子诸侯制国家和君主官僚制国家在内的天下型国家的至高至上的权威。

在中心主义国家，最高国家权威具有根本性作用。东周以来，国家最高权威和周制合法性逐步衰落，打开了战争和暴力的潘多拉魔盒，国家混乱由此开始。周秦之变的过程可视为国家最高权威和国家形态双重衰败耦合并逐步形成新国家最高权威和新国家形态的过程。寻找国家最高权威是观察这段历史时期的一个基本面向。直到国家最高权威牢牢确立，这次国家形态变革才算完成。而国家最高权威要牢牢确立，除了具备强大的武力、实力和道德力量，还必须和中国的政治社会文化结构契合起来，否则难以持久，秦朝未做到这一点，西汉做到了。至此，这次国家形态变革的周期基本结束。

中国特殊的国家起源方式深刻影响后世中国的国家演变，是一切变迁的重要根源。中国国家起源有着自己的路径，即满天星斗模式和中国漩涡模式，公共管理（者）蜕变之路和保留氏族因素的维新之路，这四个特征的耦合一定程度上催生了中心-边陲结构的极端重要性，催生了中心主义国家范式，催生了中国官僚机构、家族制度的双向繁荣，亦带来家和国融合、斗争的复杂关系。从家国关系来看，经过夏、商和西周 1 000 多年的斗争，家国关系最终经历了家族制度极度繁荣后的逐步萎缩、官僚因素的充分发展。西周已经有了较为发达的官僚化机构，周秦之变中，发达的官僚因素进一步发展为官僚制，成为世界第一波官僚化浪潮的最高峰，从西周的补充性制度变成秦朝的主体性制度。国家中心力量由贵族阶级切换成官僚阶层，官僚阶层第一次成为国家治理的基本依托，成为国家的领导者和中心力量。官僚则来自各个阶层，其主体是社会中下层。也就是说，这时的国家中心力量由贵族变成了社会中下层的骨干力量。当然，贵族也是官僚的重要来源之一。"中国封建制度转变成一个新的社会秩序时，不是因为贵族被王室所压制而成为王室的附庸，而是因为贵族自己变了，成了士大夫阶级。"[1] 国家中心力量的切换既构成了周秦之变的动因，亦成为一个重要的机理。

周秦之变是在一定的地理、环境、既有制度和文化基础上发生的。没有中华大地这片极为宽阔而富有特点的土地作为基础，君主官僚制国家形态是难以衍生出来的。没有周朝较为发达的政治文明、物质文明和精神文明，特别是已经萌芽和发展了的世俗主义、理性主义、平等化倾向、大一统思想，君主官僚制国家形态的形成是不可想象的。周朝的分封制和礼法之治，已经形塑了一个庞大的共享基本相同的核心价值的华夏文化圈。这个文化圈是中国国家形态构建和演进的文化基础、政治基础。秦朝不是凭空产生的，就像周朝不是凭空产生的一样。

周朝具有广阔的国土，具有十分重要的中心-边陲、中央-地方关系。在中心主义国家，中心-边陲、中央-地方关系具有特殊重要地位。国土的

---

① 拉铁摩尔. 中国的亚洲内陆边疆. 唐晓峰，译. 南京：江苏人民出版社，2005：251.

广阔为中心与边陲的斗争提供了巨大的空间，亦赋予其新的特点。同时，夏商周秦实际上是基本并行、存在互动的族群，只不过成为中国历史舞台的主角并不同时。族群结构和中心-边陲结构是关联的。夏、商和西周都发生了中心与边陲的切换。秦朝取代周朝实际上是具有一定族群性质的精英集团的相互取代，而这些族群性质的精英集团又因为所处的位置不同而存在中心与边陲的基本结构。但秦朝取代周朝之后，汉朝取代秦朝则就不宜说成是族群性精英集团的相互取代而应该视为不同的精英集团的相互取代。因为到了秦朝，涵盖了齐楚燕韩赵魏秦等国人民在内的华夏族已经形成了。周秦之变中，国家构建和民族构建是联动的、相辅相成的，民族构建、民族融合的推进，极大地巩固了国家构建的成果。国家政权构建和民族构建并重是古代中国国家构建和国家治理的重要经验。

特殊条件下的特殊战争成为中国国家构建、国家形态演进的重要推动力和塑造者。战争并不必然推动国家构建，特别是不必然推动国家形态变革或者升级。非洲的部落战争在20世纪之前都不是国家构建的重要力量，罗马近千年的扩张战争也没有打出官僚制。在国家构建问题上，战争的作用需要和思想观念、政治社会结构、经济基础等要素耦合才能发挥。思想家的不断出现为的就是解决社会无序问题，为的就是在战乱状态下赢得国家竞争。最先到来的重大事物深刻影响中国国家形态演变和政治进程。总体上，中国最早出现的天命观、发达的国家机器、中央集权、世俗化、社会结构的开放性都深刻影响了后来的国家演变进程。时序性和结构性是互动的。

周秦之变是中国历史逻辑演进的产物，亦逐步成为中国历史逻辑的重要组成部分。它所折射的内在机理和规律深刻影响后来的中国国家形态演变，成为中国国家形态演变的内在机理和规律。同时，周秦之变中的历史演进规律，亦为我们思考人类国家构建理论和国家演进理论提供了重要参照和启示。

周秦之变是古代中国最剧烈、最深刻的变革，是中国历史演变延续性和剧变性的统一。第一，历史的延续性。周秦之变中的延续性至少包括：天命观作为立国基本理论的重要部分、官僚因素在国家政治生活中的重要作用、对于国家是必不可少的公共的善的认知、对于人才的重视、国家中心主义、土地国有制、辅佐大臣制度、常备军制度、国家对意识形态权力的极度重视、对于农业的高度重视等。这些制度、制度的萌芽或者历史趋势在秦朝、汉朝得到延续和发展，成为君主官僚制国家的重要组成部分。第二，历史的断裂和剧变。天子诸侯制国家形态、君主官僚制国家形态是两种截然不同的国家形态，后者对前者更多的是突破、断裂、剧变和创新。比如：从天命保民论变成天命律法论、天命礼法论；从有限君主制变成强有力的皇帝制；从贵族社会变成官僚社会；从分封制到郡县制；从爱惜民力、少修工程变成大用民力、大修工程，从高度迷信、政治大事离不开占卜算卦问神意到政治大事由人决断，一断于法，一断于理性。

秦朝取代周朝，君主官僚制国家形态取代天子诸侯制国家形态，是脱胎换骨、浴火重生。君主官僚制国家拥有强大的国家机器、缜密的法律、成熟而庞大的官僚体系、强大的军队，崇尚实力、能力，和西周天子守礼而追求天人和谐，听礼乐而怡然自得，和诸侯分享统治权而不实行直接统治、贵族世卿世禄、平民世代为平民，崇尚血统、血缘，已经有了天壤之别。中国历史的延续、断裂、剧变在周秦之变中展现得淋漓尽致。

第八章

历史定位：伟大的国家和文明转向

周秦之变的社会政治起源：从天子诸侯制国家到君主官僚制国家

　　很多重大革命和变革对人类历史产生重大而深远的影响。经济和文化领域有农业革命、工业革命、欧洲宗教革命，政治和社会领域有法国大革命、俄国十月革命、美国独立战争、近代中国的辛亥革命和新民主主义革命，等等。对于这些革命和变革的历史定位和世界意义，世人都已经给出充分评价和阐释。作为一次在中国、亚洲乃至世界历史上具有划时代意义的重大变革，周秦之变的完整历史定位和世界意义尚未进行充分讨论，至少还存在大量可讨论空间特别是进行理论提炼和阐释的空间。

　　如何全面认知周秦之变？这次历史事件的主要意义是什么？它在中国国家形态演进史和中国史、世界国家形态演进史和世界史上具有何种地位和影响？带有一定现代性特征的周秦之变在世界现代化历史中有何作用？周秦之变中形成的君主官僚制国家形态、官僚制在世界历史上具有何种影响？周秦之变是否可以位列人类历史最重要事件之列？这是本研究的重要问题。只有回答了这些问题，周秦之变的理论价值才能得以完全呈现，本研究才能达到其逻辑终点。

　　一般性地讨论周秦之变并不困难，问题在于理性、全面地阐释其历史定位和世界意义，特别是从现代政治学和世界历史的视野去阐释，从人类国家演化的站位去思考。笔者认为评价周秦之变最为核心的是应该坚持两条原则。第一，中立立场的原则。基于非"西方中心主义"、非"中国中心主义"的立场，坚持历史和理论结合，实事求是地进行分析。既批判性继承中国古人对周秦之变的认知，又批判性吸收当代中外学者对于周秦之变的认知；既克服"西方中心主义"，避免贬低中国、意识形态化、标签化，戴着有色眼镜看中国，又克服"中国中心主义"，避免盲目过度拔高、自说自话、孤芳自赏，难以与外界对话。"评价中国政治制度，既要立足中国自身的历史性实践，构建符合国情实际的制度观；也要坚持世界眼光，批判性借鉴西方政治文明的合理成分，同时绝不丧失制度评价的中国立场，为西方中心论所支配。评价中国制度需要坚持他者评价和自我评价的统一，秉持以我为主的评价原则；重视西方政治智慧，反对西方中心论与历史终结论。"[①] 第二，基于功能和作用的原则。一个历史事件的重要性主要取决于其解决了何种重要问题，特别是人类面临的普遍性问题。周秦之变作为在世界主要文明——中华文明中发生的国家形态变革，它解决了中国乃至于人类国家形态形成和演进、国家治理的何种问题？它在人类国家形态形成和演进中的地位是什么？对于世界其他地区的国家形态形成和演变有何影响？对于人类文明特别是人类政治文明演进有何影响？回答了这些问题，才能完整呈现周秦之变的历史定位和世界意义。考虑到本部分内容比较多，亦比较重要，故分成两章。本章主要阐释周秦之变的历史定位，第九章主要阐释周秦之变的世界意义。

周秦之变的历史定位主要指其本身具有的主要特点，其在中国国家形态演变历史和中国历史上的地位和意义，对于中国后世国家治理和中国政治发展史的影响，对于中华文明和中国历史的影响等。

第一节　中国国家形态正向变革和自我升级

国家形态演变是多重因素导致的，不同的因素以不同的方式组合导致演变的不同方向、不同力度、不同结果。周秦之变到底是正向的还是负向的？是进步还是退化？是必然的还是偶然的？是外因主导还是内因主导或者是内外因并重？这些是最基本的问题。本节将从动力、方向、规模和力度等维度对这些问题作出回答。

[①]　陈曙光，蒋永发. 政治制度评价的方法论. 政治学研究，2021（6）.

　　首先，这是一场内因为主、外因为辅的国家形态变革。从公元前 770
年至公元前 221 年，中华大地在混战中流血，民不聊生，内部产生一种停
止纷争、实现和平与国家统一的愿望和思潮。500 多年里，这些愿望和思
潮在政治上不断实践。周秦之变的主要动因在于周朝权威衰落、国家中心
主义传统、经济的发展、政治制度的演化、政治组织的进化、政治经验的
积累以及战争的推动等。它是延续性和剧变性的统一，是国家形态和文明
形态的自我更新、自我突破。特别值得一提的是，中华文明从来就抱有对
于国家的信任，视其为必不可少的善。国家观念影响政治发展。某种意义
上亦是因为这种信任和重视，导致官僚因素在中国萌芽和发育得特别早，
成就了中华政治文明。中国政府体系很早就呈现出高度的组织化、制度
化、理性化的特征。比如说，册命礼从周初开始就是高度仪式化、制度化
的。这说明了政府体系的发达、政治的制度化。周天子权威衰落后，各诸
侯国面临被吞并的严酷威胁，这种压力又使得诸侯国不得不把国内每一个
人、每一寸土地、每一份物资都利用起来，这客观上也要求直接实施以个
人为单位的统治模式，取代过去以氏族、家族为单位的统治模式。

　　从外部原因来看，外部族群施加的压力起到了加速器、催化剂的作
用，加快了中国从天子诸侯制国家形态向君主官僚制国家形态转化的过
程。比如，犬戎入侵导致西周灭亡，推动了周秦之变的进程。各诸侯国的
中央集权化、郡县化、官僚化亦受到外部族群的刺激，如果不是犬戎的不
断侵扰，秦国没有那么多改革和发展的动力。但外部族群的挑战不是主
因。其一，犬戎入侵是西周灭亡的直接原因，但西周灭亡的主因是国家形
态的缺陷、内斗和施政不当。其二，中国统一、君主官僚制国家形态的主
体内容形成两件大事都是在匈奴统一之前完成的。秦朝统一之时，匈奴尚
未统一，其他外部族群没有能够对中国构成致命威胁的力量。以秦国为
例，其以一己之力就取得独霸西戎的效果。赵国攻灭中山国，在与北方外
部族群的竞争中处于优势地位。匈奴统一后，以其骑射习惯和全民皆兵的
传统，形成了强大的军事实力、快速的进攻能力，的确对中国造成巨大威
胁。冒顿单于"罚右贤王，使之西求月氏击之。以天之福，吏卒良，马彊
力，以夷灭月氏，尽斩杀降下之。定楼兰、乌孙、呼揭及其旁二十六国，

皆以为匈奴"①。匈奴一再进入中国北方，杀戮和掠夺人口，成为汉初对中原族群的巨大挑战。但此时中国已经统一，具备强大的动员能力和战斗能力，基本上可以应对。因此，周秦之变总体上是内部原因为主、外部原因为辅的国家形态变革。

其次，这是中国国家形态的正向递进、自我升级。天子诸侯制国家是典型的间接统治模式，君主官僚制国家是典型的直接统治模式。周秦之变构成中国政治史上从间接统治模式转向直接统治模式的变革。直接统治不但是人类组织程度的提高，也带来更高的生产力、更好的生活、更先进的文明。这为秦朝至清朝的历史所证实。周秦之变是中国从早期国家形态向成熟国家形态的演进，是一次国家形态的巨大飞跃。人类的国家形态、政治制度总体上是由低级到高级演进的，国家机器越来越发达、政治制度越来越复杂、政治行为越来越理性、法律的权威越来越大、国家治理效能越来越高、民众的地位越来越重要、社会结构越来越开放。中国历史证明了这一点。

再次，这是中国国家形态演进的必然结果。对于中华文明而言，这次变革是中国历史和文化因素长期积累的结果，是中华文明独特的内在禀赋充分发展的结果，带有必然性。任剑涛指出："'周秦之变'是中国历史自身运动的一个既定结果，没有留给人们任何历史假设的空间。而恰恰反过来，它催促人们在既定历史变局的基础上，去肯定'周秦之变'的必然性——这是一种不否认高级法的基点上，对实际政治运行的历史承认。"②为什么说有必然性，可以从理论和实践两个维度来理解。

从理论维度看，经过第七章对于周秦之变的动因和机理的分析可知，中国历史演进中的各种因素，包括天命观、中国人的国家观念、特殊的国家起源之路、国家中心主义禀赋、地理结构的特殊性、发达的农业基础、春秋战国时期已经形成的大一统观念、持续的战乱等，决定中国国家形态朝着大一统君主官僚制国家方向演进。从某种意义上说，演进路径存在一

---

① 司马迁.史记：点校本二十四史修订本第9册.裴骃，集解.司马贞，索引.张守节，正义.北京：中华书局，2014：3501.
② 任剑涛.常与变：以五大变局重建中国历史宏大叙事.中国文化，2021（2）.

定的必然性。

从实践维度看，如果君主官僚制国家的出现是偶然的，那么它很可能随着秦朝二世而亡而消失不见。事实是汉承秦制，并对其有所改造。汉朝灭亡之后，后世中国历代王朝都继承了君主官僚制国家形态。这说明它在实践上是有必然性的。即使没有秦始皇和李斯，君主官僚制国家形态也会出现，尽管出现的时间可能会晚一些。

最后，这是一条量变和质变结合的道路。罗马不是一天建成的，周朝和秦朝也不是一天出现的。天子诸侯制国家形态的形成和衰亡、君主官僚制国家形态的形成不是一天完成的。周秦之变的时间跨度超过 900 年，是非常缓慢的过程。新政治制度、新政体、新社会结构、新立国基本理论、新国家和意识形态的关系等，都是长期斗争和演变的产物。在周天子权威衰落的混乱状态中，各诸侯国之间征战不已，阴谋、联盟、冲突、战争不断上演，一点点破坏旧制度，一步步形成新制度。国家形态由量变到质变的过程在这场变革中体现得淋漓尽致。

以郡县制的出现为例。大约是在春秋时期，兼并战争导致大量诸侯国灭亡，如何管理这些诸侯国成为问题，于是出现县制。郡县制的真正形成要到战国时期。郡县制成为全国性的统一制度，则要到秦始皇统一中国时期。这其中经历几百年历史。即使到了秦始皇时期，秦始皇身边的高级官吏仍在廷议中表示封建制比郡县制更好。汉朝建立后又恢复封建制，将超过一半领土变成封建制的实践地，这说明制度变革之难、之慢。

除了郡县制，皇帝制度也不是一天出现的。只有经历反复的试错、纠偏和总结，才有周朝王制向秦汉皇帝制度的转变。这实际上是中国国家集权、中央集权的发展。这种发展和转变，既和秦始皇、李斯的选择有关，同时也是弑君、战乱等政治社会实践的结果，还和关于三皇五帝的远古神话有关，是各种因素综合作用的产物。

总之，本书对于周秦之变的基本定位就是，这是一场以内部原因为主、外部原因为辅的带有一定必然性的国家形态正向变革。战国时期，无论是秦国还是楚国或者是别国，其统一中国后的国家形态有差别但应该不至于太大，因为战国后期就已经普遍形成了君主官僚制国家的雏形，战国七雄都是中央集权的中心主义国家，都力求统一中国。如果说古希腊人总是钟情于城邦，视之为国家的终极形态，东周以来的古代中国人则总是认为中央集权的中心主义国家为最好类型。比较巧的是，古希腊虽然有多种政体实践，但最杰出的思想家苏格拉底、柏拉图、亚里士多德等人最肯定的是君主制，这和中国诸子百家多数流派与社会主流观点将君主制国家视为最好的国家形态是相似的。当然，这次国家形态变革的影响不止于国家形态，其最终结果是，包括国家形态在内的中华文明都实现了自我变革、自我升级、自我飞跃。图 8-1 揭示了古代中国国家形态的演变过程。

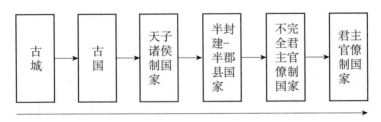

图 8-1 古代中国国家形态的演变过程

注：古城至古国论借鉴了苏秉琦的论点。

第二节 解决时代核心问题并形成超大规模国家治理范式

对于周秦之变的历史定位，核心问题是：它解决了什么问题？它对于时代最紧迫最重要的问题作了何种回答？这种回答有何新意？它在国家构建方面有何成就？本节对此进行讨论。

第一，它解决了当时中国最紧迫最重要的国家统一和中央权威重建问题。对于一个国家和民族而言，首要的事情就是形成可以有效治理国家、捍卫国家安全的中央权威，实现国家统一，否则就丧失正义、秩序、公平、安全的前提。对于具有国家中心主义特质的中华文明而言，国家权威重建具有压倒一切的根本地位。周秦之变首先就回应并解答了这些关键问题。

春秋战国时期，中央政府丧失权威和统治力，中国陷入四分五裂、战乱频繁的总体性危机中，这是中国历史上的第一次大危机、大动荡时期。诸侯国之间持续的大规模战争导致数百万人死亡，长平之战等大型战争甚至一次性造成数十万人死亡。"诸侯力政，强凌弱，众暴寡，兵革不休，士民罢弊。"① 国不像国、民不像民、民不聊生，就是当时中国的写照。如果这种状态持续下去，华夏族不但将在内战中自我消耗殆尽，而且外部强敌随时可能入侵并征服中国，中华文明可能覆灭。因此，中华文明到了生死存亡的关键时期。古今中外，很多文明在这种根本性危机面前处理失当，最终导致国家灭亡、文明覆灭。中华文明若是应对不当，也可能在外敌入侵后覆灭。

此时，中国社会总矛盾是国家严重分裂对立、地区强权兴盛和国家需要统一并构建强大中央政权的矛盾，直接表现为主要诸侯国之间的矛盾、和平和战争的矛盾、生存和毁灭的矛盾。而要获得和平、生存，就必须摧毁地区性强权，终结战争，实现国家统一，形成强有力、具有足够权威的中央政权以及有效的国家治理体系。美国中国学家拉铁摩尔认为：周朝后期，"因为政治及军事机构在对少数民族及各国互相战争中的发展，因为共同文化的统一逐渐需要各地区经济生活与政治统治的合并，就需要建立一个新的、中央集权的帝国，来代替这种封建的、名义上的帝国。就是说要把旧的、独立的、平行的历史发展路线，强迫合并成一条主线，一条只允许有微小变化的主线"②。这是当时中国人的最根本任务，这是时代的最根本问题，是关乎全局、决定一切的核心问题。只有解决这个问题，中国社会才能从泥沼中走出，中国人才会走向新生。

在周秦之变中，中国在分裂数百年后首次实现郡县制统一，并在疆域上有极大拓展，奠定了中国的疆域基础，为后世开展国家治理、中华政治文明的形成和发展提供了最基本的领土保障。这些领土后来始终是中国领

---

① 于智荣．贾谊新书译注．哈尔滨：黑龙江人民出版社，2002：9.
② 拉铁摩尔．中国的亚洲内陆边疆．唐晓峰，译．南京：江苏人民出版社，2005：235.

土的核心部分，保障了中国人的生存空间，为国家治理和中华文明的形成和发展发挥了基础性作用。历史学者许倬云认为："直到秦帝国的出现，才真正为中华大帝国的核心划下基本的疆域。"① 历史学者钱穆指出，秦人统一，极为重要的四大成就之一就是"为中国版图之确立"②。他认为："中国版图之恢廓，盖自秦时已奠其规模。近世言秦政，率斥其专制。然按实而论，秦人初创中国统一之新局，其所努力，亦均为当时事势所需，实未可一一深非也。"③ 指责一个人或是一个政权专制是很容易的事，难就难在真正解决时代的主要问题，将国家从分裂和内战中解放出来，并对这个国家的长期发展做出历史性贡献。

此外，中国还实现了从中央无权威到中央权威重建并得到强化的转型，形成了以皇帝为核心的中央政府这一有效中央权威。新的中央权威以郡县制、官僚制和成文法统治等为依托，相对于以周天子为核心的周朝中央政府，更加强大、更加制度化。至此，周秦之变最终解决了当时中国社会的总矛盾、社会总体性危机，实现了国家统一，重建了国家权威。

第二，形成了可以治理超大规模国家的新制度和新国家形态——君主官僚制国家形态。第五章、第六章已对君主官僚制国家的内涵、运行机制和基本定位等进行了大量论述，此处仅从周秦之变的历史意义视角略做补充。在当时，天子诸侯制国家形态已彻底衰败并失灵，并且成为一切问题的总根源。天子诸侯制国家总体上是一种自耗式的治理模式和国家形态。"分封制和宗法制所成就的只能说是一个王朝或王国（kingdom）的联盟，或者'都市国家的联合体'。虽然温情脉脉叫人向往，但其内部的组织结构是脆弱的、不稳定的：宗法制的基础是血缘、情感，而血缘关系的自然趋势是越来越淡，所谓君子之泽五世而斩；分封制的基础是各地方豪强（所谓八百诸侯）面对共同敌人时形成的战略利益关系，随着内外情势的变化，'治权在下'的独立王国必然走向分崩离析的战国时代。"④

---

① 许倬云.许倬云说历史：大国霸业的兴废.北京：上海文化出版社，2012：16.

② 钱穆.国史大纲：上册.北京：商务印书馆，2010：116.

③ 钱穆.秦汉史.北京：生活·读书·新知三联书店，2012：18.

④ 陈明.霸王道杂之：中华帝国的政治架构与文化精神——基于文明论视角的宏观扫描.中国政治学，2020（2）.

周秦之变的社会政治起源：从天子诸侯制国家到君主官僚制国家

在秩序裂解的春秋战国，旧国家形态和时代的新实践新要求存在巨大矛盾。世卿世禄还是凭本事吃饭、实行耕战制？血缘至上还是能力至上？贵族当兵还是平民当兵？穷人是否可以向上流动？以礼治国还是以法治国？中央集权还是诸侯分权？分封制还是郡县制？井田制还是国家份地授田制？……一切都存在根本性冲突，有待人们去做出正确的选择。而当时的思想家、政治家都在思考如何解决社会总矛盾、总体性危机，为此进行了各种探索，提供了各种方案，其中诸侯国之间的战争就是这种矛盾的最集中体现。同时，当时各思想流派之间亦存在对立分歧，儒家、法家在治国思路上的对立是当时思想界的主要矛盾。

周秦之变经历了复杂漫长的历史进程，最终形成了新政治制度、新治理模式、新价值体系、新的社会结构和阶级关系，带来中国社会生产力、国家治理水平的巨大飞跃。归结到底就是新的国家形态——君主官僚制国家形态诞生，这是这次变革最重大的成果。任剑涛说得好："周秦之变对中华文明的贡献是，秦作为游牧民族建立的大规模政治体，解决了汉民族祖先——周不能够解决的政治体的规模问题"，"周秦之变，将周、秦两种政治体建构的方式综合起来，奠立了中国运作超大政治体的超强政治能力"[①]。陈明认为："作为文明体之中国的政治制度，乃是由秦始皇钦定的中央集权的郡县制"，在分封制下，《诗经》所期待的"溥天之下，莫非王土。率土之滨，莫非王臣"有其名而无其实，"六合同风，九州共贯"只有在郡县制下才能真正做到[②]。

也就是说，这次变革较好地解决了超大规模国家的治理问题，提供了能够支撑中国政治和文化发展的具有强大韧性和包容力的国家形态——君主官僚制国家形态。以中央集权的郡县官僚制范式来统治中国，在中国历史上是第一次。以中央集权的郡县官僚制范式来治理一个超大规模国家，在人类历史上应该亦属于第一次。秦朝是中国也是世界上第一个中央集权的直接统治国家形态。

---

① 任剑涛. 经与经典：儒家复兴的经学、哲学与史学之途. 诗书画，2015（3）.

② 陈明. 霸王道杂之：中华帝国的政治架构与文化精神——基于文明论视角的宏观扫描. 中国政治学，2020（2）.

第三节 决定性塑造中华国家范式和演进道路

选择何种国家道路对于一个民族和国家而言具有至关重要的意义。当前，天下（型）国家、文明（型）国家、中华民族多元一体国家、统一的多民族国家、民族国家、大一统国家、中心主义国家、文教（型）国家等都是对中华国家、华夏国家的描述①。政治学者杨光斌指出："中华民族的'基因'至少包括：不变的语言文字与华夏民族；国家大一统思想和治国的民本思想；行政体制的郡县制、官僚制和选贤任能；文化上的包容与中庸之道；社会生活的自由与自治，以及家庭伦理本位，等等。这些'基因'代代相传，内化于生活在固定疆域内的华夏民族血液中，因而构成了延绵几千年的中华文明共同体，从而可以称中国为'中华文明基体'，即由文明基因而构成的一个共同体。"②他表示：就政治层面而言，中华文明基因共同体的核心要素可以概括为："大一统的国家观、民本思想的政府观、仁爱为本的社会关系以及对外关系上的天下观，它们都通过文教传统而延续。"③他谈到了大一统国家观、民本思想、天下观、郡县制、官僚制和选贤任能等，这些是中华国家内涵的重要方面。中华国家内涵丰富、特质鲜明，具有内在的演进道路，而这些都受到周秦之变的决定性塑造和影响。周秦之变是古代中国最重要的一次国家构建事件。"从春秋、战国、暴秦直至秦末战争和楚汉战争，中国经过其间连续近600年的战乱、毁坏、凋敝及暴政，处于构建一个统一、安宁、繁荣和长寿的新帝国的极重大历史关头。"④

---

① 张会龙、朱碧波对中华国家范式进行了深入思考，视其为不同于西方民族国家范式的重要国家范式。参见：张会龙，朱碧波. 中华国家范式：民族国家理论的省思与突破. 政治学研究，2021（2）；朱碧波，张会龙. 文明国家：中华国家范式的一种理论阐释. 思想战线，2020（4）.

② 杨光斌. 中国文明基体论：理解中国前途的认识论. 人民论坛，2016（15）.

③ 杨光斌. 什么是历史政治学？. 中国政治学，2019（2）.

④ 时殷弘. 从"朝贡和平"到决战决胜：汉初80年的帝国对外历程. 文化纵横，2011（3）.

一、中国完整意义上的中央集权国家实现期

国家权力结构是国家形态的极重要组成部分，中央集权是成熟国家和现代国家最为常见的权力结构形态。中央集权的出现是国家成熟的最重要标志，意义极其重大。夏商周三代都有中央集权的思想和制度，但并没有真正实现中央集权，或者说是一种极其有限的中央集权。《诗经·小雅·北山》云："溥天之下，莫非王土。率土之滨，莫非王臣。"① 这对于周朝而言，基本上是一种设想和理想，并未完全落实。这一点，历史学者张金光说得非常清楚："周人讲'溥天之下，莫非王土；率土之滨，莫非王臣'。秦始皇说'六合之内，皇帝之土'。这调门似乎一样，其实有着本质的差异。周人之说几乎是空话，实际上并不能做到政令统一。周初分封，实际上是在'万邦'亦即'万族'林立之中建立些周人的统治据点，周最高统治者所频频告诫的也是'启以夏政，疆以戎索'之类的语言。"② 周人将大量国家权力分封给诸侯和其他贵族，自己并没有完整的国家统治权。这是周朝属于早期国家的基本原因。统治力远超过夏商的周朝尚且如此，夏商更是无法实现完全意义上的中央集权。概言之，夏商周是半中央集权国家、有限中央集权国家、弱中心主义国家。

秦朝通过皇帝制度、郡县制、官僚制、大一统等一系列制度和创新，实现了中央集权，真正意义上形成了中央集权国家。历史学者谢维扬指出：在春秋战国中国早期国家的转型期中，"一种不受地方势力的自治性干扰的完全的中央集权制的统一国家的政体形式开始出现。正是这一点，作为公元前5至前3世纪中国发生的最重要的政治发展之一，使中国在结束早期国家阶段之后出现的是古代世界最高水平的成熟的国家，即帝国（empire）"③。

---

① 程俊杰，蒋见元. 诗经注析：下册. 北京：中华书局，1991：643.
② 张金光. 秦制研究. 济南：山东大学出版社，2004：自序50.
③ 谢维扬. 中国早期国家. 杭州：浙江人民出版社，1995：471.

中央集权是后世中国不易的根本政治原则，成为中华国家的标识性特征。中华国家是世界中央集权国家序列中的最杰出作品之一，长期屹立于世界东方。李光耀指出："五千年来，中国人一直认为，只要中央政权是强大的，这个国家就安全。如果中央虚弱了，国家就会紊乱。一个强大的中央会带来一个和平繁荣的中国。每个中国人都这样认为，这是他们从根深蒂固的历史教训中吸取的基本原则。"[①]

　　中央集权作为中华国家的标识性特征，主要表现在三个方面。首先，在政治方面。一是，形成了完善的皇帝制度，皇帝及其领导的中央政府居于国家的中心，地方政府是地方的中心。政权及其领导者成为国家的领导力量，一切其他力量皆在其之下。中央政府是地方政府权力和权威的来源，地方政府是中央政府的执行者和代理人。二是，形成了发达的政治制度和行政制度，包括官僚制、郡县制、大一统等各种制度。这些制度都有一个明确的发出者或者一个明确、明显的中心，这就是中央政府。较之于其他文明，中华文明率先完成官僚制、郡县制等制度创造。郡县制、官僚制和大一统成了中华文明的重大标志。其次，在社会和文化方面。形成了以皇族为中心的社会和阶级结构，皇族处于中心地位，官僚仅次于皇族。形成了一种意识形态为主导的文化结构。首都是意识形态权威所在地，往往聚集各领域的精英人士特别是文化精英。最后，在经济方面。首都所在地方往往是最发达的城市，各地的经济资源往首都集中，再由中央向地方转移和分散。从秦朝开始，中央集权构成了中华民族坚韧的宪制传统和永久的民族心理。

二、中国多元一体的多民族国家形成期

　　人是构成国家的四大基本要素之一，没有人就没有国家。人可以衍生

---

① 李光耀. 李光耀观天下. 北京：北京大学出版社，2015：3.

戴向明指出，"东周时期列国争雄，同时又蕴含着强烈的统一趋势，文化上反倒有深度的互动交融"，秦汉帝国则完成了对中原区、北方区（雁北区）、甘青区、海岱区、江浙区（环太湖区）、两湖区、巴蜀区、燕辽区等"八大核心文化区的政治统一，并持续扩展到周边更广大的一些区域，文化上也日益趋同，奠定了中华文明多元一体格局的基础"①。"以国家出现为最大特征的中国文明起源与形成是从无中心的多元到有中心的多元一体，这或许正是中国古代文明与国家发展演进的最大模式和特色。"②

西周没有完全实现国家整合、民族整合，诸侯国林立。国家虽然是统一的，但统一的程度不高，更不能谈已经是大一统。大一统和国家统一是有着重要区别的。春秋战国时期，国家四分五裂。秦朝实现了国家统一，并通过车同轨、书同文、郡县制、军功爵制、"以法为教、以吏为师"等各种手段促进国家整合、民族融合。但由于秦朝过于短暂，虽有"秦人"之说，但尚未形成比华夏族更进一步的秦族。汉朝继承秦朝上述制度，进一步推进国家整合、民族融合，最终形成汉族，这是中华民族演进历史上的重要阶段，但汉族的形成是离不开秦朝之作用的。秦汉在民族构建上的作用是一体的。赵汀阳指出："即使在天下体系终结之后，天下精神也作为遗产而化为中国国家的内部结构，因此得以形成一个多文化多民族的大一统国家。所谓大一统，实质就是以天下为内在结构的国家。"③ 周朝的天下精神通过周秦之变转化为了大一统的多民族国家结构的重要组成部分，这是一种非常正向、非常重要的转化。

秦汉以来的中华多民族国家范式强调多元一体、阶级开放、阶级融合。和这种国家范式相对应，西方历史上，相当长时期内都是强化阶级本位、强调阶级分野乃至于阶级对立的阶级国家范式。至少中世纪之前的西方，阶级差异很多时候就是族群乃至民族差异，不同阶级就是不同族群或民族，奴隶是被征服的异族。西方国家的一个显著特色就是作为阶级压迫的工具而存在。马克思基于此归纳出国家是阶级压迫的工具的理论。所

---

① 戴向明. 中国史前社会的阶段性变化及早期国家的形成. 考古学报，2020（3）.
② 高江涛. 试论中国早期国家形成的模式与动力. 史学月刊，2019（6）.
③ 赵汀阳. 惠此中国：作为一个神性概念的中国. 北京：中信出版社，2016：16.

谓的阶级国家（某种意义上完全可以称为民族压迫国家，比如斯巴达对美塞尼亚人），一方面是极少数的上层（占统治地位的族群或者民族）之间的民主、共和或者自由；另一方面是绝大多数的被统治者（被统治的族群或民族）内部的无民主、无人权，仅仅被当作会说话的工具或者会说话的畜生。即一手民主、一手奴役，一体两面。亚里士多德的遭遇很大程度上反映古希腊国家的特性。亚里士多德虽被后世学者视为"希腊三杰"之一，但其出生在马其顿辖下的色雷斯小城邦，古希腊人将其视为外邦人。他不但不能在雅典拥有合法财产，更不能参与政治，因为他没有公民权。当亚历山大死后，他面临雅典公民大会的审判，借口是他"亵渎神灵"，他不想重蹈苏格拉底被公民大会宣布死刑的覆辙，逃走了[①]。在这类阶级国家，只要非我族类，即使文化上对本城邦高度认同且才华卓越，也不能成为本城邦特别是公民集团的一员。古希腊城邦是公民也只是公民的共同体。

阶级国家范式背后就是种族、族群的对立，而非多元一体。西方国家无论是在奴隶社会阶段还是在封建社会阶段，从来都没有全国性的超越阶级的"人民"的概念，阶级才是压倒一切的最基本概念。在奴隶社会阶段，人分为公民、自由人、奴隶。古希腊、古罗马就是典型。封建社会则分为领主阶级和农民、农奴阶级。阶级的鸿沟对于他们而言是不可以逾越的。西方文明在相当长时期内都视这种情况为天经地义。直到近代资产阶级革命才逐步打破这种阶级鸿沟，逐步形成整体性的人民、民族的概念，西方人将这种成就视为现代国家历史的一部分。没有整体性的人民的概念，阶级割裂了国家和国民，使得古希腊、古罗马难以实现全民整合。

中华文明则不同，虽然夏商周是阶级社会，但中国的阶级对立和鸿沟没有西方那么大。社会流动虽然极少，但亦是存在的。尚贤之风一直存在。周秦之变中，中国打破了阶级固化、阶级对立，社会流动加剧。布衣卿相崛起，猛将发于卒伍，宰相起于州部，无功不受禄成为社会主流。官

---

①　潘岳. 中西文明的根性比较. 北京：新世界出版社，2022：23-34.

僚制、军功爵制、荐举制等使得社会趋向平等化。这样，国家就能够成为一种全国性的统合力量而非阶级压迫的力量，更容易强化民众的国家认同。中西方历史截然不同，民族形成的历史亦存在中西方的差异甚至分野，不能因为西方近代才出现民族概念，就断言古代中国不能使用民族一词。周秦之变中多民族国家的形成以及后世传衍，实际上预示了中西方国家在社会和阶级结构维度特别是民族和族群关系的维度的极早分野。近些年西方身份政治沉渣泛起，这是有着深刻的历史基因的。福山对此进行了深入研究，并指出"相比之下，日本、韩国、中国在开始现代化之前——甚至在它们于 19 世纪遭遇西方列强之前——就已经有发展完好的民族身份"①。日本、韩国和中国也是有历史基因的，这主要是国家范式的历史和现实差异。

　　当代中国的国家形态和当代西方民族国家仍旧不同。近代以来，西方人在阶级国家的基础上发展演变出民族国家。"民族国家是欧洲中世纪晚期出现并在资产阶级革命时代普遍形成的'典型的正常的国家形式'，是国家民族与现代国家双向嵌入的结果。现代国家为国家民族提供了遮风挡雨的政治外壳，而国家民族则为现代国家提供了安身立命的精神内核。"②中国不是西方意义上的民族国家，而是文明国家，是多元一体的统一的多民族国家。"民族国家范式不但难以洞悉中华现代国家的本相与精髓，而且还在一定程度上出现了理论移植的适用性困境。"③中国是世界历史上多元一体的多民族国家的开创者，也是最成功最持久的实践者。当代中国仍旧以铸牢中华民族共同体意识为民族工作的主线，仍旧高度强调中华民族多元一体格局④。这种国家范式发轫于中国远古时期，奠基于三代，形成于秦朝，定型于汉朝。中国要从文明起源初期的满天星斗模式走向统一，一味诉诸暴力是不太可能成功的，"协和万邦，和而不同"、武力统一、民族融合齐头并进是一条最可行的道路，最终也走通了，形成了多元一体的

---

　　① 福山. 身份政治：对尊严与认同的渴求. 刘芳，译. 北京：中译出版社，2021：122 -123.

　　②③ 张会龙，朱碧波. 中华国家范式：民族国家理论的省思与突破. 政治学研究，2021 (2).

　　④ 习近平. 习近平谈治国理政：第 4 卷. 北京：外文出版社，2022：243；习近平. 把中国文明历史研究引向深入 增强历史自觉坚定文化自信. 求是，2022 (14).

多民族国家范式。多元一体既有国家的统一和中央的集权，又有对中国领土范围内的不同民族和族群的尊重。这些都属于中国国家形成和演变的深层次智慧和经验。

三、天下型国家重要演变和定型期

在 1912 年之前，中华国家范式是一种天下型国家范式。这种有别于西方的国家范式形成于天子诸侯制国家时期。天子诸侯制国家是宗法封建型天下国家，是天下型国家的初级形态。国家本身就构成了一个天下体系，大量的诸侯国、封国是天下体系的成员。中央王邦和诸侯国构成了一种松散的政治秩序。在西周，诸侯国的设立和等级相当程度上取决于与周王的关系，血缘主义、亲疏关系直接等同于政治准则。

在周秦之变中，天下型国家的内核和机理发生了重大演变。从天下和天命观念来看，君主官僚制国家仍旧以天命论为立国基本理论，皇帝仍旧以天子自居，但就内部天地家国关系而言，则发生了巨大的变迁，天命的权威有所下降，但是仍旧发挥轴心作用。"专制天下或曰郡县天下，既有异于封建天下或曰王制，其对于天下观念必定有所损益，固不待言。只不过，这种损益在改造、发展旧的天下观念的同时，更令这一观念丰富、强化、坚实，愈益不可动摇。"[1] 从天下型国家的构成来看，大量诸侯国被吞并，有的直接变成了郡县，亦即诸侯国郡县化，整个的周朝的天下体系被秦朝纳入一个国家的治理范畴之内。原来的宗法封建制天下型国家形态无法维持并发生蜕变，开始形成郡县官僚制天下型国家，这是天下型国家的高级形态。从国家统治模式来看，天下型国家从周代的间接统治模式变成了直接统治模式，由贵族统治变成了官僚统治，从阶级固化社会变成高社会流动性社会。国家形态的内外构造都大变。

---

① 梁治平 . "天下"的观念：从古代到现代 . 清华法学，2016 (5).

作为天下型国家在成熟国家阶段的产物，郡县官僚制天下型国家（君主官僚制国家）包括以下要素：第一，立国基本理论。为天命论、天下论，包括更为具体的天命律法论（秦朝）、天命礼法论（汉朝至清朝）。汉朝以后，民心论、民本论成为立国基本理论的重要构成，施政以民为本成为主流价值观。第二，国家基本制度。包括天子制（皇帝制）、郡县制、官僚制、常备军制度、世俗化统治、国家中心主义、儒法道合用的统治策略、国家和意识形态权力的结合、天地家国同构模式。第三，国家统治方式。包括律法之治（秦朝），儒法并用、以儒统法基础上的礼法之治（汉及之后）。秦朝由此成为中华法系的形成期，秦汉成为中国古代成文法法律体系确立期。第四，社会和阶级结构。皇帝、官僚加四民社会成为最基本的社会结构，社会具有高流动性和开放性，且并非奴隶社会，亦并非传统意义上的封建社会。第五，国家和社会关系。为国家中心主义范式，国家主导社会，社会受到国家支配，存在东方式自由传统①，家户制是国家最基本的基层结构②，普遍化的小农家庭直接面对国家权力的统治。第六，国家经济形态。为普遍化的小农经济，农业是主体产业，工商业亦有较大发展。

周秦之变将天下型国家定型了下来，维持了 2 000 多年（见图 8 - 2）。此后，随着中国不断发展，特别是唐宋、明清的兴盛，天下体系逐步延伸到周边国家，形成了区域性的国际体系——朝贡体系或者说中华世界体系，造成了更为巨大的影响。因此，周秦之变是天下型国家流变和发展中的决定性事件。

图 8 - 2　周秦之变中天下型国家的流变和定型

---

① 徐勇. 东方自由主义传统的发展//徐勇. 国家治理的中国底色与路径. 北京：中国社会科学出版社，2018：72 - 98.

② 黄振华. 家户制与家户国家：中国国家形态的一个解释框架. 东南学术，2021（5）.

四、中国大一统国家和超大规模国家形成期

大一统是中华国家的重要特点和标志。如果说中西方文明特别是国家演进道路有重大差异，大一统就是最重要的差异之一。中国在春秋战国时期已有大一统思想，大一统思想在周秦之变中特别是在秦朝第一次变成现实，从实践上开启了中国的大一统传统。第六章第二节对此有较多论述，此处仅做必要分析和补充。

古希腊是政治碎片化的典型，古希腊城邦从未实现过统一，所以很早就在世界政治舞台上消失了。古罗马是靠征服、扩张和殖民形成超大规模国家的，实行阶级压迫、族群压迫政策，从来没有建构出全体民众一致的罗马人的观念。古罗马灭亡后，欧洲形成了国家、自治城市林立的局面。在历史长河中，欧洲的政治体不断减少，但从未统一。今天的欧洲国家，除了俄罗斯，大多数也就是中国一两个省的规模，同样呈现碎片化的特点。大一统不同于一般而言的统一，其对于西方文明是极为陌生的。今天的欧盟是国家的联合体，不是一个国家，仍旧是程度有限的利益联合。

大一统思想和实践对于中国有着重大而深远的影响。首先，秦朝以后的古代中国，一直将大一统作为一项根本原则，坚持不懈地追求国家统一，使得中国的领土始终保持在一个较大的规模，使得中国在分裂之后总是能够统一起来。这就对中国的政治运作产生了深刻的塑造作用，并极大改变了中国国家演进方向。国家规模是国家概念体系中的重要组成部分。国家规模是国家力量的重要来源，国家规模的扩大带来国家治理、国家运行、国家演变的新特质、新规律。因此，国家规模本身就是一个重要的分析因素。之所以未将其纳入国家形态进行讨论，是因为中国自春秋战国时期就已经是一个巨大规模的国家，秦朝时期的国家规模更加巨大，而且此后的中国一直保持巨大的规模。巨大的国家规模在中国国家演进过程中基

本上可以视为一个常量。但是，国家规模虽大，如果没有大一统思想和传统的话，长期发展下来就可能会走向分裂，最终会丧失国家规模巨大这个优势。

因此，周秦之变作为中国大一统国家的形成期，为推动大一统成为中国不可撼动的政治原则和治国原则做出了贡献，极大地增强了中国人的力量。大一统国家的创立，是中华国家范式演进中的一件关键性大事。从此，中国的君主官僚制国家形态始终保持在超大规模的基础上。这一点是古代日本、朝鲜、越南等国家所不能比拟的。没有大一统原则，君主官僚制国家形态的力量和魅力都要减少许多。

其次，有利于推进同质化的民族或者国族构建。大一统国家追求政治统一、思想统一、语言文字统一、社会标准统一、军事统一等。这对于社会思想的多元化可能有一定的抑制，但却极大地推进同质化的民族建构，有利于建构以国家认同为中心的国族。秦朝至清朝的中国历朝，大多以高度同质化的汉族为主体就很大程度上是大一统的结果。这一点使得古代中国与很多其他帝国和大国区分开来。大一统对于民族构建的深刻影响亦是中国在19世纪以来比较顺利地建构起中华民族的最重要原因之一，中华民族的建构又极大地维系了超大规模中国的存在。

五、中国世俗型国家形成期

周初已有宗教革命，出现了人文化，但政权依旧具有较强的神秘性、宗教性，占卜问神仍旧是政治决策的主要方式之一，浓烈的宗教神权思想仍旧存在，此时的中国还不能称为一个世俗型国家。周秦之变是一个重要的分界点。东周以来，诸侯国混战，思想解放，天的权威下降，道术为天下裂，人的地位上升，理性被逐步释放，大大加深了中国的世俗化、理性化程度。这时的主要思想流派，包括法家、儒家、道家、墨家等，都是高度世俗化的。特别是法家，其崇尚理性、实力、武力、法律，对于占卜治国一类的神秘主义是坚决反对的。这一点在韩非子的论著中表现得非常清楚。法家在春秋战国时期是显学，战国时期，主要强国都发动了法家式的改革，秦国在这次改革浪潮中开始虽晚，但非常彻底。秦朝继承之，将西周以来的世俗化、理性化浪潮推向最高峰，初步完成了古代中国的世俗化。因此，中国在秦朝时已经基本成为世俗型国家。

世俗型国家可以从多个维度来观察。首先，从国家统治思想和立国基本理论来看。秦汉及以后中国以高度世俗化的法家、儒家作为官方意识形态的重要组成部分，宗教并不占据核心位置。秦和西汉并无普世性宗教。东汉至清朝，宗教占据次要地位。当然，世俗性并不是绝对的。此时仍旧存在天命论作为立国基本理论的组成部分。

其次，从国家统治方式来看。君主官僚制国家的统治方式是理性化、律法化、礼治化的，仍旧有神秘性的一面，但相对于其他文明而言，世俗化程度是比较高或者是最高的。世俗化的一面还表现在皇帝虽号称天子，赋予一定的神秘性，但是总体上是世俗的，和奥斯曼帝国的苏丹是不可同日而语的。中国皇帝不是萨满、不是牧师、不是神父、不是菩萨、不是神佛，而是宣称承接天命的世俗统治者，世俗性是其本质属性。

再次，从国家基本制度来看。绝大多数国家机构都是政治性的、行政性的，宗教性的国家机构是极少的。国家机构不是以神权为中心进行建构，而是以管理政治事务、世俗事务为核心进行建构。秦朝的三公九卿，"三公"包括丞相、太尉、御史大夫，"九卿"包括奉常、郎中令、卫尉、太仆、廷尉、典客、宗正、治粟内史、少府等。其主体职能是治理人世间事务。隋唐形成三省六部制，礼部的职能之一是掌管祭祀，但这也仅是其众多功能之一。

最后，从社会和阶级结构来看，宗教人士在社会阶级中并不居于核心位置，皇族、官僚、士农工商构成了国家社会和阶级结构的主体。从秦朝开始，中国的宗教人士从来没有像在西方国家那样，占据极高的位置。即使有个别中国皇帝推崇宗教人士，崇佛崇道，但佛教徒、道教徒并不构成一个庞大的优势阶层或者支配性阶层。

六、决定性地塑造中华国家演进的道路和方向

国家演进道路问题是国家形态问题和国家演进问题中最具统领性的命题。从世界国家形态演进历史来看，延续至今的人类国家演进道路主要可以分为以下几类（见图 8 - 3）。第一类是西方国家演进道路。总体上遵循城邦国家、共和国、帝国、封建国家、绝对主义国家、民族国家，或者说奴隶国家、封建国家、绝对主义国家、资本主义国家演进范式。第二类是阿拉伯国家演进道路、印度国家演进道路等。阿拉伯国家受到伊斯兰教的影响，在政权和神权关系、国家统治方式、立国基本理论等方面存在独特性。印度基本上是自成体系的。这里不展开。第三类是中华国家演进道路。第四类是其他道路。

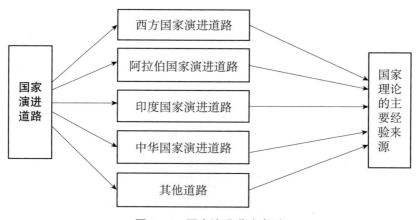

图 8 - 3 国家演进道路类别

从纵向上来看，中华国家大抵可以分为古国、天子诸侯制国家、君主官僚制国家、资产阶级共和国、社会主义共和国几个阶段。亦有学者划分为古国、王国（方国）、帝国、共和国。如果说古国是中国国家形态的 1.0版，天子诸侯制国家是中国国家形态的 2.0版，那么君主官僚制国家便是中国国家形态的 3.0版，当代中国则是中国国家形态的 4.0版。这四者是

密切关联、继承发展的。无论我们称呼中国为文明型国家、中华民族国家、多元一体的多民族国家、文教国家、世俗国家，还是称呼中国为别的类型国家，中国都是中国，中华国家演进道路是一条未必完全不同于世界其他地区的国家演进道路，但其内在个性和独特属性是明显可见的，我们应当予以尊重和研究，不能一般化地套用西方国家演进经验来解释。"中华国家形成演化的独特历史，决定中华国家范式的认知要超越主权国家、民族国家和多民族国家等普适性国家范式的解释，而从'中华文明'的角度阐释中华国家的范式，即以'中华文明国家'定义古今中国的国家范式。中华文明国家是贯通古今中国的一种范式表达，它强调中华国家、中华民族和中华文明三位一体的同构。"① 由于中华文明的传播，中华国家演进道路影响了日本、朝鲜、越南等国家。这些国家古代历史上的国家演进道路受到中国的深刻影响。

中华国家演进道路明显地区别于其他文明，形成了具有内在个性和内在规律的中国道路。为什么说周秦之变决定性地塑造了中华国家演进的道路和方向？主要有三点原因。以下所述也是中华国家演进道路的主要内容。

其一，周秦之变涉及中国古代历史上两种主流国家形态的交替，具有深远影响，特别是它所产生的君主官僚制国家形态被后世中国沿用 2 000 多年。以既有的中华民族 5 000 多年的文明史计算，它已经占据了接近一半的时间，而且秦朝至清朝可以说是中华文明的最重要时期之一，是中华文明在世界上影响力最大、最深远的时期之一。许倬云指出：秦代"综合战国许多政治改革的经验，建构了行政网络和交通网络，二者配套，于是奠定了'中国'这文化共同体所寄托的政治共同体。嗣后两千年，'中国'屡乱而不散，实因秦代打下的基础"②。芬纳认为，秦始皇"是中国的统一者，他短暂、野蛮，精力超常的统治塑造了华夏国家后来的整个历史。他的统治是决定性的，也是不可逆转的"，"在中国 3 000 年历史上，没有人

---

① 朱碧波，张会龙. 文明国家：中华国家范式的一种理论阐释. 思想战线，2020（4）.
② 许倬云. 我者与他者：中国历史上的内外分际. 北京：生活·读书·新知三联书店，2015：37.

能够像秦始皇一样肩负如此伟大的历史使命；在世界历史上，也没有哪一个人能够像他一样在政府体制方面留下如此伟大而不可磨灭的印记。尽管他作为皇帝只统治了 11 年，但他对于中国政治制度的变革却是决定性的。……所有后来的帝国都采纳了这种基本框架，并以此为基础建立新王朝"①。这种不可逆转就是对中华文明和中华政治文明的塑造。陆威仪认为："秦朝既是帝国的模范，又是被批判的标靶，集二者于一身"，秦始皇"给后来的皇权统治提供了一种不被认可的模式，一种纯粹的或者理想的原初形式，它被后来的王朝用伪装过的方式暗地里加以模仿。秦始皇扮演的这种不被认同的统治模式，通过一个简单的神化形象，昭示了它被掩盖的、作为一个生命持久的中华帝国的原初形态"②。周秦之变决定性地塑造了中华国家演进的道路和方向。

其二，周秦之变所产生的君主官僚制国家形态拥有中央集权、单一制、郡县制、官僚制、国家中心主义、国家权力和意识形态权力结合、大一统、世俗主义、集体主义、民本主义、强社会流动、多元一体民族结构等要素，不但为周秦之变以后的历代中国王朝所继承，而且为当代中国所继承，成为中华国家的基本特性，亦是中华国家演进的基本方向。19 世纪以来，在外力冲击下，中国人面临亡国灭种危机，通过暴力革命、社会革命实现国家形态的转型。中国在本国国情基础上，学习西方国家形态，建立了中华民国。中华民国灭亡后，又在学习苏联的基础上建构了中华人民共和国。

虽然晚清以来中国发生了两场伟大的革命，发生了翻天覆地的变化，中国社会结构、政治体制、思想观念、经济形态发生了剧变，但是中华人民共和国仍旧继承了强有力的中央集权、单一制、郡县制、官僚制、国家中心主义、国家权力和意识形态权力结合、大一统、世俗主义、集体主义、民本主义、强社会流动、多元一体民族结构等传统要素。从某种意义上说，无论中国采用何种国家形态，这些源自周秦之变的"历史精华"都

---

① 芬纳．统治史（卷一）：古代的王权和帝国：从苏美尔到罗马（修订版）．王震，马百亮，译．上海：华东师范大学出版社，2014：502 - 503.

② 陆威仪．早期中华帝国：秦与汉．王兴亮，译．北京：中信出版社，2016：71 - 75.

将赋能新的国家形态，成为新国家形态中不可易的重大法则。脱离了君主官僚制国家的遗产，当代中国的存在和高效运行几乎是难以想象的。"历史是现实的根源，任何一个国家的今天都来自昨天。……中华民族 5 000多年文明史，中国人民近代以来 170 多年斗争史，中国共产党 90 多年奋斗史，中华人民共和国 60 多年发展史，改革开放 30 多年探索史，这些历史一脉相承，不可割裂。"① 当代中国是天下型国家和西方民族国家的结合。中华国家形成和演进道路受到西方影响，加入了大量外来元素，但未被根本性截断或者说未终止，仍旧延续着。政治学者陈军亚、王浦劬指出："只有将中国现代国家建构置于中国的本土经验和历史脉络之中，认识植根于中国历史和社会土壤之上的具体进程，才能构建具有中国主体性的国家建构理论。中国传统时期的经济社会形态及其与国家的关系，决定了中国现代国家建构的起点和进程。"② 历史学者李怀印指出：驱动现代中国形成的，"是由中国的不断变化的地缘格局和自身的各种财政、军事和政治资源的相互作用所构成的原动力，而不是像非西方世界的绝大多数'民族国家'那样，在其形成过程中受外来影响的决定性支配。中国的建国力量，从晚清的改良和立宪派，到民初的革命党人，以及 20 年代以后的国民党和共产党政权，都曾一度倾心于欧美、日本或苏俄的各种建国模式，但是中国的体量太大，历史惯性太强，使那些移植自国外的任何理念和模式，最终不得不让位于植根于中国自身传统和资源的内在动力和逻辑"③。

其三，塑造了中华国家演进的重要甚至是主要模式，即中下层民众和知识阶层联合的暴力造反夺权建国模式。秦朝反抗者起义或者说造反被中国历史学者称为中国历史上第一场农民起义。其重要特色就是中下层、草根特色。陈胜、吴广、刘邦、萧何等人都是中下层人士。项羽属于没落的楚国贵族，但没有成功。周秦之变开创了平民造反成功而成为国家最高统治者的先河。秦朝以后和三代不同的原因在于，春秋战国时期贵族阶级遭

① 习近平.在布鲁日欧洲学院的演讲.人民日报，2014-04-02.
② 陈军亚，王浦劬.以双重革命构建新型现代国家：基于中国共产党使命的分析.政治学研究，2022（1）.
③ 李怀印.现代中国的形成：1600—1949.宋平明，等译.桂林：广西师范大学出版社，2022：388.

到了毁灭性打击，形成了国家权力直接对应普遍化的个体农民的时代，释放了平民的力量，平民阶层拥有可以颠覆政权、夺取政权的巨大力量。夏曾佑说："自汉以前，无起匹夫而为天子者。凡一姓受命，其先必为诸侯，积德累功，数百余年，而后有天下"，"盖秦以前诸侯并列，天子之暴，有诸侯其而救之，遂为商汤、周武之局；至秦之后，天下无诸侯，天子之暴，必由兆民起而自救之，遂为汉高、明太之局。此中国古今革命之大界也"①。这种中下层暴力造反夺权建国模式，迥异于秦朝之前的诸侯夺权建国模式。

这些暴力造反者有的属于中下层，也有的属于上层，但是主体力量往往都是中下层人士，主要是农民。中下层暴力造反、暴力革命成为中国王朝更替、中华国家演进的主要模式，中下层民众特别是农民成为中华国家演进的主体性力量，虽然领导力量可能仍旧属于上层。当然，古代中国还有两种主要的国家演进模式。一种是少数民族入侵或者征服，比如元、清的建立，简称外部征服模式或者边缘征服模式。这种情况常常可能为中华国家带来大量"异类"元素。另一种是内部权臣外戚夺权模式，如北宋的建立。诸侯夺权建国亦可以被归为此类。图 8-4 揭示了中国王朝更替的主要模式。

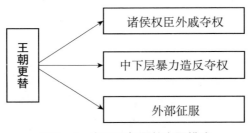

图 8-4　中国王朝更替主要模式

事实上，不但古代王朝更替、国家演变如此，清末以来的国家形态变革和革命亦是如此。在新旧民主主义革命中，中下层民众仍旧是主体性力量。在旧民主主义革命中，是革命党领导中低级军人暴力革命。在新民主主义革命中，是中国共产党领导无产阶级和农民阶级暴力革命。在这两次

---

① 夏曾佑. 中国古代史. 石家庄：河北教育出版社，2000：255-256.

革命中，原来的社会中下层掌握了国家政权。

表8-1对本节内容做了提炼。

表8-1 周秦之变对于中华国家形成和演变的影响

国家范式形成	中国完整意义上的中央集权国家实现期
	中国多元一体的多民族国家形成期
	天下型国家重要演变和定型期
	中国大一统国家形成期
	中国世俗型国家形成期
	中国第一个在成熟国家理论（法家）指导下形成的国家形态
	中国第一次进入成熟国家形态
	中国国家规模第一次达到超大规模级别
	中国直接统治范式实现期
	中国高社会流动、无贵族社会国家形成期
	世界第一个完全意义上的郡县制国家
	世界第一个完全意义上的官僚制国家
	亚洲东部第一个成熟国家；世界最早的成熟国家之一
	世界首个人口数千万的实行直接统治模式的中央集权的超大规模国家
国家范式演进	模式塑造：开启了中下层民众和知识阶层联合的暴力造反夺权建国模式（还有两种重要模式：诸侯权臣外戚夺权模式、外部征服模式）
	国家要素塑造：中央集权、单一制、郡县制、官僚制、国家中心主义、国家权力和意识形态权力结合、大一统、世俗主义、集体主义、民本主义、强社会流动、多元一体民族结构等国家要素被继承超过2 000年

第四节 古代中国影响最深远的大转型

除了上述视角，还可从转型视角对周秦之变进行思考。中华文明有

5 000 多年历史，虽然非常漫长，但影响重大而深远的关键事件却不多。周秦之变是中国古代史上影响最深远的大转型、最重要的分水岭。

一、实现古代中国由早期国家向成熟国家的伟大飞跃

关于早期国家和成熟国家，第六章第一节已对这两个概念及其关系进行界定和讨论。相对于早期国家，成熟国家对于国家集权、国家自主性、国家能力、国家机器和国家制度、国家内聚力、国家经济水平都有着更高的要求。因此，在早期国家和成熟国家之间，有一道巨大的国家形态水平"鸿沟"。最早提出早期国家这一概念的人类学者克赖森把早期国家的结局归为三类：第一类是早期国家通过发展逐渐转变为成熟国家的形式，这一类国家的数量很少；第二类是早期国家在发展到一定水平之后就没有继续，走向了停滞、衰落或者崩溃；第三类是早期国家被并入更大的社会结构之中，成为附属国或者殖民地[①]（见图 8 - 5）。也就是说，只有极少数早期国家能跨过这道巨大的"鸿沟"，多数早期国家因为跨不过去而消失了，一些比较顽强的早期国家很晚才借助于学习模仿外国的成熟国家形态而实现跨越。原因就在于形成或建构国家是高级的智力活动，早期国家如此，成熟国家更是如此，并非所有民族或族群都具备这种智慧。"人类从前国家阶段走进国家状态经历了漫长的数百万年。很多群体及部落等还没有发展到进入国家状态的社会条件，就在内外各种因素的作用下消失在历史的尘埃之中，另有很多群体及部落则因为各种原因长期迟滞在一定的阶段，没有机会发展起应对棘手问题的政治国家，长期处于前国家时期。"[②]

---

① 邢颖. 早期国家的结构、发展与衰落：荷兰著名人类学家克赖森教授来北京讲学. 世界历史，2006（5）.

② 张师伟. 人类国家生成路径多元性及其政治伦理话语的差异分析. 江苏行政学院学报，2021（6）.

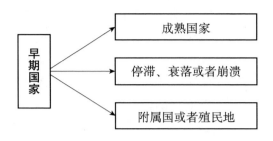

图 8 - 5 早期国家的命运

资料来源：根据克赖森的早期国家理论整理而成。

实现早期国家向成熟国家的顺利转型意味着国家形态的升级、国家能力的提升、国家机器和国家制度的完善、国家内聚力的增强、国家经济水平的提升。因此，从早期国家到成熟国家是古代国家的一次伟大飞跃，是一个国家和民族历史的伟大飞跃。

美国政治学者斯考切波指出："在世界现代史上，社会革命是一些极少发生却又意义重大的事件。从 18 世纪 90 年代的法国到 20 世纪中期的越南，这些革命深刻地改变了国家组织（State-organizations）、阶级结构和支配性意识形态。革命造就了一个个的新国家，这些国家的权力和自主性不但大大超过了其革命的状态，而且还远远胜出了处于类似环境中的其他国家。"① 周秦之变已达到社会革命的烈度。这场变革的内涵丰富，包括立国基本理论、政治意识形态、社会和阶级结构、社会制度、国家基本制度、国家治理方式、国家与社会关系、中央与地方关系、社会价值观等众多方面。其中最核心的就是革命性重组国家，恢复中央权威和国家自主性，提高行政效率，更新支配性意识形态等，把中国国家机器、国家能力、国家自主性、社会和阶级结构、社会理性化推进到极高水平，推动国家统治方式、国家和人民关系、国家和社会关系的重大改革。

它终结了一种延续 1 000 多年的国家形态——天子诸侯制国家，形成极具活力的、具有世界意义的国家形态——君主官僚制国家，实现中国由早期国家向成熟国家的伟大飞跃。"春秋、战国时期，尤其是战国时期，

---

① 斯考切波. 国家与社会革命：对法国、俄国和中国的比较分析. 何俊志，王学东，译. 上海：上海人民出版社，2007：3.

是古代中国国家由早期国家形态向成熟的国家形态转型的时期。"① "秦灭六国统一中国不是一般的改朝换代，是新的统治机制、新的国家体制战胜了旧机制、旧体制，是政体的优胜劣汰过程，秦专制官僚政府机器更有力量，以强暴、武力征服了天下，淘汰了上古三代夏商周分封贵族政体，从政治制度上讲，这是一个划时代的伟大变革。"②

君主官僚制国家的出现，建立在较为发达的早期国家——天子诸侯制国家基础上，起点非常高。它一出现就是一种非常高级的成熟国家，在中央集权、国家机器构建、官僚制、社会和阶级结构、理性化、世俗化、非血缘化、暴力资源国家化、郡县制、常备军制度、文武关系合理化等方面都有划时代的突破。因此，它是当时世界最成熟最先进的国家形态之一。

二、变革的深度、广度超过中国古代历次变局

中国历史上有多次变局，通过对这些变局的研究和把握，可以提纲挈领地掌握中国历史。有的学者将关于中国历史上的大变局的认知归纳为两种观点。一种是两变论，即周秦之变、清民之变，前者是古代历史范畴内的变革，后者是古今之变。一种是五变论，即周秦之变、秦汉之变、唐宋之变、明清之变、清民之变③。笔者认为，中国历史上的大变局至少包括古国的诞生、从五帝到夏朝之变、殷周之变、周秦之变④、唐宋之变、明清之变、清民之变这几大变局。清民之变属于古今之变，不单纯是古代国家之变，不纳入比较。

从古代历史来看，中国其他几大变局的深度和广度都未超过周秦之变。首先是古国的诞生。这是中华民族历史上的一件大事，中国实现了从

---

① 谢维扬. 中国早期国家. 杭州：浙江人民出版社，1995：466.

② 袁刚. 中国古代政府机构设置沿革. 哈尔滨：黑龙江人民出版社，2003：52.

③ 任剑涛. 常与变：以五大变局重建中国历史宏大叙事. 中国文化，2021（2）.

④ 由于本书已将秦汉之变纳入周秦之变中，笔者也已指出主要理由，此处不再将秦汉之变纳入比较。

前国家社会向国家的演进，进入国家阶段，从此初步地摆脱了人与人的战争状态。这是非常重要的节点，毕竟非洲很多地方直到 20 世纪还是部落社会。但古国是一种最初级的国家形态，不但规模很小，统治机器不完善，生产力水平很低，而且古国时代古国林立，古国之间频繁发生战争，民众的安全感和生活水平依旧维持在一个很低的层次。古国对于历史的影响有限。

其次是夏朝的出现。中国从古国演进到天子诸侯制国家这种大型王朝国家，天下型国家真正形成，是早期国家内部之变，提升了中国的国家能力和国民的安全感，影响很深远。此后是殷周之变，它属于天子诸侯制国家内部之变，核心之变化在于周初的人文革命以及国家形态的精密化，这很重要。

再往后就是周秦之变，属于从天子诸侯制国家演进到君主官僚制国家，是从一个比较纯粹的古代国家演进到带有大量现代国家特征的成熟国家，当然亦是从早期国家演进到成熟国家。中国在这次变局中初步实现了国家机器现代化、社会和阶级结构现代化，这是人类第一次撕破古代社会的漫漫长夜。这一点后文将详述。因此，这次变革带有一定的古今之变的意味，这是这次国家形态变革具有重大意义之重要原因。而且，由于中华文明是一种政治主导的、国家中心主义的文明，文明和国家是高度互动的，国家是文明的最集中代表，政治因素和国家形态因素对于文明的影响极其深远。这种国家形态变革的影响不局限于政治和国家机器层面，还影响到社会结构、文化、思想观念、民族心理、技术发明和运用、生活方式等众多方面，构成中华文明的大变革、大转型。中国历史在此一分为二，中国社会、中国历史进入新阶段，即郡县大一统的时代，这是一种全新的国家形态、社会形态，也是全新的历史阶段。三代、三代以后成为中国古人划分历史阶段的基本方式，封建制和郡县制成为中国古人思考国家和社会治理问题的主要资源，都反映了周秦之变的重大影响。

此后的唐宋之变、宋元之变、明清之变等都属于君主官僚制国家内部的调整，没有超出这种国家形态的范畴，其影响力都不如周秦之变。这些历史性变革都为国家的统治策略、具体治理和制度构成带来变化，但是这些变化还不足以破坏君主官僚制国家形态的整体结构和本质属性从而使其蜕变成一种新国家形态。清民之变是一次根本性的变革，这次变革实际上直到中华人民共和国成立才完成。这是可以媲美周秦之变的伟大变革。

三、变革影响的持久性为中国历史之最

首先，君主官僚制国家形态在中国沿用 2 000 多年，且在 1912 年之后的中国仍旧有深刻影响。美国汉学家万志英认为，"在如何实现帝国大一统方面，秦朝为后代打下了制度基础，并进行了诸多政治实践"[①]。法国汉学家勒内·格鲁塞认为：秦始皇"能够在大约 20 年的时间里创立一套足够强大的中央集权制度，竟持续了 2 100 年之久。无论如何，这总归是秦始皇的一项重要成就，这项成就足以跟凯撒和亚历山大大帝的成就相媲美，但比它们更持久"[②]。中国其他几次大变局都没有产生如此有持续影响力的国家形态。

其次，社会领域的变革也是长期性的。一方面，这次变革形成的皇帝、官僚、士农工商构成的社会和阶级结构一直延续到 1912 年，可谓世界历史上维持时间最久的社会和阶级结构。另一方面，春秋战国时期的诸子百家学说，划定了后世中国人的思想世界。直到西方入侵之前，中国人的思想世界基本上都没有超过春秋战国时期思想家框定的范畴。汉朝形成的天命礼法论立国基本理论，后世中国王朝都沿用了。这些领域的变革影响持续时间之长也为其他几次大变局所没有。

因此，周秦之变为古代中国影响最深远、地位最重要的大转型、大变局。历史学者夏曾佑指出："秦于中国，其关系之大，列代无可比伦。秦

---

① 万志英. 剑桥中国经济史：古代到 19 世纪. 崔传刚，译. 北京：中国人民大学出版社，2018：74.

② 格鲁塞. 伟大的历史：中华民族五千年的兴盛与辉煌. 秦传安，译. 南京：江苏人民出版社，2015：48.

以前为古人之世界，秦以后为今日之世界，皆秦为之钤键，不徒为战国之主动者而已。"① 钱穆指出："盖自秦人一统，中国历史已走入一新局，为往古所未有，而一时昧者不之知。"② 斯塔夫里阿诺斯认为："在中国长达数千年的历史上，有过三次从根本上改变了中国的政治和社会结构的大革命。第一次发生于公元前 221 年，它结束了领主封建制，创立了实行中央集权制的帝国；第二次发生于 1911 年，它结束了帝国，建立了共和国；第三次发生在 1949 年，建立了共产党领导的政权。"③ 斯塔夫里阿诺斯作为一个世界历史学者，虽然没有专门研究周秦之变，但其观察达到极高的水平。

第五节　决定性地塑造中华文明和华夏世界

周秦之变的主体是国家形态变革，但由于中华文明是一种政治具有决定性地位的文明，周秦之变对于中华文明、华夏世界也有深刻影响，这种影响从某种意义上来说是决定性的。中国的名称、中华文明的内核和关键性范式和特质形成于、塑造于周秦之变。"到了西周初年，'中国'一词正式见诸文字记载……西周后期，用'中国'一词指称天下中心、一国之中心的都城、京师，以及用'中国'一词指称夏、商、周国家政权，就成了习用之语……至于用以指称华夏和文化的'中国'，则是到了春秋战国时期才开始出现。"④ 日本历史学者西嶋定生认为："秦汉帝国这一最早统一国家的出现"，在中国史上的意义"在于因统一国家的建立而形成的国家

① 夏曾佑. 中国古代史. 石家庄：河北教育出版社，2000：174.

② 钱穆. 秦汉史. 北京：生活·读书·新知三联书店，2012：34.

③ 斯塔夫里阿诺斯. 全球通史：从史前史到 21 世纪（第 7 版·修订版）：上册. 吴象婴，等译. 北京：北京大学出版社，2012：160.

④ 赵永春，迟安然. 最早的"中国"：夏、商、西周时期的"中国"观. 西南民族大学学报（人文社会科学版），2021（6）.

构造基本形态，与这一时代造就的精神文化基本形态，一同跨越并规范了其后中国两千年的漫漫历史"①。福山指出："秦朝凭借政治权力所建立的强大现代制度，不但活过了汉初的贵族复辟，而且在事实上定义了中国文明。"② 许倬云指出：秦代"综合战国许多政治改革的经验，建构了行政网络和交通网络，二者配套，于是奠定了'中国'这文化共同体所寄托的政治共同体。嗣后两千年，'中国'屡乱而不散，实因秦代打下的基础"③。赵鼎新指出："春秋—战国时期（公元前 770—前 221 年）至西汉前叶（公元前 206—前 140 年）是中国历史模式形成的关键时期。"④ 他们谈到的中国文明、文化共同体、中国历史模式是比国家更宏观的概念。周秦之变构成中华文明和华夏世界的一次内涵深刻、意义深远的伟大转向。

一、形塑中华文明天地家国同构的基本内核

天（神）、地、家、国是人类社会的最重要的事物或者属于最重要的事物之列。不同的文明对于这四类的关系有不同的认知和处理方式。对于古代中国人而言，天、地、家、国是他们认知和构建所处世界的基本范畴。天地家国关系相当程度上决定中国政治的结构、本质和中国历史演进方向，亦相当程度上形塑了中华世界的特质和模式。中国不仅仅是家国同构，还是天地家国同构。只有将天地亦纳入其中，才能完整和准确地展示古代中国的基本政治社会结构，才能完整地把握古代中国政治和历史的发展动力和走向。中国的"天"不但一定程度上有其他文明中的鬼神、上帝

---

① 西嶋定生．秦汉帝国：中国古代帝国之兴亡．顾姗姗，译．北京：社会科学文献出版社，2017：4.

② 福山．政治秩序的起源：从前人类时代到法国大革命．毛俊杰，译．桂林：广西师范大学出版社，2014：120.

③ 许倬云．我者与他者：中国历史上的内外分际．北京：生活·读书·新知三联书店，2015：37.

④ 赵鼎新．东周战争和儒法国家的诞生．夏江旗，译．上海：华东师范大学出版社，2006：2.

之含义，而且有自然之天的含义，含义复杂。中国的"天"在中华文明、中华政治文明中的地位极其重要，具有最强的本体意义，其乃万事万物之源头，当然亦是国家最高权威的来源。在 1912 年之前的中国政治思想和政治实践中，没有任何神、权力和物质可以高于天。中国的"天"不是严格意义上的神。天意并不完全等同于神意。天意在中国儒家思想里等同于神意和民意的混合，并且经常与不受君主控制的自然现象特别是地震、洪水等天灾联系在一起，变成了对于统治者的实实在在的敲打和鞭策。"中国人永远也不会对一个超越自然秩序的神感兴趣。以利亚对一位完全与世界分离的上帝的体验会令他们迷惑不解。对中国人来说，天与地是互补的：两者是神圣而平等的伙伴。天帝具有人类的特征，但却从未获得一个清晰的人格或性别。"① 除了具有重要地位的天，还有地。地和地权在中国也具有本体意义，当然是次于天的本体。因此，古代中国经常将皇天、后土连在一起使用。土地制度成为中国国家治理中的基础性制度，也成为中国国家形态理论中的重要组成部分，成为中国国家和民众关系的重要枢纽。

天、地作为中国人思考的最基本命题，其相互关系，以及其与人的关系被视为最基本的关系之一。中国人从关系中来思考人，并将天、地视为基本的关联对象，最终形成了天、地、人三者关系是世间最基本关系的结论。国家、政治、礼、法、德、孝、忠等要素亦只能在天、地、人的关系之中思考。在中国政治家和哲人那里，宇宙天地秩序、家的秩序、国的秩序是联系在一起的，其根本逻辑是相通的、一致的。天、地、家、国、人不可分割，浑然一体，最终形成了天地家国同构模式。天命论、天下观、天人合一说、天人感应说都体现了这种结构模式。无论是天子诸侯制国家，还是君主官僚制国家，天地家国同构都是内核。天地家国同构约束着中国国家形态的运作和演变。天地家国同构模式的出现，和中国的关系思维、政治思想、国家观等是关联在一起的。当然，它不单单是思想运动的产物，也是长期的思想、实践和历史互动的结果。

---

　① 阿姆斯特朗. 轴心时代：人类伟大思想传统的开端. 孙艳燕，白彦兵，译. 上海：上海三联书店，2019：94-95.

天子诸侯制国家是天地家国同构，天地和家国一体、家和国一体。君主官僚制国家是天地家国同构模式的新发展。"西周建立起来的国家，即便经过所谓'周秦之变'，也不改其最初的属性。这让中国古代的国家从总体上讲，固化为一种家国同构（family-state unity）的产物。所谓'天下之本在国，国之本在家'（《孟子·离娄上》）即是最简明的概括。"① 在君主官僚制国家时代，治理国家仍旧好比治理家庭，号称"家天下"。汉朝及此后，历朝除了奉行天命论，亦将儒家奉为统治思想。儒家思想强调官员应当"爱民如子"，对地方官的基本定位为"父母官"，就是家国同构的重要体现。古人将忠、孝作为核心道德规范紧密关联并进行类比，一定程度上说明了国家伦理和家庭伦理是一致的。汉朝等王朝强调以孝治国，家庭道德可以和国家运行准则关联起来，背后同样折射家国同构。此时的皇帝和夏商周时代的王一样，仍旧具有强烈的父权色彩。

周秦之变、君主官僚制国家在周朝的天地家国同构模式上进行了继承和改造，核心有两点。一是在家国关系上加入了国的许多元素，一定程度上压制了家的元素。典型的君主官僚制国家主要通过郡县制而非分封制来进行统治，这就压制了家族的"私"的泛滥，是一大进步。君主官僚制时代以能力和功绩为核心的官僚制相对于天子诸侯制时代的世卿世禄制，"公"和"国"的成分有了革命性增多。二是对于家国关系的系统性改造。君主官僚制国家实行国家份地授田制，承认普通民众对于土地的使用权，建立了普遍化的小农家庭。小农经济成为国家的普遍性基础。这就打破了以大贵族为代表的大家族对于国家权力（大量的军事权力、经济权力、行政权力、政治权力）、国家核心资源（如土地、人口）的广泛占有。这时的中央权力不再止步于诸侯国这一级，而是直达碎片化的小农家庭本身。在周朝，即使是土地亦都是由周王和贵族占有的，普通民众没有任何土地占有权。因此，君主官僚制国家是更高级别的天地家国同构范式，是该范式在成熟国家阶段的体现，是这种范式在官僚化时代、中央集权时代、直接统治时代的体现，更为坚固、更为有效。

---

① 任剑涛. 从家国到国家：中华帝国的民族国家转向. 社会科学战线，2022（4）.

经过周秦之变的塑造，天地家国同构模式定型并对中国政治经济文化发展产生深刻影响。一是在中国人看来，天、地、家、国都只有在关系网络中才能找到真正的定位，它们中的任何一方面都不是绝对的，专制和独断并不一味地受到欢迎，满足家和民的基本需求成为国的基本使命，施政被广泛认为应当以大多数家庭的安居乐业为根本，这就推动中国政治往民本方向发展。二是家国同构容易导致国的逻辑与家的逻辑发生冲突，容易导致双方的相互侵犯、消融。比如，一方面，家的私有性不断扩张，消融国的公共性，导致国家权力家庭化、家族化；另一方面，国的权力亦可能侵犯家的空间，带来民权的萎缩，国家权力的专断、任性。这两个方面在中国历史上是不断出现的，也就是说在家国同构的大逻辑下存在持续的家国斗争史。三是天地家国同构导致宇宙哲理和国家原理相通、天地秩序和家国秩序相融，使得政治秩序、社会结构、国家形态极为巩固坚韧，中国人很难从根本上否定其合法性，除非进行整个价值观、文明观、国家观的颠覆。这就为君主官僚制国家形态带来强大的稳定性和适应性。

二、确立极具统领性的国家中心主义文明范式

前文曾经引用王续添等政治学者关于中心主义国家的论述，并进一步提出了中国存在国家中心主义特质。王续添、辛松峰提出中心主义国家和非中心主义国家的分类。他们认为，"中心主义国家，是指由社会中心力量主导建构起来的以中心主义政治制度为基干的国家形态，中心力量的作用也随之渗透到国家各个层级和社会各方面。同理，由社会非中心力量建构起来的以非中心主义政治制度为基干的国家形态，即非中心主义国家"。中心主义国家的主要内容和突出特征就在于：（1）中心主体，即社会中心力量。（2）中心理念，即由社会中心力量主导建构的国家主流意识形态。（3）中心制度，即社会中心力量如何领导国家的制度。这是基于中心理念构建起来的国家制度体系的主轴。（4）中心过程，即由社会中心力量主导

并依中心制度展开的以纵向为主轴的核心治理过程。他们将传统中国、当代中国和当代俄国都视为中心主义国家，将当代西方国家视为非中心主义国家[①]。

中国自古以来具有一定的中心主义国家倾向。周人说"溥天之下，莫非王土。率土之滨，莫非王臣"，体现王权至上、王权中心主义的构想，但他们只能局部做到，并不能完全做到。因为遭遇国家形态的合法性危机、国家最高权威衰落带来的国家四分五裂且战乱不止等，中国人看到了弱中心主义国家的不足及其在新条件下的灾难性后果，寻求改制的力量汇聚成了全国性潮流。危机催生了周朝式的弱国家中心主义被扬弃和向前发展。周秦之变得以发生，并成为古代中国中心主义国家演进中的重大事件，极大地强化了中国的国家中心主义气质，原来很多与国家中心主义背离的特征和制度被扬弃，中国成为强中心主义国家。比如，原有的分封制，原有比较简单的国家统治策略，如对律法重视不足、国家对于全国户籍的不掌握、军事权力的二元化等，就与国家中心主义背离，都遭到了扬弃或者改革。从此，国家政权真正居于整个国家的中心地位、最高地位，最高统治者及其统领的国家政权体系是国家的统治力量、领导者、裁判者，乃国家和社会的中心，宗教、商业力量、文化精英、技术精英等其他力量无不在国家政权之下。

在国家制度体系中，政治制度处于中心地位，派生、形塑乃至于决定其他制度。政治制度成为国家的中心制度，是主轴，经济制度、社会领域制度、宗教制度、文化制度等都带有从属性质。在国家结构中，国家权力处于中心地位、决定性地位，政治结构、权力结构决定其他结构，与国家权力关系最为密切的军功地主或者后来的士大夫阶层成为国家中心阶层，地位远远高于其他阶层。中心与边陲、中央与地方关系成为关系国家治乱兴衰的最重要变量之一。在政治文化中，中央被视为崇高的、公正的，中央集权被视为不可更改的政治原则，大一统成为主流，地方主义遭到批评。从意识形态关系来看，官方意识形态一般地是国家主导性意识形态，

---

① 王续添，辛松峰．中心主义国家现代化的历史逻辑：以近代中国社会中心力量转换为中心的考察．政治学研究，2021（6）．

和民间意识形态的关系是中心和非中心的关系，甚至文化精英亦往中央政府所在的首都聚集。

从更为宏观的角度来看，中央集权、皇帝制以及夏商周的王制、郡县制、官僚制、国家权力和意识形态权力的结合、大一统、天命观、国家是文明和社会的保卫者等制度或者观念，都是国家中心主义的构成和延伸。国家中心主义是古代中国国家形态和国家运行模式的集中概括。"'中心主义'政治文化是中国国家治理模式的深层结构，是深藏于中国国家治理模式显性制度秩序之下的隐性秩序。在漫长的政治文明史中，尽管中国历史分合无定，但'中心主义'政治文化的'内核'一直未被动摇，至今仍在无形、无影地影响着中国人观察政治的视角、处理政治事务的行为方式，以及构建政治的理念和态度。"① 事实上，中心主义国家或者说国家中心主义范式是一个世界性的国家形态种类，不局限于古代中国，但古代中国应该是极具典型性的一个代表。

虽然中央政权是国家的最高领导力量，被赋予了极大的权力，但其运行受到三条基本原则的约束，而不是没有底线的。完整说来，它是一种有底线的国家中心主义，或者说民本基础上的国家中心主义，简称民本国家中心主义。

其一，国家权力受到天、天命的制约，皇权在天之下。这是天命论的必然结果。政治学者何包钢指出，在中国的祭司政治中，"宗教性的祭礼活动具有决定性作用。帝王的权力来自于对天的祭祀，在仪式背后是一种宇宙秩序"，"在这种观念中，权力受到天的支配。天变成了一种超自然的力量。天比皇权更大，由此天也构成对皇权的制约"②。当然，天没有宗教势力（如基督教的教皇、教士）作为其代言人，天通过自然现象、民意来展示其意志。

其二，政府必须符合多数人的期盼和需要，以公共利益为施政目标，

---

① 孙百亮，吕辉．"中心主义"国家治理模式的文化逻辑．云南民族大学学报（哲学社会科学版），2014（4）.

② 何包钢．中国权力观念的四种类型：兼评俞可平先生的《权力和权威》．北大政治学评论（第8辑）.

照顾好人民的生活，否则就被视为暴政和非法。最高统治者是否神圣、是否有资格享有至高地位与其行为有着直接关系。不能照顾公共利益，失去人心，就会被视为天命的弃儿，人们可以起来反抗。也就是说，皇权重要，民本也是重要的。

其三，政治必须在法制或者礼法的框架内运行。中央政府作为法律制定者，必须遵守法律。地方政府更是必须严格遵守法律，否则就将受到严厉的问责。正常状态下，皇帝不可因私心、私情而更改法律，当然也不排除皇帝违法行政。秦朝灭亡后，礼的地位有所恢复，礼法并用，政府必须在礼和法的范畴内运作。违背天命和礼法被视为失格的行为，最严重的后果是丧失合法性。

三、形成延续至今的高政治和思想主导、中低经济和行政控制模式

国家分为不同的领域，比如政治、行政、经济、思想、社会等。这些领域之间的关系呈现不同的特点，构成观察政治经济社会模式和历史模式的重要视角。总体上看，周秦之变后，中国进入君主官僚制国家时代，中国社会进入高政治和思想主导、中低经济和行政控制状态，简称高政治主导、中低行政控制模式，或者政治紧绷、行政松弛模式，或者政治密集-社会经济松弛模式（简称政治密集模式）。这构成秦汉以来中华文明的一个统领性特质。

首先，追求政治和思想上的高度统一，即追求高度的政治和思想主导，核心是一体多元，一体是一种主导性意识形态，多元是多种思想并存。这一点和大一统原则紧密联系在一起。大一统是中央集权君主官僚制国家的支柱性政治原则和社会原则，也是标志性特征，与其他国家和其他文明追求的"统一"存在根本区别。日本、德国、意大利、美国等国都曾经追求过统一，他们的统一主要是国家领土统一、政治统一。前文已指

出，大一统具有更加广泛的含义。

任何国家都必须建立在共识基础上，否则是不可能长久的，尤其是超大规模国家。中国没有普世性宗教，更需要有确保思想共识的机制，否则长期下来，整个国家和整个文明必然分裂。"建立在辽阔疆域上不同部分间存在巨大差异和以家庭为单位的农业经济基础的中国社会，自古以来就是一个异质性、碎片化程度颇高的社会，强大的王权对社会的整合虽然十分有力，但并不是无限的。所以，社会中充斥着族群矛盾、阶级矛盾、官民矛盾、南北矛盾、内外矛盾"，"形成一种有效凝聚社会共识进而形成国家整体力量的方式，对于国家的统一、强大和发展具有至关重要的意义"①。在远古和夏商周时期，中国就出现了国家教化功能高度发达、教化是国家功能的重要内容的局面。特别是周朝，通过周初统治者的努力，实现了国家权力和意识形态权力合一，国家掌握了意识形态的生产权、阐释权。春秋战国时期"道术为天下裂"，中国出现思想轴心期，诸子百家兴起。在分裂动荡中，出现了大一统思想。秦朝开创了大一统国家先河。秦汉在思想文化领域推进统一措施，如秦朝"以法为教、以吏为师"，汉朝"罢黜百家、独尊儒术"。中国形成了大一统主义或者大一统原则，实现政治统一和思想统一，为国家的维系奠定思想和政治基础。从某种意义上说，这是对缺乏普世性宗教的政治社会文化结构的一种必不可少的重要补充。

除了上述层面，政治和思想主导还包括：全国疆域统一，反对分裂势力的存在，所谓"卧榻之侧，岂容他人鼾睡"；全国只有一个最高权力中心，实行一套政治制度、一套法律体系，一套政治秩序，国家大权和大政方针皆出自中央政府，地方政府主要官员由中央政府任免，必须对中央政府负责，并通过各种形式报告履职的情况，中央政府通过派出御史、刺史、督抚等政治代表巡视监督地方，保证政策的执行。在少数民族地区，可以实行不同的治理模式，但大权归于中央政府；军事上，军权由最高统治者及其领导的中央政府掌握；同质化民族的构建，追求民族心理、民族

---

① 周平．中华民族：中华现代国家的基石．政治学研究，2015（4）.

文化、民族情感的共同化；国家对社会实行领导，引领社会发展大方向；等等。

这种政治和思想主导是宏观层面的、一体多元的，并不从整体上取消其他思想存在的土壤。在君主官僚制国家的 2 000 多年历史中，一直存在多种意识形态、信仰系统，比如儒释道，还有各种其他宗教和思想。当然，在君主官僚制国家时代，一些君王的极端行为，如文字狱等，超出了正常范围，不可取。

其次，与高度的政治和思想主导相伴随的是中度或者低度的经济控制和行政控制。经济控制和行政控制的程度每个朝代又有区别。在秦朝，存在高度的政治和思想主导，较强的行政控制。因为秦朝政权直接插至乡里，秦朝律法是比较严密的，对于民众的行为问题规定得比较详细，带来切切实实的、贴近个人的规范、规训和约束。这是秦朝对于周朝的松散松弛治理模式的一种反动。秦律中的大量劳役刑规定，导致大量的民众成为政府的劳动力，干扰了民众的人身自由。这是不可取的。在经济领域，秦朝的种植粮食作物的田的税赋一般是 10%。这个并不算高。秦始皇所谓的"暴政"恶名以及秦朝的速亡，引发了汉朝统治者的反思。汉初奉行民本主义思想，国家对于居民的人身和经济控制降低。汉代有十五税一的广泛说法，个别皇帝在特殊时期甚至实行三十税一。汉律对民众的惩罚性规定也减少了，特别是劳役刑大量减少，大大降低了对农民人身自由的干扰和控制。汉朝以后，这种高政治和思想主导与中低经济和行政控制并存的治理模式逐渐成为君主官僚制国家的主流特点，构成了一种外紧内松的压力递减的政治社会结构，存在着缓解民众压力、释放民众创造力和积极性的宽广通道和空间。黄宗智将这种治理模式概括为"集权的简约治理"[①]。这是这种国家形态能够长期存在的重要原因，但也逐步带来国家汲取能力、国家动员能力相对不足的重大弊端。

随着 19 世纪以来西方这个最强大敌人的入侵，中国遭受了巨大耻辱。经过国民政府的重建特别是中国共产党对中国的再组织化，中国出现国家

---

① 黄宗智. 集权的简约治理：中国以准官员和纠纷解决为主的半正式基层行政//中国乡村研究（第五辑）. 福州：福建教育出版社，2007：1-23.

基础能力和国家强制能力双强的新局面，这是当代中国在国家机器和国家能力层面对古代中国的超越。

四、确立极具标志性的世俗主义范式

世俗化程度是辨识和认知一种国家和文明的重要指标。在世界主要文明中，中华文明是唯一在公元前 3 世纪就出现了高度世俗化的伟大文明。极早极发达的世俗性成为中华世界的标志性特征，使得中华世界和中华文明在世界主要文明中独树一帜。也正是因为极早极发达的世俗化，中国能够比其他国家和文明在国家机器理性化、中央集权、国家统治方式理性化世俗化等维度更早实现巨大突破。这一切都是联动的、有机的，而不是偶然的、孤立的。

在周朝之前，神在中国国家政治生活中居于极其重要的地位。比如，商人大小事情都要占卜问卦、问祖先，周朝开始了人文化进程。徐复观认为周初宗教中有"人文精神的跃动"，"周人建立了一个由'敬'所贯注的'敬德'、'明德'的观念世界，来照察、指导自己的行为，对自己的行为负责，这正是中国人文精神最早的出现"[①]。但周朝的人文化仍旧有限。西周留下的器物中，大量都是青铜礼器。这些都是神、祖先的权威的象征。西周贵族在国家大事的决策上仍旧要占卜。但自西周，中国开始了人文化、世俗化进程，天命论变成了天命保民论。东周以后，这个进程和趋势进一步发展。总而言之，中国原初的高位神信仰——天没有随着历史的演化而消失，亦没有上升为基督教、伊斯兰教、佛教中的全能者，而是继续保持了抽象的主宰者的地位，在中华文明和中国国家形态演进中占据着轴心地位，并随着中国文明的演化而演化，和政治实践、政治观念深刻联系在一起。

① 徐复观. 中国人性论史·先秦篇. 北京：九州出版社，2014：23.

秦朝把中国的世俗化大大向前推进了一步，确立了中国世俗主义政治和文化的基本范式。秦朝所推崇的法家，冷酷、理性、彻底，极大压缩了神和神权的空间，使得中国的政治文化大大地世俗化了。为秦始皇欣赏的韩非子指出："用时日，事鬼神，信卜筮，而好祭祀者，可亡也。"[①] 韩非子把"事鬼神，信卜筮，而好祭祀者"视为亡国之征兆，这在西周、商朝都是不可想象的。法家的思想体现了当时世界最严酷、最彻底、最冷酷的理性主义、世俗主义，一切都指向了理性、利益、权力、法律。德国学者罗曼·赫尔佐克认为，法家学说是人类历史上保存下来的"第一套真正的国家理论"，西方世界是从公元 16 世纪起才看到这种理论的。他认为公孙鞅、李斯等人的努力"完全能够同近代史早期欧洲那些专制主义理论家和政治家相提并论"[②]。法家将远古时代萌芽的、周朝快速发展的世俗主义推进到一个极致，可称为中国政治世俗化第一阶段的高潮。秦朝立国基本理论为天命律法论，天命固然极其重要，但人世间的事务才是统治者的主要职责。秦朝之后的汉朝至清朝的各朝，以天命论加儒家学说为统治支撑，同样高度世俗化。祭祀上天虽然重要，但政治的中心早已转移到了人间。

概言之，在绝大多数人类都处在神权的残酷而严密的统治之下时，中国已发展出高度的世俗主义，这显示中国社会、中国文化演进的内在属性和独特个性。这在很大程度上锁定了中国的国家演进路径。谢和耐指出："无疑，华夏世界存在独立的宗教生活形式，存在战争传统与战争环境，也有过摆脱国家控制的异常活跃的商业部门，但是从来没有任何僧侣、任何军事集团、任何商业阶层能够在中国僭取政权。这大概便是华夏世界经久不衰的重大特点之一"，"在中国我们见不到人的秩序服从于神的秩序"，"中国人不了解超验真理、自然幸福观念、严格的私产概念"[③]。斯塔夫里阿诺斯认为：中国是"唯一在任何时候都未产生过祭司阶级的伟

　　① 韩非子. 高华平，王齐洲，张三夕，译注. 北京：中华书局，2015：41 - 50，147.

　　② 赫尔佐克. 古代的国家：起源和统治形式. 赵荣恒，译. 北京：北京大学出版社，1998：260 - 262.

　　③ 谢和耐. 中国社会史. 黄建华，黄迅余，译. 南京：江苏人民出版社，2010：28 - 29.

大文明，具有独特的现世主义。固然，皇帝也是祭司，他为了所有臣民的利益而向苍天献祭，但是，他履行的宗教职责比起他的统治职责来，始终居于次要地位。因而，存在于欧亚其他文明中的教士与俗人之间、教会与国家之间的巨大分裂，在中国是不存在的”。“中国的经典都强调人在社会中的生活，尤其是强调家庭成员之间、国王与臣属之间的关系。这种对现世的强烈偏好为政治组织和政治稳定提供了一个坚固的、根本的基础。”①

周秦之变对于中国世俗型文化的形成和发展有着巨大影响，是中国世俗型文化尤其是中国世俗型政治文化发展的崭新阶段，使得中国拥有古代世界最彻底的世俗型政治文明，为古代世界树立了政治世俗化的中国标杆、东方标杆，展示中国政治进化在 2 000 多年前已经取得惊人成就。这种成就使中国较早从神权的沉重束缚下初步地解放出来（见图 8-6）。

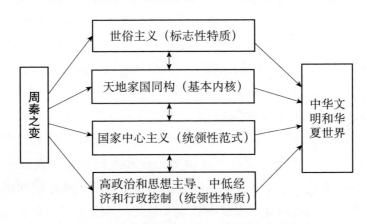

图 8-6 周秦之变对于中华文明和华夏世界的塑造

注：箭头表示作用方向。

总体上来说，周秦之变是中国历史和世界历史上最重要的变革之一，是人类历史的重要里程碑，在相当长的历史时期内都对中国和世界历史产生巨大影响。它深刻影响中国 2 000 多年的历史进程和中国国家形态演变

---

① 斯塔夫里阿诺斯. 全球通史：1500 年以前的历史. 吴象婴，梁赤民，译. 上海：上海社会科学院出版社，1988：278-279.

历史，是中国古代历史的最重要分水岭、最重要转型。它推动中国完成了从早期国家向成熟国家的伟大飞跃。新诞生的君主官僚制国家形态，是带有局部现代性的古代国家的成熟形态，深刻影响人类国家史，这在当时的人类世界是最重要的事件之一，是人类轴心期的国家形态维度、政治维度的重要组成部分。

周秦之变还克服了中国国家分裂、内战不绝的总体性危机，解决了当时中国最根本最紧迫的政治社会问题——统一国家和重建中央权威，建构了中央集权的大一统国家，形成可以治理超大规模国家的国家形态，为后世中国提供了奉行 2 000 多年的君主官僚制国家形态，贡献了国家治理的基本框架和经典范式。它相当程度上决定了后世中国国家形态的演进方向。秦朝至清朝，中国都是君主官僚制国家形态。1912 年以后的中国，依旧以中央集权、单一制、大一统、官僚制、郡县制、世俗主义、集体主义、高社会流动、强社会动员、常备军制度、多元一体民族结构、国家中心主义、民本主义等为重要特征。这些特征对于中国而言，具有标志性、支配性地位。周秦之变中中国出现第一次农民造反，这种暴力造反夺权模式，是中国国家演变的一种重要模式。

周秦之变对中国的影响不仅仅在于提供了后世长期奉行的大一统君主官僚制国家形态，本研究展示了它更为广泛的文明层次的影响。周秦之变对中国历史演进、中华文明和华夏世界形成和发展具有重大而深远的影响，基本上重新定义了中华文明。它塑造了中华文明天地家国同构的基本内核，形成了极具统领性的国家中心主义范式，推动中国社会进入高政治和思想主导、中低经济和行政控制阶段（思想政治—社会经济范式），确立了极具标志性的世俗主义范式。这四者是中华文明的最核心的标志性特质并包含大量子结构和子要素，它们相互联动、支撑、渗透和制约，衍生了中华文明的基本框架、基本禀赋，建构了中国人安身立命的天—地—国—家—人的独特天地，重新塑造了华夏世界，促使中华文明成为世界主要文明之一、华夏世界成为一片独特的政治经济文化世界。这些基本内核、范式和特质一直延续，规范了中国人的漫长历史，虽然经历唐宋之变、宋元之变、明清之变，但都没有发生颠覆性变革，直至中国进入所谓的现代世界。直到西方侵入，1911 年清朝被推翻，中国才出现斯塔夫里阿诺斯所说的第二次"从根本上改变了中国的政治和社会结构的大革命"①，中华文明和华夏世界才进入新阶段，亦即通常意义上所谓的现代世界。但是当我们仔细观察时，就会发现这些具有统领性的基本内核、范式和特质仍旧不同程度地存在，只是经历了程度不一的转化。何以中国？周秦之变塑造了一个真正的永恒的中国。由此，周秦之变构成了中国古代史的一个高峰。它终结了天子诸侯制国家时代，开始了新的阶段——君主官僚制国家时代。从此中国摆脱了早期国家形态的不成熟，进入了真正意义上的成熟国家时代，中华文明亦进入了成熟定型时代。

① 斯塔夫里阿诺斯. 全球通史：从史前史到 21 世纪（第 7 版·修订版）：上册. 吴象婴，等译. 北京：北京大学出版社，2005：160.

第九章

世界意义：人类政治文明的奠基和分流

坚持世界视野是历史政治学根本方法论的重要构成。历史学者李学勤曾深刻指出，秦的统一是"中国文化史上的重要转折点"，秦存在时间很短，它的作用通过汉朝彰显出来，只有从世界史的高度才能认知其价值和意义①。历史学者王子今亦指出，从世界史的角度估价秦文化是秦史研究者的责任②。这是两位学者的深刻洞见，指明了秦汉历史研究的新方向。周秦之变是人类在极早的历史时期（轴心期）发生的影响深远的世界级国家形态变革，完全可以位于人类历史最重大事件之列，只有放在世界历史坐标上才能看清其意义。反过来说，也只有将包括周秦之变在内的世界历史上的决定性事件阐释清楚，而不是仅仅局限于西方历史或者任何一个地区性文明，我们所理解的人类政治规律、人类历史规律才可能突破狭隘性、带有普遍性，我们才能够更好地理解世界历史和人类政治文明。"中国自我的理解过程既是自己蜕变和升华的上升之道，也是世界文明前进过程中的重要参照系。"③ 相当长一段时期内，我们对于人类政治、世界历史、中国历史的理解太过于"西方中心主义"了。基于西方经验的概念、理论、思想和范式支配了我们的概念体系、认知范式和学术评价标准，亟待改变。建构中国政治学自主知识体系必须突破西方中心主义。

第八章指出了分析周秦之变历史定位和世界意义的基本原则——中立立场的原则、基于功能和作用的原则，本章将基于此分析周秦之变的世界

① 李学勤. 东周与秦代文明. 上海：上海人民出版社，2007：294.
② 王子今. "秦史与秦文化研究丛书"总序//赵国华，叶秋菊. 秦战争史. 西安：西北大学出版社，2021：总序 8.
③ 程志敏，郑漫. 何以中国?：世界时代的自我理解与共同命运. 西南民族大学学报（人文社会科学版），2022（1）.

意义，分析周秦之变对世界政治文明的影响。

值得一提的是，周秦之变时期，中国人在哲学和思想上的突破，已经被哲学家卡尔·雅斯贝斯恰当地进行了分析。他将中华民族视为轴心民族，视中国春秋战国时期的思想成就为轴心期思想宝藏的重要组成部分。他强调轴心期在人类历史上的轴心地位。"直至今日，人类一直靠轴心期所产生、思考和创造的一切而生存。每一次新的飞跃都回顾这一时期，并被它重燃火焰。自那以后，情况就是这样。轴心期潜力的复苏和对轴心期潜力的回忆，或曰复兴，总是提供了精神动力。对这一开端的复归是中国、印度和西方不断发生的事情。"① 但实际上，轴心期中国在国家制度、国家形态上的突破及其"历史轴心"式的影响尚未被完整地揭示。卡尔·雅斯贝斯在《历史的起源与目标》中谈到了轴心期末期产生的世界性帝国。他说：轴心期的"结局起初是政治性的，在中国（秦始皇帝）、印度（孔雀王朝）和西方（希腊帝国和罗马帝国），几乎同时兴起了主要靠征服起家的强大帝国"。"轴心期末期出现的各世界性帝国，自以为奠定了永久的基础，但其稳定只是表面的。尽管与轴心期的国家形成比起来，它们延续了很长的时间，但最终都式微衰败，分崩离析。随后的数千年里，大量的变化产生了。从某种观点看来，大帝国的瓦解和重建成了轴心期结束以来的历史，正如欣欣向荣的古代文明曾构成数千年历史一样"，"帝国观念是古代文明的遗产，它在轴心期临终时重新得势，并在政治领域里结束了这一时代。然而，鉴于帝国观念最早构成了文化创造的原则，于是它便成为一种手段。运用这种手段，衰落的文化通过入柩殓葬来保持稳定。尽管帝国观念实际上具有专制性质，但仿佛正是这一原则曾一度推动人类向上，以有意识的专制主义形式重新取得突破，不过这一次只不过是为了维持冰冷僵硬的文化"②。

雅斯贝斯指出了轴心期以"帝国形态"终结，但他不但未深刻探究这种"帝国"的具体内涵、历史意义和普遍性，反而认为这些世界帝国带来了堕落和僵化。笔者认为，轴心期的突破不光是哲学和思想层面的，更有

---

① 雅斯贝斯.历史的起源与目标.魏楚雄，俞新天，译.北京：华夏出版社，1989：14.

② 同①12-14.

国家形态层面的，其内涵和影响同样值得深入探究。实际上，轴心期中国（周秦之变时期）在国家形态维度取得巨大突破，对世界产生了深远影响，构成了世界历史进程特别是世界政治文明演进中的重要里程碑[①]。

第一节　形成世界领先并长期领先的主流国家形态

衡量历史事件重要性的重要方式就是看它的成果。周秦之变的最重大成果就是形成了君主官僚制国家形态。这是人类历史上崭新的国家形态（其他古代世界重要国家形态，见图 9-1），是一种主流的、强大的国家形态，是人类国家史上的顶级存在。它以君主制、中央集权、国家中心主义、世俗化、功绩主义、高社会流动、郡县制、官僚制、大一统、常备军制度、集体主义、多元一体民族结构、极少的奴隶阶层等为重要构成，这些要素相当程度上代表着人类政治秩序和国家形态发展的正确方向。它拥有的上述要素，相同时期的其他国家和文明大多只拥有个别内容。在人类历史如此之早的阶段，出现了如此多具有普遍价值的国家形态要素，不得不说，这是划时代的。历史学者翦伯赞认为，"当秦王朝在亚洲东部辽阔的土地上建立起一个强大的封建专制主义国家的时候，世界上最大多数的人民还是生活在历史上的野蛮时代，只有极少数进入了奴隶制时代"，"在公元前 3 世纪末，秦帝国是世界上最先进的国家"[②]。政治制度史学者孟祥才认为，秦汉帝国是"世界古代历史上最先进的制度"，"创造了在全世界占有领先地位的高度发展的经济、文化和科学技术"，特别就政治体制而言，秦汉王朝所建立的专制主义中央集权的行政体制，其规模的宏大、组

---

① 本章部分内容曾以论文形式发表，参见：黄涛. 君主官僚制国家、官僚化浪潮和现代国家破晓：秦朝国家形态的内涵、历史定位和世界意义. 世界政治研究，2022（1）. 此次出版做了大量完善。

② 翦伯赞. 秦汉史十五讲. 张传玺，整理. 北京：中华书局，2012：3-40.

织的严密、各种职能机构的协调以及某种程度上的制约机制，都较同时代的贵霜帝国、罗马帝国和安息王国"完善和成熟得多"[①]。历史学者杨东晨指出："秦朝统一帝国的建立，是中国各民族文化的荟萃和结晶。它和印度、罗马犹如在同一时期先后升起的三盏耀眼明灯，照耀着世界，推动着当时东西方历史的发展，而秦朝的文化从总体上看，无疑是当时的最为灿烂的进步文化。"[②] 君主官僚制国家是古代中国对世界最重要、影响最深远的一次国家形态和社会治理范式供给。君主官僚制国家在直接统治、官僚制、常备军制度、文武关系、大国治理、国家形态延续性等多个领域处于当时世界前列。

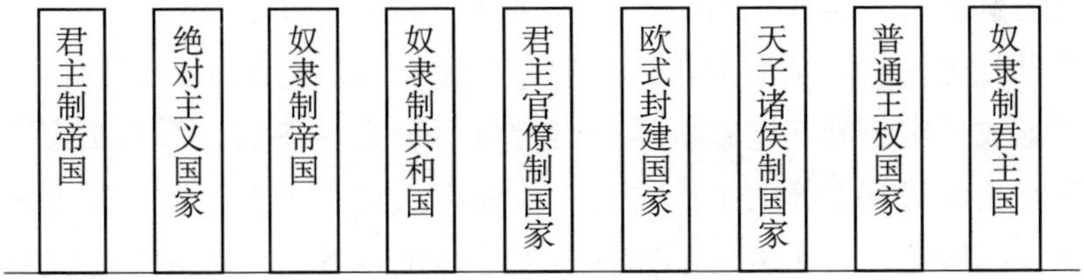

图 9-1　古代世界重要国家形态

一、世界史上极早极为深入的直接统治模式

统治模式的形成或选择总体上取决于生产力水平、国家机器的发育程度、政治文化和国情。当生产力发展到一定程度，国家机器发育程度很高，盛行的政治理念主张国家权力有力介入社会时，则可能导致统治模式是深入的、直接的。否则，只可能是一种间接统治模式，国家依靠贵族势力、地方宗族势力、宗教势力进行统治。一般而言，官僚化程度、官僚制完善程度、郡县化程度是衡量国家统治模式的重要指标。人类早期政治形

---

① 孟祥才. 中国政治制度通史（第三卷）·秦汉. 北京：人民出版社，1996：428.

② 杨东晨. 秦文化与当时世界诸国文化的对比研究. 宁德师专学报（哲学社会科学版），2001（1）.

态很多都是间接统治模式。从间接统治转向直接统治，是人类政治的巨大飞跃。

夏、商、西周就是间接统治模式，国家权力没有直接渗透到基层社会。到了秦朝，变成非常彻底的直接统治。在秦朝的权力结构中，皇帝居于中心地位，其下是高级官僚，再下是低级官僚，没有分封制，也没有地方诸侯，实行郡县制，以地域为统治依据，县之下还有乡、亭。乡是一级政府，亭为派出治安机构，刘邦在参与秦末农民造反前便为亭长。秦朝实行编户齐民制度，国家掌握全国人口数量、性别、年龄等基本情况，依据户籍进行管理。实行国家份地授田制，受田民众需要承担税赋和徭役，国家权力的触角直接延伸到基层，延伸到每一个家庭和每一个人。

这种先进发达的统治术在当时的世界是领先的。最重要的原因是，中国最早形成了官僚制，国家机器是当时世界最为完备的。而且法家主张的是一种直接渗透到个体的统治方式，比如在人口管理上，在商鞅变法时期就强调"四境之内，丈夫女子皆有名于上，生者著，死者削"[①]。汉朝继承了这些制度。君主官僚制国家是世界史上极早极为深入的直接统治模式，显示中国国家统治力较早就达到极高程度。在超大型政治实体中，它是最早的直接统治模式。这是古希腊不敢想象的，也是中亚游牧民族建立的粗放帝国、中世纪欧洲的封建国家所不敢想象的。

以古希腊来说，它强调公民轮番而治，其官僚机构是非常不发达的，官职数量极少，任职时间半年到一年不等，远未职业化。古希腊城邦"各种行政官员任期不一，全都由公民大会或其他相应机构直接选出，各自独立对公民大会或其相应机构直接负责。这样的做法，公民大会就要直接处理许许多多具体行政事务"[②]。这样的制度设计，官僚机构是不可能发展起来的，直接统治也很难谈起，至少不可能很好地推进制度化、专业化。

从亚里士多德的《雅典政制》来看，即使是雅典这种发达的古希腊城邦，其官员数量也是极少的。依《雅典政制》多次提到的议员和官职数量来看，粗估雅典多数时期官员总数在 1 000 人左右甚至更少，粗估其提到

---

① 商君书. 石磊，译注. 北京：中华书局，2011：140.
② 顾准. 希腊城邦制度：读希腊史笔记. 北京：中国社会科学出版社，1982：16.

的官职名称在 30 种以下①。这不但和周朝青铜铭文、《周礼》中提到的官职数存在种类和数量上的悬殊②，和秦朝极其发达的官僚体系更是不可同日而语。退一步说，即使古希腊城邦统治程度比较深，几千人、几万人、三十多万人的古希腊城邦，大多不如或者相当于秦朝一个县的大小，和四五千万级人口规模的秦朝国家、汉朝国家不具有可比性。

具有可比性的是古罗马。在政治较为发达的古罗马，统治也没有达到这种程度。罗马帝国依赖地方贵族势力或者军队将领进行统治，疏于推动地方国家机器的基层化。"罗马帝国的文官，都集中在行省首府，更没有建立一竿子插到底的基层政权。行省之下无官僚，是一堆拥有自治权的王国、城市、部落，各自按照原有的制度运行。罗马派遣一个总督和若干财务官，掌管税收、军事与司法，对行省下的公共服务和文化教育则一概不管。中央委派的财务官也只在行省而不下基层，更懒得设垂直管理的基层税吏，征税就摊派给地方领袖。地方领袖对当地事务很有发言权，总督经常按照地方实力派的愿望作决断。"③ 罗马帝国时期处于罗马史后期，按说是统治机器较为完善的时期，但当时实行的仍旧是间接统治模式。彼得·菲比格·邦和高道蕴比较了汉朝和罗马帝国，认为汉朝的官僚机构要比罗马发达，统治国家的程度也要深许多④。由于官僚制和国家机器问题在后文将专门讨论，此处不展开比较。此外，亚述、埃及、马其顿等古代国家也尚未达到直接统治的程度。

换言之，在当时的世界，绝大多数国家都实行间接统治模式，而中国因为政治文明的发达、官僚制的发育成熟，而进入了直接统治模式阶段。总体来说，这在当时主要文明甚至所有文明中属于最早的。"在一段相当漫长的时间里，虽说苏美尔、阿卡德、埃及、迈锡尼、奥尔梅克/玛雅、

① 亚里士多德.雅典政制.日知，力野，译.北京：商务印书馆，1959.
② 《周礼》一定程度上反映了周朝官制。此外，李峰、张亚初、刘雨基于青铜铭文对周朝官职进行了深入研究。参见：李峰.西周的政体：中国早期的官僚制度和国家.吴敏娜，等译.北京：生活·读书·新知三联书店，2010；张亚初，刘雨.西周金文官制研究.北京：中华书局，1986.关于秦汉官僚制，后文还将阐释。
③ 潘岳.中西文明根性比较.北京：新世界出版社，2022：130.
④ 邦，高道蕴.王权与贵胄的形成//沙伊德尔.古代中国与罗马的国家权力.杨砚，等译.北京：生活·读书·新知三联书店，2020：15-87.

哈拉帕、中国秦朝在地表如星星之火，但世界上大部分人口此时仍继续生活在国家的直接掌控之外，也无纳税之负。"① 古代中国的社会和政治进化在人类历史中是非常早的，处于领先状态。

二、拥有世界古代史上极早极完善的常备军制度

国家的组织化程度是衡量国家形态的重要指标。除了讨论官僚制、郡县制之外，国家暴力机器也是国家的组织化的重要方面。国家暴力资源的组织方式和发育程度是衡量国家形态发达程度的重要指标。中国至少从商周就开始实行常备军制度，到了秦朝，军事制度进一步完善。芬纳认为中国最早出现了受过专门训练、领薪酬、按照理性原则组织的常备军②。

秦朝拥有世界古代史上极为完善的常备军制度。其常备军制度有三个特点。第一，国家最多时拥有 130 多万或者 140 多万军队③。秦朝军队包括"皇帝警卫部队、首都卫戍部队、边防戍守部队和郡县地方部队四种"，前两者被称为中央军，后两者被称为地方军。地方军由郡县统领，比较分散，它们是中央军的来源。秦朝军队分为陆军和水军，陆军包括步兵、车兵和骑兵，全军的武器装备由国家提供④。第二，军事系统独成系统，形成完备的军事管理制度。军事领域实行一元化、专业化的领导体制，皇帝作为国家、中央政府的代表掌握最高军事权力。太尉、国尉、都尉、关都尉、郡尉、县尉、将军等武官都接受皇帝的统领。地方军事长官负责训练

① 斯科特.作茧自缚：人类早期国家的深层历史.田雷，译.北京：中国政法大学出版社，2022：15.
② 芬纳.统治史（卷一）：古代的王权和帝国：从苏美尔到罗马（修订版）.王震，马百亮，译.上海：华东师范大学出版社，2014：92.
③ 霍印章.中国军事制度通史（第四卷）·秦代军事史.北京：军事科学出版社，1998：62-65.
④ 《中国军事史》编写组.中国历代军事制度.北京：解放军出版社，2006：81-83.

和管理军队，但无调兵权、统兵权。军队调动必须经过皇帝的命令。秦朝有节符制度，必须有虎符才能调动军队。第三，实行耕战结合、寓兵于农、军功爵制、兵役和国家份地授田制结合。秦朝全国成年男子都有义务服役，政府以郡县为单位进行组织。政府通过国家份地授田制、耕战体制、郡县制、官僚制、编户齐民制度等制度将整个国家组织了起来。士兵在战争中获得军功，会在耕田、爵位和官职方面获得相应的回报。秦朝军事体系和经济体系是相互支撑的，军事体系和官僚体系也是打通的。这些制度保障了职业化的秦朝军队具备强大的战斗力。

秦朝常备军的制度、规模都是超前发展的。游牧民族大多实行全民皆兵，一般谈不上职业化的常备军，而且军队管理制度化和组织形态不如中国发达。古希腊是公民组成军队，是战时征集、平时离营的民兵，武器和粮食自给，不是常备军。伯罗奔尼撒战争时期及此后，公民军逐渐被常备军形式的雇佣军取代，古希腊亦逐步衰败[①]。即使是雇佣军，亦非秦朝这种职业化的国家军队。古罗马有发达的常备军，罗马军团的战斗力是惊人的，但在罗马军团内部，军队统帅对于士兵生杀大权的掌握显得格外残暴和野蛮（包括十一抽杀律等），而且罗马军团时常干预政治，最终成为国家形态蜕变和异化的消极力量。中世纪欧洲实行雇佣军制，基本没有国家常备军。从规模来说，"公元前331年，纵横天下的亚历山大大帝和波斯大流士三世决战于美索不达米亚，他当时的全部家当就是步兵4万，骑兵7万。而古罗马帝国时期则凭借着统一的帝国体制维持了15万左右的常备军（也有认为在30万左右）。比起古罗马帝国，秦的大一统体制显然更为彻底和强大，因此可以常年维持百万以上的常备军，一次决战便可动员兵力数十万"[②]。发达的常备军制度，庞大的常备军规模，显示秦朝摆脱了全民皆兵、社会分工落后的低级阶段。

从人类军队发展、军事制度发展的正确方向来看，雇佣军、建立在奴

---

① 顾准.希腊城邦制度：读希腊史笔记.北京：中国社会科学出版社，1982：13-14.

② 刘哲昕.文明与法治：寻找一条通往未来的路.北京：法律出版社，2014：55.查尔斯·弗里曼关于亚历山大与大流士三世的决战记载写道，亚历山大的兵力甚至只有4.7万.参见：弗里曼.埃及、希腊与罗马：古代地中海文明.李大维，刘亮，译.北京：民主与建设出版社，2020：415-426.

隶制基础上的公民军（相当于周朝的贵族当兵）、游牧民族的全民皆兵等都不代表人类军队发展、军事制度发展的正确方向。这些军队形态都在历史演化中逐步淘汰或者被边缘化了。欧洲在 16 世纪以来的民族国家构建中逐步形成了类似于中国秦朝的国家职业常备军，属于欧洲军事革命的一部分，且从此延续下来。当今世界，绝大多数国家的军队都是建立在全体民众基础上的国家职业军队。这是绝对的主流。

还可以拿秦朝和近代欧洲在军力上略做比较。根据英国军事学者杰里米·布莱克制作的"欧洲强国军队人数（1632—1786）"表，1756 年为多数国家军队人数最多的一年，其中法国、尼德兰联合省、俄国、奥地利、普鲁士军队人数分别为 33 万、3.9 万、34.4 万、20.1 万、14.3 万[①]。即使极谨慎地估计秦朝军队人数为 100 万，这些欧洲强国军队人数总和与秦朝军队规模相当。如果按照多数学者估计的秦朝军队人数为 130 万至 140 万算，则这些国家军队人数总和还达不到秦朝军队的规模。秦朝和这时的欧洲相差了近 2 000 年[②]。可见，周秦之变在军事制度、国家组织化方面是超前发展的。从世界范围来看，中国率先发生了军事领域的革命，庞大的常备军、有效的军队组织体系、良性的文武关系就是其核心特征。这种军事革命实际上构成了中国周秦国家形态伟大变革的重要组成部分。

总之，君主官僚制国家拥有世界古代史上极为完善的常备军制度，预示着中国拥有对抗外敌的强大武器，预示着人类军事制度发展的正确方向。它亦从一个侧面展示了君主官僚制国家在组织化方面异常发达的事实，展示了东方国家特别是中华国家演进道路的强组织性、暴力资源专业化职业化的早发性等特性。实际上，官僚制、郡县制、常备军制度等制度都具有浓烈的现代性，是现代国家在组织维度的核心要素。

---

① 布莱克. 军事革命?：1550—1800 年的军事变革与欧洲社会. 李海峰，梁彬，译. 北京：北京大学出版社，2019：12-13.

② 从军队组织化、军队规模、常备军制度、军事领导制度等来说，秦汉中国相当于或超过了 18 世纪的欧洲，但武器则不如后者。这是中欧国家演化差异之重要方面。虽然本书重点不在此，但这亦证明将秦汉中国和近代早期欧洲比较是有道理的、必要的。

三、世界史上极早的以文驭武模式的成功案例

文武关系是国家政治生活中的一对重要关系，是衡量国家形态完善程度的重要指标。实行以文驭武是人类政治发展的重大成果，也是国家长期繁荣稳定的必要条件。今天的世界，特别是非洲和一些不发达国家，依旧受到无序的文武关系的困扰，军人干政、军人政变并不罕见。

首先，秦朝尚武，但却是一个文官制国家，军事系统从政府系统剥离，独成体系，由皇帝领导，皇帝之下设有专门的最高武官太尉，军事系统的地位低于政府体系，不得干预政府系统事务。整个国家的暴力资源都由皇帝、中央政府以及受到其有效领导的地方政府领导，处于文官领导下。武官是没有机会和渠道夺取政权的。秦朝丞相是文官，管理国家是其主要职责。在地方，军事官员地位低于地方行政首长，受到地方行政长官的节制和领导。如在郡一级，有郡守、郡尉、监御史等。郡守是地方总负责人，郡尉是地方军事官员，受到郡守的节制和领导。因此，历史学者赫伯特·乔治·韦尔斯指出："中国文明比起印度教文明更是以和平为目的而组织的，武士在社会体制中所起的作用很小。"[①]

相当多的杰出文明都没有解决好文武关系问题。西方直至近现代才解决好文武关系问题。在罗马帝国，文武关系失衡、军人干政一直是巨大的政治问题，也是其政体衰败和国家衰亡的重要原因。

一是将领权力过大、缺乏制约。英国历史学者吉本对罗马帝国时期的军人权力独大有深刻描述。他指出，"罗马军队的将领有专阃之权，对士兵、敌人以及共和国的臣民行使几近独裁的权力，这并未违犯宪政的原则。对于士兵来说，从早期的罗马开始，为了达成征战的目标，或者仅是重视军纪的要求，已经毫无自由可言。独裁官和执政官有权征集罗马青年

---

① 韦尔斯. 世界史纲：生物和人类的简明史：上. 吴文藻，冰心，费孝通，译. 南京：译林出版社，2015：208.

从军服役，对于拒不听命或怯懦不前的人员，处置特别严厉而且毫不留面，可以将犯罪者从公民中除名或者将他的财产充公，甚至将本人出售为奴……主将在军营之中掌握绝对的生杀大权，不受任何形式的审判和诉讼程序所限制，做成的任何判断要立即执行并且不得上诉"，由军团组成的部队离开意大利后，主将可以基于个人判断，只要认为有利于国家，可以对任何种族和对手发动作战行动①。这就等于拥有了秦汉时期中国将领所无法想象的权力。

二是政治体制缺陷，缺乏有效的地方政权体系，过度依赖军人施政。罗马对于行省的管理、对于地方的管理是比较粗陋的。潘岳指出："罗马为什么无法控制军人干政？第一个重要原因是，罗马没有基层政权，军队代行着许多政权职能。行省总督要仰仗军队的威势来维持治安与收税，收上来的税又变成军饷。行省军队和税赋激增成为恶性循环。如此，本应代表中央的总督，变成代表地方的军阀。"② 吉本也指出，罗马帝国"在外的主将同时是被征服行省的总督，也可说是君主，能够上马领军，下马管民，不仅拥有司法权和财政权，还将行政和立法大权集于一身"③。之所以如此，核心在于罗马既没有官僚制，也没有郡县制。它对官僚制很陌生，对郡县制更陌生。秦汉中国有了完备的郡县制，地方行政长官是文官，而不是军队将领。郡尉受到郡守的节制。秦朝有郡—县—乡三级地方政权，并设有更基层的治安机构——亭，不必直接通过军队来进行行政管理。

其次，极早实现暴力资源国家化、一元化。在秦朝，任何部族、社会势力、贵族和高官都不世袭性占有暴力资源，任何合法的暴力资源都是国家暴力资源的组成部分，受到国家直接领导，即暴力资源完全是国家化的。在外的将领也不拥有不受节制的权力。这与军事权力二元化、私人化、世袭化的周朝截然不同，实际上也有别于罗马将领对于士兵的主宰性权力。

---

① 吉本. 罗马帝国衰亡史：第 1 卷. 席代岳，译. 长春：吉林出版集团有限责任公司，2008：52.
② 潘岳. 中西文明根性比较. 北京：新世界出版社，2022：132-136.
③ 同①53.

君主官僚制国家文武关系的分殊以及以文驭武的宪制性传统，是古代世界史上极早的以文驭武模式的成功案例，预示着人类国家文武关系的正确方向。现代国家都是以文驭武、文官领导军队的国家。文武关系的较为妥善处理，是古代中国的一项重要政治发明，是中华国家的重要特征，显示古代中国人政治智慧的独到，实际上亦构成了中华国家演进道路的独特性、先进性的重要部分。

四、提供了超大规模国家治理的中国经验

人类从个体走向联合，构建比较小的国家，再逐步构建强大的国家，是一个天然趋势。这个过程可以简化为从早期国家到王国再到帝国或者超大规模国家。今天的世界，具有重大影响力的国家都是领土规模巨大的国家，比如中国、美国、俄罗斯等。人类永远会面临国家治理问题，特别是大国、超大规模国家的治理问题。古希腊城邦的经验，亚述、马其顿、罗马等帝国的经验，西方民族国家的经验，都是人类宝贵的政治经验，但不能相互取代。被西方人神化的古希腊、古罗马存在较大局限性，根本无法解决大型国家治理问题。

古希腊政治的根本局限在于以碎片化、奴隶制、阶级压迫为天经地义。作为奴隶制国家却以自由世界自居，反而嘲笑东方国家是野蛮和专制的。恩格斯指出，"9 万雅典公民，对于 365 000 奴隶来说，只是一个特权阶级。雅典民主制的国民军，是一种贵族的、用来对付奴隶的公共权力，它控制奴隶使之服从"①。韦尔斯说得很清楚："希腊城邦和我们曾经提到过的任何人类社会之间的另一个差异，是希腊城邦的持续不断的和无法挽回的割据状态。埃及、苏美尔、中国，当然还有北印度，这些地方的文明都是从一些独立的城邦开始的，每一个城邦是一座城，四周几英里有附属

---

① 恩格斯. 家庭、私有制和国家的起源. 北京：人民出版社，2018：190.

的农业村庄和耕地。可是，它们从这种阶段，经历了一个合并的过程，进入了王国和帝国。但是希腊人，直到他们独立的历史终了都从来没有合并过……希腊最大的城市之一雅典，在它全盛的时期，也不过拥有大约三十几万的人口。其他的希腊城市人口很少有超过 5 万的，这个数目里一半或过半是奴隶和异邦人，自由人的部分 2/3 是妇女和儿童。"① 他还指出：古希腊人的思想里难以逃越的关卡是"在心理上把城邦作为国家的最终形式的成见。在帝国相继兴起，后一个比前一个更为强大的世界里，在人和思想日益趋于松散和自由的世界里，在甚至那时就已显而易见正在统一的世界里，希腊人由于他们的特殊的自然环境和政治环境，还在妄自梦想一个不受外界的影响，与整个世界英勇地对抗也毫无危险的紧密结合的小城邦"，"钳制希腊人思想的第二件事是家奴制度"②。这些问题经常被那些言必称希腊的中国学者无视。此外，古希腊城邦对于公民的占有和控制是彻底的，导致公民只能为城邦存在，人只能是亚里士多德所说的"政治的动物"。在更为极端的斯巴达等城邦，公民的全部生活都受到国家的严厉掌控。历史学者威廉·麦克尼尔指出：古希腊繁忙的公共世界给个人内心体验留下的空间很小，古希腊城邦对公民时间、精力、感情的独占要求，不允许任何种类的对手存在，公民的大量精力被城邦榨取了，"强烈的政治关系把不适合人类集团的领土组织的行动和情感排除在外了，并且为希腊城邦之间种下了内部分裂的种子，很快便酿成灾难"③。

古希腊城邦是人类国家形态的初级阶段的产物，是一种碎片化的早期国家，必然在历史中消失。芬纳指出，古希腊"城邦政体是个死胡同，它不能扩张，只能自我复制。它也无法自卫，因此注定要被吞并"④。由于古希腊国家建立在狭隘的阶级对立基础上，公民始终是一个极其狭隘的团体，数量有限，大量人生生世世为奴隶，无法成为公民，所以公民一旦在

① 韦尔斯.世界史纲：生物和人类的简明史：上.吴文藻，冰心，费孝通，译.南京：译林出版社，2015：255.
② 同①297-298.
③ 麦克尼尔.世界简史.施诚，赵婧，译.北京：中信出版社，2019：91-92.
④ 芬纳.统治史（卷一）：古代的王权和帝国：从苏美尔到罗马（修订版）.王震，马百亮，译.上海：华东师范大学出版社，2014：92.

战争中减少到一定的程度，国家就面临巨大的危机，甚至自我毁灭。斯巴达就是如此。斯巴达常年对外战争，公民数量最终急剧减少。有研究指出，到公元前 371 年，斯巴达公民的总数量锐减至 1 300 人。后来斯巴达人通过雇佣军来扩充军队数量，却未曾采取任何措施来扩大公民的基数。在琉克特拉作战的 700 名重装步兵中，有 400 名阵亡，此时的斯巴达发现自己处于被完全毁灭的紧急关头。其敌人底比斯人解放了奴隶，摧毁斯巴达军事体系赖以存在的经济根基，底比斯人将美塞尼亚的奴隶组织成反斯巴达人的新城邦，很短时间内斯巴达沦为二流城邦，从此陷入长期性衰落①。尼古拉斯·杜马尼斯指出：古希腊"大多数城邦规模太小，不足以养活一套官僚体系。希腊的城邦也没有能力逐渐扩大发展为更大的国家。城邦对于那些外来人而言，是一个排外的社会实体"②。

古希腊拥有的是短暂的、建立在奴隶阶级痛苦基础之上的痛快和自由，最终陷入马其顿王国的铁蹄下，得到的是长期的不自由和被统治。亚历山大帝国分裂后，古希腊人面临古罗马人的侵略，古希腊人始终无法团结起来，最终被古罗马征服。"罗马的征服令大量希腊人口史无前例地变成了奴隶"③。过度吹捧古希腊政治的先进性，实际上是看不到其与人类社会发展趋势相违背的根本局限。

古罗马的根本局限在于以军事征服和奴役他族为荣，本身就是一个奴隶制国家，无法有效推进民族融合；没有太多的自由；统治机器极为粗糙，根本就没有像样的官僚机器。一是以奴隶制为荣，国家是阶级压迫的工具，民众处于对立对抗状态。罗马帝国统治之下的人口分为三类，地位各不相同，形成三大种族化的人口集团。罗马公民作为征服者，拥有统治权和各种特权，处于少数地位。行省属民次之，人口大约为罗马公民的一倍。最下等的是奴隶，即被征服者，其本人和子孙世世代代为奴，毫无人权，人口数量大约占全国人口的一半以上。奴隶即使被主人赦免为自由

① 杜马尼斯.希腊史.屈闻明，杨林秀，译.上海：东方出版中心，2012：52.
② 同①53.
③ 弗里曼.埃及、希腊与罗马：古代地中海文明.李大维，刘亮，译.北京：民主与建设出版社，2020：679.

人，三四代之后，奴隶的出身仍旧不能洗刷干净①。查尔斯·弗里曼指出："罗马一直是一个等级森严的社会，奴隶与自由人的区别是最基本的等级区分……在自由民之中，还有较尊贵者和较卑贱者的进一步区分。"②

罗马帝国体制决定了自由人、外邦人、奴隶的法律身份和政治身份截然不同，决不可混淆，更不能奢谈民族融合。易宁指出："在罗马境内，始终没有发生如秦汉那样的民族融合情况"，"罗马对被征服地区的统治，不像秦汉帝国那样将其与内地融为一体，而是将其作为奴役剥削的对象。向罗马交纳赋税成为行省城市最重要的任务"③。像这样的整个国家性的大压迫大奴役，国家成为阶级压迫的工具，竟然也能被西方人美化为自由世界，以此来嘲笑拥有高社会流动性、阶级开放的中国，并得到普遍性的认同，这是何等的颠倒黑白？

二是缺乏包括信仰自由、思想自由在内的自由。首先，一半以上的人成为奴隶，世世代代为奴隶，在法律上被视为会说话的畜生，就说明整个国家不是自由的。其次，没有宗教自由和思想自由。在古罗马，对于宗教的包容是很低的，思想并不能自由传播。基督教最初传入古罗马后，官方对于基督教徒是迫害的，后来确立基督教为国教，宣布其他宗教为非法，压制其他宗教。古罗马人并无自由选择信仰的权力。"至 4 世纪末，在帝国的多数地区成为罗马人就意味着成为基督徒，皈依其他的宗教是一种民事犯罪，要受到罗马法的惩罚。"④ 罗马国内的居民并不比君主官僚制国家的居民享受更多的自由。

三是统治机器粗糙。罗马是粗糙的征服式统治，是贵族统治，没有像样的官僚机器，其官僚机构和秦朝相比较为粗陋。总之，罗马虽然持久，但始终无法解决民族整合、国家机器现代化、社会和阶级结构现代化问

---

① 吉本. 罗马帝国衰亡史：第 1 卷. 席代岳，译. 长春：吉林出版集团有限责任公司，2008：33 - 35.

② 弗里曼. 埃及、希腊与罗马：古代地中海文明. 李大维，刘亮，译. 北京：民主与建设出版社，2020：674.

③ 易宁. 秦汉的统一与罗马的征服. 求是学刊，2006（6）.

④ 伯班克，库珀. 世界帝国史：权力与差异政治. 柴彬，译. 北京：商务印书馆，2017：40 - 41.

题，因此也未解决好超大型国家的治理问题。

中国则不同。中国由小变大，从古国或者说古族国到天子诸侯制国家再到君主官僚制国家，构建并发展了超大规模国家，把大量的人口、族群统一在一个国家里。君主官僚制国家形态非常好地解决了超大规模国家的国家构建和治理问题。天下主义、中央集权制、君主制、官僚制、郡县制、普遍性的社会流动、大一统制度、军功爵制、阶级开放、多元一体的民族结构、民本主义（汉朝加入）等，构成了君主官僚制国家形态的要素，有效保证了国家治理的进行。中国从秦汉到明清，都有巨大的领土规模，且越来越大，尤其到了清朝兴盛时期，中国的领土超过 1 300 万平方公里。中国不光是领土规模大、人口规模大，同时还很持久。在现代科学、交通和信息技术、政党制度崛起前，这简直是奇迹。这就是君主官僚制国家形态的巨大统治力、战斗力和凝聚力。政治学者陈明明指出："原初形态的中国起自中原，即使在秦汉，这块土地及其繁衍的人口规模在世界史上也是罕见的，后经历代王朝开疆拓土，至清已形成一个族群众多、体量巨大、边界日益清晰的'疆域国家'。广土众民且民族成分多样带来的异质性和不平衡性无疑对统治和治理构成极大的压力。历史上的大帝国，如建立在军事征服基础上的波斯帝国、罗马帝国等均因力有不逮无法维系地方、行省、民族的凝聚力而最后分崩离析不复存在，唯有中华帝国虽经分裂和战乱却始终保持了大一统的形态，统治精英的产生方式及其和民众的联系、中央集权的统治方式及其和地方社会的互动不能不说是最大的原因。"[1]这是碎片化的古希腊城邦、粗糙的游牧政权和奴隶制的罗马不能比拟的。

中国是探索超大规模国家治理、直接统治模式的先行者。古代中国的许多制度，都是现代国家采用的制度，具有普遍性，蕴含了极多的政治智慧、政治经验，极大地丰富了世界国家形态史、世界政治史，为不同地区的人们构建国家、治理国家、选择发展道路提供了重要参考和借鉴。在梳理世界国家形态史、世界政治史时，是不应该忽视君主官僚制国家这种极为重要的国家形态的。直到 19 世纪初期，这种国家形态无疑是世界上最强

---

① 陈明明 . 作为知识体系建构的中国政治学：经验、历史及其意义 . 江苏社会科学，2020（5）.

大、最先进、最富战斗力的国家形态之一。

五、迄今为止世界上寿命最长的国家形态

国家形态延续性是衡量国家形态优劣程度的重要指标。君主官僚制国家形态延续 2 000 多年，是迄今为止世界上寿命最长的国家形态，创造了世界国家形态史和世界政治史的奇迹。古国、城邦、天子诸侯制国家、欧洲封建国家、亚述帝国、波斯帝国、民族国家、西式自由民主政体等，从延续性来看，都还没有超过君主官僚制国家形态。芬纳统计了不同"政体"的寿命，其中罗马从建城到灭亡，总寿命为 1 229 年；亚述帝国 744 年；拜占庭帝国 874 年；威尼斯共和国 1 112 年；哈里发帝国 312 年；奥斯曼帝国 568 年；阿契美尼德波斯帝国 220 年，萨珊波斯帝国 427 年；中国君主政体 2 133 年；古埃及 2 820 年[①]。古埃及时间虽长，但不是同一国家形态的延续。古埃及国家形态的水准大致相当于中国的周朝。

君主官僚制国家形态的超长延续性已经为海内外论者所指出。美国历史学者斯塔夫里阿诺斯指出："秦的统治虽然如此短命，却给中国留下了深刻且持久的印记。中国已由分封制的国家转变为中央集权制的帝国，并一直存在到 20 世纪。"[②] 法国汉学家勒内·格鲁塞认为："在一个最分裂、最封建的国家中，他的专制独裁能够在大约 20 年的时间里创立一套足够强大的中央集权制度，竟然持续了 2 100 多年之久。无论如何，这总归是秦始皇的一项重要成就，这项成就足以跟凯撒和亚历山大大帝的成就相媲美，但比它们更持久。"[③] 历史学者张分田指出："'秦制'的基本原理和基

① 芬纳. 统治史（卷一）：古代的王权和帝国：从苏美尔到罗马（修订版）. 王震，马百亮，译. 上海：华东师范大学出版社，2014：32 - 33.

② 斯塔夫里阿诺斯. 全球通史：1500 年以前的历史. 吴象婴，梁赤民，译. 上海：上海社会科学院出版社，1988：288.

③ 格鲁塞. 伟大的历史：中华民族五千年的兴盛与辉煌. 秦传安，译. 南京：江苏人民出版社，2015：48.

本框架一直贯通了此后两千余年的政治制度。秦始皇确立皇帝制度这件事，可谓'定一制而传千古'。"①

君主官僚制国家形态以其顽强的适应力显示了国家形态可能具有的韧性和稳定性。君主官僚制的有效性和连续性，保证了中华文明的连续性。"中国官僚君主专制的延续性、适应性和同化能力都是非常杰出的，因为它成功地抵御了胡人入侵的冲击和王朝更替的变迁。"② 在世界其他古老文明、强大帝国都消亡时，中华文明始终没有中绝，即使是其他民族或者族群夺取了中原政权，也不得不采取这种先进而强大的国家形态。

由此，周秦之变贡献了一种世界性的主流国家形态——君主官僚制国家。君主官僚制国家毫无疑问是中国古代国家形态的最高峰，是农业文明基础上的国家组织和政治文明的皇冠。它在古代世界国家形态之林中可谓最重要的一极（其他两极就是古希腊、古罗马，以及后来的伊斯兰世界），就好比在古代世界形成了一座高耸入云的政治文明灯塔，对整个亚洲乃至于世界的政治文明演进产生了深远影响。这也展示了周秦之变是一场伟大的国家构建运动，是一个极具智慧的政治事件。以下为周秦之变时期中国与世界上其他国家和地区成就的比较情况（见表9-1）。

表9-1 周秦之变时期中国的成就及其世界比较

	中国	世界	
		西方（欧美）	世界其他地区
官僚制和韦伯式国家机器	最早发明者、奠基者、原型，拥有古代世界最完善的官僚制和国家机器（可视为中外国家形态分流）	官僚体系原先不发达。16世纪以来接受中国官僚制和韦伯式国家机器并升级完善为工业时代的官僚制，是民族国家核心要件	古代东亚国家官僚体系原先不发达，后模仿中国官僚制；其他地区经由西方近代扩张而接受源自中国的官僚制和韦伯式国家机器

---

① 张分田.秦始皇传.北京：人民出版社，2003：序言2.
② 白乐日.天朝的封建官僚机制：古代中国经济和社会研究.余振华，译.桂林：广西师范大学出版社，2021：24.

续表

	中国	世界	
		西方（欧美）	世界其他地区
大一统思想和制度	中国的独特标志，某种意义上是无普世性宗教的替代物	无对等物。类似事物是基督教对所在社会的严密整合	无对等物。类似事物是伊斯兰教等宗教对所在社会的严密整合
无大规模贵族社会	从战国末期、秦朝开始（可视为中外国家形态分流）	贵族社会延续至近代，英国至今还有贵族	贵族社会延续至近代
高社会流动	从战国末期、秦朝开始，社会的阶级分野淡化（可视为中外国家形态分流）	古代一直为阶级社会，社会流动性低；近代通过革命实现高社会流动	古代一直为阶级社会，古印度有森严的种姓制度
世俗化	从秦朝开始成为世俗文明，为古代世俗程度最高的国家（可视为中外国家形态分流）	古希腊和中早期罗马为世俗文明，罗马后来接受基督教，变成宗教文明	绝大多数文明都是宗教文明
中央集权	中国比古埃及等国家要晚。中国于秦朝完成中央集权，程度较高，有完善的制度保障，皇帝制度、官僚制、郡县制是其核心标志	古罗马基本实现中央集权，但程度不如中国；欧洲中世纪分裂分散，直到十七八世纪才最终实现中央集权	非洲多数国家缺乏原发的中央集权制度；东亚普遍受中国影响，古代即实现中央集权；亚述、波斯等国中央集权程度较高
统一文字、货币、度量衡（国家标准化工程）	古代中国独有的治国建国方式	近代开始出现	近现代才普遍实行
文武关系良性化	春秋战国时期文武分途，以文驭武	古罗马饱受军人干政困扰，欧洲近代才实现文武关系良性化	近代逐步实现；当代非洲国家政变仍旧频繁，文武关系经常失序
民族关系	大一统的多元一体多民族国家的长期保持者、崇高典范，民族融合总体非常良好，民族同质化程度高	古代民族种族对立严重，近代出现民族国家形式，强调单一民族	古代有多民族国家实践

续表

	中国	世界	
		西方（欧美）	世界其他地区
常备军	夏朝出现，秦朝常备军规模巨大、制度严密、战斗力强大，规模和组织化程度达到近代早期欧洲国家的水平。中国在此领域长期处于世界领先或世界先进水平	古希腊为公民军队，非常备军；古罗马为常备军，规模巨大、战力惊人，但帝国末期一再为野蛮人所败。中世纪多雇佣军，近代才普遍实行常备军制度	亚述（公元前8世纪起）、波斯帝国、亚历山大帝国等大国都有常备军，但并非所有重要国家都有常备军；游牧政权一般全体成年男子皆兵
直接统治	古代主要大国中唯一的直接统治国家，古代最完善的直接统治国家（构成中外国家形态分流）	近代才有	近代才有
天（神）人关系	形成独特的天下观、天命观以及天地家国同构模式，天—地—国—家—人关系具有极端重要地位（它们相互关联，不截然对立）	在古希腊，神—城邦—公民关系极为重要。古罗马接受基督教后，上帝—人的关系压过一切。16世纪以来，国家的地位崛起，形成上帝/国家—人关系结构，逐步演化为国家—社会二元对立结构，国家和社会不可相互侵犯	神—国—人关系无处不在。伊斯兰教崛起后，伊斯兰世界神权无处不在。佛教并不太干预政治
官办教育	商周以来的古老传统，秦朝"以法为教、以吏为师"，汉朝有国家兴办的太学。教化乃施政之根本、国家之职能的中国观念很牢固、很古老	近代才有	古代极少
成熟国家形态出现	战国后期已经出现，秦朝建构出大一统君主官僚制国家形态，最终形成	大约公元前3世纪出现于古罗马，和中国基本同时	印度稍晚于中国。古埃及早于中国，但之后文明中断

续表

	中国	世界	
		西方（欧美）	世界其他地区
国家统治方式法治化	中国式律法之治、礼法之治（难以完全以人治、法治进行归类）	古希腊、古罗马有奴隶制基础上的法治（近代法治之雏形）	古代无西方式法治
法系	中华法系形成于秦朝（世界五大法系之一）	西方形成了大陆法系、英美法系两大世界法系	印度法系、伊斯兰法系等
国家和人民关系民主化	民本主义	古希腊有奴隶制基础上的民主制。古罗马曾有奴隶制基础上的共和制	暂不清楚，不可一概而论
理性化	秦朝理性化程度非常高，汉朝继承并发展之	中世纪之前，理性化程度很高，中世纪倒退，近代高度理性化	受到宗教影响，古代其他国家在这方面大多较不发达
郡县制	中国的标志性制度。秦朝时期成为全国性制度，全世界独树一帜，在古代世界最早成型也最为完善	古希腊、古罗马无类似制度，近代西方逐步形成类似制度	可能有类似但完善程度不如中国郡县制的制度
国家规模	秦朝开始形成超大规模国家，疆域超过 300 万平方公里；汉朝疆域达 600 多万平方公里。中国长期保持超大规模国家形态	古希腊是小国寡民，多数城邦不及秦汉一个县。古罗马保持超大规模，鼎盛期面积超过 500 万平方公里。其灭亡后，欧洲小国林立。欧洲国家至今多为地理上的中小型国家规模	曾存在超大规模国家。亚历山大帝国的疆域超过 500 万平方公里；波斯帝国的疆域超过 700 万平方公里；奥斯曼帝国的疆域超过 550 万平方公里
奴隶制	秦朝有少量奴隶（贱民），但所占比例不大，其地位也高于古希腊、古罗马的奴隶，非奴隶制国家	直到 19 世纪，西方仍视奴隶制为合法制度，实行奴隶制。全国性大范围奴隶制社会是古代西方文明的重大标志	多数地区的奴隶制发达程度不如西方

续表

	中国	世界	
		西方（欧美）	世界其他地区
经济形态	世界领先的普遍化个体小农经济、国家份地授田制、牛耕、铁器农业、较为发达的工商业	相当长时期为奴隶制农业经济，工商业颇为发达，位居世界前列。罗马帝国灭亡后，西方长期经济不发达。18世纪以来西方率先发展出工业文明，深刻改变全世界	古代其他多数地区长期未赶上中国水平；近代以来，学习源自西方的工业文明
城市	数量众多的规模较大的城市，城市规模和发展水平走在世界前列	数量众多的城市，罗马时代城市文明发达	水平参差不齐，大多数地区的城市发展水平低于古代中国
人口	秦朝初期人口3 000万～4 000万，多数研究认为至少从秦朝开始，中国始终保持世界上人口最多国家纪录，直至2022年；西汉鼎盛期人口大约6 000万	古希腊城邦人口稀少，几千人、几万人的城邦皆有；罗马帝国鼎盛期人口达到5 000万左右	人口数存在地区差异。波斯帝国人口为2 000万；亚历山大帝国鼎盛期人口为2 050万；奥斯曼帝国鼎盛期人口逾3 000万
政治学说、意识形态、知识体系	具有强烈世俗性和世界先进性的儒家、法家、道家学说，法家学说被称为世界第一套流传下来的治国理论；中国形成了以经史子集为核心的人文知识体系	希伯来一神教，古希腊民主学说、城邦学说，古罗马法治思想、共和思想等，西方形成了较为发达的人文知识体系	公元前6世纪至前5世纪，古印度地区兴起佛教；公元1世纪，巴勒斯坦地区兴起基督教（基督教更多影响的是西方世界）；公元7世纪初，中东地区兴起伊斯兰教
世界体系	奠定天下体系、朝贡体系的思想和制度基础，秦朝首次出现国际性的天下体系	古希腊城邦体系、罗马治下的和平，19世纪以来逐步形成资本主义世界体系	波斯、奥斯曼帝国等曾建立地区性秩序

第二节　初步解决现代国家构建的
两大世界性难题

"人类自从创造了国家这一政治形式以后，国家的形态就处于不断的发展和演变过程之中，并形成了多种多样和各具特色的国家形态演变的过程。"① 虽然演进过程不完全相同，但所有国家都要解决国家治理问题，都要解决国家机器有效运作问题，都要解决公平正义问题，都要解决族群融合问题，都要解决防止外敌入侵、保障国家安全等问题，都面临其他国家竞争问题。因此，看似五花八门的国家形态及其演进道路，但却存在一定的可通约的规律性。现代国家是人类国家演进的最高产物，是一个超级复杂的"巨型结构"。从中外历史经验来看，所有国家要构建现代国家，都需要翻越国家机器现代化、社会和阶级结构现代化、国家和人民关系现代化、国家统治方式现代化、国家经济形态现代化五座"珠穆朗玛峰"，亦即解决五大世界性难题。当然，五座"珠穆朗玛峰"并不是现代国家的全部，但它们是最主要的、第一层次的要素，可以支撑起现代国家的"四梁八柱"，现代国家其他要素可由它们派生。

虽然绝大多数国家都是在 18 世纪以来才逐步翻越现代国家构建的五座"珠穆朗玛峰"从而成为现代国家，但问题并不是这么简单的。一些卓越的文明和国家极早地出现了现代国家的局部特征，现代性绝非西方文明的特有产物。王续添等学者认为，在人类现代化进程中，西方国家并不是垄断者，"现代国家的构建和发展不可能只有一种固定的模式"②。本节将基

---

① 周平 . 中华民族：中华现代国家的基石 . 政治学研究，2015（4）.
② 王续添，辛松峰 . 中心主义国家现代化的历史逻辑：以近代中国社会中心力量转换为中心的考察 . 政治学研究，2021（6）. 郭忠华有类似看法，参见：郭忠华 . 现代国家涵义的实然与应然分析 . 国家现代化建设研究，2023（2）.

于前文提出的现代国家构建分析框架（五座"珠穆朗玛峰"）对周秦之变进行研究。

一、周秦之变在现代国家构建上的成就和局限

一些相对前沿的观点认为，周秦之变具有现代性，中国在秦朝时是现代国家或者已经具备现代国家一些特征。比如，福山认为："在中国，拥有韦伯式现代特征的中央集权国家出现于公元前 221 年的秦朝，到西汉（公元前 206—公元 9 年）获得进一步巩固。中国建立起任人唯才的中央官僚体系，登记人口，征收统一税项，掌控军队，监管社会，比欧洲出现类似国家制度整整早了一千八百年。"① 政治学者杨光斌指出："中国历史一开始就与西方不同，并且这个不同就在于中国的'早熟'或者说早发的现代性"，"中国的官僚制和世俗化政治就具有现代性，至少到宋代，中国已经很现代了"②。哲学学者白彤东提出中国早期现代性问题，认为周秦之变是一种现代化，秦朝已经进入了中国式的现代社会，工业革命的现代化乃是现代化的 2.0 版本③。国际关系学者田野接受了福山关于秦朝是现代国家的观点，认为现代国家制度是在战国的烽火中诞生的，"众所周知秦国在这方面的制度构建上最为有效和成功"④。这些观点对传统认知是有突破的，得到了很多赞同，同时也引起了不同乃至于批判的声音，但不管怎么样，已经开辟了周秦之变研究的新领域。

周秦之变是不是一种现代化，君主官僚制国家、秦朝是不是现代国家，已成为学术界非常关注的重大问题。这个问题亦是准确认知周秦之变

---

① 福山. 政治秩序与政治衰败：从工业革命到民主全球化. 毛俊杰，译. 桂林：广西师范大学出版社，2015：323.
② 杨光斌. 政治学研究范式的转型：从"求变"到"求治"——政治学学科史的视角. 中国政治学，2018（1）；杨光斌. 世界政治理论. 北京：中国社会科学出版社，2021：93.
③ 白彤东. 作为现代政治哲学的先秦思想. 社会科学，2014（10）.
④ 田野. 礼治与国家建设：将中国元素植入政治秩序理论. 世界经济与政治，2020（9）.

的重要问题。这里依据前文提出的通往现代国家必须翻越五座"珠穆朗玛峰"的论点，考察周秦之变中形成的君主官僚制国家在现代国家构建上的成就和局限。

第一，关于国家机器现代化。周秦之变后期，秦朝和西汉形成了当时世界上最庞大和最精密的国家机器，实行了强有力的直接统治。这是世界性的国家演进成就。换言之，君主官僚制国家拥有现代国家的关键要素——中央集权和官僚制。皇帝及其领导的中央政府是国家权力拥有者，是国家的最高权威。通过实行皇帝制、中央集权、郡县制、官僚制、常备军制度、大一统、户籍管理制度、国家份地授田制、租税徭役制度、强动员体制等，建构了庞大的官僚体系，形成了强大的国家机器和强大的国家能力，包括强大的财政汲取能力、动员能力、管控能力、治理能力、合法化能力、国防能力。虽然汉朝以后的君主官僚制国家一般实行轻徭薄赋，但这不意味着其财政汲取能力不足，本质上是不想而不是不能的问题。理由是君主官僚制国家是强国家自主性国家或者说以国家政权为中心的国家，汲取资源并不构成根本问题，秦朝就已经达到了强度很高的动员体制的层次，具备强大汲取能力①。

君主官僚制国家实行直接统治模式，这种先进的统治方式和统治能力是西方文明十七八世纪以后才逐步具备的。美国学者罗兹曼等人认为："在与现代社会相联系的许多特征方面，中国人也达到了很高的水平。尤其突出的是，他们建立了一个主要以功绩为基础的官僚机构，直到19世纪这还是一个有效能的样板。它可能在效能方面仍旧是一个样板，以相当少的训练有素的个人来处理大量的问题。早在1 000多年前，中国人已表明他们具有理财、安排劳力和为创建公共事业而进行必要的资源计划的能

---

① 当然，汉朝以后，由于儒家过度强调轻徭薄赋的影响，人们对于国家汲取赋税的多少的容忍度不断降低，这构成了一种主流文化，即政府不得过多汲取社会资源，不得从老百姓那里汲取太多赋税。很多时候，古代中国人所认为的"过多"，其实是很低的。这对君主官僚制国家产生了深远影响。明朝国家汲取能力严重不足给国家应对满族冲击带来致命影响就是一个证据。清末民国初年，英国人赫德发现中国人对于赋税容忍度低得出奇，大大低于日本，他认为很不合理。实际上，赋税过低会导致国家能力严重不足，其糟糕的后果往往是统治者和民众一起承受，没有谁能够幸免。当然，过高亦是不好的。

力，并已达到直到 20 世纪世界其他地方尚未达到的水平。"① 美籍华裔国际关系学者许田波认为，要论官职与官员的分离，根据客观和贤能标准来选拔和晋升官员的科层制，公开颁布的法律所具有的普适性和公平性，直接统治的能力，中国均先于欧洲 2 000 年就发展起来了②。这都指向了对于古代中国国家机器超前的完善性或者说现代性。黄清吉认为："在前工业时代，中国是长期拥有强大能力的国家，开创了他国无出其右的辉煌文明。"③ 出现这种局面的原因就在于翻越国家机器现代化"珠穆朗玛峰"会释放巨大的能量。中国成为世界上第一个初步翻越国家机器现代化"珠穆朗玛峰"的国家。

第二，关于社会和阶级结构现代化。君主官僚制国家拥有当时世界上最彻底的强流动社会，开创了中国式社会自由传统，初步实现社会和阶级结构现代化，初步解决了这道世界性难题。社会和阶级结构现代化看似非常容易，实际上是极难实现的。人类在古代时期都经历了比较漫长的贵族时代。德国学者罗曼·赫尔佐克认为："贵族生活形态和领导形式，是人类于几千年历史中创造出来的大多数国家在它们摇篮时期的形态。"④ 贵族时代就是世袭的时代，是崇尚血缘而非能力的不平等社会。在人类历史上，除了长期存在世袭贵族阶级，还有很多阶级压迫制度。福山指出："众所周知，直到 19 世纪西方都视奴隶制为合法制度。"⑤ 即使到了 20 世纪初期，一些国家的人民仍旧受到社会结构的压迫，包括很多西方国家。没有社会和阶级结构的现代化，出身就决定人的一辈子，血缘关系就是至高政治社会法则，社会活力从何而来？因此，社会和阶级结构现代化是值得肯定的伟大成就，足以成为现代国家的五大核心支柱之一。

首先，周秦之变形成了开放和平等化的社会结构。中国从春秋战国开

---

① 罗兹曼. 中国的现代化. 陶骅，等译. 上海：上海人民出版社，1989：20.

② 许田波. 战争与国家形成：春秋战国与近代早期欧洲之比较. 徐进，译. 上海：上海人民出版社，2009：5.

③ 黄清吉. 论国家能力. 北京：中央编译出版社，2013：6.

④ 赫尔佐克. 古代的国家：起源和统治形式. 赵蓉恒，译. 北京：北京大学出版社，1998：169.

⑤ 福山. 政治秩序的起源：从前人类时代到法国大革命. 毛俊杰，译. 桂林：广西师范大学出版社，2014：207.

始打破阶级固化现象，出现反阶级化、反以血缘为中心的等级化的现象。商鞅变法已推行军功爵制和耕战体制，废除世卿世禄制。各国变法的一条核心内容就是功绩主义、能力主义，反对世卿世禄，让能富国强兵者上位。但因为国家未统一，这些实践和制度都是零散性的、地方层面的。许倬云研究春秋战国社会流动时指出：春秋战国时期，由于激烈的战争和斗争，社会流动加剧，出身不再重要，掌握新战术的有才干的人被提升到卿相的位置①。他以班固的《古今人表》为研究对象，认为"在公元前464 年以前，出身不明者平均占到了总人数的 26％，但此后的平均数则达到了 55％。这说明公元前 464 年后，大多数历史人物都是出身寒微，白手起家的"②。

秦始皇确立君主官僚制国家，第一次在全国范围内彻底废除封建制和世卿世禄制，论功行赏、靠能力获取社会资源成为国家制度。从秦朝开始，中国民众从社会底层上升为社会上层的道路是畅通的，平民子弟担任政府高官是普遍现象。中国是古代世界官僚制最为彻底的地方，官僚制对中国社会的平民化、非阶级化起到巨大促进作用。何怀宏认为"秦汉之后的中国显然摸索着走出了一条在世界文明中极为独特的道路"，秦汉至晚清社会是"选举社会"，"包含有丰富的现代因素，中国也有向'现代'发展的某种趋势，只是在发展中呈现出与西方迥然有别的特点而已。中国两千多年来先为荐选（察举），后为考选（科举）的选举的演变，体现了一种进入社会上层的单一的最大机会平等的发展"③。张分田指出："与欧亚大陆其他古代文明的等级社会，特别是欧洲中世纪的封建制度相比，中国自战国秦汉以降的等级制度具有明显的流动性。"④钱穆指出："中国历史上的传统政治，已造成了社会各阶层一天天地趋向平等。"⑤

---

① 许倬云.中国古代社会史论：春秋战国时期的社会流动.邹水杰，译.桂林：广西师范大学出版社，2006：209‐210.
② 同①45.
③ 何怀宏.选举社会及其终结：秦汉至晚清历史的一种社会学阐释.北京：生活·读书·新知三联书店，1998：29‐39.
④ 张分田.秦始皇传.北京：人民出版社，2003：399.
⑤ 钱穆.中国历代政治得失.北京：生活·读书·新知三联书店，2001：171.

　　由此，中国在世界上最早进入了一种没有世袭贵族的高流动社会。中国的无贵族社会历史要长于任何一个文明，也极早达到了一个普遍化平等、非常接近现代社会的高度。这在世界史上是极为特殊的。罗兹曼等人指出，"开放社会（也就是一个使所有个人都能够认识并在一定程度上追求向上流动、升迁的社会）总体环境的任何文明，无论其经历多长，与中国相比都短得多"①。这种社会相对于西方的奴隶社会、封建社会，差别何止于天壤？其公平性绝非一个量级的。笔者认为，这项成就的巨大意义不应该被忽视。

　　其次，形成了东方自由传统。君主官僚制国家开创了东方式的自由传统。这种自由传统更多的是生存自由、社会流动自由、平等的政治参与机会，其重点不在于思想自由和言论自由。君主官僚制国家通过土地制度保障民众的基本生存，通过向除了极少数贱民之外的全社会开放政权保障社会流动自由，通过实施"集权的简约治理"，在中央集权和简约治理之间形成互补关系，赋予民众极大的社会空间。过去的研究过于强调中央集权对于民众自由的限制和破坏，而较少关注其中的自由空间。君主官僚制国家的一大特点是赋予政府广泛的权力，但政府不干预民众生活太多，以至于很多当代学者认为汉朝以后形成了"皇权不下县"的统治模式。实际上，并非皇权不下县，而是皇权有限下县。

　　徐勇强调中国存在东方自由主义，指出："秦始皇的伟大功绩不在修建万里长城，而在于形成了一个能够不断再生产亿万自由家户小农的制度。与农奴相比，中国的农民属于自由小农"，其特点包括"人身自由""经济自主""社会自治""思想自在""政治自力"②。西方自由传统很多时候不是经济自由，而是一种言论自由、思想自由和对于政府权力的限制（哪怕这种限制只是形式主义的），而不会去强调政府对于民生保障的责任。西方人直到资产阶级革命才开始追求社会流动自由、政治参与自由。即使在当代英国，同样还存在大量贵族，英国人从来不会觉得贵族

---

①　罗兹曼. 中国的现代化. 陶骅，等译. 上海：上海人民出版社，1989：121.
②　徐勇. 东方自由主义传统的发展//徐勇. 国家治理的中国底色与路径. 北京：中国社会科学出版社，2018：72-98.

的存在会妨碍其自由。在传统中国，出身论、血缘主义自秦朝就已经不被接受。东方自由主义和西方自由主义是在历史演化中形成的不同道路，各有优劣，不宜以一种否定另一种，相互取长补短才是正确之道。

第三，关于国家和人民关系现代化。君主官僚制国家以天命论为立国基本理论，汉朝之后引入民本思想。天命论、民本主义强调了君主对人民的义务，人民的地位实际上亦是非常崇高的，特别是民本主义是一项具有世界意义的重要成就，与民主思想有着千丝万缕的关联。但没有彻底地、巩固地树立起人民的至高权威，也没有现代民权概念。国家施政不见得总是以人民为导向。而且，皇权的崇高地位经常性消融人民的权利和福祉，民众的权利很难得到持续的、巩固的保障。在国族构建方面，君主官僚制国家极大地推进了同质化、普遍化的国族构建，为后世中国国家治理奠定族群基础。汉族的国家认同一般没有问题，但一些少数民族的部分成员在国家认同上仍存在问题，仍有待建构更为统一、更为同质化的国族——中华民族。

在国家和社会关系维度，君主官僚制国家是一种强国家弱社会模式的国家形态。国家作为社会的统治者、仲裁者、保卫者，扮演着社会的尺度和法则的角色。国家通过一整套国家治理体系、律法体系、社会规则体系来治理社会，确保国家政权居于整个社会的中心地位。但社会的自主性相对不足，没有实现"强社会"。很多时候，国家完全宰制了社会。因此，在国家和人民关系上，君主官僚制国家并没有实现现代化。

第四，关于国家统治方式现代化。君主官僚制国家是世俗型国家，在理性化、世俗化上取得根本突破，这使得传统中华文明是世俗型文明。世俗化政治是举世公认的现代政治的基本特质。这意味着中国在国家统治方式上具有一定的现代性。但君主官僚制国家主要实行律法之治（秦朝）、礼法之治和德治（汉至清朝），并没有完全驯服国家权力。君主官僚制国家在法治化上存在严重问题。按照现代的标准，君主官僚制国家总体上还不是法治。虽然人治、法治的提法比较绝对，这样的概念并不完全适用于1912年之前的中国，但君主官僚制国家统治方式和现代国家要求的法治有很大差距却是事实。因此，在国家统治方式现代化上，君主官僚制国家尚未完全实现。

第五，关于国家经济形态现代化。秦朝至清朝，中国经济的主体是农业，是小农经济。中国经济形态在清朝中叶之前一直都处于世界先进地位。其一，农业是当时最先进、最重要的产业，而且中国的农业是制度先进、技术支撑有力、精耕细作的小农经济。其二，中国的手工业、商业也很发达。但政府奉行重农抑商政策，压抑了商业经济、商人阶级、经济势力的崛起，始终没有发展出工业经济，没有进入工业经济形态。农业、手工业总体上是一种中低阶的经济形态。因此，君主官僚制国家没有实现国家经济形态现代化。

概言之，在周秦之变中，中国形成君主官僚制国家形态，实现中国国家形态"第二次质的飞跃"[1]。中国初步地实现了国家机器现代化、社会和阶级结构现代化，即成功地翻越了第一座、第二座"珠穆朗玛峰"。但在国家和人民关系现代化、国家统治方式现代化、国家经济形态现代化三座"珠穆朗玛峰"前，周秦之变只取得局部性成就，没有取得根本性突破。根据本书界定的只有完整翻越五座现代国家构建"珠穆朗玛峰"的国家才是现代国家的严格定义，秦朝尚不是现代国家，君主官僚制国家形态尚不是现代国家形态。秦朝、君主官僚制国家形态是一种带有大量现代特征的先进的古代国家，处于古代国家的成熟国家阶段。在翻越现代国家构建第一座、第二座"珠穆朗玛峰"问题上取得的巨大成就，成就了中国的辉煌，使得中国拥有东亚轴心国家、世界主要国家地位（见表9-2）。君主官僚制国家的出现是人类历史上的现代国家机器构建的破晓和奠基时刻，是人类推进国家形态现代化的最重要起点，对世界现代国家构建产生深远影响。在后三座"珠穆朗玛峰"领域的局限和不足，成为秦朝以及此后中国历朝发展的根本性制约，也成为清民之变中国需要突破的主要维度。

---

① 徐勇. 中国的国家成长"早熟论"辨析：以关系叠加为视角. 政治学研究，2020（1）.

周秦之变的社会政治起源：从天子诸侯制国家到君主官僚制国家

表 9 - 2　以现代国家五大核心指标衡量君主官僚制国家

现代国家指标	现代国家指标子元素	君主官僚制国家基本情况	评估结论
国家机器现代化	中央集权	强有力的中央集权	初步实现
国家机器现代化	官僚制为基础的强大国家机器	人类第一个官僚制国家，发达的国家机器	初步实现
国家机器现代化	直接统治模式	秦汉制国家，权力直插乡里，编户齐民	初步实现
社会和阶级结构现代化	打破阶级社会、强社会流动、机会平等	四民社会，阶级间可流动，属高流动社会	初步实现
国家和人民关系现代化	国家和社会关系和谐，国家和社会形成双强结构	强国家、弱社会，社会以国家为中心	未实现
国家和人民关系现代化	国族建构	秦短暂，汉朝形成汉族	局部实现
国家和人民关系现代化	国家施政以人民为中心，国家管理者来自人民	君主世袭，官职开放，实行民本主义，但不稳定	局部进展
国家统治方式现代化	理性化	法家、儒家等都是理性的，世俗的	基本实现
国家统治方式现代化	世俗化	世俗主义政治形态，同时有天命论	重大进展
国家统治方式现代化	法治化	律法之治、礼法之治，具有不稳定性	局部进展
国家经济形态现代化	工业化、信息化	典型的农业社会，发达的农业时代技术	未实现

二、周秦之变和轴心期的国家形态维度

周秦之变时期，人类历史从一般的小国时代、王权时代走向超大规模国家或者帝国时代。在此期间或者此前此后一段时间内，很多国家、很多文明在政治上都走向衰落甚至衰亡，比如古希腊、波斯、亚述、马其顿。只有中国、古罗马等少数国家处于上升期。不少地方、不少国家取得了国家构建的较大成就，但没有取得根本性突破，中国此时取得了国家构建的巨大成就。

大约从公元前 4000 年前到秦朝之际[①]，世界历史经历了第一波官僚化浪潮，蔓延至几乎所有文明，这是人类早期政治史上的重要现象，也是国家演进中的必然现象。但只有在秦朝才真正形成官僚制，只有中国最彻底地实现国家形态变革。中国这次国家形态变革发生得如此之早，如此之剧烈和彻底，成就如此之大，以至于它实际上成了颠覆游戏规则的变革，赋予中国极大的能量，是中国在相当长时间内取得世界领先地位的关键所在。西方人以早熟来定性中华文明特别是中华政治文明，早熟的说法后来逐步被中国人和华人接受。黄仁宇认为："如果中国历史和其他各国文化有唯一最重要的歧异，那就是公元前 221 年秦始皇的统一全国。随着青铜时代的终止，全国立即展开了政治的统一，这种政治上的初期的早熟，创造了一个惊人的纪录，在此后千百年间树立了一个中央集权的传统。"[②]

中国的这种早发性、"早熟"相对应的就是别的文明的"晚熟"，从正面意义上来说，就是中国国家形态演进的领先性，也就是一些学者所谓的古老现代性或者说早期现代性。这些早期现代性是罕见的人类文明的美丽火花，但因为其他条件的欠缺制约了中国取得更大的突破。中华民族之所

---

① 当然，将这波官僚化浪潮的截止时间推迟到唐朝也是可以的。秦汉乃至唐朝，中国官僚制对于东亚国家形态演进和官僚制发展产生巨大的示范和推动作用。

② 黄仁宇.中国大历史.北京：生活·读书·新知三联书店，2007：21-22.

以能够在古代历史上长期处于世界前列或者领先地位，甚至以一己之力开创了一个具有世界意义的天下体系、朝贡体系，原因可能很多，但最根本原因就在于中国在周秦之变中出现了一个带有大量现代国家特征的先进国家形态，拥有其他国家无可比拟的巨大优势。

再回到本章开篇所提及的评价周秦之变的基本原则之一——基于功能和作用的原则。五座"珠穆朗玛峰"是人类国家面临的五大核心的普遍问题，没有实现这五大维度的飞跃，国家形态难以向更高级的水平迈进。国家形态是人类社会的芯片，在国家形态上的成就和局限，同样深刻影响一个民族、一个社会、一个文明的发展。因为周秦之变率先初步解决了国家机器现代化、社会和阶级结构现代化问题，即率先初步解决了现代国家构建必须解决的两大基本问题，并在现代国家构建其他维度（其他三座"珠穆朗玛峰"）有一定的突破，这就决定了周秦之变在人类政治文明历史上、在世界现代国家形成和发展历史上具有极其重要的地位，决定了中国是人类先进政治文明的重要贡献者，是世界现代国家历史的重要奠基者。

此后，1912年之前的中国还发生了唐宋之变、宋元之变、明清之变等，但都是在君主官僚制国家形态的框架内变化，由于各方面的原因，从未超出君主官僚制国家形态范畴。这又说明中国并非现代国家构建的最早完成者。中国在现代国家构建上是首先从国家机器维度进行突破的，几乎同时粉碎了阶级的束缚，初步实现了社会和阶级结构现代化。在解决这两大世界性难题上，中国在世界历史上是领先者。

雅斯贝斯在《历史的起源与目标》中谈到了轴心期末期产生的世界性帝国（见图 9-2），指出轴心期的"结局起初是政治性的，在中国（秦始皇帝）、印度（孔雀王朝）和西方（希腊帝国和罗马帝国），几乎同时兴起了主要靠征服起家的强大帝国"①。这些主要的世界性帝国各自取得不同的成就（见图 9-3）。中国主要是现代性的国家机器、现代性的社会和阶级结构，当然还有国家统治方式的世俗化、理性化，民本主义等，古希腊主要是奴隶主内部的民主和虽然体现阶级统治本质但却具有现代法治雏形的

---

① 雅斯贝斯. 历史的起源与目标. 魏楚雄，俞新天，译. 北京：华夏出版社，1989：12.

法治，古罗马主要是奴隶主内部的共和与法治。由于古希腊、古罗马是奴隶制国家，一半以上的人口并不享有这些所谓的民主、自由和法治，因此，其和现代国家的民主、自由和法治存在本质的区别。当然，中国的国家机器现代化、社会和阶级结构现代化还可以更加完善，但是和现代国家的国家机器、社会和阶级结构却无本质区别。这是中国和它们的一个重要区别。

图 9-2　轴心期末期的主要世界性国家

资料来源：根据雅斯贝斯的论述整理而成。

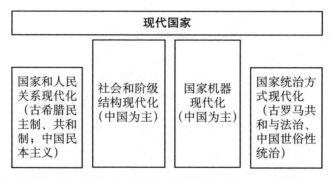

图 9-3　中西在轴心期对现代国家构建的核心贡献

注：因为奴隶制导致此时的法治、民主与共和皆为少数人享有，故国家和人民关系现代化、国家统治方式现代化两个维度画得较低。

　　虽然所有这些国家都存在着巨大的局限和不足，但它们这些成就都为后世现代国家的形成打下了坚实基础。把古希腊、古罗马的法治和民主扩展成为全民所有，基本上就是现代民主和法治。福山所说的现代政治秩序的三大要素——国家、负责任政府、法治，此时都发展程度不一地出现了。笔者所谓的构建现代国家的五大世界性难题，国家机器现代化、社会和阶级结构现代化已经初步解决，国家统治方式现代化、国家和人民关系现代化有了雏形，则只剩下国家经济形态现代化没有出现了，这是西方通过工业革命率先实现的。轴心期末期世界性帝国的巨大成就是缓慢地对周边和世界产生影响的，这种影响是永久性的。

由此可知，人类历史轴心期包括两大维度：哲学宗教维度和国家形态维度。人类在此两个维度都取得根本性大突破。这两个维度的突破同等重要且相互关联、相互影响（见图9-4）。它们根源于世界性的大动荡、大变迁，某种程度上是人类累累白骨之上开出的文明之花。

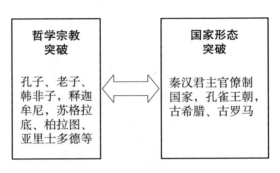

图9-4 人类轴心期的两维突破

注：雅斯贝斯贡献了此图的哲学宗教突破维度，其关注到轴心期末期世界性帝国现象，但给予负面评价，本人将其定义为人类国家形态突破，并认为此两维突破同等重要且相互关联、相互影响。笔者将雅斯贝斯的"希腊帝国"解释为古希腊城邦和希腊化帝国。

三、周秦之变对中国现代国家构建的影响

周秦之变进而于此间产生的君主官僚制国家形态对于中国现代国家形成产生了何种影响？考虑到君主官僚制国家形态是公元前221年至1912年中国一直奉行的国家形态，那么对这一问题的探讨便关乎中国现代国家构建的主要问题和内在脉络。既然周秦之变具有一定的现代性，请容许笔者在此略做拓展。

首先讨论 1840 年之前的古代中国。笔者前文提出现代国家构建分析框架（五座"珠穆朗玛峰"），此处还可以参考西方学者的分析框架。挪威政治学者施泰因·罗肯基于欧洲经验，将传统国家到现代国家演变的过程切分为依次推进的四个时段：（1）渗透：建立理性的行政体系，实行行政统一，吸纳公共资源，以确保公共防御、维护内部秩序，这是国家权威从中央到地方、从中心到边缘渗透的阶段；（2）标准化：推行统一的国民教育，确立国族认同；（3）参与：将民众吸引到政治参与中；（4）资源分配：建立公共福利机构，制定有利于财富合理分配的公共政策①。按照这个理论，周秦之变完整地、高标准地完成了"渗透"这一项。在"标准化"这一项，秦朝、汉朝推行书同文、车同轨，统一度量衡，在国族认同构建上有非常大的进展。在"参与"这一项，秦朝通过耕战体制吸纳了普通的平民进入政府体系，汉朝通过士大夫政治纳入知识阶层参政，这是一种平等、开放的政治参与政策。在"资源分配"这一项，则只取得有限进展，未有根本性突破。不过，像都江堰这类的水利工程，实际上极大地造福了当地的民众。

概言之，中国现代国家构建是在渗透、标准化、参与三个环节率先发动的。依据前文基于现代国家构建分析框架的讨论可知，中国现代国家构建是从国家机器理性化、国家能力建设、社会和阶级开放、国家自主性、世俗化、同质化民族建构等开始的。这两个分析结论是基本吻合的。总体上，在现代国家形成过程中，中国是国家机器现代化、社会和阶级结构现代化先行的。

其次讨论 1840 年以来的中国。十七八世纪以来，西方国家集东西方国家治理的精华，率先完整翻越现代国家构建的五座"珠穆朗玛峰"，成为现代国家构建的集大成者、最早完成者，并开始了世界性的侵略和扩张。由于西方的侵略，西方国家将现代国家形态带到世界各地，推动了世界各地的现代国家构建，冲击了世界其他文明。"在世界近代以来的政治发展中，最为重要和影响最为深远的现象，当数民族国家的建立和全

---

① 转引自：肖滨．中国现代国家成长的三级台阶：以斯蒂芬·哈尔西、王柯和孔飞力的相关论述为中心．四川大学学报（哲学社会科学版），2021（1）．

球扩张。"① 西方人这个时候反倒是给中国带来了西方化的现代国家形态（西方民族国家）。这一定程度上带来了现代国家形态中的现代国家机器、现代社会和阶级结构对于中国的"倒灌"。其中，中国的科举制被西方人改造升级为现代文官制并倒灌进晚清以来的中国就是一个典型。

被历次列强侵略战争打败、饱受屈辱的中国人对于自己最为熟悉的现代国家机器、现代社会和阶级结构等感到陌生。在很多晚清以来的中国人看来，周秦之变以来长期存在的具有现代性的国家机器不过就是皇帝专制、中央集权、官僚主义毒瘤，初步现代化的社会和阶级结构、强社会流动性不过是缺乏沉思的贵族和普罗大众的愚昧，民本主义也被视为专制独裁君主不稳定的、漫不经心的施舍。总之，古代中国的一切在他们看来都是糟粕，都是需要"倒掉"的，都是革命对象。很多中国人甚至将现代国家的起源全都归功于西方，视现代国家为西方文明的独有产物，将现代性等同于西方性，认为古代中国包括它所坚持的君主官僚制国家形态就是一个不中用的"东方专制主义"怪胎和古董，是中国一切苦难之源。但问题是这么简单的吗？

毫无疑问，19 世纪以来中国在国家形态、国家治理上曾比西方落后，但是就国家构建特别是现代国家构建的内在机理和中西方关系来说，却不是那么简单的。新到来的西方民族国家实际上吸纳了君主官僚制国家形态的大量元素并加以改造升级。这一点后文将详述。而中国在近代的失败，更多的是武器的代差、清朝中央政权内部斗争以及其在以汉族为主体的国家的动员困境、君主官僚制国家长期领先和长期儒化之后的退化和僵化。有论者指出："中国人的文明中心论之所以失去了说服力，是因为 19 世纪欧洲工业及军事技术发生了显著变化。"② 习近平指出："我国曾经是世界上的经济强国，后来在欧洲发生工业革命、世界发生深刻变革的时期，丧失了与世界同进步的历史机遇，逐渐落到了被动挨打的境地。"③ 有了工业文明做基础的现代国家，即国家经济形态现代化通道的打开和推进使得西

① 周平.民族国家与国族建设.政治学研究，2010（3）.
② 罗兹曼.中国的现代化.陶骅，等译.上海：上海人民出版社，1989：27.
③ 习近平.论党的宣传思想工作.北京：中央文献出版社，2020：191.

方民族国家如虎添翼，拥有相对于以农业文明为基础的古代国家而后者所不曾拥有的巨大优势。这也从根本上扭转了西方人的心态，开启了他们贬低、蔑视其他文明的历程①。这是需要纠正的。不必将君主官僚制国家形态贬得一文不值，其他的不说，至少它和中华民国交接时还保持了 1 100 多万平方公里的国土以及基本独立的国家政权，而其他古老国家大都分崩离析或者沦为殖民地。

周秦之变和君主官僚制国家形态对中国现代国家形成的影响，归结到一点，就是古代中国初步完成了国家机器现代化、社会和阶级结构现代化，1840 年以来的中国现代国家构建必然在此基础上继续推进，一方面完成国家和人民关系现代化、国家经济形态现代化、国家统治方式现代化，这是最主要的；另一方面就是推动国家机器、社会和阶级结构进一步完善和升级，这是第二位的。这两大方面是密切互动与影响的。因此，中国现代国家构建先后顺序基本上是国家机器现代化—社会和阶级结构现代化—国家和人民关系现代化—国家经济形态现代化—国家统治方式现代化。这五大维度时间上存在先后顺序，结构上存在张力关系，先到来的事物对后到来的事物产生重大影响，后到来事物又影响先到来事物的发展。晚清以来后三者逐步取得根本性突破，"德先生"（国家和人民关系现代化）、"赛先生"（国家经济形态现代化）成为流行的口号就体现了这一点。作为国家统治方式现代化之重要维度的法治一开始比较受忽视，今天已经受到了重视。"四个全面"战略布局包括了全面依法治国。如果我们想要更深刻地理解中国现代国家的起源和演进脉络，那么将周秦之变和古代中国纳入思考是必要的。脱离周秦之变，将难以理解现代中国的内在深层结构。

事实上，中国在现代国家构建上是"起了个大早，赶了个晚集"。这源于中国国家演进的独特方式，亦源于中华文明的内在禀赋和特点，还源于世界历史的演进进程。中国独特的国家形成和演变史，中国在现代国家

---

①　王国斌、罗森塔尔指出："研究欧洲和北美的学者往往用他们的一孔之见，去评判世界上其他所有的制度。在他们看来，因为欧洲最早完成了近代经济转型，她就一定拥有世界上最优越的制度。他们循着这样一条思路追问下去，所有其他的制度自然就变成了'落后'和'低级'。"参见：王国斌，罗森塔尔. 大分流之外：中国和欧洲经济变迁的政治. 周琳，译. 南京：江苏人民出版社，2019：255.

构建上的早期成就，决定了中国式现代化道路不但存在，而且独特。"华夏文明的现代化进程，'天下'国家的现代化，不可能重复西方现代民族国家的道路，不可能将率先现代化社会的生活和文化形态当作唯一的'现代性'照搬过来。"①

第三节　对人类官僚制和现代国家构建
产生巨大影响

国家形态是人类社会的"芯片"，对于一个国家和民族具有根本性意义。国家形态的系统性创新在人类历史上是极为罕见的，也是极需要智慧的，每一次出现基本上都是颠覆性的变革，产生重大而深远的影响，往往也会让人类付出沉重的代价。总体来看，人类在政治上更多时候是模仿者和墨守成规者，而不是创新者。谢维扬指出："越是高级的文化因素，重复发明的可能性和概率越是小。国家政治是一种高级的文化因素，历史证明，它在世界各地区的重复发明是非常少的。大量的早期国家是某个地区内国家政治文化传播的结果。"② 坎贝尔、霍尔认为："与有限的几个早期国家组织形成的方式不同，大多数国家都是通过模仿而建立。"③ 率先出现的国家形态一般会对后来的国家形态产生极大影响，率先出现的国家形成和演进道路可能给了其他民族以示范和"拿来"的机会，但也可能影响乃至制约其他民族探索新国家形态的努力。

周秦之变对人类的一个重要影响就是对于世界官僚制形成和发展、现代国家构建和现代政治秩序形成的影响。福山将国家、法治和负责任政府视为人类政治秩序的三大支柱，并认为秦朝贡献了国家这个要素，但在法

---

① 董正华. 现代化研究的反思. 史学理论研究, 2021 (5).

② 谢维扬. 中国早期国家. 杭州：浙江人民出版社, 1995：64.

③ 坎贝尔, 霍尔. 国家的世界. 闫健, 译. 北京：中央编译出版社, 2018：16.

治和负责任政府两个维度没有太大的成就，并将秦朝等同于现代国家。他的现代国家主要指的是现代国家机器或者是官僚制政府①。任剑涛指出："当代政治学家在研究政治秩序起源的时候，指出现代国家依靠三根支柱而挺立。古代中国提供了其中一根支柱，那就是行之有效的官僚行政体系，而这正是秦朝对人类做出的最伟大贡献。由于后来中国没有建立法治和责任制政府，所以成不了完整意义的现代国家。"② 这些论述非常深刻。这里讨论的"国家"，实际上指的是发达的理性的国家机器和官僚制。这些成就都可以归结到周秦之变。

　　毫不夸张地说，周秦之变是人类官僚制最早的"产床"，世界上绝大多数国家的官僚制都直接或者间接地受到周秦之变中形成的君主官僚制国家形态的影响。君主官僚制国家形态是人类官僚制的"古老原型"。官僚制是人类组织和管理国家的先进手段，是人类走向更高的社会阶段的基础性制度，是现代国家的首要部件，从根本上形塑了现代国家机器和现代国家的结构与特征。按照韦伯式的现代国家定义，君主官僚制国家形态是人类现代国家机器的古老原型。周秦之变中形成官僚制和具有现代性的国家机器，不断向世界传播，对世界政治文明产生深远影响，世界现代国家构建历史受到周秦之变和君主官僚制国家的深刻影响。这是周秦之变对于世界政治文明的最伟大、最深远的影响之一。

一、官僚制是现代国家机器的主体性内容

　　官僚制是现代国家机器的主体性内容，是现代国家的基本组织方式。现代国家理论主要奠基人马克斯·韦伯认为："国家是这样一个人类团体，

---

　　① 福山. 政治秩序的起源：从前人类时代到法国大革命. 毛俊杰，译. 桂林：广西师范大学出版社，2014；福山. 政治秩序与政治衰败：从工业革命到民主全球化. 毛俊杰，译. 桂林：广西师范大学出版社，2015.

　　② 任剑涛. 经与经典：儒家复兴的经学、哲学与史学之途. 诗书画，2015（3）.

它在一定疆域之内（成功地）宣布了对正当使用暴力的垄断权"，"国家是一种人支配人的关系，而这种关系是由正当的（或被视为正当的）暴力手段来支持的。要让国家存在，被支配者就必须服从权力宣称它所具有的权威"①。他这里的"国家"实际上就是现代国家。这个定义被社会科学界普遍接受。马克斯·韦伯将官僚制视为现代国家的主要基础。他指出："大规模的现代国家绝对要依赖于一种官僚制基础。国家越大，而且越是要成为一个强国，就越是要无条件依赖这个基础。"② 经过马克斯·韦伯的贡献，现代国家现在被认为首先（甚至主要）是以官僚制为基础的国家机器。这一点波比奥说得很清楚：由于韦伯对于现代国家形成的观察，"诞生了现已成为老生常谈的一个韦伯式概念——现代国家是通过两种必要的构成性要素获得定义的：一个有能力支持公共服务诸部门的管理机器的存在，以及对于暴力的一种正当垄断"③。

本书中的官僚制是广义的，它不但是行政制度，更是国家的组织和运行方式。官僚制必须有严格定义，否则就没有意义。韦伯认为现代官僚制具有六个特征，包括官职权限法定、官吏之间的等级化隶属关系、书面文件和文员作为官吏体系运作基础、对官员的专业化训练、官员全身心投入公务和官员的专业化④。芬纳认为："现代官僚机构往往会有以下几个特征：等级分化；长期起作用；不同领域的专业化；教育和职业上的资格；全职并领薪酬；受规则的约束。"⑤ 笔者接受这两种定义，认为官僚制应该具备这两位学者提到的所有要素。在人类社会早期的演进过程中，不同地区、不同国家都不同程度、在不同阶段出现官僚因素、官僚化现象。职业化专门化的管理者和管理机构是官僚化的标志性特征。

当然，官僚因素、官僚机构、官僚化并不等于官僚制，只有官僚机构

---

① 韦伯. 学术与政治. 冯克利，译. 北京：商务印书馆，2018：44-45.

② 韦伯. 经济与社会（第二卷）：上册. 阎克文，译. 上海：上海人民出版社，2010：1110.

③ 波比奥. 民主与独裁：国家权力的性质和限度. 梁晓君，译. 长春：吉林人民出版社，2011：61-62.

④ 同②1095-1097.

⑤ 芬纳. 统治史（卷一）：古代的王权和帝国：从苏美尔到罗马（修订版）. 王震，马百亮，译. 上海：华东师范大学出版社，2014：66.

等级化且形成复杂的体系，官僚的产生选拔和任用依靠能力和功绩而非血缘，官僚是受过专门训练的，官僚体系是对全社会开放的，官僚体系的运行主要依靠理性和法律或者法律性质的规则时，才符合官僚制的基本条件。作为人类社会的高级和复杂事物，官僚制的出现不是一蹴而就的，而是数千年政治和社会进化的产物，且其产生具有一定的偶然性。出现官僚因素和官僚化现象是形成官僚制的重要基础，但不是所有的国家都能够自发形成严格意义上的官僚制。特别是，官僚制要求公职对全社会开放，实行能力主义，反对官职世袭，这对于绝大多数古代文明，都是不可能实现的。因为，几乎所有古代文明都是崇尚血缘、阶级森严的文明。只有秦朝及以后的中国是个特例。

二、世界第一波官僚化浪潮

本书的官僚化指的是官僚机构及其制度的发育、发展和推广，是国家组织和治理方式的演变，不是贬义色彩的官僚主义、官僚作风。浪潮指的是一种一定范围内出现的共同趋势和共同现象。世界官僚化浪潮指的是世界范围内出现的官僚机构及其制度的发育发展和推广的流行性现象。这是人类社会发展特别是人类政治进化的一个重要阶段，反映了人类政治行动和国家制度之间的相互联系、相互影响。由于官僚制、国家机器具有极端重要性，我们在关注所谓的民主化浪潮和退潮现象的同时，亦应该关注国家机器的发展问题，其中核心就是官僚化问题。

雅斯贝斯曾经询问历史以何种实质性事件而开始，并列举了几件最基本的事件。第一是"尼罗河、幼发拉底河、底格里斯河和黄河管理和灌溉的组织任务加强了集中、行政机构和国家的形成"。第四是"通过统治所有周围国家和统治游牧民族本身来防止游牧民族对文明国家的不断袭击，是产生世界帝国的起因。最先崛起的是亚述人和埃及人的世界帝国；接着是波斯人新形态的帝国；在这之后，印度人建立了他们的帝国，它或许以波斯帝国为模式；最后是华夏帝国的形成"①。这里提到的地方都是早期人类文明的最灿烂之地。他提到的"加强了集中、行政机构和国家的形成"可理解为都自发涌现了官僚化浪潮。当然，有国家的地方一般都会有官僚化趋向，但未必都形成官僚制。官僚制好比龙门，国家好比鲤鱼。鲤鱼也许都想跃龙门，但不是所有鲤鱼都会成功。世界第一波官僚化浪潮大致从公元前 4000 年前苏美尔城邦开始，这是一股在不同文明自发出现的、零散的、缓慢的浪潮。周秦之变是这次浪潮的最高峰。

中华文明是以政治为核心的文明，政治功能极其发达，这为中国最先出现官僚制和发达的国家机器创造了得天独厚的条件。在中国，夏、商、西周都有官僚化因子，商朝的官僚机构已经具有一定的规模。到了西周，已经形成了较为完善的、分工明细的官僚体系。周朝中央政府的规模并不是非常大，但职能却比较完整。李峰认为西周中期时政府发展成了一个官僚化机体，在春秋战国时期，地方封国逐渐向大的"领土国家"发展，并在扩张中发生了第二次官僚化，为秦帝国建立创造了条件②。到了秦朝，官僚制真正成形。前文已对周朝官僚体系、秦朝官僚制进行了充分论述，此处不再赘述。

古代比较优秀的国家，都不同程度地存在官僚因素，东方国家在官僚化上要比西方国家程度高。这里扼要介绍若干有代表性的古代国家。

苏美尔城邦 世界上最早的国家形式是苏美尔城邦，大约产生于公元前 4000 年的两河流域。苏美尔城邦实行神圣君主制，"另一个并行不悖的特征是大量官僚机构的存在。正如所有体系都必须如此一样，国家拥有永久性的管理机器，在文件、宗卷、档案及其往复基础之上运作。官僚机构的上层包括宫殿和神庙中的抄写员、会计。由于书写技艺需要较长时间才能学会，因此，与那些门房、搬运工、苦力相比，这些人只是少数"③。但苏

---

① 雅斯贝斯. 历史的起源与目标. 魏楚雄，俞新天，译. 北京：华夏出版社，1989：56 - 57.

② 李峰. 西周的灭亡：中国早期国家的地理和政治危机（增订本）. 徐峰，译. 上海：上海古籍出版社，2016.

③ 芬纳. 统治史（卷一）：古代的王权和帝国：从苏美尔到罗马（修订版）. 王震，马百亮，译. 上海：华东师范大学出版社，2014：109 - 110.

美尔城邦并没有发育出官僚制。苏美尔文明在公元前 2000 年消亡。

古埃及 关于古埃及官僚机构的历史材料并不多，但已有研究大致可以证明，古埃及是官僚化程度比较高的古代国家，实行中央集权制度，官僚是世袭的，始终没有受到专业训练的领取俸禄的体系化的非世袭职业官僚，没有发展出真正的官僚制。比如，埃及古王国（公元前 1991—前 1785年）"由中央官僚机构来治理，除了各种名号之外，我们对其知之甚少。而且，它们往往只是一些没有职责权限的头衔"，"这一体系的高级职位高度依赖世袭。虽然部门是专业的，但部长们却不是"①。高级职务高度依赖世袭违背官僚制的基本要求。古埃及其他时期也差不多。

波斯 波斯是古代国家中世俗化和官僚化程度都比较高的国家，国家规模很大，达到帝国级规模。"波斯帝国没有祭司阶层，朝廷由许多高度组织化的官僚机构组成，地方的自我管理能力高度发达。有一点是其他帝国所没有的，那就是各地十分发达的世袭贵族。朝廷正是通过这些贵族进行统治的，而不是通过官僚机构或者祭司阶层。"②波斯依靠大量世袭贵族进行统治，官僚化不彻底，不符合严格的官僚制的定义。

古希腊（公元前 800—前 146 年） 在这波官僚化浪潮中，古希腊官僚化程度比较低。古希腊重在民主制度，强调直接参与，人口规模极小，根本就没有官僚制发展的太多空间。根据摩根·汉森的研究，雅典作为古希腊最大的城邦，公元前 4 世纪行政官员约有 700 人③。这个数量是很少的。笔者前文亦指出，以亚里士多德的《雅典政制》估计，雅典的官员总数应在 1 000 左右甚至更少。

古罗马 古罗马有漫长的历史，但总体上是世袭性贵族政治、军事征服型统治，在官僚化上并不见长，官职具有临时性、无偿性、零散性等特点，没有形成官僚制。芬纳指出，罗马共和国时期，"罗马的政治过程是世袭的服务贵族和人民大众之间的辩证互动，没有职业化的祭司阶层，没

---

① 芬纳. 统治史（卷一）：古代的王权和帝国：从苏美尔到罗马（修订版）. 王震，马百亮，译. 上海：华东师范大学出版社，2014：163.

② 同①334 - 335.

③ 李渊. 先秦政治与古希腊城邦政治. 北京：人民出版社，2020.

有职业化的官僚集团，也没有职业化的军队"。他在阐释罗马帝国和汉朝的区别时强调两者的一个不同"在于罗马几乎没有领受俸禄的专职官僚"，和12万左右的汉朝官吏比起来，罗马官僚数量微乎其微①。有专门研究罗马法的学者指出，罗马"共和国官制的基本特点是暂时性、集体性、任职结束后究责制和无偿性"②。无偿性首先就使得官僚制不可能发展起来。福山说："中国人建立了统一和多层次的官僚行政机构，这是希腊或罗马从未发生的。"③ 科层化、职业化、专业化、体系化、中央-地方官僚凭能力选拔、薪俸制、官僚的专门培训、官僚的非世袭性等这些官僚制的基本原则，在古罗马是稀缺的或者是处于极低的发展水平。

概言之，古希腊、古罗马有官僚化因素，但无官僚制。古罗马衰亡后，欧洲进入"黑暗的中世纪"，进入封建国家状态，其基本政治制度很像中国西周，更谈不上什么官僚制。总体来说，在西方文明中，官僚制统治、科层化的国家机器是非常晚出的事物。中世纪以后的西方人从古希腊、古罗马那里继承的不是官僚制和科层化的国家机器传统，而是民主制、共和制和法治等方面。因此，他们才将官僚制和科层化的国家机器视为具有现代性的事物。

印度孔雀王国 与秦朝基本同期的印度孔雀王国存在有限的官僚机构，但并没有形成官僚制。福山对此做过专门研究。他指出，秦汉建立官僚机器、统一文字和社会标准的事情在孔雀帝国发生得很少，"政府用人完全是家族式的，受种姓制度的严格限制"，"孔雀王朝从没建立强大的国家制度，也从没自家族政府过渡到非人格化政府"④。

总之，在古代世界，国家建立后普遍出现官僚化因素，但大多没有形成官僚制，中国是个例外。秦朝官僚制是世界第一波官僚化浪潮的最高

---

① 芬纳.统治史（卷一）：古代的王权和帝国：从苏美尔到罗马（修订版）.王震，马百亮，译.上海：华东师范大学出版社，2014：414，565.

② 格罗索.罗马法史.黄风，译.北京：中国政法大学出版社，1991：147.还可参见：陈可风.罗马共和宪政研究.北京：法律出版社，2004：63–89.

③ 福山.政治秩序的起源：从前人类时代到法国大革命.毛俊杰，译.桂林：广西师范大学出版社，2014：88.

④ 同③162–165.

峰。秦朝官僚制在非人格化的机构设置、官僚数量、官僚选拔任用、官职数量、官僚运行的法律依据、官僚的世俗化等方面，都远远超过其他国家①。这一点已为海内外学者所认知。福山指出："可以肯定地说，是中国发明了现代官僚机构。永久性的行政干部全凭能力获选，不靠亲戚关系或家族人脉。官僚机构自周朝中国的混乱中崛起，全没计划，只为征收战争所需的税金。"② 许田波认为，要论官职与官员的分离，根据客观和贤能标准来选拔和晋升官员的科层制，公开颁布的法律所具有的普适性和公平性，直接统治的能力，中国均先于欧洲 2 000 年就发展起来了③。郑永年认为："从秦始皇统一国家开始，中国尽管也有分裂的时候，但大多数时间里一直是统一而强大的国家。在很多方面，特别是在政治统治形式方面，中国的官僚体系是世界上最先进的。"④ 周雪光指出："历史悠久、高度成熟的官僚体制是中华文明的一个独特现象，是国家治理在中国疆土上数千年延续至今的组织基础和具体体现。"⑤ 安格斯·麦迪森认为："中国是采用官僚行政体制管理国家的先驱者之一。"⑥ 费正清指出："旧中国皇朝的统治是发展得最彻底最巧妙的官僚体制。"⑦ 卜宪群等历史学者认为："中国在公元前 3 世纪初就形成完善的官僚行政体制和统一的中央集权的国家形态，在当时的世界实属罕见"，秦朝官僚体制"是世界上出现得最早、最完备的官僚体制，开创了此后中国两千多年专制主义中央集权官僚体制的基本模式，并对周边国家产生了重要影响"，"不仅给中国也给世界带来

① 马克斯·韦伯认为中国官僚化机构要比其他古代国家完备，但大约出于"西方中心主义"偏见，不认为中国官僚制是一种现代类型，反而用"家产制国家""家产官僚制"等概念来认知古代中国。不过其论点已经遭到福山、顾立雅、许田波等学者的批评。参见：韦伯. 中国的宗教：儒教与道教. 康乐，简惠美，译. 桂林：广西师范大学出版社，2010；韦伯. 经济与社会（第二卷）：上册. 阎克文，译. 上海：上海人民出版社，2010.

② 福山. 政治秩序的起源：从前人类时代到法国大革命. 毛俊杰，译. 桂林：广西师范大学出版社，2014：107.

③ 许田波. 战争与国家形成：春秋战国与近代早期欧洲之比较. 徐进，译. 上海：上海人民出版社，2009：5.

④ 郑永年. 政治改革与中国国家建设. 战略与管理，2001（2）.

⑤ 周雪光. 国家治理逻辑与中国官僚体制：一个韦伯理论视角. 开放时代，2013（3）.

⑥ 麦迪森. 中国经济的长期表现：公元 960—2030 年（修订版）. 伍晓鹰，马德斌，译. 上海：上海人民出版社，2011：2.

⑦ 费正清. 美国与中国. 4 版. 张理京，译. 北京：世界知识出版社，1999：101.

了难以估量的遗产"①。很多学者都持类似的观点。

从中国历史来看，中国最早形成官僚制并不难理解。作为轴心期的重要参与者，中国思想突破的一个突出领域是政治思想领域，而非神学和宗教。法家学说被视为人类保留下来的"第一套真正的国家理论"② 就是一个例证。因此，中国最可能率先在政治上取得突破。从某种意义上说，中国在轴心期的最重要政治产物之一就是官僚制，就是高度发达、分工专业的国家机器。在世界第一波官僚化浪潮中的所有主要大国、帝国中，中国是政治理性化世俗化、国家机器完善程度、直接统治程度最高最深的国家（见图9-5）。

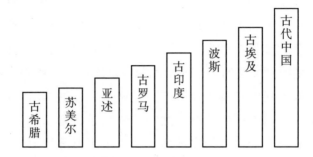

图9-5　世界第一波官僚化浪潮中主要国家官僚化水平和国家机器完善程度
注：中国国家机器完善程度排名一直延续至18世纪末。

三、世界第二波官僚化浪潮和现代国家机器的扩散

官僚制是国家机器现代化的产物，一旦出现，必然释放巨大能量，必

---

① 中国社会科学院历史研究所. 中国通史（贰）：秦汉魏晋南北朝. 北京：华夏出版社，2016：33-46.

② 德国学者罗曼·赫尔佐克认为，法家学说是历史上保存下来的"第一套真正的国家理论"，西方的国家理论专家经过了很长时间才在法制国家问题上达到这一水平，西方是从公元16世纪起才看到这种理论的。参见：赫尔佐克. 古代的国家：起源和统治形式. 赵荣恒，译. 北京：北京大学出版社，1998：274-278.

然会向世界传播，这是一条政治规律，也是人类社会发展的规律。韦伯指出："官僚制一旦完全得到确立，就会成为最难以摧毁的社会结构。官僚制是把社会行动改造为理性的有组织行动的特定手段。因此，作为理性组织权威关系的工具，官僚制曾经是，而且至今仍是官僚机器控制者头等重要的权力工具"，"彻底实现了官僚化行政的地方，随之产生的支配体系实际上是不可摧毁的"[①]。官僚制在春秋战国出现并在秦朝形成后，就牢牢地占据着中国的历史。中国国家几经摧毁，但官僚制和强大国家机器一再得到重建[②]。中国官僚制还不断向东亚和周边国家传播。马丁·雅克指出：在朝贡体系中，处于"大中华圈"的朝鲜、越南、日本和琉球"受中华文明的影响最深，特别是文字书写体系、儒家文化及中国的治理和官僚模式"[③]。他提到了官僚模式。中国的官僚制对于东亚国家有着几乎决定性的影响。古代多数东亚国家几乎照搬了中国的政府架构和官僚制。当代日本的很多官职和机构仍旧使用古代中国官僚制的特定用语。日本中央政府中的"省"和"厅"，东京都知事中的"知事"等，名称都源自中国。古代东亚世界的官僚化现象，是世界第一波官僚化浪潮的尾声、余波，也可以说是东亚官僚化浪潮，或者说世界1.5波官僚化浪潮。福山说得非常直白："中国发明了现代国家，拥有世界上中央官僚体系的最古老传统，还将这个传统传给了近邻日本、韩国和越南。这个强大国家的传统让日本得以逃脱西方殖民。"[④]受到中国影响，东亚的官僚制传统无疑是全世界最强烈的（见图9-6）。

（一）中国官僚制和现代国家机器传入欧洲并在工业文明背景下完善

中国官僚制和以其为基础的现代国家机器最终传播到欧洲。欧洲官僚

[①]　韦伯．经济与社会（第二卷）：上册．阎克文，译．上海：上海人民出版社，2010：1127.

[②]　隋唐、明清的官僚制比之于秦汉官僚制，在具体制度机上更加完善，但这属于同一类型事物内部的发展，没有本质的区别。

[③]　雅克．大国雄心：一个永不褪色的大国梦．孙豫宁，张莉，刘曲，译．北京：中信出版社，2016：242.

[④]　福山．政治秩序与政治衰败：从工业革命到民主全球化．毛俊杰，译．桂林：广西师范大学出版社，2015：27.

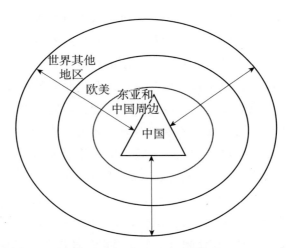

图 9-6 官僚制与现代国家机器的中国起源和全球史

注：最核心圈的中国、东亚和中国周边构成世界早期官僚制文明带。箭头表示传播和互动。

制是欧洲在特定历史条件下学习和借鉴中国、内外因共同作用的产物。福山称之为"姗姗来迟的欧洲建国"，"早期现代时期，欧洲国家建设者方才投入等同于中国和土耳其的工程——建造强大的中央国家，在全国领土上实施统一的行政管理，并宣称主权。这些努力开始得很晚，始于 15 世纪末，成于 17 世纪末"[1]。亨利·基辛格指出："欧洲进入近代社会时，政治乱象纷呈，既有独立的王公贵族，又有自治的城邦；既有与国家政权分庭抗礼的罗马天主教廷，又有渴望建立一个自治的公民社会的新教徒。中国则不然，步入近代社会时，此前 1 000 多年已经形成了一整套成熟的帝国官僚体制，通过科举选拔官员，其统治权力渗透到社会经济的各个角落。"[2] 总体来说，欧洲的现代国家（nation-state）形成是 15 世纪开始启动的[3]。这时它们恰恰需要一个强有力的现代国家机器的榜样。

---

① 福山. 政治秩序与政治衰败：从工业革命到民主全球化. 毛俊杰，译. 桂林：广西师范大学出版社，2015：290.

② 基辛格. 论中国. 胡利平，等译. 北京：中信出版社，2012：12.

③《布莱克维尔政治制度百科全书》在解释"国家"（state）词条时指出："一种政治联合的形式，15 世纪起开始缓慢而零散地出现，并表现出与其先行者——古希腊、古罗马和中世纪国家的区别。近代国家的观念和实践是从与中世纪议会有关的冲突中锤炼而成的。"参见：布莱克维尔政治制度百科全书（新修订版）. 北京：中国政法大学出版社，2011：635.

中国就成了这个榜样。欧洲人在 16 世纪邂逅中国时，中国对它们而言是一个非常发达的巨大的"异己"①。将超过全欧洲的人口和领土都统治在一国之内，并且是如此繁荣，对于西方人而言不但陌生而且不可想象。当时中国在国家治理、国家规模、文明的先进性、社会生活水平等方面都远远超过欧洲。美国中国学家史景迁指出："16 世纪末，明朝似乎正是国力强盛之时，其文化与艺术成就璀璨夺目，城市与商业生活繁荣富庶，中国人的印刷技艺与丝绸、瓷器的制造能力，令当时欧洲人望尘莫及"，"公元 1600 年，中国是当时世界上幅员最辽阔、制度最发达的统一政权。其疆域之广，世界各国均难望其项背，当时俄国才开始形成统一的国家，奥斯曼帝国过度扩张于分散的疆域，印度分别由蒙古人及印度人统治，墨西哥、秘鲁等古文明帝国则毁于疫病肆虐与西班牙征服者。此时中国人口已逾一亿二千万，远超过欧洲诸国人口之和"②。美国战略家布热津斯基指出："到约公元 1600 年以前，中国一直在农业生产率、工业发明和生活水平方面居于世界领先的地位。但是，同抚育了约 75 个国家的欧洲文明和伊斯兰文明不同的是，中国在历史上绝大部分时间里一直是一个单一国家。在美国发表独立宣言之时，它已经拥有两亿多人口，而且还是世界上主要的制造业大国。"③

当时的欧洲正处于转型时期、变革时期。基督教笼罩之下的松散、粗糙且阶级对立的封建国家越发显得无力，摆脱神权束缚成为欧洲国家普遍的诉求，在持续不断的战争和竞争中，建立世俗化的君主集权国家成为必要。而要建立世俗化君主集权国家，奉行君主官僚制国家形态的中国逐步

---

① 马可·波罗（1253—1324）在 13 世纪的元朝时期来到中国，在当时是罕见的。他在中国停留 17 年，撰写了《马可·波罗游记》，介绍中国，在西方引起巨大反响，西方人逐步意识到存在一个强大而繁荣的东方国家——中国。由于奥斯曼帝国掌控东西方交通要道达数世纪之久，且彼时奥斯曼帝国和欧洲因为宗教和政治经济利益处于对立甚至战争状态，中西交通并不通畅，西方对中国并不了解。地理大发现的一个重要目的是打通中西交通的海上通道。大约从 16 世纪开始大量西方人来到中国。

② 史景迁. 追寻现代中国（1600—1949）. 温洽溢，译. 成都：四川人民出版社，2019：17-23.

③ 布热津斯基. 大棋局：美国的首要地位及其地缘战略. 中国国际问题研究所，译. 上海：上海人民出版社，2007：131.

成为榜样。欧洲非常需要这样的外部国家和外部文明作为他们构建新国家形态的重要参考。

美国历史学者唐纳德·F.拉赫系统而全面地分析了亚洲在欧洲形成中的影响和作用，专门提到中国。他的研究显示，16世纪欧洲人曾经全面考察、高度赞赏中国特别是中国的政治制度、国家形态、治国技术和社会管理，并注意学习借鉴，为其所用。欧洲人称中国为"中华帝国"、"中央帝国"、"中国"（China）、"契丹"（Cathay），视中国为不同于欧洲的伟大政治实体，中国规模的巨大、中央集权国家模式、官僚制、皇帝的权威、考试制、无贵族的社会、行政管理、朝贡制度、国家支持的教育制度、同质化的国族构建等都引起欧洲人的极大关注，他们进行了充分的研究和介绍①。西班牙学者门多萨1585年出版的《中华大帝国史》，对中国给予极高评价，全面介绍中国风土民情、历史文化、政治和行政制度、治国策略，特别介绍了包括科举制在内的官僚制，被译成多种文字，引发西方人对于中国政治制度和行政制度的高度关注②。意大利著名传教士利玛窦也详细考察并介绍中国风土人情，包括政治制度和行政制度，汇成《耶稣会士利玛窦神父的基督教远征中国史》，以多种文字在西方出版，引起极大反响。该书拉丁文版本发表于1615年③。此等情况不一而足。"据统计，在1570—1870年的300年间，仅用英文出版的有关中国官员制度和政治制度的书籍就有70种之多。这些书都极力称赞中国的文官制度，尤其是科举制，并建议英国政府仿行。这个时期，英国驻华使节也向政府汇报过同样的内容。"④

中国对欧洲的影响是不断加深的。"17、18世纪，通过一批批来华传教士的媒介作用，在中国与欧洲尤其是与法国之间，曾经出现过长达一百余年极不寻常的以西方效法中国为其显著特征的文化交流历史。"⑤ 18世纪

---

① 拉赫.欧洲形成中的亚洲（第一卷）·发现的世纪：第2册.胡锦山，译.北京：人民出版社，2013.

② 门多萨.中华大帝国史.何高济，译.北京：中华书局，1998.

③ 利玛窦，金尼阁.利玛窦中国札记.何高济，等译.北京：中华书局，1983.原书名《耶稣会士利玛窦神父的基督教远征中国史》，拉丁文版本最早出版于1615年，此后陆续出版法文版、德文版、西班牙文版、意大利文版、英文摘译版、英文全版等。

④ 古燕.西方政治的稳定器：文官制度.沈阳：辽宁大学出版社，1996：23.

⑤ 魁奈.中华帝国的专制制度.谈敏，译.北京：商务印书馆，1992：中译本序.

下半叶，中国文化风靡欧洲特别是法国。法国启蒙思想家伏尔泰对中国的制度、文明充满溢美和向往，在《风俗论》中对中国的制度、文明、文化、法律和历史有详细的介绍。他认为中华文明远比欧洲发达，中国国家治理是人世间的崇高典范①。重农学派创始人弗朗瓦斯·魁奈对中国的"专制制度"极度欣赏②，借鉴中国经验，创立重农学派。其从 1767 年起，在《公民日志》以 4 期连载形式发表《中华帝国的专制制度》，全面介绍中国政治制度。

中国对西方的影响没有停留在思想上，而是逐步进入实践层面，大约从 16 世纪开始影响欧美政治制度和国家机器构建，大约到 20 世纪中叶这种影响趋于完成。西方基本复制并升级了中国式的官僚制和现代国家机器。历史学者张国刚的研究显示，18 世纪奥地利王子、法国王储学习中国皇帝，在大臣陪同下开展非常隆重的"籍田"仪式，在当时的欧洲学习中国、"走开明专制的中国道路"是很酷的事情③。中国的超大规模君主官僚制国家无疑是欧洲绝对主义国家（absolutist state）的最好导师，进而是欧洲民族国家（nation-state）的直接示范。

科举制属于中国官僚制的标志性构成，虽然不是直接源于周秦之变，但和秦朝选拔官员的凭借能力和功绩的思想是一致的，也是其发展的产物。西方文官制是西方国家结合本国国情学习包括科举制在内的中国官僚制的产物。西方人视中国为文官制度的发源地。科举制在西方的传播是中国官僚制和现代国家机器在西方传播的一个辨识度极高的缩影④。西方人从 16 世纪开始介绍中国科举制，引起西方社会强烈关注，很多学界、政界人士建议政府学习采取中国科举制，推进本国国家机器的完善。西方国家结合本国国情和需要，经过多次多轮引进、改革和完善，将科举制改造成西方的文官制度的一部分。首先是法国、德国、英国、美国，继而遍及整

---

① 伏尔泰. 风俗论：上. 梁守锵，译. 北京：商务印书馆，1994.
② 魁奈. 中华帝国的专制制度. 谈敏，译. 北京：商务印书馆，1992.
③ 张国刚. 胡天汉月映西洋：丝路沧桑三千年. 北京：生活·读书·新知三联书店，2019.
④ 参见：张佳杰，丁凌华. 论科举制对西方文官制度的影响. 华东政法学院学报，2004 (6)；刘海峰. 科举西传说的来龙去脉. 考试研究，2005 (1)；彭靖. 邓嗣禹《中国考试制度对西方的影响》修订研究. 教育与考试，2021 (2).

个欧美。"中国的文官制度对西方近代文官制度的形成产生了不可低估的影响。其实何止是科举制，中国古代文官制度中的荐举制度、考课制度、官方办学培养科举人才等，也都对西方文官制度的形成和完善起到了一定的借鉴作用。"①

根据亨廷顿的研究，在 17 世纪，欧洲"国家官僚机构和公共机关迅速发展并日趋合理化，常备军建立并扩大，税收制度得以普及和完善。1600年欧洲还是中世纪政治的天下。到 1700 年就已成为民族国家的近代世界了"②。这其中就有中国君主官僚制国家形态的影响。美国历史学者斯特雷耶说："从某种程度上说，1100 年之后产生的欧洲国家结合了帝国和城邦的力量。"③ 他这是委婉承认欧洲民族国家的形成借鉴了包括他多次提到的"中华帝国"在内的帝国的力量。芬纳认为中国最早出现了受过专门训练的、领薪酬的、按理性原则组织起来的官僚阶层，虽然欧洲人的确可以说是"二次发明者"，但这项发明权依然应该属于中国④。这是一个非常重要的发现，即承认中国是官僚制的发明者。其实，欧洲对于官僚制的"二次发明"不是独立进行的，是借鉴中国的结果，不但是已经看见了、接触了中国成熟的君主官僚制国家形态，而且也进行了深入的研究、介绍和学习。福山称："中国的官僚机构树立了一个模板，几乎所有现代的官僚机构都是它的复制品。"⑤ 美国汉学家卜德（Derk Bodde）在《中国思想西入考》一书中说："科举制无疑是中国赠予西方的最珍贵的知识礼物。"⑥ 西方世界真正普遍建立起完善的、非人格化的官僚制和现代国家机器，大约是 20 世纪中叶，历经了三四百年时间。可见，即使有了中国的官僚制和现代国家机器样本，官僚制和现代国家机器的建立仍是非常复杂和艰巨的

① 古燕.西方政治的稳定器：文官制度.沈阳：辽宁大学出版社，1996：24.
② 亨廷顿.变化社会中的政治秩序.王冠华，等译.上海：上海人民出版社，2008：80.
③ 斯特雷耶.现代国家的起源.华佳，等译.上海：格致出版社，2011：6.
④ 芬纳.统治史（卷一）：古代的王权和帝国：从苏美尔到罗马（修订版）.王震，马百亮，译.上海：华东师范大学出版社，2014：92.
⑤ 福山.政治秩序的起源：从前人类时代到法国大革命.毛俊杰，译.桂林：广西师范大学出版社，2014：107，281.
⑥ 转引自：彭靖.邓嗣禹《中国考试制度对西方的影响》修订研究.教育与考试，2021(2).

事情。

没有中国的示范作用，西方人建成现代国家的时间将晚很多年，甚至数百年，而且西方的现代国家机器很可能和今天大不相同。这和人类政治智慧的稀缺性、国家形态的传染性、国家演进道路的互动性有关。不是所有的民族都能发明或者准确理解和认知顶级的国家形态要素。事实上，绝大多数国家不能发明顶级的国家形态要素，比如中央集权的官僚制国家机器、民主制、法治、共和制、国家统治方式世俗化。因此，一旦一种新的先进的国家形态出现就会带来大量模仿者，比如现代历史上的美国的国家形态、英国的国家形态、苏联的国家形态。先进国家形态的"传染"会影响其他国家演进道路。当然，欧洲中央集权的官僚制国家机器的出现也和欧洲的内部历史进程即欧洲的文艺复兴、宗教革命、持续的战乱、生产力发展等是高度关联的。蒂利分析了欧洲近代建国和战争的关系，认为欧洲近代建国主要是战争的推动，比较忽视中国君主官僚制国家形态对欧洲的重要影响和示范作用。一般化的战争未必会推动国家构建，更不用谈推动现代国家（这是迄今为止国家形态变革中最为高级的形式）构建了。战争必须和重要而广泛的经济社会政治因素耦合才会对国家构建产生革命性影响，特别是在中央集权的官僚制国家机器的构建问题上。美国学者柯睿格指出："以科举考试为核心的中国文官行政制度的创立，是中国对世界的最重要贡献之一。"[①] 这是公允的。

当欧洲一旦将中国君主官僚制国家形态的精华吸走，并因为工业革命而变得强大富有，"白人至上"思潮就开始理论化、普遍化、神圣化，欧洲人对于包括中国在内的东方国家的态度就立即发生转变。中国就从人世间国家治理的典范、崇高伟大的文明、开明的君主制而变成"东方专制主义""无历史的文明""东方暴君制"，对于中国的溢美肯定被攻击抹黑取代。自亚里士多德开始的"希腊自由文明—东方专制野蛮"的传统认知再次无限发育并且理论化，从此中国成为"东方专制主义"这一恐怖、落后、残暴文明类型和国家类型的代表。德国学者弗兰克指出，欧洲人过去

---

①　转引自：彭靖．邓嗣禹《中国考试制度对西方的影响》修订研究．教育与考试，2021(2).

把中国当作"榜样和模式"，大约 19 世纪中叶对中国的看法发生剧变，开始称中国人为"始终停滞的民族"。他分析了这种变化的原因和后果，认为是"工业革命的来临以及欧洲开始在亚洲推行殖民主义的活动，促成了欧洲思想的转变。结果，人们即便没有'虚构'全部历史，也至少发明了一种以欧洲为首和在欧洲保护下的虚假的普遍主义。到 19 世纪后半期，不仅世界历史被全盘改写，而且'普遍性的'社会'科学'也诞生了。这种社会'科学'不仅成为一种欧式学问，而且成为一种欧洲中心论的虚构"①。他没有指出欧洲把中国的什么方面当作榜样和模式，而只是一种总体性描述。笔者认为，他说的榜样和模式是全方面的，特别是在政治领域。这种转变是很正常的，因为随着西方的强势崛起，"白人优越论""白人至上论""文明等级论"等以西方为中心的历史观文明观逐步流行，黑人被整体当作奴隶对待，这时怎么可能容忍一个已经被西方赶超的东方文明的优越或者先进地位呢？曾经的榜样已无价值，自然变成了落后的代名词，何况西方马上要开展对于中国的掠夺、侵略。孟德斯鸠、赫尔德、黑格尔、魏特夫等人最终完成了中国是"东方专制主义"典范的理论和哲学论证。图 9-7 显示了官僚制和韦伯式现代国家机器的世界性传播和互动。

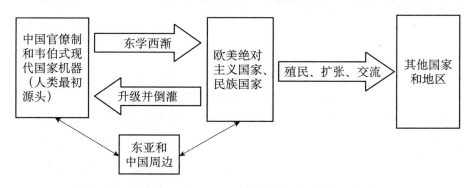

图 9-7　官僚制和韦伯式现代国家机器的世界性传播和互动

注：箭头表示传播和影响路径。古代东亚受到中国官僚制的深刻影响，近代日本官僚制受到西方影响并倒灌中国。

---

① 弗兰克．白银资本：重视经济全球化中的东方．刘北成，译．成都：四川人民出版社，2017：15-16.

（二）官僚制和现代国家机器的世界性扩散

如果将上古至秦朝并延伸至西汉中叶的官僚化现象称为世界第一波官僚化浪潮，那么可以将16世纪以来，通过中西碰撞和文明交流，西方人借鉴明清中国的君主官僚制国家形态，并和其内部复杂的历史进程耦合，形成工业文明时代和现代军事工业背景下的官僚制和现代国家机器，并由于其肆意对外侵略殖民、建立世界资本主义体系而将官僚制带到世界各地所形成的官僚化浪潮称为世界第二波官僚化浪潮。这次浪潮的源头仍是中国的官僚制和现代国家机器。

随着西方列强的肆意扩张侵略，官僚制快速扩散。"随着政治上的革命和工业上的革命相结合，欧洲和美国开始向非西方世界扩张，伴随这种扩张，典型的现代国家模式开始向这些地区出口。"[1] 已有大量作品对非西方国家的近代史、国家史进行分析，描述了其旧式国家机器怎么被摧毁、新的国家形态怎么被建立起来，此处不展开论述。这个过程主要有两种路径：一种是非西方国家被西方国家占领、殖民，由西方国家直接建立新国家机器，如印度、巴基斯坦、大量非洲国家；一种是非西方国家被迫模仿西方民族国家范式，建立民族国家，这其中一个极重要的方面就是建立官僚机器。中国这个最早出现官僚制的国家属于后者。清末新政其中有一项就是"改革官制"，学习的是西方的政府体制和官僚制。这是人类官僚制的"原型国家"向官僚制的"衍生国家"——西方现代国家的学习。原因就是中国的官僚制停留在农业文明水平，始终没有升级。西方在工业文明时代学习了中国的官僚制和现代国家机器，并进行了以工业文明为基础的改造和升级。对于中国人而言，西方官僚制和现代国家机器成了洋气、时髦的新事物。这本质上是中国官僚制穿着西洋文明的西装"倒灌"中国。其实这和火药和火炮发明于中国、传播至西方，并被西方改造衍生出攻击

---

[1]　芬纳·统治史（卷三）：早期现代政府和西方的突破：从民族国家到工业革命. 马百亮，译. 上海：华东师范大学出版社，2014：461.

力巨大的大炮用于进攻中国，中国人惊为天人、自愧不如并从西方引进大炮技术是同一个道理。

由于世界第二波官僚化浪潮的深刻影响，当今世界几乎所有的国家都拥有了真正意义上的官僚制和现代国家机器。"世界上很多国家的内阁机构的设置相同或基本相同。考察北美、欧洲和亚洲主要国家的内阁机构，可以看出它们中有三分之一名称和职能相同，三分之一名称和职能基本相同。"① 由于近代欧洲向全世界扩张而刺激世界各国大力推进国家机器现代化，中国君主官僚制国家形态的大量要素进一步向世界扩散。世界各国的官僚制和现代国家机器都不同程度地受到古代中国官僚制和古老现代国家机器的直接或者间接影响，链条就是中国君主官僚制国家（明清）——西方民族国家；方式是东学西渐——西方殖民扩张和文化交流。这里肯定中国的作用并非妄自尊大。人们可以很清楚地认知到中国"四大发明"的世界性影响，但是古代中国更重要的贡献——君主官僚制国家形态的世界性影响，却迟迟得不到重视。

中华政治文明对世界政治文明产生过重大而深远的影响，而这种影响长期被忽视，借由周秦之变研究，我们发现了这种关联。谢和耐指出："中国最出色的成就之一是在漫长的演变过程中，发展了复杂的政治组织形式，成为人类社会史上最完善者"，"通常都将政权视为压制与指挥的权力，而中国却将其看作是推动与维护秩序的要素，虽然这种观念并不排除运用武力与粗暴干涉"②。他指出中国的政治组织形式是人类社会史上最完善者。这并不稀奇。作为一种政治属性为根本属性的文明，中华文明率先在国家机器现代化上取得突破，有什么稀奇呢？本书的研究指出了中国出色的国家组织经验、国家治理经验对于世界的重要贡献，以及初步揭示了其对于世界历史进程和人类政治文明的重要影响。

当然，以今天的眼光看，仍旧可挑剔秦汉时期的国家机器、社会和阶级结构不够现代。但笔者认为，那时的国家机器、社会和阶级结构、世俗

① 左然. 国外中央政府机构设置研究. 中国行政管理，2006（4）.
② 谢和耐. 中国社会史. 黄建华，黄迅余，译. 南京：江苏人民出版社，2010：26-28.

化和现代社会是同类的，尽管在完善性上有差别，但只有程度的差别，而没有本质的区别。首先，君主官僚制国家的中央集权、官僚制、郡县制、直接统治模式，是现代国家机器乃至现代国家的基本要素。在当今世界，如果一个国家没有形成中央集权、官僚制、郡县制（单一制国家）、直接统治模式，是没有资格称为现代国家的。其次，那时阶级固化的打破、社会流动的打开、世俗化的实现也一样，和现代国家相比只有程度的不同，而无本质的区别。

如果不能看到君主官僚制国家具有丰富的现代国家特征是令人遗憾的，同样地，如果认为中国在君主官僚制国家时代已经完成现代国家构建，可能也存在不足，至少会引发极大的质疑。事实是，依据本研究，1912 年之前的中国并未完成现代国家构建的五次飞跃，并没有彻底解决这五大世界性难题。所有未完成这五次飞跃的国家，都不应该称为现代国家。笔者认为，我们既然要界定现代国家，标准就应该是严格的、严肃的，不存在任何的模棱两可。

如果进行更高层次抽象，则周秦之变这类国家形态变革或者革命是人类国家演进中的一个高级阶段，也是古代国家迈向现代国家的必经阶段，而中国无疑是全世界最早发生这次革命的。特别是，它以国家机器的理性化、官僚制、世俗化等要素为连接点，对于世界现代化进程产生重要影响。西方现代化历史受到了中国的深刻影响。其起点是周秦之变，其纽带是君主官僚制国家形态。东亚国家受到周秦之变更直接更深刻的影响。由于古代中国对于东亚官僚化的历史性影响，东亚国家的现代化大抵和中国一样，都是从国家机器现代化、社会和阶级结构现代化开始的，此后才逐步实现其他领域的现代化。由此可以看到，完整意义上的现代国家的出现是东西方文明合力作用的结果，是东西方文明碰撞的"火花"，集成了东西方文明特别是东西方政治文明的精华。现代国家形成和发展深嵌于东西方文明交流互动的历史进程中。周秦之变以及其诞生的君主官僚制国家形态的传衍是中国历史和世界历史的重要分水岭，对世界历史产生重大而深远影响。

以下两个表（见表 9-3、表 9-4）有助于对本节内容的理解。

表 9-3 两波世界性官僚化浪潮基本情况

	范围	特点	发生时间	中国的作用
世界第一波官僚化浪潮	古代苏美尔城邦、古埃及、波斯、亚述、马其顿、古希腊、古罗马、中国、日本、朝鲜、越南等	（1）背景是农业（游牧业）文明时代，多数国家处于早期国家或者早期国家向成熟国家转型阶段；（2）自发产生，有一定的相互影响；（3）传播速度慢；（4）传播过程较为和平；（5）和君主制紧密结合；（6）东亚和中国周边国家因普遍受到中国官僚制影响而逐渐成为世界早期官僚制文明地带；（7）东方国家官僚化程度高于西方国家	大致从公元前40世纪至公元前3世纪	中国是此次浪潮的最高潮，秦朝形成官僚制，并逐步辐射东亚和周边，成为东亚国家官僚制的原型
世界第二波官僚化浪潮	由中国传播到欧洲、北美并被其改造升级，再由于西方扩张逐步传播到全世界	（1）背景是农业文明向工业文明转型时期，多数国家从古代国家（早期国家或成熟国家）向现代国家转型；（2）传播速度快；（3）被迫学习和主动学习结合，传播过程暴力、血腥；（4）官僚制更为完善；（5）此次官僚化浪潮和民主制、共和制紧密关联；（6）西方主动，东方被动；（7）西方国家官僚化程度高于东方多数国家	约16世纪至20世纪	在东学西渐中，中国官僚制成为欧美官僚制的原型，并被其改造升级，此后倒灌入中国，重塑中国的官僚制和国家机器

表 9-4 国外各类机构设置比较

国家	政务类部门	经济类部门	社会类部门
英国	国防部，外交和联邦事务部，内政部，司法部，财政部，苏格兰事务部，威尔士事务部，北爱尔兰事务部	运输部，商业、企业和规划改革部，国际发展部，环境、食品和农村事务部	创新、大学和技能部，文化传媒和体育部，卫生部，社区和本地行政部，就业和退休保障部，儿童、学校和家庭部

续表

国家	政务类部门	经济类部门	社会类部门
德国	国防部，外交部，内政部，司法部，财政部	交通、建设和住房部，经济合作和发展部，消费者保护、食品和农业部，经济技术部，环境、自然保护和核安全部	教育和研究部，卫生部，健康和社会安全部，联邦家庭、老年人、妇女和青年部
法国	国防部，外交部，内政和国土资源部，司法部，公职部	交通、装备、旅游和海上事务部，经济、财政和工业部，农业、渔业部，中小企业、商务、艺术家和自由职业者部，环境和可持续发展部	就业、社会和谐和住房部，国家教育、高等教育和研究部，文化和交流部，健康和团结部，青年、体育和联络部
日本	总务省，外务省，法务省，财务省，防卫省	国土交通省，经济产业省，农林水产省，环境省	厚生劳动省，文部科学省
俄罗斯	国防部，外交部，内务部，司法部，财政部	交通部，经济发展和贸易部，工业和能源部，自然资源部，农业部，区域发展部，通信和信息技术部	紧急情况救援部，教育和科学部，文化和大众传媒部，卫生和社会发展部
美国	国防部，国务院，财政部，内务部，司法部，国土安全部	交通部，能源部，农业部，商务部，住房和城市发展部	劳工部，教育部，卫生和公共服务部，退伍军人事务部

资料来源：沈荣华.国外大部制梳理与借鉴.中国行政管理，2012（8）.

第四节 走出更具代表性的早期国家向成熟国家转型道路

从早期国家向成熟国家转型是人类国家演进中的普遍性问题，对于后世国家发展道路、人类政治文明演进有着至关重要的影响。一个国家一般首先需要成为成熟国家，然后才可能成为现代国家。从原始社会、早期国家飞跃到现代国家的，不但极少，而且几乎都是不太重要的小国和局部地区，它们一般是完全被动的。从中外国家演进历史来看，多数早期国家要么没有向成熟国家转型的动力，要么在向成熟国家转型时遭遇了失败，或者灭亡，或者沦为附属国，或者被兼并。周秦之变是公元前 11 世纪至公元前 1 世纪在东方发生的一次重要的从早期国家到成熟国家的原发性转型，没有对象可以模仿，却成功了，开创了一条人类从早期国家到成熟国家转型的重要道路。中国是东方国家从早期国家向成熟国家转型的先行者和杰出代表，并创造了成熟国家的中国范式、东方范式，留下大量遗产。这里对中西早期国家向成熟国家转型道路进行比较。

一、中国演进道路的特点

中国从早期国家向成熟国家转型，过程是曲折的，时间是漫长的。第四章已经充分进行分析，这个过程充满流血、战争、阴谋，不是一蹴而就的，也并非没有岔路。

一是从形式来看，寓于周秦汉三个朝代的更替之中，是地方族群性精英取代中央统治者的过程。从发动转型的民族来说，是同一个民族在相同的地域上发生的连续性行为，是一个民族和社会的进化。

二是从内容来看，中国走的是一条阶级开放和阶级融合、民族融合的道路，以强有力的中央集权、发达的国家机器、官僚制、郡县制、较强的社会流动性、较发达的世俗化、完善的常备军制度、家国同构、民本主义、集体主义等为基本要素。天—君—官—民的关系具有轴心意义。君主之下的万民的阶级属性相对淡化、地位相对平等，不存在全国性的大规模的奴隶制，最终形成中央集权的大一统君主官僚制国家。

三是从人类国家演进方向来看，这条道路中的大多数要素都代表着一种正确方向，甚至有一些是现代国家的要素，也深刻融入了人类现代国家构建之中。这一点政治学者何增科亦有归纳："经过春秋战国时期的'自强型改革'和秦汉帝国加强专制王权和中央集权的不懈努力，秦汉时期的中国已经从一个早期国家转型为一个统治制度高度定型的成熟国家。就其国家性基本要素的成长而言，秦汉时期的中国达到很高水平。国家三要素已经齐备。行政官僚机构实现专业化和精细化管理。周边国家充分承认秦汉帝国的最高统治权"，"这在当时的世界上属于为数不多的成熟国家"①。

四是从承担转型使命的民族来看，是同一个民族在基本相同地域上发生的连续性行为，是一个民族和国家的进化。虽然夏商周秦四者之间的横向关系总体上是一种平行的关系，但存在明显交集，政治上、文化上存在一定的关系，甚至很多时候就是上下级关系，并在血缘上不断融合，最终在春秋战国时期融合为华夏族。建立夏、商、周、秦四个国家的族群同属于一个民族，而绝不能被视为不同民族。

五是从转型规模来看，是巨大规模国家的转型，带来人口和国土面积的大幅增长。中国早期国家向成熟国家转型时期是三四千万人口规模的政治实体的转型，统治疆域从西周初期的大约 100 万平方公里增加到了秦汉的超过 300 万平方公里。

二、古希腊、古罗马演进道路的特点

一是属于不同民族的接力演进。古希腊属于城邦政治，始终没有走出城邦国家形态，属于早期国家范畴，雅典属于早期国家的发达类型。后起的属于不同民族的古罗马逐步演进到成熟国家阶段。

二是始终延续阶级政治、身份政治，政治制度和国家形态属于共和制、共和国、帝国。阶级、身份是古希腊、古罗马的核心概念。古罗马走阶级对立（考虑到古罗马扩张建国的实际，其阶级对立背后本质上是族群对立）的国家形态路数，形成了奴隶制共和国或者奴隶制帝国，存在全国

---

① 何增科. 早期国家//俞可平. 政治通鉴：第 3 卷. 北京：中国大百科全书出版社，2022：531. 何增科所谓的国家三个基本要素指领土、人口和政权。

性、普遍化的奴隶制。公民、外邦人和奴隶的身份是绝对不容混淆的，公民阶级和奴隶阶级是对立的，公民内部之间存在地位悬殊的贵族和平民。古罗马实行身份政治，奉行阶级对立基础上的有限的共和与法治。

三是国家机器比较粗放，无官僚制。古罗马总体上是一种世袭性贵族政治、军事征服型统治，国家机器简单。古罗马人对议会、选举、公民政治、个人主义比较感兴趣，而对发展官僚制、建构强大的国家机器、万民平等没有太大的兴趣。科层化、职业化、专业化、体系化、中央—地方官僚凭能力选拔、薪俸制、官僚的专门培训、官僚的非世袭性等这些官僚制基本原则，在古罗马是稀缺的或者处于极低的发展水平。古罗马前期基本上是世俗主义的，后来被基督教征服，政治不再是世俗化的。何增科肯定"古希腊和古罗马并非原生的早期国家，但它们开辟了君主制和官僚制之外的另一种早期国家道路，为西方文明留下了重要的政治遗产"，他主要指民主政体、法治、共和制等①。

三、两条道路及其遗产的简要比较

从早期国家向成熟国家转型，中国和古希腊、古罗马是两条截然不同的道路。这两条具有代表性的重要道路各有长处和短处，对人类政治文明的形成和发展都影响深远。

第一，从转型道路的总体特质来看。中国走的是一条在民族关系上融合、阶级关系上开放、社会关系上流动、权力关系上集中、国家机器上实行中央集权的官僚制、统治模式上实行直接统治模式、文化上实行世俗主义、国家和人民关系上实行皇权和民本兼顾、经济上是普遍化小农经济的国家演化道路，归结到一点就是一条君主官僚制国家的道路。黄清吉在对比中西古代国家道路时指出："中国秦汉王朝在华夏久远而厚实的历史积

---

① 何增科. 早期国家//俞可平. 政治通鉴：第3卷. 北京：中国大百科全书出版社，2022：521-524.

淀上，因时因地发挥超凡的创造力，构建起覆盖辽阔疆域的大一统的中央集权国家，并以君主集权政府体制、小农经济生产方式、以儒学为内核的文化传统相互支持的互动结构为支撑，将数以千万计的分散小农凝聚为井然有序的稳固共同体，对内有效地统治与管理庞大规模的社会，对外凭借从庞大规模的社会积聚的雄厚财力和充裕人力有效地应对他国的竞争与挑战。秦汉以来，尽管出现过多次改朝换代，但大一统的中央集权国家不仅没有解体，顽强经受住了来自内外的各种震荡，而且统一的疆域范围越来越广。历经两千余年，大一统的中央集权国家不断完善，达到古代世界国家文明的巅峰。"①

西方走的是一条在民族关系上对立、阶级关系上封闭、社会关系上不流动、政治形态上实行奴隶制基础上的共和制或者混合制、经济上实行农工商并重、对外关系上实行扩张侵略（西方殖民主义的重要源头）的国家发展道路，归结起来就是奴隶制基础上的共和制和殖民帝国道路。古罗马后期被基督教俘获，丧失世俗主义统治原则。"西方国家由于并不存在中国那样的与小农经济生产方式相契合的现世主义的政治思想体系，即使存在某种思想体系，也是以宗教的面貌出现的，宗教指向的是天国而非现世，巧妇难为无米之炊，因而不能构建起与中国类似的政府体制、生产方式、文化传统相互支持的互动结构。"②

过去很多学者一般化地将中国称为臣民国家道路甚至专制国家道路，简称"东方专制主义""中国专制主义"，将古希腊、古罗马称为公民国家道路或者是共和民主国家道路，简称"西方自由主义"。这是非常不准确也不公允的。对于中国而言，这是放大局部特点、忽视优点和合理性；对于古罗马而言，则是忽视根本性缺陷、片面美化放大局部特点。古罗马作为一个国家，超过一半的人都是奴隶，他们在法律上只是会说话的畜生，还有很多人为外邦人，只有不到一半甚至四分之一的人才是公民，能称为公民国家吗？应该叫作奴隶国家、专制国家或种族压迫国家③。相反，中

---

①②　黄清吉. 中西古代国家发展的分野及其当代意涵. 上海行政学院学报，2016（5）.

③　范勇鹏对西方历史上对于自由的极其缺乏有论述. 参见：范勇鹏. 建设中国话语首当颠覆西方概念体系. 东方学刊，2022（12）.

国社会的普遍平等、高社会流动、阶级和民族融合、高度发达的官僚制、大一统国家形态难道就不重要了吗？都可以被专制一词覆盖吗？

第二，从现代国家构建的五大主要维度（国家机器现代化、社会和阶级结构现代化、国家和人民关系现代化、国家统治方式现代化、国家经济形态现代化）来进行比较。这五大维度对于一个国家而言是最重要事物。从国家机器完善性来说，秦汉中国是远远超越于古希腊、古罗马的，前文对此已有充分论证。从社会和阶级结构维度来说，中国实现高社会流动，打破了阶级壁垒，古希腊、古罗马是典型的奴隶社会，因此中国是领先一步的。前文也有论证。从国家和人民关系来说，古希腊、古罗马超过一半人口都是奴隶，国家是阶级压迫的工具，只有局部的少数人的共和或者有限的平等①，因此它们在这一点上并不强于中国。古希腊、古罗马远没有实现国家和全体民众关系的民主化。秦朝虽有国家份地授田制，编户农民可以从国家分得田地，且有保障农业生产的严密律法，但对于民力的征用是过度的，这些问题是客观存在的。不过汉朝中国已经实行民本主义，民权保障虽有待加强，但也是有较强保障的。从国家统治方式来说，古希腊、古罗马是现代法治的发源地，虽然它们的法治只是为一种严肃的阶级立法，维护阶级特权和利益，但其法治精神是可取的。中国秦朝乃律法之治，汉朝乃礼法之治，法律受到国家权力的经常性侵蚀，存在不稳定性。它们在这一点上大体强于中国。它们贡献了现代法治的雏形。在经济形态上，秦汉中国的经济形态是普遍化的小农经济，在当时世界是最先进的经济形态；古希腊、古罗马的经济形态则是一种奴隶制经济，奴隶主并不从事生产，而驱使和奴役大量奴隶从事生产，这是一种与人类正义相违背的经济形态。它们的经济结构中可能有更多工商业成分，但如果要说经济水平，则没有超过秦汉的水平。

第三，从早期国家向成熟国家转型的时间来看。中国君主官僚制国家

---

① 事实上，在古希腊、古罗马，公民、外邦人、奴隶之间权力相差极大不说，即使在公民内部，平等都是极为有限的，贵族和平民的权力相差很大，甚至一些优秀人士（像苏格拉底）竟在没有罪行的条件下被公民投票处死或者放逐。而且前文已指出，作为一个常年处于战争状态下的国家，罗马将领对于普通士兵近乎主人对于奴仆，几乎拥有生杀大权。这些事实都不是公民平等、轮番而治或者民主、共和、法治等美好概念就可以掩盖的。

形态在公元前 221 年就形成了，这次国家形态转型的主体部分已经基本完成。当前，很多人将形成制度较为成熟的超大规模国家（西方人称为帝国）视为成熟国家的标准。公元前 3 世纪，古罗马开始形成现代西方学者所称的帝国形态①。特别是"到公元前 265 年，亚平宁山脉以南的意大利全部统一在罗马的领导之下。罗马成为地中海地区最强大的国家之一"②。这可以认为是古罗马形成成熟国家的标志。当然这是一个大致的时间③。这是西方形成成熟国家的标志。鉴于周朝较西方（古希腊根本没有形成统一的大国，最大的国家不过 30 多万人，没有走出早期国家形态）更早形成疆域达 100 万平方公里、人口数百万的大型国家，国家机器发育也更早，实际上中国的国家进化比西方要快一些。但古罗马的出现基本拉平了中西向成熟国家转型的时间。

中西方从早期国家向成熟国家转型的对比、成熟国家形态的对比如表 9 - 5、表 9 - 6 所示。

表 9 - 5　中西方从早期国家向成熟国家转型比较

	中国	西方
时间节点	狭义的周秦之变（公元前 770—前 221 年）。秦朝的出现是中国成熟国家出现的标志。秦汉之变是中国成熟国家的定型期	古罗马约在公元前 3 世纪达到成熟国家标准。公元前 146 年，古希腊沦为罗马行省，失去向成熟国家转型的机会，古希腊政治进化明显慢于中国
国家形态转型内容	从天子诸侯制国家到君主官僚制国家、从阶级森严国家到阶级融合国家、从松散的分封制国家到中央集权大一统郡县制国家	从城邦国家到帝国、从小规模国家到超大规模国家

① 伯班克等人对罗马形成帝国有描述。帝国并不简单等于帝制，共和制国家也可以是帝国形态。参见：伯班克，库珀.世界帝国史：权力与差异政治.柴彬，译.北京：商务印书馆，2017.
② 麦克尼尔.西方文明史手册.盛舒雷，等译.杭州：浙江大学出版社，2016：131.
③ 古印度从早期国家转型为成熟国家，时间也差不多。雅斯贝斯认为："在中国（秦始皇帝）、印度（孔雀王朝）和西方（希腊帝国和罗马帝国），几乎同时兴起了主要靠征服起家的强大帝国。"他所说的"强大帝国"可以理解为成熟国家。参见：雅斯贝斯.历史的起源与目标.魏楚雄，俞新天，译.北京：华夏出版社，1989：294.

续表

	中国	西方
转型的基本方式	内部战争、政治精英的国家构建、长期竞争下的制度创新或淘汰	对外扩张征服其他民族和族群、继承吸纳古希腊文明的精华、制度的自我演化
重大事物来临或主要贡献	国家机器现代化，社会和阶级结构现代化，国家统治方式的理性化、世俗化，民本主义，官办教育思想，统一文字、货币、度量衡等标准化工程，能力主义（秦朝）、贤能政治（汉朝）等	奴隶制基础上的共和制和混合制、奴隶制基础上的法治、重视公民权利的思想等
早期国家得以延续的内容或趋势	天命观、天—君—民关系的轴心地位、国家中心主义、民本主义（秦朝有所扬弃、汉朝继承）、官僚化趋势等	自然法，神的重要性，公民权，奴隶制，阶级对立，法治，选举、公民大会作为重要政治制度形式等
评价	东方道路的典型，更具有代表性	西方道路

表 9-6　中西方成熟国家形态的简略比较

	中国（秦汉大一统王朝）	西方（罗马共和国、罗马帝国）
立国基本理论	天命论（天命律法论、天命礼法论）；天生万民，天命授予君主，君主建国治民，为民师，需照顾好民众的生活，否则会失去天命；不能简单对应主权在君或者在民，是一种混沌主权归属论	罗马共和国时期可以理解为主权在王和贵族，罗马帝国时期可以理解为主权在君，后期的基督教的国家观念等
国家基本制度	皇帝制、中央集权的官僚制、郡县制、宗法制、贤能政治（秦朝主要尚能，汉朝以后贤能并用）、官僚统治、直接统治模式、编户齐民、以文驭武、常备军制度、国家份地授田制	共和制、君主制、混合制；议会制度，选举式的阶级统治；贵族统治；全国性奴隶制；间接统治模式；动荡的文武关系；常备军制度；比较粗糙的官僚体系
国家统治方式	律法之治（秦）、礼法之治（汉朝及以后）	罗马式法治（奴隶制基础上的阶级性法治）
国家和社会关系	强国家中心主义，强国家—弱社会	非国家中心主义，强国家—强社会

续表

	中国（秦汉大一统王朝）	西方（罗马共和国、罗马帝国）
社会和阶级结构	君主—官僚—士农工商四大阶层为基本结构，阶级开放，官民关系为基本关系，社会流动性强，多民族并存和融合	公民阶级—外邦人阶级—奴隶阶级为基本结构，阶级封闭，阶级关系为基本关系，社会流动性极差，不承认国内其他民族或者族群的平等地位
国家经济形态	普遍化的发达的小农经济，重农抑商政策下的工商业，经济水平居于世界前列	农工商并重，工商业比较发达，经济水平居于世界前列
国家形态定名	大一统中央集权君主官僚制国家（简称君主官僚制国家）	奴隶制共和国、奴隶制君主制帝国
国家性质	超大规模国家、世俗型国家、儒法国家、多元一体的多民族国家、官僚统治国家	超大规模国家、帝国、从世俗型国家转向基督教国家、民族对立国家、阶级统治工具国家、贵族统治国家
主要标志性事物	天命、天下、皇帝、天子、朝廷、官吏、丞相、三公九卿、军功地主、士大夫、黔首、百姓、苍生、万民、举孝廉、郡县、刺史、儒家、法家、道家、秦律、礼法、教化、德刑并用、国家、大一统、华夷关系	神、议事会、元老院、公民大会、奥古斯都、贵族、祭司、公民、行省、独裁官、监察官、执政官、护民官、选举、基督教、奴隶、罗马法、帝国、自治城市、殖民地、外省

四、两条道路基本评价：中西方第一次大分流

　　第一，道路代表性。总体来看，和中国的道路更为接近的国家更多，波斯、古埃及、越南、朝鲜、日本等差不多属于这一类，而走古希腊、古罗马道路的仅仅局限于它们自身。从这个意义上来说，古希腊、古罗马转型道路具有独特性而非普遍性。张光直认为："中国的形态很可能是全世界向文明转进的主要形态，而西方的形态实在是个例外，因此社会科学里

477

面自西方经验而来的一般法则不能有普遍的应用性。"① 至少在人类从早期国家向成熟国家演进这段历史上，这个论点是适用的。

第二，此次转型的影响。中国、西方早期国家向成熟国家的转型是彼此独立完成的，是中华文明、西方文明第一次进入成熟国家形态，具有划时代的意义。成熟国家的出现意味着人类更娴熟地掌握了国家这种有史以来最有权势和能量的组织，人类的统治能力、统治规模都较早期国家有了极大的提高，生产力、社会经济水平也随之提高。

早期国家向成熟国家转型极大地提升了国家形态的层次，也极大地提升了人类文明的层次，使得人类社会发生了巨大转折，是人类历史的重要分水岭。成熟国家虽是前现代国家，但依旧可以掌握超过一千万平方公里的领土、数亿的人口，集结上百万的军队。秦朝的军队规模就曾达到 130 万之多。

从国家形态和政治制度要素来说，中国主要为世界提供了官僚制、现代国家机器、中央集权、高社会流动、世俗统治、郡县制、能力主义、集体主义、族群融合等制度和经验，西方则主要贡献了共和制、帝国范式、法治、公民概念、阶级政治、个人主义等制度和经验。两者都为人类提供了治理超大规模国家的成功经验。这些要素和经验相当程度上都是构建现代国家的必备要素，甚至可以说现代国家基本政治形态主要源自此次伟大转型的成果及其发展。"公元前 3 世纪，在欧亚大陆遥远的边缘地带，两个帝国正在形成。罗马和中国最终囊括了庞大的地域，吸收了众多人口，创造了各种行之有效的方式以统治他们，并且培育了一直存活至当代的关于政府的种种观念。"② 这是此次伟大转型在人类国家史上具有重要地位的根源，也是其具有重大而深远影响的根源。

中国无疑是全世界最早的一批向成熟国家成功转型的国家，开创了东亚地区乃至于亚洲地区从早期国家向成熟国家转型的先河，对东亚国家和

---

① 张光直. 连续与破裂：一个文明起源新说的草稿//张光直. 美术、神话和祭祀. 郭净，译. 沈阳：辽宁教育出版社，2002：118.

② 伯班克，库珀. 世界帝国史：权力与差异政治. 柴彬，译. 北京：商务印书馆，2017：25.

周边国家从早期国家向成熟国家的演进产生了深远影响。这一点下一节将展开论述。

古罗马对西方历史进程、国家演进产生了重要影响，欧洲文明、美国的制度深受古罗马遗产的塑造，西方人总体上继承了古罗马的文化。古希腊、古罗马文化和制度并通过近代西方的扩张逐步影响世界。巧合的是，中国君主官僚制国家形态也通过近代中西交流深刻影响西方文明进程，并通过西方的扩张而成为世界第二波官僚化浪潮的源头，对世界产生深远影响。

第三，中西方文明第一次大分流。中国和西方在向成熟国家转型时，走的是不同的路，构成一次伟大的大分流。这次大分流包括国家发展道路、社会形态、国家形态、阶级结构、族群关系、文明范式等各个方面。虽然中西方在早期国家阶段已有大分流的萌芽和要素，但只有在这次大转型中中西方的差异性才完整呈现其自身，构成一次具有决定性意义的大分流。过去相当多的关于中西方大分流的讨论重点在于经济和社会，对于国家发展道路、政治关注不够，实际上国家发展道路更具有决定性。另外，研究大分流的学者更多关注近代以来的历史，对于古代历史关注不够[①]。

在向成熟国家转型这个关键历史节点，中国是伟大的先行者，和西方并驾齐驱甚至更胜一筹，形成了强大的国家形态和政治文明（见图9-8）。在后世近2 000年的时间里，差异性进一步强化，中国和西方进一步走上了不同的道路。国家发展道路大分流不是偶然的，而是源自深层次的文明结构、政治传统、地理结构和族群结构，以及重大事物到来的先后顺序。16世纪以来的中西方大碰撞实际上是第一次中西方文明大分流之后的大合流，产生了完整的现代国家、现代文明等极为灿烂的政治制度和文明成果。

---

① 彭慕兰. 大分流：欧洲、中国及现代世界经济的发展. 史建云，译. 南京：江苏人民出版社，2014；王国斌，罗森塔尔. 大分流之外：中国和欧洲经济变迁的政治. 周琳，译. 南京：江苏人民出版社，2019.

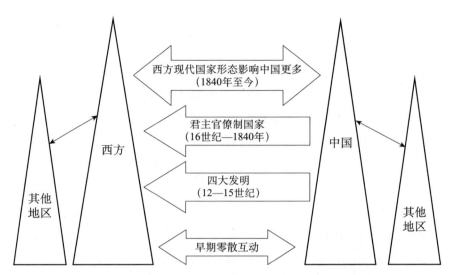

图9-8　中西方逐步演变为世界政治文明的两座极峰并影响世界

第五节　对亚洲和世界格局及历史进程产生深远影响

　　周秦之变及此间形成的君主官僚制国家形态对于周边地区、亚洲和世界产生重大而深远的影响。这些影响亦是周秦之变世界意义的重要组成部分。

一、古代东亚世界形成和崛起的关键，深度塑造东亚格局和进程

　　东亚是亚洲、世界的重要组成部分。它不单单是一个地理概念，更是

一个极富特色、独树一帜的政治文化经济体系①。古代东亚共享基本相同的文化价值体系，属于同一个文明范畴，这种情况形成的根本原因就是中国。没有中国，就不可能有政治经济文化上的东亚概念。周秦之变以及在此过程中诞生的君主官僚制国家最终传播到东亚各国，为其传承 2 000 多年，成为东亚作为一个文明圈形成之根本原因。

第一，提供了古代东亚国家普遍采纳的国家形态，深刻塑造了古代东亚国家的国家演进进程和文明进程。托克维尔有句名言："历史是一座画廊，在那里原作很少，复制品很多。"② 世界上原生性国家形态并不多，绝大多数国家都处在先进国家形态的影响下，或者全盘照搬、模仿，或者吸收其精华。君主官僚制国家形态就扮演了这个角色。如无君主官僚制国家形态，东亚世界无论是公元前 3 世纪，还是此后的 2 000 多年，都可能会是完全不同的世界。日本、朝鲜、越南、琉球等国家和地区都接纳了君主官僚制国家形态，作为本国或本地区延续一两千年不等的主流国家形态。越南的君主官僚制国家形态的结束时间晚于中国。

君主官僚制国家形态成为东亚的共同国家形态和制度基础，对这些国家的国家形态形成和演变、历史演进乃至于整个文化发展都产生根本性乃至于决定性影响。没有中国，这些国家的文明史基本上将彻底改写，国家演进速度和方向亦会完全不同。福山认为中国传统制度对东亚有重大影响，并认为这种体制的重要来源就是秦朝。他说：历史上，朝鲜、日本、越南，虽独立于中国政体，但借鉴了大量中国思想，都是分享中国共同文化遗产的东亚国家，这不是偶然现象③。学者康灿雄研究了古代中华文明对于东亚国家和文明的形成和发展的深刻影响，强调"在中国和中华文明的影响下，朝鲜、越南和日本三个国家一千多年前成为集权化的政治单位以及实施内部控制的领土国家；它们之间有着正式的、合法的国际关系，国际社会对其合法国家地位的认可是它们存在的重要

---

① 这里主要指的是文化上的东亚，除了包括今天所谓的东亚，还包括从地理上划为东南亚的越南。

② 托克维尔．旧制度与大革命．冯棠，译．北京：商务印书馆，2012：106.

③ 福山．政治秩序的起源：从前人类时代到法国大革命．毛俊杰，译．桂林：广西师范大学出版社，2014：119 - 283.

组成部分"①。政治学者罗兹曼等人指出："中国是个典范，是政治的思想和形式的输出者。帝国制度本身和许多与中国政府有关的政治形式都在远离中国的地方得到了采用或者使其适应。"② 形成于秦朝的中华法系覆盖了中国周边和东亚，成为世界五大法系之一，亦是周秦之变对于亚洲东部深远影响之组成部分。

第二，极大地影响和缩短了古代东亚国家从早期国家向成熟国家转型的历程。前文指出了早期国家和成熟国家之间的巨大鸿沟。这道鸿沟多数国家或者政治实体都是难以跨越的。中国从早期国家到成熟国家，可谓付出了巨大的代价、耗费了大量的时光。周秦之变对于中国而言，是来之不易的，变革成果极其珍贵。国家形态具有"传染性"，学习模仿先进可以说是人类的本能。中国为东亚国家提供了一种先进的成熟国家的范例。没有中国这种示范和推动作用，东亚其他国家是否能跨过、何时跨过、以何种方式跨过早期国家和成熟国家的鸿沟都是很难说的。也正是因为中国的示范作用甚至是直接参与和推动，比如中国人大量移民到了朝鲜，一些中国人移民到了日本，其他东亚国家的成熟国家形态都呈现出次生和模仿的特质，相当程度上呈现了中国化、中华化的特征，其核心就是以中国国家形态为模仿和学习对象。

历史学者杨军、张乃和指出，公元前3世纪至8世纪，"东亚各国的形成过程表现出很明显的次生性质。有已经步入成熟国家的中国作为模仿对象，使它们不必再摸索自己独特的国家演进之路。这极大地加速了各国的历史进程，使它们在几百年的时间里就走完了中国用了两千年才走过的从早期国家向成熟国家的演进之路"③。朝鲜深受中国影响不必说。对于日本而言，其国家形成和发展都受到中国的重大影响。学者蔡凤林指出："春秋战国、秦朝时移居朝鲜半岛的中国移民，早在公元前3世纪（或更早）就开始徙居今日本九州北部地区，其中一部分人以后发展成日本渡来人中

① 康灿雄.中国影响下的文明与国家的形成//卡赞斯坦.世界政治中的文明：多元多维的视角.秦亚青，等译.上海：上海人民出版社，2018：122.
② 罗兹曼.中国的现代化.陶骅，等译.上海：上海人民出版社，1989：60.
③ 杨军，张乃和.东亚史：从史前至20世纪末.长春：长春出版社，2006：66.

的'秦人'。他们不仅将稻作和青铜铸造技术传入日本，同时也推动日本社会进入了国家形成的历史时期"，"古代日本国家的形成，是在以中国为核心的东亚国际环境影响下形成"①。日本的早期国家形成和发展、成熟国家形成都受到中国的深刻影响②。日本历史上多次对于中国国家形态进行学习和模仿。由于中国的影响，东亚和中国周边国家从早期国家转向成熟国家的时间比中国大为缩短，都在数百年时间内完成。

第三，形成了古代东亚体系、东亚文明圈。由于中国的核心国家作用，以及中国国家形态、科技、军事、文化、经济实力的影响，东亚出现了以中国为中心的天下体系。这个体系里的几乎所有国家，基本上都整套地接纳了中国的文化、中国的文明。翦伯赞认为："秦帝国的建立及其活动，推动了中国历史的发展，也对当时的亚洲起了文明的先导作用。它发展了和邻近各国之间的关系，打破了东方世界的原始封闭性。"③ 美国学者巴菲尔德认为："在整个东亚，甚至诸如朝鲜、日本和越南这样高度独立的邻国也全都采用了中国的国家机构和对外关系、表意文字、饮食、服饰与历法模式。"④ 美国学者贾雷德·戴蒙德认为："在东亚，中国在粮食生产、技术、文字和国家形成方面的领先优势所产生的结果是，中国的创新改革对邻近地区的发展也作出了重大的贡献……历史上缅甸人、老挝人和泰人的向南扩张使热带东南亚的中国化宣告完成。"⑤

中国是东亚体系最主要贡献者和维护者，东亚国家是这个体系的重要组成部分，实际上是获益者、得利者。东亚体系一旦形成，接受了君主官僚制国家形态的东亚国家，又自动维护这个体系。"中国是东亚秩序的最主要的原创者和维护者，但不能忽略的是一旦这个秩序形成，所有成员都具有参与和维护的天职，它们均构成了天下秩序的'搭便车'者。之所以

①　蔡凤林.日本早期国家的形成与古代东亚社会.日本问题研究，2019（1）.
②　美国学者霍尔初步讨论了日本国家形成和发展与中国影响的关系.参见：霍尔.日本史.邓懿，周一良，译.北京：商务印书馆，2013：28-35.
③　翦伯赞.秦汉史十五讲.张传玺，整理.北京：中华书局，2015：40.
④　巴菲尔德.危险的边疆：游牧帝国与中国.袁剑，译.南京：江苏人民出版社，2011：2.
⑤　戴蒙德.枪炮、病菌与钢铁：人类社会的命运.谢延光，译.上海：上海译文出版社，2016：359.

出现这种情况，是因为它在本质上符合了东亚社会发展的需要，其中最重要的是维护了各王朝内部统治的需要，因此，天下秩序成了国际公共产品，而不会因为中国本土的分裂和弱小同步地被抛弃。"① 这就使得东亚秩序在中国遭到削弱时仍旧可以继续维持，有效克服了中国王朝周期率的灾难性影响，成为一个延续了 2 000 多年的漫长存在、独特存在。

二、对亚洲和世界历史格局和历史进程产生深远影响

过去对于周秦之变对东亚的影响的讨论比较多，其对亚洲和世界的影响却较少被充分讨论。事实上，周秦之变并通过君主官僚制国家形态的传衍，对亚洲乃至世界都产生了重大而深远的影响。

其一，改变了亚洲东部、亚洲和世界的权力格局。周秦之变中形成了君主官僚制国家形态，在亚洲东部形成了一个统一的强大的中国②。中国的国家实力、国家规模、国家治理的先进性等超过了亚洲多数国家，成为东亚的轴心国家以及亚洲最强大的国家之一，成为亚洲东部强大的政治权力中心、文明中心。这就避免了亚洲东部政治权力格局出现中心坍塌，为亚洲东部的和平与发展奠定了极重要的基础。

长期以来的亚洲历史证明，只要中国保持一个足够强大的存在，亚洲东部的总体和平就是有可能实现的。相反，只要中国无法维持一个强大的存在，亚洲东部的和平往往难以实现。这里的一个重要挑战者是日本。古代历史上，亚洲东部一直面临日本的扩张，首当其冲的就是朝鲜，亚洲东部秩序受到挑战。唐朝、明朝两次出兵，遏制住了日本的扩张和侵略。如果中国实力不足，则朝鲜、中国和亚洲东部的格局早已彻底改变。近代日

---

① 李扬帆 . "中华帝国"的概念及其世界秩序：被误读的天下秩序 . 国际政治研究，2015 (5).

② 这里的亚洲东部是宽泛意义上的，包括东亚、东南亚和中亚部分地区等。

本在中国虚弱之际侵入中国和亚洲东部并给这些国家和地区带来极端深重的灾难就是一个例子。倘若当时中国足够强大，则日本可能无此机会。

亚洲是世界最大的一个洲，也是古代世界最重要的一个洲，古代主流文明和普世性宗教基本上都从亚洲发源，古代最强大的国家、规模巨大的国家大多诞生于亚洲或者离不开亚洲的影响。亚洲可谓是人类文明之母。亚洲权力格局的改变，对于世界权力格局、历史格局也带来深刻的影响。周秦之变导致在亚洲东部形成了中国这个超级权力中心，和古罗马、古印度等国家一道成为世界主要的权力中心，这已彻底改变了世界权力格局。秦汉中国的顽强存在和君主官僚制国家形态的长期延续，保卫了东亚的农耕文明，并曾一度迫使中国北部或者北方的游牧民族西迁，西迁的游牧民族对中亚和欧洲历史产生了深远影响。

其二，推进了亚洲东部、亚洲和世界的文明进程。周秦之变形成的先进的君主官僚制国家形态和实行这种国家形态的秦汉中国，对于亚洲都是新事物。由于超大的国家规模和文明的领先性，以周秦之变为起点直到晚清之前，中国实际上成为亚洲和世界重要的文化创造者、输出者、供给者，相当程度上推进了亚洲和世界的文明进程，一定程度上提高了世界特别是东亚人民的文明程度、生活水平、技术水平。前文特别提及了包括官僚制等在内的中国君主官僚制国家形态要素的广泛传播对于人类官僚制和现代国家构建的深远影响，这些都深刻改变了世界历史，推动了人类文明进程。古代中国对于世界的影响远不只有"四大发明"，更为重要却长期被忽视的是在政治制度和政治文明上的重要贡献，包括官僚制、中央集权制度、郡县制、科举制、世俗统治、理性主义、民本主义、高社会流动、直接统治模式、能力主义、官办教育、户籍制度、赋税制度等。这些中国元素、东方元素的相当一部分早已深度融入了世界政治文明，构成了现代国家不可或缺的组成部分。人类早期发生的重大事件对于后来的人类历史、人类文明有着深远影响，周秦之变深刻体现了这一点。

其三，形成了一个大致以中国为中心的超大规模的世界政治经济网络。作为古代世界的主要文明之一，以中国为发源地、主要创造者的中华文明的影响不止于东亚世界，其范围更为广泛。秦汉唐特别是明朝和清朝前中期，中国作为世界上最强大的国家之一，其政治经济和文化影响范围已经涵盖亚洲相当多的地方。美国战略家布热津斯基指出："直到 1840 年，中国的帝国影响范围仍然遍及整个东南亚，一直延伸到马六甲海峡，还包括缅甸、今天的孟加拉国的部分地区和尼泊尔、今天的哈萨克斯坦的一部分、整个蒙古，还有流入太平洋前的阿穆尔河以北大片今天被称为俄罗斯远东省的地区。这些地区要么是在中国某种形式的控制之下，要么对中国俯首称臣。"[①] 他描述的这个范围，再加上东亚的日本、朝鲜、琉球以及东南亚的越南，都受到中国政治经济文化力量的强大影响，可以称为一个宽泛意义上的世界体系。

基于这种历史性现象，一些学者使用了朝贡体系、朝贡体制、华夷秩序、朝贡贸易圈、天下体系、天下秩序、"朝贡-册封"秩序、中华世界体系等说法。这些概念指向的是一个相互关联、互动交往、存在秩序的世界体系，在历史上真实存在过，并发挥着重要的政治经济文化功能。日本历史学者滨下武志说得很清楚："以中国为核心的与亚洲全境密切联系存在的朝贡关系即朝贡贸易关系，是亚洲而且只有亚洲才具有的唯一的历史体系，必须从这一视角出发，在反复思考中才能够推导出亚洲史的内在联系"，"要从体现历史纽带的亚洲区域内的国际秩序和国际贸易体系的调整内在变化之中，去把握作为亚洲史的发展形态的近代亚洲"[②]。这是关于古代中国对亚洲的贡献的深刻洞察。

德国学者弗兰克从世界经济史角度出发，反驳了 16 世纪以来欧洲居于世界贸易中心的观点，认为 1800 年之前，世界长期存在一个以中国为中心的全球多边贸易网络[③]。美国历史学者威廉·麦克尼尔认为："中国文明对于其周边的各个民族产生了激励的作用，其结果就是在有文字记载的历史时期，以中国为中心的东亚都市网络持续地向外部新的地域扩展，并一直

---

① 布热津斯基. 大棋局：美国的首要地位及其地缘战略. 中国国际问题研究所，译. 上海：上海人民出版社，2007：134.

② 滨下武志. 近代中国的国际契机：朝贡贸易体系与近代亚洲经济圈. 朱荫贵，欧阳菲，译. 北京：中国社会科学出版社，1999：30，5.

③ 弗兰克. 白银资本：重视经济全球化中的东方. 刘北成，译. 成都：四川人民出版社，2017.

延续到今天——这就是欧亚大陆上的第二个大都市网络体系。"[①]

这个政治经济网络持续时间较长、世俗化程度较高、暴力程度较低、互利互惠程度较高，影响力不局限于亚洲，是亚洲历史上、世界历史上极为重要的规模巨大的政治经济网络（见图 9-9），有别于资本主义世界体系的暴力性、血腥性和利益属性。其起点是周秦之变。没有周秦之变中形成的君主官僚制国家形态及其长期传衍，这种洲际规模的巨型政治经济网络是不太可能出现的。

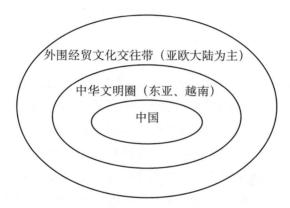

图 9-9　古代中华世界政治经济网络

此处对本章略做总结。周秦之变的革命性国家形态成果和文明成就主要包括：（1）形成了世界长期领先的主流国家形态，而且中国始终保持超大国家规模，成为世界历史上存在时间最长的强盛的超大规模国家。（2）构成了人类轴心期哲学宗教突破和国家形态突破的主要组成部分。此期间所形成的儒法道思想成为东亚最重要、影响力最久远的思想资源，亦成为世界最宝贵最持久的思想资源之一。此期间所取得的国家形态成就同样光彩夺目，成为世界主要政治文明成果的组成部分。任何一个民族只要参与了轴心期任何一个维度的突破，都可称轴心民族，中国同时参与两个，且展示了预示人类发展方向的世俗性特色。周秦之变给了中华文明一个极高的起点。（3）周秦之变中，中国领先于世界其他文明初步翻越国家机器现

---

① 麦克尼尔. 全球史：从史前到 21 世纪的人类网络. 王晋新，宋保军，等译. 北京：北京大学出版社，2017：55.

代化、社会和阶级结构现代化两座"珠穆朗玛峰"，为全世界最终在 16 世纪以后逐步进入现代国家状态奠定了关键性基础。现代国家构建的五大核心难题（五大核心支柱），中国解决了两个。由于解决了这两个核心难题，中国国家和中华文明在古代世界足以形成对于其他文明和民族的巨大优势①。周秦之变中，中国率先出现的官僚制和韦伯式现代国家机器（且不限于它们），经过 16 世纪以来的中西互动传入西方，和更早传入西方的"四大发明"一道，推动了西方在政治、经济、技术、军事、社会、文化领域发生重大革命，对于西方近代崛起和现代国家的建构产生了极其巨大的影响。西方人要独立发明这五大事物，需要数百年甚至上千年时间，甚至难以完成。此后，又通过西方传播至全世界，为世界官僚制发展和韦伯式现代国家机器的构建起到了奠基、原型和示范作用。以中国为中心的、覆盖东亚的"世界早期官僚制文明带"终于在 16 世纪以后逐步演变成"全球官僚制文明圈"，全球官僚制文明圈亦即全球韦伯式现代国家机器圈，深度塑造现代世界的面貌，深刻影响世界政治文明的进程。这是周秦之变在解决国家发展普遍性难题层次上的最显著贡献。无论我们如何贬低和否定秦朝官僚制和国家机器，它都是中华政治文明的核心内容，是现代国家机器的原型，相当多的西方学者承认这是中国对世界的最重要贡献。只要我们建构现代国家和现代文明，就摆脱不了它，特别是其中的原理，当然可以完善它且必须完善它。不过，古代中国并没有解决国家统治方式现代化、国家和人民关系现代化、国家经济形态现代化问题（现代国家构建的其他三座"珠穆朗玛峰"）。尽管有天命、礼法、祖宗之法、儒家学说等的规训和制约作用，但国家权力的任性和滥用、民众权利受到的保障不够多仍旧是极其重大的缺陷，在现代人看来尤其触目惊心。因为国家是一个整体，现代国家的五座"珠穆朗玛峰"是相互关联的，没有国家统治方式现代化（特别是法治化），国家机器越是发达越是容易造成权力失衡、国家

---

① 当然，儒家居于统治意识形态地位后对国家组织化的持续削弱对于君主官僚制国家而言是一个根本性灾难，否则人丁单薄、技术落后、组织粗放的游牧民族对于中原政权的挑战极难成功。此外，儒家对轻徭薄赋的过度强调导致中国人普遍对于赋税负担的容忍度极低，国家财政问题经常成为民间叛乱之源。明朝灭亡时，东南一带可谓极其富足，但国家财政却在应对满族威胁时捉襟见肘，增加解救国家于危难的赋税在许多民众眼里却是"暴政"。

机器的暴虐，从而带来政权的危机，在内外各种因素作用下就体现为政权的周期性震荡、王朝的周期性更替。没有国家经济形态现代化（如工业化），国家机器也会丧失往更高阶段晋升的动力。如果要说周秦之变有不足，这恰恰是它的根本性不足。实际上，只有从国家形态的整体结构和世界历史的纵深，才能看清楚周秦之变的不足。（4）在亚洲东部，中国率先实现从早期国家向成熟国家的转型，飞越早期国家管理低效、国家规模难以突破、地方主义横行、家族血缘主义泛滥的宽阔沼泽（简称"早期国家沼泽"），开辟了一条早期国家向成熟国家转型的东亚道路、东方道路，对东亚国家和周边民族建构成熟国家起到了示范作用。日本、韩国、朝鲜、越南等国家无不通过模仿中国建构自己的成熟国家形态、形成自己的政治文明。相当多的游牧民族亦从中国汲取政治智慧和经济技术资源，并且在向中亚、欧洲迁徙和征战的过程中推广了中华文明。没有中国的作用，亚洲东部的文明水准将大大降低。（5）由于周秦之变中中国成为超大规模的强国，屹立于世界的东方，形成了一个超级巨大的权力中心、政治中心、文明中心、技术中心，好比一座文明的"青藏高原"，深刻改变了世界文明格局和世界历史进程。中国的超强实力为中华文明圈和范围更加广泛的中华世界政治经济网络的形成打下基础。中华世界政治经济网络是一个世界级文明地带，带给这些地区的人民巨大的经济实惠和先进的技术成果。

周秦之变的特殊性在于它发生在人类轴心时期，属于人类思想成型、国家制度成型、成熟国家奠基、世界政治格局形成的关键时期，这种特殊性又加深了其重要性和影响力。基于这些原因，周秦之变完全可以称为人类政治文明乃至于人类文明的奠基和分流事件，其影响力之巨大和持久，只有近代以来世界范围内的工业革命一类的事件可与之媲美。

第十章

结语：世界性中国及其理论意义

　　中国不但是政治的中国、历史的中国、文化的中国，还是理论的中国、知识体系意义上的中国。中国不但是中国的中国，还是亚洲的中国、世界的中国。这是认识和理解中国的不同层次。历史和理论相结合，以中国历史和中华文明为基底，以中国为方法，秉持世界视野，是我们认识世界和建构理论的基本依托。基于这样的逻辑和初衷，本章主要完成两方面内容。一是提炼归纳本研究的结论。二是阐释周秦之变的理论意蕴，并对周秦之变研究做一点展望。

第一节　基本结论

　　在公元前 11 世纪至公元 19 世纪的多数时期，中国都是世界历史中的先进国家，是开发人类政治制度、探索国家治理的伟大先行者。取得这些成就有多重原因，其中就离不开周秦之变的重要作用。周秦之变不是一天出现的，它有一个漫长的铺垫和累积过程。约公元前 3000 年，中国出现原初国家——古国，呈"满天星斗"状分布。经历 900 多年的交流、碰撞、裂变、融合后，约公元前 2100 年，中国从古国时代进入天子诸侯制国家时代，夏朝为天子诸侯制国家的第一个实体。商朝继承之。周初出现人文革命、宗教革命，天命观人文化、民本化、道德化，立国基本理论由夏商的天命论演变成天命保民论，这代表中华文明和古代世界其他文明的重大分野。

　　天命保民论持续发展，逐步包括以下主要内容：具有最高主宰力的天

创造了天子和民众，天将统治权交付天子，由天子统治民众。天子拥有人
世间的最高统治权，应该维持人间的秩序，照顾好民众的生活。天意通过
民意等途径显现出来，天子必须关注民意、回应民意。如果天子失德失
职，天可能震怒、给予警告和惩罚甚至剥夺统治权。中国天的信仰经久不
衰同其他一些文明神的信仰十分坚固之差异，某种意义上预示了中外国家
理论和实践的关联和分殊。

　　天子诸侯制国家是中国从"天下万国"的古国时代向大一统国家时代
转变的中间形态，是一中心、多点散开的差序统治格局。天居于全部政治
宇宙观的中心，是权力合法性的终极来源，一切皆在天之下。天子所在的
都城处天下之中，离天最近，便于承接天命，乃最高权力中心。与天子的
亲疏关系是决定个人乃至地方政治实体的地位和权力大小的基本准则。天
子诸侯制国家是天地家国同构的。天、地、家、国作为天下型国家的最重
要事物，存在逻辑上的相互贯通、结构上的互嵌和同构。作为天下型国
家，天在国家构建、形成和运作中处于枢纽地位。天命观、天下观是天子
诸侯制国家立国基本理论的核心内容。地乃国之载体，亦具有本体意义，
土地及其制度在国家运作中具有重要意义。天、地覆盖了时间、空间，和
天子、国、家、民一道，构成周人宇宙和人间一体的永恒秩序。

　　周朝国家基本制度为贵族联盟的有限君主制或者说天子制，分封制、
宗法制乃其左膀右臂，实行常备军制度，国家暴力资源多元化，奉行礼法
之治。西周的官僚体系已较复杂。西周权力结构大致如下：周王之下大约
是一到三位主要执政大臣，即太师、太保、太傅，亦称为卿士。其下是四
大官僚机构。一个是卿事寮，这是最重要的。一个是太史寮。其他两个分
别是内廷管理系统和宗族事务管理系统。周代实行世卿世禄制，所有官僚
都由贵族担任。官僚世袭，但不必然意味子承父职，周王有一定的选择
权。官僚世袭制约了周王的权力。贵族在担任官职前需接受官办教育的长
期训练。西周的阶级和社会结构是等级化并且固化的，分为王族、贵族、
国人、野人（庶人）和奴隶。

　　西周政统和道统合一，政治权力和意识形态权力合一，国家拥有意识
形态生产权、使用权、阐释权，此后"道术为天下裂"，政统和道统逐步

分离。后起的君主官僚制国家政权拥有意识形态的选择权、使用权和局部阐释权，但意识形态生产权和主要阐释权总体上被社会精英掌握，因而始终存在政统与道统的结构性张力关系。周秦之变是中国政统和道统关系的历史性分野。

作为中心主义国家，中央权威具有牵一发而动全身的本源性、根本性地位。随着周王室不能再维持其统治，中央权威逐步塌陷，经过500多年的春秋战国战乱和纷争，中国最终走向秦朝，君主官僚制国家开始确立，并牢牢占据中国历史的主角地位。中国从早期国家演进到成熟国家，历时1 800多年。君主官僚国家形态是周秦之变的最重大产物，是古代东亚最主流的国家形态，亦是世界最重要最具有影响力的国家形态之一。它是在战火、改革、思想轴心期、农业经济、竞争和周朝国家形态等基础上形成的，体现了中华文明的断裂、突变和连续的统一。这种变革烈度在中国古代史上达到了顶峰，但文明的延续亦是内在的、深刻的。

秦朝立国基本理论是天命律法论，来源包括夏商周三代极为兴盛的天命论和法家、阴阳家等各家的学说。法家学说成为其治国主要指导思想。君主官僚制国家是中国历史发展的产物，是加强版的中心主义国家范式。以皇帝为代表的国家最高权力居于整个国家和社会的中心。皇帝制是一种新型君主制，是中国特色、东方特色的君主制。皇帝制度标志着中国国家演化的新阶段。大一统是极具中国特色的国家基本制度和组织原则，主张实现政统和道统融合、政治与日常整合、时间与空间统摄、宇宙天地秩序和政治秩序调和。君主官僚制国家是大一统思想的第一次坐实。

秦朝拥有当时世界上最完善的官僚制，是世界史上首个真正意义上的中央集权的官僚制国家，开启了人类的官僚制国家时代，是人类历史的伟大突破。官僚在秦朝国家运作、社会管理中具有极重要的地位。从中央到地方，都有一整套分工清晰、各负其责、依照秦律运作、等级化的官僚体系。秦朝已出现行政系统、军事系统、监察系统的分野，三套系统互不隶属、相互制衡，直接对皇帝负责。秦朝还第一次在全国范围内普遍推行郡县制。郡县制和官僚制一道，构成中华文明史的重要标志。它们和皇帝制度一道，构成君主官僚制国家国家中心主义特质的基本内容。秦朝国家和社会是一体的，以国家为中心。官社一体，是理解中国政治和中国国家的重要面向。这种国家和社会关系亦属国家中心主义的内容。

传统印象中，秦律严酷残暴，汉朝史书对于秦朝、秦始皇、商鞅等的描述是这些残酷印象的重要来源。这些描述很多过于负面，出土秦律已证明其中不少描述失真。秦朝法律是在秦国已有法律基础上形成的专业化程度较高的法律体系，有规范对象广泛、条文精准和明赏必罚，强调官吏比民众承担更大责任、官吏失职将受到惩罚，劳役刑过多过滥等特点。劳役刑过多过滥成为秦律最具破坏性的缺陷。秦律关于死刑的规定比较慎重。

秦朝是以皇帝为核心、官僚为管理主体的四民社会。在皇族、官僚之外，士农工商是社会的四大重要阶层，构成一个金字塔式的社会结构。官僚主要从农民阶层、士阶层中产生，仕途结束后又回到这些阶层。官僚和民众可相互流动，流动的主要依据是在农战上的成就。秦朝的经济基础是较发达的农业经济、有一定基础的手工业和商业。咸阳、临淄、邯郸等城市已出现，当时还有很多地域性经济中心。当时中国的经济水平、城市规模在世界上是领先的。

秦朝是君主官僚制国家的原生形态，是一切君主官僚制国家的源头、原型。但秦始皇猝死、秦朝二世而亡，秦朝国家形态未来得及完善，停留在战争动员和法家痕迹太重的阶段，儒法关系严重对立，是马上打天下模式而不是下马治天下模式。从国家演进逻辑来看，其存在矫枉过正、过于偏激等问题。汉朝继承皇帝制度、官僚制、郡县制、中央集权、大一统原则、律法之治等秦朝国家形态的主体内容，并对其进行改造和定型。其核心改造是引入儒家思想作为主导性意识形态，外儒内法、济之以道，使立国基本理论从天命律法论变成天命礼法论，使君主官僚制国家变成皇权和民本兼顾、礼法并用、恩威并施、刚柔相济的成熟模式，具有强大韧性和适应力，最终为后世所接纳并成为通行 2 000 多年的主流国家形态。

从国家形态演变的具体过程来看，周秦之变可分为四个阶段。第一个阶段，天子诸侯制国家期（公元前 1046—前 707 年），包括天子诸侯制国家强盛期（公元前 1046—前 922 年）、天子诸侯制国家总体守成期（公元前 922—前 771 年）、天子诸侯制国家勉强维持期（公元前 770—前 707 年）

三个小阶段。第二个阶段，君主官僚制国家奠基期。可分为两个阶段。一是半分封-半郡县国家期（公元前707—前453年）。二是不完全君主官僚制国家期（公元前453—前238年）。第三个阶段，君主官僚制国家形成期（公元前238—前206年）。此时，全要素的大一统中央集权君主官僚制形成。这个阶段是周秦之变的高潮。第四个阶段，君主官僚制国家改造和定型期（公元前206—前87年），简称君主官僚制国家定型期。加之于此前的古国，实际上构成了古代中国国家形态演进的一个完整链条：古国（约公元前30—前21世纪）——天子诸侯制国家（约公元前21世纪—前707年）——半封建-半郡县国家（公元前707—前453年）——不完全君主官僚制国家（公元前453—前221年）①——君主官僚制国家（公元前221—1912年）。

从动因和机理来看，周秦之变是一个具备巨大国家规模和较强的农业经济基础的较为发达健全的中心主义国家的一次内部演变，是中国从弱中心主义国家向强中心主义国家的一次伟大转型，亦是中国从早期国家时代的中心主义国家向成熟国家形态的中心主义国家的一次伟大转型。中国所具有的国家中心主义特质和秉性从根本上规范和影响了这次国家形态演进。地理环境深刻塑造古代中国国家形态，很大程度是中国中心主义国家之自然根源，塑造了周秦之变的进程。中国特殊的国家起源方式深刻影响后世中国的国家演变，是一切变迁的重要根源。中国国家起源有着自己的路径，即满天星斗模式、中国漩涡模式、公共管理（者）蜕变之路和保留氏族因素的维新之路，这四个机理和特征的耦合催生了中心—边陲结构的极端重要性，催生了中心主义国家范式，催生了中国官僚机构、家族制度的双向繁荣，亦带来家和国融合、斗争的复杂关系，最终导致中国在世界上最早形成官僚制。特殊的分层-关联思维模式和天命论的本体论意义，为周秦之变和新国家形态的生成指明了方向、划定了框架。

周秦之变的过程是国家最高权威和国家形态双重衰败耦合并形成新国家最高权威和新国家形态的过程，是寻找新权威、新中心、新制度的过

---

① 这里的不完全君主官僚制国家阶段（公元前453—前221年）和分析周秦之变历史过程中的阶段划分略有调整。后者是为了便于分析而划分的。

程。特殊条件下的特殊战争成为中国国家构建、国家形态演进的重要推动力和塑造者。周秦之变主要是精英集团相互取代的产物，而非阶级斗争的结果，亦是在巨大国家规模基础上的边陲对中心、地方对中央的取代和反噬。经济因素并不起决定性作用，而只起基础性作用。国家中心力量由贵族阶级切换为官僚阶层，既构成周秦之变的动因，亦成为周秦之变的重要机理。最先到来的重大事物深刻影响中国国家形态演变和政治进程。最早出现的天命观、发达国家机器、中央集权、世俗化、社会结构的开放性、世界级水准的法家儒家道家思想等都深刻影响了后来的国家形态演变进程。

天子诸侯制国家、君主官僚制国家存在巨大差异，亦有一定的共性。天子诸侯制国家属于东方式的早期国家的高级阶段，标志着中国国家形态和中国历史的飞跃，开创影响深远的天下型国家范式，是中国社会整合、民族构建的崭新阶段，丰富了国家构建和国家治理经验，对中国和东亚影响深远。君主官僚制国家是天下型国家的成熟范式，是先秦以来中国社会进化和国家形态演进的最重大成果，是中国古代历史上最主流最重要的国家形态，开启了为后世继承、影响深远的大一统传统，使得中国可以长期维持在一个超大国家的规模，决定性地增强中国的实力，使其成为古代东亚世界的核心国家、古代亚洲和世界的主要国家。

天子诸侯制国家存在的局限主要有：尚未完成国家集权和中央集权，国家自主性不足；国家机器不够精致和完善；阶级固化和阶级专制比较严重；对国家权力的认知和制度设计不科学，导致国家统治资源流失；政治制度化不足，缺乏严肃的法治；军队战斗力不足；等等。君主官僚制国家存在的局限主要有：国家权力独大，可能造成权力任性、独断和腐败；国家命运过多维系于最高统治者，存在较大政治风险；律法之治或礼法之治并非现代法治，容易受到国家权力挑战；民众在国家政治生活中是被动的，其权益容易受到国家权力侵犯；政治主导、地权本体化和重农抑商政策偏好阻挠国家形态演进；存在国家形态超长延续性、坚韧合法性和政权周期性震荡的矛盾；等等。这些问题和国家形态演进逻辑紧密关联，并深刻影响后世中国国家形态演进。从某种意义上来说，只有克服了这些局限，中国国家形态才会实现新的飞跃。

周秦之变的社会政治起源：从天子诸侯制国家到君主官僚制国家

周秦之变应该得到精准的历史定位。第一，它是中国国家形态带有必然性的正向变革、自我升级。第二，它解决了当时中国最重要最紧迫的国家统一和中央权威重建问题，避免了中国在内战、内耗中毁灭。中国在此过程中首次实现郡县制统一，并在疆域上有极大拓展，奠定了中国的疆域基础，为后世开展国家治理、中华政治文明的形成和发展提供了最基本的领土保障。第三，它形成了可以治理超大型国家的国家形态和制度范式，奠定后世中国国家治理的坚实基础，相当程度地决定了后世中国国家演进方向，决定性地塑造了中华国家的范式、内涵和特质，是中国从早期国家走向成熟国家的伟大飞跃，是古代中国历史上最重要、影响最深远的大转型。周秦之变是中国真正意义上的中央集权国家的实现期，是天下型国家重大演变期和定型期，是多元一体的多民族国家形成期，亦是大一统的世俗型国家的形成期。第四，它重新定义中华文明和华夏世界，塑造了中华文明天地家国同构的基本内核，形成了极具统领性的国家中心主义范式，推动中国社会进入高政治和思想主导、中低经济和行政控制阶段（思想政治-社会经济范式），确立了极具标志性的世俗主义范式。它构成了中华文明、华夏世界的重大转折期和定型期，构成一个特殊的关键性历史节点。

周秦之变具有伟大的世界意义。第一，周秦之变形成了世界先进并长期保持领先状态的强大国家形态。所形成的君主官僚制国家在国家机器完善性、官僚制、郡县制、直接统治、常备军制度、文武关系、大国治理、世俗性、国家形态延续性等多个领域处于当时世界前列，是古代中国最重要也最具影响力的国家形态和社会治理范式，丰富了世界国家形态史，构成了人类国家形态的重大突破。第二，通往现代国家的道路上存在五座"珠穆朗玛峰"，即国家机器现代化、社会和阶级结构现代化、国家和人民关系现代化、国家统治方式现代化、国家经济形态现代化。只有翻越这五座"珠穆朗玛峰"，才能真正进入现代国家阶段。君主官僚制国家形态的出现是人类第一次在国家机器现代化、社会和阶级结构现代化两座"珠穆朗玛峰"上实现初步翻越。不过，君主官僚制国家仍旧存在缺陷和局限。它在国家统治方式现代化上有进展，但仍旧没有彻底突破。在国家经济形态现代化、国家和人民关系现代化上亦只有有限进展。直到西方列强到来才刺激中国彻底翻越这三座现代国家构建的"珠穆朗玛峰"。因此，严格说来，秦朝和君主官僚制国家形态不属于现代国家范畴，只是具备丰富现代特征的古代国家。秦朝崛起的时代大致是世界历史由王国、小国转向帝国或者超大规模国家的时代，君主制国家占据统治和支配地位。中国是当时世界历史上直接统治程度最深、国家机器最完备、官僚制最健全、社会流动程度最高的国家。第三，周秦之变对世界政治文明发展和现代国家形成起到巨大推动作用，周秦之变过程中形成的君主官僚制国家是古代历史上最具活力、最接近现代国家的超大型国家，其相当多的现代国家元素为后世的现代国家构建奠定了基础、提供了基本结构。第四，周秦之变开启了一条中国式、东方式的早期国家向成熟国家转型道路，这条道路和西方（古罗马）的成熟国家形成道路存在极大的差异，构成了中西方国家发展道路的第一次具有决定意义的大分流。这条道路对于亚洲特别是东亚的成熟国家形成具有深远的影响。东亚国家的成熟国家形态都是以中国秦汉国家为原型的。第五，周秦之变是古代东亚世界形成和崛起的关键所在，深刻塑造古代东亚格局和历史进程，对亚洲和世界历史格局和历史进程产生了重大而深远的影响。概言之，周秦之变深刻塑造和改变了世界权力格局和世界历史进程。

周秦之变以及君主官僚制国家的出现，是人类历史上最伟大的事件之一，对人类政治史、人类文明史产生重要影响，具有人类政治文明的奠基和分流意义。人类的政治智慧是有限的。一条新的道路开辟后，其产生的光芒一定程度会遮蔽人类对于其他道路的探索从而导致路径锁定。西方现代国家的形成离不开古希腊古罗马文明、中华文明的有益经验，其中就包括君主官僚制国家。16世纪以来，中国的官僚制和国家机器为西方所学习借鉴。此后，其他地区学习模仿西方民族国家范式推进现代国家构建，进一步撕开古代国家、古代世界的漫长夜幕。

当前，东亚成为除了西方世界外，在现代化上成就最卓越的地区，这和日本等国家历史上借鉴中国君主官僚制国家形态，较早就初步翻越国家机器现代化、社会和阶级结构现代化两座"珠穆朗玛峰"，并且在其他方面，比如均质化民族构建、政治世俗化、社会理性化、强调国家对于民众的责任等方面实现了局部突破有极大关系。也就是说，它们长期携带的大量现代特征帮助了它们。中国在现代国家构建上的成就和特点对后来者产生强烈的示范、推动和一定程度的路径锁定作用，中央集权、权力国家化、官僚制、常备军制度、高社会流动、阶级开放、世俗化、理性化、功绩主义、郡县制、科举制、强调政府对民众的责任、官办教育等，成为大多数现代国家的基本元素。人们在肯定古希腊对世界贡献了民主制、古罗马对世界贡献了法治、共和制、混合制时，极少说中国的贡献。其实，就现代国家元素而言，中国是最重要的贡献者之一。在西方话语霸权下，中国这种贡献很大程度上被遮蔽了。

第二节　理论意蕴

作为古代中国最深刻的国家形态变革、人类世界最重要的国家形态变革之一，周秦之变的理论意蕴是极其丰富的，阐释这些理论意蕴或者说理论启示是本研究的重要初衷，本书主体部分已经对此做出了较充分但比较零散的阐释。这里笔者还想做集中的归纳和提炼。

一、作为国家整体构造和运行机制，国家形态对于一个国家的兴衰成败具有决定性意义

周秦之变是一次以国家形态变革为统领和主体的中华文明全方位深刻变革，起决定性作用的是国家形态变革，其间形成的君主官僚制国家形态在中国延续 2 000 多年，成为后世中国和东亚的主流国家形态，是这期间中国始终处于世界先进状态的根本原因。因而，选择、构建适合国情的正

确的国家形态，而不单纯是政体、国家制度、国家和社会关系、社会和阶级结构或者国家经济形态中的一个或者几个，对于一个国家和民族是最重要的事情之一。只有将国家形态纳入分析，才可以看到古希腊虽然政体繁多，但国家形态却始终保持在城邦形态，始终没有突破早期国家属性。同样地，只有将国家形态纳入分析，我们才可以看到周秦之变中，虽然所谓的君主制政体保持不变，但国家构造和运行机理、社会结构等都已经发生巨变，国家属性也发生了变化，中国进入了带有大量现代国家特征的成熟国家形态阶段。早期国家向成熟国家的飞跃，是人类国家演进史上最重大最具有决定性的伟大事件之一，越早发生、越是成功的早期国家向成熟国家的转型越具有重大影响，其对本国史、地区史、世界史都可能产生影响。与之相关，国家形态作为分析国家整体构造和运行机制的概念，突破了政体、国家形式等概念的局限，具有不可取代的重要地位，理应成为国家理论的重要组成部分，成为历史政治学、中国政治学的标志性概念。

二、正视西方国家理论的成就与局限

西方国家理论既达到了极高的高度，亦存在根本性的、战略性的缺陷和不足，其带来的遮蔽、扭曲、偏见不容忽视。这些缺陷有很多方面。这里仅讨论三个方面。一是它存在较为严重的政体中心主义倾向，对于国家构造的整体性系统性考虑不足。政体理论构成了西方政治学的轴心，西方绝大多数政治概念和理论都由政体中心主义支配或塑造。这就对政治学发展乃至于对人类政治实践产生了巨大的影响，其中一个影响就是政体至上论、政体决定论泛滥，一些国家在国际上以政体划分敌我、制造对立和冲突。二是一些概念过于静态、抽象和笼统，忽视了国家的具体性、动态性、差异性，对于国家构造的复杂性重视不够，甚至将其忽视。已有的相当多的国家概念并不能揭示国家整体的构造，也不能充分揭示国家运行机制的关键内容。有的简单地以政体、政治制度等同于国家；有的以高度理想化和抽象化的国家类型取代对国家构造的细致考察，对很多同类国家貌合神离、存在天壤之别的事实视而不见；有的以形式化的指标取代对国家治理实际绩效的考察。只有将国家整体构造的主要内容纳入思考，并思考这些构造的不同部分的互动关系，才可能更好地揭示国家的本质和全貌，形成更具普遍性的国家理论。三是存在严重的"西方中心主义"倾向，过度倚重和拔高西方历史和经验，忽视、贬低东方国家的政治经验，存在西方先进、东方落后的深层次认知偏见和文明预设，深陷"民主-专制两分法"而较难包容其他分类法。以极度窄化的西方民主标准给广大东方国家乃至所有国家定性，以现代化的西方叙事取代现代化的全球叙事，否定现代化的东方叙事。这些都是存在问题的。部分西方学者已经走出这些局限，质疑"西方中心主义"的合理性，"加州学派"、全球史学的兴起都是标志。但是"西方中心主义"思想和倾向却对长期学习借鉴西方的发展中国家的政治学产生巨大的负面影响，构成了许多发展中国家学者难以彻底走出的"沼泽"。如果不能走出"西方中心主义"，即使具有强烈的本土自觉意识，也是难以构建起先进的本土政治学和中国政治学自主知识体系的。

三、"东方专制主义"是我国学者必须破除的意识形态"枷锁"

"东方专制主义"是近代以来中外对古代中国政治和古代中国国家进行定性和定论的最具影响力的术语和理论，是"元叙事"。但其从一开始就带有强烈的种族主义和意识形态色彩，并非严肃的术语和理论，不能成立。除了种族主义和意识形态原因，西方人视古代中国为专制国家还有一个重要原因，那就是西方存在国家-社会两分甚至对立的固有文化和思维模式，对国家天然抱有一种怀疑甚至敌意，中国国家的强自主性和个别帝王的专断行为容易被其放大为整个国家形态乃至于中华文明的"专制性"。不得不说，走阶级国家路数的西方国家历史，相当长时期内国家都是阶级压迫的工具，这些实践和结构内化为了西方人的文化基因。而中国的国家是从社会中内生、从氏族制度蜕变，走的是公共管理者（公仆）蜕变为国家领袖之路，社会管理功能而不是阶级压迫功能是国家的首要功能，中国人从文化上并不存在和国家的紧张对立关系。中国的政治虽然有其独立场域，但和文化、社会又是一体的、融合的，不是对立的。所以，国家可以保持中心地位和强自主性，在中国人的观念中一直是一个神圣而必不可少的重要存在。尽管古代中国国家形态的确存在不可忽视的局限和不足，但不等于古代中国就是专制国家。

国家中心主义是古代中国的基本特质，古代中国是中心主义国家。中心主义国家是一种视国家为至高的、必不可少的善的国家形态，国家（政权）居于社会的中心，具有极大的权威，统领社会、管理社会，但并不能完全宰制社会，社会仍旧存在自由的空间。中心主义国家不等于专制主义国家。从世界历史来看，中心主义国家具有普遍性，是一种极为重要的国家类型。中国的中心主义国家是一种有底线的中心主义国家，或者说民本型中心主义国家。

如果一定要用专制、民主来定义和区分国家，那么古希腊、古罗马都是专制主义国家，理由有两点。一方面，这些国家的国家机器是维持对于人口占一半以上奴隶的阶级专政的工具。另一方面，其所谓的民主、共和都只在人口占全国人口不到一半，甚至只有四分之一、八分之一的成年公民（男性公民为主）之间实行。这些国家一半以上的人口不但不能参与其中，反而成为国家专政和压迫的对象。局部的民主与共和并不能改变整体的非民主与非共和。回过头来看，"民主-专制两分法"因为充满意识形态偏见和关注点过于单一，其学术价值、建设功能极为有限，更多的是带来遮蔽、扭曲、偏见和对抗。

四、"中国停滞论""亚洲无历史论"是偏见

源自西方的"中国停滞论""亚洲无历史论"曾在中国引发强烈回响，

曾加深了中国人的不自信，但却是不能成立的。秦朝至清朝的中国处于君主官僚制国家时代，是同一种国家形态在保持主体结构和基本内容不变的前提下延续了 2 000 多年，但这不是停滞。其一，虽然这段历史时期中国延续同一种国家形态，但这不等于在具体过程中没有变迁、没有调整、没有进步。在保持国家形态基本稳定的同时，中国的文化、科技、社会思想、行政管理体制、统治技术等都在发生变迁。朝代之间的巨大差异是存在的。唐朝相对于秦汉更加繁荣、更加强大，明清比起汉唐又更为强盛。其二，由于周秦之变中中国初步实现了国家机器现代化、社会和阶级结构现代化，这比之于欧洲要早了约 1 800 年，形成了领先的经济形态、科技，而且长期保持领先，这种先进国家形态的延续就更不能说成是停滞了。某种意义上来说，它是一种"领先性恒常"。

五、人类轴心时代包括哲学宗教与国家形态双维大突破

雅斯贝斯关于轴心期的讨论有重大贡献，但只揭示了此阶段的哲学和思想突破还不够，不应该忽视轴心期出现的政治制度和国家形态大突破。哲学突破和政治制度突破同等重要，影响同样深远。笔者认为，轴心期产生的"世界性帝国"除了包括秦始皇建立的大一统国家及汉朝，印度孔雀王朝、马其顿帝国和罗马帝国等，还应该包括古希腊城邦。孔雀王朝作为第一个基本统一印度的国家，对于印度政治文明的巨大作用自不待说，古希腊和古罗马对西方政治文明产生影响并随着近代西方文明的扩张而对世界文明产生影响亦自不待说。秦汉统一王朝对于世界的影响亦是长期的，它们和其他轴心期帝国、国家一道，永久性地奠定了世界政治的基础，其中关键就在于中国率先初步翻越了国家机器现代化、社会和阶级结构现代化两座"珠穆朗玛峰"，为人类社会国家和社会治理提供了不完美但具有借鉴价值的杰出范式。

在轴心期，轴心民族不但奠定了人类精神世界的永恒基础，实际上也奠定了人类政治世界的永恒基础。只不过，这种在国家形态维度的贡献一开始是在局部领域内各自发挥作用的，大约在 16 世纪以后，轴心期文明的国家形态成就开始大合流并发生质变，并最终在内部取得了经济形态维度巨大超越的西方文明中产生了更为强大的国家形态——现代国家。现代国家是人类优秀文明特别是政治文明合流的产物，是东西方国家史互动的产物，自然超出了古代国家的水平或者任何单一文明的水平。

六、有必要重视人类历史演化中形成的结构并从历史中把握人类政治-社会的结构

单纯的结构决定论自然是需要检讨的，但应该高度重视结构本身、时间和结构的关系，从历史的脉络来把握结构。这实际上是历史政治学的根本方法论之一。历史政治学重视在历史的累积、淘汰和相互作用中形成的大结构，并认为这种历史中形成的结构是人和情势相互作用的结果。人在既有的文化传统、政治社会结构中行动，在历史演化中发挥巨大的能动作用。但结构一旦生成，就具备顽强的生存力和适应力，影响人的行为，对实践产生强大的反作用，进而塑造历史。国家形态本身就是一种包含了立国基本理论、国家基本制度、国家统治方式、国家和社会关系、社会和阶级结构、国家经济形态在内的大结构，这些要素是关联、互动的。君主官僚制国家的六大构成要素相互支撑、相互制衡，可谓是相辅相成，这种联动关系共同导致其在中国保持了 2 000 多年的长期存在。就此一点，已足见一种先进而富有弹性的结构的适应力。

现代国家或者说现代国家构建的五大"珠穆朗玛峰"实际上是一个在世界历史累积和互动中形成的根本性大结构。在政治学看来，现代国家的每一座"珠穆朗玛峰"都是人类最具决定性的事物，对于人类社会发展产生了支配性的影响。现代国家是历史时间累积的结构性体现，这个结构可以说

是人类国家乃至于人类文明的最核心结构。这个大结构一旦在十八九世纪的欧洲生成，就好比横空出世的"魔龙"，或者说真正的"利维坦"，超越了其他一切国家形态（政治社会结构），真正成为无法抗拒、不可摧毁、具有强大复制力的政治社会结构，它逐步摧毁了几乎所有的旧国家形态、旧结构，彻底改变东西方格局，让东方逐步服从于西方，开辟人类历史新时代。

不过，这个大结构中的每一部分（每一座"珠穆朗玛峰"以及次一级构成要素）到来的顺序不尽相同，存在关联（联动、拒斥、塑造等），而且出现于中外文明，并不是西方一家的贡献。现代国家是中外文明合力作用的产物，是中外先进国家要素集成并提升的产物。在这个历史中形成的大结构——现代国家形态中，中国贡献了国家机器现代化、社会和阶级结构现代化，以及其他三座"珠穆朗玛峰"的一些零散却非常重要的突破，这就是周秦之变的核心内容、核心贡献。实际上，把握中国国家史，也应当基于这一点。周秦之变使得中国产生了一个新的政治社会结构——君主官僚制国家，这个政治社会结构的几乎每一个成就或者局限，都深刻影响了后世中国的道路，后世中国的清民之变、新旧民主主义革命都可以从中国国家史的角度进行理解。

国家形态的六大要素形成的大结构和现代国家五大支柱构成的大结构也是相互关联、相互影响的。这两个大结构的内涵和复杂性远远超过了政体决定论或者单一因素现代国家论或者非历史的现代国家论。历史本身就是一种结构，甚至就是一种本体、宗教，至少对于中华文明如此。所有的当下是在历史基础上的延伸、延续和发展。时间（历史）和结构互嵌。理论来自历史本身，被历史塑造。理论又必须回到历史，接受历史的检验，它又通过人的主观能动性而塑造历史。历史从而和理论结合、相互嵌套、相互作用，生生不息。中国，包括中国历史和中国文明，无疑是中国理论的出发点和落脚点，这就是以中国为主体、以中国为方法的主要内涵。但是，中国理论同时应当具有世界视野，因为只有在世界历史中、世界结构中才能看清楚中国历史、中国国家和中华文明。这就是"坚持中国主体性、以中国为方法、基于世界视野、历史和理论结合、时间和结构互嵌、建构自主知识体系"的历史政治学研究进路背后的理论支撑和史观基础。

可见，历史政治学是一种极具历史感和结构感的研究路径，是振兴中国政治学、建构中国政治学自主知识体系的重要途径，可能亦是最重要最有希望的途径之一。历史政治学的提出和发展，有利于真正打破高度意识形态化亦高度简单化的西方政治学范式，还原人类政治的复杂性、历史性和结构性，找回人类政治中长期发挥主体性作用的东方性，推动政治学真正做到理论逻辑和实践逻辑、历史逻辑的统一，开辟构建人类政治学知识体系的新路。

七、人类国家演进道路是多元的

周秦之变以及君主官僚制国家的长期存在，展现了人类国家形态演进道路是多元的，人类走向现代国家的道路亦是多元的。周秦之变研究增加了我们对于人类宏大政治社会结构起源和变迁、国家形态变迁的理解。中国走的是和西方不同的国家形态演进道路，是多元一体的多民族的天下型国家路径，亦是国家机器发达、高社会流动、崇尚贤能治国（秦朝更尚"能"，汉朝更尚"贤"）、推崇民本主义、强调民族融合和国家统一、尊崇文明和文教的中央集权国家路径。天子诸侯制国家是统一的分封制国家，相对于古国，它推动中国朝多元一体的多民族国家迈了一大步，秦朝真正形成多元一体的多民族国家，第一次形成中央集权的世俗型官僚制国家。西方是奴隶国家—封建国家—绝对主义国家—民族国家路径，从古希腊、古罗马开始，阶级对立、奴隶制基础上的统治阶级内部民主、共和、法治、阶级固化、身份政治、官僚制不发达、公民内部的某种平等，就是其基本构成和长期特征。当代中国仍旧不是西方式的民族国家，亦非西方式的政党选举国家，某种意义上是天下型国家和民族国家的混合，或者说天下型国家的民族国家化，中央集权、官僚制、高社会流动、民本主义、能力主义、强调民族融合和统一等固有特征仍旧坚韧，可以称为文明型国家、中华民族多元一体国家或者中华文明国家。

从国家和社会关系维度来看，中国国家演化始终走的是一条国家中心主义道路，政治属性是文明的第一属性，政治具有至高地位，国家被视为整个社会的中心，甚至被视为文明的中心、文明的保卫者，一切都在国家之下。西方无疑走的是一条不同的道路，尽管西方内部存在英美和欧陆等差异，但至少英美一脉，走的完全是社会中心主义道路，国家和社会分庭抗礼，社会（宗教、商业力量、独立城市、私人资本等）始终是独立至少是半独立的力量，有时候足以抗衡、制约国家，历史上还曾经发生过教权、神权笼罩整个西方文明、主宰国家。也正是因为国家范式、国家演进道路的不同，不宜简单地套用帝国、城邦国家、民族国家等概念来定性和认知中国。中国式现代化道路不可能脱离中国的国家传统与文明传统，不可能背离中华国家与中华文明演进的基本逻辑与内在规律。

历史上，欧洲国家在国家建设上长期落后于亚洲国家。西方最大的贡献不在于国家形态创新，它是国家形态和国家制度的集大成者，将古希腊的民主制，古罗马的法治、共和制和混合制，中国的君主官僚制国家形态，发源于亚洲的基督教的某些理念杂糅之后加以创造和发挥，就是西方的政治制度和国家形态，也就是 19 世纪以来的西方现代国家的基本范式。西方更重要的贡献是打开了国家经济形态现代化的通道，带来了工业文明，成为近 500 年来最具分水岭意义的伟大事件，这一贡献已经足以彻底改变世界。但不能因为这一贡献之巨大和颠覆性，而否认其他文明在现代国家构建上的作用，特别是中华文明在国家机器现代化、社会和阶级结构现代化等方面的开创性贡献。

八、人类文明受到古代中国的永恒性奠基和塑造

从全球史的角度来看，周秦之变构成了人类极早发生的一次内涵深刻、影响深远的国家形态变革、国家形态巨变，是人类在国家机器现代化、社会和阶级结构现代化这两大现代国家核心支撑上的重大突破，构成

了人类国家机器现代化的最重要起点，而且这个起点及其成就逐步在人类现代国家构建历史上产生重大而深远的示范作用、推动作用。毫无疑问，每一个国家要成为现代国家，都需要经历这种国家形态变革或者革命。秦朝成了现代国家机器的"古老原型"，周秦之变具有早发现代性特征。当然，国家机器现代化、社会和阶级结构现代化的出现并不等于现代国家的出现。这是两回事。构建现代国家必须翻越前文所提及的五座"珠穆朗玛峰"，任何一座"珠穆朗玛峰"尚未翻越都不能称为现代国家。秦朝、汉朝乃至清朝都属于古代国家。

现代性不能简单等同于西方性，将现代国家视为西方文明的特有产物是"西方中心主义"的产物，存在理论逻辑和历史逻辑、实践逻辑的背离，割断历史、曲解文明，应予以纠正。只有从根本上进行纠正，才能形成更具普遍性的现代国家理论。现代性恰恰寓于东西方文明之中，是东方性和西方性互动、结合、产生化学反应的产物。自周秦之变起，中国就以中国方式介入了人类现代国家构建，这种影响是永久性的。古代中国对于世界的影响，远不只有四大发明，更重要却更隐蔽的是国家形态和政治制度，包括但不限于官僚制、科举制、理性发达的国家机器、世俗主义、大一统思想、高社会流动、功绩主义等。人类文明受到了古代中国强烈的永恒性的奠基和塑造，其最重要起点就是周秦之变。

周秦之变是中国国家和中国历史领域的重大问题，也是世界史上的重要问题，本书仅仅是一次初步的尝试，旨在抛砖引玉。这个问题需要持续深入、多学科展开研究。

一是，有必要进一步加强中国古代国家起源和形成研究，如此在研究周秦之变时才更有脉络感和主动性。对此，笔者将在另一本专著中展开深入讨论。

二是，在探索君主官僚制国家的世界意义上还可深化，特别是它在全世界的传播情况。它在亚洲、西欧的具体传播过程、传播机制、传播效果需要进一步厘清。还可进一步探讨君主官僚制国家和欧洲绝对主义国家、民族国家的关系，讨论欧洲绝对主义国家、民族国家形成中君主官僚制国家的作用。还可深入讨论中国在世界官僚制历史中的地位和作用。

　　三是，将君主官僚制国家和民族国家、罗马共和国、罗马帝国、古希腊城邦国家、波斯帝国等进行更为全面和充分的比较，在比较中把握特性和规律。

　　四是，对中外国家从早期国家形态向成熟国家形态转型、从成熟国家形态向现代国家形态转型进行更多的比较和思考，以更好地认知中国国家演进道路的特点、规律，更好地认知人类国家的演进规律。很显然，很多现有关于现代国家的解释是以西方为中心的，非西方经验被轻视，现代国家理论需要基于历史事实重构。

参考文献

一、马克思主义经典著作

1. 马克思，恩格斯．马克思恩格斯文集：1—10 卷．北京：人民出版社，2009.

2. 恩格斯．家庭、私有制和国家的起源．北京：人民出版社，2018.

3. 列宁．列宁全集：1—56 卷．2 版．北京：人民出版社，1984—1990.

4. 列宁．列宁选集：1—4 卷．3 版．北京：人民出版社，1995.

5. 列宁．列宁专题文集：1—5 卷．北京：人民出版社，2009.

二、古籍、文物资料类

1. 程俊杰，蒋见元．诗经注析：上、下册．北京：中华书局，1991.

2. 宋忠注，秦嘉谟等辑．世本八种．北京：中华书局，2008.

3. 尚书．王世舜，王翠叶，译注．北京：中华书局，2012.

4. 杨伯峻．论语译注（简体字本）．北京：中华书局，2006.

5. 杨伯峻．孟子译注．北京：中华书局，1960.

6. 李民，杨择令，孙顺林，等．古本竹书纪年译注．郑州：中州古籍出版社，1990.

7. 老子．汤漳平，王朝华，译注．北京：中华书局，2014.

8. 孙子兵法．陈曦，译注．北京：中华书局，2011.

9. 春秋公羊传．黄铭，曾亦，译注．北京：中华书局，2016.

10. 晏子春秋．汤化，译注．北京：中华书局，2015.

11. 管子．李山，轩新丽，译注．北京：中华书局，2019.

12. 杨伯峻．春秋左传注（修订本）：1—4 册．北京：中华书局，2009.

13. 王先谦．荀子集解：上、下册．北京：中华书局，1988.

14. 国语．陈桐生，译注．北京：中华书局，2013.

15. 商君书. 石磊, 译注. 北京：中华书局, 2011.

16. 韩非子. 高华平, 王齐洲, 张三夕, 译注. 北京：中华书局, 2015.

17. 吕氏春秋. 刘生良, 评注. 北京：商务印书馆, 2015.

18. 战国策：上、下册. 缪文远, 缪伟, 罗永莲, 译注. 北京：中华书局, 2012.

19. 鬼谷子. 许富宏, 译注. 北京：中华书局, 2012.

20. 周礼：上、下册. 徐正英, 常佩雨, 译注. 北京：中华书局, 2014.

21. 孙希旦. 礼记集解. 北京：中华书局, 1989.

22. 黄怀信, 张懋镕, 田旭东. 逸周书汇校集注（修订本）. 黄怀信修订. 上海：上海古籍出版社, 2007.

23. 盐铁论. 陈桐生, 译注. 北京：中华书局, 2015.

24. 刘文典. 淮南鸿烈集解：上、下册. 北京：中华书局, 1980.

25. 司马迁. 史记：1—10 册. 裴骃, 集解. 司马贞, 索引. 张守节, 正义. 北京：中华书局, 2014.

26. 班固. 汉书：1—12 册. 颜师古, 注. 北京：中华书局, 1962.

27. 范晔. 后汉书：1—12 册. 李贤, 等注. 北京：中华书局, 1965.

28. 杜佑. 通典：1—5 册. 王文锦, 等点校. 北京：中华书局, 1988.

29. 郑樵. 通志：1—3 册. 北京：中华书局, 1987.

30. 马端临. 文献通考：上、下册. 北京：中华书局, 1986.

31. 顾栋高. 春秋大事表. 北京：中华书局, 1993.

32. 姚彦渠. 春秋会要. 北京：中华书局, 1955.

33. 杨宽, 吴浩坤. 战国会要. 上海：上海古籍出版社, 2005.

34. 孙楷. 秦会要. 杨善群, 校补. 上海：上海古籍出版社, 2004.

35. 徐天麟. 东汉会要. 上海：上海古籍出版社, 1978.

36. 司马光. 资治通鉴（精装典藏本）：1—30 册. 北京：中华书局, 2013.

37. 顾炎武. 日知录校注：上、中、下. 陈垣, 校注. 合肥：安徽大学出版社, 2007.

38. 章学诚. 文史通义. 上海：上海书店影印出版, 1988.

39. 王夫之．读通鉴论：1—10 册．北京：中华书局，1975.

40. 睡虎地秦墓竹简整理小组．睡虎地秦墓竹简．北京：文物出版社，1990.

41. 刘庆柱，段志洪．金文文献集成：1—46 册．北京：线装书局，2005.

42. 殷周金文集成：1—18 册．北京：中华书局，1984.

43. 商周青铜器铭文选：1—4 册．北京：文物出版社，1986.

44. 秦简牍合集：1—4 册．武汉：武汉大学出版社，2014.

45. 清华大学藏战国竹简：1—8 册．上海：中西书局，2010—2018.

46. 岳麓书院藏秦简：1—7 册．上海：上海辞书出版社，2010—2022.

47. 里耶秦简（壹）．北京：文物出版社，2012.

48. 里耶秦简（贰）．北京：文物出版社，2017.

49. 尹湾汉墓竹简．北京：中华书局，1997.

50. 张家山汉墓竹简（释文修订本）．北京：文物出版社，2006.

三、中文著作类

1. 冯天瑜．周制与秦制．北京：商务印书馆，2024.

2. 李开元．汉帝国的建立与刘邦集团：军功受益阶层研究（增订版）．北京：生活·读书·新知三联书店，2023.

3. 冯天瑜．封建．南京：江苏人民出版社，2023.

4. 韩昇．从封建到大一统：《史记》中的历史中国．北京：生活·读书·新知三联书店，2023.

5. 杨光斌．历史政治学：中国政治学的范式革命．北京：中国人民大学出版社，2023.

6. 俞可平．帝国新论．杭州：浙江人民出版社，2023.

7. 李硕．翦商：殷周之变与华夏新生．桂林：广西师范大学出版社，2022.

8. 黄朴民．春秋后期霸权兴衰大起底．北京：中国人民大学出版社，2022.

9. 鲁西奇．喜：一个秦吏和他的世界．北京：北京日报出版社，2022.

10. 赵鼎新. 儒法国家：中国历史新论. 徐峰，巨桐，译. 杭州：浙江大学出版社，2022.

11. 李琳之. 晚夏殷商八百年：大历史视野下的早中国时代. 北京：研究出版社，2022.

12. 俞可平. 政治通鉴：第1卷. 北京：中国大百科全书出版社，2020.

13. 俞可平. 政治通鉴：第3卷. 北京：中国大百科全书出版社，2022.

14. 陈志武. 文明的逻辑：人类与风险的博弈：上、下册. 北京：中信出版社，2022.

15. 许宏，等. 考古中国：15位考古学家说上下五千年. 北京：中信出版社，2022.

16. 吴方基. 新出土秦简与秦代县级政务运行机制研究. 北京：中华书局，2021.

17. 王浦劬，赵滕. 先秦功利思想研究. 北京：中国社会科学出版社，2021.

18. 陈星灿. 考古学家眼中的中华文明起源. 北京：文物出版社，2021.

19. 杨坤. 两周宗法制度的演变. 上海：上海古籍出版社，2021.

20. 周海锋. 秦官吏法研究. 西安：西北大学出版社，2021.

21. 赵国华，叶秋菊. 秦战争史. 西安：西北大学出版社，2021.

22. 孙闻博. 初并天下：秦君主集权研究. 西安：西北大学出版社，2021.

23. 杨光斌. 世界政治理论. 北京：中国社会科学出版社，2021.

24. 李渊. 先秦政治与古希腊城邦政治. 北京：人民出版社，2020.

25. 李琳之. 元中国时代：公元前2300—前1800年华夏大地场景. 北京：商务印书馆，2020.

26. 赵世超. 周代国野制度研究（修订本）. 北京：人民出版社，2020.

27. 马克垚. 汉朝与罗马：战争与战略的比较. 北京：北京大学出版社，2020.

28. 李开元. 秦谜：重新发现秦始皇（插图增订版）. 上海：上海人民出版社，2020.

29. 黎海超．资源与社会：以商周时期铜器流通为中心．北京：中国社会科学出版社，2020.

30. 谢维扬，赵争．国家起源问题研究的理论与方法："国家起源研究的理论与方法国际学术研讨会"论文集．上海：中西书局，2020.

31. 高婧聪．宗法制度与周代国家结构研究．北京：中国社会科学出版社，2020.

32. 梁云．西垂有声：《史记·秦本纪》的考古学解读．北京：生活·读书·新知三联书店，2020.

33. 徐勇．关系中的国家：第 1 卷．北京：社会科学文献出版社，2019.

34. 徐勇．关系中的国家：地域—血缘关系中的帝制国家：第 2 卷．北京：社会科学文献出版社，2020.

35. 刘泽华．中国政治思想史：1—3 卷．杭州：浙江人民出版社，2020.

36. 葛兆光．古代中国文化讲义．北京：人民文学出版社，2020.

37. 吴爱琴．郑国史．北京：科学出版社，2020.

38. 秦小丽．中国初期国家形成的考古学研究：陶器研究的新视角．上海：复旦大学出版社，2019.

39. 葛兆光．中国思想史：1—3 卷．上海：复旦大学出版社，2019.

40. 朱本军．战国诸侯疆域形势图考绘．北京：北京大学出版社，2019.

41. 秦晖．传统十论：本土社会的制度、文化及其变革．太原：山西人民出版社，2019.

42. 范学辉．结构与道路：秦至清社会形态研究．北京：商务印书馆，2019.

43. 李若晖．不丧斯文：周秦之变德性政治论微．上海：上海人民出版社，2019.

44. 徐勇．国家化、农民性与乡村整合．南京：江苏人民出版社，2019.

45. 裴安平．中国的家庭、私有制、文明、国家和城市起源：上、下册．上海：上海古籍出版社，2019.

46. 李定一．中华史纲：从传说时代到辛亥革命．重庆：重庆出版社，

2019.

47. 童书业．中国历史地理论集．上海：上海人民出版社，2019.

48. 童书业．中国手工业商业发展史．上海：上海人民出版社，2019.

49. 任锋．立国思想家与治体代兴．北京：中国社会科学出版社，2019.

50. 田昭林．中国战争史：1—4册．南京：江苏人民出版社，2019.

51. 王子今．秦史：崛起与统一．西安：西北大学出版社，2019.

52. 胡厚宣，胡振宇．殷商史．上海：上海人民出版社，2019.

53. 张光直．商文明．北京：生活·读书·新知三联书店，2019.

54. 林剑鸣．秦汉史：上、下册．2版．上海：上海人民出版社，2019.

55. 顾德融，朱顺龙．春秋史．上海：上海人民出版社，2019.

56. 王玉哲．中华远古史．上海：上海人民出版社，2019.

57. 王绍光．抽签与民主、共和：从雅典到威尼斯．北京：中信出版社，2018.

58. 李健胜．流动的权力：先秦、秦汉国家统治思想研究．北京：中国社会科学出版社，2018.

59. 许倬云．西周史（增补二版）．北京：生活·读书·新知三联书店，2018.

60. 梁启超．先秦政治思想史．南昌：江西教育出版社，2018.

61. 熊铁基．秦汉文化史．北京：新世界出版社，2018.

62. 王子今．秦始皇直道考察与研究．西安：陕西师范大学出版社，2018.

63. 徐卫民，喻鹏涛．直道与长城：秦的两大军事工程．西安：陕西师范大学出版社，2018.

64. 孙庆伟．鼏宅禹迹：夏代信史的考古学重建．北京：生活·读书·新知三联书店，2018.

65. 郭台辉．历史社会学的技术：名家访谈录．天津：天津人民出版社，2018.

66. 杜勇．清华简与古史探赜．北京：科学出版社，2018.

67. 晁福林．夏商西周史丛考．北京：商务印书馆，2018.

68. 李济. 中国早期文明. 上海：上海人民出版社，2017.

69. 徐世虹，等. 秦律研究. 武汉：武汉大学出版社，2017.

70. 王子今. 秦统一的进程与意义. 北京：中国社会科学出版社，2017.

71. 熊贤品. 战国王年问题研究. 北京：中国社会科学出版社，2017.

72. 周振鹤，李晓杰，张莉. 中国行政区划通史·秦汉卷（上、下册）. 上海：复旦大学出版社，2017.

73. 雍际春. 秦早期历史研究. 北京：中国社会科学出版社，2017.

74. 李禹阶. 秦汉社会控制思想史. 北京：中国社会科学出版社，2017.

75. 陈伟，等. 秦简牍整理与研究. 北京：经济科学出版社，2017.

76. 阎步克. 从爵本位到官本位：秦汉官僚品位结构研究. 北京：生活·读书·新知三联书店，2017.

77. 林尚立. 当代中国政治形态研究. 2版. 天津：天津人民出版社，2017.

78. 陈来. 古代思想文化的世界：春秋时代的宗教、伦理与社会思想. 北京：北京大学出版社，2017.

79. 郭忠华，郭台辉. 当代国家理论：基础与前沿. 广州：广东人民出版社，2017.

80. 许纪霖. 家国天下：现代中国的个人、国家与世界认同. 上海：上海人民出版社，2017.

81. 李伯重. 火枪与账簿：早期经济全球化时代的中国与东亚世界. 北京：生活·读书·新知三联书店，2017.

82. 苏秉琦. 满天星斗：苏秉琦论远古中国. 北京：中信出版社，2016.

83. 冯国盛. 两周时期华夷关系研究. 北京：中国社会科学出版社，2016.

84. 李学勤. 东周与秦代文明. 上海：上海人民出版社，2016.

85. 赵汀阳. 惠此中国：作为一个神性概念的中国. 北京：中信出版社，2016.

86. 顾颉刚. 秦汉的方士与儒生. 北京：北京出版社，2016.

87. 杨宽. 古史探微. 上海：上海人民出版社，2016.

88. 杨宽．中国上古史导论．上海：上海人民出版社，2016.

89. 杨宽．西周史：上、下册．上海：上海人民出版社，2016.

90. 杨宽．战国史．上海：上海人民出版社，2016.

91. 雷海宗．中国文化与中国的兵．北京：北京出版社，2016.

92. 杨向奎．大一统与儒家思想．北京：北京出版社，2016.

93. 傅斯年．傅斯年说中国史．北京：北京理工大学出版社，2016.

94. 张小劲，景跃进．理解政治：全球视野与中国关怀．北京：中央编译出版社，2016.

95. 许宏．何以中国：公元前 2000 年的中原图景．北京：生活·读书·新知三联书店，2016.

96. 王彦辉．秦汉户籍管理与赋税制度研究．北京：中华书局，2016.

97. 张利军．商周服制与早期国家管理模式．上海：上海古籍出版社，2016.

98. 王子今．战国秦汉交通格局与区域行政．北京：中国社会科学出版社，2015.

99. 田昌五．华夏文明的起源．北京：中国书籍出版社，2015.

100. 关万维．先秦儒法关系研究：殷周思想的对立性继承及流变．上海：上海人民出版社，2015.

101. 许倬云．我者与他者：中国历史上的内外分际．北京：生活·读书·新知三联书店，2015.

102. 赵鼎新．国家、战争与历史发展：前现代中西模式的比较．杭州：浙江大学出版社，2015.

103. 韩昇．东亚世界形成史论（增订版）．北京：中国方正出版社，2015.

104. 许倬云．说中国：一个不断变化的复杂共同体．桂林：广西师范大学出版社，2015.

105. 安作璋．秦汉史研究文集．北京：人民出版社，2015.

106. 陈安仁．中国上古中古文化史．上海：上海古籍出版社，2015.

107. 韩建业．早期中国：中国文化圈的形成与发展．上海：上海古籍出版社，2015.

108. 过常宝. 制礼作乐与西周文献的生成. 北京：中国社会科学出版社，2015.

109. 袁林. 早期国家政治制度研究. 北京：科学出版社，2015.

110. 吕思勉. 中国通史. 北京：民主与建设出版社，2015.

111. 黄爱梅. 西周史. 上海：上海人民出版社，2015.

112. 王伟. 秦玺印封泥职官地理研究. 北京：中国社会科学出版社，2014.

113. 王振霞. 公元3世纪罗马政治与体制变革研究. 北京：社会科学文献出版社，2014.

114. 安作璋. 秦汉史十讲. 北京：中华书局，2014.

115. 沈福伟. 中西文化交流史. 上海：上海人民出版社，2014.

116. 周振鹤. 中国地方行政制度史. 上海：上海人民出版社，2014.

117. 王海明. 国家学原理. 北京：生活·读书·新知三联书店，2014.

118. 严耕望. 中国政治制度史纲. 上海：上海古籍出版社，2013.

119. 谭融. 西方国家官僚制比较研究. 北京：中国社会科学出版社，2013.

120. 忻剑飞. 世界的中国观：近二千年来世界对中国的认识史纲. 上海：学林出版社，2013.

121. 郭静云. 夏商周：从神话到史实. 上海：上海古籍出版社，2013.

122. 姚晓娟. 周代家臣制度研究. 北京：中国社会科学出版社，2013.

123. 葛剑雄. 统一与分裂：中国历史的启示. 北京：商务印书馆，2013.

124. 暨爱民. 民族国家的建构：20世纪上半期中国民族主义思潮研究. 北京：社会科学文献出版社，2013.

125. 刘家和. 中西古代历史、史学与理论比较研究. 北京：北京师范大学出版社，2013.

126. 张金光. 战国秦社会经济形态新探. 北京：商务印书馆，2013.

127. 王震中. 中国文明起源的比较研究（增订本）. 北京：中国社会

科学出版社，2013.

128. 王震中．中国古代国家的起源与王权的形成．北京：中国社会科学出版社，2013.

129. 祝中熹．秦史求知录．上海：上海古籍出版社，2012.

130. 傅斯年．民族与古代中国史．上海：上海古籍出版社，2012.

131. 于琨奇．战国秦汉小农经济研究．北京：商务印书馆，2012.

132. 王子今．秦汉社会意识研究．北京：商务印书馆，2012.

133. 郑威．楚国封君研究．武汉：湖北教育出版社，2012.

134. 郝长墀．政治与人：先秦政治哲学的三个维度．北京：中国政法大学出版社，2012.

135. 钱穆．秦汉史．北京：生活·读书·新知三联书店，2012.

136. 王绍光．思想政治秩序：中西古今的探索．北京：生活·读书·新知三联书店，2012.

137. 袁祖亮．中国人口通史·秦西汉卷．北京：人民出版社，2012.

138. 张政烺．古史讲义．北京：中华书局，2012.

139. 许章润，翟志勇．国家理性与现代国家．北京：清华大学出版社，2012.

140. 郭沫若．中国古代社会研究．北京：商务印书馆，2011.

141. 萧公权．中国政治思想史：上、下册．北京：商务印书馆，2011.

142. 王云度．秦汉史编年：上、下册．南京：凤凰出版社，2011.

143. 晁福林．春秋战国的社会变迁：上、下册．北京：商务印书馆，2011.

144. 刘广明．宗法中国：中国宗法社会形态的定型、完型和发展动力．南京：南京大学出版社，2011.

145. 田余庆．秦汉魏晋史探微（重订本）．北京：中华书局，2011.

146. 谢乃和．古代社会与政治：周代的政体及其变迁．哈尔滨：黑龙江人民出版社，2011.

147. 杨光斌．政治变迁中的国家与制度．北京：中央编译出版社，2011.

148. 李学勤．李学勤说先秦．上海：上海科学技术文献出版社，2011.

149. 葛兆光．宅兹中国：重建有关"中国"的历史论述．北京：中华书局，2011.

150. 童书业．春秋史．北京：商务印书馆，2010.

151. 钱穆．国史大纲：上、下册．北京：商务印书馆，2010.

152. 管东贵．从宗法封建制到皇帝郡县制的演变：以血缘解纽为脉络．北京：中华书局，2010.

153. 傅乐成．中国通史：上、下册．贵阳：贵州教育出版社，2010.

154. 中国社科院考古研究所．中国考古学·秦汉卷．北京：中国社会科学出版社，2010.

155. 顾颉刚．中国上古史研究讲义．北京：中华书局，2009.

156. 阎步克．品位与职位：秦汉魏晋南北朝官阶制度研究．北京：中华书局，2009.

157. 阎步克．波峰与波谷：秦汉魏晋南北朝的政治文明．北京：北京大学出版社，2009.

158. 徐中舒．徐中舒先秦史讲义．天津：天津古籍出版社，2008.

159. 白钢．中国皇帝．北京：社会科学文献出版社，2008.

160. 榆林市榆阳区古道研究室，榆林市榆阳区文体事业局．秦帝国全天星台遗址及其源流考（考证分册）．北京：中国科学技术出版社，2008.

161. 吕振羽．中国政治思想史：上、下册．北京：人民出版社，2008.

162. 甘怀真．皇权、礼仪与经典诠释：中国古代政治史研究．上海：华东师范大学出版社，2008.

163. 田昌五，安作璋．秦汉史．北京：人民出版社，2008.

164. 陈淳．文明与早期国家探源：中外理论、方法与研究之比较．上海：上海书店出版社，2007.

165. 黄朴民．秦汉统一战略研究．北京：中国人民大学出版社，2007.

166. 王毅．中国皇权制度研究：以 16 世纪前后中国制度形态及其法理为焦点：上、下．北京：北京大学出版社，2007.

167. 傅嘉仪．秦封泥汇考．上海：上海书店出版社，2007.

168. 李学勤. 中国古代文明与国家形成研究. 北京：中国社会科学出版社，2007.

169. 安作璋，熊铁基. 秦汉官制史稿：上、下册. 济南：齐鲁书社，2007.

170. 赵鼎新. 东周战争与儒法国家的诞生. 夏江旗，译. 上海：华东师范大学出版社，2006.

171. 孙熙国. 先秦哲学的意蕴：中国哲学早期重要概念研究. 北京：华夏出版社，2006.

172. 许倬云. 中国古代社会史论：春秋战国时期的社会流动. 邹水杰，译，桂林：广西师范大学出版社，2006.

173. 杨军，张乃和. 东亚史：从史前至 20 世纪末. 长春：长春出版社，2006.

174. 杨光斌. 制度形式与国家的兴衰：比较政治发展的理论. 北京：北京大学出版社，2005.

175. 葛志毅. 周代分封制度研究（修订本）. 哈尔滨：黑龙江人民出版社，2005.

176. 安作璋，孟祥才. 秦始皇大传. 北京：中华书局，2005.

177. 中国社科院考古研究所. 中国考古学·两周卷. 北京：中国社会科学出版社，2004.

178. 张金光. 秦制研究. 上海：上海古籍出版社，2004.

179. 刘源. 商周祭祖礼研究. 北京：商务印书馆，2004.

180. 王续添. 地方主义与中国政治. 长春：吉林大学出版社，2004.

181. 王健. 西周政治地理结构研究. 郑州：中州古籍出版社，2004.

182. 罗荣渠. 现代化新论：世界与中国的现代化（增订本）. 北京：商务印书馆，2004.

183. 叶自成. 春秋战国时期的中国外交思想. 香港：香港社会科学出版社，2003.

184. 杨师群. 东周秦汉社会转型研究. 上海：上海古籍出版社，2003.

185. 张分田. 秦始皇传. 北京：人民出版社，2003.

186. 余英时．士与中国文化．上海：上海人民出版社，2003.

187. 李玉洁．中国早期国家性质．台北：云龙出版社，2003.

188. 袁刚．中国古代政府机构设置沿革．哈尔滨：黑龙江人民出版社，2003.

189. 卜宪群．秦汉官僚制度．北京：社会科学文献出版社，2002.

190. 腾铭予．秦文化：从封国到帝国的考古学观察．北京：学苑出版社，2002.

191. 范文澜．中国通史简编：上、下册．石家庄：河北教育出版社，2000.

192. 张荫麟．中国史纲．上海：上海古籍出版社，1999.

193. 何怀宏．选举社会及其终结：秦汉至晚清历史的一种社会学阐释．北京：生活·读书·新知三联书店，1998.

194. 梁颖，李庭华．中国早期国家形成的道路与形态研究．桂林：广西师范大学出版社，1998.

195. 罗荣渠．现代化新论续篇：东亚与中国的现代化进程．北京：北京大学出版社，1997.

196. 崔连仲，刘明翰，等．世界通史：1—6册．北京：人民出版社，1997.

197. 白钢．中国政治制度通史（第一卷）·总论．北京：人民出版社，1996.

198. 王宇信，杨升南．中国政治制度通史（第二卷）·先秦．北京：人民出版社，1996.

199. 孟祥才．中国政治制度通史（第三卷）·秦汉．北京：人民出版社，1996.

200. 晁福林．夏商西周的社会变迁．北京：北京师范大学出版社，1996.

201. 陈来．古代的宗教与伦理：儒家思想的根源．北京：生活·读书·新知三联书店，1996.

202. 吴荣曾．先秦两汉史研究．北京：中华书局，1995.

203. 范文澜，蔡美彪，等．中国通史：1—10 册．北京：人民出版社，1994.

204. 顾准．顾准文集．贵阳：贵州人民出版社，1994.

205. 段志洪．周代卿大夫研究．台北：文津出版社，1994.

206. 赵世瑜．吏与中国传统社会．杭州：浙江人民出版社，1994.

207. 沈汉．西方国家形态史．兰州：甘肃人民出版社，1993.

208. 杨向奎．宗周社会与礼乐文明．北京：人民出版社，1992.

209. 裘锡圭．古代文史研究新探．南京：江苏古籍出版社，1992.

210. 张亚初，刘雨．西周金文官制研究．北京：中华书局，1986.

211. 钱穆．先秦诸子系年．北京：中华书局，1985.

212. 陈梦家．尚书通论（增订版）．北京：中华书局，1985.

213. 徐旭生．中国古史的传说时代（增订本）．北京：科学出版社，1960.

214. 王国维．观堂集林：上、下册．北京：中华书局，1959.

四、外文著作类（包括中译本）

1. 布尔迪厄．论国家：法兰西公学院课程：1989—1992．贾云，译．北京：生活·读书·新知三联书店，2023.

2. 罗林森．古代埃及史．王炎强，译．北京：商务印书馆，2022.

3. 魏斐德．讲述中国历史．长沙：岳麓书社，2022.

4. 西季威克．欧洲政体发展史．胡勇，译．北京：商务印书馆，2022.

5. 斯科特．作茧自缚：人类早期国家的深层历史．田雷，译．北京：中国政法大学出版社，2022.

6. 李怀印．现代中国的形成：1600—1949．宋平明，等译．桂林：广西师范大学出版社，2022.

7. 李峰．早期中国：社会与文化史．刘晓霞，译．北京：生活·读书·新知三联书店，2022.

8. 波拉克．战争、收入与国家构建：为美国国家发展筹资．李婉，译．上海：上海财经大学出版社，2021.

9. 渡边信一郎．中国古代的王权与天下秩序（增订本）．徐冲，译．

上海：上海人民出版社，2021.

10. 博克斯-史蒂芬斯迈埃尔，等．牛津政治学研究方法手册．臧雷振，傅琼，译．北京：人民出版社，2020.

11. 布克哈特．战争的战争（1618—1648）：欧洲的国家建构与和平追求．马绎，译．杭州：浙江人民出版社，2020.

12. 图尔钦．历史的动力学：国家为何兴衰．陆殷莉，刁琳琳，译．北京：中信出版社，2020.

13. 白桂恩．丝绸之路上的帝国：青铜时代至今的中央帝国．付马，译．北京：中信出版社，2020.

14. 戈德斯通．早期现代世界的革命与反抗：1600年至1850年间英国、法国、奥斯曼土耳其和中国的人口变化与国家崩溃．章延杰，等译．上海：上海人民出版社，2020.

15. 拉戈津．亚述：从帝国的崛起到尼尼微的沦陷．吴晓真，译．北京：商务印书馆，2020.

16. 阿莱西纳，斯波劳雷．国家的规模．戴家武，欧阳峣，译．上海：格致出版社，2020.

17. 马丁内斯-格罗斯．历史上的大帝国：2000年暴力与和平的全球简史．陈煦，译．北京：中信出版社，2020.

18. 沙伊德尔．古代中国与罗马的国家权力．杨砚，等译．北京：生活·读书·新知三联书店，2020.

19. 麦克伦南．欧洲：欧洲文明如何塑造现代世界．北京：中信出版社，2020.

20. 莫菲特．从部落到国家：人类社会的崛起、繁荣和衰落．陈友勋，译．北京：中信出版社，2020.

21. 弗里曼．埃及、希腊与罗马：古代地中海文明．李大维，刘亮，译．北京：民主与建设出版社，2020.

22. 马伯乐．古代中国．肖菁，译．北京：北京理工大学出版社，2020.

23. 普鸣．成神：早期中国的宇宙论、祭祀和自我神化．张常煊，李健芸，译．北京：生活·读书·新知三联书店，2020.

24. 布利特，等．大地与人：一部全球史：上、下册．刘文明，等译．北京：商务印书馆，2020.

25. 爱德华兹，等．剑桥古代史·导论与史前史（第一卷第一分册）．汪连兴，等译．北京：中国社会科学出版社，2020.

26. 博德曼，哈蒙德，等．剑桥古代史·波斯、希腊与西地中海地区：约公元前 525—前 479 年（第四卷）．张强，等译．北京：中国社会科学出版社，2020.

27. 沃尔班克，阿斯廷，等．剑桥古代史·罗马的兴起至公元前 220 年（第七卷第二分册）．胡玉娟，等译．北京：中国社会科学出版社，2020.

28. 希瑟．罗马的复辟：帝国陨落后之后的欧洲．马百亮，译．北京：中信出版社，2020.

29. 顾立雅．申不害：公元前四世纪中国的政治哲学家．马腾，译．南京：江苏人民出版社，2019.

30. 威默．国家构建：聚合和崩溃．叶江，译．上海：格致出版社，2019.

31. 萨义德．东方学．王宇根，译．北京：生活·读书·新知三联书店，2019.

32. 波齐．国家：本质、发展与前景．陈尧，译．上海：上海人民出版社，2019.

33. 贝德士．中华帝国的建立．池桢，译．上海：上海教育出版社，2019.

34. 布洛赫．历史学家的技艺．张和声，程郁，译．上海：上海社会科学院出版社，2019.

35. 麦克尼尔．世界简史．施诚，赵婧，译．北京：中信出版社，2019.

36. 洛奇，伟格里奇．现代国家解决问题的能力：治理挑战与行政能力．徐兰飞，王志慧，译．北京：中国发展出版社，2019.

37. 塞维斯．国家与文明的起源：文化演进的过程．龚辛，郭璐莎，陈力子，译．上海：上海古籍出版社，2019.

38. 史景迁．追寻现代中国（1600—1949）．温洽溢，译．成都：四川人民出版社，2019.

39. 艾福瑞特．罗马的崛起：帝国的建立．翁嘉声，译．北京：中信出版社，2019.

40. 普莱斯，等．企鹅欧洲史．马百亮，等译．北京：中信出版社，2019.

41. 王国斌，罗森塔尔．大分流之外：中国和欧洲经济变迁的政治．周琳，译．南京：江苏人民出版社，2019.

42. 韦伯．学术与政治．冯克利，译．北京：商务印书馆，2018.

43. 李裕杓．西周王朝军事领导机制研究．上海：上海古籍出版社，2018.

44. 万志英．剑桥中国经济史：古代到 19 世纪．崔传刚，译．北京：中国人民大学出版社，2018.

45. 工藤元男，广濑薫雄．睡地虎秦简所见秦代国家与社会．曹峰，译．上海：上海古籍出版社，2018.

46. 巴尔赞．从黎明到衰落：西方文化生活五百年，1500 年至今．林华，译．北京：中信出版社，2018.

47. 宫崎市定．东洋的古代：从都市国家到秦汉帝国．马云超，等译．北京：中信出版社，2018.

48. 哈尔西．追寻富强：中国现代国家的构建：1850—1949．赵莹，译．北京：中信出版社，2018.

49. 麦克尼尔．西方的兴起：人类共同体史．孙岳，等译．北京：中信出版社，2018.

50. 内藤湖南．中国史通论．夏应元，钱婉约，等译．北京：九州出版社，2018.

51. 伦斯基．权力与特权：社会分层的理论．关信平，等译．北京：社会科学文献出版社，2018.

52. 宫崎市定．亚洲史概说．谢辰，译．北京：民主与建设出版社，2017.

53. 布罗代尔．文明史：人类五千年文明的传承与交流．常绍民，等译．北京：中信出版社，2017.

54. 弗兰克．白银资本：重视经济全球化中的东方．刘北成，译．成都：四川人民出版社，2017.

55. 伯班克，库珀．世界帝国史：权力与差异政治．柴彬，译．北京：商务印书馆，2017.

56. 何炳棣．何炳棣思想制度史论．北京：中华书局，2017.

57. 弗雷泽．金枝．耿丽，编译．重庆：重庆出版社，2017.

58. 弗农．远方的陌生人：英国是如何成为现代国家的．张祝馨，译．北京：商务印书馆，2017.

59. 泰勒．宗子潍城：从考古资料的角度看公元前 1000 至前 250 年的中国社会．吴长青，张莉，等译．上海：上海古籍出版社，2017.

60. 皮尔逊．论现代国家：第 3 版．刘国兵，译．北京：中国社会科学出版社，2017.

61. 西嶋定生．秦汉帝国：中国古代帝国之兴亡．顾姗姗，译．北京：社会科学文献出版社，2017.

62. 魏斐德．中华帝国的衰落．梅静，译．北京：民主与建设出版社，2017.

63. 张光直．艺术、神话和祭祀：古代中国的政治权威之路．刘静，乌鲁木加甫，译．北京：北京出版社，2016.

64. 李峰．西周的灭亡：中国早期国家的地理和政治危机（增订本）．徐峰，译．上海：上海古籍出版社，2016.

65. 奥斯特哈默．亚洲的去魔化：18 世纪的欧洲与亚洲帝国．刘兴华，译．北京：社会科学文献出版社，2016.

66. 希瑟．罗马帝国的陨落：一部新的历史．向俊，译．北京：中信出版社，2016.

67. 杨庆堃．中国社会中的宗教：宗教的现代社会功能与其历史因素之研究（修订版）．范丽珠，译．成都：四川人民出版社，2016.

68. 卜正民．哈佛中国史．王兴亮，等译．北京：中信出版社，2016.

69. 李慧仪．《左传》的书写与解读．文韬，许明德，译．南京：江苏人民出版社，2016.

70. 邦尼. 欧洲财政国家的兴起：1200—1815 年. 沈国华，译. 上海：上海财经大学出版社，2016.

71. 布罗蒂加姆，等. 发展中国家的税收与国家构建. 卢军坪，毛道根，译. 上海：上海财经大学出版社，2016.

72. 安德森. 绝对主义国家的系谱. 刘北成，龚晓庄，译. 上海：上海人民出版社，2016.

73. 安德森. 从古代到封建主义的过渡. 郭方，刘健，译. 上海：上海人民出版社，2016.

74. 麦克尼尔. 西方文明史手册. 盛舒蕾，等译. 杭州：浙江大学出版社，2016.

75. 艾特曼. 利维坦的诞生：中世纪及现代早期欧洲的国家与政权建设. 郭台辉，译. 上海：上海人民出版社，2016.

76. 阿西莫格鲁，罗宾逊. 国家为什么失败. 李增刚，译. 长沙：湖南科学技术出版社，2016.

77. 宫崎市定. 中国史. 焦堃，瞿柘如，译. 杭州：浙江人民出版社，2015.

78. 戴森. 西欧的国家传统：观念与制度的研究. 康子兴，译. 南京：译林出版社，2015.

79. 福山. 政治秩序与政治衰败：从工业革命到民主全球化. 毛俊杰，译. 桂林：广西师范大学出版社，2015.

80. 曼. 社会权力的来源：1—4 卷. 陈海宏，等译. 上海：上海人民出版社，2015.

81. 格鲁塞. 伟大的历史：中华民族五千年的兴盛与辉煌. 秦传安，译. 南京：江苏人民出版社，2015.

82. 韦尔斯. 世界史纲：生物和人类的简明史：上、下册. 吴文藻，冰心，费孝通，译. 南京：译林出版社，2015.

83. 卢格霍德. 欧洲霸权之前：1250—1350 年的世界体系. 杜宪兵，等译. 北京：商务印书馆，2015.

84. 唐宁. 军事革命与政治变革：近代早期欧洲的民主与专制之起源. 赵信敏，译. 上海：复旦大学出版社，2015.

85. 柯马丁. 秦始皇石刻：早期中国的文本与仪式. 刘倩，译. 上海：上海古籍出版社，2018.

86. 倪德卫.《竹书纪年》解谜. 魏可钦，等译. 上海：上海古籍出版社，2015.

87. 赫勒敦. 历史绪论. 李振中，译. 银川：宁夏人民出版社，2015.

88. 刘禾. 帝国的话语政治：从近代中西冲突看现代世界秩序的形成（修订译本）. 杨立华，等译. 北京：生活·读书·新知三联书店，2014.

89. 福山. 政治秩序的起源：从前人类时代到法国大革命. 毛俊杰，译. 桂林：广西师范大学出版社，2014.

90. 芬纳. 统治史（卷一）：古代的王权和帝国：从苏美尔到罗马（修订版）. 王震，马百亮，译. 上海：华东师范大学出版社，2014.

91. 芬纳. 统治史（卷二）：中世纪的帝国统治和代议制的兴起：从拜占庭到威尼斯. 王震，译. 上海：华东师范大学出版社，2014.

92. 芬纳. 统治史（卷三）：早期现代政府和西方的突破：从民族国家到工业革命. 马百亮，译. 上海：华东师范大学出版社，2014.

93. 孔飞力. 叫魂：1768 年中国妖术大恐慌. 陈兼，刘昶，译. 上海：上海三联书店，2014.

94. 王国斌. 转变的中国：历史变迁与欧洲经验的局限. 李伯重，连玲玲，译. 南京：江苏人民出版社，2014.

95. 彭慕兰. 大分流：欧洲、中国及现代世界经济的发展. 史建云，译. 南京：江苏人民出版社，2014.

96. 施德尔. 罗马与中国：比较视野下的古代世界帝国. 李平，译. 南京：江苏人民出版社，2014.

97. 崔格尔. 理解早期文明：比较研究. 徐坚，译. 北京：北京大学出版社，2014.

98. 平势隆郎. 从城市国家到中华：殷周、春秋战国. 周洁，译. 桂林：广西师范大学出版社，2014.

99. 谷川道雄. 中国中世社会与共同体. 马彪, 译. 上海: 上海古籍出版社, 2013.

100. 佩德菲特. 停滞的帝国: 两个世界的碰撞. 王国卿, 等译. 北京: 生活·读书·新知三联书店, 2013.

101. 孔飞力. 中国现代国家的起源. 陈兼, 陈之宏, 译. 北京: 生活·读书·新知三联书店, 2013.

102. 拉克曼. 国家与权力. 郦菁, 张昕, 译. 上海: 上海人民出版社, 2013.

103. 罗伯茨. 欧洲史: 上、下册. 李腾, 等译. 上海: 东方出版中心, 2013.

104. 赵东一. 东亚文明论. 李丽秋, 译. 北京: 社会科学文献出版社, 2013.

105. 色诺芬. 希腊史. 徐松岩, 译注. 上海: 上海三联书店, 2013.

106. 费正清. 中国: 传统与变迁. 张沛, 张源, 顾思兼, 译. 长春: 吉林出版集团有限责任公司, 2013.

107. 罗伯茨. 全球史: 上、下册. 陈恒, 等译. 上海: 东方出版中心, 2013.

108. 麦克法兰. 现代世界的诞生. 管可秾, 译. 上海: 上海人民出版社, 2013.

109. 霍尔. 日本史. 邓懿, 周一良, 译. 北京: 商务印书馆, 2013.

110. 贝利. 现代世界的诞生 1780—1914. 于展, 等译. 北京: 商务印书馆, 2013.

111. 格林. 国家的权威. 毛兴贵, 译. 北京: 中国政法大学出版社, 2013.

112. 拉赫, 克雷. 欧洲形成中的亚洲. 周宁总, 校译. 北京: 人民出版社, 2013.

113. 凯尔森. 法与国家的一般原理. 沈宗灵, 译. 北京: 商务印书馆, 2013.

114. 摩尔. 专制与民主的社会起源: 现代世界形成过程中的地主和农

民．王茁，顾洁，译．上海：上海译文出版社，2012.

115. 奥斯本．东南亚史．郭继光，译．北京：商务印书馆，2012.

116. 蒂利．强制、资本和欧洲国家（公元 990—1992 年）．魏洪钟，译．上海：上海人民出版社，2012.

117. 莫斯卡．统治阶级．贾鹤鹏，译．南京：译林出版社，2012.

118. 汤普森．埃及史：从原始时代至当下．郭子林，译．北京：商务印书馆，2012.

119. 米格代尔．强社会与弱国家：第三世界的国家社会关系及国家能力．张长东，朱海雷，等译．南京：江苏人民出版社，2012.

120. 吉登斯．全球时代的民族国家：吉登斯讲演录．郭忠华，编．南京：江苏人民出版社，2012.

121. 杜马尼斯．希腊史．屈闻明，杨林秀，译．上海：东方出版中心，2012.

122. 斯塔夫里阿诺斯．全球通史：从史前史到 21 世纪（第 7 版·修订版）：上、下册．吴象婴，等译．北京：北京大学出版社，2012.

123. 麦迪森．中国经济的长期表现：公元 960—2030 年（修订版）．伍晓鹰，马德斌，译．上海：上海人民出版社，2011.

124. 巴菲尔德．危险的边疆：游牧帝国与中国．袁剑，译．南京：江苏人民出版社，2011.

125. 沟口雄三．作为方法的中国．孙军悦，译．北京：生活·读书·新知三联书店，2011.

126. 扎林库伯．波斯帝国史．张鸿年，译．上海：复旦大学出版社，2011.

127. 安德烈耶夫，等．古代世界的城邦．张竹明，等译．上海：上海师范大学出版社，2011.

128. 内莫．罗马法与帝国的遗产：古罗马政治思想史讲稿．张竝，译．上海：华东师范大学出版社，2011.

129. 斯特雷耶．现代国家的起源．华佳，等译．上海：格致出版社，2011.

130. 阿普特．现代化的政治．陈尧，译．上海：上海人民出版社，2011.

131. 波比奥．民主与独裁：国家权力的性质和限度．梁晓君，译．长春：吉林人民出版社，2011.

132. 辻清明．日本官僚制研究．王仲涛，译．北京：商务印书馆，2010.

133. 谢和耐．中国社会史．黄建华，黄迅余，译．南京：江苏人民出版社，2010.

134. 韦伯．中国的宗教：儒教与道教．康乐，简惠美，译．桂林：广西师范大学出版社，2010.

135. 韦伯．新教伦理与资本主义精神．康乐，简惠美，译．桂林：广西师范大学出版社，2010.

136. 奥姆斯特德．波斯帝国史．李铁匠，顾国梅，译．上海：上海三联书店，2010.

137. 狄宇宙．古代中国与其强邻：东亚历史上游牧力量的兴起．贺严，高书文，译．北京：中国社会科学出版社，2010.

138. 戈尔德施密特，戴维森．中东史．哈全安，刘志华，译．上海：东方出版中心，2010.

139. 丹尼尔．伊朗史．李铁匠，译．上海：东方出版中心，2010.

140. 李峰．西周的政体：中国早期的官僚制度和国家．吴敏娜，等译．北京：生活·读书·新知三联书店，2010.

141. 韦伯．经济与社会．阎克文，译．上海：上海人民出版社，2010.

142. 布迪，莫里斯．中华帝国的法律．朱勇，译．南京：江苏人民出版社，2010.

143. 莫瑞，戴维．从部落到帝国．郭子林，译．郑州：大象出版社，2010.

144. 许田波．战争与国家形成：春秋战国与近代早期欧洲之比较．徐进，译．上海：上海人民出版社，2009.

145. 贝淡宁．超越自由民主．李万全，译．上海：上海人民出版社，

2009.

146. 基佐．欧洲代议制政府的历史起源．张清津，袁淑娟，译．上海：复旦大学出版社，2008.

147. 史华慈．古代中国的思想世界．程钢，译．南京：江苏人民出版社，2008.

148. 亨廷顿．变化社会中的政治秩序．王冠华，等译．上海：上海人民出版社，2008.

149. 坂本太郎．日本史．武寅，等译．北京：中国社会科学出版社，2008.

150. 禹贞恩．发展型国家．曹海军，译．长春：吉林出版集团有限责任公司，2008.

151. 吉本．罗马帝国衰亡史．席代岳，译．长春：吉林出版集团有限责任公司，2008.

152. 费正清．中国的思想与制度．郭晓兵，等译．北京：世界知识出版社，2008.

153. 刘莉．中国新石器时代：迈向早期国家之路．陈星灿，等译．北京：文物出版社，2007.

154. 斯考切波．国家与社会革命：对法国、俄国和中国的比较分析．何俊志，王学东，译．上海：上海人民出版社，2007.

155. 魏丕信．十八世纪中国的官僚制度与荒政．徐建青，译．南京：江苏人民出版社，2006.

156. 肖．奥斯曼帝国．许序雅，张忠祥，译．西宁：青海人民出版社，2006.

157. 彼得斯．官僚政治：第5版．聂露，李姿姿，译．北京：中国人民大学出版社，2006.

158. 穆尔．阿拉伯帝国．周术情，等译．西宁：青海人民出版社，2006.

159. 奥斯特洛格尔斯基．拜占庭帝国．陈志强，译．西宁：青海人民出版社，2006.

160. 霍布斯鲍姆. 民族与民族主义. 李金梅, 译. 上海: 上海人民出版社, 2006.

161. 拉铁摩尔. 中国的亚洲内陆边疆. 唐晓峰, 译. 南京: 江苏人民出版社, 2005.

162. 泰勒. 原始文化: 神话、哲学、宗教、语言、艺术和习俗发展之研究. 连树声, 译. 桂林: 广西师范大学出版社, 2005.

163. 布洛赫. 封建社会. 李增洪, 侯树栋, 张绪山, 译. 北京: 商务印书馆, 2004.

164. 伊拉扎. 联邦主义探索. 彭利平, 译. 上海: 上海三联书店, 2004.

165. 奥斯特罗姆. 美国联邦主义. 王建勋, 译. 上海: 上海三联书店, 2003.

166. 张光直. 古代中国考古学. 印群, 译. 沈阳: 辽宁教育出版社, 2002.

167. 奥斯特罗姆. 复合共和制的政治理论. 毛寿龙, 译. 上海: 上海三联书店, 1999.

168. 滨下武志. 近代中国的国际契机: 朝贡贸易体系与近代亚洲经济圈. 朱荫贵, 欧阳菲, 译. 北京: 中国社会科学出版社, 1999.

169. 吉登斯. 民族国家与暴力. 胡宗泽, 赵力涛, 王铭铭, 译. 北京: 生活·读书·新知三联书店, 1998.

170. 杜赞奇. 文化、权力与国家: 1900—1942 年的华北农村. 王福明, 译. 南京: 江苏人民出版社, 1996.

171. 汤森, 沃马克. 中国政治. 顾速, 董方, 译. 南京: 江苏人民出版社, 1994.

172. 陈重金. 越南通史. 戴可来, 译. 北京: 商务印书馆, 1992.

173. 西嶋定生. 二十等爵制. 武尚清, 译. 北京: 国际文化出版公司, 1992.

174. 魁奈. 中华帝国的专制制度. 谈敏, 译. 北京: 商务印书馆, 1992.

175. 崔瑞德，鲁惟一．剑桥中国秦汉史（公元前 221 年至公元 220 年）．杨品泉，等译．北京：中国社会科学出版社，1992.

176. 格罗索．罗马法史．黄风，译．北京：中国政法大学出版社，1991.

177. LEWIS M E. Sanctioned Violence in Early China. NY：State University of New York Press，1990.

178. 艾森斯塔德．现代化：抗拒与变迁．北京：中国人民大学出版社，1988.

179. 布莱尔．现代化的动力．段小光，译．成都：四川人民出版社，1988.

180. 哈斯．史前国家的演进．罗林平，等译．北京：求实出版社，1988.

181. 柏拉图．理想国．郭斌和，张竹明，译．北京：商务印书馆，1986.

182. 张光直．考古学专题六讲．北京：文物出版社，1986.

183. 利玛窦，金尼阁．利玛窦中国札记．何高济，等译．北京：中华书局，1983.

184. 列维-布留尔．原始思维．丁由，译．北京：商务印书馆，1981.

185. 汤因比．历史研究（全两册）．曹未风，等译．上海：上海人民出版社，1966.

186. 亚里士多德．雅典政制．日知，力野，译．北京：商务印书馆，1959.

187. 梅因．古代法．沈景一，译．北京：商务印书馆，1959.

五、学位论文类

1. 赵德昊．形塑国家韧性：论中国古代大一统国家的长期延续与不断重建．长春：吉林大学，2022.

2. 潘润．战国时期东方小国的兴衰及对历史进程的影响：以鲁、宋、郑、越为中心．上海：上海大学，2020.

3. 王博凯．秦简牍所见秦代地方治理研究．长沙：湖南大学，2020.

4. 程令政．秦及汉初刑罚制度研究：以出土简牍资料为主要依据．长春：吉林大学，2020.

5. 朱锦程. 秦制新探. 长沙：湖南大学，2017.

6. 李勉. 秦至汉初县行政运作诸问题研究：以简牍资料为中心. 南京：南京师范大学，2016.

7. 王佳. 简牍所见秦长江中游的社会与经济研究. 武汉：武汉大学，2015.

8. 黄杰. 比较历史视野下的大国治理问题研究：以耦合治理结构与治理绩效的关系为线索. 上海：复旦大学，2012.

9. 藏明. 五德终始说的形成与演变：从邹衍到董仲舒、刘向. 西安：西北大学，2012.

10. 刘慧. 韩非法思想研究. 天津：南开大学，2012.

11. 时显群. 论先秦法家的"以法治国"思想：以"治"为视角. 重庆：重庆大学，2009.

12. 杨玲. 先秦法家思想比较研究：以《管子》《商君书》《韩非子》为中心. 杭州：浙江大学，2005.

六、期刊论文类

1. 王绪添. 从对象的"历史"到方法的"历史"：社会科学研究"历史转向"的实践思考. 中国人民大学学报，2024.

2. 王炳权，杨睿智. 论建构新时代中国政治学自主知识体系新视野，2023（1）.

3. 杨光斌. 历史政治理论序论. 社会科学，2022（10）.

4. 王绪添，辛松峰. 比较视野下的中心主义国家政治形态：在中国发现政治普遍性. 中国人民大学学报，2022（6）.

5. 何增科. 早期国家与政治文明的多样性. 中国政治学，2022（3）.

6. 陈侃理. 如何定位秦代：两汉正统观的形成与确立. 史学月刊，2022（2）.

7. 杨光斌. 历史政治学与中国政治学知识体系问题. 中国政治学，2022（2）.

8. 戴向明. 考古学视野下的中华文明起源与早期发展. 历史研究，

2022（1）.

9. 马雪松．大一统与辨正统：历史政治学视域下的中国传统政治合法性论述．江苏行政学院学报，2022.

10. 魏孝稷．西方汉学"帝国史"范式及其局限：兼谈"文明史"范式的可行性．历史研究，2021（5）.

11. 陈伟．秦汉简牍所见的律典体系．中国社会科学，2021（1）.

12. 刘国忠．清华简与西周史研究．中国社会科学，2021（1）.

13. 朱云汉．国王的新衣：从西方主流社会科学的困境思考中国社会科学的未来（上）．中国政治学，2021（1）.

14. 朱云汉．国王的新衣：从西方主流社会科学的困境思考中国社会科学的未来（下）．中国政治学，2021（2）.

15. 沈刚．制造权威：从秦简看秦代国家对中央威权的塑造．古代文明，2021（2）.

16. 王绍光．政治学本土化，时也，势也！．政治学研究，2021（1）.

17. 杨光斌．世界政治学的提出和探索．中国人民大学学报，2021（1）.

18. 杨光斌．历史政治学的知识主体性及其社会科学意涵．政治学研究，2021（1）.

19. 徐勇．强化中国政治学研究的主体性．政治学研究，2021（1）.

20. 赵永春．中国古代的"天下""中国"观．社会科学，2021（4）.

21. 徐勇，任路．构建中国特色政治学：学科、学术与话语——以政治学恢复重建历程为例．中国社会科学，2021（2）.

22. 郭沂．从西周德论系统看殷周之变．中国社会科学，2020（12）.

23. 刘伟．天帝与祖先：《尚书·金縢》解义．开放时代，2020（2）.

24. 肖滨．扩大中国政治学的现代国家概念．中国社会科学评价，2020（2）.

25. 任剑涛．现代中国何以转型艰难：追寻古今中西的冲突根源．学术界，2020（1）.

26. 赵鼎新．论机制解释在社会学中的地位及其局限．社会学研究，2020（2）.

27. 丁切科，王裕华．暴力冲突与长期政治发展：中国与欧洲的比较．杨端程，译．比较政治学研究，2020（2）.

28. 俞可平．从《逸周书》看西周的国家形态．北大政治学评论，2020（1）.

29. 景跃进．将政党带进来：国家与社会关系范畴的反思与重构．探索与争鸣，2019（8）.

30. 杨光斌．论政治学理论的学科资源：中国政治学汲取了什么、贡献了什么?．政治学研究，2019（1）.

31. 杨光斌．政治学研究范式的转型：从"求变"到"求治"——政治学学科史的视角．中国政治学，2018（1）.

32. 何增科．国家治理现代化与近现代大国崛起研究引论．复旦政治学评论，2018（1）.

33. 洪修平．殷周人文转向与儒学的宗教性．中国社会科学，2014（9）.

34. 周雪光．从"黄宗羲定律"到帝国的逻辑：中国国家治理逻辑的历史线索．开放时代，2014（4）.

35. 王续添．现代中国两次民族国家构建中单一制选择之比较：兼论现代中国国家基本制度建设（上）．中共党史研究，2013（8）.

36. 王续添．现代中国两次民族国家构建中单一制选择之比较：兼论现代中国国家基本制度建设（下）．中共党史研究，2013（9）.

37. 渡边信一郎．中国第一次古代帝国的形成：以龙山文化时期到汉代的聚落形态研究为视角．魏永康，杨振红，译．中国史研究，2013（4）.

38. 周雪光．国家治理逻辑与中国官僚体制：一个韦伯理论视角．开放时代，2013（3）.

39. 王续添．中心主义政治制度与"中国政治模式"．经济社会体制比较，2010（6）.

40. 杨光斌，郑伟铭，刘倩．现代国家成长中的国家形态问题．天津社会科学，2009（4）.

41. KISER E，CAI Y．War and Bureaucratization in Qin China：Exploring an Anomalous Case．American Sociological Review，2003，68（4）.

42. VICTORIA HUI TIN-BOR. The Emergence and Demise of Nascent Constitutional Rights：Comparing Ancient China and Early Mordern Europe. The Journal of Political Philosophy，2001，9（4）.

43. GREEL H G. The Beginning of Bureaucracy in China：The Origin of the Hsien. Journal of Asian Studies，1964（2）.

七、工具书类

1. 杜文玉 . 中国历代大事年表 . 北京：商务印书馆，2017.

2. 许慎 . 注音版说文解字 . 徐铉，校定 . 北京：中华书局，2015.

3. 王辉 . 秦文字编 . 北京：中华书局，2015.

4. 吕宗力 . 中国历代官制大辞典（修订版）. 北京：商务印书馆，2015.

5. 邓正来 . 布莱克维尔政治制度百科全书（中译本，新修订版）. 北京：中国政法大学出版社，2011.

6. 大辞海·政治学·社会学卷 . 上海：上海辞书出版社，2010.

7. 甲金篆隶大字典 . 成都：四川辞书出版社，2010.

8. 中国大百科全书·政治学卷 . 北京：中国大百科全书出版社，2002.

9. 张芝联，刘学荣 . 世界历史地图集 . 北京：中国地图出版社，2002.

10. 孙慰祖，徐国富 . 秦汉金文汇编 . 上海：上海书店出版社，1997.

11. 杜建民 . 中国历代帝王世系表 . 济南：齐鲁书社，1995.

12. 谭其骧 . 简明中国历史地图集 . 北京：中国地图出版社，1991.

13. 容庚 . 金文编 . 北京：中华书局，1985.

后　记

我于2005年进入湖南大学学习政治学，之后在中国人民大学国际关系学院攻读硕士、博士学位，学的也是政治学。我热爱政治学，对于探究国家形成和运行之道深为痴迷。这本书由本人博士学位论文（获评中国人民大学2023年优秀博士学位论文）修改完善而来，可以说是我19年政治学学习的阶段性成果，也凝结了我参加工作后对于政治的一些实践体会。

本书在博士学位论文基础上主要做了六个方面的修改完善：一是充实最新的理论文献和历史文献，继续和学术最前沿对话；二是进一步提炼完善学术观点，从世界政治史、中国政治史角度来理解周秦之变；三是深入研究中国古代国家起源，深化对于中国国家起源、形成和演变历史脉络和基本逻辑的理解；四是在史实方面进行了进一步考订和校对，推敲完善了一些表述；五是将博士学位论文改成适合出版的书稿，完善了目录结构，增加了多个便于阅读的图表；六是做了大量增加和删减，使得书稿更加紧凑和规范。

写作本书是一场和"巨兽"的战争。由于是在职读书并生儿育女，我经常需要在凌晨、深夜写作。在夜深人静的晚上，我一个人翻读秦简书籍或者古代经典，神交古人，听着窗外呼呼的风声，敲打着键盘，已经是深刻的记忆。条件所限，论文和书稿写作大部分是在我家中餐桌上完成。我经常在热气腾腾的饭菜前面敲字。读博期间，我相继迎来儿子和女儿的降生。他们既给我带来喜悦，也带给我责任。白天写作时，儿子（后来是女儿）常常坐在我的身上，好奇地看着电脑或者喊"爸爸带我出去玩"。后来儿子上学，需要带他早睡，我又经常极早就起来写作。虽然如此，学术研究依然是我的乐趣和愿意持续投入的事业。

非常感谢我读博期间的导师王续添教授对我博士学位论文的精心指

导、严格把关。王老师从历史意识、研究方法、论文选题、概念推敲、框架结构、内容布局、写作进度、书籍推荐等方面给予我有力指导、督促和帮助，为我定向、把关、鼓劲、纠错，使我坚持不懈地推进论文写作并最终完稿。文中的"天子诸侯制国家"概念系由王老师首次提出。王老师的卓越指导和认真负责的态度极大地提高了论文的水准。在论文改成书稿的过程中，王老师提供了重要的原则性意见并给予鼓励，对我再次起到重要的帮助和推动作用。师恩重如山！在此，我对恩师表示衷心感谢。

感谢博士学位论文开题和预答辩时，黄嘉树教授、周淑真教授、林红教授、王英津教授、孙龙副教授提出专业的修改意见。感谢学位论文答辩委员会的何增科教授、杨雪冬教授、王炳权教授、黄嘉树教授、杨光斌教授，他们的宝贵意见推动了论文的完善。感谢授课老师时殷弘教授、张广生教授、任锋教授、欧树军教授等。感谢班主任陈华文老师、史小宁师兄，以及学院教务科鲁金安老师。感谢吕杰教授、北京大学苗润博副教授对论文提出建设性评议意见。

感谢同门黄晨、周思勤、高亚林、李美啸、张顺、李靖、辛松峰、杨家庆、蹇炘等在文献检索、思路启发上的帮助。感谢许川、徐峰、郭馨怡等博士同学在学术路上对我的鼓励。感谢我的工作单位。

感谢人大国际关系学院推出"历史政治学与中国政治学自主知识体系论丛"，感谢学院院长杨光斌教授推动将我的博士学位论文纳入这套论丛，这是其得以出版的原因。我对"西方中心主义"的反思很大程度上是从读杨老师的书开始的。感谢中国人民大学出版社，能在这里出版拙著，对我是极大的激励，也鞭策我继续前进。感谢中国人民大学出版社编辑的高质量工作，他们的认真编辑对于书稿质量提升起到直接作用。

我的学习成果是家人付出更多劳动的结果，是我更少照顾儿女的结果。要特别感谢我的妻子艾超南辛苦持家。没有她的付出，这本书要想顺利完成，难度将倍增。感谢她对我学术追求的鼓励和支持。她是一位爱好文学的现代女性，却承担了过多的家庭责任，诗和远方许多时候真的成了"远方"。感谢母亲、岳母帮助我照顾儿女。

深切缅怀我平凡而伟大的父亲黄干平。父亲学历不高但喜爱读书，一

后　记

直以来都给予我的学业以巨大支持。一个农村家庭想要培养两个大学生很不容易，所以几乎自我记事起父亲就常年在外谋生。小时候见到父亲经常是在年关或者是农忙时节。读高中和大学时，父母更是长期在福建谋生，一家人聚少离多。就是这样，他们把挣得的钱都用到我和妹妹的学业和事业上。父亲略懂医术，也治好过一些乡亲的疾病。晚年父亲得了绝症，承受了许多痛苦，却非常坚强。在他去世前不久，我回到湖南老家探望他。草长莺飞的时节，我们父子俩坐在屋前，前方不远处，两块尚未播种的水稻田之间的水渠中，一台高大的黄色犁田机深陷其中动弹不得，驾驶员把犁田机开得轰轰响、黑烟滚滚却始终无法将它开出来。其实这恰似父亲的处境：年轻时走南闯北、无所畏惧、豪言壮语，现在患了绝症，被困住了。我一开始不明白，这种绝症怎么会落到父亲这种善良人身上，怎么会落到我们这种家庭？但生活就是这样，为什么不可以呢？谁特殊了呢？

我和父亲不知道怎么就聊到我的博士学位论文，在父亲眼里我是"研究秦始皇的"。当时中美经贸摩擦激烈，父亲说："秦始皇统一了中国。要是今天的中国不统一，就会被美国各个击破。"这就是父亲对秦始皇的朴素认知，大约也是很多中国人对于统一的朴素认知。我下决心一定要将博士学位论文写好送给父亲，但树欲静而风不止，子欲养而亲不待，父亲几个月后就离世了。按照传统，我给父亲扶灵，在哀乐和鞭炮声中，父亲被埋进了高山。一座小小的坟，安葬了他64岁的一生。他没有了痛苦，但也不会再和我讨论问题。父亲去世是我的至暗时刻，使得我一夜之间成长了许多。有两年未回家，等过年回家我去坟前祭奠父亲时，发现坟上的杂树竟有一米多高了。逝者如斯夫！父亲离开我已经这么久了！那个曾经抱着我在竹林下留下我童年唯一一张照片的父亲永远离开了！那个当我读大学返乡时会不时问我到哪里了的父亲永远离开了！"昔我往矣，杨柳依依。今我来思，雨雪霏霏。行道迟迟，载渴载饥。我心伤悲，莫知我哀！"如今，我将他关心过的周秦之变研究成书出版，也算是一种告慰吧。

我视学术为信仰，认为学术应当极其严肃，严格尊重事实和规律，坚持论从史出，坚持力求创新，在书稿写作中也力求做到这一点。我深知中华文明并不完美，但也难以忍受强加给中华文明的负面标签。对于秦的论断，我坚持秦简、石刻和史书结合，不单纯依靠史书；对于历史人物的作用，我坚持结构和能动相结合，不过于突出个人；对于周秦之变的历史地位，我注重从中华国家演变史、世界政治发展史角度进行论述，不单纯以中国说中国，也不因局限而抹杀巨大成就。特别是参加工作后，有机会参与政治实践，我深知政治涉及亿万人的生活和复杂的利益关系，议论容易，做成大事不容易，结构性变迁极其困难，不能苛求古人。囿于知识结构和水平，此书一定还存在不足或疏漏，敬请各位学界前辈、同行包容和指教，亦敬请读者赐教。书稿虽得多人相助，但文责全部由本人负责。

书稿原来篇幅较大，为适应出版需要，笔者对周秦之变学术史回顾、参考文献目录等进行了压缩或删减，一些引文不再保留；对天子诸侯制国家和君主官僚制国家的局限等进行了整体删除。不过书稿依旧完整，或许还更为简洁了。笔者并不认为天子诸侯制国家和君主官僚制国家完美无缺，有机会将另文揭示其局限。书稿部分内容曾在《教学与研究》《中国政治学》《世界政治研究》《国家研究》等刊物发表，在此谨表感谢。

百尺竿头须进步，十方世界是全身。让我们继续为建构中国哲学社会科学自主知识体系、推动中国政治学成为世界一流的政治学而奋斗！继续为实现中华民族伟大复兴而奋斗！

黄涛

2024 年 9 月 23 日于北京亚运村

图书在版编目（CIP）数据

周秦之变的社会政治起源：从天子诸侯制国家到君
主官僚制国家 / 黄涛著 . -- 北京：中国人民大学出版
社，2025.1
（历史政治学与中国政治学自主知识体系论丛）
ISBN 978-7-300-32846-1

Ⅰ．①周… Ⅱ．①黄… Ⅲ．①政治思想史－研究－中
国－春秋战国时代 Ⅳ．①D092.25

中国国家版本馆 CIP 数据核字（2024）第 102734 号

历史政治学与中国政治学自主知识体系论丛
周秦之变的社会政治起源：从天子诸侯制国家到君主官僚制国家
黄 涛 著
Zhou-Qin zhi Bian de Shehui Zhengzhi Qiyuan: cong Tianzi Zhuhouzhi Guojia dao Junzhu
Guanliaozhi Guojia

出版发行	中国人民大学出版社			
社　　址	北京中关村大街 31 号		**邮政编码**	100080
电　　话	010 - 62511242（总编室）		010 - 62511770（质管部）	
	010 - 82501766（邮购部）		010 - 62514148（门市部）	
	010 - 62515195（发行公司）		010 - 62515275（盗版举报）	
网　　址	http://www.crup.com.cn			
经　　销	新华书店			
印　　刷	涿州市星河印刷有限公司			
开　　本	720 mm×1000 mm　1/16		**版　　次**	2025 年 1 月第 1 版
印　　张	34.75 插页 2		**印　　次**	2025 年 1 月第 1 次印刷
字　　数	487 000		**定　　价**	168.00 元